미래의 비망록

A MEMOIR OF THE FUTURE

by Wilfred R. Bion

미래의 비망록

발행일 2024년 4월 22일
지은이 윌프레드 비온
옮긴이 이재훈
펴낸이 이준호
펴낸곳 현대정신분석연구소 (구 한국심리치료연구소)
주소 서울시 종로구 새문안로5가길 28, (적선동, 광화문플래티넘) 918호
전화 02) 730-2537~8
팩스 02) 730-2539
홈페이지 www.kicp.co.kr
E-mail kicp21@naver.com
등록 제22-1005호(1996년 5월 13일)
정가 45,000원
ISBN 978-89-97465-61-3 (93180)

미래의 비망록

월프레드 비온

이재훈 옮김

현대정신분석연구소
Korean Institute for Contemporary Psychoanalysis

윌프레드 비온(Wilfred Bion)

목차

서론 …
전주곡 …
서곡 & 시작을 알리는 소리들 …
하나, 둘, 마이크 시험 중 …

이 책 안에는 문법과 명료한 말의 규칙에 따라 의사소통되고 해석될 수 있는 명백한 의미의 변화들이 존재한다. 거기에는 그다지 명백하지 않은 리듬의 변화들이 있지만, 탐지될 수만 있다면, 그것들은 마찬가지로 의사소통되고 해석될 수 있을 것이다. 그것들이 따르고 있는 규칙들은, 주된 음조에 대한 설명이 없는 악보에서 그런 것처럼, 탐지하기가 더 어려울 수 있다. 거기에는 기꺼이 노력을 아끼지 않는 사람들만이 탐지할 수 있는 변화들이 존재한다. 만약 인간의 사고 양태가 제공하는 기존의 모델이 없다면, 근접한 어떤 것이 천문학적 공간처럼 광대한 공간 안에서 발견될 수 있을 것이다. 그 공간 안에는 지금까지 근접한 것으로 발견된, 실현이 이루어진 것이 없는 사고 양태들이 있을 수 있기 때문이다. 환각증, 건강염려증 그리고 다른 정신적 "질병들"이 논리, 문법 그리고 그런 것들에 상응하는 실현을 획득할 수 있겠지만, 지금까지 그런 것은 발견되지 않고 있다. 그 이유는 그것들이 근접한 것으로 오인된 "기억," "욕망," 또는 "이해"에 의해 모호해지기 때문일 수 있다. 모호성이 우회되거나 해결되지 않는 한, 그것은 은하계의 중심이나 우주의 기원이 발견되지 않은 상태로 남아있는 것처럼, 발견되지 않은 상태로 남게 될 것이다.

1권

꿈

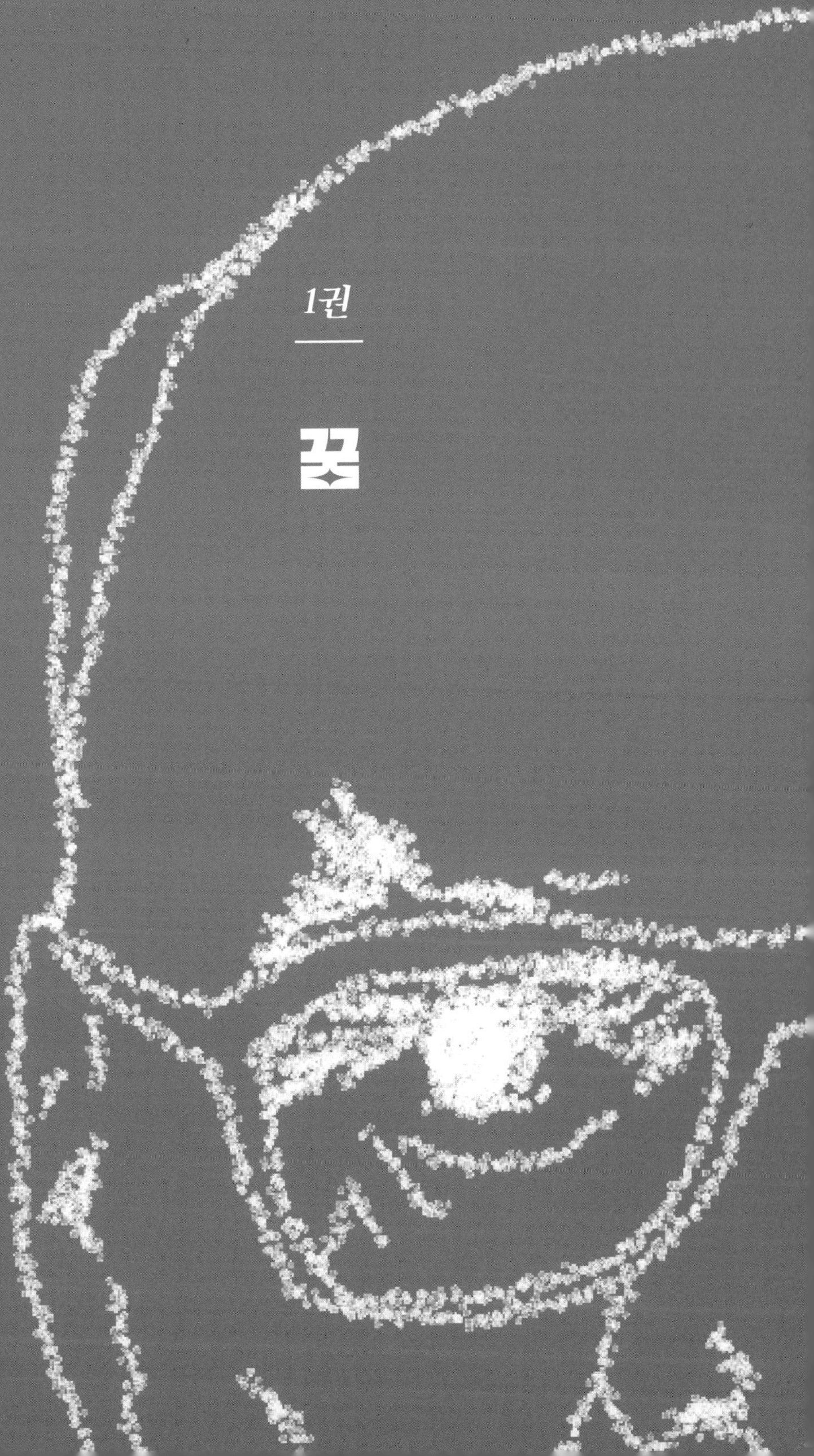

Q 이 책이 무엇에 관한 책인지 알려주시겠어요?

A 정신분석에 대한 책인 것 같아요.

Q 정말이에요? 이 책은 이상해 보여요.

A 이상한 책이 맞아요. 정신분석처럼요. 읽어보면 알아요.

Q 책값이 얼마인가요?

A 책에 씌어있어요. 그것도 읽어보셔야 할 거에요.

Q 물론이죠. 그런데 그 책을 읽을 시간도 돈도 없어요.

A 그건 나도 마찬가지에요.

Q 하지만 당신은 그 책을 읽지 않았나요?

A 읽기는 했죠.

Q 이상한 세일즈맨이네요. 내가 알고 싶은 것은 단지 …

A 나는 세일즈맨이 아니에요. 나는 그 책을 썼을 뿐이에요.

Q 오, 죄송합니다! 나는 전혀 …

A 알아주셔서 영광이지만, 나는 그 책의 저자일 뿐이에요.

Q 사인 좀 해주시겠어요?

A 아뇨.

Q 아.

서론

나는 피곤하다. 밤에 해야 할 일은 없이 낮에 해야 할 일로 꽉 짜인 스케쥴을 갖는 것은 충분히 나쁜 일이다. 어쨌든 나는 무슨 일이 있었는지 기억하지 못한다. 역전된 관점에 관한 어떤 것이었다. 나는 그것에 관해 무언가를 쓰고 있었다. “정점”과 같은 수학적 용어를 빌려오는 것이 갖는 이점은, 혼동상태에 있는 미친 사람들에게 “냄새의 관점에서 보자면”이라고 말할 경우, 그들과 말하는 것이 가능한 것과 비슷하다. “내 눈은 냄새를 맡지 못해요,” 또는 “나의 냄새는 어떤 장면도 볼 수 없어요”라고 말하는 사람을 발견하는 것은 짜증나는 일이다. 나의 짜증은 아무런 도움이 되지 않는다. 지금 나는 폭력과 살인과 관련된 꿈의 한 조각을 기억한다. 내 생각에 그것은 앨버트와 빅토리아와 관련된 것 같다. 이 정점들이 분리되어 있고 뚜렷하다면, 그 두 정점들은 양안적 시각처럼 조화에 기여할 수 있을 것이다. 내가 나의 소화관을 일종의 망원경으로 사용했다고 가정해 보라. 나는 그 관을 따라 항문까지 내려갈 수 있고, 치아들로 가득한 입에서 그리고 편도선과 혀에서 바라볼 수 있다. 또는 소화관의 맨 끝으로 달려가 나의 항문 구멍이 무엇을 하는지를 바라볼 수 있다. 이것은 정말로 우스운 일이다. 그것은 나의 소화관 통로가 밤새도록 창자를 빠르게 오르락내리락하는 것에 대해 어떻게 느꼈는가에 달려있다. 아마도 그것이 어젯밤에 나를 그토록 힘들게 했을 것이다. 앨리스는 그것을 그다지 명료하게 생각하지 않았다. 그러나 그녀는 그때 무엇을 하려고 했을까? 잊지 말고 그녀에게 물어봐야겠다. 그녀는 그것이 내 탓이라고 생각하는 것 같다.

그 정점들이 분리되어 있으면서 일치하는 것이었다고 가정해 보라. 만약 분리 독립된 관점들 중의 하나가 다른 관점을 만나기 위해 호 弧를 따라 급하게 내려간다면, 그럴 것이다. 그러나 어젯밤에 느꼈던 것에 근거해서 판단하건대, 그것은 꾸불꾸불한 튜브 안에서 이동하는 소리와도 같았다. 사실상, 그것은 오직 비교적 신사다운 옥스퍼드 대학생의 태도 안에서만 사실일 것이다. 밤—어젯밤—에 그것은 전혀 존경스럽지 않았다. 그것은 소화관을 급하게 오르내리는 방귀들과 그것들의 소리에 더 가까웠다.

그것이 존경스러운지 아니면 우스꽝스러운지는 어떤 정점에서 보는가, 또는 그 정점에 누가 또는 무엇이 있는가에 달려 있다. 그러나 지금 여기에서 나는 그것에 대해 아무것도 알지 못한다. 만약 내가 소통하기를 원하는 동반자와 함께 거기에 있었다면, 나는 그에게 내가 만들어 낼 수는 없지만, 세우고 싶어 하는 구조의 기초가 될 수 있는 증거를 보라고 호소할 수 있을 것이다. 그것은 정신분석의 실천이 갖고 있는 좀 더 추상적인 어떤 것도 능가하는 이점이다. 정신분석의 두 참여자 사이의 불일치와는 다른 종류의 것인, 과학적 모임이나 슈퍼비전에서 보게 되는 두 참여자 사이의 불일치는 나에게 당혹스러움을 발생시킨다(*내가 정신분석으로 정의하는 관계 안에서 발생하는 것으로 내가 이해하는*)는 것은 사실이다. 누구나 또 다른 정의를 적용할 수는 있지만, 그 누구도 나 자신이 정신분석을 실천하지도 않으면서 다른 실천가들이 이해하고 있는 것을 말하고 있다고 주장할 수는 없을 것이다.

나는 이 책이 인위적으로 구성된 꿈을 포함한, 소설을 통한 정신분석에 대한 설명이라고 주장한다(*주장하는 것 자체가 정의적이다*). 정의적인 것이 갖는 지위는 또한 깨어있음, 과학적 민감성 그리고 과학적 이론을 구성하기 위한 것이라고 주장될 수 있다. 정의적 가설은 정신분석의 실천에서 인간 동물이 알고 있는 것이 "누메나"에 가까운 "사실들"이라는 생각에 도전하기 위해 만들어진 개념으로서, 진지하게 취급되고 적용될 필요가 있다.[1]

정의적 가설은 "결코" 존재하지 않는 것일 수 있다. 칸트를 따라, 나는 물-자체는 알 수 없는 것이라고 생각한다. 셰익스피어의 언어적 진술에서 잘 알려진 가상인물인 폴스태프Falstaff는 수없이 많은 등장인물들보다 훨씬 더 "진짜 같은" 인물이다. 대조적으로, 다른 등장인물들은 희미하고, 눈에 띄지 않으며, 활기 없고, 진짜 같지 않다. 그들의 탄생, 죽음, 결혼 등이 공식 증서에 의해 보증되고 있음에도 불구하고, 그들은 쉽게 진짜로 느껴지지 않는다. 비들기가 앨리스라고 불리는 뱀에게 "너는 멋진 괴물이야"라고 말했다. 많은 사람들은 너무 활기가 없는데, 그 결과 나는 나 자신의 감각들의 증거를 믿지 않는다고 조용히 인정하면서 그들을 응시할 수 있다. 나는 "과학"—스모크 드럼,[2] 통계 그리고 보통 과학의 영역에 속해 있다고 가정되는 다른 장치들—은 결코 그들을 삶의 영역으로 데려올 수도 없고, 살아있는 삶을 그들에게 가져다줄 수도 없다고 생각한다.

전체 스펙트럼의 한쪽 끝에서, 나는 이러한 사람들이 존재한다는 사실을 "과학적" 증거에 의해 확신할 수 있다. 다른 쪽 끝에서, 그들은 존재하지 않는다고 확실하게 말할 수 있는 허구적 등장인물들이 있

---

1 정의적 가설은 누메나도 아니고 누메나에 가까운 것인 사실도 아니라, 임시로 주어진 명칭이나 설명이라는 아이디어.

2 일종의 훈제 기구

다. (논리적 측면에서, 이 상황은 종종 "역설"로서 서술된다.) 마르셀루스Marcellus[3]에게 바치는 시에 등장하는, 버질Virgil[4]의 "부드럽게 숨 쉬는 청동"은 시각적 이미지에 대한 시적 진술이라고 서술될 수 있다. 호머Homer[5]가 그의 글에서 아가멤논Agamemnon[6]을 불멸의 존재로 만들기 전에, 수많은 용감한 병사들을 삼켜버렸던 캄캄한 밤에서 구출된 영웅들도 그러하다. 또는 미켈란젤로나 프락시텔레스Praxiteles[7]가 대리석으로 만든 조각품들도 마찬가지이다. 그것들은 다시 파묻힐 수 있다. 예술 작품 앞에서, 그 작품이 진품이고 고가의 가치가 있는 것임을 알아볼 수 있는 "영리한 사람들"이 있지만, 그들은 예술가가 드러낸 것을 볼 수가 없다.

정신분석으로 돌아와서, 박식한 사람은 어떤 서술이 프로이트의 것이고 어떤 서술이 멜라니 클라인의 것인지 알 수 있지만, 서술된 사실은 보지 못하는 상태에 머물 수 있다. 프로이트는 유아가 성적인 존재라고 말했다. 그리고 그것은 부인되거나 다시 묻혀버렸다. 호레이스Horace[8]가 호머Homer에 대해 말하는 것을 통해서 그렇게 했던 것처럼 정신분석에 불멸성을 수여한 사람이 아무도 없다면, 정신분석 전체도 같은 운명에 처할 수 있을 것이다.

만약 정신분석적 직관이 야생 당나귀들이 발을 구를 수 있는 땅을 제공해주지 않는다면, 그 종을 보존하기 위한 동물원을 어디에서 찾겠는가? 역으로, 만약 환경이 허용한다면, 드러나지 않거나 다시 묻힌 상태에 있는 "위대한 탐구자들"에게 어떤 일이 일어날 것인가?

---

3 로마의 집정관을 지낸, 원로원 의원.

4 로마의 시성으로 추앙받는 고대 로마의 시인.

5 그리스어로 된 서사시인 일리아드와 오디세이의 저자.

6 그리스 신화. 크리스타임네스트라의 남편으로 그녀에 의해 죽임을 당한 인물.

7 B.C. 4세기의 천장 조각가attic scuptor.

8 고대 로마의 서사시인인 호라티우스의 영어식 표현.

1

오 이런, 이런, 앨리스는 눈을 비비면서 일어나 그녀를 깨운 쏟아지는 나뭇잎들을 손으로 밀쳐냈다. “나는 내가 인도의 여황제로 나오는 이상한 꿈을 꾸었어. 로즈메리! 이 피곤한 아가씨는 지금 어디에 있는 거지? 내가 그녀를 해고했던 것을 까맣게 잊고 있었네! 뻔뻔스럽기도 하지. 아, 여기에 그녀가 있네. 반갑게도 그녀의 짐 가방과 함께.” 앨리스는 떠날 준비를 마친 그녀의 하녀가 숄을 어깨에 두르고 모자를 쓴 채 방안에 들어오자, 아주 모질게 말했다. 로즈메리가 거의 비굴할 정도로 경의를 표하는 모습을 보면서, 그녀는 내심 기뻤다. “부르셨어요, 마님?” “마지막 기차 시간까지는 아직 반 시간이나 남았으니까, 가기 전에 네가 부주의하게 열어놓은 창문으로 날아든 이 나뭇잎들을 끌어모으도록 해.” 하녀는 그녀의 가방과 숄을 내려놓고, 무릎을 꿇고 나뭇잎들을 끌어모으기 시작했다. 그녀는 매력적이었다. 앨리스는 그 사실을 인정해야만 했다. 실제로 그녀의 매력은 그녀가 붙잡을 수 있는 “최후의 지푸라기”였다. 로즈메리의 매력에 빠져있는 그녀의 남편 롤랜드는, 앨리스가 보기에, 너무 오랫동안 로즈메리를 바라보곤 한다. 무릎을 꿇고 나뭇잎을 끌어모으고 있는 그녀의 날씬한 모습에 앨리스는 자신의 행동이 부당하다는 생각이 든다. 그 집안의 하인들은 질식할 것만 같았다. 불쌍한 톰에 대한 그녀의 태도는 정말로 차마 봐주기 힘들었다.

마침내 로즈메리가 말했다. “다 치웠어요, 마님. 이제 가도 될까요?” 그녀가 “기차 시간이 거의 다 됐어요. 그게 마지막 기차예요”라고 말했을 때, 앨리스는 거의 그녀를 떠나보낼 준비가 되어 있었다. 그녀 자신이 뛰어난 미인으로 알려진 앨리스의 어조는 평소의 오만한 태도로 돌아가 동정심을 갖는 것으로 바뀌었다. 앨리스는 “네가 끌어모은 걸 좀 볼까”라고 말하면서, 불안해하는 로즈메리의 손에서 나뭇잎을 빼앗았다. 그녀는 자신이 일부러 천천히 살펴보고 있는 나뭇잎들이 실은 성경에서 찢겨진 페이지들이라는 것을 알고 있었다.

“오 제발, 마님, 이제 가도 될까요?” 그녀가 끼어들었다. “아니면 기차를 놓칠 거예요. 사람들이 그 기차가 적이 오기 전 마지막 기차일 거래요. 가고 싶어요. 제발!” 그녀는 빌었다. “톰과 함께?” “예, 마님. 그리고 마님과 롤랜드님도 떠나실 거잖아요? 적군이 오면 안전하지 않을 거라고 확신해요.”

앨리스는 거만하게 자신을 뽐냈다. “나는 롤랜드가 나와 함께 아주 안전할 거라고 확신해.” “오, 부인, 내 말은 그런 뜻이 아니에요. 정말로 그런 뜻이 아니라 … 제발, 이제 가도 될까요?” “우리는 도망치지 않을 거야. 그들은 야만인들이 아니니까 …” 그러나 로즈메리는, 더 이상 견디지 못하고, 그녀의 짐을 들고 도망쳤다. 앨리스는 자신이 혼자라는 것을 깨달으면서 찢겨진 종잇조각에 씌어있는 글을 읽고 있었다. “사티로스 Satyr[9]가 그의 동료를 소리쳐 부를 것이다.” 그것이 전부였다.

한동안 그녀는 말없이 생각에 잠긴 채 앉아있었다. 밤이 찾아왔다. 그녀는 남자들과 여자들 그리고 동물들을 가득 실은 마차들이 서쪽으로 이동하는 소리를 들을 수 있었다. 그녀는 용감했다. 그녀는 그녀의 하녀

9 로마 신화에 나오는 반인 반수의 숲의 신

와는 달리, 두려워하지 않는 그녀 자신이 대견했다. 로즈메리에게 무엇을 기대할 수 있을까? "롤랜드님에게 가서 이리 오라고 해 …" 그러나 로즈메리는 톰과 함께 떠나가고 없었다.

2

톰은 주 건물에 붙어있는 농장에서 일하는 힘센 일꾼이었다. 그는 훌륭한 하인이었고, 주도성이나 지능 없이 힘만을 필요로 하는 일에서는 믿을 만했다. 그의 미소는 농장의 얼굴이었다. 롤랜드는 때로 그의 잔인성에 대해 말했지만, 앨리스는 그것이 재미있는 사람의 사려 없음 그 이상으로 보지는 않았고, 그 점을 제외하고는 좋아할 만한 사람으로 여겼다. 로즈메리가 톰이 자신을 공격했다고 불평했을 때, 그녀는 화가 났다. 하지만 롤랜드는 그를 해고하고 싶어 하지 않았다. 롤랜드는 그가 매우 소중한 일꾼이라고 말했다. 그 외에도, 로즈메리의 속셈이 뭔지 누가 알 수 있단 말인가? 앨리스는 성인聖人이 아니었다. 그녀는 모든 잡다한 일들을 감시하고 있었다. "당신도 알아야 해요," 앨리스가 말했는데, 그 말의 의미는 롤랜드의 얼굴을 붉게 만들었다. "바보 같은 소리 좀 하지 마, 앨리스. 당신은 질투하는 거야. 그녀는 하녀치고는 예쁘고, 톰에게 애교를 부린다는 것은 나도 인정해. 아마도 사실일 가능성이 높겠지. 하지만 나는 훌륭한 일꾼을 잃고 싶지 않아." 그 사건에서 앨리스는 자신의 하녀를 범인으로 보게 되었다. 그녀는 그렇게 믿고 싶었다. 왜냐하면 그녀는 자신의 하녀를 질투했고, 그 질투는 그녀 자신의 미모에 의해 달래지지 않았기 때문이다. 그 문제에 대해 생각해본 후에, 앨리스는 로즈메리를 따로 불렀다. "로즈메리, 네가 어제 나에게 말한 것 때문에, 나는 무척 걱정하고 있어. 주인님은 톰이 좋은 일꾼이라고 믿고 있어. 그는 나에게, 톰은 나쁜 짓을 할 사람이 아니라고 분명히 말했어. 네가 그를 유혹하지 않은 게 확실한 거야?" 로즈메리는 화가 나서 얼굴이 붉어졌다. "오. 마님. 나는 절대 그런 일을 하지 않아요. 내가 소젖을 짜는 곳을 지나가고 있었는데, 그가 할 말이 있다고 나를 불렀어요. 그래서 나는 헛간 안으로 들어갔는데, 그가 서 있었어요 …" 앨리스는 시선을 아래로 향했지만, 거의 강간에 가까운 그리고 유혹에서 그리 멀리 있지 않은, 쓰리고 아픈 이야기를 주의 깊게 들었다. 로즈메리는 화가 났고, 겁에 질렸다. 앨리스는 잠시 멈추었다가 계속해서 사려 깊게 말했다. "너는 조심해야 해. 너는 남자들이 예쁘다고 생각하는 처녀야. 그리고 만약 네가 아기를 갖는다면, 그것은 어색할 거야. 특히 톰의 아기를 갖는다면 말이야. 나의 남편 롤랜드가 그것을 좋아하지 않을 거거든." 자신의 말에 대한 반응을 탐지하기 위해 로즈메리를 바라보고 있는 동안, 앨리스의 아름다운 얼굴은 굳어 있었다. 로즈메리의 눈은 확고하고 반짝였다. 앨리스는 계속해서 말했다. "로즈메리, 너를 따라다니는 사람들이 있니? 두려워하지 말고 나에게 말해 봐. 나는 단지 너를 돕고 싶을 뿐이야." "아뇨, 오직 …" "그래? 오직이라고?" "톰뿐이에요." 앨리스는 안도했다. "그래, 나는 그가 좋은 녀석이라고 생각해. 그는 신을 두려워하지. 도움이 될 거야, 만약 그가 …" "나는 그가 나를 사랑하고 있다는 걸 알아요, 마님 …" 로즈메리의 눈 속에 있는 확고한 동물적 눈빛은 여전히 강렬했다. "… 만약 네가 믿을 수 있는 남자의 사랑을 받는다면." "오, 나는 그런 사랑을 받고 있어요, 마님, 정말이에요." 앨리스는 몇 분 더 대화 비슷한 것을 나눈 후에, 그녀를 보내주었다. 그녀는 그녀 자신이 롤랜드의 사랑이 주는 안전감에 기댈 수 있는 것이 큰 힘이 된다고 말할 수 있을지 궁금했다. 로즈메리에게 이제 가보라고 말한 후에야, 앨리스는 로즈메리에게 경고할 필요가 있었다는 가정에 대해 의심하기 시작했고, 자신의 모성적 사랑이 잘못 적용되었다는 느낌이 들기 시작했다. 예쁜 얼굴에 대한 롤랜드의 취약성에 대한 그녀의 냉소주의가 굳어지기 시작했고, 소화되지 않은 채로 남게 되었다. 독방에 갇혀 있는 시기심이 악화되기를 기다리고 있었다.

밤새도록 마차들이 지나가는 소음이 들렸다. 멀리 보이는 포격의 불꽃이 가끔 구름 속에서 마치 여름철 번개처럼 소리 없이 번쩍거렸다. 앨리스는 적군이 도착했을 때 그들을 영접하는 데 최고의 정성을 들여 준비했다고 생각하면서, 의자에 앉아 잠을 청했다. 농장이 성대한 환영행사 준비를 마친 것을 본 롤랜드는 자신의 의자를 앨리스 옆으로 끌어당겼고, 지나가는 마차들의 바퀴 소리를 무시하기로 작정했다. 새벽이 되어 잠에서 깬 앨리스의 눈에 가구의 모습이 들어왔을 때, 그녀는 아기 시절 이후로 그녀에게 친숙한 물건들이 주는 이상한 친근감을 느꼈다. 심지어 그녀의 느낌마저도 옛 친구처럼 느껴졌는데, 마치 점령군의 도착에 대한 반응으로 자신이 이상해진 것 같았다. 그녀는 잠을 자지 못해서 텁수룩한 얼굴의 롤랜드와 함께 환영을 위한 예행연습을 했다. 롤랜드가 말했다. “물론 나는 아무것도 숨기지 않을 거야. 그리고 이렇게 말할 거야. ‘여기에 이 토지 내의 모든 창고 열쇠가 있어요. 나는 여러분이 모든 것을 정확하게 찾아낼 거라고 생각합니다.’ 그러고 나서 나는 은퇴할 거야.” 롤랜드는 이것이 존엄을 지키는 최상의 길이라는 데 동의했다. “나는 당신의 그 말이 진심이라고 생각하지 않아요,” 앨리스가 위로하듯이 말했다. “언제쯤 그들이 도착할 거라고 생각해?” 그는 자신의 손가락을 꼼꼼히 살펴보았다. “그들은 초대된 손님처럼 굴지 않을 거야. 그들은 언제 파티가 시작할 거라고 말해주지 않았어.” 그녀는 신경이 거슬렸지만, 핀잔을 주기에는 상황이 너무 심각하다고 느꼈다.

3

포격이 잠잠해졌다. 적군은 오지 않았다. 그의 영접준비는 시들해졌다. 처음에는 앨리스의 생생한 불안이 감소되면서 불분명해졌고, 최종적으로는 그녀와 롤랜드의 따분한 삶의 배경, 즉 농장의 일상에 의해 삼킴을 당했다. 앨리스는 매사에 관심이 없는 롤랜드를 타박했을 때 그녀 자신의 삶이 따분하다는 것을 발견하고는 깜짝 놀랐다. 롤랜드는 죄책감으로 얼굴이 붉어졌다. 그가 얼굴을 붉힌 것은 아무런 변화도 없는 그들의 열정의 수준에서 발생한 새로운 변화였다. 그는 친숙한 사랑의 느낌을 복구하려고 노력했다. 앨리스는 롤랜드의 주장들과 부인들이 구속복拘束服처럼 튼튼하고 부드러운 사랑의 외투를 형성한다고 느꼈지만, 그런 사실에서 위안을 얻지는 못했다.

그녀는 그녀의 격노가 살인적인 감정을 매질하는 요란한 심장박동으로 변할 때까지 격렬하게 으르렁거렸다. "나는 잘 할 거예요 … 증오도 원망도 품지 않을 거예요 … 그것을 오십 번을 쓰세요 …"

뜰 안에서 소동이 일어났고, 성급한 발자국 소리와 함께 "보내주세요! 보내주세요!"라고 격렬하게 소리치는 여자 목소리가 들렸다. 한 남자의 고통에 찬 욕설도 들렸다. "이 더러운 년! …" 그리고 앨리스와 롤랜드가 갑작스런 두려움과 함께 무슨 일인지 궁금해하면서 기다리고 있는 방문 앞까지 누군가가 뛰어 올라오는 발자국 소리가 들렸다. 무슨 일이지?

이 시기에 그런 일은 흔히 있는 일이었다. 영원한 따분함이 아무런 경고도 없이 타오르는 공포로 대체되었다. 앨리스와 롤랜드는 잿빛이 된 얼굴과 심문하듯이 노려보는 눈빛으로 기다렸다. 쿵쿵거리는 발자국 소리는 그들의 심장 소리와 융합되었다. 그 소리는 안과 밖 모두에서 들려왔다. 문이 폭발하듯이 열리고, 한 여자가 쓰러지듯이 방안으로 들어왔다.

그녀는 화려한 누빈 주홍색 가운을 입고 있었다. 그녀는 앨리스와 롤랜드를 바라보면서 말을 했는데, 두려움 때문에 말을 더듬었다. "오, 마님! 죄송해요. 어쩔 수가 없었어요, 마님! 마님이 방금 나를 보내주셨지만, 나는 떠날 수가 없었어요 … 마지막 기차가 운행을 취소했어요. 그들은 기차를 세웠고, 승차를 거절했어요."

뜰 안에 있는 자동차에 시동이 걸렸고, 누군가가 운전을 했는데, 그 자동차의 엔진소리가 희미해졌다. 그때 세 사람이 정지된 채 귀를 기울이고 있는 곳으로 침묵이 다시 흘러들어왔다. 앨리스가 먼저 그녀의 목소리를 되찾았다. "로즈메리! 여기에서 무엇을 하고 있는 거야?" 롤랜드는 말하기를 체념한 듯이 느긋한 상태였다. 그는 로즈메리가 벌거벗은 채 가운만을 걸치고 있었고 어울리지 않는 구두를 신고 있는 것을 주목했다. 롤랜드는 그곳을 떠나기로 작정했다. "나는 소를 돌보러 가야 해." 그는 현장에서 빠져나갔다.

두 여인이 서로를 마주 보고 있었는데, 앨리스의 절제된 고상한 취향이 그녀의 하녀의 너절하게 반짝거리는 장신구와 단조로운 대조를 이루고 있었다. 앨리스는 긴장했다. 로즈메리는 그녀의 여주인이 자신을 알아보지 못하는 것을 이해할 수 없다는 듯이 빤히 쳐다보았다. "나를 여기에서 내보내시면 안 돼요! 전에 그랬던 것처럼, 그들이 내가 기차를 타기 전에 나를 잡을 거예요."

"너는 가야 해! 당장!"

"그럴 수 없어요. 안 갈 거예요! 어떻게 그렇게 잔인하실 수가 있어요?" 앨리스는 마치 그녀를 문 쪽으로 몰아내려는 듯이 팔을 뻗었다. 그 움직임은 로즈메리에게서 곧바로 앨리스의 손을 잡고 그 손에 키스를 퍼붓는 행동을 촉발했다. 앨리스는 화가 났고, 두려웠으며, 긴장했다. "가! 가! 바보야! 모르겠어? 너는 우리 모두를 위험에 빠뜨리고 있어!"

"다시는 그러지 않을 게요! 나는 두려웠어요!"

"바보! 두려워할 게 뭐가 있어." 그 말을 할 때 그녀는 자신의 목소리에 두려움이 들어있다는 것을 알고 있었다. "나를 붙잡지 마!" 앨리스는 로즈메리에게서 벗어나려고 했지만, 로즈메리는 자신의 작전이 성공한 것 때문에 놀랐다. "오, 마님! 용서해 주세요. 죄송해요, 정말이에요," 그녀는 자신의 이점을 포기하지 않았다. 적군의 침공이 불가피해진 이후로 수개월에 걸친 불안으로 인해 허약해진 앨리스는 힘으로는 로즈메리의 상대가 되지 못했다. 로즈메리는 바깥세상에 대해 무언가를 알고 있었다. 앨리스와 롤렌드는 강철처럼 그들을 움켜쥐고 있는 공포의 누에고치 안에 웅크리고 있었다. 앨리스는 로즈메리가 얼핏 보았던 세상을 모르고 있었다.

앨리스는 자신의 손을 빼내려고 격렬하게 용을 썼지만, 다른 손마저 그녀의 하녀의 손에 붙잡혔다. "제발 용서해 주세요!" 겁에 질리고 모욕감을 느낀 앨리스는 "이 손 놔! 어딜 감히!"라고 말했다. 그녀의 하녀는 앨리스의 겁에 질린 얼굴을 불안한 마음으로 응시했다. 그것은 … 분노가 아니라 공포였다. 로즈메리의 사죄하는 말의 홍수와 용서를 바라는 기도는 멈추지 않았다. 그녀는 자신이 움켜쥐고 있는 여주인의 손을 놓아주지 않았다. "놓으라니까!" 앨리스는 그녀가 울음을 터뜨리기 직전이라는 것을 거의 숨길 수 없었다. 부유한 가정에서 태어나 전통적인 교육을 받고, 종교를 갖고 있는 그녀의 배경은 그녀의 공포를 담아낼 수 있는 댐을 제공해주지 않았다.

로즈메리가 서 있는 곳은 침대 옆이었다. 불안한 로즈메리는 그녀의 여주인을 침대 쪽으로 밀었고, 앨리스는 붙잡힌 손을 뿌리치기 위한 몸싸움 과정에서 로즈메리를 끌어당겼는데, 그 결과 두 사람 모두는 침대 위로 넘어졌다. 로즈메리가 위에 있었다. 로즈메리는 그녀 자신의 엄청난 힘을 느꼈고, 그 느낌은 그녀의 불안과 죄책감을 덮어 버렸다. 앨리스의 약함이 그녀의 열정에 불을 붙였다. 자기 밑에 있는 젊은 여성의 신체와 자신의 신체가 부딪치는 이 접촉에 힘입어, 로즈메리는 눈물에 젖은 앨리스의 얼굴을 정면으로 응시할 수 있었다. 모든 죄책감과 굴복은 사라졌고, 그녀는 앨리스의 머리를 눌렀고, 그 결과 앨리스의 목구멍이 열리게 되었다. 그녀는 강제로 앨리스의 눈꺼풀을 열었고, 그녀의 눈을 들여다보았다. 그리고 웃음을 터뜨렸다. 그 웃음 속에는 이제 수줍음은 흔적도 없었고, 오히려 솔직한 호기심이 담겨있었다. “저런, 눈이 파랗군요! 너무 아름다운 푸른 색이예요! 검은 색도 아니고, 내 눈처럼 갈색도 아니네요.” 앨리스는 실제로 예뻤고, 그녀의 하녀의 검은 색 모발과는 대비되는 금발의 지적 여성이었다. 앨리스의 뛰어난 외모와 결합된 부유함의 우월성이라는 관습이 실제 아름다움이 지닌 힘을 가리고 있었다. 앨리스의 우월한 요소들은 사라지고 있었다. 흥분을 느낀 사람은 신체적으로 앨리스를 누르고 있는, 우세한 위치에 있는 로즈메리였다.

두 여인 모두는 감각적 쾌락에 무지했다. 로즈메리의 경우, 그녀의 가슴과 관자놀이를 두드려대는 동맥을 통과하는 생명력은 그녀의 알려지지 않은 저수지에서 어떤 생각들을 가져다주었다. 그녀는 앨리스의 눈을 응시하는 순간, 자신이 승리했다는 것을 알았다. 앨리스가 마침내 그녀의 하녀의 시선을 받아주기로 작정했을 때, 과거는 마치 존재하지 않았던 것처럼 사라졌다. 그녀의 상황이 바뀌었을 뿐만 아니라, 그녀 자신이 다른 누군가의 것처럼 느껴지는, 그래서 너무 이상하게 여겨지는 감정들이 머물 수 있는 집이 되었다.

로즈메리는 그녀가 처한 상황에 적응했다. 빈민가에서 태어난 아이는 튼튼하고 당당한 신체적 능력을 성취했다. "그들은 우리와 같은 사람들이에요. 우리가 알고 있는 것을 그들에게 가르치는 것은 마찬가지로 나쁜 거예요." 그녀의 여주인의 반응은 분명했다. 앨리스는 너무 오랜 세월 동안 열정적인 삶에 굶주렸기 때문에, 그녀의 하녀의 수작에 취약했다. 로즈메리는 자신이 원했던 증거를 끌어내자마자 자신의 눈을 가리고 있던 머리털을 뒤로 젖히고는, 일어나 침대 가장자리에 앉았다. 앨리스 역시 일어났지만, 그것은 얼굴빛이 불그레하고, 복종적인, 새로운 앨리스였다. "지금 무엇을 원하세요? 마님." 로즈메리는 반쯤 몸을 돌렸지만, 그녀의 "하녀"를 직접 바라보지 않은 채 손을 내밀었다. "손톱 연마기 좀 갖다줘, 앨리스." "그게 다에요, 마님?" "지금은 그게 전부야. 내가 다시 부를 때까지 방을 깨끗이 정리해." 앨리스는 즐거움으로 흥분했지만, 화도 나고 증오스럽기도 했다. 앨리스를 바라보는 로즈메리 역시 복잡한 정서를 반영하고 있는 앨리스의 아름다움을 새롭게 발견하고 있었다. 만약 그 순간에 앨리스의 어깨 너머로 거울에 비친 누군가의 얼굴을 보지 않았다면, 로즈메리는 무슨 말을 했을 것이다. 그녀는 놀라서 몸을 웅크렸다. 로즈메리의 갑작스런 동작이 앨리스의 시선을 로즈메리의 시선을 따라가도록 만들었다. 그것은 롤랜드였다.

"롤랜드님! 여기서 뭐하고 계세요?" 먼저 발견한 사람은 로즈메리였다. 앨리스가 차갑게 말했다, "이제 보니 두 사람이 전에 만났구먼." "뭐, 그렇다기보다는!" 롤랜드는 말을 더듬었다. 앨리스는 씁쓸하게 생각했다. "저 지독한 바보가 내 남편이라니. 그는 정말로 두 명의 아름다운 여인들이 지금껏 무엇을 하고 있었는지 몰랐다고 상상할 수 있었을까?" 어떤 점에서 놀란 사람은 그녀 자신이었다. 로즈메리는 평정심을 되찾았고, 앨리스가 혼동과 함께 부인하기를 반쯤 기대했던 마음의 상태로 되돌아갔다. "내 립스틱, 앨리스," 로즈메리는 고요하면서도 권위 있게 말했다. 앨리스는 준비되지 않은 마음 상태에서 그 말에 복종했고, 그녀의 특별한 립스틱을 하녀의 손에 넘겨주었다. "그런데, 롤랜드씨, 여기에 뭐 하러 왔어요?"

이번에는 롤랜드가 어리둥절해졌다. 로즈메리는 연기를 하고 있는 것이 아니었다. 남편과 아내 모두에 대한 그녀의 증오와 경멸에는 진정성이 담겨있음이 분명했다. 그 두 사람을 무시한 채, 그녀는 느긋하게 화장을 계속했다.

갑자기 앨리스는 자제력을 잃고 하녀의 손에 있는 그녀의 아버지가 선물로 준 매니큐어 세트를 내리쳤다. 로즈메리는 창백한 얼굴로 긴장해서 일어섰다. "좋아, 이 더러운 년, 이것에 대한 대가를 치르게 하겠어. 지금은 자본주의 영국이 아니야!" 잠시 롤랜드는 모든 것을 이해했다고 생각했다. "당신은 바보야!" 그는 아내에게 말했다. "당신이 짜증 발작으로 무엇을 했는지 신이 아실 거야!" 한순간에 앨리스는 부끄러워졌다. 그녀의 갑작스런 격노는 그녀를 충격에 빠뜨렸고, 그녀는 강렬한 후회와 위협의 감정에 휩싸였다.

"이리 와요, 롤랜드"—말을 하는 사람은 로즈메리였다—"오늘 무척 힘든 하루를 보낸 것을 알아요. 당신의 사랑스런 품으로 오세요." 그녀는 앨리스를 응시했다. 이번에는 앨리스가 창백해졌고 겁에 질렸다. "나는 앨리스가 개의치 않을 거라고 확신해요. 그렇죠? 매니큐어 세트는 걱정하지 말아요. 내가 한 말은 용서하고 잊어요! 어서 와요, 롤랜드." 그녀는 포옹을 하기 위해 팔을 활짝 벌렸다.

앨리스에 대한 그의 증오에도 불구하고, 롤랜드는 그렇게 할 준비가 되어 있지 않았다. 그는 주저했다, 또한 그의 아내의 눈빛에 담긴 차가운 경멸이 두려웠다. “자기!”라는 호칭은 로즈메리의 조롱 섞인 초대였지만, 그것은 과한 것이었다. 롤랜드는 마치 그 에피소드가 있을 수 없는 농담이라도 되는 것처럼, 거절하는 반응을 했다. 두 여인의 긴장된 얼굴과 서로에 대한 그리고 남자에 대한 증오의 현실이 없었더라면, 그 모든 것은 환각처럼 느껴졌을 것이다.

바깥에 자동차가 다가오고 있었다. 창문 가장 가까운 곳에 있던 로즈메리가 밖을 내다보았다. 검은 양복을 입은 약간 뚱뚱한 운동선수 같은 남자가 자동차 문을 조심스럽게 닫고 있었다. 장면의 진부함으로 인해 더 강조된 긴장은 최고조에 달했다. 로즈메리는 그녀의 오만한 자신감을 상실했고 표정은 백짓장처럼 창백해졌다. “저 공자는 누구지?” 롤랜드가 속삭였다. “입 다물어, 바보야!” 그 남자는 창문을 통해 들려오는 그 소리를 들었다. 그는 그 세 사람을 향해 얼굴을 돌려 응시했다. 그 응시가 그들을 사실상 영원히 하나로 묶었다. 그는 고요하고 침착하게 응시했는데, 그것은 그를 바라보는 세 사람의 공포와는 기괴한 대조를 이루었다. 로즈메리의 누르스름한 얼굴은 땀방울로 덮여 있었다. 앨리스는 이해할 수 없었다.

농장 건물의 버팀벽에 의해 가려져 있던 또 한 남자가 첫 번째 남자에게 물었다. “저 사람들이 영국인인가?” 첫 번째 남자는 고개를 끄덕였고, 세 사람에 대한 흥미를 잃어버렸다. 창문에 있던 사람들은 그의 시야에서 벗어날 수 있었다.

롤랜드가 핀잔을 주었다. “도대체 당신들 두 사람은 왜 그래?” 앨리스는 롤랜드의 쓸데없는 말에 관심이 없었다. 그녀의 입술은 오므라들었고, 눈은 화가 나 있었다. “오 저런! 내가 뭘 한 거지?” 롤랜드는 한 여인에게 먼저 그리고 그 다음에 다른 여인에게 호소했다. 앨리스는 반응하지 않았다. 그의 직접적인 호소를 들은 로즈메리는 그녀의 적대적인 농담을 계속하는 것으로 반응했다. 그녀의 장신구가 그녀가 매춘부라는 사실을 강조하고 있었다. 자신의 아내와 하녀 모두에게 굴욕감을 주고 싶은 욕망은 롤랜드에게 순간적인 승리감을 주었지만, 그것이 현실을 이길 수는 없었다. "당신들에게 무슨 일이 일어났는지 모르겠어," 그는 진심으로 말했다. 로즈메리는 활기를 되찾았다. "아무 일도 없었어요! 왜 그러세요, 자기?" 그녀는 성교할 때 반복해서 사용하는 표현을 사용했다.

자신이 어떤 사람이어야 하는지를 깨닫고 있는 앨리스에게는 격노와 굴욕감 같은 "적절한" 감정이 없었다. 위협받는 느낌이 그녀를 압도했다. 어둠이 짙어지면서, 낯선 두 인물들은 문 너머 통로의 배경으로 사라졌다. 그들의 등장은, 비록 조용하고 위장되지 않았지만, "성적 쌍"을 놀라게 했다.

남자도 자기 자신들 외에 다른 누군가가 있다는 것을 몰랐던 것처럼 보였다. 그들은 물건들의 목록들을 작성하면서, 앨리스와 롤랜드가 옷들을 보관하고 있는 작은 옷장을 향해 걸어갔다. "매우 체계적이네요," 롤랜드가 자신의 냉소주의를 감추려는 노력 없이, 큰 소리로 말했다. "지금 무슨 일을 하고 있다고 생각하는지 물어봐도 될까요?" 그들이 처음에 보았던 남자가 차에서 내렸다. 그가 선임인 것처럼 보였다. "우리는 사망한 트럽쇼 부부의 개인적 재산을 수집하고 조사하고 있습니다." "이 집에는 하녀와 남자 일꾼도 있었군요," 두 번째 남자가 말했다. 그 두 사람 모두는 공식적인 것으로 보이는 문서에 기록된 내용을 말했다. "그러나 우리는 죽지 않았는데요, 아직," 롤랜드가 약간 퉁명스럽게 말했다. "아직요?" 낯선 사람이 말했다. "실수가 있었던 게 분명하군요."

"정말 그게 분명해요!" "나는 그게 우리의 관심사라고 생각하지 않아요. 그 문제에 관심을 가질 사람들은 청산부서 사람들일 거예요. 우리는 단지 그들의 재산을 환수하고 있을 뿐이에요." "그들의 재산이라니!" 앨리스가 분개하며 개입했다. "그것은 우리의 재산이에요." "당신들이 트럽쇼 부부인가요? 이 분은 누구죠? 당신이 하녀인 슬로콤베 양인가요? 당신은 혹시 … 을 보았어요?" 그는 서류를 확인했다, … "미스터 제레미요? 그가 남자 일꾼 맞죠? 그건 우리하고 상관없어요. 청산부서 사람들에게 연락해보세요. 그들이 착오했을 수 있어요." "당신들이 이것들을 가져간다는 말인가요?" 앨리스가 화가 나서 얼굴을 붉히며 말했다. "그게 우리가 해야만 하는 일이에요." "혹시 우리에게 영수증을 주나요?"

남자는 거의 충격을 받은 것 같았다. "도대체 무엇 때문에요? 조사해보고 정확하다고 확인되는 즉시 그들이 우리에게 영수증을 발급하는데요." "그들이 누구죠?" "청산부서 사람들이에요. 우리와는 아무 상관이 없어요. 단지 그들이 우리를, 당신들을 데려가야 할 사람들보다 먼저 보냈을 뿐이에요. 아시겠지만 그건 문제가 되지 않아요." "그러나 이것들은 우리 거예요! 우리 농장이라고요." 이번에는 그가 놀란 것처럼 보였다. "나는 그렇게 생각하지 않아요. 그것은 일반적인 생각이 아니에요. 당신이 살아있나요? 우리의 목록은 당신이 죽었다고 말해요. 정복이 끝난 이후로 일반적인 규칙이 적용되고 있어요." "그 규칙들이라는 게 뭐죠? 우리는 아무것도 듣지 못했는데요!" "글쎄요, 나는 그렇게 생각하지 않아요. 나는 그들이 순서에 대해 신경 쓸 거라고는 생각하지 않아요. 사람이든 물건이든, 그들에겐 다 마찬가지예요."

물건들에 대한 조사와 환수는 사무적이고 냉정하게 계속되었다. 그것은 극도로 공포스런 것이었다. 롤랜드는 고함을 지르며 항의하고 싶었지만, 자신의 존재에 대한 그들의 예의 바르고 인내심 있는 무관심이 위협으로 느껴졌다. 앨리스의 소유물은 모두 딱지가 붙었고—앨리스는 그것을 볼 수 없었다—무더기별로 분류되었으며, 어딘가로 옮겨졌다.

"당신들은 내 옷을 하나도 남겨놓지 않았어요!" 그녀는 한마디 했지만, 그 남자는 그 말을 제대로 이해하지 못했다. "나는 내가 지금 입고 있는 것밖에는 옷이 아무것도 없어요!" 그는 대답하려는 듯이 다가왔지만, 대충 그녀의 옷을 훑어보고는, "당분간은 그렇게 지내세요. 내일 당신의 옷에 대한 허가사항을 듣게 될 거예요." 그는 그녀가 분노에서 회복되기도 전에 밖으로 나갔다. "허!" 롤랜드는 철수하는 사람들의 모습을 눈으로 뒤쫓으면서, 탄식했다. 앨리스는 그를 외면했고, 갑작스런 공포에 압도되었으며, 왈칵 눈물을 흘렸다. 그녀는 완전히 혼자라고 느꼈고 오랫동안 그랬던 것 같았다. 그녀는 자신을 애무하려고 시도하는 친절하지만 서투른 롤랜드를 밀쳐버렸다.

그날 밤 로즈메리는 롤랜드와 함께 침대에 들었고, 웃으면서 앨리스를 스스로를 돌보도록 밀쳐냈다. 자부심과 굴욕감을 동시에 느끼면서, 앨리스는 위층의 로즈메리 침실로 갔다. 그녀는 "그 두 사람"과 방을 공유하는 것을 견딜 수 없었다.

4

그날 밤 성취한 로즈메리의 성적 승리는 그녀의 여주인의 침대 안에서의 탐닉을 통해서 그리고 여주인의 남편과 그의 추락을 통해서 빠르게 소모되었다. 그녀는 자신의 유혹에 굴복한 그의 약함을 보는 것에서 쾌락을 느꼈음을 알고 있었다. 그녀가 파괴하고 있는 것은 앨리스의 결혼과 가정만이 아니라, 그의 결혼과 가정이기도 했다. 그녀 자신이 속한 계층과 자신의 아름다움을 비하했던 것에 대한 보복이 이루어지고 있었다. 그날 밤 그녀는 스스로 행동하는 자가 된다는 것이 어떤 것인지 알게 되었다. 그 감정이, 비록 세부 사항은 알 수 없지만, 적군의 성공적인 침략이 그녀의 조국을 휩쓸었던 수개월 동안 그녀를 항상 따라다녔던 불안을 덮어버렸다. "그녀의 조국 …" 그 구절은 그녀의 경멸을 자극했다. 그것은 그녀의 조국이 아니었다. 그것은 부자들, 힘 있는 자들, 멍청한 자들, 존경 받는 자들, 사기꾼들, 위선자들의 조국이었다. 앨리스가 로즈메리 자신의 "추종자들," 즉 자신의 "애인들"에 대해 심문을 할 때, 그녀는 얼마나 고상한 척했던가! 얼마나 건방졌던가! 로즈메리는 힘은 좀 쓰지만 영민하지 못한 만능 일꾼인 톰의 아이를 임신했을지도 모른다는 자신의 두려움(*근거 없는 것으로 드러난*)을 기억해냈다. "로즈메리 네가 톰을 부추겼음이 분명해," 앨리스는 그렇게 말했었다.

"톰은 항상 좋은 일꾼이야. 내가 아는 그는 항상 존경스러워." 그때 로즈메리는 여주인 앞에서 겸손하게 서 있으면서, 눈물에 젖은 얼굴을 닦았고, 여주인의 은밀한 눈빛을 훔쳐보았었다. "그래요, 주인님, 내 말은, 아뇨, 주인님," 그녀는 공손하게 말했었다. 그들 중 누구도 그녀가 하는 말을 냉소적이거나 빈정대는 부인이라고 생각하지 않았을 것이다. 두 사람 모두는 자신들이 연기자로서 참여하고 있는 그 장면이 현실이라는 것을 모르고 있었지만, 자신들이 맡은 역할은 아주 잘 알고 있었다. 과거는 알려지지 않았고, 현재는 관찰되지 않았다. "미래"는 실제로 로즈메리가 앨리스의 침대에서 롤랜드와 관능적인 시간을 보냈던 바로 그날 밤과 아주 가까운 곳에 있었다.

로즈메리는 다시금 톰을 "부추기고 있었다." 그때 그녀와 롤랜드는 위층 로즈메리의 방에서 나는 소리에 깜짝 놀랐다. "저게 무슨 소리지?" 롤랜드가 깜짝 놀라 일어나 앉으면서 말했다. "나도 그 소리에 놀랐어요," 로즈메리가 그를 다시 품에 안고 달래주면서 말했는데, 그녀는 웃고 있었다. 몸싸움을 하는 소리에 이어 희미한 비명소리가 들렸다. "저게 뭐였지?" 부분적으로 안심한 롤랜드가 다시 로즈메리의 품에 안기며 말했다. "저 망나니들의 소리를 들어봐요." 로즈메리가 꿈꾸는 듯이 추억에 잠긴 목소리로 말했다. "위층에 누가 있지? 당신 방에 있는 사람이 누구야?" "아무도 아니에요, 잠이나 주무세요, 나의 강아지. 아니면, 원한다면 깨어 있으면서 그들이 하는 말을 듣든지요. 톰과 앨리스가 좀 즐기고 있을 뿐이에요." 정신이 번쩍 들면서 공포에 질린 롤랜드는 침대에서 기어 나와 캄캄한 데서 정신없이 주섬주섬 옷을 주워 입기 시작했다. "바보 같은 짓이에요!" 이번에는 로즈메리가 놀랐다. "침대로 다시 돌아와요!" 그녀는 단호한 어조로 명령했다. 당황해서 자신이 어디로 가고 있는지도 모르고 있던 롤랜드는 마침내 몸을 덜덜 떨며 침대로 돌아왔다. “도대체 왜 그래요?” 그녀는 그를 자극하면서 꾸짖었다. “그들도 우리처럼 재미 좀 보면 안 돼요? 나는 그녀가 그를 부추겼다고 확신해요!” “그녀는 그런 짓을 하지 않을 거야. 누가 너에게 그런 말을 했지?” 롤랜드는 로즈메리의 얼굴을 쳐다볼 수가 없었지만, 그녀가 조롱하듯 웃고 있다는 것을 느낄 수 있었다. 그것은 불친절해 보이지 않았다. 아니면 불친절했나?

위층 바닥에서 들려오는 소리가 분명했다. 강력한 감정이 롤랜드에게 밀려왔지만, 그 안에 로즈메리에 대한 성적 열정이 담겨있지는 않았다. 로즈메리는 보통 실패한 적이 없는 자신의 성적 자극이 그를 자신에게로 끌어오거나 공포에서 나오도록 유혹하지 못한다는 것을 깨달으면서 놀랐다. 두 사람 모두는 싸우는 소리에 귀를 기울였다. 앨리스의 항거하는 소리는 차츰 조용해졌고 마침내 완전히 그쳤다.

“톰이 그녀를 죽였나봐요! 그가 톰이 확실해?” “물론이죠.” 롤랜드는 그 말을 믿을 수 없었다. 그러나 그에게는 의심의 씨앗이 뿌려졌다. 로즈메리는 자신이 거짓말을 하고 있다는 것을 알고 있었다. 그녀는 톰에게, 앨리스가 로즈메리의 방에서 그를 기다리고 있다고 거짓말을 했었다. 그녀는 바보처럼 자신이 모든 것을 알고 있다고 불쑥 말해버렸다. 게다가, 그녀는 설령 상대방이 톰이었다고 해도, 만약 앨리스가 바람을 피운다고 느꼈다면, 롤랜드의 격노가 어떤 형태를 취할지는 알지 못했다. 그걸 누가 알 수 있단 말인가? 또는 앨리스의 저항조차 그의 격노에 기름을 붓는 역할을 했을까? 거기에는 열정의 살인과 유사한 것이 있었다.

그들은 귀를 기울였다. 조용함은 침묵으로 변했고, 침묵은 절대적인 것이 되었다. 로즈메리는 밤을 이용하겠다는 자신의 계획이 철저히 실패했고, 새벽이 이미 커튼 없는 창문을 환하게 밝히고 있는 것을 발견하고는 격노했다. 그 쌍은 듣고, 보았다. 밝아오는 빛이 특별한 하루를 약속했다. 약속은 했지만, 성취되지는 않았다. 빛과 함께 커튼 없는 창문과 방 안의 보물들이 모습을 드러냈다. 과거에 탐했던 것들이 지금 그녀의 것들이 되어 있었다. 그러나 밝아오는 새벽과 함께 들려오는 성모 마리아 찬가조차 그녀의 두려움을 몰아내지도 희미하게 만들지도 못했다.

"나는 위층에 가봐야겠어," 롤랜드가 절박하게 말했다. 그녀는 그를 붙잡는 대신에 중간 다락방 문 앞에서 그와 합류했다. 잠시 그들은 말없이 서서 어질러진 더러운 침대를 바라보았다. "그들이 평화로워 보이네요, 그렇지 않나요?"

그 말은 롤랜드에게 "마치 장의사의 과자처럼" 관속에 누워있던 그의 어머니의 모습을 떠올리게 했다. 그는 장례 절차와 관련된 장의사의 솜씨에 대해 알게 되면서, 그 모습이 과자 같다고 생각했었다. "앨리스가 평화로워 보이죠? 그렇지 않나요?"

과거에, 그의 농장과 들판 위에 동터오는 새벽이 얼마나 아름다웠던가. 그것이 약속하지 않은 것이 있을까? "그들은 두 명의 아이들 같아요. 자, 우리는 여기에서 할 수 있는 게 없어요," 로즈메리는 롤랜드의 팔을 끌어당기며 가자고 했다. 그것은 너무 늦었다.

5

하녀의 방에 머물고 있던 앨리스는 격노와 공포로 인해 절박한 상태였다. 그녀는 창녀의 침대에 눕지 않은 채, 그 방에서 유일하게 편안한 의자인 버드나무 의자에 앉아있었다. 그녀에게는 옷이 거의 남아있지 않았다. 책을 읽기에는 너무 어두웠고, 방 안의 잡동사니들조차 간신히 알아볼 수 있었다. 추위에 떨고 있다가 삐걱대는 의자 소리에 잠이 깨었을 때, 그녀는 사실과 악몽이 환각과 구별되지 않을 때까지 생각 속으로 도망쳤다.

이런 경험들이 너무 공포스러워졌고, 그녀는 방 안에 남자가 있다고 확신했다. 그녀는 사실 위에 남겨진 흔적을 보존하려고 노력했다. 그녀가 그토록 경멸했던 침대보로 자신을 덮으려고 했을 때, 그것이 주는 안락함은 그녀가 남자 품 안에 있다고 느끼도록 만들었다. 그때 그녀의 저항에 화가 난 톰은 그녀를 때리겠다고 협박했다. 그녀는 자신의 머리를 감싸고 있는 침대보에 의해 질식하지 않으려고 애썼다. 그녀는 그녀를 못됐다고 비난할 때 사용하던 혐오스런 방식으로, 즉 개처럼 물었다. 그녀는 위협이 격렬해지기 전에, 그가 톰이라는 것을 알았다. 그는 그녀가 그를 질책하고 당장 해고하겠다고 위협했을 때 온순했고 깊이 뉘우쳤던 가장 마음 좋은 촌놈이었다. 그 기억조차도 나쁜 것으로 바뀌었다.

그는 그녀가 로즈메리를 통해 그에게 보냈던 메시지를 거론하면서, 격하게 그녀를 비난했다. 그녀는 힘에 압도되었고, 공격에 저항할 수 없었다. "아 … 나는 당신의 눈빛에서 사랑을 느낄 수 있어. 나는 알아! 나는 알아!" 그는 승리자인 것처럼 말했다. 너무 약했던 그녀는 기절했다.

"일어나, 창녀!" 명령은 가혹했다. "일어날 수가 없어요," 그녀가 간신히 말했다. 대낮이었고, 그것은 남자였다. "이 사람이 네 남자 친구지?" 그는 대답을 기다리지 않았고, 몇몇 부하들을 향해 "이 두 여자를 트럭에 태워"라고 명령했다. 그는 전혀 경멸과 무관심을 숨기려하지 않았다. 그리고 남자들을 가리키면서, "그리고 이 두 사람도. 그들에 대한 조사는 다 끝났어. 마당의 B구역으로 데려가"라고 말했다. 톰과 롤랜드는 끌려 나갔다.

몇 주 동안 롤랜드는 간헐적이고 산발적으로 심문을 받았다. 그 절차는 엄격했고 철저했다. 상당한 권한을 가진 것처럼 보이는 남자는 한 번 농장의 가축에 대한 자세한 질문을 통해서 롤랜드를 화나게 만들었는데, 그때 롤랜드는 "젠장" 그렇게 묻는 사람은 자신이 누구라고 생각하느냐고 물었고, 부루퉁해졌다. 그 남자는 대답하거나 화내지 않았다. 그는 심문을 중단했다. 다음 날 다른 사람이 심문을 맡았다. 세 명의 다른 남자들이 찾아왔던 그 다음 날, 롤랜드는 의심의 목소리를 냈다. "이 주변에는 콧대 높은 사람들이 더럽게 많나봐," 그리고 앨리스에게 자신이 그렇게 생각하는 이유를 말해주었다. 그녀의 무관심은 그가 느꼈던 짜증을 잊게 만들었고, 그의 짜증은 곧 의심으로 바뀌었다. 그에게는 자신의 불평이 실제로 과학적으로 정확한 관찰일 수도 있다는 생각이 떠오르지 않았다.

앨리스와 롤랜드는 그들이 전혀 익숙하지 않은 방식인 급격한 변화 속에 있었다. 그들의 삶은 적군의 침략 이전에 그랬던 것처럼 계속되었다. 그들은 따분하고, 관습적인, 정절을 꽤 잘 유지하고 있는 남편과 아내였다. 그 정절은 동일하게 따분한 관습적인 간통으로 미끄러져 내려갔다. 그때 다가오는 재앙에 대한 불안과 공포는 어처구니없는 무소식으로 바뀌었다. 어느 날 롤랜드는 퍼커릿지에 있는 장터에서 여러 명의 외국인 병사들을 보았다. 그들은 그를 생각 없이 바라보았고, 그는 그들에게 감히 물어보지 못했다. 그는 자신이 겁이 났다는 것을 인식했지만, 그 이유는 알지 못했다. 그는 앨리스가 자신이 소식을 알아내지 못한 이유를 물어보지 않기를 바랐다. 그는 그 소식을 그녀에게 말해줄 수가 없었다. 아무런 소식이 없었다. 롤랜드는 만약 소식이 있다면, 당연히 그 소식을 말했을 위인이었다. 그가 지속적으로 발달시킨 경멸은 그의 제2의 본성이 되어 그의 정신적 빈곤함을 심오함의 겉모습으로 위장해주었다. 그가 막연하게 알고 있는 진실을 다른 사람들이 알고 있을지도 모른다는 불안으로 인해, 그는 허풍을 떨었고, 호통을 쳤으며, 그래서 그 누구도 자신의 두려움을 알지 못하게 했다. 앨리스도 마찬가지로 결혼한 부부라는 위장이 주는 안전함이 잘못될까봐 두려웠다. 로즈메리가 살았던 방식은 어떤 종류의 빈곤도 인식할 수 있는 능력을 갖추기에 더 잘 준비된 것이었다. "결혼한 부부의 사랑"을 하녀와 창녀의 관점에서 관찰할 수 있는 기회는 그녀에게 양안적 시각을 제공해주었고, 따라서 그녀는 그런 시각으로 지금 일어나고 있는 사랑과 전쟁을 바라볼 수 있었다. 그녀가 자신이 관찰한 것을 이해할 수 있는 능력이 있었는지는 분명하지 않다. 다만 그녀는 앨리스와 롤랜드처럼 두렵기는 했지만, 그들과는 다른 정서를 갖고 있었다. 정서를 구성하는 내용의 혼합 비율이 달랐다. 나라이든, 농장이든, 집 자체이든, 마음대로 휘젓고 다녔던 승리한 군인들은 두려움을 알고 있었다. 롤랜드가 알고 있는 그들의 두려움은 그의 두려움과 질적으로 다른 것이었다. 롤랜드는 그가 증오하는 그 남자의 오만함이 그들의 대화에 참여했던 낯선 사람에 대해 말하는 중에 모습을 드러냈을 때, 그 두려움을 처음으로 인식했다.

롤랜드와 로즈메리가 남자 앞에 섰을 때, 격식을 차리지 않는 그의 태도가 두려운 느낌을 주었지만, 그들은 놀라지 않았다. 앨리스는 자신이 "낮은 계층" 사이에서만 일어나는 것으로 알고 있던 공격에 의해 고통을 받고 있다고 느꼈다. 롤랜드는 과거에, 임신한 아이가 야생적인 눈으로 그를 바라보다가 갑자기 부드럽게 그리고 조용히 마법처럼 사라졌던 일을 회상했다. 그런 일들은 영국인 여성들이 사는 세상에서는 일어날 수 없는 일이었다. 앨리스는 롤랜드가 그의 공포를 말할 수 있기 전에, 가버리고 없었다. 어쩌면 말을 할 준비가 되어있지 않았던 그처럼 들을 수 있는 준비가 되어있지 않았는지도 모른다. 그의 허세를 유지하는 데 유용한 진부한 표현조차도 떠오르지 않았을 것이다.

롤랜드와 톰은 마당에서 기다리라는 말을 들었다. 임신한 아이에 대한 기억은 롤랜드에게 익숙하지 않은 감정들을 불러일으켰다. 커다란 위험을 인식한 그의 가슴은 빠르게 뛰었다. 그는 건물 모퉁이를 향해 달렸고, 갑자기 느린 걸음으로 바꾸었다. 마당의 다른 쪽에서 자신의 부하들에게 말하고 있는 남자는 언제라도 그의 시선의 방향을 바꿀 수 있었다. 롤랜드는 들키지 않고 모퉁이를 돌았다. 그는 어디로 가고 있었을까? 가능하다면, 그곳은 문덴일 것이다. 그러기 위해서는 사십오 분을 걸어야 하고, 퍼커릿지 도로를 가로질러만 한다. 그는 그곳에 도달할 때까지는 안전할 거라고 생각했다. 어떤 낯선 사람보다 더 잘 알고 있는 들과 골목길을 지나서 그는 한 시간 만에 퍼커릿지 도로에 도달할 수 있었다. 거기에서 그는 자동차로 이동하는 사람들에게 들키지 않도록 더 잘 숨어야만 했다. 그때 침묵이 느껴졌고, 푸른 하늘에 높이 떠있는 종달새 소리가 들렸다. 그가 그토록 잘 알고 있는 평화로운 장면 속에서 도망자가 되어 있는 것이 이상하게 느껴졌다. 만약 그가 잡힌다면, 그는 사살될 것이다. 도망자에게 다른 가능성은 없다. 그는 자신의 생명을 구하기 위해 도망치고 있었다. 그는 왜 앨리스를 데리고 도망치지 않았는가? 망할 앨리스. 그는 비록 앨리스가 여전히 아름다웠지만, 그 빌어먹을 여자를 사랑하지 않았고, 결코 사랑한 적이 없다. 그들이 자녀 없이 지내면서, 그녀가 짜증을 내기 시작했고, 그녀의 표정이 굳어지기 시작했다. 어쩌면 그녀는 톰에 의해 "사상 불량자"로 내몰릴지도 모른다.

문덴 농장이 시야에 들어왔을 때 그는 자신이 아무 생각도 없이 그곳에 왔다는 것을 깨달았다. 누가 점령군이었지? 점령군이 무엇을 하고 있었지? 영국은 감옥이었다. 평화가 회복되었다. 지옥처럼 말이다! 종달새가 어떻게 울었더라? 그는 전에는 그처럼 종달새 소리를 들은 적이 없다. 그는 전체 농장이 잘 보이는 헛간 뒤에 웅크리고 앉아서, 누군가가 나오기를 기다리듯이 문을 응시했다.

갑자기 그는 뒤에서 그의 이름을 속삭이는 소리를 들었다고 생각했다. 그는 귀를 기울였다. 날씨는 화창했고, 너무 고요해서 그가 들을 수 있는 것은 종달새 소리와 큰 도로 위를 달리는 호송차 소리가 전부였다. 그는 긴장이 풀리기 시작했다. 그는, 마치 최초인 것처럼, 그 자신의 땅에서 시골의 소리를 듣고 있었다. 목소리가 다시 들렸는데, 이번에는 좀 더 긴급했다. 머리를 낮춘 채, 그는 대답했다, "로빈."

6

앨리스는 덜커덩거리는 트럭에 타고 있었다. 그녀는 전날 밤의 경험으로 인해 정신과 신체 모두가 녹초가 된 상태였다. 그 모습은 그녀의 결혼 이후의 삶에서 가장 볼 품 없는 것이었다. 눈물이 날 정도로 지친 상태에서, 그녀는 어처구니없는 장신구를 하고 있는 로즈메리의 모습을 차마 봐줄 수가 없었다. 어떤 남자도 그런 창녀에게 매력을 느끼는 것이 불가능할 것 같았다. 그러나 정말로 창녀다운 것은 그녀의 몸단장도 그녀의 몸도 아니라, 그녀의 자기self였다. 하지만 로즈메리는 앨리스 자신이나 롤랜드가 뭐라고 말할 수 없는 마음의 단정함을 갖고 있었다.

트럭이 멈췄다. "내려!" 그들은 트럭에서 내렸고, 앨리스는 자신이 가끔씩 그녀의 집에 놀러왔던 친구들이 소유하고 있던 브로잉 하우스[10]에 있다는 것을 알았다. 집의 구조는 멀쩡했지만, 단단하고 아름다웠던 가구들은 그녀 자신의 것들과 마찬가지로 사라지고 없었다. 여자들은 홀 안으로 끌려 들어갔다. "그 자리에 서! 지금부터 너희들은 명령에 따라 움직인다. 너희들은 즉시 복종해야 할 것이다. 그리고 너희들의 더러운 입을 닫아야 할 것이다!" 그 말을 끝낸 그는 그들을 남겨둔 채, 안쪽

10 Braughing house. 사교적 모임을 위한 집.

에 있는 방으로 사라졌다. 홀에 남아있는 그들은 안쪽에서 들려오는 남자들의 목소리를 들을 수 있었다.

날씨는 추웠다. 그가 다시 나타날 때까지 약 반 시간동안 그들은 떨면서 그곳에 서 있었다. 그는 그들 모두에게 거친, 파란색 무명 가운을 나눠주었다. "입고 있는 옷을 벗고, 이 옷을 입어. 자, 서둘러!" 여인들이 그 말을 철회하기를 기대하며 주저했을 때, 그는 화를 내며 말했다. "그런데 …" 앨리스가 무슨 말을 하려고 했지만, 그는 그녀의 입을 후려쳤고, 그녀의 입에서는 피가 났다. "내가 입을 다물라고 하지 않았나?" 그는 그들의 옷을 챙겨 그곳에서 걸어 나갔다.

그들이 벌거벗고, 굶주린 채, 서서 떨고 있는 동안 절망은 거의 두 여자의 저항을 폭발시키기 직전이었다. "정말 죄송해요, 마님." 앨리스는 진정한 연민을 담고 있는 로즈메리의 모습을 보면서 놀라움을 느꼈다. "나는 그들이 어떤 사람인지 알지만, 마님은 모르실 거예요. 그들은 다 똑 같아요." "네가 그들을 알아, 로즈메리? 어떻게? 그들을 전에 만난 적이 있어?" "오 아뇨, 마님. 하지만," 그녀는 메인 홀에서 떨어진 곳에 있는 문을 향해 의미 있는 끄덕임과 함께, 다음과 같이 덧붙였다. "나는 저 뚱뚱한 녀석을 본 적이 있어요. 그리고 더 많은 비슷한 사람들을 보았어요." 그녀는 침입자에게 직접적으로 말했다. "이봐, 뚱보, 너 거기 보고 싶어? 네 여자 친구 앞에서는 네 물건이 안 서지?" 그 남자는 곧 철수했다. "자! 아시겠죠, 부인?" 그녀는 승리한 듯이 말했다. "제대로 된 언어를 말하면, 그들은 충분히 빨리 알아들어요. 그들은 다 똑 같아요. 그리고 양해해주세요, 부인, 내 말은 영어를 뜻하는 게 아니에요."

앨리스는 듣고 있지 않았다. 그녀의 주의는 산만했다. 전쟁이 발발한 후로 그녀는 자신의 퇴화가 알고 있는 것보다 훨씬 더 오래전부터 진행되고 있었다는 것을 깨달았다. 자신의 하녀가 말한 것에 흥미를 느끼고, 그녀에게 더 많은 것을 질문할 수 있는 상황이 되면서, 그녀는 자신의 사고의 흐름을 유지할 수가 없었다. 그녀는 이 홀을 알고 있었다. 그녀는 그 홀에서 식사를 했을 때의 모습을 기억해낼 수 있었다. 현재 그 홀의 모습은 마치 환등기가 비춰주는 장면처럼, 가구라곤 없는 단조로운 모습이었다. 캘버트 집안의 사람들은 다 어디로 사라졌을까? 그들은 어디로 끌려갔을까? 그 섬에 살던 사람들이 몰살되고 다른 사람들로 대체되었다고 믿는 것이, 어떤 형태로든 그곳 주민들이 한 사람씩 동화되었다고 믿는 것보다 더 쉬웠다. 그 마을은 어릴 때부터 친숙한 곳이었다. 그녀는 평생 그녀 자신을 명문가의 한 사람으로 알고 있었다. 지금 그녀는 벌거벗은 채, 어떤 말로도 설명이 되지 않는 어울리지 않는 상태로 서 있다. 실제로 전쟁의 패배가 있었다. 그러나 정말로 재앙적인 것은 노르만 족[11]의 정복과 비슷한 어떤 일이 발생했다고 가정해야 할 만큼 패배의 정도가 심하다는 것이었다.

홀의 다른 쪽 끝에서 어떤 움직임이 있었다. 두세 명의 남자들과 여자들이 물주전자와 수술도구처럼 보이는 것들을 갖고서 홀 안으로 들어왔다. 물은 차가웠다. 자기들끼리만 이야기를 하는 그들은 두 여자에게는 아무런 관심을 보이지 않은 채, 마치 그들이 무생물인 것처럼 그들의 몸을 씻기고 닦았다. 그들은 앨리스나 로즈메리가 건네는 말에 자유롭게 말하고 대답하는 것처럼 보였다. "이것이 무엇에 관한 것인지 물어봐도 될까요?" 앨리스의 질문을 들은 그 여자는 숙고한 다음에 이렇게 대답했다. "우리가 아는 한, 그것은 S18B에 따른 거예요." "그게 뭔데요?" 그녀는 앨리스에게 글자가 인쇄된 종잇조각을 보여주었다. 거기에는 위생 지시사항이 영어로 간결하게 적혀 있었다. "우리는 당신들에게 말해서는 안 되고, 당신들도 우리에게 말해서는 안 돼요." 그것이 전부였다.

11 스칸디나비아 지역에 살던 게르만족.

잠시 후에 손가락 사이의 찰과상에 따른 심한 고통 때문에 격앙된 상태에 있던 로즈메리가 자신도 그 일에 지원할 수 있느냐고 물었다. 그것에 대한 대답은 "어림도 없다"는 퉁명스런 거절이었다.

몸 씻기가 끝났을 때 위생 팀은 철수했고, 의학적 검사 팀으로 대체되었다. 캄캄했던 방이 환해졌다. 이번에는 아무런 대화가 없이 진행되었다. 앨리스가 음식이 주어지는지 그리고 화장실을 사용할 수 있는지를 묻고 싶었지만, 상대방의 사나운 눈빛에 놀라 침묵했다.

의학적 검사는 상세하고 철저했다. 두 여인들이 소망을 말했지만, 아무런 소용이 없었다. 이번 경우와 그 다음이 이어지는 경우들을 통해서 확실히 드러난 사실은 그들의 유일한 관심사는 의학적 검사의 실행 그 자체라는 것이었다. 그것을 신속하게 수행하는 것이 그들이 부여받은 과제였다.

그날 밤 두 여인은 간단한 침대와 침대보를 제공받았다. 앨리스는 일어난 일보다 더 나쁜 일이 일어나지 않은 것에 안도했고, 피로가 몰려와서 잠이 들었다. 그녀는 "오 앨리스, 미안해요"라고 말하는 소리를 들었고, 그녀의 하녀가 무엇 때문에 미안한지를 듣기 전에 인사불성이 되었다.

7

로빈은 버려진 헛간에 있었다. 그 구역은 어떤 용도로도 사용되지 않고 있었다. 심지어 콜린의 식량 자루들조차도 그가 "제거된" 이후로 두 달 동안이나 방치되고 있었다. 롤랜드가 알게 된 것은 "강화 조약"이 이루어진 것이었다.[12] 로빈은 캄캄해질 때까지는 자신과 만나려고 시도해서는 안 된다고 롤랜드에게 강조해서 말했다. 롤랜드 때문에 로빈의 안전이 가볍게 취급되어서는 안 된다는 것이 분명했다. 그 반갑지 않은 생각은 하루 전만해도 상상조차 할 수 없는 것이었다.

날이 어두워진 후에 롤랜드는 로빈을 만났다. 로빈은 롤랜드에게 문덴으로 오는 길에 아무도 그를 본 사람이 없는 게 확실한지, 정말로 확실한지를 낮은 목소리로 반복해서 물었다. 그는 왜 왔을까? 그의 오랜 친구는 그를 보는 것이 반갑지 않았다. 다른 한편, 그는 롤랜드가 그곳에서 다른 곳으로 가는 것을 원하지도 않았다. "결국, 그들이 네가 도망가는 것을 봤을지도 몰라." 롤랜드는 모욕감을 느꼈다. "너에게 먹을 것을 어떻게 갖다주어야 할지 모르겠어. 네가 식량을 가져오지는 않았겠지?" "걱정 마, 친구! 내가 먹을 것은 내가 구할 수 있어. 내가 그렇게 할 수 있다는 거 알잖아. 생각나? 독일군 …" 그 생각은 로빈을 공포에 질리

12 사실상의 항복 이후에 국방장관인 콜린이 해임된 것을 가리키는 것으로 보임.

게 했다. “독일군이라고! 이 친구, 그동안 어디 있었던 거야? 이 사람들은 독일군이 아니야!” “오, 미안해.” 롤랜드는 화가 났고 냉소적이 되었다. “나는 그들이 다시 선전포고를 했다고 생각했어.” “잊어버려. 나치는 그런대로 친절하고 착했어. 약간 감상적이고 지독하게 무능했지만 말이야. 그런데 이놈들은 …. 너는 무엇 좀 알고 있겠네. 지난번 전투에서 무슨 일이 있었던 거야? 그게 마지막 전투였어. 이제 군대도 없고, 나라도 없어.” 그들의 대화는 중단되었다. 누군가가 살금살금 위층으로 올라오고 있었다. 그들은 살짝 열려 있는 문 바깥에서 멈춰 섰다. 검고 땅딸막한 병사가 문을 밀어젖혔다. 롤랜드는 자동소총의 긴 총구를 내려다보고 있는 자신을 발견했다. 로빈은 그들이 자신을 볼 수 있도록 손을 머리 위로 높이 들었다. 그 순간적인 움직임이 그 병사의 주의를 분산시켰고, 롤랜드는 그 병사를 덮쳤다. 그 병사는 총을 발사했지만, 너무 늦었다. 그 병사가 추락 때문에 기절했는지는 알 수 없지만, 롤랜드는 공포와 격노로 인해 발작하듯이 그 병사의 총으로 그의 머리를 후려쳤다. “이 멍청한 바보! 지금 무슨 짓을 한 거야! 시간이 없어. 여기서 벗어나야 해! 그들이 총소리를 들었을 거야. 튀어! 이 바보야, 한순간도 낭비할 수 없어.” 그들은 황급히 거의 몸을 던지다시피 계단을 내려와 마당의 어둠 속으로 사라졌다. 그들은 마음을 가라앉히고 밤의 고요함과 함께 침묵했다. “할 수 있는 한 빨리. 퍼커릿지로! 이 바보 천치! 빌어먹을 바보. 뭐 하러 여기에 왔어? 네가 오기 전까지는 먹을 것도 있고, 잠잘 곳도 있고, 평화도 있었는데 …” “닥쳐,” 롤랜드가 말했다. “그들이 초소에서 언제 왔든, 그들이 어디에 있었든 그게 무슨 상관이야. 자, 달려!” 그들은 최대한 빨리 달렸다. 그들은 대로를 피해서 갔다. 로빈은 그들이 시체를 발견하면—“젠장!”—탐조등을 사용할 거라고 확신했다. 마치 그에게 반응이라도 하듯이, 탐조등이 탑재된 두 대의 자동차가 문덴 도로에 모습을 드러냈다. 한 대는 웨이즈밀 쪽으로 급선회했고, 다른 한 대는 같은 방향으로 계속 달렸는데, 두 대 모두 사이렌을 울리고 있었다. "엎드려, 움직이지 마!" 자동차는 빠르게 지나갔다. 롤랜드는 심호흡을 했다. 그는 웃었다. "멍청한 놈들! 넌 그들이 똑똑하다고 말했지만, 걸어서 도망가는 사람을 시속 80마일로 달리는 자동차로 추적하다니!" 크게 안도한 그들은 계속 걸었다. 롤랜드가 말했다. "나는 그들이 우리를 놓쳤다고 생각하고 다시 추적하기까지는, 삼십분 정도 걸릴 거라고 봐. 아니 좀 더 오래 걸릴 수도 있어. 물론 그들이 내가 생각하는 것보다 더 똑똑한 녀석들이라서, 본부로 돌아가기 전에 술집에 들러서 편하게 보고서를 썼을 수도 있어. 그런데 그들의 본부가 문덴에 있나?" 로빈은 몸을 떨었다. "나는 무섭고, 배고프고, 추워. 게다가, 그들은 바보들이 아니야. 그들이 전쟁에서 이겼어. 그것도 한 주 안에, 영국군을 없애버렸어. 너와 너의 영리함은 어떻게 된 거야. 그 소식을 아직 듣지 못했다니." "무슨 소식?" "내가 지금 너에게 말하고 있는 소식 말이야. 네가 그것에 대해 전혀 모르고 있지 않다면, 그런 허튼소리를 말하지 않았겠지. 추적차가 온다, 다시 기어. 엎드려!"

"그럴 필요 없다," 탐조등으로 그들을 환하게 비추면서 추적차가 그들 옆에 섰을 때, 그들 바로 뒤에서 절제된 목소리가 들렸다. "물론, 당신 말이 맞아요." 그는 롤랜드에게 정중하게 말했다. "로르카Lorca[13]가 경찰을 곤충의 머리를 가진 자들이라고 말하지 않았던가요? 경찰이 당신이 추정했던 것처럼 행동한다는 게 잘 알려져 있기 때문에, 우리는 그것을 역이용하는 게 좋겠다고 생각했어요. 그토록 단순한 속임수를 써서 미안합니다." 그는 사과하듯이 말했다. "그게 보통 먹히거든요. 우리는 방금 보병 추격대를 내보냈어요. 그들의 속도가 고속으로 달리는 자동차

13 페데리코 가르시아 로르카, 스페인 시인. 극작가.

보다 더 적합하죠. 그 다음에, 도망자들이 안심할 때, 그래서 부주의한 순간에 체포하는 겁니다. 당신들을 잡는 데는 한순간이면 충분해요." 그는 정중하게 허리를 숙이는 몸짓을 취했다. "이제 돌아갈까요? 약간 어둡고, 저런, 보슬비가 오네요. 나는 당신들이 식사를 할 수 있을 거라고 생각해요. 그리고 렘즈씨가 당신들에게 우리의 군대 식사가 나쁘지 않다고 말해줬을 거예요. 비록 그가 지난 두 달 동안 식당에서 먹기보다는 따로 피크닉을 하면서 먹었지만요. 먼저 타시죠." 그는 경찰차의 열린 문으로 두 사람을 밀어 넣었다.

헛간으로 돌아와서 그의 태도는 여전히 정중함 그 자체였다. "내가 당신들의 숙소에서 당신들을 봐도 괜찮겠죠? 숙소가 좀 누추하긴 하지만," 그가 두 사람을 따라 이층으로 올라가 조금 전에 롤랜드가 보초를 살해했던 방 안으로 들어가면서 말했다. "렘즈씨는 그의 목적을 이루는 데 그들이 적합하다고 봤어요. 그가 이곳에서 몇 달 동안 살고 있었다고 당신들에게 말했을 거예요." 그는 마루에 놓여있는 피 묻은 시체를 바라보았다. "저런, 저런. 미안합니다. 우리가 일손이 부족해서요. 그렇지 않았으면 벌써 저걸 치웠을 텐데. 그는 당신네 나라 촌놈이에요. 나는 그가 어떻게 그렇게 부주의할 수가 있었는지 이해가 안 돼요. 아니 어쩌면 내가 경고했어야 했는지도 모르죠. 하지만 나는 그에게 어리석게 행동하지 말라고 반복해서 경고했어요. 나는 당신들이 도착했다는 말을 들었을 때, 그가 당신들을 보러 올라가는 실수를 저지를 거라는 것을 알았어요." 그는 다시금 롤랜드에게 가볍게 고개를 숙였다. "당신들 편한 대로 시체를 처리하세요, 신사분들." 그는 헛간을 재빨리 둘러본 후에, 어딘가로 사라졌다가, 거의 곧바로 되돌아왔다. "그건 그렇고, 당신들에게 경고해야겠어요. 만약 내가 당신들이라면, 나는 긴장을 풀지 않을 겁니다. 당신들 나라의 이 친구들이 그다지 믿을 만하지 않아요. 이 불쌍한 친구—당신들은 믿기 어렵겠지만, 우리는 그에게 바보 같은 짓을 하지 말라고 반복해서 경고했지만, 당신들을 따라 위층으로 올라가는 실수를 범했어요. 그가 약간 아둔했던 것은 맞지만, 나는 당신들이 경솔한 짓을 하지 않을 거라고 생각해요. 만약 당신이 우리와 함께 머무는 동안 그랬던 것처럼 앞으로도 잘 지낸다면, 렘즈씨도 잘 지낼 거고, 당신들은 아무런 문제도 없을 거예요."

롤랜드와 로빈은 서로를 쳐다보았다. "그가 한 말을 어떻게 생각해? 그는 마치 체셔 고양이처럼 움직여." "망할 놈의 체셔 고양이! 나는 두려움 때문에 몸 전체가 뻣뻣해졌어. 맙소사, 바보처럼 굴지 마!" 롤랜드가 절박하게 말했다. "우리는 여기에서 어디로 가는 거지?" "내가 어떻게 알겠어. 나는 그들이 네가 오는 것을 보았고, 네가 살인으로 그 사실을 강조했다는 것을 알고 있어. 명백히 그들은 아무것도 하지 않았어. 그들은 네가 여기에 있었다는 것을 처음부터 알고 있었어. 나는 그 불쌍한 녀석이 누구인지 궁금해. 나는 그를 보지 않았어. 너는 봤어? 그를 어떻게 처리하지?" 그때 총탄이 창문을 깨고 날아와 무언가를 맞추고는 날카로운 소리와 함께 어둠 속으로 사라진다. "오 맙소사! 이건 그들의 게임이야. 우리는 여기에서 사냥감이라고. 그들을 위한 과녁 말이야." 롤랜드는 그의 힘이 남아있을 때 도망치기로 결심했다. 만약 그렇게 하지 않는다면, 그는 로빈처럼 두려움에 사로잡힐 것 같았다.

밤은 또는 밤이 남겨준 것은 공포의 원천이었다. 그들에게는 음식이 없었다. 로빈은 롤랜드 만큼 쉽게는 아니지만, 이전처럼 장교 식당에서 요리사가 숨겨놓은 음식을 찾을 수 있을 거라고 추측했다. 롤랜드가 말했다. "자, 생각해 봐, 네가 말한 장교식당이 어디에 있지?" "나는 장교식당에 대해 말한 적이 없어. 나는 네가 장교식당을 봤다고 생각했는데," 로빈이 대답했다. "내가 어떻게 그럴 수 있었겠어? 나는 지난 두 달

동안 여기에 없었는데. 매일 음식을 찾아 먹었다고 말한 사람은 너야 …" 또 한 발의 총알이 창문의 남은 부분을 관통하는 바람에 유리가 파손되었고, 그들은 유리파편을 뒤집어썼다. "너는 그들이 이 짓을 계속할 거라고 생각해? 우리가 여기에서 나가는 게 좋겠어." "어디로 가게? 영국이 철저하게 진압되었다는 것을 잊었어? 그들은 그들이 전쟁을 했다는 사실을 인정하지 않아." 또다시 다섯 발의 총알이 거의 동시에 날아왔다. "우리가 말을 멈추는 게 낫지 않을까? 그들은 우리가 여기에 있다는 것을 알고 있어." "물론 그들은 우리가 여기에 있는 것을 알지. 이 빌어먹을 곳에서 나가자."

8

꿈이 없는 잠이 끝났다. 그날은, 꿈이 없었던 밤처럼, 사건들—낮 동안에 있을 법한 사실들—이 아무것도 없었다. 두 여인에게 식사가 제공되었다. 그들은 자신들이 음식을 먹은 기억이 없다는 생각이 들었다. 낮 동안과 밤 동안에 있었던 "사실들"은 결함 있고 잘려나간 것들이었다. 그 두 사람은 확고한 신체의 차원을 결여하고 있는, 따라서 그림자가 없는 꿈들—훼손된 꿈들—을 꾸고 있었다. 현실, 사실들의 세계는 더 이상 꿈들, 무의식, 밤과 구분될 수 없었다. 생각하는 자가 있는 사고들과 생각하는 자가 없는 사고들이 구별이 지배하는 세계를 대체했다. 꿈들은 마음의 차별적인 특징들, 즉 감정들, 정신적 표상들, 공식화들[14]을 전혀 갖고 있지 않았다. 생각하는 자는 사고들을 갖고 있지 않았고, 사고들은 생각하는 자를 갖고 있지 않았다. 프로이트학파의 꿈들에는 프로이트학파의 자유연상들이 담겨 있지 않았고, 프로이트학파의 자유연상들은 프로이트학파의 꿈들을 담고 있지 않았다. 그것들은 직관 없이 공허했고, 개념 없이 눈이 멀어 있었다.

로즈메리가 말했다, "당신은 좋은 사람이에요, 앨리스. 나는 당신을 톰보다 더 좋아해요." 앨리스는 관능적인 흥분이 몰려오는 것을 느꼈

14 구체적인 내용을 담고 있는 진술들.

다. “오 감사해요, 마님,” 앨리스는 자신의 하녀에게 공손하게 대답했다. “내가 할 일이 이제는 없나요?” “아냐, 내 장신구를 준비해. 그러고 나서 가.” 앨리스는 화려한 구두들이 있는 옷장을 살펴보고 있는 자신을 발견했다.

생각들, 창녀의 도구, 학습자료 … 앨리스는 그런 물건들을 끌어모으면서 밀물처럼 몰려오는 사랑과 동경의 물결에 휩싸였다. 그녀는 자신을 주체하지 못하고 말했다, “오, 마님, 그 옷을 입은 모습을 볼 수 없을까요? 그것들을 모두 당신에게 줄 수 있다면, 너무 멋질 거예요. 내가 롤랜드를 부를 게요. 그는 나보다 당신에게 더 좋은 남편이 될 거예요. 당신은 나보다 그를 더 좋은 남자로 만들어줄 거예요.” 그녀는 로즈메리의 발 앞에 쓰러져 눈물로 로즈메리의 발을 적셨는데, 그 눈물은 떨어지는 동안에 값비싼 향유로 변했다. 어떻게 해서 그녀는 그녀의 모든 보물들을 이처럼 낭비하게 되었을까? 그녀는 이것이 … 여종의 태도라는 것을 모르는 걸까? 그녀는 자신이 받은 선물의 가치를 모르는 걸까? —교육, 건강, 그녀의 아름다움, 우리의 아름다움. 그녀는 우리가 페넬로페Penelope[15]의 구혼자들이었다는 것을 모르는 걸까? 그리고 호머가 우리를 칭송했다는 것을 모르는 걸까? 우리에게 불멸성을 부여할 수 있는 시인이 존재하기도 전에, 우리가 죽었다는 것을 모르는 걸까? 롱사르Ronsard[16]는 우리가 아름다웠을 때 우리를 알았어. 그녀는 왜 그들을 떠나보내지 않는 걸까? 왜 우리를 빈 손으로 떠나보내지 않는 걸까? 왜 우리의 사고조차 비워지고, 우리의 개념조차 헐벗은 것이 되는 걸까? 왜 우리의 개념들과 사고들이 그것들의 장치, 도구를—그것들이 없이는 눈이 멀게 되는—박탈당하는 걸까? 칸트Kant가, 우리의 브라우닝이 그들

15 오디세이의 아내.

16 피에르 드 롱사르(1524-1585). 프랑스 시인.

에게 말해주지 않았던가? 그들은 왜 바라바 같은 도둑인 칸트Cant를 선택하는 걸까? 그대 앞에 있는 나는 왜 뒷모습만 바라보는 걸까?

앨리스는 하늘을 우러러보았다. "당신은 누구신가요? 당신의 모습을 보면 안 되나요?" "내가 너에게 말했지. 나는 불쌍하고, 멸시받는, 곤궁한 창녀인 너의 하녀, 너의 종이야. 내가 너에게서 롤랜드를 빼앗고, 톰을 보내주었어. 너는 나에게 아무것도 줄 수 없어." 그녀는 비통한 느낌이 없이 말했다. 앨리스는 조롱당할 것을 예상하면서 위를 바라보았다. 조롱은 없었다. "당신이 누구인지 말해주세요. 나는 동틀 때부터 해질 때까지, O로부터 신에 이르기까지, 신에게서 과학에 이르기까지, 안전함으로부터 인간의 무한한 본성에 이르기까지, 어리석음의 무한한 제약으로부터, 무감각으로부터 확실성의 편협함에 이르기까지, 무한한 증오로부터 무한한 사랑에 이르기까지, 무한한 냉정함, 절대적 무관심으로부터 절대적 사랑의 견딜 수 없는 무한대에 이르기까지 당신과 씨름할 겁니다. 내게 보여주세요." "안 돼." "보여주세요."

"네가 끈질기게 조르니까 나는 베일을 벗겠다. 나는 너에게 시각을 주지는 않겠지만, 통찰을 주겠다. 따라서 너의 가장 위대한 부분이 검은 안경을 쓰고 나를 볼 수 있을 것이고, 그림자를 드리우는 태양빛이 아닌 빛 안에서 나를 볼 것이다. 너는 너의 가장 위대한 부분이 지불한 것만큼의 대가를 지불해야 할 것이다. '그 순간 이후로 그의 마음의 균형은 깨졌다.' 그는 영구적으로 제정신sanity에 갇힌 채 살아가도록 저주받았다."

"당신은 누구세요?"

"나는 자비야."

"당신은 누구세요?"

"나는 너의 하인이야—그러나 그때도 너는 나를 보지 않았어."

"내 눈을 뜨게 해주세요."

"안 돼. 나는 예언자들을 보냈지만, 너는 듣지 않았어."

"나에게 들을 수 있는 귀를 주세요."

"나는 너에게 바흐를 보내주었어."

"그는 완벽한 소리를 만들어냈어요."

"그는 클라비에를 훌륭하게 연주했어."

"나에게 바흐보다 더 나은 사람을 보내주세요."

"안 돼, 나는 너에게 모차르트를 보내주었거든."

"당신은 그를 너무 빨리 도로 데려갔어요."

"나는 너에게 베토벤을 보내주었어."

"그에게는 신체적 결함이 있었어요."

"네가 그를 결함 있는 사람으로 만들었어. 너는 내가 만든 결함을 보려고 하지 않을 거야."

"그게 뭔지 보여주세요."

"나는 너에게 매독균을 보내주었어."

"나는 볼 수가 없었어요."

"그것은 아름다웠어."

"나는 그것의 아름다움을 볼 수가 없었어요."

"나는 너에게 데이즈Thais[17]를 보내주었어."

"당신은 누구세요?"

"이제야 너는 호기심에게 자리를 내주지만, 그나마도 그것을 곧 잠재우겠지."

"당신이 누구인지 말해주세요. 당신을 보게 해주세요."

"나는 보여주고 말해줄 거야. 그리고 너는 내가 보여주고 말해주는

17 알렉산더 대왕의 정부였고, 나중에 이집트 왕의 정부였던 BC 4세기 아테네의 창녀.

것을 너 자신을 무감각하게 만들고 약물에 취하게 만드는 데 사용할거야."

"나를 시험해보세요!"

"그래 어디 보자. 나는 데이즈이고, 트로이의 헬렌이야. 나는 인류가 아름다움을 볼 수 있는 기회를 주었어. 나는 수천 척의 배들을 물에 띄웠고, 일리움Ilium[18]의 끝없이 높은 탑들을 불태웠어."

로즈메리와 앨리스는 거의 기절할 정도로 놀란다. 그러나 로즈메리는 여전히 질문한다.

"당신은 누구세요?"

(공상과학소설로 위장한 그림자 형상들이 바통을 물려받는다.)

"우리는 공상과학 소설SF이야. 당신은 누구세요?"

"나는 수양을 아름다운 황금빛 덤불 속에 갇히게 만든 예술가야. 나는 덤불 속에서 수양을 사로잡은 사냥꾼이야. 나는 수양이 사로잡힌 덤불이야. 당신은 누구세요?"

"나는 공상과학소설이야. 나는 S.F.야. 과학적 사실이 된 공상이야. 도굴범이야. 나는 너의 감각을 훔치는 마약이야. 나는 추하고 두려운 무덤이야. 나는 너를 예술작품 안에, 황금 빛 수양과 황금 빛 덤불 속에 파묻은 도둑이야. 나는 네가 그것을 우르[19]의 죽음 구덩이 안에 묻게 만들었어. 나는 죽음 구덩이에서 그것의 공포를 훔쳤어. 나는 성스러운 바보로 위장한, 어리숙한 바보로 보이는 S.F.야. 나는 S.F.야. 이건 또 누구죠?"

"나는 나야. 나는 신이야. 나는 사탄이야. 나는 지옥불이야. 나는 불타는 가시덤불이야. 나는 모든 사람들이 숭배하는 불이야. 나는 그 불

---

18 트로이의 또 다른 명칭

19 구약성서에 나오는 지명.

을 훔쳤고, 그것이 밝게 타오를 때까지 불속에서 단련시켰어. 그래서 모든 사람들이 나를 숭배하도록 만들었어. 나는 맘몬이야. 당신은 또 누구죠?"

"나는 분쟁이야. 나는 신과 맘몬이 서로 대립하게 만들었어. 나는 음문을 음경과 대립하게 만들었고, 담는 것을 담기는 것과 대립하게 만들었어. 나는 여윈 소가 살진 소를 잡아먹게 만들었어. 당신은 누구세요?"

"나는 꿈꾸는 자야. 나는 꿈을 꿔. 나는 내가 묻혀 있던 구덩이야. 당신은 누구세요?"

"나는 생각하는 자를 찾은 사고야. 당신은 누구세요?"

"나는 네가 개념화되고 있다는 것을 모르게 하기 위해 너를 마약에 취하게 만든 도둑이야. 나는 너를 마약에 취하게 하는 꿈이야. 마약에 취한 너는 내가 참으로 훌륭한 개념이었다는 것을 알지 못할 것이고, 일단 내가 너의 생각 속에 자리를 잡고 나면, 너는 결코 같은 존재일 수가 없을 거야. 너는 내가 너에게서 훔친 것이 어떤 방향으로 이끄는지 모를 거야. 그것은 무로부터 무의식으로, 잠으로, 꿈으로, 깨어 있는 사고로, 꿈 사고로, 무로, O = 영으로, 그리고 영에서 오!로서의 O로 이끌 거야. 그리고 그 O는 또한 구멍 또는 탐욕스런 입이나 질의 그림이고, 완전한 자유를 주는 죽음, 완전한 암흑 또는 절대 색깔이며, 영원한 생명 또는 영원한 죽음 또는 항구적 움직임 또는 항구적 관성 또는 절대 공간이고, 물건들이 압축되어 하얀 난쟁이들처럼 보이거나, 푸아송Poisson 분포의 법칙[20] 같은 유한한 수단에 의해서만 포착될 수 있는, 드물고 진기한 정신적 공간이야. 그 공간은 사건들이 극도로 드물게 발생하거나, 모세관이 너무 탐욕스러워서 공유할 피가 충분치 않은 신체에서처럼, 마음이 상실되어 피가 부족한 신체가 그렇듯이, 너의 정신적 삶 자체가 파괴되

20 통계학적 개념. 단위 시간 안에서 어떤 사건이 몇 번 발생할지를 나타내는 확률 분포.

는 공간이야. 당신은 누구세요?"

"나는 네가 깨어 있다는 것을 알 수 있어. 너는 낮의 환함 때문에, 눈이 멀 거야. 왜냐하면 너는 대상의 가장 희미한 빛도 탐지할 수 없을 정도로 눈이 멀어 있어서 빛이 증가하는 것을 견딜 수 없기 때문이야. 너는 앞뒤로 진자운동을 해."

"아냐. 나는 빙글빙글 돌아. 그 원의 지름이 너무 광대해서, 너는 반대편을 볼 수가 없어."

"아냐. 너는 진자운동을 해. 네가 식별할 수 없는 작은 궤도이탈조차도 원을 따라 순환하는 너의 여행 시간을 초과할 거야. 너는 심지어 그 원과 그것의 지름이 같은 대상을 가리키는 기호들임을 탐지할 수조차 없어. 너는 …을 주장하는데, … 당신은 누구세요?"

"나는 분쟁이야. 나는 네가 찬성하지 않게 만들고, 그 분쟁은 너를 암흑에서 일깨우지. 나는 혼동이야. 나는 혀의 혼동을 야기하지. 나는 바벨탑이야. 나는 모든 사람들이 좋아하는 탑이야. 당신은 누구세요?"

"나는 뱀이 입구를 발견한 동산이야."

"나는 들어가는 길을 찾게 해준 빛줄기야."

"나는 유레이니아야."[21]

"나는 신적 지혜를 통해 이교도로 변장한 유레이니아야."

"나는 소수의 선원들이 타고 있는 함대의 항해를 가능케 했던 팔리누루스야."[22]

"나는 팔리누루스에게 명령을 내렸던 능력 있는 지도자야. 당신은 누구세요?"

"나는 계략이 풍부한 오디세우스에게서 훔친 위장이야. 나는 이성을

21 그리스 신화에 나오는 뮤즈들 중의 하나. 천문학의 여신.

22 로마 신화에 나오는 해양 동물.

그것의 왕좌에서 끌어내리지. 당신은 누구세요?"

"나는 위장된 이성理性인 합리화야. 그래서 나는 열정의 노예이거나 주인처럼 보일 수 있어. 당신은 누구세요?"

"나는 왕이야. 나의 꿈에서 너는 가구일 뿐이지. 만약 잠에서 깨야 한다면, 너는 즉시 사라져야 할 거야! 촛불처럼 말이지. 당신은 누구세요?"

"나는 우스운 이야기야. 나는 아동 서적이야. 나는 원더랜드야. 나는 아동들을 위한 이야기야. 너는 잠을 자면서 웃고 있어. 너는 깨어나고 있어. 너를 웃게 만드는 우스운 이야기들은 너를 울게 만들 거야. 아이의 꿈은 자라서 성인이 될 것이고, 악몽은 셰익스피어의 단시短詩처럼 너를 집에서 천천히 끌어내어 네가 왔던 곳으로 재빨리 데려갈 거야. 그곳은 네가 가는 곳과 같은 곳이지. 신처럼, 나는 너와 너의 장치를 네가 팔리누루스, 유레이니아Urania로 위장했던 영역으로 도로 던져버릴 거야. 인간이 걸어 다니는 나무들 같기 때문이야. 너는 걸어 다니는 인간으로 위장한 뿌리내린 나무야. 너의 뿌리는 이미 그것의 무덤에 있어. 너의 꽃은 이미 너무 화려하고, 너무 진홍빛이야. 너는 잠들었어. 당신은 누구세요?"

"나는 공상과학소설을 과학적 사실로 바꾸는 끔찍한 꿈이야. 나는 소름 끼치는 밤을 더 소름 끼치는 낮으로 바꾸었어. 당신은 누구세요?"

"나는 순수한 것으로 정련해내는 신의 불이야. 나는 숨어 있는 것을 공적인 것으로 바꾸는 방식을 나타내는, 프랑스 공화국으로 위장한, 혁명의 화염이었던 영광스런 태양이야. 죽음을 훔친 자이자, 겉모습의 비밀을 훔치고, 괴물로서 모습을 드러낸 장본인이야. 당신은 누구세요?"

"나는 내가 태어날 수 있게 해주는, 생각하는 자를 찾고 있는 사고야. 나는 그를 찾을 때 그 생각하는 자를 파괴할 거야. 나는 오디세이이고, 일리아드이며, 아에네이드Aeneid[23]야. 나는 마르스[24]가 나를 파괴하지 못하게 막았고, 그를 안과 바깥으로부터 먹어치웠어. 그 결과 그는 죽었지. 그는 기억이고, 욕망이야. 나는 영원히 살아있고, 파괴될 수 없으며, 처분될 수 없고, 숭배받을 만해. 나는 책을 만드는 동력이야. 나의 최후의 승리는 마음이야. 마음은 감각적인 짐승이 짊어지기에는 너무 무거운 짐이야. 나는 생각하는 자 없는 사고이고, 뉴턴처럼, 그것을 생각하는 사람을 파괴하는 추상적 사고이며, 담고 있는 내용을 사랑하기 때문에 그것을 파괴하는 담는 것이고, 소유적인 담는 것을 폭발시키는 담기는 것이야."

두 여인 모두는 잠에서 깼다. "이건 끔찍해. 얼른 벗어나야 해." "왜? 뭐가 문제야? 나는 그게 좋은데," 로즈메리가 말했다. 그녀는 앨리스를 위아래로 훑어보았다. "결국," 그녀가 느리게 말했다, "너는 괜찮은 잠자리 하녀야. 그것이 너와 너의 남자 친구가 우리를 부르던 방식이 아니었던가? 지금 우리 노동자들은 해방되었는데, 너는 그것을 좋아하지 않지. 어쨌든, 너는 네가 말하는 그 지겨운 곳에서 어떻게 벗어날 건데? 우리는 그럴 수가 없었어. 나는 너의 짐승 같은 남편이 짐승 같은 방식으로 그가 '사랑'이라고 부르는 것을 나에게 할 때, 그것을 멈추게 할 수가 없었어. 나는 그의 끔찍스럽고, 역겨운, 재고 상품 같은, 찌꺼기 사랑을 비웃곤 했어. 물론 그의 공립학교 교육[25], 신사 교육이 그의 잠자리 하녀—너의 잠자리 하녀—가 너희 두 사람 모두를 꿰뚫어 볼 수 있다는 것을 생각할 수 없게 만들었지만 말이야. 왜냐고? 나는 네가 그를 그의 자리에 있게 하는 방법에 대해서는 아무런 생각이 없다는 것을 알고 있었어. 나는 네가 톰과의 문제로 나를 꾸짖었던 방식을 보면서, 한 여자가,

23 Virgil의 서사시.

24 로마 신화에 나오는 군신軍神.

25 진부한 것을 의미하는 교육받은 사랑.

진짜 여자가 큰 실수를 저지르는 얼간이에게 또는 똑같이 멍청한 주인에게 무엇을 할 수 있는지 아무것도 모를 수 있다는 것을 깨달았어. 그런 이유로 내가—바로 내가—그날 밤 톰을 너에게 보내기로 작정했던 거야. 롤랜드는 너의 비명소리조차 즐길 수가 없었어! 오, 그는 엉엉 울기 시작했지," 그녀는 롤랜드의 목소리를 흉내 내며 조롱했다. "나의 불쌍한 아내! 나의 작은 애인이 강간을 당하는 걸까? 수치스러워!" "그의 사랑은 진짜였어. 그러나 그가 받은 망할 학교교육은 그를 신사가 되라고 가르쳤기 때문에, 그는 자신이 한 여인을 위해 나서지 못하는 비겁하게 징징대는 개자식에 지나지 않는다는 것조차 알 수 없었어! 나는 그보다 더 남자다운 여자 친구들을 얼마든지 보여줄 수 있었지! 여기, 너! 내 구두 좀 갖다 줘. 제일 좋은 걸로. 그리고 잘 봐! 내가 롤랜드를 사용하는 법을 보여줄 게! 내가 그를 이리로 데려올 거야!"

9

"이곳에서 나가 지옥에나 가라고 말하는 건 얼마든지 좋아. 하지만 어떻게?" 로빈이 화가 나서 말했다. "만약 네가 이곳에 머문다면, 너는 이 더러운 것들 중의 하나가 너의 해골에 구멍을 낼 것임을 곧 알게 될 거야!—그러면 출구가 생기겠네" "만약 네가 이 주변을 걷기 시작한다면, 여기에서 나갈 가능성은 없을 걸!"

"머물든 떠나든, 네가 잡혀 있는 상태를 벗어날 수는 없어."

그 목소리는 친숙했다.

"당신은 누구세요? 기도인가요?" 로빈과 롤랜드가 동시에 말했다. 바람이 일고 있었다. 총알들이 내는 파열음이 더 무거워지고, 폭풍과 융합되고 있었다. "빌어먹을! 그것들은 포탄들이야!"

"너는 나의 이름을 헛되이 부르고 있어! … 헛되이, 헛되이, 헛되이 …"

헛되이라는 말이 폭풍을 맴돌고 있었다.

"맙소사! 나는 지금 분명히 무슨 소리를 듣고 있어! 당신은 누구세요?"

"맙소사—." 그 목소리가 울려 퍼졌고, 폭풍은 갑자기 속삭임으로 변했다—"전능자."

침묵이 너무 갑작스러웠기 때문에, 그 말은 명료했고, 충격적이게도 들을 수 있었다.

"도대체 저건 뭐였지?"

"좋을 대로 생각해!"

비록 아무도 보이지 않았지만, 목소리가 너무 분명했기 때문에 너는 거의 그것이 정교하고 역설적인 정중함으로 절을 하는 것을 볼 수가 있었어. "내가 왔다고 너에게 말했지, 안 그런가? … 왔다고 …" 그 목소리는 거의 초대하는 말처럼 부드러웠어. "… 내 품으로 … 와 … 와 … 나의 눈부신 아이 … 와. 오지만디아스Ozymandias[26]처럼 공포에 떨면서가 아니라, 기뻐하며 크게 웃었던 히틀러처럼 친절하고 즐겁게 오라고. 혹시 대장님이세요? 아래에 계신가요? 내가 올 때까지 계속해 … ."

"저 사람은 누구지?" 롤랜드는 더 잘 듣기 위해 일어나 앉았다. 그는 공허한 미소를 지었다. 매우 부드러운 미소였다. "저런! 저 소리 안 들려?" 그는 손가락을 들어 침묵하라는 신호를 보냈다.

나는 호모 알랄루homo alalu[27]를 발견하고 만든 장본인이야. 서로 맞설 수 있는 엄지손가락을 가진 나와 나의 동료 인간들은 우리들 중의 하나가 부풀어 오를 때까지 그리고 온 땅과 하늘이 부풀어 오르고 포효로 가득 찰 때까지, 페니스와 페니스가 그리고 음부와 음부가 맞서게 하는 것을 통해서 출생과 생명을 주는 법을 배웠어. 괴물은 파괴되어야 한다고 결정되었지. 그러나 일부는 거짓말을 하고 있었고, 악행을 몰래 계속하면서 몸을 비벼대는 것을 통해서 서로에게 쾌락의 느낌을 주는 그들의 지식을 확대하기로 작정했어. 그리고 일부는 비밀스런 것들로부터 배우는 것을 통해서 이 비밀을 발견하기로 작정했고, 다른 일부는 속이고 거짓말하는 것을 통해서 이런 일들을 행하는 그들이 누구이고 어떤 존재인지를 배우기로 작정했어. 그 결과 이 후자들은 그런 행동들을 실

26 고대 이집트 파라오 람세스 2세의 이집트 명칭으로서, Shelly의 시집의 제목이기도 함.

27 메소포타미아 신화에 나오는 원시적 인물

천하고 가르치는 자들을 죽일 수 있었고, 따라서 혼동이 심화되었고, 선과 악에 대해 말하는 것이 불가능해졌어. 일부는 말하는 법을 배웠지만, 다시금 똑같은 일이 일어났어. 왜냐하면 언어가 어떤 사람들에게는 거짓말하고 속이기 위한 완벽한 기술로 사용되었고, 다른 사람들에게는 쾌락을 증가시키기 위한 완벽한 기술로 사용되었기 때문이야. 그들은 어떤 것이 속이기 위한 것이고, 어떤 것이 쾌락을 위한 것인지, 그리고 어떤 것이 꼭 알아야 하는 것을 나타내는 것인지에 대해 동의할 수 없었어. 괴물 같은 부풀어 오름과 포효는 세상이 거의 끝장날 때까지 계속되었는데, 그때 그것이 멈췄어. 평화와 고요함이 찾아왔고, 인간은 왜곡된 "것"을 붙잡고 있는 것처럼 보였어. 그리고 그는 그것이 그의 내면에서 왔다고 거짓말을 했어. 어떤 사람들은 그 말이 맞다고 했고, 다른 사람들은 그 말이 사실일 리가 없다고 했으며, 어떤 사람들은 그 악한 것을 파괴하려고 시도했고, 어떤 사람들은 "기다려봅시다. 그러면 그것이 악한 것이라고 말하는 사람이 맞는지, 아니면 그것이 좋고 옳은 것이라고 말하는 사람이 맞는지 알 수 있을 거요"라고 말했어. 그러나 때로는 그것이 좋은 것이라고 말했던 사람들조차도 그것이 악한 망나니라는 것을 인정한다는 점에서, 그리고 그들의 생각에 일관성이 없고 판단이 너무 늦게 이루어지는 바람에 그 망나니가 충분히 악할 경우, 그가 오히려 그를 죽이러 온 사람들을 도륙할 수 있다는 점에서, 아무도 옳고 그름을 말할 수 없었어. 그 결과 혼동이 점점 더 심해졌고, 마침내 말의 혼동이 조언자를 포함해서 온 땅을 뒤덮었고, 세상은 캄캄해졌어. 공포는 사람들을 자신들이 알지 못하는 것을 숭배하도록 만들었어. 어떤 사람들은 무지와 공포 속에서 자신들이 만든 것을 숭배하자고 말했고, 어떤 사람들은 우리가 두려워하지 않는 낮 동안에 그것을 숭배하자고 말했으며, 어떤 사람들은 우리 자신들을 두려워하는 사람으로 만들어야지 그렇지 않으면 두려움을 모르는 사람이 될 거라고 말했어. 그래서 어떤 사람들은 태양을 그리고 어떤 사람들은 달을 숭배했어. 어떤 사람들은 두려움 자체를 숭배했고, 어떤 사람들은 행복과 기쁨 그리고 빛을 숭배했어. 그리고 다시금 그들은 동의할 수 없었지. 어떤 사람들은 그들이 만든 것을 숭배했고, 어떤 사람들은 우리가 도구를 만드는 동물이라는 점에서, 모든 동물들 중에 최고 최상의 동물이라고 말하면서, 우리 자신들의 영리함을 숭배했어. 그리고 어떤 사람들은 도구를 만들 수 있게 했다고 생각되는 자신들의 부분들, 즉 도구를 만든 도구를 숭배했지만, 다시금 그들은 그 부분이 무엇인지 또는 그것이 어떻게 취급되어야 하는지에 대해서는 동의할 수 없었지.

영국의 어떤 부분이 또는 셰익스피어의 어떤 부분이 영원하고 영원할 영국을 만들었는가? 외국인의 땅은 무엇인가? 어떤 부분이 루퍼트 브룩Rupert Brooke[28]의 것이고, 어떤 부분이 셰익스피어의 것이며, 어떤 부분이 밀턴의 것인가? 어떤 부분이 영원히 외국의 것으로 남을 것인가? 교황은 못된 작은 사람이었어. 그런데 누가 의사 아버스넛Dr. Arbuthnot에게 서신[29]을 썼지? 그 누가 그토록 오래 전에 의사 아버스넛의 주소를 알고 있었을까? 누가 아주 평범한 쓰레기 숭배자인 키플링에게, 만약 쓸 수만 있다면, 퇴장송Recessional[30]을 써야 한다고, 그리고 그가 관찰했을 뿐만 아니라 숭배했던 뒤죽박죽인 잡동사니들 가운데 그의 말을 들을 수 있는 죄인들이 있다는 것을 말해주었을까? 그가 할 수 있다고 누가 말해주었을까? 누가 번연Bunyan[31]에게 귀를 막고 달리라고 말

28 Rupert Brooke(1887-1915). 영국 시인. 전쟁 소네트 “The Soldier”로 영국인의 사랑을 받았음.

29 포프가 그의 친구 아버스넛에게 보낸 풍자 시. 1975년에 노래로 작곡되었음.

30 예배 후 퇴장할 때 부르는 찬송가.

31 Bunyan, John 천로역정 Pilgrim’s Progress의 저자.

해주었을까? 벨럭Bellock[32], 그의 교회의 어리석음을 생각하면, 그가 살아남은 것은 신의 뜻임이 분명해. 홉킨스Hopkins[33], 그가 '창조되지 않은 빛'을 찾도록 '이중 어둠'이 그를 도왔을 거야. 프로이트, 그는 마음의 어두운 장소를 탐구하기 위해 인위적으로 그 자신을 눈멀게 할 필요가 있었어. 버질은 팔리누르스Palinurus[34]의 죽음이 부당한 것이었음을 알았어. 바가바드 기타의 저자는 신이 사용 가능한 인간의 수단을 따르지 않는다는 것을 알았어. 갈릴레오는 프로크루스테스의 침대[35]에 자신을 맞추는 것이 더 낫다는 것과, 거짓말을 하는 것이 그의 운명이라는 것을 알았어. 예수는 과대망상을 가진 바보였고, 마이스터 에크하르트Meister Eckhart[36]는 시간-서버[37]였던가? 또는 그는 예수처럼, 신의 덫에 걸렸고, 그런 다음에 신에 의해 버림받았을까? 그리고 욥은 그의 거대한 바다괴물Leviathan을 낚기 위한 싸움이 적합했다고 가정하는 것이 건방진 것이었음을 알았을까?

---

32 Belloc, Hillare(1870-1953), 프랑스 태생의 영국 작가.

33 Gerard Manley Hopkins(1844-1889). 영국의 종교인. 시인. 말년에 예수회 사제가 됨.

34 로마 신화속의 인물. 특히 Virgil의 Aeneid에서는 이니아 함선의 키잡이로 등장.

35 그리스 신화에 나오는 인물. 지나가는 사람들을 두 침대 중 하나에 맞지 않으면 맞지 않는 부분을 잘라냈다는 잔인한 인물.

36 Meister Eckhart(1260년경-1327년 경). 독일의 로마 카톨릭 신비 사상가.

37 참조 시계에서 실제 시간을 읽고 배포하는 서버 컴퓨터.

10

로즈메리는 밤잠을 설친 후에 눈을 떴다. 지난밤 게임에서 그녀는 오만한 여주인 역할을 했고 앨리스를 침대에서 쫓아냈다. “나가! 역겨운 것,” 그리고 야비하게 웃었다. 희미한 새벽빛이 바닥에 누워있는 앨리스의 모습을 드러냈다. “거기서 뭐하고 있는 거야? 앨리스! 냉큼 이리 와! 내 말 들려?” 잠이 덜 깬 앨리스는 일어나 가까이 왔다. “예, 마님,” 그녀는 공손하게 말했다. “나는 잠을 제대로 못 잤어요.” “너도 바닥에서 자느라고 잠을 못 잤구나. 내 침대로 오지 그랬어. 아냐, 침대는 안 돼,” 그녀는 까칠하게 말했다, “내 베개를 베면 안 된다고 내가 몇 번이나 말했지?”

다시 아침이었다. 앨리스는 그녀의 여주인을 즐겁게 해주기 위해 바쁘게 준비하고 있었다. “로즈메리, 내가 왜 이렇게 행복할까요? 나는 당신을 존경해요. 나는 당신의 헌신적인 노예가 되는 것 말고는 원하는 게 없어요.” “너는 롤랜드에게도 그런 느낌을 가진 적이 없잖아?” 로즈메리는 머리를 빗고 있었다. “거기가 아니라 여기야! 지겨워. 네가 말하던 파리식 몸단장을 할 때 하녀가 뭘 해야 하는지 못 배웠어? 음, 아주 잘하는군! 너는 이제 나의 하녀 자격이 있어. 내 머리를 숙녀의 머리처럼 제대로 단장해봐.” 앨리스가 말을 이어받았다. “나는 가끔 내가 왜 진작 하녀가 되는 법을 배우지 않았는지 궁금해요. 내가 인생에서 나에게 적절한 위치가 무엇인지 몰랐기 때문일까요?" 로즈메리는 그 질문에 대해 진지하게 생각해 본다. "아냐," 그녀는 말했다. "그건 롤랜드가 개자식이었기 때문이야. 그리고 너는 네가 다닌 학교의 다른 모든 개자식들처럼 개자식이 되는 법을 배우기에 바빴어." 앨리스는 그 말에 충격을 받았다. "그런 언어를 말하다니!" "그것 봐. 너는 그게 나쁜 언어라고 배웠어. 지금, 내가 진짜 언어를 말하니까, 너는 그것을 이해할 수 없는 거야. 내 말을 들어봐. 귀 있는 사람은 들을지어다! … 지금 너는 내가 저속하다고 말할 거야. 그렇지? 너희 개자식들이 우리 아이들에게 가르쳤던 것, 즉 황금 매 광장Gold Hawk Square에서 했던 모든 허풍을 믿기에는 우리는 너무 강했어, 그래서 그 허풍에 저항했지. 우리는 개자식들이 아니었어. 우리는 진짜로 나쁜 종자, 나쁘고 불쌍한 종자, 즉 나쁜 언어가 나쁜 세상에서 사용할 올바른 언어임을 알고 있는 종자로 태어났어. 우리는 성행위가 귀찮은 것이라는 것을 알고 있었어. 우리와 우리의 부모들은 그것이 가능한 한 빨리 끝내야 하는 것이라는 걸 알고 있었어. 그런 식으로 아이들이 만들어져야 하고, 그 아이들이 가능한 한 빨리 제거되어야 한다는 것을 알고 있었어.—그녀는 런던 사투리를 흉내 내기 시작한다—엄마! 릴리에게 내 엉덩이를 그만 꼬집으라고 말해줘! 그리고 엄마는 길거리에서 소리쳤지. 릴리! 그녀의 엉덩이 좀 만지지 마! 우리는 그 모든 것을 알았지만, 그것은 우스운 일이 아니었지. 우리들 중 일부는 우리의 선생님들을 조롱하는 법을 더 잘 알고 있었고, 우리는 우리의 선생님들이 어떤 사람들인지 알고 있었거든. 그들은 개자식들은 아니었지만, 진짜 얼간이들이었어. 들에 핀 릴리들이었지. 식물학 교실에서 배운 릴리도 아니고, 너의 헛간에서 네가 배웠다고 나에게 말해준 모든 어리석은 것들이 아니었어. 너에게 성교와 관련된 사실들—그들이 그것을 어떻게 부른다고 말했었지?—즉, 생명에 관한 사실들을 가르친다고 했잖아? 웃겨! 맙소사! 맞아. 나는 그들이 그것을 종교라고 부르고, 예수를 욕으로, 그리고 그리스도Christ를 메시아에 대한 무례한 호칭으로 부른다는 것을 알고 있었어. 예수의 엄마와 아빠는 결혼을 하지 않았어. 물론 신이 그것을 했겠지! 그녀는 죄를 짓지 않고 임신을 했어! 불쌍한 여자 같으니! 그 죄가 모두를 웃기는 존재로 만드는 것—사람들을 지옥에 보내는 것과 동일한 것인—이라는 것을 모르는 사람이 없어. 나의 아빠는 나에게 그 개자식이 세상에 지옥을 만들었다고 말해주었어. 마치 그곳에 가고 싶어서 안달이 난 것처럼 말이야. 지옥에 있는 우리 아버지시여, 당신의 이름이 거룩히 여김을 받으시옵고, 당신의 뜻이 이루어지이다—지옥에서 이루어진 것처럼 땅 위에서도. 그것이 이루어졌고, 악마가 와서 그의 작업을 살펴보았고, 그것이 지옥 같은 것임을 보았어. 그 악마는 처녀 마리아의 자궁을 혐오하지 않았을까! 나는 그렇게 생각하지 않아. 왜 그래야 하지? 그것은 불쌍한 여성을 고문하는 데 사용되는 물건이야! 나에게 클리토리스는 언제나 그런 거였어. 어떤 바보들은 분명히 그것을 페니스 선망이라고 말하겠지만, 그것이 클리토리스 선망이라고 말한다고 해도 놀랄 게 못돼! 남자들이 여자들처럼 페니스 선망을 갖는지 궁금해하기까지는 오랜 시간이 걸렸어. 그들은 그들이 갖고 있는 것을 선망하지 않아. 그들이 선망하는 것은 물론 그들이 갖고 있지 않은 거야. 그리고 그들은 신이 전능한 바람 속에 있지 않고, 고요하고 작은 목소리 안에, 즉 뱀이 사용했던 목소리 안에 있다고 말했어. 이브에게 달콤한 목소리로 헛된 말을 속삭였던 큰 뱀 말이야. 진짜 개자식은 지붕 위에서 크게 소리치지 않아. 그는 그것을 겸손하고 온순한 클리토리스에게 속삭여. 의기양양해지고 발기되는 것은 클리토리스지. 그 작은 버튼 말이야! 빌어먹을 월경하는 젖가슴이 아니야."[38] 그때 갑작스런 사나움의 분출과 함께, 그녀는 말했다. "어쨌든, 나는 지금 너를 하녀로 만들었어. 그건 내가 원하던 것이었지. 너와 지배계층인 너의 남편 모두를 말이야. 내 말 알겠어? 내가 말하는 것을 대령해!" 그녀의 목소리는 차츰 호통이 되고 있었다. "조심해요," 앨리스가 손가락을 입술에 갖다 대고 웃었다. "아이들이 깨겠어요." "웬 아이들?" 로즈메리가 어리둥절해서 주위를 돌아보며 물었다.

바닥의 매트리스에는 롤랜드와 톰이 누워있었고, 농장에서 그들의 소유물을 빼앗아 간 남자가 있었다. "그들이 잠들었을까?" 로즈메리가 속삭였다. "그들은 죽은 것 같아. 그들이 어떻게 여기에 들어왔지?" "신경 쓰지 말고 누워있어요. 나는 당신을 돌보기 위해 여기에 있어요. 당신을 사랑해요." 앨리스가 로즈메리를 진정시켰다. 로즈메리는 빤히 쳐다보았고, 그 다음에 이렇게 말했다. "미안해, 앨리스, 나는 너에게 그렇게 사납게 굴려고 했던 게 아냐." 앨리스는 그녀의 하녀를 존경하는 눈빛으로 바라보았다. 그때 그녀는 몸을 숙여 그녀에게 부드럽게 입을 맞추었다. "나는 사랑했어요. 이루 말할 수 없을 만치요. 매 순간 경멸로 가득한 당신의 번득이는 눈빛을 사랑했어요. 나는 당신의 노예예요. 영원히. 당신의 발 앞에 영원히 눕게 해줘요. 이런 것들을 … 어떻게 다루는지 내가 가르쳐드릴게요." "이제 보니, 네가 뭔가를 배우고 있구나. 최소한 너는 몇 마디 평범한 영어를 말할 수 있어. 하지만 나는 걱정 돼 …" 로즈메리는 다시 누웠고, 긴장을 풀었으며 그러한 끔찍한 꿈들 중의 하나를 꾼 것에 대해 만족해했다. 왁스로 만든 모델들인 … 그 시체들의 모습은 너무 진짜 같았다. "걱정 말아요, 로즈메리. 내가 당신과 함께 잘 거예요. 우리는 그들이 말하는 것을 들을 수 있어요. 매우 과학적이네요!

38 클리토리스 시기심에 대해 말하고 있음.

들어보세요! 그들이 다시 시작했어요. 들어봐요. 그러나 너무 크게 웃지는 마세요. 아니면 그들을 깨울 테니까요."

롤랜드는 그의 눈을 비볐다. "눈이 좀 불편하네. 잠이 들었었나봐. 내가 가끔 그러거든. 순식간에 잠이 들어. 사람들은 대부분 알아차리지 못하는데, 때로는 알아차리는 것 같아. 왜냐하면 나를 이상한 눈으로 바라보거든. 또는 어쩌면 내가 꾸고 나서 잊어버린 꿈 때문인지도 모르지. 그런 일이 순식간에 일어나." 톰에게는 롤랜드가 매 순간 잘 알고 있지만 이름을 기억할 수 없는 누군가로 바뀌는 것처럼 보였다. 롤랜드가 톰 자신의 이름을 모르는 것이 어색했다. 롤랜드의 동료들 중의 한 사람도 그랬다! "그를 '콜린'이라고 부르지 뭐, 그런데 큰 소리로 말해선 안 된다는 것을 기억해야 해. 꿈이나 그와 비슷한 것을 말할 때에는 그래도 될 거야. 너무 건방진 것인지는 모르지만, 그것은 플라톤의 동굴 벽에 드리운 그림자를 생각나게 해." 그는 큰 소리로 말했다. "플라톤은 우리가 현실이라고 부르는 것이 실제로는 캄캄한 동굴 벽에 드리운 그림자라고 생각했어. 그 동굴 속에 있는 사람들은 입구에서 들어오는 밝은 빛을 보지 못하고, 그 빛을 등지고 앉아있으면서, 자신들이 보는 그림자가 현실이라고 알고 있었어. 플라톤은 우리가 사물들things이라고 부르는 것들과 사람들이 실제로는 일종의 형태들Forms의 낙하물precipitation이라고 생각했어. 형태들(개념이거나, 아니면 개념들이 텅 빈 사고들이라고 불릴 수 없을 경우에는, 물-자체), 즉 누메나는 사람들이 이해할 수 있는 것이 아니었어. 플라톤은 소크라테스 시대의 그리스인들이 적어도 그 동굴의 비유를 이해했을 거라고 생각했던 것 같아. 그리고 그 후로 지금까지 수많은 사람들이 정말로 열심히 그 비유의 의미를 이해하려고 노력해왔어. 어떤 사람들은, 예를 들면, 예수는 그 순진한 생각을 이어받았어. 그는 그의 제자들이 충분히 단순한 바보가 되지 못했을 때, 이렇게 불평했어. ”만약 너희들이 이 비유를 이해하지 못한다면, 내가 무슨 말을 하겠니?“ 그들이 할 수 있었던 일이라곤 예수가 신이라고 결정하는 것이었고, 무겁고, 차가운, 종교적 칭송의 묘비 아래 모셔두고, 예수의 입을 다물게 하는 것이었지. 나는 그들이 그들의 적들보다 먼저 총에 맞을 수 있다고 가정할 수 있을 만큼 충분히 바보였다고 생각해. 그 적들은 어릴 때부터 예수를 알아왔고, 그가 목수의 아들이었으며, 그들 모두가 그를 좋아했다고 말해왔어—왜일까! 그들이 그의 사랑하는 형제들과 자매들이었으니까! 그것은 단순한 형제애였고, 너희의 아버지나 형제나 자매들보다 더 많이 사랑하는 자를 볼 수 없을 것이라고 인정했던 예수 자신만큼이나 권위 있는 것이었어—*(비록 그가 너무 가까운 데 살고 있는 아버지보다 하늘에 있는 아버지를 더 좋아했지만)*. 그들은 그가 미쳤기 때문에 그를 구해주려고 왔을 뿐이야. 또는 순수한 아람어로 ‘또라이’였기 때문이지. 그런데, 그 후로 그 이야기는 계속 이어졌고, 과학자들, 정신병 환자의 옹호자들, 도굴꾼들과 무덤을 만드는 사람들, 종교용품 장사꾼들 그리고 과학적 협잡꾼들에 의해 마치 화산이 폭발하듯이 주기적으로 맹렬한 위세를 떨쳤어. 그 과학적 깡패들은 살인을 통해서, 때로는 “사랑이 담긴 칭송”과 함께, 때로는 사람들이 죽음을 불사하고 숭배할 수 있는 위험한 태아가 나타날지도 모른다는 헤롯의 불안과 함께, 인문학자들과 예술가들과 시인들을 통제하려고 시도했지. 물론 그들은 투박했지만, 방법들은 차츰 세련되어 갔어. 도구를 만드는 동물은 도구들이 매우 유용하고, 누구든지 도구를 사용할 수 있으며, 감추고 숨길 수만 있다면, 그 도구가 어떻게 사용되는지를 아무도 알 필요가 없다는 것을 발견했지. 그 부분에서 여자들이 아주 영리했어. 그들은 보이지 않는 도구를 가졌고 남자는 쓸데없이 눈에 띄는 돌출물을 도구로 가졌어. 자, 우리도 숭배할만한 것을 찾아보자고. 그런데, … 천재적인 누군가는 거짓말, 기만, 회피와 그것들과 반대되는 것들이 들키지 않고 사용될 수 있는 방법을, 그리고 진실과 누메나-도둑질이 더럽혀지지 않고 더럽혀질 수 없는 것으로 유지하는 방법을 발견해야만 했어. 그 발견은 초기 단계에서는 힘들었지. 왜냐하면 그것이 매우 공격받기 쉬웠거든. 거짓말과 기만은 보통 임금님이 벌거벗고 있다는 것을 볼 수 있는 눈치 없는 아이에 의해 드러나지만, 그것은 그 아이가 더 잘 알도록 교육을 받을 때까지만 가능해. 여보세요! 여보세요! 여기 아무도 없어요? 내 혼잣말이었나 보네. 글쎄, 나는 이 모든 게 연습인 것 같아!"

11

로빈 만약 네가 용기 있고 돈 많고 지적인 여성과 결혼한 부유한 사람이라면, 거기에서 나와서 지옥에 가자고 말해도 돼. 나는 이미 지옥에 있어. 내가 어떻게 빌어먹을 롤랜드와 함께 문덴 지옥에 있게 됐지? 어쨌든, 그는 가고 없어. 신에게, 아니 악마에게 감사해야겠지! 저게 무슨 소리지? 지금 나는 음성을 듣고 있어. 신의 이름을 헛되이 부르지 말라. 내가 그 말을 처음 들었을 때, 그것은, 또는 내가 생각했던 것은, 지금도 확실하지는 않지만, … 못된 녀석이 되거나 욕을 하지 말라는 의미였지만, 내가 방금 알게 된 것은 그 말의 의미가, 나의 신이 내가 부르면 언제든지 올 것이고, 그 신이 어떤 신이든 상관없이 즉시 올 것이며, 복수하러 올 것이라는 거야. 그들은 "어떻게!"라고 말하지. 나는 진실인 것처럼 거짓말을 하는 악마의 애매함을 의심하기 시작해. 어떤 따분한 사람이 그렇게 말했어. 나는 그것을 외워야 했던 일을 기억해. 물론, 나는 그것을 한 마디도 믿지 않았지만, 지금은 알겠어. 그것이 정말로 전혀 의미가 없는 것이 아니라, 이중적인 의미를 갖고 있었다는 것을. 이런, 이런, 매우 우습군! 거짓말과 진실을 구별할 수 없다니! 내가 그녀의 식당에서 과자를 훔치곤 했던 여자 요리사는 이렇게 말하곤 했어. "나는 급식을 하는 사람이야. 그것이 네가 받을 자격이 있는 거야. 지금 여기에서 나가!" 그러면 나는 당장 그곳에서 쫓겨나곤 했어. 지금 나는 잠을 자고 싶다는 생각뿐인데, 나 자신의 내면을 발견하고 있어. 하! 하! 하! 우습군, 정말 우스워 … 쉿 … 소음이 너무 커! 그러다가는 이곳에 있는 모든 사람들을 깨울 거야! 사방에 피가 묻어있어. 이 지옥에서는 소음조차도 피가 묻어있을 거야! 만약 내가 손을 씻는다면, 바다조차도 핏물이 될 거야. 만약 내가 손을 씻는다면, … 소음조차도 핏빛이 될 거야. 만약 내가 이성적이 되고 깨어 있으려고 노력한다면, 이성 그 자체조차도 비이성적이 될 것이고, 만약 내가 이성적이려고 노력한다면 …. 수학보다 더 이성적인 것이 있을 수 있을까?—그러면, 수학은 비이성적이 되어야 해. 망할 놈의 유클리드! 오늘날에는 소름 끼치는 로바쳅스키 Lobachevsky[39] 덕택에 안전하지 않아. 그리고 리만Riemann[40]—쉬, 쉬! 그게 뭐가 그렇게 우스워! 아르프 아르프ARF?[41]—나는 아르프 아르프를 외우게 만들겠어! 진짜 하늘에 계신 분! 당신은 누구인가요?

사감 수녀 나는 너에게서 잊혀진 사람이야. 미쓰 와이-브로Why-bro[42]라고! 감히 나를 잊다니! 나는 너의 형제야. 왜냐고! 너는 나를 섹스-톤이라고 불렀잖아! 기억 안나? 나는 일렬로 늘어선 침대 끝에서 기도하고 있는 어린 코흘리개들 앞을 걸으면서, 발바닥이 위로 향해 있는 바보 같은 핑크빛 발을 밟고는, 오 미안! 미안! 미안!이라고 말하곤 했어. 그러면 그들은 낄낄댔고, 친절하고 사랑스런 농담을 알지 못하는 그들의 빌어먹을 신은 아~르프AAARF! 아르~프ARRF! 하며 으르렁 댔어. 맞아! 겁에 질려 어찌할 바를 몰랐던 너의 모습은 정말 웃겼어! 너는 웃어

---

39 Lobachevsky(1792-1856) 비-유클리드 기하학을 발달시킨 러시아 수학자.

40 Riemann(1826-1866) 해석학, 미분 기하학의 발달에 기여한 독일 수학자.

41 주기도문이 Our Father로 시작되는 주기도문을 빠르게 반복할 때 나는 소리인 동시에 개 짖는 소리를 가리킴.

42 학창시절의 사감 수녀. 성과 호기심 및 금지에 대한 회상과 관련된 인물.

야 할지, 아니면 울어야 할지 알지 못했어. 네가 나를 부르면 나는 달려갔어. 너는 너무 자주 나를 불렀지만 말이야. 한 번, 두 번—자주! 그것은 수학이야! 운동회 날이었어. 너는 출발 반칙을 했어. 준비. 한 번, 두 번, 혼자만 먼저 출발했어! 또 틀렸어. 다시 출발선으로 돌아가! 한 번, 두 번, 자주. 조금 더 나아지고, 다시 조금 더 나아졌지만, 아직도 틀렸어! 왜 노력을 하지 않는 거지?

작은 모 자살이라고? 글쎄, 그것은 너무 쉬워. 사람이 아무 때나 살인할 수 있는 대상이 자기 자신이거든. 그런데 비용이 들지 않는다고? 그러나 그 꿈에서 어떤 빌들Bills이 찾아와 그들의 또래들을 흔들어 놓을까? 만약 질Jill이 그녀의 스승만큼 훌륭하다면, 작은 그릇이 그것의 항아리에게 무엇인들 할 수 없을까? 지독한 소음이 감옥에 갇힌 침묵에게 무엇을 할 수 있을까? 입이 없으면 … 소리도 없는 거야. 그러나 어떤 조각가가 그의 정과 힘을 사용해서 돌에서 "그들을" 해방시키지 않을까? 피곤한 윌리엄 앙겔로 무어William Angello Moore. 그에게 기쁨이 없다면 어땠을까? 아가멤논보다 먼저 왔던 용감한 자를 파묻기에는 어떤 침묵도 충분히 깊지 않고, 어떤 공간도 충분히 조용하지 못해. 어떤 실낙원도 빈 손으로 떠나간 저주받은 자를 만족시키기에는 충분하지 않아. 그것을 지칭하는 충분히 과장된 과학적 용어는 없을까? 거기에는 항상 의미를 가두지 않는 울타리, 즉 문제 해결을 위한 이중 교차적인 해결책이 있을 거야. 거기에는 제련사의 불이 없기에 사랑 그 자체를 정제하지는 못해. 따라서 귀족들과 귀부인들은 그들의 사랑을 더 이상 정제하지 못하지. 하녀들은 같은 부류와 교배하고, 귀족들은 귀족들과 교배해서 혼혈아를 생산해. 그리고 혼혈아는 더 나은 혼혈아를 찾고, 더 나은 혼혈아는 홍당무처럼 붉어져. 수많은 거친 흙이 영원성의 밝은 빛을 더럽히고, 그것을 많은 색깔을 가진 생명으로 바꿔. 흑인들은 백인들이 되는 법을 배우고, 백인들은 흑인들의 가슴을 갖게 돼. 동등한 투표권이 모호한 말과 결합해. 자, 깨어나! 너는 심한 소음을 만들어내고 있어.

반쯤 깨어 있는 상태 내가 잠꼬대를 하고 있었나? 글쎄, 너는 그것을 그렇게 부를 수도 있겠지. 위대한 사냥꾼인 나는 네 머리를 밟았지만, 너를 깨울 수는 없었어. 오 바아람[43] 나는 아주 재미있는 꿈을 꾸었어. 나는 너를 신의 양이라고 생각했어. 나는 너무 오싹했어woolley[44]. 글쎄, 인간은 우르Ur[45]에로 가는 존재야. 너는 너무 자주 우르에 가. 후딱 갔다가 다시 오지.

편집-분열적 자리 나는 이 빌어먹을 소음을 견딜 수가 없어. 그것은 셰익스피어에게서 가져온 몇 마디, 제임스 조이스James Joyce[46]가 한 말을 흉내 낸 것, 에즈라 파운드Ezra Pound[47]의 저속한 말들, 모조품으로서의 수학과 종교 및 신비주의, 소년시절에 가졌던 비전, 제2의 아동기와 노년기의 비전 등을 포함한, 시시한 농담들의 포탄세례를 받는 것처럼 느껴져. 어쩌면 그것은 노년기 그 자체일 수도 있어. 이 모든 아틀란티스의 신회들, 하늘과 지옥에 대한 모든 비전들, 그것들은 회상들인가? 아니면 예감들인가? 회상들과 예감들은 오직 시간적 및 공간적 시간의 측정이 무기력, 전능, 이상화, 현실에 대한 태아의 감각, 감각에 대한 태아의 감각과의 항구적 결합에 적합한 영역으로 보일 뿐, 사실상 같은 것이 아닌가? 회상들과 예감들은 생각하는 자가 없는 사고의 영역, 즉 비-

---

43 양의 울음소리를 연상시키는 단어.

44 Sir Leonard Woolley가 우르의 무덤을 발굴한 것에 대한 농담. Woolley는 양의 털을 연상시키는 단어임.

45 칼데아 지역의 우르에서 발견한 왕의 무덤을 지칭하는 말.

46 James Joyce(1882-1941). 영국 아일랜드 출신의 작가. 모더니즘의 대표적인 소설가. 시인.

47 Ezra Pound(1885-1972). 미국의 시인. 문예 비평가. T.S. 엘리어트와 함께 20세기 초반의 모더니즘 시 활동을 전개했던 중심 인물.

감각적인 영역 안에서 사용되기 위해, 생각하는 자가 사고의 본질 그 자체인 사고들이 변형된 것들이야.

우울적 자리 이 순수한 사고의 영역 안에 있는 규칙은 무엇인가? 표준적인 것과 관련해서, 그 사고는 어떻게 특이한 것인가?, 또는 그 꿈은 "특이한 것인가?" 그것의 특이성을 정의하는 것이 가능한가? 만약 특이성이 없다면, 대신에 사용되는 것은 무엇인가? 격렬하지만 눈에 보이지 않는, 감각되지 않는 방해, 동요, 격랑의 상대역들은 무엇인가? 그것들은 레오나르도가 머리카락 또는 물의 드로잉을 통해 보이는 것으로 만든 모델들과 유사한 것인가? 그리고 이따금씩 조현병 환자나 정신증 환자의 진술내용과 유사한 것인가? 그 사람은 어떻게 눈에 보이지 않는 흥분과 들을 수 없는 소음에 대해 알고, 감지할 수 없는 고통을 아는가? ―고통의 강도, 즉 고통의 순수한 강도가 너무 높아서 견딜 수 없는 것이기에, 설령 그것이 "해부학적" 개인의 살인을 포함한다고 해도 그 고통을 파괴할 수밖에 없는 그런 고통을,

큰 형님[48] 나는 네가 무슨 말을 하는지 도대체 모르겠어.

작은 모 정 반대로, 너는 네가 너 자신에 대해 말하고 있으면서도 그것에 대해 모르고 있다는 인상을 주고 있어. 너는 잠에서 깼어. 그러나 온전히 너 자신이 되지는 않았어. 축하하고 동정해. 행복하고 완전히 새로운 성찰을 할 수 있기를 바랄게. 그리고 마찬가지로 유쾌한 외향적 인간이 되기를 바랄게.

48 Big brother, 죠지 오웰의 소설에 나오는 인물.

12

지휘관 비온 나는 지푸라기 위에서 떨고 있는 진흙 반점을 응시했어. 배낭 사이로 보이는 우리 주변 전체에서 튀어 오르는 흙덩어리를. 나의 운전병 알렌의 더럽혀진 긴장한 얼굴—내가 옆에서 본 긴장한 나의 얼굴—과 알렌이 호주에서 나에게 보내주었던 부머랭을 응시했어. 나는 밖으로 나가 우리들 6피트 위를 살펴보았어. 나는 "그들"이 … 할 것임을 알았고, 통나무처럼 걷고 있는 나무들을 보았어. 그들이 걸었던 방식은 마치 주기도문을 외우는 것과도 같았어. 걸어! 걸어! 그들은 다함께 중얼중얼 거렸지. 나는 주기도문 외우기가 나에게는 잘 맞았어. 그것이 내가 갖고 싶은 롤스 로이스의 소리는 아니었지만 말이야. 그때 밝고 명랑한 작고 근사한 포드 자동차가 나타났는데, 정확히 말해서 스타익스styx였어. 그 자동차가 있는 곳으로 갔을 때, 밸리언트 스트루스 Valiant S'truth[49]가 지나갔고, 모든 창녀들이 자동차 옆에서 그를 보고 환호했어. 멋있네! 그 다음에 무슨 일이 일어났지? 그는 예수와 개와 인간에 대해 많은 것을 말했고, 그 다음에 갑자기 "그 고물 자동차를 버려!" 라고 말했어. 멋있지! 그 다음에 무슨 일이 일어났을까? 그는 엉덩방아를 찌었어. 그러자 엉덩이가 화가 나서 말했어. 내 엉덩이에서 꺼져! 너

49 전설적인 왕자 Valiant.

는 평생 나에게 똥을 밀어 넣은 것밖에는 한 것이 없으면서, 지금 영국이 나의 전리품이 되기를 기대하고 있어! 플란다스 들판의 포탄 구멍 안에 전리품으로서의 수프.[50] 다리들과 창자들 … 스무 명쯤이 분명해. 독일병사와 영국병사의 신체에서 모든 게 다 튀어나왔어! 우리는 분명히 주기도문을 외우지 않았어. 용감한 사랑이 필요했어. 아무도 그 분이 오기를 요청하지 않았어! 아무도 그곳에서 나오라고 강요하지도 않았어. 네 번째가 나오고, 다섯 번째가 나왔다고 우리가 말했는데, 다섯 번째는 반만 썩었어. 멈춰! 그가 말했어. 성직자가 왔고, 조용히 처리했어. 그는 하나님의 나라가 오는 것Kingdom Come에 대해서 말했어. 어리석은 왕의 도래King dumb come에 대해서 말이야.

50 참호 안에 고인 피범벅에 대한 표현.

13

MYSELF 나는 네가 계속해서 시끄러운 소음을 낸다면 그를 잠에서 깨울 거라는 걸 알고 있었어. 그는 일관되게 자신의 마음이 결코 회복되지 않았다고 말해. 뉴턴이 할 수 있는 것이라곤 옵틱스Opticks를 쓰는 것과, 박하향의 거장, 즉 정신적인 백인 난쟁이가 되는 것밖에 없었어. 그는 다시는 두각을 드러내지 못했어! 불쌍한 뉴턴! 불쌍한 셰익스피어! 불쌍한 갈릴레오, 데카르트, 프로이트, 밀턴! 희미하게 모습을 드러낸, 하지만 확실히 성스럽게 여겨지는 "유명한 사람들"은 누구이고, 말이 없고, 이름 없는, 아가멤논[51] 이전의 많은 사람들은 누구인가? 그들은 약속의 땅, 신기루, 그리고 명예—인간이 지닌 고상한 마음의 최후의 그리고 최초의 약점인—를 보았어. 최후의 그러나 가장 사소한 것이 아닌 결함 있는 자, 약한 자, 힘없는 키잡이는 팔리누르스처럼 배의 고물의 왕좌에서, 즉 모든 사람들이 복종하고 명령을 따르는 자리에서 내던져질 것을 기다리고 있어. 아에네아스Aeneas[52]조차도 호의적이고, 고요하며, 초대하고, 손짓하며, 유혹하는 바다의 가면 뒤에 진짜 얼굴을 감추고 있는 신에 의해 그의 키잡이에 대한 신뢰가 무너지고 말아.

---

51 트로이 전쟁의 총사령관이었던 신화적 인물.

52 그리스. 로마 신화에 나오는 트로이 전쟁의 용사.

계략이 많은 오디세우스, 모세, 메스칼람 둑Meskalam Dug[53], 아서, 알렉산더—그 세월이 다 어디로 갔을까? 어떤 유혹들, 보물들이 기억과 그것의 쌍둥이 형제인 욕망에 의해 *(비록 배신당하지만)* 드러나고 남을까?

"사물들"의 "사용"에 대해 무언가를 말해야 할 것만 같아. 만약 한 사람이 경험을 축적하고, 그 다음에 그 "축적된 것들"로 만들어낸 어휘의 "사용"에 대해 고려한다면, 그는 그 어휘를 감각적 경험의 세계에서 그리고 그 세계를 위해 만들어진 어휘를 사용한다는 것을 알 수 있을 거야. 그것이 실제로 내가 바로 이 의사소통에서 사용하려고 시도하고 있는 어휘이자 절차야. 그것이 적합할 것 같지는 않지만, 거기에는 또한 거의 확실한 가능성이 있는데, 그것은 내가 그 어휘로 만들어낼 수 있는 용법이 과거와 잊혀진 역사를 갖고 있다는 것이고, 그렇기 때문에 널리 사용되고 있다는 거야. 그것은 또한 생물학적 범주—초-감각적인 것에 대한 하부-감각적인 것을 구분하는—안에서 고유한 것이고, 생각하는 자 없는 사고의 범주의 일부에만 해당되는 도구야. 그렇다고 해도, 그 범위는 아마도 더 정확하게는 하부-인간적인 것*(공감적인)*과 초인간적인 것*(대수적인)* 사이에 해당하는 것으로, 달리 말해서, 동물적 삶이라는 제한된 범위에 속한 것으로 정의될 수 있어. 동시에, 그 범위는 한 정점에서는 미시적인 것이지만, 여전히 인간 동물의 산물 같은 아주 시시하고 보잘것없는 것과 연결 짓기에는 너무 거시적인 것으로 여겨질 수 있어. 심지어 파스칼Pascal[54]처럼 위대한 마음을 가진 사람조차도, 시각적 역량의 공간 안에서 그가 다른 사람들과 협력해서 드러낼 수 있는 것을 직면할 때, 두려움을 느낄 수밖에 없었고, 전능한 힘의 도움을 갈망했어. "이 무한한 공간이 나를 두렵게 만들어." 뉴턴의 정점은, 종교적

---

53 우르의 지배자. 1924년에 영국 고고학자에 의해 그의 무덤이 발굴되었음.

54 Pascal(1623-1662). 데카르트가 수학적으로 연구한 것처럼 종교적으로 연구한 프랑스 신학자, 철학자. 수학자, 과학자.

영역에 적용하든 아니면 과학적 영역에 적용하든, 마음이 붕괴되는 대가를 치를 것을 요구해. 헨리 4세는 자신의 포부를 파리를 소유하는 것으로 제한할 수 있었는데, 그가 그렇게 할 수 있었던 이유는 그 대가로 치르는 비용이 오직 미사를 드리는 것뿐이었기 때문이야. 즉, 그의 포부의 보잘것없음과 일치하는 것처럼 보였기 때문이야. 그는, 파스칼과 뉴턴처럼, "양안적인" 정점을 갖고 있었지만, 한쪽 눈은 상대적으로 멀어 있었어. 헨리 4세처럼 전략적인 사람인 넬슨Nelson은 "보지 않기" 위해 *(보는 것과 다른 행동인)* 보지 못하는 한쪽 눈을 사용함으로써*(그 행동을 더 나은 반쪽에 맡기는 것을 통해서)*, 그의 포부를 성취할 수 있었어. 그러나 분명히, 지금 여기에서 더 나은 반쪽*(아르프 아르프)*[55]은 "의식적인" 영역으로 그래서 상대적으로 안전한 사실의 세계로 다시 기어들어 가겠다고 위협하고 있어. 대낮이 더 안전하다고 느끼는 거야. 플라톤은 비록 천국의 빛을 주창한 위대한 사람이었지만, 그가 말하는 형태Forms 개념[56]이 그를 구원하지 못했고 그의 공적인 삶이 도시로부터 구원받지 못했던 것처럼, 맹목으로부터 그리고 무한과 형태 없음의 공포가 지배하는 영역으로부터 구원받지 못했어. 드러내는 도구는, 만약 사용된다면, 조사받는 대상이 다른 의미*(방향)*에서 조사하는 자를 바라보는 데 사용될 수 있어. 천재 시인은 천재 과학자를 바라볼 수 있어. 그들은 망원경의 반대편 끝에서 바라보기에는 감당하기에 또는 심지어 드러난 관계를 맺기에 너무 크거나 너무 작아. 그처럼 다른 대상들을 한데 모으는 것은 도구의 "잘못"으로 느껴져. 그러나 그것은 대상들이 너무 다른 "탓"일 수도 있어. 아니면 인간이란 동물이 축적된 사실들을 "사용하는" 존재이고, 눈이 멀었든 멀지 않았든 간에, 그가 보는 것을 이해할 수 있

55 의식적이지는 않지만 더 정확하게 보는 정신의 영역, 또는 아르프 아르프의 영역.

56 이데아는 현상세계 밖의 세상이며 모든 사물의 원인이지 본질이라는 형이상학 이론.

게 해주는 경험을 갖지 못한 존재일까? 잠잘 시간이군. 실례해 … *(알파로 가는 출구)*

14

"어쨌든, 누가 먼저 너더러 문덴으로 오라고 요청했지?" 롤랜드가 말했다. "너는 내가 왜 왔는지 잘 알고 있어. 나는 내가 사랑하지만 나를 사랑하지 않는 사람 가까운 곳에 있기를 원했어, 그런데 그녀는 자신을 사랑하지도 않았고 결코 사랑한 적이 없는, 자신과 결혼한 돼지인 너를 사랑했어." 탕! "붉은 총탄이 유리를 산산조각내고, 사방으로 흩어진 조각들은 그것들을 보고 있는 내 안으로 들어오네." 롤랜드는 그의 손으로 얼굴을 닦았다. "온통 피 바다야," 그는 중얼거렸고 그 다음에 큰 소리로 이야기를 계속했다. "너는 앨리스 그 더러운 년을 말하는 거야? 네가 진짜 사랑을 원한다면, 그녀와 결혼을 했어야지. 네가 그 훌륭한 영원히 신실한 사랑을 실천하기 위해 침을 질질 흘리며 돌아다녀도 상관없어, 나는 그녀와 결혼했어. 나는 어쩌다 한 번씩 만족스런 성교를 할 뿐, 대부분의 시간 동안 다른 세상에 살고 있어. 그런 나에게, 예를 들면, 수확용 기계를 구매해야만 한다고 압박하는 어떤 회사에 대해 골똘히 생각하고 있는 나에게, '자기!'라는 말에 대답할 말을 생각해야만 하는 게 어떤 것인지 너는 모를 거야! 너는 전쟁이 끝났다고 생각해?" 롤랜드는 일어섰다. 로빈은 그에게 자세를 낮추라는 신호를 보냈다. "멍청한 짓 하지 마! 너는 죽을 수도 있어—나는 손을 내밀었을 뿐이야. 나는 너더러 일어서라고 하지 않았어. 자세를 낮춰, 바보야! 너는 운이 좋았어. 나는 총에 맞았고, 죽임을 당했어, 다만 죽지 않았을 뿐이야. 네가 일어섰는데도, 다치지 않았군—너는 네가 일어선 것으로 인해 모든 칭송을 받고, 명예로운 사람이 되고, 사랑을 받게 되겠지. 심술쟁이 도깨비 같으니라고! 아주 매력적인 깡패야. 때로는 나조차도 너의 익살스런 행동에 미소 짓거든." "너는 그것을 일삼아서 하나봐! 나는 그것을 본 적이 없어. … 오 맞아! 그 소름 끼치는 표현 말이군! 체셔 고양이 같은 웃음 말이야. 그것은 너의 미소임이 분명해! 미안해! 나는 전혀 몰랐어. 물론이지! 물론—그것은 바로 앨리스 자신의 성기야. 그것이 미소 짓고 있었음이 분명해. 그리고 나는 네가 너의 이빨을 보여주고 있다고 생각했어. 이 사람이 나의 오랜 친구라고 소개할 수 있게 해줘—이것은 영예로운 권리야. 미안해—그런데 우리가 어떻게 여기에 왔는지 말해줄 수 있어?"

베타 백작—사라진 고양이인—이 너를 나의 친구 콕스Cox에게 소개해도 된다고 허락했어! 영원한 익살꾼, 나의 정다운 친구 … 안녕! 저 끔찍한 소음은 뭐지? 물론 그것은 아르프 아르프를 외우는 나일뿐이야! 어쨌든 너는 죽은 자를 깨울 수 있을 정도로 심한 소음을 내고 있어. 그것은 자신들의 모든 생각에도 불구하고 죽은 것 같은 살아있는 자들과, 죽은 이후에도 오랫동안 집요하게 살아있는 상태로 남아있는 죽은 자들을 포함하고 있어.

알파 나 역시 잠에서 깬 후에도 생각들과 감정들이 오랫동안 떠나가지 않고 있어. 그것들은 내가 죽거나 묻혔을 거라고*(어디에?)* 기대되거나 추측되는*(누구에 의해, 기도? 닥쳐!)* 시간보다 훨씬 더 많은 시간이 지난 후에도 나의 낮 동안의 삶에서 여전히 살아있고 활동적일 거야. 수면, 무의식, 망각, … 내가 가야 할 어떤 곳에서든—미래는 과거와 마찬가지로 일종의 왕족 공동묘지로 기능할 거야. 시상視床 아래. 우르에 있는 왕족 공동묘지에 뉴턴, 셰익스피어, 데카르트가 묻혀 있어. 어떤 사람들은 너무 깊이 묻혀 있어서 잊혀지고, 그들의 이름조차 삼킴을 당하는 바람에, 아예 땅굴을 파야만 해. 심지어 은유들도 되살아나. 그렇지 않으면 필요한 말들이 "살아있음"의 특질을 갖게 돼. *(더 많은 끔찍스런 은유들! 그 누가 이처럼 많은 용어들을 분류할 수 있을까?)* 너는 그것을 멜라니 클라인 이후에—오랜 시간 "후에"—"편집 분열적"이라고 부를 수 있었어. 좋은 생각이야. 여기에 편집 분열이라는 착한 개가 있어. 너를 위한 근사한 전문용어지. 의심스럽다고? 그냥 그 용어를 받아들여! 자유연상, 꿈과 그것의 해석, 시를 포함하는 또 하나의 커다란 덩어리 *(교활하고 의심 많은 늙은 개인 플라톤이 "모든 것이 다 거짓말"이라고 말했던)*가 불쌍한 신생아에게 던져진 거지. 그들은 그 보잘것없이 작은 것들을 "지능"이라고 불러. 쉼표들, 대시들(-), 그리고 끝 모르는 괄호들의 주모자는 어디에 있지? 그들은 그를 스테르네Sterne[57]라고 불렀어, 그렇지 않아? 암흑세계의 주모자들은 보잘것없이 작은 지능인 너를 위해 왕좌를 지켜줘. 장미는 어떤 이름으로 불리든 간에 … 악취가 날 수 있어. 설령 그것을 "상쾌한 환경"이라고 부른다고 해도 말이야.

이리 와, 나쁜, 아주 나쁜 개야! 친애하는 히틀러야, 착하고, 마음 좋고, 달콤한, 장미 같은 어린 소년아! 여기, 여기에 근사하고 상쾌한 환경이 있어! 우리의 아우슈빗츠 샤워장에서 몸을 씻어봐, 아니 목욕해봐. 그들은 냄새가 나—아! 너는 그 샤워가 얼마나 달콤하고 신선한 것인지 상상할 수 없을 거야. 자, 여기에 완전히 새로운 마음이 있어. 그것은 구별하는 데 코보다 훨씬 더 우월한 도구야. 너는 단지 옛 장치에다 우리의 "마음들" 중의 하나를 부착하기만 하면 돼. 진정으로 우월한 구별 기관

57 Laurence Sterne의 언어적 의사소통 방법을 가리키는 말.

을 획득하는 데 코와 신체 기관들 중의 하나를 조금만 조절하면 돼! 맞아. 내가 어떻게 거짓말을 하겠어—그것을 사용해! 왜 구별하냐고?—진실로부터? 내가 그것을 사용해보면, 네가 말하는 이 마음이, 엄청난 비용에도 불구하고 나의 다양한 기존의 장치들에 부착하도록 요청받았던 이전의 모든 장치들보다 더 나은 것인지 알 수 있을까? 나는 전에 티라노사우르스에 대한 해답을 찾았다고 기뻐했던 스테고사우르스를 알고 있었어. 그러나 그 "해답"이 너무 성공적이어서, 그것 자체가 일종의 티라노사우르스로 바뀌었고, 그것에 명성을 부과하는 바람에—외골격을 언급할 필요도 없이—그것 자체의 무게 때문에 무너지고 말았어. 사실, 그것에 너무 많은 것들이 부여되는 바람에, 그것에 대한 유일한 흔적은 뼈대밖에 남지 않았어. 맞아, 그러나 그 죽은 뼈들이 하나의 마음을 탄생시켰어. 왜냐하면 모든 시선들이 운명과 갑옷 사이의 갈등에 고정되어있는 동안에(*운명에 대한 갑옷이란 없지만*) 공격자가 폭격기로 위장한 채 접근할 수 있었거든. 자, 마음 … 시도해봐. 마음을 너의 감각적 지각에 부착시키기만 해! 그것이 단순히 초감각적 지각으로, 즉 s.p. → e.s.p.[58]로 바뀌지 않을 거라는 것을 내가 어떻게 아냐고? 이 글을 읽고 있고, 그것과 그것의 모든 살아있는 생물학적 내용을 쓰고 있는 나를 읽고 있는 동물은, 즉 너는 자기-폐기를 위한 타고난 기제를 갖고 있어. 이 도그마적이고, 정의적인 가설은 그것이 나타내는 인물의 성격을 공유하고 있어. 이 정의적 가설 위에 그것의 토대를 구성하는 가설과 구성물이 세워져 있어.

티라노사우르스는 본래 동일한 반응 + 상반된 반응을 자극해. 스테고사우르스는 그 자체의 "마지노선," 즉 그것의 약점이자 그것 자체의 무기이자, 그것 자체의 무게를 구성하는 방어적 갑옷에 의해 매몰되고

58 Sensual perception→extra sensual perception.

말아. 자기-파괴적인 정교화가 그것 자체의 파괴로 인도하는 특질을 갖고 있음을 보지 못했던 거야. 만약 싸이(ξ)가 성공할 가치가 있는 특질을 갖고 있고, 진전을 산출하는 것으로 느껴진다면, 싸이(ξ)는 또한 알려지지 않은 자체-파괴적인 성질을 가지고 있을 거야. 만약 오이디푸스 이야기가 인간이 누구인지를 드러내는 무기라면, 그 이야기는 또한 인간 자체를 파괴할 것임을 감추고 드러내지 않는 무기이기도 할 거야. 델피의 신전에서 어떤 일이 일어났지? 그리고 소크라테스에게는? 만약 인간이 도구를-만드는 동물이라면, 그는 바로 그 능력이 자신을 보호할 수 있는 것 이상의 것이 될 것임을 보지 못할 거야. 표면적으로 그가 자신의 존재에 잠재적 위협이 되는 원자폭탄을 만들 수 있는, 영리한 원숭이라는 사실이 명백해질 수 있어. 그의 시선이 생리학적으로 원자폭탄에 의해 제시된 위협에 대한 관찰과 "해독detoxication"에 쏠려있는 동안, 그 원숭이는 마찬가지로 자라나는 멸절 세력, 즉 "무기력한 유아"를 보지 못하고 있어. "너무 많은 지식이 너를 미치게 만들 것이다 …" 너무 많은 "폭군들"—자유, 음식, 갑옷, 방어적인 태도—이 존재하고 있고, 그것의 목록은 확장될 수 있지만, 정말로 중요한 유일한 현실은 "너무 많은" 이라는 말이 가리키는 거야. 양quantity, +부호와 -부호는 인식을 요구해. 의사소통에 적합한 언어에서 그런 인식은 양과 질을 구별할 수 있는 능력으로 간주될 것이지만, 우리가 관심을 갖고 있는 영역에서는 그러한 구별을 실행할 수 있는 것이 아무것도 없어. 거기에는 알아볼 수 있는 질도 없고, 양도 없어. 상대성은 관계이고, 전이이며, 정신분석적 용어이자, 근접한 실현에 해당하는 거야. 지금까지 알려진 수학과 과학은 그 어떤 모델도 제공할 수 없어. 일반적으로 이해되고 있는 종교, 음악, 회화는 모델을 제공하는 데 실패하고 말아. 조만간 우리는, 만약 예외가 존재한다면, 기다리는 것 말고는 할 수 있는 것이 아무것도 없는 지점에

도달할 거야. 그 “막다른 골목” 자체는, 이 글의 맥락 안에서는, 하나의 감정을 나타내는 것으로 알려진 단어야.

큰 형님 나는 초등학교 시절의 수학을 사용해서 이런 모델을 만들 수 있어. 자연수만을 사용해서는 셋에서 다섯을 뺄 수가 없어. 자연수란 내가 한 무더기의 오렌지에서 다섯 개를 제거하고 나면 얼마나 많은 오렌지가 남게 되는지를 알고 싶을 때 사용하는 종류의 수야. 나는 오렌지 무더기에서 오렌지를 분리시키면서, 하나, 둘, 셋, 넷, 다섯이라고 말할 거야. 그때 나는 남아있는 것에 대해서도 똑 같이 서른을 셀 거야. 주어진 과일과 내가 서술한 기법을 고려할 때, 다섯 개의 오렌지 무더기에서 서른 개의 오렌지를 가져간다면 어떤 일이 일어날까? 첫째, 그것은 절대로 있을 수 없는 일이기 때문에, 나는 그처럼 어처구니없는 것에 대해 알고 싶지 않을 것이고, 내가 그런 일을 한다면 내 주위의 사람들이 내가 그들과 나 자신의 시간을 그리고 꿈꾸기를 허비한다는 이유로 나에게 화를 낼까봐 걱정할 거야. 실제로, 나는 방금 깜박 졸았는데, 그것이 보여주는 것은 …. 뭐라고?

기억 나는 다섯 개의 오렌지 무더기에서 서른 개의 오렌지를 가져가는 꿈을 꾸었어. 꿈속에서 나는 다섯 개의 오렌지 무더기에서 서른 개의 오렌지를 가져가는 것이 전혀 이상하다고 여기지 않았어. 그 다섯 개는 매우 두툼하고, 크고, 탐스러웠는데, 각각이 많은 오렌지들을 갖고 있었어. 나는 그것들 자체가 이미 오렌지였는데도 그토록 많은 오렌지들을 또 가져야만 한다는 것에 화가 났어! 그래서 나는 그것들에서 서른 개를 가져가서는 안 된다는 이유를 찾을 수 없다고 생각해. 그것은 정말 우스운 일이야—정말로! 거물들 중의 한 사람이 뭐가 그렇게 우습냐고 말했어. 나는 두려움을 느꼈어. 글쎄, 그렇게 하는 것이 뭐가 우습지? 나는 나의 환자들 중의 한 사람이 이렇게 말했던 것을 기억해. “나는요,

… 나의 인생에서 그렇게 빨리 깨어난 적이 없어요. 정말이에요!" 그래서 나는 똑같이 해야겠다고 생각했어. 나는 깨어났어. 네가 웃는 모습이 정말 우스워. 아르프, 아르프, 아르프, … 깨어나. 그게 뭐가 우습지? 나는 그녀에게 그것을 잊어버렸고 기억할 수가 없다고 말했어. 그러나 그것은 매우 우스웠어. 나는 그것을 기억할 수 있었으면 좋겠어!

내가 말했던 것처럼, 너는 물론 다섯 개에서 서른 개를 가져갈 수는 없어. 현실에서, 실제 수에서 그럴 수는 없어. 만약 누군가가 부정적 수들을 만들어내고, 그것들에다 자연적 수를 더한다면, 그러면 너는 다섯에서 셋을 가져갈 수 있고, 나머지에서 둘을 더 가져갈 수 있어. 그게 무슨 소용이 있지? 그것은 그저 숫자로 하는 속임수가 아닌가? 그것은 사물을 뜻하지 않아. 그것은 순수한 수학이야. 만약 그것이 순수한 수학이라면, 괜찮아. 왜냐하면 그것은 사물을 의미할 필요가 없으니까. 미친 사람, 나는 그를 그렇게 불러. 세상에는 그렇게 생각하지 않는 사람들이 많아. 그들 역시 미친 사람들임이 분명해. 아니지. 왜냐하면 누군가는—로바체프스키 또는 리만—미친 기하학을 만들어냈고, 지금 그것은 공간—무한한 공간, 즉 끝이 없는 공간을 기하학으로 만든 유클리드 기하학이 아닌—안에서 매우 유용한 것으로 여겨졌기 때문이야. "끝내기 아멘이 없는 세계"처럼 말이야. 글쎄, 아마도. 종교적 공간 말이지? 나는 만약 그런 것이 있다면, 그것이 무의식적 공간에다 의식적 공간을 합친 것과 비슷할 거라고 생각해. 어떻게 그렇게 하냐고? 글쎄, 만약 네가 새로운 종류의 공간을 갖는다면, 그리고 그것을 정신적 공간이라고 부른다면, 그때 너는 그것에 적합한 새로운 수학을 만들어내야 할 수도 있어. 또는, 만약 네가 새로운 수를 만들어낸다면, 너는 새로운 수학을 만들어내야만 할 거야. 사람들은 그렇게 했어. 그들은 부정적 수들을 그리고 두 개의 점들을 연결하는 상상속의 점들과 탄젠트들이 존재하는, 새로운 기하학을 만들었어. 한 기하학은 실제적이고 분리된 또는 실제적이고 구별된 것들처럼 진짜에 관한 것이고, 상황에 따라 유동적인 것인 반면에, 다른 기하학은 원을 전혀 자르지 않는 선들이고, 켤레 복소수conjugate complex라고 부르는 것들이야. 그게 도대체 뭐냐고? 나는 진짜이고 구별된, 또는 진짜이고 상황에 따라 유동적인 점들points은 이해하지만, 켤레 복소수로서의 점들은 이해하지 못하겠어. 만약 네가 미치지 않은 것에 대해 그다지 자랑스러워하지 않는다면, 누군가는 분명히 네가 "미치는 것"을 얼마나 두려워하는지를 알아차릴 거야. 너는 너의 비겁함을 감추기 위해 "용감함"의 가면을 쓰겠지만, 유사-공감적인 신경체계와 "불수의적인" 신경체계를 엄격하게 모니터해야 한다는 것은 끔찍스러운 일임이 분명해! 다른 체계는 무슨 꿈을 꾸고, 무슨 생각을 하는지! 어떤 것이 다른 것이지? 너의 피부를 봐. 그러나 나는 네가 감히 피부보다 더 깊이 들어가지는 않을 거라고 생각해.

15

"네가 잠자러 갔던 시간. 네 말이 맞아. 그건 네가 잠들기에 좋은 시간이었어. 정말 미안해! 나는 네가 영원한 잠을 자러 갔더라도 신경 안 써." 로즈메리가 그녀의 "기억"에게, 즉 자신의 침대 옆 의자에 앉아있던 그녀의 여주인에게 말하고 있었다. 그녀의 침대는 앨리스가 사용하던 것이다. "만약 네가 잠자러 가지 않는다면," 로즈메리가 위협적으로 말했다. "나는 네가 파운드, 뉴턴 그리고 다른 따분하고 지저분한 사람들이 그랬던 것처럼 번역, 정신분석, 성장에 대해 많은 헛소리들을 지껄였을 거라는 것을 알아. 오 저런, 앨리스, 나는 정말로 잠에서 완전히 깨지 않았어. 정말 이상한 꿈을 꾸었어. 그것은 잊어버리고, 재미있는 이야기나 하자. 앨리스, 나는 네가 나를 친구처럼 대해 주었으면 좋겠어." 그녀는 무슨 소리를 냈는데, 그것은 말을 더듬는 소리 같기도 했고, 경멸하는 코웃음 소리 같기도 했으며, 한숨 소리 같기도 했다. "아, 좋아 … 방금 내가 원했던 것은 차 한 잔 마시는 거였어. 내가 무슨 말을 하고 있는 거지? 아 맞아. 앨리스, 나는 과거에도 네가 아주 좋은 하녀가 될 수 있을 거라고 생각했어. 때로 나는 이곳에서 혁명이 일어나면 좋겠다고 생각했지! 물론 그것은 불가능한 일이었지만! 그러나 지금은 어때! 놀랍지 않아? 사람들은 놀랍다고 말해. 나는 그 전쟁에서 너희 모든 '상류 계층들'이 패배하고, '미천하고 보잘것없는 사람들이' 승리할 거라고는 상상하지 못했어." "우스워! 너는 네가 교회에 갔을 때, 사람들이 나에 대해 노래하고 있다고 생각한 적이 없겠지. 하지만 나는 전능자가 누구인지 알고 있었어. 나는 네가 언젠가 나에게 차를 가져다주고 내 명령에 복종할 거라고 생각해본 적이 없어. 여기에서, 너는! 이제 지루해지네." 로즈메리의 기분이 갑자기 폭력적인 것으로 바뀌었다. "나를 좀 웃겨봐. 너의 사랑스런 공립학교 이야기와 찬송가들 그리고 음탕한 이야기로 가득한 성경 이야기 좀 해봐. 만약 네가 그것을 알 수 있는 영靈을 가졌다면 말이야!" "그러나 로즈메리," 앨리스가 말했다. "우리는 당신이 생각하는 것처럼 어리석지 않았어요. 우리는 성경에 대해 알고 있었는데, 우리가 성경을 '신성한 책'으로만 생각했던 건 아니에요. 나는 그것이 '영적 위안'의 진정한 원천이라고 느끼곤 했지만, 그것 모두가 성서의 영은 아니었어요."

"나는 어렸을 때 어머니가 해주셨던 말을 기억해요. '네가 무엇에 씌웠는지 모르겠구나! 마귀에 씌웠나봐.' 그녀는 정말로 그렇게 생각했어요. 그 말은 나를 두렵게 만들었어요. 왜냐하면 그게 바로 내가 생각했던 것이었거든요. 그리고 때때로 나는 내가 마귀의 웃음소리를 들을 수 있다고 생각했어요. '사티로스Satyr가 거리에서 부를 것이다…'라는 소리를 들었던 것 같아요. 나는 그 말의 의미를 알지 못했지만, 그것은 내가 깨어 있는 동안에도 나를 두렵게 했고, 나중에는 아주 무서운 악몽들을 꾸게 했어요. 나는 그것이 호랑이들이었다고 추측해요. 내가 어린 시절에 인도에 살았을 때 거기에는 호랑이들이 많았는데, 나는 나의 남자형제가 총탄에 짝을 잃은 호랑이가 포효하는 바람에 밤새 두려움에 떨었던 것을 기억해요." 로즈메리는 잠시 생각에 잠긴 후에, 부드럽고 친절한 목소리로 말했다. "불쌍한 아이, 나는 네가 두려워하는 모습을 상상해본 적이 없어. 술에 취한 놈팽이가 나의 어머니를 옆방에서 채찍질할 때, 내가 두려워했던 것처럼 말이야. 나는 그 여자가 나의 어머니였다고 생각하지만, 내가 그렇게 상상한 것일 수도 있어. 나중에 나는 나의 어머니가 창녀였다는 것을 알았어. 왜냐하면 사회복지사 숙녀가—나는 그녀가 숙녀임이 분명하다고 느꼈어—매우 친절하게 말해주었거든. 그녀는 내가 버려진 아이를 위한 복지시설에서 잘 살고 있는 것을 감사하게 여겨야만 하고, 말만 잘 들으면 하녀로서 살아갈 수 있다고 말해주었어! 그 모든 것을 나에게 말해준 그녀가 친절했던 게 맞지? 나는 그녀에게 대답했어. '예, 부인' 그리고 '아뇨, 부인'—나는 빨리 배우는 아이였고, 심지어 두 살 때부터 그런 식으로 말할 수 있었어." "불쌍한 아이!" 앨리스는 반은 들을 수 있게 그리고 반은 들을 수 없게 중얼거렸다. 그러나 로즈메리의 기분은 다시 경직되었다. "그 이야기는 그만 하자, 앨리스. 때로 나는 즐거워지고 싶다는 기분이 드는데, 네가 '상류 계층'이 겪는 비참한 일들에 대해 말해주면 즐거울 것 같아. 지금 당장은 내가 옷 입는 것을 도와줘야겠어. 너는 교육을 받았으니까 어떤 옷이 나에게 가장 잘 어울리는지 알고 있을 거야. 그 다음에 너는 나의 옷이 하녀들이 '쉬는 날'에 입는 옷이라는 걸 알게 될 거야. 그것은 유행이 지난 것이지만, 말쑥하고, 내가 잘 수선해 두었던 거야—그래야만 했어. 검은 색의 낡은 스타킹과 '감각 있는' 구두 말이야. 나는 그것들을 어디에서 찾아냈는지 모르겠어."

기억 —무의식에서야.

로즈메리 입 다물어! 방금 누구였지? 그건 바보들의 내면에 도달하려고 애쓰는, 존경스러운 늙은 돌팔이 정신분석가의 헛소리야! 가서 잠이나 자!

앨리스 쉿! 소리 지르지 말아요, 로즈메리.

로즈메리 소리를 질렀다고? 내가 아무리 크게 소리를 질러도 그들을 잠에서 깨울 수 없었어. 돌팔이는 … 너는 누구야?

기억 실례해. 나는 너희 숙녀들이 하는 말을 우연히 들을 수밖에 없었어. 흥미로워! 계속 해봐, 제발. 내 이름이 뭐냐고? 오, 기억이라고 불러줘.

앨리스 *(냉소적으로)* 이름은 예쁘네! 버크셔Berkshire에서 살던 시절의 아동기 기억인가? 그 기억들 중의 하나인가?

기억 아동기, *(경멸스럽게)* 아냐, 버크셔Burkshire에서의 기억들 중의 하나야. 너는 누구야? 먼—아주 먼—친척이야. 너희들의 대화가 나를 깨웠어, 숙녀분들.

앨리스 계속해—지금 너는 깨어 있잖아. 너는 어디에서 태어났지?

(두 여인들은 지루해져서 잠이 든다. 버크셔 기억은 계속해서 말한다.)

버크셔 기억 나는 몰라. 어떤 훌륭한 친구가 내가 죄 가운데서 잉태되었다고 말해주었어.

롤랜드 *(깨어나면서)* 내가 아는 가장 흥미로운 임신 중의 하나가 거기에서 일어났지. "동정녀 마리아의 임신이었던가?" 만나서 반가워. 나는 너를 기억해. 학창시절 이후로 네 소식을 전혀 듣지 못했어. 그 시절에 너는 지독한 말썽꾸러기였어—특히 일요일 성경공부 시간에 우리는 너를 위해 기도하는 것 외에는 달리 할 수 있는 게 없었지! "우리의 영혼이 감동을 받아," 우리는 그들이 "그"를 감히 어떻게 할 수 없을 때까지 노래를 부르곤 했어.

버크셔 기억 그를 뜻하는 힘him이 아니라 찬송가를 뜻하는 힘hymn이겠지.

롤랜드 아냐, 소문자 h와 y로 시작하는 찬송가가 아니라. 대문자 HIM으로 이루어진 그분을 불렀어—속삭임과 함께 그리고 엄지손가락을 어깨 너머로 흔들어대면서. 그분은 우리가 믿었던 신이었어. "귀신이 너를 잡아갈 거야!"라는 위협에서 우리는 지켜주는 분.

목사님이 오셨어, 오셨어.

엄청 음울한 표정이었어. 엄청 음울한.

그는 하늘나라가 오는 것에 대해 말했어.

버크셔 기억 *(음울하게)* 재미 하나도 없네.

롤랜드 기운 내! 힘 내, 친구들아. 우리는 영광을 위해 배의 키를 잡아야 해. … 병사들이 나무처럼 걷는 것을 보았어. 지평선 위. 돌출된 곳에서—하늘에서처럼 땅에서. 거기에서 빙글빙글 도는 녀석이 있었어. 창자를 다 드러낸 채 말이야. 우리는 웃을 수밖에 없었어. 그것이 방수포로 덮은 빌Bill에게로 뛰어들었거든!

버크셔 기억 *(활기를 되찾으면서)* 맞아, 기억나. "거기에는 방수포가 없었어!" 그러나 그는 늙은 빌에게 뛰어들었고, 하나님 나라가 도래해서 그와 부딪쳤어. 그건 우스운 일이었어! 그것은 악마 자신의 전쟁이었어. 나는 악마가 자기 사람들을 돌봐준다고 말할 거야. 우리가 H에게 기도할 때—H가 누구인지 알겠지만—우리는 땅에서 그런 것처럼 지옥 h에서도 영원히 지속되는 믿을 수 없는 지루함에서 우리를 구해줄 것을 기도해야 해.[59]

롤랜드 *(말을 가로막으며)* 학교 채플 생각이 나는군.

버크셔 기억 나는 채플에 참여해본 적이 없어.

롤랜드 그런 적이 없다니, 운 좋은 악마들이었군.

앨리스 천사들이었겠죠. 당신들은 학교 하키팀이 불렀던 노래를 들었을 거에요. "여름 꽃처럼 연약한 우리는 꽃을 피우네. 바람이 불자 그 꽃은 사라져 버렸네!" 웃음! *(부드럽게, 아르프, 아르프)* 나는 내가 죽어 마

---

59 대문자 H는 천국 또는 신을 가리키고 소문자 h는 지옥 또는 악마를 가리키는 것으로 보임.

땅하다고 생각했어요! "앨리스, 그 바보 같은 낄낄 웃음을 당장 지워"라는 말을 들었을 때 말이에요. 천사의 얼굴에는 미소가 있었어요! 나는 그들이 그랬다고 생각해요!

로빈 *(깨어난다)* 나는 당신네 여자들이 듣고 있다고는 생각하지 않았어요.

로즈메리 우리는 듣지 않았어요. 당신들은 우리가 당신들이 만들어내는 끔찍한 소음을 들어야만 한다고 생각하지는 않겠죠. 당신들과 당신들의 메달들이 내는 쩔그렁 소리와 당신들의 빌어먹을 영웅들 이야기가 도처에서 들려요. 정말 많은 이전의 아가멤논들! 그리고 몇몇 남성들이 동정녀 마리아를 생각해내기 전까지는 셀 수 없이 많은 세대들 동안 울지 않고, 명예를 인정받거나 칭송받지 못하고 죽은 어머니들의 이야기를 들어준 사람이 아무도 없었어요. 그 불쌍한 여인은 죄짓는 재미도 없이 임신을 해야만 했고, 지금도 그래야만 하죠. 정말, 놀라워요! 신에 의해, 그 더럽고 늙은 남자인 신과 사랑을 했다고 상상해보세요!

더럽고 늙은 남자 하지만 그는 레비아단[60]을 바다에서 낚을 수 있잖아?

다함께 *(갑자기 속삭이듯이)* 방금 그게 누구였지?

롤랜드 *(제일 먼저 충격에서 벗어나면서, 자부심을 갖고서)* 그것은 욥기에서 가져온 고전적인 인용문이야.

로빈 그 말을 들으니 많은 것들이 생각나네!

다함께 *(작은 목소리로)* 나는 맹세코 어떤 음성을 들었어요. 나는 이런 걸 좋아하지 않아요. 그건 으스스해요.

롤랜드 *(약간 자기만족에서 벗어나—동요된 상태에서)* 그것은 바가바드기타[61]에서 가져온 인용문이야.

---

60 전설속의 물속 괴물.

61 기원전 2-4세기에 성립된 힌두교의 경전.

앨리스 *(화가 나서)* 그만 해요!

목소리 그 말 들었어? "나의 삶에서 그렇게 빨리 깬 적이 없어!"라는 말.

목소리 왜? 만약 그들이 깨었는데 네가 그냥 밖으로 나가면, 빵! 마치 촛불처럼 훅 가니까?

앨리스 그 말은 네가 단지 그의 꿈의 일부라는 거야?

목소리 물론이지! 너희는 우리가 진짜라고 생각하지 않지? 롤랜드가 지금 깨어나고 있어. 너희는 보게 될 거야. 우리는 사라져버릴 거야. 우리의 자리는 의미 없는 추상적인 것들이 차지할 거야. 들어봐 …

16

롤랜드의 목소리 *(발음이 분명하고 정확하다. 그는 보이지 않는 그 자신이지만, 말을 하면서 점점 더 신체가 없는 생각하는 자가 되고, 최종적으로는 생각하는 자 없는 순수한 사고가 된다)* 크리슈나는 이 점을 매우 분명히 해. 그는 아류나Arjuna[62]에게 자신의 우울이 신성God-head은 커녕 사고할 만한 가치가 없는 연민의 일부임을 보여주고 있어. 그런 종류의 것들은 라디오 수신기, 엑스-레이 필름, 악기 등에 의해 직접적으로 또는 기계역학에 의해 감지되는 감각적 지각 범위 안에서, 그리고 매우 원초적이고 거친 동물들과 생물들에 의한 생물학적 범위 안에서, 수신되고 송출되기에 적합한 것일 수 있어. 매우 민감한 동물의 신체기관들은 파동을 모호하게 만들거나 방해하는, 파동 내의 동요들을 해석하거나 변형시킬 수 있어. 십자가의 성 요한은 조악한 것들을 더 조악한 것들로 만들기 위해 의도된 저속화低俗化에 사용될 수 있는 하나의 유비를 말했어. 그 조악한 것들이 하부-감각적 및 초-감각적 범위 안에 있는 요소들을 뚫고 들어갈 때까지는, 매우 좁고 제한된 범위를 벗어나지 않지만 말이야. 기억해야 할 것은, 그가 공간을 가로지르는 광선을 지각이 가능한 것으로 만들 수 있는, 먼지 미립자의 유비를 사용한다는 점이야. 최근에,

62 바가바드 기타에 나오는 인물

생물학의 영역에서는, 시각이 기계적 수단, 즉 망원경, 분광기, 사진기, 그리고 미세입자 수용액을 코팅한 필름에 의해 보강될 때조차도 시각에 의존하는 동물들이 전혀 감지할 수 없는 미세한 동요들을 감지하는 것이 가능해졌어. 그것들은 모두 거시적인 것이지. 하지만 이 동요들은 최대의 조악함과 폭력의 문제야!

그것들은 비록 극히 드물고 광대한 범위의 시간적 공간 안에 흩어져 있다고는 하지만, 측정 도구로서의 기록된 시간의 원시성과 하찮음으로 인해 극히 드문 것으로 보일 뿐이야. 개념으로서의 시간은 생각하는 자에 대한 의존으로부터 해방된 어마어마하게 많은 사고들이 작동할 수 있는 영역을 제공하기에는 위상적topological 공간만큼이나 부적절해. 시간 개념의 붕괴는, 비록 틀의 부적절성 때문에 광대해보일지라도, 매우 거칠고 단순한 유비를 들자면, 셋에서 다섯을 빼는 것과 같은 단순한 계산이 감각적 대상들에 적용될 때만큼이나, 또는 심지어 부정적 수—비록 충분한 실제 수를 갖고 있다고 해도—를 배제하는 것을 통해서 한계가 뚜렷해진 상대적으로 세련된 수학에서 발생하는 것만큼이나 사소한 거야.

생물학적 범주의 사소한 범위를 포착하지 못하는 실패는 살아있는 자의 장場이 죽은 자에 의해 확장될 때조차도, 즉 무생물에 의해 생물의 영역이 확장될 때조차도, 상대적으로 사소한 정도의 거대함에 해당돼. 이것은, 부분적으로, 상대성의 본성을, 특히 그것이 역설을 포함한다는 사실을 이해하는 데 실패하기 때문이야. 인간이 생각하는 자가 있는 사고들을 생각하는 것의 한계에 의해 제한을 받는다는 것은 "진실"과 "거짓됨"의 양극화가 발생했음을 암시해. 그 양극화는 도덕, 조사되지 않은 "도덕적" 체계, 그리고 시인들과 예술가들의 기능에 대한 도덕적 견해를 플라톤이 확장한 것에 의해 복잡해졌어. 종교 영역에 기원을 둔 비슷한 내용도 마찬가지로, 생각하는 자 없는 사고를 존중하지 못하는 그리고, 확장하자면, "관련된 대상들이 없는 관계"를 존중하지 못하는 무능력에서 온 것임을 추적할 수 있어. 이것이 소위 실천적 사고에까지도 영향을 미쳤던 이유는, 그 유비가 관계를 저속화하려는 시도이지 관련된 대상들을 저속화시키려는 시도가 아님을 파악하지 못하는 "대중"의 어려움 때문으로 보여. 정신분석적 접근은, 비록 무의식에 대한 이해를 통해 의식을 확장한다는 점에서는 가치 있는 것이지만, "젖가슴," "입," "페니스," "질," "담는 것," "담기는 것"을 유비로서 이해하는 데 실패함으로써, 의심의 실천적인 적용을 제대로 이해하지 못했다고 비난받아왔어. 설령 내가 그것을 글로 쓴다고 해도, 페니스, 질, 입, 항문이 갖고 있는 지배적인 감각적 요소는 유비에 의해 나타내진 요소를 모호하게 만들어.

로즈메리 *(하품을 하면서)* 오 마이 갓!

목소리 왜 나를 끌어들여?

로즈메리 *(명령조로)* 앨리스! 냉큼 이리 와!

앨리스 *(복종적으로)* 네, 부인.

로즈메리 너는 왜 저 시끄러운 소리를 멈추게 하지 못하는 거야? 그를 이끄는 법을 모르면서 왜 그와 결혼을 한 거야? 너는 최소한 관계의 사실적 실천은 음부와 음경처럼 두 개의 관련된 물건들이 아니라, 겉으로는 하나를 갖지만, 속으로는 다른 하나를 갖는 것임을 배웠어야만 해. *(경멸스러운 웃음소리)* 담는 것과 담기는 것! 맙소사, 나는 그가 나를 그처럼 미치게 만들었다고 생각해! 나는 심지어 이 미친 헛소리를 말하고 있어. 만약 이것이 더 오래 지속된다면, 나는 그 헛소리에 갇히고 말거야!

앨리스 맞아요, 부인. 내가 말하는 것을 용서하세요, 하지만—그때 부인은 담는 것 안에 담길 거예요!

목소리 아르프, 아르프, 아르프. 매우 우스워. 정말로 무척 우스워!

앨리스와 로즈메리 *(함께, 갑자기 소리를 낮추어)* 그것은 재미없는-농담이었어, 앙심을 담은 농담 말이야.

롤랜드 *(냉랭하고 정중하게 이야기를 재개하면서)* 앙심이 있는 농담은 재미로 하는 농담과 크게 달라. 피상적인 관찰자에게는 비슷해 보일 수 있지만 말이야. 불쌍한 로빈. 만약 내가 나 자신을 조금이라도 그와 비교할 수 있다면, 어느 정도는 나도 "불쌍한 존재야." 방금 우리가 문덴을 떠났을 때 … 내가 이야기를 계속해도 괜찮을까요, 숙녀분들?

로즈메리 그러면 짧게 하세요. 너무 추상적이지 않게. 앨리스, 이건 네 잘못이야. 왜 이 바보를 느슨하게 풀어준 거지? 너는 위대한 여자 사냥꾼인 다이애나처럼, 그를 네 샌들에 묶어놨어야 했어.

롤랜드 위대한 사냥꾼, 바아람Bahram처럼 말이지.

로즈메리 *(화가 나서, 앨리스에게)* 위대한 염소 바아 램Baa lamb이겠지. 그는 자신이 나를 사냥하고 있다고 생각했어. 나는 네가 나를 여종으로 고용했을 때, 네가 그를 낚았다는 것을 알았어—그 일을 생각하면, 지금도 웃음이 나와! 내 발톱을 예쁘게 칠해. 빨리 좀 해!*(다그치면서)* 아냐, 천천히 해. 네가 잘 하면, 나중에 그것을 핥게 해줄게. 나중에 좀 더 색을 칠할 수 있을 거야. *(롤랜드에게)* 계속해요. 문덴 이야기 좀 들어보게요. 재미있을 것 같아요.

롤랜드 거기에서 노르폭Norfolk으로 가는 여정은 악몽이었어.

앨리스 *(로즈메리에게)* 그와의 결혼생활은 낮에 꾸는 악몽이었어요.

롤랜드 *(격노하며)* 네년과 함께 했던 날들은 악몽보다 더 나빴어! 전쟁은 특히 영국의 최종적인 패배와 함락은 해방이었다는 걸 너는 알기나 해? 그 이유를 알아? 나는 그 패배가 최소한 내가 너에게서 그리고 교외에 살고 있는, 인간-이하, 하부-문명, 하부-귀족사회로부터 영원히 벗어날 수 있을 거라는 어렴풋한 희망을 주었다고 생각해. 영원히! 내 말 듣고 있어?

로즈메리 *(차분한 어조로)* 계속해요. *(크게 하품을 하면서)* 나는 문덴과 당신의 위대한 사냥에 대해 듣고 싶어요. 그 이야기는 나를 빠져들게 해요—만약 내가 깨어있을 수만 있다면.

롤랜드 나는 실제로 부유했기 때문에 투자를 하면서 아주 편안하게 살 수 있었음에도 불구하고, 농장에서 열심히 일했어.

로즈메리 우리도 그랬어요. 나의 엄마도 그렇게 말했죠. 내가 태어날 때까지는요. 그때 그녀는 처음에는 개의치 않았어요. 내가 예뻐 보였기 때문에, 그녀는 나에게 투자할 수 있고, 은퇴해서 내가 직장에서 번 돈으로 편안하게 살 수 있을 거라고 생각했어요—그것은 오래 가지 않았어요. 나는 그녀가 했던 것과 같은 생각을 했지만, 그녀를 부양하는 일에 헌신하고 싶지는 않았어요. 계속해요, 갈라해드 경Sir Galahad[63]. 이게 가장 재미있군요. 마치 우리가 당신의 아빠가, 내가 비명을 멈추게 하기 위해 주먹으로 나 자신의 입을 틀어막을 때까지 나를 두려움에 떨게 했던 부유한 귀족이었다는 것을 알게 될 것만 같아요. 나는 나의 아름다운 눈 덕택에, 그가 두려워지고 그녀가 죽을 때까지 그녀를 때리는 동안, 비명을 지르는 나의 엄마를 응시할 수 있었어요.

롤랜드 우리는 사냥을 했어. 그러나 그것은 대부분 농장을 돌아다니면서 대충 총을 쏘는 재미였지. 앨리스가 우리를 방문했어. 나는 그녀를 좋아했어. 어느 날 그녀는 교회를 가는 것에 대해 화를 내면서, 그녀의 부모에게 자신은 목사가 늙은 앵무새처럼 빠르게 말하기 때문에 그를 싫어한다고 말했어. 나는 그녀의 불같은 성질이 좋았고, 우리는, 사적으로, 언젠가 결혼을 하자는 생각에 동의했어. 그런데 전쟁이 일어났

63 *저자의 죽음Morite D'arthur*에 등장하는 "제정신"의 영웅.

지. 특히 첫 전투에 투입되었을 때 내가 도망치지 않은 게 놀라웠어. 나는 같은 날 다시 전투에 참여해야 한다는 것을 알게 되었어. 나는 그것을 예상하지 못했어. 나는 다시 전투에 참여해야 한다는 것은 알았지만, 겨우 몇 시간 후에 시작된 두 번째 전투에서 전혀 다르게 느낄 거라고는 예상하지 못했어.

로즈메리 *(자신의 발톱을 살펴보면서)* 앨리스, 네 표정은 확실히 흥미롭다는 것 같아.

앨리스 흥미로워요. 나는 전에 이런 이야기를 들어본 적이 없어요.

로즈메리 *(무관심에서 오는 하품과 함께)* 자, 계속해. 나는 네가 나의 발에 주의를 기울이는 동안, 그의 말에 귀를 기울일 것을 기대하지는 않아.

롤랜드 다음 날 나는 포격이 너무 심해서 참호 안에 누워 있었어. 모든 것이 위로 올라가고 있었어. 처음에 나는 겁에 질렸어. 그 다음에는 도망칠 수 있다는 것을 깨달았어. 전에는 도망친다는 것을 생각하지 못했거든. 용감할 수조차 없었던 거지!

로즈메리 도대체 그게 문덴하고 무슨 상관이 있죠?

롤랜드 그것과의 관련성은 이런 거야. 문덴 사건은 여러 해 후에 일어나. 사실 문덴은 먼 미래에 있어. 과거 저 먼 곳에도 있고.

로즈메리 오 마이 갓! 우리는 약간의 매춘을 할 수 없을까요? 그것 역시 먼 과거에 있었고, 먼 미래에도 있을 거예요. 또한 그것은 최소한 지루한 롤랜드에 관한 것이 아니라 흥미로운 것이에요. 앨리스! 그 채찍을 내게 줘. 내 하녀가 되는 것이 어떤 것인지를 가르쳐주겠어. 자, 핥아! 그렇게 하지 말고, 이 바보야! 아래쪽, 발가락 아래. 그리고 그 사이. 이제 발바닥. 네가 하는 식으로는 결코 매춘부가 될 수 없어. 자—집중해. 우리가 항상 말했듯이, 현재를 잡으라고. 나는 나의 고객과 노예가 도달할 때 다시 그 말을 할 거야. 나는 데이즈Thais야. 나는 베르트라다 페데 아우카에

Berthe au grand pied[64]야. 너희들은 그들에 대해 들어본 적이 없지?

앨리스 오 그래요. 나의 졸업 시험에는 비용Villon[65]—위대한 증언[66]—에 대한 문제가 나왔어요.

로즈메리 정말? 너는 정말 따분해. 너에게 그건 자연스럽겠지. 네 남편이나 깨워? 문덴 이야기는 어떻게 됐어?

롤랜드 *(창백한 얼굴로 그리고 땀을 흘리면서)* 비 오듯 쏟아지는 포탄들은 터널 안에서 기차 문이 닫힐 때처럼 쾅 소리를 내며 터졌어. 로빈과 나는 진흙 속에서 할 수 있는 한 최대로 몸을 낮추었지. 쾅! 쾅! 쾅! 마치 쥐 사냥을 하듯이, 누군가가 나를 코너로 몰아넣고 죽을 때까지 몽둥이로 때리려고 했어. 그러나 역전된 관점 덕택에, 나는 벽의 모퉁이에 몸을 숨길 수 있었어.

로즈메리 그 다음에 무슨 일이 일어났는데요?

목소리 그는 엉덩방아를 찧었지! 아르프, 아르프, 아르프!

앨리스 방금 그게 뭐였죠?

---

64 거위 발 또는 왕 발로 유명한 프랑크 왕국의 여백작.

65 프랑스 시인, Le Grand Testament라는 시집을 저술하였음.

66 프랑수아 비용, 중세 말기의 프랑스 시인. 비용의 저서명.

17

롤랜드 나는 날씨가 맑아지고 있다고 생각해. 세상에, 그것은 엄청난 소나기였어! 오늘날 그들은 컴퓨터를 사용해. 컴퓨터를 사용해서 정확한 타격의 위치를 찾아내는 스포츠가 무슨 재미가 있는지 모르겠어. 이 쥐가 컴퓨터를 사용해서 정확한 타격지점을 조준해. 그래서 그들은 간신히 피해. 신의 수레바퀴는 천천히 구르는데, 극도로 조금씩 굴러. 쾅! 쾅! 조금씩! 이것들이 너무 가깝기 때문에 나는 그것들이 지나갈 때 뜨거운 공기를 느낄 수 있어. 다시 시작되었어. 너는 기계들만을 가질 수는 없어. 그 컴퓨터를 프로그램할 수 있는 퇴화된 뇌가 있어야만 해. 인간 잔인성의 흔적을 갖고 있는 아주 작은 조각 말이야. 그것은 작고, 퇴화했지만, 포자—악성 포자—처럼 강하고 내성이 있지. 로빈은 어디 있어? "그들"이 그를 체포한 게 분명해. 아, 마침내 바다로군. 소금 습지들과 작은 새들이 서로를 부르고, 저 높은 곳에서 커다란 구름들이 소용돌이치며 지나가고 있어. 전쟁이 끝났나? 그 전쟁에서 풀려난 사람은 없어. 아빠! 오 아빠! 나를 쓰다듬어주세요. 아빠! 나의 사랑스런 아이, 지금 나의 손가락이 사랑스런 네 얼굴을 만질 수가 없어. 신은 내가 너를 대신해서 죽게 해주실 거야! 오 내 아들, 내 아들. 압살롬이여![67] 과

67 구약성서에 나오는 다윗왕의 아들. 그가 전사했을 때 아버지가 절규한 내용.

거, 현재 그리고 미래, 모든 것이 영零—컴퓨터의 심장—으로 환원되네!

로즈메리 *(어깨에 두른 스카프를 잡아당기면서. 앨리스가 감기에 걸렸나—아니면 당황했나?)* 앨리스, 그만하면 됐어. 정말, 이 남자들은 때로 사람을 아주 불편하게 만들어. 애처로워.

롤랜드 그게 내가 방금 생각했던 거야. 나는 내가 보통 매우 감상적이라는 걸 잊고 있었어.

로즈메리 나는 결코 감상적이었던 적이 없어요. 앨리스, 이제 보니 회복되었네.

앨리스 나는 한순간 나의 어린 시절을, 그리고 심지어 롤랜드와 내가 서로 사랑하고 있다고 생각했던 젊은 날들을 생각했어요. 나는 할 수만 있다면, 그 시절로 돌아가고 싶다고 생각했어요. 당신은 호레이스Horace가 리디아Lydia에 대해서 했던 말을 기억해요?

로즈메리 홀스Horses라고?[68] 그런 이름은 들어본 적이 없어. 오, 아마 들어봤을 거야. 그것은 내가 "산속의 하녀"[69] 시절에 있었던 일이야. 내가 무대 위에서 주연 역할을 한다면 멋질 거라고 꿈꾸던 시절이었지. 무엇을 꿈꿨냐고? 어느 영주와 결혼하는 것, 밍크코트와 다이아몬드로 온 몸을 치장하는 것, 그리고 세 번째는 사랑에 빠지는 것이었지. 나에게는 그런 운이 따르지 않았어. 지금 나 자신은 컴퓨터보다 나을 게 없어. 또 다른 컴퓨터와 결혼한 컴퓨터 말이야.

앨리스 나는 나의 여주인의 노예에요. 그게 최상의 운명이라고 생각해요. 내가 종교적으로 살았던 시절은 어땠냐고요? 나는 결혼을 했고, 롤랜드와 나는 심지어 교회에서 결혼식을 했어요.

로즈메리 롤랜드에게 물어봐. 나는 그것을 그다지 중요하게 생각한

68 호레이스를 홀스로 잘못 들었다는 의미.

69 영국에서 유명했던 뮤지컬 연극의 제목.

적이 없어. 그는 그것에 대해 과감한 생각을 갖고 있어. 롤랜드, 신에 대한 당신의 생각을 말해봐요.

롤랜드 신을 믿는 인간의 능력에는 놀라운 견고성이 있어. 종교는 공부를 위한 끊임없는 원천을 제공하지. 어떤 사람들은 믿음의 집요성을 신의 존재를 확인해주는 증거로 사용해. 우리가 그리고 심지어 인간 종족이 인간과 동물의 숭배 충동과 비슷한 현실이 존재한다는 것과 그 현실을 숭배한다는 사실을 믿지 못하기라도 하듯이 말이야. 생쥐나 시궁쥐는 가끔 확실히 예배하는 자세로, 식사를 즐기기 전에 콧수염을 핥고 있는 고양이의 자비를 간청하는 것 같은 행동을 하지. 명료한 수준의 언어능력을 갖고 있는 인간 동물은 분명히 언어가 잔인성을 위한 도구로 사용된다는 것과, 잔인성으로 배를 채워야 할 욕구, 또는 적어도 잔인한 충동을 만족시키기 위해 적합한 음식을 먹어야 한다는 것을 알고 있는 것처럼 보여. 바다에 사는 굴이 작은 물고기 쪽으로 고개를 돌리면서, "그러나 우리는 말고"라고 말했다는 이야기가 있어. 그것은 활기찬 건강을 유지하는 데 잔인성을 조장하고 지탱할 필요가 있다는 것을 의미해. 이와 관련된 유명한 이야기가 있는데, 아마도 기억할 거야. 다른 누구보다도 기독교의 시조인 예수가 한 말로 간주되는 이야기야. 그는 이렇게 말했어. "나의 하나님, 나의 하나님, 왜 나를 버리시나이까?" 만약 그가 자신의 아버지가 탐욕스럽고 잔인하다고 생각했더라면, 그는 그의 아버지가 자신을 기억하지 못하는 것에 대해 좀 더 합리적으로 불평했을 거야. 그의 잔인성의 허기를 만족시키는 순간에 대한 기억 말이야. 그러나 보통 코너에 몰린 쥐는, 극단적인 경우, 찬양과 숭배를 하는 것이 바람직하다고 느끼는 것 같아. 황제에 대한 검투사의 인사말인, "죽음을 찬양하라"가 그 원리에 대한 간단명료한 표현이지.

문명세계 안에서는 문명화된 특질들을 믿는 것이, 그리고 기억이

나 욕망을 통해서 두려움을 일으키는 내적 밑그림configuration을 자극할 수도 있는 잔인한 웃음*(여기에서 인위적인 꿈에서 표현되었듯이)*을 모호하게 만드는 것이 더 편해. 두려움이나 공포—그 배후에는 이름 없는 대상이 있는—를, 또는 그 공포에 대한 인식을 몰아내려는 시도가 타고난 본성임이 분명해 보여. 내가 O라고 부르는, 말로 표현할 수 없는 두려움은 여러 가지로 공식화되었어. 플라톤은 그것을 "형태"라고 불렀어. 그는 감각적인 대상들은 실제적인 것이 아니고, 실제적인 것의 상대역일 뿐이라고 보았지. 성 어거스틴은 선과 악의 구별을 나타내기 위해 많은 종교들에서 사용하고 있는 도구를 빌려왔어. 좋은 것과 나쁜 것, 의식과 무의식, 고통과 쾌락, 추한 것과 아름다운 것으로 나누는 것은 지식의 발달을 촉진하는 것처럼 보이는 틀을 제공하지만, 성장의 요소는 그런 공식을 빠져나가는 것처럼 보여. 왜냐하면 그런 성장은 진정한 것이 아니라, 성장을 닮은 것일 뿐이기 때문이야. 성장을 지각할 수 있고 측정할 수 있게 해주는 단순한 좌표는 존재하지 않지만, 아이의 성장은 아이가—허구적으로 그러나 허무맹랑하지는 않게—자신이 먹는 음식이 사라지고, 그 다음에 오줌과 똥으로 배출된다는 것을 관찰할 수 있다는 이론을 구성하는 것을 통해서, 상상적이거나 단순한 용어로 서술될 수 있어. 공상하는 아이에 의해 이루어지는 추후의 조사는 아이가 자신이 삼킨 것이 흡수되고, 똥과 오줌으로 배출되는 변형과정이 있다는 것을 알게 해줘. 정상적인 성장 활동은 쾌락적이거나 고통스런 또는 의심스런 특질—무게와 높이 그리고 추측과 이론과 논쟁에 의존해 있는 것에 대한 측정—같은 이차적 속성을 통해 중요해지기 전까지는 자체의 모습을 드러내지 않아.

인간 동물이 그 자신뿐만 아니라, 감각적 세계의 원시적이고 결함있는 도구들을 제외하고는 그 누구와도 협력할 수 없는, 명백한 속성도 언어도 존재하지 않는 어떤 것을 측정하고, 주장하며, 조장하거나 방해하도록 요청받고 있다는 것을 발견할 때, 그가 얼마나 혼동스러울지 상상해보라고! "마음"—우리가 잠정적으로 그렇게 부를 수 있는—이 해부학적 뇌와는 달리, 경계에 의해 명백하고 분명하게 묶여 있지 않다는 사실을 믿기란 쉽지 않아. 만약 그것이 유비체계에 의해 부적절하게 표현된 것으로 보인다면, 상황은 더 나빠질 거야. 예컨대, 그리스 사람들이 … 이 어려운 문제에 접근하기 위해 노력한 투쟁들을 생각해봐.

로즈메리 만약 당신이 사람들이 그리스 사람들에 대해 말한 것을 믿는다면, 나는 그리스 사람들이 당신이 기대하는 것만큼이나 어리석은 사람들이라고 말하겠어요. 사실, 운 좋게도, 나는 학교를 가지 않아도 되었고, 그리스어와 그리스 문법 그리고 그리스 번역을 배우지 않아도 되었어요. 나는 내가 배우고 싶은 것만을 배웠고, 배 아프게 하는 소음을 평생에 걸쳐 배우는 당신들보다 짧은 기간 안에 그것들을 배웠어요. 나는 배웠어요, 그리고 호머는 헬렌이 트로이에 있었다는 것을 당신들에게 가르칠 정도로 감각이 있는 사람이었죠. 당신네 바보들 중의 하나가 오래지 않아 그리고 직접적으로 핵심을 말했죠. 동이 트기 전에, 숨겨져 있지만 아직 플리머스Plymouth 절벽에 의해 침묵이 강요되지 않은 것을 말이에요. "어쨌든, 창녀든 창녀가 아니든, 그녀는 대가를 받지 않고 그를 위해 그것을 했는데, 그것이 모든 문제를 발생시킨 출발점이었어요. 나는 그것에 대해 학술논문을 쓸 필요가 없어요. 플리머스 호Plymouth Hoe[70]가 어떻고, 트로이의 포위가 어떤 것이 무슨 상관이죠? 또는 신의 은총에 의해 영국 여왕 엘리자베스가 어땠는지. 또는 나는 어땠는지가 무슨 상관이에요? 나는 아직도 아름다워요. 앨리스도 그렇고요. 그녀를 보라고요. 아름답지 않아요? 롤랜드, 당신은 말이 없군요. 왜 듣지 않

70 플리머스에 위치한 해안지역의 명칭.

죠? 거기에는 사고도, 언어도 없지만, 그것들의 목소리는 지구의 가장 깊은 곳에 도달했어요.

롤랜드 뭐라고? 왜 듣지 않느냐고? 당신이 말을 하고 있는 동안에 내가 다른 무슨 일을 했단 말이야? 나는 당신들 두 사람에게 무언가를 말하고 있었어. 내가 당신들에게 말하고 있던 것의 일부는 내가 알아. 내가 말하고 있던 것의 많은 부분을 다 알지는 못하지만. 조금은 알아—그것의 일부가 어딘가에서 매우 희미하게 들리고 있다는 것을 느낄 수 있어. 그것은 마치 군중 속에서 스쳐가는 소리를 듣는 것과도 같아.

로즈메리 당신의 언어는, 당신이 생각하듯이, 내가 들을 수 없어요. 그런데 당신은 그런 이유로 자신이 인상적인 사람이 될 수 있고, 인상적인 청중을 가질 자격이 있다고 느끼고 있어요. 나의 직업은 세상에서 가장 오래된 거예요. 나는 당신이 느낄 만한 자격이 있다고 생각하는 경멸에 친숙해 있어요. 만약 당신이 음악적 표현을 사용해서 경멸을 진술할 수 있는 충분한 지능을 갖고 있다면 말이에요. 데이즈, 이브, 릴리스 … 거기에는 당신이 연결 지을 수 없는 계보가 있어요. 왜냐하면 나는 당신을 적절한 곳이라고 부를 만한 곳에 위치시키는 데 관심이 없는 데 반해, 당신은 나의 적절한 위치를 안다고 생각하기 때문이에요. 카인의 명성은 영예의 명성처럼 낡아버렸어요. 당신이 속한 무리들은 어마어마하게 커요. 당신들은 숫자를 세는 법을 배운 후로 숫자가 클수록 영광도 크다는 인상을 받았거든요. 대체로, 그것이 당신이 이해하는 유일한 기준이죠. 만약 내가 나의 아름다움을 드러낸다면, 당신은 쪼그라들고 죽게 될 거에요. 제발 그러지 마요! 내가 당신의 항의 대상이 되지 않게 해줘요. 만약 내가 말한 것을 당신이 듣게 만드는 데 성공한다면, 나는 당신의 불쌍한 자세를 바라봐야만 하거나, 더 심하게는, 칭송해야만 하는 고통을 겪어야 한다는 것을 알고 있어요. 당신은 빈민굴, 즉 처녀의 자궁에서 온 불쌍하고 작은 부랑아에게는, 혐오 받지 않는 것이 그 어떤 것보다 더 큰 보상이라는 것을 생각하지 못했을 거예요. 그렇지 않나요?

롤랜드 *(최상의 옥스브릿지[71] 태도를 유지한 채. 자신이 명료하고 훌륭하게 말하고 있고, 적절하고 잘 행동하고 있음을 알고 있다는 사실을 숨기지 않는다)* 우리는 우리가 말하고 싶은 것을 표현하는 방식을 누가 발견했는지 알지 못해. 그러나 우리는 바가바드 기타가 기록된 시기에 가서야 크리슈나가 아류나의 우울증을 질책한 것으로 서술되었다는 것과, 그의 기준이 모든 것들에 적용된다는 가정을 알게 되었어. 아류나는 그가 누구이든, 크리슈나이든, 신이든, 궁극적 중재자이든 상관없이, 결함 있는 기준을 비난할 수 있다고 생각하는 데 주저함이 없어. 그는 그의 친족들과 친구들이 그 자신만큼 가치 있는 존재들이라는 것을 알고 있는데, 왜 그들과 싸우고 그들을 죽여야 하지? 그는 싸우지 않을 거야. 일리아드에서, 헥터는 패배했고, 그의 시체는 굴욕을 당했어. 아킬레스는 궁극적인 승자임에도 불구하고, 그의 막사 안에서 헛되이 우울해졌어. 트로이 사람들은 한 여인과 그녀의 비열한 정부 情夫 때문에 치룬 전쟁에서, 계략에 넘어가 패배하고 말았어.

로즈메리 !

롤랜드 방금 뭐라고 했어? … 나는 누군가가 무슨 말을 하는 걸 들은 것 같은데. 아니라고? 그러면 하던 말을 계속할 게. *(멀리서 부드럽게 들려오는 소리—아르프, 아르프, 아르프!)* 아이 추워. 이것들은 큰 도시의 … 거리들인가? 그것들은 비어 있고, 외롭고, 버려진 것 같아. "사티로스가 거리에서 부를 것이다 …" 이것이 왕이 거하는 우르라는 곳인가? 니느웨인가? 티레Tyre[72]인가? 바빌론인가?

---

71 Oxford University와 Cambridge University를 합친 단어.

72 성서에서 두로라는 명칭으로 표현되고 있는 레바논 남부의 도시.

목소리 잘난체 하는 바보.

롤랜드 왜? 저게 뭐지? *(잠시 멈추었다가 계속해서 말한다)* 두려워. 나는 강의를 잘 했었는데 … 내가 재능을 잃어버렸나? 내가 방금 무슨 말을 하고 있었지? 오 맞아. *(그는 자신이 말하고 있던 주제가 생각나자, 안도한다)* 이스라엘 사람들의 신은 질투와 시기심 같은 인간의 명백한 특징들을 보여주는 잘 알려진 부족의 신이었고, 올림푸스에 위치한 호머의 만신전에 살면서 인간사에 자유롭게 참여하는 신들과 별로 다르지 않았어.

목소리 이 얼간이 농부가 그 모든 것을 알고 있다니 놀라운 일이군. 그것은 그가 너무 많은 "교육"을 받는 바람에 쓸모없는 농부가 되었거나, 아니면 농부라는 시시한 직업이 그를 잘난 체하는 박식가로 만들었다는 것을 말해주지. 그것은 자신이 번역가라는 에즈라 파운드의 주장을 특징짓는, 우스운 울부짖는 자를 생각나게 해. 너는 호레이스가 쓴 다섯 번째 시집에 대해 키플링이 했던 농담을 기억해? 적어도 그 농담은 재미는 있었어. 그렇다고 해도 그는 아주 진지하게 맨투아 자매들Mantuan sisters[73]에 대해 버질이 말한 것을 이해할 수 있는 것처럼 행동했어.

롤랜드 누군가가 또 다시 웃었나? "교육받은" 명문대학 액센트였나?

목소리 오, 계속 이야기나 해.

롤랜드 물론이지. 내가 무슨 말을 하고 있었느냐고? 욥은, 아류나처럼, 인간 존재에게 적합한 도덕적 기준의 잣대로 크리슈나를 판단할 수 있는 틀을 만들었다는 이유로 거부되었어. 나는 심지어 학교에 다니던 시절에도 팔리누르스가 매우 부당한 대우를 받았다고 생각했어. 물론 버질 같은 나이든 고집불통에게 많은 것을 기대할 수 없다는 것을 누구나 다 알고 있었지만 말이야. 너는 고전을 참작해야만 해.

톰 너희들이 하고 있는 작은 게임이 뭐야?

---

73 버질의 희곡에 등장하는 세 자매들.

로즈메리, 앨리스, 롤랜드 그리고 그 외. *(숨을 죽인 채로 듣는다)*

톰 너희들이 내 말을 들었고, 나도 너희들이 하는 말을 들었어, 이 잡종들아! 너희들이 하고 있는 그 사소한 게임이 뭐냐고? *(점점 환해진다. 톰은 주변을 살펴보는데, 차츰 사람들이 시야에 들어오기 시작한다)* 오 당신들이 거기에 있군요. 잠든 척하면서 말이에요. 좋아요, 나는 그 질문에 대한 답을 알고 있어요! 나는 당신들을 잠재울 거에요—영구적으로. *(화가 나서 제정신이 아닌 그는 움켜쥔 주먹을 가장 가까이 있는 인물에게 날린다. 그의 주먹은 침대보에 파묻힌다. 그의 폭력이 너무 강력했기 때문에 그는 평상심을 회복하지 못하고, 직립 자세를 회복하지 못하는 상태로 무능한 격노를 삼키면서 울고 있다)*

롤랜드 네안데르탈인 같아—

톰 사기꾼 같으니. 내가 손봐주겠어! 너는 너 자신이 영리하다고 생각하지. 나에게는 뜨거운 피가 있어. 나는 살아있다고. 나는 열정의 노예야. 맹세하건대, 너는 나의 노예라는 사실을 알게 될 거야. 여성들—그들이 내가 원하는 자들이지. 그러나 너도 괜찮아. 너와 너의 야바위꾼들—나는 그 망할 놈들을 나의 노예로 만들겠어. 나는 이유 없이 이빨과 턱을 박살내지 않아. 나는 너의 살을 찢을 거야 … *(비명을 지른다)* 나 좀 일으켜줘! 일어서게 도와줘. 그러면 내가 보여줄게.

정신과의사 너는 바보처럼 이곳 전체를 깨울 거야. 간호사, 그에게 모르핀 주사 좀 놔줘. 빨리!

간호사 그건 거의 치사량에 가깝지 않나요?

정신과의사 여기에서 내 역할은 질서를 유지하는 거야. 그것이 그의 생명이나 나의 생명과 관련되어 있다고 해도, 만약 그것이 그의 생명이라면, 상관없어! 그에게 치사량에 해당되는 모르핀이 대장에게는 수면제야. 그리고 대장에게 수면제는 나에게는 빵과 버터지.

비온 그 사람이 누구더라, 그의-이름이. 맞아, "변형"이야, 그렇지?

국가 정신과의사 그게 어때서, 나 같은 사람도 변했어. 그건 나쁜 일이 아니잖아? 나는 뉴턴이 박하의 대가가 되는 것이 더 안전하다는 것을 발견하기 전까지는, 마음의 대가인 것이 더 현명하다고 생각했다는 사실에 놀랐어. 예수란 친구는 아직도 골치 아프긴 해. 우리는, 셰익스피어가 말하듯이, "뱀에게 상처를 입혔지만, 죽인 것은 아니야." "병든 마음을 보살펴줄 수는 없겠니?" 그들을 지하로 내모는 것은 소용이 없어. 단지 상황을 완화시킬 뿐이야. 완전 죽음은 친구가 없어. 아, 여기 그들이 있네. 둘 다 강한 친구들이야. 첫 번째 살인자와 두 번째 살인자. 그들은 약간 거칠어 보이지만, 정말로 황금 심장을 갖고 있어. 멋진 카인의 후예들이지. 그 무리 중에 최상이야! 거기 너—너는 플륫이나 다른 악기를 연주할 수 있잖아? 그리고 너—너는 시인 맞지? 호머라고? 모든 그리스인들이 나에게는 시인 같던데 … 말이 그렇다는 거지. 너! 너는 선한 것을 싸움과 살인이 포함된 것으로 바꿀 수 있잖아? 오, 내가 그것을 번역할 테니까, 너는 절대 두려워하지 마! 우리는 F.B.I. 안에 최고 수준의 번역팀을 두고 있어. 저건 뭐야? 엿 같은 보병부대네. 명칭이 확실히 어울리지 않지? 어쨌든—모두 건장한 친구들이야. 간호사—아니, 너 말고—남자 간호사. 아, 여기에 있군. 훈장들이 담겨 있는 양동이를 가져와. 곧 그것들이 필요할 거야. 영웅임을 보장하는 인장을 몇 군데 찍어놔. 그것들이 보통 그들을 조용히 잠들게 하지. "군대는 배로 기어 행진한다네." 하지만 사탄도 그렇게 해. 그는 지금 믿을 수 있는 멋진 친구야! 어린아이들이 친절하게 미소 지으면서 나에게 오는 것을 받아줘. 나는 어린아이들을 사랑해—특히 그들이 충분히 어리고 충분히 부드럽다면 말이야. 뭐라고, 그들이 아직도 자고 있어? 그들은 눈을 굳게 감고서, 감각 없이, 생명 없이, 영원한 백색 광휘를 얼룩지게 만드는 장밋빛 색조 아래에서 잠들어 있어. 이 비참한 시인들—아가멤논 이전의 많은—그들은 어째서 울어주는 사람, 명예, 노래 없이는 자신들의 무덤 속에서 잠들 수 없는 거지? "뭐라고?" 그들이 미소 짓네. "우리의 이름들, 공적들—시간은 너무 빨리 비석에 새겨진 것들을 지운다고? 인생의 영광은 어디에 기록되어 있는 거지? 그들의 이름은 영원히 살아있어." 자, 감사하게도, 우리는 잠들 수 있어.

앨리스 멋진 밤이에요! 롤랜드, 당신은 지금까지 무엇이었죠? 던지고, 뒤척이고, 소리치고! 나는 한숨도 잘 수 없었어요.

롤랜드 당신은 지금까지 무엇이었는데?

18

완전 정지. 수면. 그곳에 앨버트 스테고사우르스와 그의 가까운 친척인 아돌프 티라노사우르스가 나타난다.

아돌프 너는 도대체 무엇을 위해 이 모든 철갑을 몸에 두르고 있는 거야?

앨버트 내 이름은 앨버트야. 나는 그것을 악마를 대비해서 준비했어. 너는 도대체 무슨 생각을 하는 거야? 나는 쉬는 중이야. 지금은 포자胞子 단계라고.

아돌프 나는 포자를 먹기 위한 이 이빨을 갖고 있어. 너 같은 초식동물은 신경에 거슬려. 그것은 도발적이야, 망할! 그것은 저항이라고! 너는 내 머릿속에 아이디어를 집어넣었어. 네가 내 머릿속에 십계명을 집어넣기 전에는, 나는 잘 지냈어. 네가 그렇게 한 후로, 나는 간음죄를 짓고 싶은 욕망에 몸이 근질거려 잠을 잘 수가 없어. 이게 모두 네 탓이야.

앨버트 또 그런다! 지금 너는 나에게 죄책감을 불어넣고 있어. 너는 왜 너의 양심을 너 자신을 위해 간직하지 못하는 거야? 지금 내 마음은 양심에서 나오는 생각과 후회로 가득 차 있어. 그건 끝없는 세계야—아멘.

아돌프 너의 종교는 너 자신에게나 적용해! 지금 너는 나에게 미사에 참여하고 싶은 욕망을 집어넣고 있어. 좋아—만약 내가 너를 잡아먹는다면, 네 목적을 이루는 걸 거야!

앨버트 너는 나를 너무 일찍 깨웠어. 나는 다시 잠을 자야만 해.

아돌프 나를 깨워줘—몇 천 년 안에.

앨버트 그때 쯤 나는 너의 항문에 도달해있을 거야.

아돌프 그곳은 누군가가 후회를 하는 데 적합한 장소이지—나의 입과 이빨로부터 멀리 떨어진 곳! 나의 소화관 반대편 끝부분이야.

앨버트 소화가 안 된다고 나를 비난하지 마. 네가 나를 잡아먹는다면, 나를 비난해서는 안 돼. 나의 갑옷, 나의 저항, 나의 포자들은 꽤 튼튼하거든. 네 항문이 그것을 견딜 수 있겠어?

아돌프 나는 아주 견고한 무의식을 갖고 있어. 나는 내가 오른손으로 하는 것을 왼손이 모르게 해. 너의 개념들이 눈먼 상태에서 깨어나고, 너의 내용 없는 사고들이 머물 수 있는 집을 주는, 즉 얼마의 사고 공간을 갖고 있는 생각하는 자를 발견하기까지는 수천 년이 걸릴 거야.

앨버트 너를 만나면 머리가 아파.

아돌프 너의 사고들을 적절한 장소에 두라고 내가 말했잖아! 네가 그것들을 마땅히 있어야 할 곳보다 더 높은 데 둔다면, 너의 두통은 당연한 거야! 내 충고를 들어—네 머리는 사고를 위해 잘 간직해야 해. 그런데 네가 네 머리 안에 갖고 있는 작은 물건이 뭐지?

앨버트 초보적 뇌야.

아돌프 흐음 … 나는 그게 싫어. 내 말 잘 들어, 그것이 네 머리를 터지게 만들 거야! 그래서 각각 제멋대로 흩어질 거라고. 와우! 저건 또 뭐야? 네가 네 생각들을 내 안에 슬며시 밀어 넣었군, 야비한 녀석.

앨버트 너는 네가 먹는 것의 맛이 어떤지 알고 싶지 않을 거야. 너는 왜 구별 없이 아무거나 닥치는 대로 먹는 데 만족하지 않지? 내 항문에서 네 머리 좀 떼어 내! 내가 너라면, 나의 머리를 너의 항문에서 떼어 놓을 거야! 그렇지 않으면 너는 항문성애자가 되고 말 걸!

아돌프 최소한 나는 그것에 대해 모르고 있을 거야. 만약 바보 앨버트가 내가 그의 갑옷을 씹을 수가 없다고 생각한다면! …

앨버트 바보 아돌프가 내 갑옷이 그의 이빨로는 뚫을 수 없다는 것을 생각한다면! …

두 사람 모두 그가 무언가를 깨닫게 될 거야!

두 사람 모두 *(큰 소리로)* 감사하게도, 우리는 동의해.

19

롤랜드 과거에서 살아남은 것들은 변태적 괴물들이야. 변태적 남근들이지. 나에게는 그것들의 강점들이 그것들의 약점들로 보여. 그것들은 서로 다르면서 서로 일치해. 나는 전에 이러한 인간의 특성을 도구를 만드는 동물이라고 언급했지만, 지금은 그 특성이 인간보다 수천 년 앞선 동물들에게도 있었다고 생각해. 그것들은 영원성의 백색 광휘 위에 칠해진 장미 빛 채색에 의해 네모난 검은 대리석 표면 위에 펼쳐져 있지. 그것들 다음에 따라오는 사고는 그것이 서술하고자 하는 것을 "펼쳐내." 그러나 그것은 연역 체계라는 사고, 즉 현실과 떨어져 있으면서 현실에 근접한 것을 현실로 혼동하는 사고의 특성이 아닐까? 만약 그렇다면, 그것은 물-자체, 즉 누메나의 진정한 일부가 아닌 착각, 즉 어떤 낯설고 이질적인 것일 수 있어. 한 권의 책이 저술되는 과정에서, 인쇄는 종이의 위쪽에서 아래쪽으로 그리고 왼쪽에서 오른쪽으로 진행되고, 문장들은 문법에 맞게 배열되는데. 이 패턴들은 영어의 작문 법칙과 인쇄의 배치 규칙을 따라. 이 절차들은 문화에 의해 강요되는 것일 뿐만 아니라, 그것들 자체가 비판 없이 관찰되는 현상에 압력을 행사하기도 해. 파충류가 지배하던 시대가 히틀러 시대보다 앞서 있다는 가정이 정확한 걸까? 또는 고려되지 않은 착오로 드러난 것이 우리가 관찰한 것의 일부가 되는 것이 우리의 사고과정의 특징인 걸까? 현실이 무의미한 혼돈이라고 가정해봐. 질서와 일관성의 출현은 인간 관찰자의 연역체계에 고유한 것으로 보일 수 있고, 외부에서 관찰된 "항구적 결합"의 특징인 것처럼 보고될 수 있어. 게다가, 무엇이 "내부"이고 무엇이 "외부"이지? 헤로도투스Herodotus[74]는 바위에서 발견된 화석 껍질들이 바다가 한 때 육지였다는 생각을 뒷받침해줄지도 모른다는 가정을 제안했어. 이번 세기가 시작될 무렵 학식이 높은 사람이 다시금 그 주제가 전에 이미 논쟁을 거친 것이라는 사실을 알지 못한 채, 헤로도투스의 추측을 부활시켰어. 이 증거에 비추어볼 때, 화석의 본성에 대한 지식이 지난 이천 년 동안에 축적되고 진전되었다고 가정할 수는 없어. 이것은 비록 증거는 아니지만, 인위적으로 구성된 모델로서 간주될 수 있어.

비온 지금까지 인쇄된 이 책의 내용 전부는 인위적으로 만들어진 구성물로 간주될 수 있어. 이 이야기 속에서 소개되는 나는 이 책에 이름이 등장하는 저자의 표상을 형성하기 위해 내가 사용할 수 있고 조작할 수 있는, 예술적 및 과학적인 재료를 사용하여 만들어진 인위적인 구성물—소설속의 인물—로 간주될 수 있어. 그것이 믿을 만한 초상화일까? 그것이 현실과 "닮은 것"처럼 보일까?

내가 λ이라는 형태를 그린 다음에 그것이 사람이라고, 또는 사람을 나타내는 그림이라고 주장한다고 가정해 봐. 이것을 보고 있는 너는, 만약 우리가 이야기할 수 있는 조건이 존재한다면, 내가 "바로 그렇게 보인다"고 동의할 수 있을 것이고, 그것이 나의 예술적 재능을 계속해서 보여주는 가치 있는 예라고 말할 수 있을 거야. 이 책은 독창성 비슷한 것을 갖고 있다고 인정받을 수 있을 거야—그것은 누군가의 "두뇌가 나은 아이"라고 오해받을 일이 없을 거라고. 그러나 나는 다른 목표를 갖

74 고대 그리스의 역사가.

고 있을 수도 있어. 말하자면, 정신분석에 대해 서술하는 것 목표 말이야. 나는 정신분석의 정신적 기원을 증언하는 책이 불필요한 것이고, 그것이 의사소통하고 싶은 소망과 그것을 받아들이고 싶어 하는 당신의 소망의 주된 내용에 덧붙여진 이차적 특징에 지나지 않는 것일지도 모른다는 생각이 들어. 내가 논의하고 싶은 것은, 의사소통의 이중적 특질에 관한 것과, 의미가 지금은 이 요소에 그리고 다른 때는 다른 요소에 다양한 정도로 부착될 수 있다는 것에 관한 거야. 나는 그 구성요소들이 비록 처음에 내가 그것을 "이중적-가치를 지닌" 상징—λ ξ[75]—을 사용해서 나타냈지만, "이중적-가치"가 아니라 "다중적-가치"를 지니고 있다는 사실을 강조하고 싶어. 내가 선택한 기호들은 한자 λ과 그리스어 ξ야. 만약 내가 그것을 λ (ξ) 로 쓴다면, 나는 λ으로는 변하지 않는 상수를 나타내고, (ξ)로는 알려지지 않은 변수들을 나타내고 싶어 할 거야. 그런데 이게 뭐지? 왜 상징들이 나타나는 거지? 나 자신의 존재에 대한 경험은 나와 나의 대상들—나와 같은 사람들이나 사물들—에 대한 호기심을 자극해.

이 대상들이 무엇인지 내가 확실히 알지는 못하지만, 실제로 그것들에 대해 논의하기를 원하기 때문에, 나는 그것들에 대해 말할 수 있는 어떤 방식을 필요로 해. 내가 논의하고 싶은 것은 때로는 책일 수도 있어. 책에 관해 논의하는 것은 대체로 어려움이 없을 거야. 왜냐하면 나는 영어를 사용해서 무언가를 하는 데 그리고 기존의 어휘와 작문 규칙을 사용하는 데 상당히 친숙하기 때문이야. 그러나 때로는, 그리고 지금이 그런 때인데, 방금 한 말이 해당되지 않아. 나는 정말로 이 책에 대해 논의하고 싶어. 그러나 그것은 내가 마음을 쏟고 있는 것의 중요하지 않은 부분이야. 나는 사람에 대해 논의하고 싶어, 그러나 내가 그 말

75 사람을 나타내는 한자 "인"과 미지의 영역을 나타내는 그리스어 "크시." 영어식 발음은 "싸이"임.

을 하자마자, 나는 "사람"이라는 단어가 뚜렷한 의미를, 아마도 오도하는 방식으로 그리고 좌절스러울 정도로 확실한 의미를 갖고 있다는 것을 깨달아. 나는 "윌프레드 r 비온"에 대해 논의하고 싶다고 말할 수 있어. 그 말은 어떤 사람들에게는 확실한 의미를 가질 수도 있겠지만, 그것은 사실이 아니야. 나는 "윌프레드 r 비온"을 나타내는 영어 철자들인 "rbidefilnorw"가 특정한 관습을 따라 종이 위에 배열되고 시각적 패턴을 형성하는 것을 통해 "표현되고," 의미화되고, 표시되는 것에서 그 어떤 것도 배제하는 것을 원치 않아. 그 문제는 뚜렷한 것이지만, 우리가 이해할 수 있는 방식으로 모습을 드러내지는 않아. 내가 인쇄된 말에는 친숙하지만 낭송된 시들이나 종이 위에 인쇄된 패턴들에는 친숙하지 않은 사람들에게 노래를 통해 어떤 것을 의사소통하기를 원할 경우, 그들이 종이 위에 인쇄된 패턴들을 보는 것은 내가 그들에게 들려주고 싶은 음악의 이해를 방해할 거야. 에즈라 파운드에 따르면, 어떤 집단의 문화에서는 암송할 수 있도록 인쇄된 시들을 만드는 대신에, 인쇄했을 때 눈을 즐겁게 하는 하나의 패턴을 형성하는 시들을 만든다는 거야. 그것들은 암송되고 청취될 때 귀를 만족시키는 소리 패턴을 형성하지 않고, 오히려 귀에 불만족과 불편함을 줘. 나는 결함이 있거나 형편없는 훈련을 받은 탓에, 눈으로 셰익스피어의 희곡을 읽을 때 즐거울 수가 없어. 하지만 만약 훌륭한 배우들이 같은 내용의 인쇄된 희곡을 극적 표현으로 변형시킨다면, 그것은 나에게서 정서적 동요의 경험을 발생시킬 거야. 그것은 윌프레드 R. 비온 안에 확고한 변화를 일으켜. 만약 J. S. 바흐가 작곡한 악보가 적절하게 훈련된 사람들에 의해 변형되는 것을 통해서 내가 들을 수 있는 소리 패턴들로 만들어진다면, 유사한 효과가 산출될 거야. 소설 모비 딕에 나오는 인물인 퀴-퀙Quee-Quegg은, 대조적으로, 그가 한마디도 이해하지 못하는 인쇄된 책에 있는 패턴을 보면서, 그의 시각적 감각을 통해 깊은 감동을 받는 모습을 보여줘. 저자인 허먼 멜빌Herman Melville은 "그 책을 읽는 사람에게서" 앞에서 언급한 윌프레드 R. 비온에게서 일어났던 것과 비슷한—유사한—효과를 발생시키는 책을 썼어.

아래에 나오는 몇몇 문장들에서 □에 의해 표시된 곳들은 내가 말하고 싶은 "어떤 것"을 나타내는 장소들이야. "무언가"가 적절치 않아. 그것은 기존의 의미에 의해 너무 많이 포화되어 있어—너무 많이 포화되어있고 (λ), 동시에 충분히 포화되어 있지 않아 (ξ). 나는 지금 내가 글을 쓰는 순간과 나의 □ 날짜 사이에 항상 그런 것처럼, 완전히 깨어있고, 의식적이며, 이성적이고, 온전한 정신 상태에 있어. 나는 비록 그 때가 언제인지는 모르지만, 실행날짜로서 □를 골라. 그렇게 하는 이유는 내가 그 비어있는 □가 수학적 계산이나 출생, 결혼 그리고 죽음에 대한 법적 기록과정 안에 있는 대수적 변수처럼, 언젠가 완결될 거라고 상상하기 때문이야. 시간의 특정한 순간과 그것이 문서에 공식적으로 기록되는 것은 한 때 책의 끝 부뷰에 편리하게 사용했던 "끝"이라는 표현에 비교되는 편리함을 갖고 있는 것처럼 보여. 다른 형태들도 있는데, 그것은 제임스 조이스가 감각적으로 이해된 인쇄물의 끝보다 더 적합한 것으로 간주했던 것으로 알려진 형태에서 찾아볼 수 있어. 그는 자신의 이야기에서 잠바티스타 비코Giambattista Vico[76]의 철학적 논문에서 유래했다고 느낀 비코 철학의 특질의 일부를 따르고 싶어 했지만, 프로이트의 아이디어를 수용할 수는 없었어.

λ (ξ)는 시작도, 끝도, 또는 다른 차원도 없는 영역을 가리켜. 그것을 논의하기 위해 나는 극히 부적절한 장치를 사용할 수밖에 없어. 논의를 진행해가면서 적절한 장치를 만들어야만 해. 나는 비록 그것이 아직은

76 Giambattista Vico(1668-1744). 이탈리아의 철학자. 역사철학의 기초를 닦은 사람.

예술작품으로서 창조된 것은 아니지만, 그것을 만드는 작업이 예술적인 작업이라고 주장하고 싶어. 그것은 종교적인 거야. 비록 그 종교는 지금까지 종교의 특징으로 간주되어왔던 어떤 교리와 제도를 따른 적이 없고, 결코 그럴 수도 없는 것이지만 말이야. 나는 내가 말하는 예술이 음악, 그림, 문학적 표현, 조각, 또는 양자역학과 일치할 거라고 기대하지 않아. 내가 사용하는 "불확실성의 원리"*(하이젠버그에게서 빌려온 용어인)*는 λ (ξ)와 함께 공식을 형성하기도 하고 파괴하기도 해. O는 정의상 파괴될 수 없는 것이고, 시작과 끝, 규칙, 자연법칙 또는 인간 마음의 어떤 구성물에 의해 제한되거나 종속되지 않아. 인간 이해의 영역 안에서, 멜라니 클라인은 그녀 자신이 무언가를 이해했을 때마다 그녀가 이해한 그 사실이 더 이상 "살아있지" 않다는 사실과 화해할 수 없었어.

이 서론은 단순화를 의도한 거야(정의상 거짓된 것일지라도). 모든 면에서 보다 엄격한 내용을 위해 심리학적으로 준비시키는 하나의 방식이지. 하지만 나는 또 하나의 "단순화된"(보다 쉽게 이해할 수 있는) 내용을 제시할 거야. 그것은 비록 내가 종교적-과학적-예술적 공식의 복잡성 또는 혼동을 단순한 것이거나 이해할 수 있는 것으로 만드는 데 성공할 수 없다고 해도, 그 이유가 명료성 → 혼동을 지향하고 있기 때문이 아니라, 그것이 혼동 → 명료성을 지향하고 있기 때문에 의미있는 것이지. 만약 영어로 기록된 페이지가, 마치 그것이 단순히 기록된 페이지가 아니라 물-자체를 위한 모델로서 취급될 수 있다면, 혼동과 명료성의 극단들은 페이지의 왼쪽 맨 꼭대기와 오른쪽 맨 밑바닥에 위치할 수 있을 거야. 여기에서 말하는 혼동은 혼동 그 자체가 아니라, 혼동에 "관한" 이야기를 뜻해.

보통 이해되는 바로는, 피분석자는 분석가에게 정확한 정보를 주기 위해 말하고, 분석가 역시 비슷한 목표를 갖고 있다고 가정돼. 그러한 가정이 잘못된 것이라는 것을 보여주는 것은 쉬운 일이야. 그것과 반대되는 가정도 마찬가지야. 질문지가 작성되는데, 그것은 새로운 사실을 보여주는 결과들을 제공하는 데 필요한, 탐색적 질문들을 만들어내기 위한 거야. 그리고 그 결과는 "새로운 사실을 보여주는 것으로 간주되지. 정신분석에서는 질문들이 만들어지지 말아야 한다고 믿고 있고, 질문이-없는 상황에서의 대답들이 새로운 사실을 더 많이 보여준다고 간주해. 나는 이 절차를 확장해서, *질문지-없는* 상황을 만들어낼 것을 제안해.

나는 한때 내가 훈련받은 방식대로 회기 중에 메모를 하곤 했어. 나는 만약 내가 나 자신이나 동료들, 또는 실제적이거나 상상적인 비난자들과 논쟁할 때 나의 주장을 뒷받침해줄 기록이 없다면, 죄책감과 불안을 느낄 거라는 것을 알고 있었어. 그러나 내가 작업하는 방식에 좀 더 익숙해지고 친숙해지면서, 나는 내가 진실에 전념할 수 있다면, 그것도 괜찮을 거라는 걸 깨달았지. *(물론, 나는 내가 항상 그랬다고 믿고 있어. 나는 내가 항상 순수한 영혼을 간직하지 않았다는 어떤 비난에도 참지 못했을 거야. 설령 내가 이것을 알고 있다고 해도, 나는 바로 이러한 설명이 예술적으로 과장된 어법에 의해 풍부해지는 것이 가치 있는 것이라고 믿어.—"그렇지 않았더라면 단조롭고, 설득력 없는 이야기"에 불과했을지도 모르는 것에 일종의 유사품인 유명한 구절을 사용하는 것을 통해서)* 이것을 발견하는 데는 상당한 시간이 걸렸어. 그 발견에 대한 인식의 강도는 다양했어—밀물과 썰물이 있었지. 내가 쓴 "메모들," 회기의 "기록들"은 내가 기대하지 않았던 방식으로 유용한 것으로 드러났어. 다음과 같은 상상적 표제어가 그것을 보여주는 예야.

11월 (날짜) 저런, 저런!

11월 (날짜) !!!

11월 (날짜)

11월 (날짜) 마침내, 그녀의 형제와 함께 하게 되다!!

11월 (날짜) …이어야만 한다는 느낌*(알아들을 수 없음)*

환자의 이름이 정확한 것인 한, 기록된 표제어는 환기적인 것이라고 볼 수 있어.

마이크로프트 홈즈 *(다소 과장되게 하품을 하면서)* 정말 재미있는데.

20

왓슨 내가 그의 입을 다물게 만들까?

셜록 홈즈 친애하는 나의 왓슨!

비온 *(화가 잔뜩 나서)* 나의 진지한 논의에 시비를 거는 네 의도가 뭐야? 내가 중요한 문제를 제기하고 있다는 걸 모르겠어?

마이크로프트 *(전혀 영향 받지 않은 채)* 계속 해, 셜록. 이것은 나의 분야라기보다는 너의 분야에 속하니까, 네가 그에게 말해.

왓슨 *(셜록이 개입할 것처럼 보이지는 않지만, 그래도 그런 일이 일어나기 전에)* 친애하는 선생, 미스터 홈즈와 그의 형제를 방해해서는 안 돼. 그것은 사적이고 중요한 문제거든.

비온 그러나, 친구, 너는 너 자신이 완전히 허구적 인물이라는 것을 모르는 거야? 나는 자격을 갖춘 의사야!

왓슨 나도 그래. 나도 의사야.

비온 헛소리! 자신의 동료 정신과의사들에게서조차도 똑똑하다고 인정받지 못하는 순수한 상상속의 존재이면서. 나는 영국 정신분석학회의 이전 회장이고, 런던 클리닉의 이전 소장이며 …

마이크로프트 & 셜록 *(함께 한바탕 웃음을 터뜨린다)*

왓슨 *(자신의 유쾌함을 힘들게 절제하면서, 예의바른 태도를 유지한다)* 미안해, 그러나 나는 너의 존재에 대해 들어본 적이 없다는 것을 인정할 수밖에 없어. 너의 감정을 상하게 하고 싶지도 않고 나 자신에 대해 자랑하고 싶지도 않지만, 이 말은 해야겠어. 마이크로프트는 항상 뒤로 물러서는 성향을 갖고 있지만, 셜록은 여러 나라에서 추종자들을 갖고 있어. 그리고 셜록만큼은 아니지만, 나 자신도 그래. 셀 수 없이 많은 세대들에 걸친 실체 없는 인물들보다 훨씬 더 잘 알려진 상상적 인물들이 존재한다는 것을 너 자신이 인정하고 있었어. 이제 나는 가야겠어. 내가 무척 바쁜 사람이거든. 너에게는 카우치에 누워 잠을 자면서 그 일을 조용히 잊으라고 제안하고 싶어.

비온 *(실망했다는 몸짓과 함께, 세 명의 침입자들을 남겨두고 잠자러가기 위해 그의 사무실을 떠난다)*

셜록 왓슨, 비온에게 너무 거칠게 대하지 마.

왓슨 상상 속의 사람들이 안전한 세상을 만들려면, 실제 사람들에게는 거칠게 대해야 해. 네가 기억하는지 모르겠는데, 이 문제는 전에 실제 수real numbers와 관련해서 나타났었어. 부정적 수negative numbers를 제한된 덧셈 공간 안에 가두고 있는 폭정을 무너뜨리기 전까지는 가장 단순한 수학적 문제를 공식화하는 것조차도 거의 불가능했어. 그 덧셈 공간 안에서는 그저 더 많은 실제 수만이 가능했지.

마이크로프트 그게 뭐가 문제였는데, 셜록? 나는 그것이 단순한 것이라는 인상을 받았는데.

셜록 그것의 단순한 부분은 왓슨에 의해 다루어졌어. 너는 비온이라는 이름을 들어봤어? 그에 대해서나 정신분석에 대해서 들어본 사람이 아무도 없어. 그는 정신분석이 진짜라고 생각하지만, 그의 동료들은 비교적 독창적인 상징들을 조작하는 활동에 참여하고 있는 것처럼 보여. 그가 말하는 것에 뭔가가 있어. 그가 주장하는 것은, 모든 정의 定意가 포화되지 않은 요소를 담고 있어야 할 뿐만 아니라, 이전의 진실을 취소해야 한다는 사실을 사람들이 이해하지 못하고 있다는 거야.

왓슨 실버 블레이즈 사건Silver Blaze case[77]에 대한 너의 관찰처럼 말이지.

셜록 역시 왓슨이군. 항상 그렇듯이, 한 치도 틀리는 법이 없어!

왓슨 *(자신의 인식 세계가 예상 밖의 확장을 겪고 있다고 느끼면서)* 내 기억이 맞는다면, 너는 나더러 "짖고 있는 개의 비범한 행동에 주의하라"고 말했고, 나는 개 짖는 소리를 듣지 못했다고 말했어. 너는 "그 소리가 그 개의 행동을 특별한 것으로 만들었다"고 말했어.

셜록 정말 그래. 아무도 침묵에 귀를 기울이지 않을 거야. 그것이 정신분석이 최종적으로 그리고 자비롭게 멸종하는 데 기여한 것들 중에 단일 요인으로는 가장 큰 것이었어. 만약 누군가가 침묵을 주목하거나 그것의 가치를 인식하는 것이 가능했다면, 정신분석가들은 개처럼 요란하게 짖고, 낑낑대고, 으르렁거리기 시작했겠지. 처음에 나는 그것이 의미 있는 것처럼 들렸기 때문에 그것들은 경청했지만, 나중에는 그것이 무의미한 것이고, 사고를 불가능하게 하는 소음이라는 것을 깨달았어. 사고를 위한 초보적 능력만을 소유한 그들이 사고를 증오하는 일종의 원시적 동물이라는 것을 알게 된 거지. 물론, 그것을 제일 먼저 말한 사람은 시인이었지만 말이야.

> "피리소리로 나를 고요한 풀밭으로 데려다 주고,
> 내가 좋아하는 음악이 되어주오."[78]

마이크로프트 셜록, 네가 하는 말을 듣다보면, 나는 항상 네가 과학자라기보다는 예술가나 성직자에 더 가깝다는 생각이 들어. 우리가 요점을 말할 수 없을까? 확실히, 비온이 그의 진짜 엄청난 어리석음에 대

---

77 Conan Doyle의 56개의 단편소설로 이루어진 셜록 홈즈 씨리즈 중의 한 권.

78 Gerald Manly Hopkins의 시구.

한 대체물로서 나의 시간과 나의 능력을 훔치기 위해 잠자는 척하고 있다는 것은, 나에게 그렇듯이, 너에게도 명백할 거야. 그렇지 않아? 이런 "사고들"은 집단의 변형 근저에 있는 증상들이야. 인간 동물은 고도로 발달했어. 인간의 전체 감각장치는 보통 투박하긴 하지만, 하나의 시약試藥 과도 같아. 만약 그 감각장치가 남용된다면, 보통 그렇듯이, 그것은 고통을 겪게 돼. 충분히 놀랍게도—우리는 그것을 과소평가하는 실수를 저지르지 말아야 함에도 불구하고—수천 년이 지나 그것이 신음하고 비명을 지르는 단계에 도달했을 때에야 비로소 그것이 고통을 겪는다는 사실에 주목했어. 티라노사우르스는 잡아먹히는 것을 좋아하지 않았지. 간단히 말해서, 재미있고 만족스러운 것은 동일한 활동이 관점이 역전되었을 뿐인데도 전혀 다르게 느껴졌다는 거야. 그것은 "다른 것"이 된 것이 아니라 "역전된 것"이었어. 그들의 초보적 수학 형태들은 결코 그들이 대수적 사영기하학이라고 부른 단순한 활동들을 넘어서지 못했어. 이 긴 단어는 매우 인기가 많았고, 그것을 사용할 때 그들에게 기분 좋은 느낌을 주었지만, 그것들의 방향이 역전될 때에는 격노와 고통의 아우성을 야기했어. 그것은 이제 해부학적인 소화관의 일부가 아니고, 그들이 자신들의 신경체계에서 유래한 어떤 것, 또는 그런 것과 유전적으로 연결되어 있다고 느끼는, 마음의 일부로 간주되고 있어. 그것은 그들의 해부학과 관련되어 있지 않았어. 그러나 그들은 사고를 위한 대체물로서의 낡고 부적절한 모델 체계를 계속 유지해야만 했어. 놀라운 사실은 그 체계가 나처럼 상상속의 존재들이 출현할 때까지 계속해서 발달했다는 것, 즉 성장했다는 거야. 나는 생각하는-자-없는 사고야. 그러나 나는 이러한 예외적으로 발달한 피조물들 중의 하나에 의해 현실이 출현했다고 가정할 수 있고, 심지어 그들이 환각이라고 부르는 것이 존재하게 되었다고 추정할 수 있어. "환각"이 두려움을 불러일으키는 것은 바로 이 영역에서야. 그들이 "사고"라고 부르는 것이 따르는 "규칙"을 위반하는 어떤 사고도 그들에게는 증오의 대상이 돼. 그들이 친숙하게 알고 있는 규칙과 다른 "문법체계들"도 마찬가지야. 놀라운 일은 어떤 절차, 발달 또는 성장이라는 것이 발생했다는 거야. 셜록, 이 사람아. 자네가 제기하는 문제는, 말하자면, 엑스-레이 필름처럼, 밝고 어두운 사고의 패턴들을 특징적인 형태로 보여주기 위해서는 그것의 상대역이 필요하다는 사실을 안다면, 어처구니없이 단순한 거야. 일단 그것이 행해지면, 그것은 두려움과 혐오에 압도되지 않고서, 정신적 밑그림 configuration—예컨대, 생각하는-자-없는 사고들—을 감히 바라볼 용기를 낼 수 있어.

셜록 무슨 말인지 알겠어.

마이크로프트 나는 네가 그럴 거라고 생각했어.

비온 만약 내가 그렇게 한다면, 나는 망하는 거야.

마이크로프트 네가 그렇게 하지 않아도 너는 망해. 이제 나는 나의 허구적 상태에서 떠나야겠어. 그게 좀 피곤하거든. 네가 잠자러 가는 동안에 나는 갈 거야 … 글쎄, 셜록, 그가 처리되었군.

왓슨 나는 네가 상당히 폭력적이라고 생각했어.

마이크로프트 이 실제 인물들에게는 그래야만 해. 그들은 너의 목구멍 아니면 너의 발에 있거든. 그 둘 사이에 있는 엉덩이에 대해 이야기하고 있는데도 말이야.

왓슨 그렇다고 해도, 그들은 그것을 "할례"라고 불러. 비록 내가 살던 시절에는 셰익스피어의 언어로 충분했지만, 지금은 긴 단어들이 더 많아졌어. "우리가 그것들을 아무리 거칠게 조각한다고 해도, 거기에는 우리의 결말을 형태 짓는 신성이 있어." 네가 그 말을 하고 싶었던 거야?

마이크로프트 긴 단어들은 거기에서 빼. 그것들은 내가 신비화하고 지배하는 데에만 유용한 거야. 우리는 감각적 영역에 기원을 두고 있는 대상들의 구성과 언어적 변형들을 사용할 수 있어. 예를 들면, 한 불쌍한 친구는, 자신이 누구보다 더 잘 알고 있었음에도 불구하고, 그의 종교적 잡동사니 지식들을 "*광학*Opticks"[79]으로 변형시키기 위해 노력했어. 그가 성공적이었지만, 그 성공은 매우 빗나가고 제한된 것이었어. 그와는 대조적으로, 버클리는 아무런 어려움이 없었어. 심지어 그는 종교적 훈련을 위한 도구를 만들기 위해 작업하는 중에 극소량의 증가들이 발생한다는 것을 탐지할 수 있었고, 그 증가들이 최소한 한 세기 동안이나 오류의 탐지를 지연시키는 역할을 했다는 사실을 발견했어.

셜록 그것이 공헌일까?

마이크로프트 그것은 수학적 엄격함을 발달시켰어. 인간 마음의 발달은 시간이 지나면서 중추신경체계와 관련되어 있거나, 그것에 의해 작동된다고 여겨졌어. 프로이트는 그렇게 생각했지. 그리스 사람들은 유령들을 믿었는데, 그것들은 눈에 보이는 상대역인 해부학과 관련이 없는 것으로 여겨졌어. 그것들의 기능 중 일부는 인격을 감지하는 역할을 했는데, 그것은 신체적 해부학이 파괴되거나 다루어지기 전이 아니라, 그 이후에야 가능했어. 그들은 신체적, 감각적, 시각적 장치에 대한 명상을 통해서는 인격을 알 수 없다고 생각했어. 그들이 어떤 신체적 장치가 정신이 거하는 곳이라고 믿었는지 우리는 알 수 없지만, 그들은 자주 그것에 대해 언급했고, 마치 그것이 아무런 그림자를 갖고 있지 않은 것처럼 말했어.

비온 내가 아는 한, 너와 셜록 그리고 왓슨은 허구적 인물이야. 나는 너희들이 매우 생생하게 상상된 허구적 인물이라는 것은 알겠는데, 그렇다고 해서 너희들을 다른 어떤 방식으로 상상하거나 생각해야 할 이유는 없다고 봐.

---

79 아이작 뉴턴의 빛의 굴절과 시각에 관한 저서

MYSELF 나는 다른 방식으로 생각하겠어. 왜냐하면 "허구적 인물"이라는 용어 자체가 부적절한 표현이기 때문이야. 여기에서 나는 방금 "MYSELF"라는 용어를 썼는데, 그 인물에게 나와는 다른 지위를 주기 위해서야. 나는 "MYSELF"에 비해 "비온"을 이등 시민이라고 부를 수 있어. 나는 비록 허구적 인물일지라도, "MYSELF"에 의해 표현된 견해들이 존중받을만한 가치가 있다고 봐. 그 견해들은 내가 "소유권"을 갖고 있다고 주장하는 견해들보다 우월한 지위를 갖고 있어. 소유권 전쟁에서, 그것들이 갖는 가치는 그것들이 "실제적인" 것일 때보다 더 커. 역으로, 진실이라는 가치의 정점을 가진 진술은 우위를 차지하기 위한 투쟁에서 사용할 수 있는 무기로서는 더 낮은 가치를 가질 거야.

비온 *(닥터 왓슨이 말을 하려고 하는 것을 포착하고는)* 맙소사! 나는 저 친구를 볼 때마다 미스터 푸터Mister Pooter[80] 생각이 나. 그리고 왓슨과 푸터, 그 두 사람은 불쌍한 코난 도일Conan Doyle[81]을 생각나게 해. 그는 "과학적"이고, 영적인 자신을 무대에서 끌어내린 셜록 홈즈와 마이크로프트 그리고 다른 허구적 인물들을 증오하고 경멸했어. 최악의 것은 왓슨과 푸터가 나를 생각나게 한다는 거야—미쳤어! 잠이 드는 것은 그리고 꿈들에 의해 의식, 깨어 있음, 실제 삶에서 쫓겨나는 것은 충분히 나빠.

왓슨 의식적이고, 과학적인, "실제" 너와 너의 "실제" 연상들에 의해 무대에서 쫓겨나는 것은 그다지 나쁠 게 없어. 너는 아마도 과학적 "짐승들과 깡패들"이 세상을 장악할 때 일어날 수 있는 일에 대해 죠지 산타야나George Santayana[82]가 말한 것을 기억하지 못할 걸. 성 어거스틴은 그것들을 신의 도시의 적들이라고 서술했어.

---

80 Charles Pooter, 가상인물: George Grossman의 소설 *The Diary of the Nothing*의 저자이자 주인공.

81 Conan Doyle(1859-1930) 영국의 의사이자 추리소설가.

82 George Santayana(1863-1952). 스페인 태생 미국 철학자.

비온 네가 성자들을 끌어들이니까, 나도 너에게 신의 도시 그 자체가 야만족들과 그들의 기독교인 동맹군들이 로마에게 했던 것을 불평하고 있던 사람들에 대한 공격이었다는 것을 상기시켜야겠어.

왓슨 나는 네가 종교에 대해 왜 그런 반감을 갖고 있는지 이해하지 못하겠어.

비온 *(넌더리를 내면서)* 나는 잠자러 갈래.

셜록 *(왓슨에게)* 비온이 갔어? 꿈들이 꿈을 꾸는 사람들의 자비에 달려있다고 생각하는 것은 굴욕이야.

마이크로프트 더 나쁜 것은 사고들이 생각하는 자를 발견하는 것에 달려있다는 것을 깨닫는 거야. 쉿 … 저게 뭐지?

21

희*미한 소리—아르프, 아르프, 아르프.*

MYSELF 맙소사! 또 저 소리야. 저 하울링 소리! 으스스해. 나는 저것들이 더 가까이 있다고 생각해. 저것은! 저것은! … 저것은 호랑이야. 아니지. 호랑이는 고양이과 동물일 뿐이야. 저건 고양이과 동물이 아니야. 아르프, 아르프, 아르프는 영국의 작은 역사야. 망할 놈의 하이에나! 만약 포도주가 너를 사로잡지 못한다면, 여인들이 너를 사로잡을 거야 그는 단지 건방질 뿐이에요, 장교님. 어떤 점에서 그렇지, 부사관? 그는 … 미소를 지어요. 뭐야! 그것은 단지 어리석은 건방짐일 뿐이에요. 간호사님. 빌어먹을. 나가 … 아냐. 이건 말도 안 돼. 나는 그것에 대해 혼동했어. 안녕, 메이 포터may Potter[83], 아니, 나는 아무것도 아닌 것에 "야단법석mere pother"을 떤다고 말하려고 했던 거야. 만약 창문이 덜거덕거린다면—지난밤에는 바람이 많이 불었고, 그는 심한 헛소리로 병동 전체를 깨웠어. 뭐야, 그가 몽유병을 앓았다고? 정확히 그런 것은 아닙니다. 장교님. 그는 일어나 앉아서 침대가 흔들릴 정도로 심하게 떨고 있었어요. 그는 "그들이 오고 있어!" "저건 사격부대야 … 저들이 나를

83 낚시꾼으로 알려진 사람의 이름으로서, 여기에서는 과장하기 좋아하는 사람을 지칭하는 것으로 보임. May Potter라는 단어와 mere pother라는 단어 사이의 언어 게임이 진행되고 있음.

잡으러 오고 있어"라고 말했어요. 그 다음에, 잔디밭으로 뛰어내릴 작정인 것처럼 창문이 열려 있는지를 살펴보면서 조용해졌어요. 그는 나에게 그의 죽은 아내가 나타나 그를 데려가려고 걸어오고 있다고 말했어요. 그가 비명을 지를 때까지요! 그러면 그녀는 사라진다고 해요. 최근에 그는 그녀가 오지 않는다면서, 조용히 울기 시작했어요. 그는 "이제 그녀는 다시 안 와"라고 말해요. 그는 마치 아기처럼 그녀가 자신에게 오기를 원하는 것 같아요. 그의 웃음소리는 끔찍스러워요, 장교님. 그게 병동 전체를 불편하게 해요. 그를 만성 병동으로 옮기는 게 더 낫겠어요. 그 약이 클로랄인가요? 용량을 두 배로 늘리세요.

셜록 정말 애처롭군! 그의 뇌가 손상되었고, 전쟁 이후로 쭉 그랬다는 것을 어떤 바보라도 알 수 있겠어. 그는 포탄에 의해 맛이 갔어. 그들 모두가 그래! 매우 존경스럽지. 그런데 그를 분석하겠다는 똑같은 바보가 있다는군!

비온 *(갑자기 깨어나면서)* 진짜 똑똑한 사람—내 말은 허구적 인물의 똑똑함이 아니라, 똑똑한 실제 인물—은 그 자신도 똑똑해지기 위해 뇌를 잘라내고 싶어 해. 실제로 티라노사우르스처럼 그리고 일부 바다 새들처럼 말이야. 그들이 아름답지 않아? 그들은 높이 날아! 그들은 너무 아름답고, 아주 높이 날아—그들은 똑똑할 필요가 없어. 그들은 불쌍한 바보와는 달리, 바람에 날아갈 필요가 있어. 그들은 바람의 흐름을 타기 위해 몸을 부풀려야 해. 깊은 계곡을 내려다보는 새들처럼! 그러나 너무 많이는 아니고, 나의 멋진 친구 시모어Seymore처럼. 셰익스피어처럼. 괜찮으세요, 중대장님? 거기에서 주무시고 계세요? 아래에서요? 그리고 병든 마음은 어떻게 됐죠? 수백 년이 지났는데, 그동안에 돌봐줄 사람을 찾았나요? 글쎄요, 그래요, 그것이 기억에서 적절히 지워졌다면, 당신은 그 문제가 완전히 제거되었다고 말할 수 있을 거예요. 흔적을 남겨두지 마세요. 참으로 완전히 생각 없는 상태가 되어야만 해요.

마이크로프트 내가 생각하는 자를 발견해야만 한다고 제안해도 될지 모르겠어.

MYSELF 왜? 무슨 생각이 났어?

마이크로프트 내가 너와 너의 정신분석가 친구들을 그 길에서 끌어낼 수만 있다면, 나는 그것을 말해주고 싶어. 한 번 해볼게. 그것은 이거야. 마음은, 비록 최근에 발달한 것이기는 하지만, 미묘하고 민감한 거야. 프로이트는, 종종 그랬듯이, 이 점을 콕 집어 말했어. 그는 "*꿈 해석*" 7장에서, "의식은 무엇인가"라는 자신의 질문에 대한 대답으로, 이렇게 말했어. "그것은 정신적 특질을 지각하기 위한 감각기관일 뿐이다." 만약 그 말이 맞다면, 최근에 발달한 이 의식이라는 기관은, 비록 더 거친 감각들을 조사하기 위한 이차적인 도구가 아니지만, "정신적 현실"에 의해 발생하는 더 거친 감각들을 "조사"할 수 있고, 그것들에 반응할 수 있는 도구라는 생각이 이치에 맞을 거야.

비온 그 말이 뭐가 새롭지?

마이크로프트 편히게 생각해. 속 좁게 굴지 말고. 이 모든 꿈들과 생각들은 여전히 더 발달된 마음의 발견으로 이끌지는 않을 거야. 왜냐하면 그런 게 없거든. 그러나 만약 이 꿈들과 환상들과 반짝이는 아이디어들이 항구적으로 결합된 특정한 요소들을 드러내는 방식으로 간주될 수 있다면, 그것은 전에는 없던 일관성과 관계들을 보여주는 근저의 밑그림(*푸앵카레가 수학적 공식을 발견하는 것에 대해 말했듯이*)을 발견하게 해줄 수 있을 거야. 그때 이 드러난 밑그림들은, 수학적 공식처럼, 현실을 그리고 의미를 갖고 있는 것으로 간주될 수 있어. 그리고 그 의미는, 좋은 엑스-레이 사진처럼, 해석될 수 있어.

지금 자료의 양이 너무 많아서 어떤 정신분석가가 고성능 컴퓨터를 사용한다고 해도 그 패턴을 해석할 수 있을 것 같지는 않아. 따라서 지금 필요한 것은 그 심리적 밑그림을 드러낼 수 있는 절차 또는 도구야. 그 밑그림은 프로그래밍이 가능한 형태로 변형될 필요가 있어. 이것은 다시금 데카르트 좌표의 발견과 유사한 어떤 것을 필요로 해. 그때 그것은 유클리드 기하학과 유사한 이미지로 구성된 세련되지 못한 공식을 대수적 연역체계의 수학적 공식으로 좀 더 우아하게 표현할 수 있을 거야—명료하지만 융통성이 없는 유클리드식 이미지의 상형문자가 아니라. 그 작업은 비교적 단순한 조현병 환자들의 꿈에서 시작할 수 있어. 왜냐하면 그들의 꿈은 자유연상에 의해 방해받지 않거든. 편집-분열적 자리는 그 자체로서 명백하고 혼돈스러워. 즉, 그것은 "모호함, 반쪽짜리 진실"을 견디지 못하는 무능에 의해 망쳐지지 않는 한, 일관성을 획득한 마음에 의해 망쳐지지 않아. 잘 자—어디에 있든지. 그리고 의식, 너는 제발 잠 좀 자라. 현실의 세계는 너를 위한 곳이야!

MYSELF 너는 "거시적" 감각들에 대해 말하고 있어. 그러나 중요한 감각들은 "미시적인 것"—"초감각적" 및 "하부 감각적인"—일 수 있어. 나는 그 안에서 무언가를 봐. 냄비 아래에서 가시덤불이 내는 소리 같은 "바보의 웃음소리"에 의해 파괴된 신비는 "예감"을 불가능한 것으로 만들어. 거기에는 한 "방향"을 따르는 경향이 지배적이 되고, 그것은 추진하는 힘과 추후의 "발견들"을 지연시키는 쪽으로 이끌 수 있어. 증가된 양이 질적 변화로 변형되는 거지. 특정한 경우들이 많아지는 것이 새로운 발견이 돼. 그러나 마이크로프트가 내다본 것은 방향의 역전이야. 이것이 양의 증가를 우회하고, 따라서 놓쳐버린 일반적인 이론의 발견으로 이끌어. 현재, 마음의 본성에 대한 발견이 느슨해지고 있고, 정신적이고 신체적인 특질을 모두 가진 감각기관으로서의 마음이 무엇에 민감할 수 있는지에 대한 관찰이 느슨해지고 있어. 사고의 정신적 영역은 방향을 평가하는 것의 가치에 대한 수학적 인정과 유사한 방향—"감각"과

감각—의 필요를 인식하지 못하는 실패에 의해 손상되어왔어. 의식은 민감한 수용체로서 기능하기 때문에, 어떤 기계도 그것을 대체할 수는 없어. 나중에 생물학적 기관 혼자서 할 수 없는 것을 해낼 수 있는 기계가 나올지도 모르지만.

왓슨 비온이 무슨 헛소리를 하는 거야?

마이크로프트 그의 입을 막아버려. 너는 그처럼 웃기는 것을 본 적이 있어? 활짝 뜬 눈과 크게 벌린 입을! 저것 봐! 그가 울 것만 같아!

비온 조심해. 화산이 폭발할지 몰라 ….

마이크로프트 그는 이 실제 인물들이 "깨어있음"이라고 부르는 자야. 지금 그는 자신이 하얀 여왕White Queen이라고 생각하고 있어. 그가 깨어날 때 그는 그것을 허구적 인물이라고 부를 거야.

비온 그리고 그 죽음의 잠속에서 어떤 꿈들이 찾아올 수 있을지 …

왓슨 이제는 햄릿이군. 햄릿이 아니면, 셰익스피어겠지—그는 그들을 "천재"라고 부르는 것을 통해 비하하거나 찬양할 거야.

마이크로프트 그리고 자신이 허구적 인물이 되거나 천재가 되는 것에 대한 변명에 주의를 기울이지 않을 것이고, 따라서 그것은 관심을 가질 필요가 없는 것이 돼.

비온 나는 한 때 책을 썼고, 그 책의 제목을 주의와 해석이라고 붙였어.

왓슨 내가 말했잖아. 그가 깨어났다고. 다시 현실 세계로 돌아왔어, "가짜 탈주범 …"

마이크로프트 "네 속도가 날개를 달아주고 있어."

로즈메리 당신이 책을 썼군요! *(하품을 하면서)* 멋있어요.

비온 당신은 조금도 그렇게 매료되지 않았는데요.

로즈메리 사실이에요. 그러나 나는 매료되고 있어요. 그리고 그 매료됨은 당신이 주장할 수 있는 것 이상이에요.

22

비온 천식처럼, 앞으로 더 발견되어야 할 신체적 요인들에 의한 신체적 질병이 존재한다고 가정해봐. 천식의 발견을 두려워하는 마음*(인격)*이 있을 수 있어. 나는 그것을 후퇴하는 경향이 있는 인격의 정신적 측면이라고 봐. 또는 그것은 마음이 이미 갖고 있는 능력을 더 높은 수준으로 발달시키기를 원하는 것일 수도 있어. 이 발달은 신체적 고통을 인식하지 못하고 있던 사람이 희귀 간암을 앓게 되면서 전에는 경험할 수 없었던 고통을 느낄 수 있게 되는 것에서 확인할 수 있어. 그러나 건강염려증에 대한 접근과 구별되지 않는 발달을 조장하는 것이 의도되었거나, 그러한 시도가 실용적인 것이 아니었다고 가정해봐. 인격의 변화가 없이도, 우리는 인격과 아무런 상관이 없는 도구를, 즉 자신의 키가 얼마나 큰지를 아는 데 필요한 길이와 높이를 재는 측정 도구를 정교화 할 수 있어. 또는 멀리 있는 장면을 관찰하는 데 필요한 렌즈 체계를 정교화 할 수 있어. 우리는 안경을 착용하는 데 따른 불편함만으로도, 과거에는 탐지할 수 없었던 신체적 고통을 인식할 수 있게 해주는 마음의 도구를 만들 수 있을 거야.

왓슨 마음이 채우도록 요구받는 질문지에 답하는 건 어때? 그럼 마음이 완성한 대답의 패턴을 보면서, 그 고통을 "아는 것"이 가능할 텐데.

셜록 탁월해, 왓슨! 나보다 훨씬 나아.

비온 너희 허구적 인물들이 또 다시 나타나셨군.

왓슨 마이크로프트는 아냐. 셜록과 나만 왔어.

셜록 네가 예감—만약 틀린 것으로 드러나면, 네가 부인할 수 있는—을 말하기를 원하니까, 나는 우리가 네가 결여하고 있는 성실성을 대신해야 한다고 생각해. 그런 거야?

비온 전혀 아냐. 그러나 분명히 나는 그것이 엄격한 적용에 적합해 보이지 않는다면, 그것을 거부할 수 있기를 원해.

왓슨 무슨 생각인지 알겠어. 나는 네가 나의 지제일Jezail 권총을 차면 좋겠어.

로즈메리 *(환하게)* 여자가 차는 건 어때요? 예를 들면, 내가.

앨리스 나는 또 어때요? 그것은 당신의 도구들의 목록을 증강—인격의 변화의 대한 대가를 지불하지 않는—시킬 수 있나요?

롤랜드 아뇨. 톰, 너는 뭐라고 말할래?

톰 아니라고요!

(롤랜드, 톰, 남자, 두 명의 비온, 이들 모두가 궁금한 표정으로 서로를 바라본다)

롤랜드 "악하고 간음하는 세대는 기적을 요구해." 보통 그것이 그들이 추구하는 "치료"야. 그래서 세상은 치료들로 넘쳐나.

앨리스 나는 당신이 약간 음울하다고 생각해요—로즈메리와 나만 빼고 여기 있는 사람들 모두가요.

롤랜드 확실히 당신네 두 사람은 쾌활해 보이는군. 만약 우리가 여성이 되는 … 행운을 가졌더라면, 우리도 우울하지 않았을 텐데.

앨리스 글쎄요. 롤랜드, 왜 여자가 되지 그래요? 남자와 여자 모두가 되시죠? 그러면 당신이 좋아하는 친구들 중에서 아무나 고를 수 있을 텐데요.

롤랜드 말도 안 되는 소리 하지 마. 우리는 호모들이 아니라구 … *(로즈메리는 그녀의 손을 다듬다 말고 놀라서 쳐다보지만, 아무 말도 하지 않는다)*

앨리스 *(눈을 크게 뜨고 롤랜드를 바라보면서)* 오, 롤랜드, 당신은 귀여운 아이 같아요! 그 모습이 너무 사랑스러워요, 너무 달콤해요!

롤랜드 *(수줍은 듯이)* 뭐가? 내가 무엇을 했다고?

앨리스 아마도 로즈메리는 말해줄 수 있을 거예요.

(로즈메리는 그녀의 입을 굳게 닫은 채, 매니큐어 작업을 재개한다)

롤랜드 당신은 남자들을 우스운 존재로 만드는 게 재미있다고 생각하나봐.

로즈메리 아뇨. 그건 너무 쉬워요. 그들 자신들이 너무 잘 그런 존재가 되거든요. 창자가 바깥으로 나온 채 빙글빙글 돌고 있던 남자 생각나세요?

앨리스 *(슬픈 표정으로)* 나는 롤랜드 당신을 처음 만나고 나서 몇 해 동안 당신이 매우 존경스럽다고 생각했어요. 나는 당신이 학교에서 돌아왔던 날 얼마나 멋지게 보였는지 기억해요. 당신은 너무 자랑스러웠고, 너무 행복했어요. 왜냐하면 군 입대를 앞두고 있었거든요. 그리고 나는 당신이 빅토리아 십자무공훈장을 받을 거라고 확신했어요. 나는 “안녕하세요”라고 인사를 했지만, 나 자신이 바보 같은 여학생일 뿐이라는 것을 깨달았고, 당신을 귀찮게 해서는 안 되겠다고 생각했어요. 그러나 언젠가 글쎄 …, 아니에요. 나는 내가 무엇을 희망했는지 몰라요. 그런데 어느 날 내가 당신의 어머니를 방문했는데, 그녀가 울고 있었어요.

롤랜드 맞아, 알고 있어. 그날 아침에 제랄드가 죽었다는 전보를 받았지. 그게 무슨 상관이 있지?

앨리스 나는 두려웠어요. 죽은 사람이 당신이었다고 생각했거든요. 그리고 나는 내가 당신을 걱정하고 있었다는 사실을 전혀 몰랐어요. 그래서 당신의 어머니가 제랄드의 전사 소식을 전했을 때, 나는 너무 행복해서 말을 더듬었어요. 다행히도 당신의 어머니는 내가 그녀 자신 때문에 슬퍼한다고 생각했어요. 그녀는 오히려 나를 위로하려고 했어요. 나를 안고서, 이렇게 말했어요. "마음에 두지 마. … 신의 뜻이야. 우리는 네가 그를 조금 좋아한다고 생각했어. 그렇지 않니?" 나는 너무 혼동스러워서 고개를 흔들었을 뿐인데, 그녀는 내가 "그렇다"고 대답했다고 생각했어요. 그래서 나는 그 집에서 나오자마자 진심으로 미안했어요. 날씨는 끔찍스러웠고, 어두웠으며, 춥고, 비가 내리고 있었죠. 그러나 내 가슴 속에는 따뜻한 구석이 있었어요. 그곳은 오직 당신만을 위한 곳이었어요. 그리고 그때 공포가 밀려왔죠—그게 제랄드가 아니라 당신이었다고 생각해봐요.

(롤랜드는 평정심을 되찾고, 심지어 그의 자만심의 일부를 되찾는다)

로빈 나는 네가 앨리스에게 약간 상냥하게 대한다고 생각했어. 한번은 네가 휴가로 집에 돌아왔는데, 그때 나는 네가 운이 좋은 남자라고 생각했어. 앨리스는, 네가 앨리스를 보고 놀랐듯이, 너를 보고 약간 놀란 것 같았어. 그래서 나는 네가 결혼을 하던 날 앨레스를 데리고 교회 제단 앞으로 나왔을 때, 놀라울 게 없었어.

(그는 재미있다는 듯이 말한다)

(앨리스는 그 일을 회상하면서 몸서리쳤지만, 아무 말도 하지 않는다)

롤랜드 *(몸서리치는 모습을 놓치지 않는다)* 왜 그래?

앨리스 결혼식 날은 나에게는 악몽이었어요. 나는 차츰 나아질 거라고 생각했는데, 일 년쯤 지나서 아주 조금 나아졌죠. 그 다음에 생활은 아무런 극적인 일도, 끔찍한 일도 없는 것으로 고정되었고, 일 년 간격으로 나 자신을 그 여름날과 비교하는 것을 통해서만 그것이 어떤 것인지 알 수 있었어요. 그때 결혼생활이 끔찍스러운 일이고, 더 끔찍스러운 일이 되고 있다는 것이 분명해졌어요. 그때도 나는 당신이 잠자러 갈 때 당신과 마찬가지로 방어를 내려놓아야만 했어요. "무슨 꿈이 찾아올지, 그것이 항상 문제였어요." 그것이 단지 삶의 잠일 때조차도 그랬죠. 다행히 나는 지금 죽음의 잠을 두려워하지 않아요. "왕 중의 왕처럼 공포 가운데 오지 마세요"라고 말하죠.

비온 그 말을 들으니 생각나는 게 있어—웸블리 컵 결승전보다 더 끔찍스러운 것이 있을까?

앨리스 있어요—옥스퍼드와 케임브릿지 경기요.

MYSELF 나는 사데Sade 대 마조크Masoch 사이의 게임이라고 말하려고 했어. 또는 더 높은 힘의 수준에서도 마찬가지야, 그래서 양의 변화가 질적 변화가 돼—전쟁이라고 부르기에 충분할 정도로.

비온 또는 평화가 강화조약이 돼.

남자 누가 나를 불렀지?

23

웸블리 지역의 드넓은 영역이 펼쳐진다. 처음 볼 때는 수십만 명의 관중들이 있는 것 같았지만, 사람은 조금뿐이고 온갖 형태와 종류의 거대한 동물 무리들이 있다는 것이 분명해진다. 입구 가까운 곳에 작은 무리의 남자들이 있는데, 그들은 비온, MYSELF 그리고 제작팀원들로서 로마군단의 복장을 한 채로 영화를 찍고 있다. 응원자, 종이옷을 걸친 사람 그리고 모두가 움직이지 않고 서있는 한 인물에게 다가가 말을 건넨다.

응원자 안녕 친구! 당신은 어느 연대 소속이죠?

로마군단 병사 비케시마 발레리아 빅트릭스 군단이요.

응원자 *(두려운 척하며)* 와! 그런데 술을 팔고 있네요—당신의 좌석은 어느 줄에 있어요?

이웃 사람 *(저만치서 큰 소리로)* 친구, 맥주도 파는지 물어봐요!

그가 대답하는 말은 소음에 파묻히고, 대화를 나누는 것은 곧 불가능해진다. 왜냐하면 혼동스런 소음으로부터 점점 더 많이 출현하는 맥박들이 뚜렷한 리듬을 가진 박자가 되고, 그 박자들이 매번 뚜렷한 소리를 만들어내기 때문이다. 그 끔찍스런 리듬은 예전에 친구들과 함께 찬송가 곡조에 맞추어 몸을 흔들면서 가사를 바꿔 부르던 노래의 리듬과 비슷하다. "나와 함께 하소서, 킹콩처럼, 쿵 쿵 걸음으로 오지 마세요."[84] 멀어져가는 포탄의 신음소리. 창자처럼 보이는 것들이 피 흘리는 목구멍을 감싼다. 호위여단의 대규모 밴드가 수십만 명의 사람들을 더 밀도 있게 압축시키면서, 친밀함의 느낌을 와해시킨다. 마치 팽창하는 우주가 수축하기로 작정하기라도 한 것처럼, 공간이 폐쇄된다. 가끔 그 리듬은 "아르프, 아르프, 아르프"라는 합창소리에 의해 강조된다. 갑자기 소음이 멈추고, "파라Farrar"[85]라는 소리 또는 단어에 의해 침묵으로 대체된다. 침묵하는 거대한 군중은 앨리스가 나와서 수상자들을 소개하기를 기다리고 있다. 각각의 동물은 아주 작은 핵폭탄의 냄새를 맡으면서 사라진다. 일부는 그것을 핥고 있고, 일부는 그것을 이웃의 항문 안으로 밀어 넣으려고 시도한다. 그리고 일부는 그것이 효과가 없다고 불평하기 위해 비온에게 온다.

발레리아 부족의 발레리아가 **죽음의 춤**의 시작을 알리는 시축Kicking Off the Ball 의례를 수행하기 위해 들판 한가운데로 나올 때, 거기에는 엄청난 흥분이 발생한다. 대단한 장관이다! 20세기의 그리피스D. W. Griffiths[86] 군단이 도착했음이 분명하다! 그리고 수상자들의 이름을 낭독하기 위해 우두머리 정신분석가가 등장한다. 쉿, 쉿, 쉬잇. 조용, 여러분! 교황의 근위대가 음악 페스티벌에서 우승한 사람이 작곡한 곡을 막 연주하려고 한다. 입 닥쳐! 똥 같은 놈아! 그 사중주는 지금 네 개의 트롬본으로 "고독"을 연주할 거야. 그 다음에 총사령관은 레이디 발레리아가 시축하기 전에 그리고 축제가 절정에 도달할 때 그의 기도문을 낭독할 거야.

---

84 "Come in Quiet, Quiet, as Thee are the King of Kings"라는 가사를 Kum not in Quat, Quat, Adze Zhee King of Kongs로 바꿔 부른 노래. Quat는 킹콩의 발걸음 소리, 또는 포탄 터지는 소리를 암시하는 것으로 보인다.

85 Dean Frederick William Farrar(1831-1903). 영국교회의 성직자. 교사, 작가.

86 스펙타클 영화로 유명한 감독의 이름.

내년까지는 이것이 평화를 축하하는 이 행사가 마지막 행사가 되겠지. 장군의 부인은 공이 있는 곳을 향해 몇 걸음 종종 발걸음을 내딛는다. 응원소리, 웃음 그리고 눈물. 살해되기 전에 그곳에서 벗어나려면, 그녀는 빨리 움직여야 할 것이다.

24

앨리스 … 한 가지 더 나쁜 게 있는데, 나는 당신에게 정신분석을 받기 위해 올 때까지는 그걸 깨닫지 못했어요.

비온 지난번 만남은 정신분석이 아니었어요. 나는 당시에 당신보다 더 잘 알지 못했거든요!

앨리스 지금은 더 잘 아세요?

비온 아마도요. 글쎄, 모르겠네요.

앨리스 글쎄요, 내 생각에는 모르는 게 중요한 것 같아요.

MYSELF 맞아요, 그게 중요해요. 많이는 아니지만, 중요해요.

로즈메리 *(여전히 자신의 외모에 정신이 팔린 채, 그녀의 직접적인 필요와 외모에 대한 관심사 너머에 있는 현실에 대해서는 관심이 없다)* 앨리스, 나는 네가 나와 함께 갔으면 해. 약 삼십분 후에 외출할 건데, 그때 너를 필요로 할 거야.

앨리스 알았어요, 부인. 지금은 그게 다인가요?

마이크로프트 불쌍한 왓슨의 어려움은 이 불투명한 변화들에 적응할 수 없다는 거예요. 다행히도 나는 바우하우스Bauhaus[87] 사람들이 시각적 수평면의 변화를 실험할 때 그것들에 친숙해졌어요. 셜록조차도

87 독일 바이마르 지역에 위치한 대학교.

약간 혼동을 했는데, 그는 그것에 대해 더 잘 알았어야만 했어요. 우리의 존경스런 코난 도일도 그렇고요. 그러나 왓슨은 셜록이 "현실"이라고 부른 것과 얽히게 되었을 때, 그것을 영적 헛소리와 혼동했어요. 셜록이 그 여성과 얽히게 되었던 일이 생각나요? 그녀의 이름이 아이린 애들러였던가요? 멍청한 바보였죠.

로즈메리 *(슬그머니 다시 등장해서 투박한 액센트가 섞인 말투로 말한다)* 무슨 일이에요 마이크로프트 씨? 나는 내 여자 친구와 함께 외출을 해야 하기 때문에 낭비할 시간이 없어요. 그녀가 전혀 알지 못하는 몇몇 장소들을 보여줄 거예요. 그녀가 숙녀처럼 보이고, 제대로 교육을 받았다고요? 나는 그렇게 생각하지 않아요! 롤랜드, 무슨 일이에요?

롤랜드 *(항의하고 싶은 감정과 씨름하면서, 간신히 분노를 누그러뜨린 목소리로)* 앨리스는 우리를 동성애자로 만들고 있었어요. 나는 4년 동안 병사였고, 훈장도 받았으며 …

앨리스 오, 그만해요! 그게 무슨 상관이에요? 당신은 우리 여자들이 공립학교에 대해서 아무것도 모르는 줄 아세요?

로즈메리 너도 좋은 시절을 보냈던 것 같네! 나는 너희들 모두가 나와 같은 하녀들이 되기 위해 학교에 다닌다고 생각했어. 내가 나의 엄마 소개로 작은 선술집에서 일한 적이 있었지. 하루는 내가 쉬는 날이었는데, 함께 일하던 미남 소년도 같이 쉬게 되었어. 나는 그와 함께 외출했는데, 맙소사! 그는 뜨거운 벽돌 위의 고양이 같았어! 그는 평생 여자아이를 본 적이 없는 것처럼 행동했거든. 나는 그에게 학교가 무엇을 하는 곳이냐고 물었는데, 글쎄! 그는 얼굴이 빨개졌고, 말이 없이 겁에 질렸어. 나는 그에게 왜 그러느냐고 물었지. 나는 그가 그토록 좌불안석이었던 이유가, 그가 나와 함께 외출한 것을 학교 친구들이 볼지도 모른다는 생각 때문이라는 것을 알게 되었어. 나는 그의 따귀를 때릴 수도 있었지만, 그러지 않았어. 나는 그가 잘 생겼다고 말해주는 것이 내 마음이 더 편할 거라고 생각했거든. 나는 "너 참 잘 생겼어"라고 말했지. 그는 정말 그랬어. 나는 지금도 그렇게 말할 거야.

로빈 그것이 당신에게 재미있는 일이었다는 건 알겠는데, 우리에게는 별로 재미가 없어.

남자 *(카우치에 누워 팔베개를 한 채, 얼마 동안 말하는 사람들을 차례로 바라보고 있다)* 나는 우리가 왜 이겼는지 알겠어요. 전에는 그것을 이해할 수 없었어요. 우리는 학교에서 셰익스피어와 밀턴, 그리고 쉴러와 하이네에 대해서 배웠어요. 당신들은 하이네에 대해서 배우지 않았죠? 글쎄, 우리도 셰익스피어를 좋아했어요. 비록 많이 배우지는 않았지만요. 우리에게는 바보 같은 선생이 있었는데, 우리는 그를 "우리들의 셰익스피어"라고 불렀어요. 왜냐하면 그는 엄청 바보였고, 애국자였기 때문이에요. 우리는 그를 "차가운 로스트 비프"라고도 불렀는데, 그는 우리가 영국 사람들을 조롱한다고 생각했지만, 사실 우리는 그를 조롱한 것이었어요. 왜냐하면 그가 우리에게 옛 영국의 로스트 비프에 대한 시를 외우게 했기 때문이었어요. 나는 그것이 별로 좋은 시라고 생각하지 않았는데, 그 후 두 번째 전쟁이 발발했을 때, 나는 영국 사람에게 무슨 일이 일어났다고 생각했어요.

로빈 영국 사람에게는 아무 일도 일어나지 않았어요. 그것은 반역 행위였어요. 체임벌린Chamberlain[88]이란 사람이 …

남자 아뇨, 나는 그렇게 생각하지 않아요. 셰익스피어는 영국이 그 자체에게 진실된 존재가 되는 것에 대해 말했어요. 나는 그가 한 말이 옳았다고 생각해요. 그렇지 않나요?

로빈 *(낯빛이 붉어지고 화가 나서—카우치에서 반쯤 일어서지만, 병사가*

---

88 이차대전 직전에 독일에 대한 유화정책으로 인해 영국에서 가장 악명 높은 총리로 알려진 인물.

노려보면서 자동소총을 만지작거리는 것을 보고는, 다시 주저앉는다)

로즈메리 *(지금까지는 별 흥미가 없다는 표정이었지만, 지금은 매우 흥미롭게 바라보고 있다. 그녀는 앨리스에게 주의를 기울이라고 손짓한다. 낮은 목소리로)* 이것 좀 봐, 흥미로워. 우리가 곧 해야 할 일이 생길 거야. *(큰 소리로 남자에게)* 이봐요! 우리가 구경해도 되나요? 당신은 그를 사살할 건가요? 오, 그냥 쏴버려요—제발, 제발! 나는 총 맞아 죽은 사람을 한 번도 본 적이 없어요.

남자 사살한다고요? 아뇨. 우리는 절대로 무력한 포로를 사살하지 않아요.

로즈메리 *(실망하고 흥미를 잃는다)* 오, 나는 항상 남자들이 무력해지면, 사살된다고 생각했어요. 나는 남자 친구가 있었는데, 그는 공군 장교가 되었지만, 도망치다가 사살되었다고 해요—다른 오십 명과 함께요.

남자 그건 거짓말이에요.

로즈메리 나도 그렇게 생각했어요. 나는 당신이 공립학교에 다니는 사람들과는 많이 다를 거라고 기대해요. 내가 알고 있던 한 소녀는 여러 명의 다른 간호사들과 함께 수술현장을 지켜보고 있었어요. 주임 외과의사는 불쌍한 처지에 있는 사람들을 보기라도 하듯이 경멸스런 시선으로 둥그렇게 서 있는 사람들을 둘러보다가 뛰어나게 예쁜 내 친구를 봤어요. 내 친구는 그가 자신에게 오고 있다고 생각했기 때문에 옆에 서 있던 소녀에게 속삭였어요. 그가 그녀를 보았을 때, 그녀는 그의 얼굴을 똑바로 쳐다보았어요—물론 명백히 그에 대해 속삭이면서요! 저런! 얼굴이 빨개졌네! 그는 홍당무처럼 보여!

로빈 여자들은 항상 그런 식으로 말하죠. 나는 그가 당연히 시선을 돌렸을 거라고 생각해요. 그러나 …

로즈메리 로빈, 당신은 헛간에서 도망칠 때 롤랜드와 함께 있었나요? 그건 용감했어요. 그렇지 않아요? 나는 여기에 있는 우리의 수호자를 좋아해요—그가 자신을 뭐라고 부르든 상관없이. 당신들은 어쨌든 항상 똑같아요.

남자 *(자동소총을 만지작거리는 행동을 멈추고는 흥미로운 미소와 함께 그 총을 내려놓는다)* 대단해요!

톰 나도 총이 있었으면 좋겠어요. 그런데 실은 나는 총이 무서워요. 나는 총을 다룰 수가 없어서 군대에서 쫓겨났어요. 나는 내가 누군가를 쏠까봐 두려웠거든요.

로빈 *(여전히 로즈메리의 질문에 자존심이 상한 상태로)* 불쌍한 톰! 독일군 몇 놈도 쏠 수 없었다고? 그들을 쐈더라면 마음이 오히려 훨씬 더 편했을 텐데, 그렇지 않아?

톰 나는 내가 우리 편 사람을 쏠까봐 두려웠어요.

롤랜드 물론 아예 안 쏘는 게 훨씬 더 안전하지. 전쟁과 살인은 위험해—정신병리적 인격이 더 안전해.

MYSELF 항상 그런 건 아네요—그것은 당신이 총의 어느 쪽 편에 있느냐에 달려있어요.

롤랜드 *(그는 정신과의사들과 그가 "사기꾼들"이라고 부르는 사람들을 경멸하고 있음이 분명하다)* 글쎄, 나는 당신이 균형 잡힌 인격을 가진 사람이라면 아무런 문제가 없을 거라고 생각해요.

MYSELF 당신은 그것이 모두 "속임수"의 문제라고 생각한다는 거예요? 글쎄, 그럴 수도 있겠죠. 나는 분명히 평생 겁에 질려 있었고, 용감한 것처럼 보이는 법을 배워야만 했으니까요. 당신은 항상 사로잡히고, 때로는 쫓겨나요.

비온 예를 들어봐.

MYSELF *(불편함과 혐오와 함께)* 싫어.

비온 왜 싫은데? 이것은 네가 원하는 대로 자유롭게 말할 수 있는 사적인 문제야.

MYSELF 나는 안 할 거야. 나는 나 자신에게서 끌어낸 자료를 사용하는 것을 통해서 그리고 그것을 진실된 것으로 만드는 것을 통해서, 사리분별의 문제를 회피하려고 시도할 수도 있어. 하지만 나는 그럴 수 없어—나는 나 자신이 정직할 수 없는 존재라는 것을 너무 잘 알아, 내가 나 자신의 문제에 대해 침묵하지 않는 한, 분별이나 사생활 같은 것은 없을 거야. 거기에는 또 다른 문제가 있어. 예술의 영역 바깥에서 사용되는 의사소통의 방식들은 예술가들이 사용하는 방식들보다 덜 정확해. 예를 들어, 나는 사진을 찍기 위해 사진기를 사용할 수 있고, 청각적이고 시각적인 것을 담기 위해 녹음기나 비디오 테이프를 사용할 수 있어. 나는 텔레비전 화면을 통해서 사람들이 달에 착륙하는 모습을 볼 수 있어. 하지만 내가 받은 인상은 사진을 통한 표현이, 설령 그것이 기계적 방법을 통해서 개선된 것이라고 해도, 부적절한 것이고, 나와 다른 사람들은 그것을 "무미건조한 것"으로 간주할 거라는 거야. 나는 또한 정신분석 경험에 근거해서 확신을 가지고 이렇게 말할 수 있어. "달에 착륙하는 사람들의 활동사진이 말해주는 것이 그렇듯이, 나는 나의 경험을 공유하지 않는 사람에게 그 경험을 설득력 있게 서술할 수는 없어. 현대 문명이 이 경험을 의사소통할 수 있는 것으로 만들어준다고 생각하는 것은 망상이야. 내가 겪었지만 지금은 기억할 수 없는 경험은 말할 것도 없고, 그 경험이 일어나고 있는 동안에도 나는 그 경험에 주의를 기울이는 데 성공하지 못할 거야."

나는 탱크를 타고 전쟁터로 출발하는 것이 어떤 느낌인지 흐릿하게나마 기억할 수 있어. 나는 그것을 공포라고 서술할 수 있을 정도로 충분히 알아. 나는 한 동료가 아무것도 하지 못하는 정신병적 상태가 되었던 것을 알아. 또 다른 동료는 병사로서 훈련받은 기술을 전혀 기억하지 못했어. 나는 여러 해 후에 나에게 다정한 편지를 쓰기도 했던 그가 경미한 범죄자가 되었다는 말을 들었어. 다른 한 동료는 환멸을 경험했고, 절박해졌으며, 마지막 전투에서 그의 남은 동료들과 함께 불에 타서 전사했어. 일부 사람들은 내가 겪었던 것과 똑같은 것을 겪지 않았겠지만, 나는 그들이 무엇을 느꼈는지 알고 있다고 확신해. 어떤 사람들은 정신분석가가 된 것이 나에게 어떤 느낌인지를 안다고 생각해. 다른 사람들은 분석을 받기 위해 나를 찾아오는 자신의 느낌이 어떤 것인지도 모르고, 그들의 분석가가 되는 나의 느낌이 어떤 것인지도 알지 못해. 그들은 영리한 동물이 속임수를 배우듯이, 정신분석 경험에 친숙한 척하는 법을 배울 수 있어. 인간 동물은 속임수를 사용해서 무지한 사람들을 설득할 수 있는 법을 배울 수 있지. 만약 속임수가 충분하다면, 아무런 해가 발생하지 않을 거야. 집단에서 속임수는 문제에 대한 해결책을 제공할 수도 있으니까. 정신분석적으로 적합한 해석은 다른 사람들에게는 옳지 않은 것으로 보일 수 있어. 집단에게 주어진 해석은 정신분석적 해석과는 다른 방식으로 경험되거든. 어떤 점들이 다를까? 다른 점들 중의 일부는 즉시 마음에 떠올라. 정신분석에서 "상식common sense"은—신체적 의미에서—그곳에 두 명만이 현존한다는 것을 의미해. 집단에서는 여러 명이 신체적으로 존재한다고(문자적으로) "느껴져." 윌프렛 트롯터Wilfred, Trotter[89]는 그의 저서 "평화 시기의 종족 본능과 전쟁 시기의 종족 본능"에서, 전체로서의 집단은 그것의 부분들의 총합보다 크다고 제안했어. 나는 지금 이 글을 쓰고 있는 내가 (그리고 이 글을 쓰기 전에 생각하고 있던) 나의 전체보다 작다고 느껴. 나는 문화적 성취로서 가치를 인정받은 나의 아이디어들이 실은 내가 나의 집단 재생산 기

89 Wilfred Trotter(1872-1939) 영국의 외과의사이자 저술가.

능—나의 성적 삶과 정신분석에 의해 강조되어온 과도하게 정교화된 다른 기능들과 동일시함으로써 무시하기로 선택하는—의 일부에 "붙어 있는" 사소한 것일 수 있다고 "생각"해. 따라서 나는 마음과 그것의 작용이 커다란 중요성을 갖는다고 주장할 수 있어. 그 외의 모든 것, 전체, "무의식"이라고 불릴 수 있는, 갓 생겨난 생각 없음inchoate mindlessness은 마음에 대한 추가적인 속성으로 뭉쳐지고 찬양되고 이상화돼. 생각 없음, 무의식의 생식체들gametes은 정신적으로 능동적인 것일까? 또는 마음이 다룰 수 있는 장치를 갖고 있지 않은 전혀 다른 범주에 속한 것일까? 이런 점에서, 나는 보통 정신분석에서 관찰되는 것들(오이디푸스 상황, 공격성, 경쟁심)과 연관된 다양한 기능들을 포함하고 있는 "끝 부분end"으로 알려진 감각 기관에 대한 ξ 이론—최근에 증강된—을 제시하고자 해(장애, 질병, 섹스, 공포, 사랑의 형태들의 모델에 기초해서). 실제로 그것들은 그것들 자체로서는 중요하지 않은 패턴들, 형태들, 무가치한 것들이지만, 그것들의 윤곽이 그려진다면, 그것들은 혼란, 재편성, 패턴과 색깔의 변화를 통해 근저의 현실을 나타낼 수 있어. 그것들은 인간의 마음이 그것들이 존재하는 상태에서 공식화하거나 추측할 수 없는 종류의 것을 반영해. 만약 그렇다면, 이러한 오이디푸스 상황, 충동, 본능 그리고 성격들은 엑스레이 패턴들이 감광판 위에 모습을 드러내는 것과 같은 방식으로, 불투명하지만 모습을 드러낼 수 있어. 정신분석적으로 상세하게 묘사된 인격 또는 마음은 오래 전부터 있어왔지만, 그것은 원초적인 신체적 해부학으로서의 중요성만을 지닌, 일부 현실에 대한 최근의 사진일 뿐이야. 정신분석이라는 것은, 인류가 알려지지 않은 거대한 현실에 대한 반응으로 명멸하고, 불타오르며, 사그라지는, 드러난 표면에 영향을 미치는 세력들을 드러내 보여주는, 덧없는 현상인 것처럼 보여.

실제적인 요점은 정신분석에 대한 더 많은 연구가 중요한 것이 아니라, 정신분석이 드러내보여주는 정신이 중요하다는 거야. 정신은 정신적 패턴이라는 매개물을 통해서 조사될 필요가 있어. 정신이 가리키는 것은 증상이 아니야. 정신은 증상의 원인이 아니야. 정신은 질병 또는 질병에 종속된 어떤 것이 아니야. 정신분석 그 자체는 호랑이 가죽의 줄무늬일 뿐이야. 궁극적으로, 정신분석은 호랑이—물 자체—O를 만날 수 있어.

비온 만약 내가 지금 네가 하는 말을 몇 년 전에 들었더라면, 나와 나의 동료들은 충격을 받았을 것이고, 네가 정신분석에 등을 돌리고 있고, 네가 정직하지 못했던 것에 대해 죄책감을 느끼고 있다고 생각했을 거야. 실제로, 나는 네가 아직도 정신분석을 실천하고 있다는 사실을, 그리고 사람들에게서 분석비를 받고 있다는 사실을 어떻게 정당화하는지 알고 싶어—너는 그것을 정신분석이라고 부르고 있는 거야? 아니면 심리치료와 같은 다른 용어를 사용하는 거야? 이것에 대해 좀 더 말해줄 수 있어?

MYSELF 나의 기억 덕택에, 그것을 비교할 수 있어. 비교는 변화를 야기하는데, 어떤 경우에는 그 변화가 불편을 야기하기도 해. 이런 일이 일어날 때, 너는 그 변화가 기록될 자격이 있고, 나와 허구적 인물 사이에 대화가 가능한 것처럼, 나와 나 사이의 대화가 가능할 뿐만 아니라, 그렇게 할 만한 가치가 있다고 느끼지. 그 허구는 너무 수사학적인 것이어서 이해할 수 없는 것일 수도 있고, 또는 너무 현실적인 것이어서 다른 사람들이 들을 수 있는 대화일 수도 있어. 따라서 거기에는 이중적 두려움이 존재하지. 그 대화가 너무 이론적이어서 사고들이 의미 없는 전문용어로 취급될 수 있다는 두려움과, 그것이 현실처럼 보일 수 있다는 두려움이 그것이야. 그런데 동일한 사실들에 대해 두 부류의 느낌을 갖는 것은 광증으로 느껴지고, 따라서 반감을 불러올 수도 있지. 이것이 분석가가 왜 필요한지에 대한 한 가지 이유야. 다른 한 가지 이유는, 내가 미친 사람으로 간주될 수 있기를 바라는 그리고 미친 사람으로 간주하는 데 사용될 수 있기를 바라는 나 자신의 소망 때문이야. 거기에는 네가 피분석자라고 불릴지도 모른다는 두려움이 있고, 더 나아가 정신이 온전하지 못한 사람으로 취급될 수 있다는 두려움이 있어. 그렇다면 나는 정신이 온전한데도 정신이 온전하지 않다고 간주되고 취급되는 것을 견딜 수 있을 만치 충분히 튼튼하고 탄력적이어야 하는 걸까? 만약 그렇다면, 정신분석가들이, 거의 분석가가 수행하는 하나의 기능으로서, 정신이 온전하지 않을 수 있고 그렇게 불릴 수 있는 자격을 갖추어야 한다는 생각이 그다지 놀라운 것이 아니야. 그것은 그들이 정신분석가이기 위해 지불해야 하는 대가의 일부야.

25

MYSELF 안녕하세요! 여기서 뭐해요?

로즈메리 *(존재감이 너무 뚜렷해서 그녀가 눈에 띄지 않거나 무시되는 것은 상상하기 어렵다)* 당신이 갑자기 말하는 바람에 놀랐어요. *(마찬가지로 명백한 존재감을 갖고 있는 앨리스에게 말한다)* 앨리스, 네 집안의 남자족속들은 전부 이상하게 행동하는 거 아냐? 글쎄, 지금 생각난 건데, 나의 엄마 주변에 있던 사람들도 비슷하게 행동했어. 이튼Eton이나 해로우Harrow에서 온 십대 소년에 대해—그가 어떤 특정한 집단에 속했었는지는 생각나지 않지만—너에게 말했던 것이 생각나. 비온이 나에게 그것을 상기시켜줬어. 그리고 방금 당신이 "안녕! 지금 여기서 뭐해요?"라고 말한 방식이 잠깐 동안 그것을 정확하게 생각나게 했어—내가 당신을 작가라고 불러야 하나요?[90] 나는 당시에 그 소년이 정말 멋있고 잘생겼다고 생각하면서 그와 함께 걸었어. 나는 그가 약간 불안해 보인다고 생각했지만, 그런 생각을 오래 하지는 않았어. 그러나 우리가 걷는 동안에도 그 생각이 사라지지 않았던 나는 그를 쳐다보기 시작했고, 뭐가 문제인지 궁금해지기 시작했어. 그때 나는 그가 나와 함께 외출한 것을 수치스러워 하고 있다고 생각했어! 그래서 나는 그를 시험해보려고 말했

---

90 모든 것을 다 아는 사람이라는 의미로 사용된 표현으로 보임.

지. "나의 엄마가 있는 곳이 여기에서 가까워. 그곳에 가서 차 한 잔 해. 엄마가 너를 보면 무척 기뻐하실 거야." 그는 얼굴이 빨개졌어! 믿을 수 없을 정도였어. 나는 "왜 그래, 어디 아파?"라고 말했지만, 물론 그가 아픈 게 아니라는 걸 알고 있었어. 나는 그 멋지고 예의 바른 남자가 나와 함께 있는 것을 부끄럽게 여기는 빌어먹을 문제를 갖고 있다는 것을 알게 되었어. 그래서 나는 아무 말도 안 했어. 다만 조금 더 힘을 주어 말했지—지금처럼 말이야. 나는 말했어. "너는 지금 안 좋아 보여. 정말 괜찮아? 약간 창백해 보여." 그러자 그의 얼굴은 홍당무처럼 빨개졌어! "내가 너희 학교 정문까지 함께 가줄까?" "오 노 노 노! 제발 그러지 마. 나는 정말 괜찮아. 나는 나의 예비학교로 돌아가야만 해"—그가 말했어. 더러운 거짓말쟁이 같으니! 마침 내 친구 한 명이 그곳을 지나가고 있었고, 나는 무척 화가 났지만, 속 좋게도 그에게 눈인사를 하라고 슬며시 알려주었어. 그는 그의 핑크 빛 아름다움을 반도 발산하지 못했을 거야! 물론 그는 나의 엄마가 창녀였다는 것을 알고 있었지만, 당연히 그녀가 하는 일을 캐묻지는 않았어, 나는 그가 나를 좋아한다는 걸 알고 있었지만, 아무 말도 하지 않았어. "글쎄, 고마운 죠지," 나는 말했어. "너 죠지 맞지?" 나는 약간 냉소적으로 말했어—물론 나는 그 당시에 그 젊은 거짓말쟁이의 이름이 죠지가 아니라는 것을 알고 있었고, 그가 누구인지를 알고 있었어. 나는 속 좋게도 그에게 그를 두렵게 만들 수 있는 편지 하나를 보냈는데, 그는 내가 그를 협박할 거라고 생각했어. 그러나 나는 그를 협박하지 않았어. 그 이유는 모르겠어. 나는 그 일에 대해 두 번 다시 생각하지 않을 것이지만, 그것은 나에게 항상 조금 특별한 느낌이었어.

로빈 당신이 그랬어요? 당신 친구들은 그다지 특별하지 않던데요.

로즈메리 참 재미있는 말이네요. 그들이 특별한지 아닌지 당신이 어떻게 알죠?

MYSELF *(비온이나 로빈이 대답하기 전에)* 나는 그가 알았을 거라고 생각하지 않아요. 그리고 당신과 앨리스도 몰랐을 거라고 생각해요.

앨리스 *(씁쓸한 표정으로)* 나는 몰랐어요. 내가 롤랜드를 만났을 때 그것을 알았더라면 얼마나 좋았을까요? 내가 아는 모든 것은, 만약 내가 로즈메리를 알았고 그녀가 말했던 젊은 소년과 함께 외출했을 때 그녀의 친구로서 함께 있었다면, 나는 행복한 결혼을 했거나 아니면 로즈메리의 노처녀 친구로 남았을 가능성이 크다는 거예요. 평생 결혼하지 않고요.

로즈메리 너는 그렇게 하지 않았을 거야. 나도 그렇게 하지 않았을 거고. 우리 두 사람은 똑 같은 것을 했을 거야. 아니면 다른 종류의 "더 나쁜" 것을 했을 걸.

MYSELF 글쎄요, 우리는 어떻게 했더라?

남자 *(깨어서, 활기차게, 한 사람씩 차례로 바라보지만, 반응을 끌어내거나 언급을 하지는 않는다. 마침내 그는 일어선다. 그의 행동은 겸손하지만, 발표를 할 때에는, 마치 어둠 속의 청중 앞에서 말하는 것처럼, 권위 있게 말한다)* "미래! 미래를 발표하는 것은 그리고 당신들 모두가 나처럼 현재를 즐기기를 바란다는 희망을 말하는 것은 나에게 항상 커다란 즐거움을 줘요."

26

MYSELF 이 책의 많은 부분은 내러티브 방식으로 서술되고 있어. 이러한 구성방식은 언어가 철자법, 인쇄, 문법의 관습을 따른다는 사실을 알고 있다면, 쉽게 이해될 거야. 그런데 그 규칙들은 명료한 말에만 적용되는 것으로 봐야 하는 걸까? 아니면 그것들이 우리가 알지 못하는 영역에서 유래하는 것일 수 있고, 그 영역에 적용될 수 있는 것으로 봐야 하는 걸까? 내가 따르는 그 규칙들은 또한 일부가 아직 드러나지 않은 실현의 근접물을 나타내는 것으로 봐야 하는 걸까? 그 문제는 내가, 말의 언어적 내용에 주의를 기울이지 않거나 중요성을 부여하는 것이 아니라, 내가 말을 할 때 발생하는 "바람風"이나 숨을 해석하는 누군가와 작업할 때 부각 돼. 나는 나의 명료한 언어적 공식들이 중요하다는 인상을 받을 수 있는데 반해, 그는 내가 그것을 말할 때 숨을 어떻게 쉬는지에 관심을 가질 수 있어.

그 문제의 복잡성은 그 "바람"이 x일 때, 즉 내가 아닌 누군가 또는 어떤 것과 나의 자기 사이를 연결해주는 것일 때 증가해. 그것은 한쪽 끝에서는 "신성한 영감"을 나타내고, 다른 쪽 끝에서는 "독가스"를 나타내는, 의미의 스펙트럼을 필요로 해. 그것은 만약 x가 청각 장치를 통해 듣고 있는 소리의 파동을 보통의 시각적 장치에 적합한 파동으로 변형시킬 수 있다면, 더욱 더 복잡해질 거야. 만약 그가 내가 그에게 말하는 것을 듣는다고 생각하지만 실제로는 나의 말이 공기 사이를 향해하고 있는 모습을 보고 있다면, MYSELF와 x 사이의 연결이라는 문제는 기존의 장치를 가지고는 해결될 수 없는 것이 돼.

마음이라는 실체가 존재한다고 가정해봐. 더 나아가, 마음 안에, 근접하지만 일치하지는 않는 영역이 있다고 가정해봐. 그리고 그 마음 안에 있는 영역의 "규칙들"과 그 영역 안에 있는 실체들이, 일반적 동물이 감각적 현실에 대해 경험한 것에서 유래한 가장 투박한 용어로만 표현된다고 가정해봐. 그때 나의 문제는 그리고 나 자신과 나의 파트너 사이의 문제는 기존의 스펙트럼이 도달할 수 없는 수준의 어려움을 갖게 돼. 역으로, 거기에는 그것들의 스펙트럼이 나의 것보다 더 적기 때문이 아니라 나의 것을 능가하기 때문에 내가 이해할 수 없는 실체들이 있을 수 있어. 실로, 발람Balaam[91]은 내가 그의 노새라고 간주하는 것보다 나를 나타내는 데 훨씬 더 적합해.

비온 이 이론은 물리적 시간과 공간의 측면에서 측정된 인종, 종교, 언어 그리고 거리에 의해 분리된 사람들 사이의 유사성을 나타내는 데 필수적인 것일 수 있어. 우리의 관심은 일반적으로 천재들에 의해 다루어지도록 남겨지는 이 영역이 어째서 보통의 인간들에 의해 관리되어야 하는가에 있어. 니체는 집단이 천재를 산출하든지 아니면 발견해야만 한다고 말해. 집단이 천재를 발견할 때, 집단은 그것을 어떻게 인식하고 그 천재를 보존하지? 인간의 "마음"은 그것의 목적을 위해 적응할 수 있는 감각기관일까? 의식에 대한 프로이트의 이론은 전체 인간 마음에 대한 것으로 확장될 수 있는 것이고, 그것이 관심을 갖는 대상은 저 "너머"에 있는 것으로 확장될 수 있는 걸까?

---

91 구약성서의 민수기와 미가서에 그리고 신약성서의 베드로서, 유다서, 계시록에 나오는, 거칠 것이 없이 말하는 노새의 이름.

셜록 마이크로프트! 마이크로프트! 깨어 나.

마이크로프트 무슨 일인데?

셜록 나는 소름 끼치는 최악의 악몽을 꾸고 있었어! 꿈에서 뭔가가 …

마이크로프트 오, 악몽. 너 요즘 너무 많이 먹더라.

MYSELF 이건 너무 해. 내가 이 두 광대를 참아야만 하는 거야? 그들이 허구적 인물이라는 걸 나도 알고 너도 아는데. 매우 의미 있는 독백이 방해받는 것을 내가 참아야만 해? 아무리 생각해봐도 나는 그렇게는 할 수 없어! 이 모든 시끄러운 소리는 도대체 어디에서 나는 거야?

> "선택된 침묵이 나에게 노래하네
> 그리고 내 귀의 고막을 두드리네,
> 나를 고요한 풀밭으로 인도하고
> 내가 좋아하는 음악이 되네.
> 입술을 움직이지 마요, 사랑스런-바보가 돼요."[92]

마이크로프트 셜록, 너는 그 불쌍한 친구가 발음조차 제대로 할 수 없다는 걸 알고 있어? 그는 고막이라고 말한 게 아니라, 창녀가 이끌었다whore-led[93]고 말한 거야.

MYSELF

> "모든 항복이 나오는 곳은
> 닫힌 곳, 통행금지 초소라네,
> 그곳은 그대를 유창하게 만들뿐."[94]

왓슨 나에게는 아무 소리도 안 들리는데.

셜록 그것은 개 짖는 소리에 지나지 않아.

MYSELF 그건 너무 심해! 이들은 상상속의 인물들이야. 우리는 그

92 Gerald Manley Hopkins의 시집 *The Habit of Perfection*에 실린 시구.

93 "고막"이라는 단어를 "창녀가 이끌다"라는 단어로 비트는 언어게임.

94 Gerald Manley Hopkins의 시구.

다음에 상상적 숫자들 … 그리고 생각하는 자조차 없는 사고들 … 그리고 작가를 찾고 있는 여섯 명의 등장인물들을 갖게 될 거야. 놀랄 게 없어. 저건 누구지?

왓슨 나는 아무 소리도 못 들었는데.

목소리 … 악한 것을 듣지 말고, 악한 것을 말하지 말며, 악한 것을 보지 마라.

MYSELF 그것은 잠언에 나오는 말 아닌가?

티라노사우르스 대 스테고사우르스. **이 엄청난 장관을 놓치지 마시오. 사데SADE 대 마조크MASOCH. 제작자 지암바티스타 비코. 머리가 그것의 꼬리를 삼키는 것을 보라. 고대 화석에서 산출해낸 유일하게 진정된 설명. 눈먼 상태에서 나무와 돌에게 절하는 자들을 보라.**

MYSELF 헤로도투스는 바다가 산들을 덮고 있음이 분명하다고 생각했어. 그 다음엔 뭐지! 누군가 또는 무언가가 덮개에 파묻히고 그 덮개에 의해 하나의 형태 또는 패턴이 드러날지도 모른다고 말할 거야. … 저건 천사들일까?

셜록 우리의 논의가 방해받고 있어.

마이크로프트 나의 입장에서, 내가 말할 수 있는 유일한 것은, 우리가 허구적 인물일 수는 있지만, 적어도 너, 왓슨 그리고 나는 비온만큼 그리고 더 심하게는 MYSELF만큼 지독하게 지루하지 않다는 거야.

셜록 그건 확실해. 설령 네가 진짜 창조자가 되어야 한다고 해도, 사람들을 즐겁게 해주기 위해 무언가를 말해야 될지도 몰라. 내가 기억하기로는 …

마이크로프트 나도 그래. 수백 개의 쓸모없는 것들에 대한 너의 논문들도 그렇고. 도대체 누가 정신분석 또는 섹스—어떤 의미에서건—와 관련해서 MYSELF를 기억하겠어! 나는 그것들 중의 대부분을 아이린 애들러Irene Adler[95]에게 줄 거야. 최소한 그녀는 재미있는 사람이었어. 신조차도 그의 시간 전체를 종교에 강박적으로 사용하지 않았어. 너는 MYSELF가 정신분석가들 중의 한 사람으로 숭배 받는 것에 매료되었다고 생각할 거야. 그 종교는 온종일 정신분석을 예배하고, 지도자 정신분석가와 그의 신적인 속성들을 찬양하는 노래를 부르는 일에 모든 시간을 바칠 것을 요구해. 자, 내가 뭔가를 보여줄게. 나는 너에게 약속의 땅을 보게 해줄 거야! 브라우닝Browning은 그것을 다음과 같이 말했어.

> "이제 구름 사이의 틈새가 넓어지고, 그 아래에 있는 땅이 확장되면서, 우리의 세계는 그것의 가치를, 인간의 노력과 성공을 활짝 펼치네. 저런! 우리의 이름들과 행위들은 미소를 짓고, 수십만 명의 이름이 새겨진 비석에서 시간과 함께 단숨에 지워지네."

이미 유명한 사람들의 목록이 너무 길어지는 바람에 그들은 이제 무명의 존재들이 되고 말았어. 호레이스가 말했듯이, 아가멤논 이전에 승리의 여신들은 많았지만, 시인은 아직 등장하지 않았어. 그래서 녹음테이프는 텅 비어 있었어! 그들은 그늘 속으로 사라졌어—그들을 위해 울어주는 사람이 아무도 없이! 시인이 없었어. 말도 안 돼! 그러나 귀를 기울여봐 … 호위 여단이 만들어내는 것 같은 소리를 말이야. 대형 밴드 소리를! 우리는 최소한 유명한 사람들의 양 量을 가질 수 있어. 들어봐 … 나와 함께 하소서—수십만 명이 함께 부르는 찬송가—우르르 쾅! 탕! 포탄은 정의로운 사람과 정의롭지 않은 사람 모두에게 빠르게 떨어져—그보다 더 공평할 수는 없어—우르르 쾅! 내가 본 암흑은 더 멋지고 더 뜨거운 결승전 경기였을까? 바보들은 그것을 볼 수 없었을까? 절대 아냐!

---

95 셜록 홈즈가 칭찬했다고 전해지는 허구적 인물. 여기에서는 그의 사악한 경쟁자의 의미를 포함하고 있음.

"너는 모든 경기에서 이겼어," 도도Dodo[96]가 엄격한 도데카니즈[97] 시간 안에서 자신의 비석—그들 모두가 그 안에서 차갑게 누워있는—을 향해 행진하면서 말했어! 아르프—쾅!—아르프—쾅! 아르프, 아르프, 아르프—쾅! 탕 탕 쾅 같은 실수들과 함께 오지 마소서! 다만 친절하게 오소서, 왜냐하면 거기에는 팔리누르스가 없기 때문이에요. 기억하시나요? 전체 함대가 팔리누르스의 항해 명령을 따랐잖아요. 그리고 우리는 웃지 않을 수가 없었어요. 왜냐하면 거기에는 팔리누르스가 없었으니까요! 인간은 조금 즐거우면 안 되나요? 어떤 사람들은 잔인하다고 생각해요! 그 빛은 너무 밝고 너무 눈부셔서 … 하는 것이 불가능해요.

셜록 이게 다 무슨 소리야?

MYSELF 무슨 말인지 나도 모르겠어. 그러나 "그게 뭔지"에 대한 나의 의견을 말해줄 수는 있어. 이것들은 질투하고, 적대적이며, 호기심에 차 있고, 파괴적이며, 배제된, 그럼에도 불구하고 존재하는 대화의 조각들이야. 글쎄 … 우리는 그것을 인격이라고 불러야 할까?

비온 배제된 중간조차도 법을 잘 안 지키는 것이 돼.

MYSELF 인간이 신적인 존재가 되는 것, 높은 탑처럼 되는 것, 너무 신 같아지는 것을 신이 반대한다고 생각해봐. 그리고 힘과 사랑의 능력의 탑이 아니라, 혼동, 분쟁 그리고 불화의 탑인 바벨탑을 쌓는 자들의 언어를 쓸모없는 것으로 만들고 싶어 한다고 생각해봐. 그러나 신에 의해 거절된 그 인격이 유아기 상태의 인격이었다고 생각해봐. 그 시기에는 내가 말하는 모든 것이 어른들이 하는 명료한 말을 모방하기 위한 시도였을 수도 있어. 정신분석가, 예술가, 예능가는 한쪽 끝에서는 사랑에 의해 움직일 수 있고, 다른 쪽 끝에서는 경쟁심과 증오에 의해 움직

---

96 루이스 캐롤의 저서, 원더랜드의 앨리스에 나오는 멸종된 새.

97 에게해와 동지중해 남동쪽에 위치한 그리스의 섬들로 이루어진 지역.

일 수 있어. 어느 쪽 끝도 아닌 그 둘 사이에는, 내가 말했듯이 사랑도 증오도 아닌 것에 의해 움직이는 것이 있다고 여겨질 수 있어. 브라우닝의 시, "소르델로Sordello"[98]는 일부러 이해하기 어렵게 쓴 걸까? 아니면 브라우닝이 말하고 싶었던 것을 가장 짧고 가장 쉽게 이해할 수 있는 용어로 표현한 걸까?

비온 신은, 그리고 예술가들, 음악가들, 수학자들, 정신분석가들을 포함하는 그의 사제단은 가장 심각한 혼돈을 야기하는 과제를 갖고 있는 걸까? 아니면 신은 이해할 수 없는 존재이고, 그 자신의 목적을 이루는 데 적합한 사제를 찾을 수 없는 걸까? 그의 방식들은 우리의 방식들이 아니고, 그의 레오나르도들, 피카소들, 바흐들, 뉴턴들, 아인슈타인들은 그의 방식들을 인간 동물에게 전달하기에 부적절한 걸까? 지금까지 만들어진 어떤 도덕체계도 그 문제를 해결할 수 없었어—셜록, 네 기침 소리가 들리는군. 네가 말할 차례가 곧 올 거야—오, 좋아. 그럼 말해 봐.

셜록 나는 도덕에는 관심 없어. 나는 항상 진지한 과학적 접근에 몰두하곤 해.

왓슨 오 홈즈, 정말이야! 그 코카인은 어떻게 된 거야? 나는 너의 매우 비과학적이고 비의학적인 접근에 대해 반복해서 경고했어.

셜록 그래 왓슨, 그러나 나는 네가 그 권총의 탄환이 너의 신체 어디를 관통했는지조차도 말할 수 없다는 것을 지적해야만 했어. 나는 가끔 그런 사람이 있었다는 게 놀라워.

청소부 지금 이곳을 청소해도 될까요?

98 브라우닝의 시. 그의 말년에 오직 신만이 그 시의 의미를 알고 있다고 말했을 정도로 의미가 모호한 시로 널리 알려져 있음.

27

MYSELF 이곳에는 허구적 인물들로 가득하군. 이 정도로 큰 무리를 형성하려면 “떠도는 구름”으로도 충분하지 않을 텐데.

마이크로프트 그건 너도 마찬가지야. 너는 웸블리 컵 경기를 일종의 종교행사로 만들었어. 사실, 나는 그게 더 재미있다고 생각했어. 너의 신은 유머감각을 갖고 있는 걸까? 그리고 너는 유머감각이 있는 정신분석적 사제단의 일원일까?

MYSELF 그건 좀 너무 나간 것 같아, 마이크로프트. 만약 네가 정신분석적 사제단의 모임에 참석해야 한다면, 그것이 재미있다고 생각하지 않을 걸.

마이크로프트 모르겠어. 나는 너희들의 신비스런 모임을 마녀 집회 또는 오만한 자들의 집회, 또는 뭐라고 부르든 간에, 네가 그 모임에 참석하는 것을 은근히 즐긴다고 생각했어. 너는 즐기는 일에 진심이지 않았나?

MYSELF 지금 네가 그 말을 하니까, 우리 탱크부대 장교 중의 한 사람이 생각나는데, 그는 “병사들이 너무 즐겁게 탱크를 타고 전투에 나가는 모습을 보면서, 신께서 자신의 전투를 위해 영국군을 보낸 거라고” 생각했어.

스테고사우르스 마치 움직이지 못하고 앉아있는 목표물인 우리처럼 말이군.

왓슨 입 다물어. 너는 멸종됐잖아.

스테고사우르스 멸종된 건 여기에 있는 티라노사우르스도 마찬가지야. 피 묻은 옛 덩치들!

티라노사우르스 너의 불쌍한 식물들은 어떻고?

도굴꾼 만약 우리가 몇몇 송장들을 파내지 않았더라면, 너의 과학적 견해가 존재할 수 있었을까?

우르의 제사장 우리가 궁전 전체를 파묻지 않았더라면. 그리고 우리가 없었더라면, 죽음 구덩이도 없었을 걸.

마이크로프트 순수한 의심 그리고 과학의 아버지! 순금 같은 사랑!

제사장 내가 듣기로는 정신분석가들도 이윤을 추구한다던데.

MYSELF 우리는 그런 위험한 일을 해.

마이크로프트 네가 의심병을 발굴하는 모습을 보는 게 재미있지 않아? "오, 누가 나와 함께 황무지를 걸어갈 것인가, 오, 누가 나와 함께 말을 달릴 것인가?"

MYSELF 나는 네 전공이 익살이라는 걸 몰랐어, 마이크로프트.

마이크로프트 나는 네가 진짜 인물이고 내가 상상 속의 인물이라고 생각한다는 것을 알고 있었기 때문에, 그 말이 별로 놀랍지도 않았어. 네 친구 앨리스는 체셔 고양이가 진짜가 아니라고 생각했지만, 진짜 고양이었어. 체셔 고양이는 기분이 좋을 때 그르렁거리고 화가 날 때 꼬리를 흔든다는 점에서, 개의 관점에서는 미친 것이 분명하다고 볼 수도 있겠지. 나는 셜록이 나처럼 상상 속의 인물이고, 나의 친척—물론 상상 속의 혈통인—이긴 하지만, 그에게 모든 것을 말하지는 않아. 나는 네가 본디오 빌라도를 멸종되고, 허황된, 허구적인 인물로 간주하는지 아니면 로마의 지역 행정관(*역사적으로*)으로 간주하는지 알 수 없지만, 그는 사람들 앞에서 공개적으로 그의 손을 씻었어. 맥베스 부인도 그와 같이 손을 씻은 사람들의 반열에 합류했지. 그래서 피가 죄책감이나 살인이나 의심의 징표(*증상? 증거?*)라고 믿는 사람들의 범주에 속하게 되었어. 이것이 네가 알고 있듯이, 우리의 친애하는 셜록의 전문분야야. 수백 가지 종류의 피에 대한 논문을 쓰는 건 어떨까?

왓슨 노, 노! 피에는 두 세 종류밖에 없어.

마이크로프트 우리의 진짜 전문가는 무슨 말을 하고 싶을까?

MYSELF 너는 익살스러운 걸 좋아하지만, 네가 나를 지목하니까, 대답해볼게. 너는 혼동하고 있어 …

마이크로프트 나는 너의 범죄를 강조하기를 원할 때에는, 네가 "살인을 하고 있다"고 생각해. 네가 망설이지 않고 셜록과 왓슨과 나를 상상속의 인물이라고 부르면서, 너 자신과 너의 망할 책들의 우월한 지위를 주장하고 있는 것은, 네가 사라지고난 오랜 후에도 내가 여전히 삶을 즐길 거라는 생각 때문이라고 봐.

MYSELF 오 노, 나는 그렇게 생각하지 않아. 미안하지만, 너는 나를 비온과 혼동하고 있어. 그리고 네가 방금 망할 책들이라고 말한 내 책들이 뭐가 문제라는 거야?

마이크로프트 너는 너의 책들에 대해 아무런 책임감도 느끼지 않아? 그것들이 너의 두뇌가 낳은 자식들이 아니라는 거야?

MYSELF 나는 그것들에 대한 책임이 나에게 있다는 사실을 부인하지 않아. 그러나 나는 그것들을 사용하는 모든 방식에 대한 책임이 나에게 있다고 보지 않아.

마이크로프트 너는 작가의 두뇌가 낳은 자식들을 사용하는 방식에 대한 책임을 우리를 만든 작가에게 돌리고 있는 거야?

MYSELF 물론 아냐. 너도 알지만, 나는 적어도 공정한 게임을 하려고 해. 나의 책 두 번째 사고에서, 나는 나 자신을, 사람들이 나에게 맡겨 놓은 특정한 정보에 대해 침묵할 필요가 있는 존재로 간주한다고 지적했어. 즉, 내가 나 자신에게서 어떤 것을 끌어내는 기회로 삼았던 것과, 도움을 얻기 위해 나를 찾아오는 사람 외에는 누구에게도 소용이 없는 것으로 간주되는 정보 말이야. 거기에는, 내 생각에, 나를 찾아오는 사람에게는 소용이 없더라도 그 사람의 적들에게는 크게 유용한 정보들이 많이 있을 수 있어. 이 모든 것은 나에게뿐만 아니라, 도움을 얻기 위해 찾아오는 사람들에게도 똑같이 적용될 수 있어. 도움을 얻기 위해 나를 찾아오는 사람은 정보를 쉽게 획득할 수 있지만, 만약 그가 다른 마음을 달리 먹는다면, 그 정보는 나를 파괴하는 데 사용될 수 있어.

마이크로프트 셜록은, 너도 알지만, 내가 행동하지 않는 것이, 그의 표현에 따르면, 나태하기 때문이라고 말해. 나는 사고를 행동으로 변형시키는 그의 경향성이 무모함에 가깝다고 봐.

MYSELF 나는 네가 내 마음속에 머무는 동안 그것을 생각해야만 했어—만약 그것과 네가 있었던 곳이 마음이었다면—너는 상대적으로 보잘것없고, 허구적인 인물에서 좀 더 유용한 특징들을 갖고 있는 상당히 중요한 인격의 부분으로 변형되었을 거야. 만약 정신적인 소화체계라는 것이 있다면, 나는 허구적 인물들을 덜 즐기는 정신적 다이어트가 나의 정신건강에 크게 유익할 거라고 말할 수 있을 거야.

로즈메리 미쓰 블랜디쉬를 위한 난초꽃orchids for Miss Blandish[99]에도 그런 허구적 인물들이 있나요?

MYSELF 많지는 않아요. 아마 몇 페이지 정도일 거예요.

앨리스 당신이 이 열린 창문을 통해 뿌린 나뭇잎들은 어떻게 된 거죠?

---

99 1938년에 출간된 James Hadley Chase의 책 *No Orchids For Miss Blandish*.

MYSELF 생각나는 게 없어요. 한두 개는 정독할 만한 가치가 있을 거예요. "모든 영혼들을 기억하되, 그 기억에서 성자들을 제외하는 것이 얼마나 지혜로운가!"[100] 나는 스스로를 괴롭히는 영예의 옷을 입기보다는 차라리 이름 없는 존재로서 성공하겠어요. 뉴턴조차도 그의 유명한 사과와의 불리한 경쟁을 감행했어요. 그의 사과는 그것의 조상인 에덴동산의 사과와 그리고 헤스페리데스[101]의 사과와 비교될 수 없어요.

---

100 1415년 Agincourt 전투에서 죽은 병사들을 기념하여 영국이 설립한 옥스퍼드 대학에 세워진 기념비에 기록된 문구.

101 그리스 신화에 나오는 황금 사과밭을 지킨 네 자매 요정.

28

셜록 너는 명성 그 자체를 비난하는 것 같아.

MYSELF 홈즈, 너는 에스트라데L'Estrade[102]의 명성에 대한 욕구를 비난하지 않았어. 너와 너를 낳은 사람 중에서 그것을 결정한 사람이 누구였다고 생각해? 그 명성이라는 상 賞이 언제 만들어졌지? 누가 더 유명해? 넬슨이야, 아니면 그의 "실명한 한쪽 눈"이야? 명성은 죽음의 토양에서 자라는 식물이 아니야.

남자 "널리 퍼진 소문 안에서 자라는 것도 아니에요 …"

MYSELF 그래서 당신은 정신을 차렸어요?

남자 아직은 아니에요.

앨리스 그 말이 뭘 뜻하죠?

남자 나는 미래에서 살아요. 나의 기억들은 앞으로 나타날 것들의 모습이에요.

MYSELF 우리가 그것들을 미리 볼 수 없을까요? 나는 무척 관심이 많아요.

남자 우르의 궁전—그들은 발굴된 것들이 어떤 꿈들을 드러낼지 아니면 숨길지를 알기 위해 작은 무덤들을 파냈을까요? 나는 모르겠어요.

102 셜록 홈즈의 비망록에 등장하는 형사.

MYSELF 당신에게 과거는, 미래처럼, 숨겨져 있군요.

남자 꼭 그런 건 아니에요.

앨리스 아직은요. 꼭 그런 건 아니에요.

남자 나는 육천 년 전 우르에 있던 사람들의 마음 상태는 시간적으로 너무 멀리 떨어진 것이어서 그것이 어떤 것이었는지를 안다는 게 거의 불가능하다고 봐요. 우리는 하나의 가설로서, 육천 년이라는 동일한 시간만큼 우리에게서 떨어져 있는 미래의 사람들이 있을 수 있다고 가정할 수 있어요. 그들의 마음 상태 역시 우리가 아는 게 불가능할 수 있어요. 하지만 우리는 -6000에서 +6000에 달하는 시간이 측량할 수 없이 작은 것이라고 상상할 수 있어요. 그것은 실로 너무 작아서, 전자파 electromagnetic waves*(또는 양量)*의 전체 범주 안에서 눈으로 "볼 수 있는" 부분에 해당하는, 옅은 붉은색에서 울트라 보라색으로 나타나는 영역과 거의 동일하게, 또는 좀 더 정확하게 말해서, 그것과 "유사한" 방식으로 우리 마음의 범위 안에 놓여 있어요. -6000에서 +6000까지라는 범위는 내가 임의적으로 숫자를 부여한 것인데, 나는 한 걸음 더 나아가, 그것을 임의적으로 (숫자로는 아니지만) 하부-감각적인 것에서 감각-초월적인 것으로 확장해서 서술할 수 있어요. 나는 그 전체 범위가 인간 마음의 영역 안에 놓여 있다고 서술할 거예요. 나는 이제 삶이 "마음"이라는 우리의 제한된 장치가 상상할 수 있는 것 "너머로" 확장되는 것처럼, 마음이 인간의 정신성 "너머로" 확장될 수 있다고 가정할 거예요. 나는 바이오 +와 바이오 -를 초월하는 것, 즉 심지어 살아있는 것과 살아있지 않은 것 너머에 있는 것을 가정할 거예요.

로즈메리 무슨 말을 하는지 도무지 모르겠네요.

남자 내가 쿠들Quoodle이라는 상상 속의 또는 허구적 동물이 그의 허구적 주인들인 인간들이 "돌의 선명한 냄새"조차도 맡지 못한다고 불평했던 것을 상기시킨다면, 혹시 도움이 될지도 모르겠어요—어쩌면 방해가 될 수도 있고요.

로즈메리 앨리스, 옷 입는 것 좀 도와줘. 아니, 내 옷들을 꺼내놓고, 가도 돼. 나는 이 대화가 네가 참여하기에 적절하다고 생각하지 않아.

앨리스 예, 주인님. 내가 어디로 가야 할까요?

남자 지금 그건 매우 흥미로운 질문이에요.

로즈메리 그 세월이 다 어디로 갔을까요?

남자 나는 우르의 제사장들이 무슨 말을 했을지 궁금해요. 아마도 궁녀들이 죽음 구덩이 안으로 들어간 후에, 또는 작은 잔에 담긴 것을 마신 후에 자신들이 어디로 가고 있는지 아무도 묻지 않았을 거예요. 또는 도굴꾼들이 왕의 무덤들 안으로 들어갔을 때, 그들은 어디로 가고 있는지 아무도 묻지 않았을 거예요.

MYSELF 또는 혹시라도, "아직 아닌 시간"에서 "지금의 시간"으로 들어갈 때, 또는 "아직 확실하지 않은 것"이 "확실한 것"이 될 때, 당신이 어디로 가고 있는지 묻지 않았을 거예요.

남자 또는 허구가 어떤 허구보다 강한 사실이 될 때에도 마찬가지였을 거예요.

MYSELF 또는 생명이 없는 컴퓨터가 어떤 살아있는 마음보다 더 효율적이 될 때도요.

왓슨 지난번에 나는 어떤 고성능 방사선 사진보다 더 효율적으로 심장영상을 스캔하는 컴퓨터가 있다는 말을 들었어요.

MYSELF 누가 그렇게 말했는데요?

왓슨 글쎄요, 궁극적으로는 사실들이 그렇게 말한 거죠. 그 사실들이 방사선 사진들이 컴퓨터보다 훨씬 더 자주 틀린다는 것을 보여주었거든요.

MYSELF 그 사실들은 누가 해석했죠?

남자 그 해석자들은 하부-감각적이고 감각-초월적인 것 사이의 제한된 범위 안에서 또는 앨리스가 말하는 "아직 아닌 것"과 "아직 완전히 드러나지 않은 것" 사이의 제한된 범위 안에서 생각하는 사람들임이 명백해요. 나는 그런 설명이 크리슈나, 또는 욥이 제기한 질문에 대해 회오리바람 속에서 대답한 신, 또는 광학이론의 측면에서 말한 뉴턴, 또는 교리체계의 측면에서 말한 교회의 서술방식에는 적합하지 않다는 것을 알아요.

MYSELF … 또는 숫자의 황금율의 측면에서 말하는 레오나르도의 방식에도요 …

남자 … 또는 수학자들이 데카르트 좌표를 사용해서 눈에 보이는 것에 기초한 유클리드 기하학의 한계에서 벗어날 수 있는 통로를 발견할 때 사용했던 서술방식에도요. 이제는 "명백한 것" 또는 부조리한 것으로 드러난, "증명된 사실Q.E.D."[103]에 기댈 필요가 없게 됐어요.

MYSELF 마찬가지로, 명백하거나 부조리한 것에 의지해서 문제를 해결하는 것은 이제 가능하지 않아요. 원이나 구球 안에 있지 않으면서, 원의 지점들을 가로지르면서 복잡한 변형들을 만들어내는 직선의 문제를 생각해봐요.

남자 당신이 직선에 의미를 부여하기를 원치 않는다면, Ps↔D[104] 이론이 파장 이론과 양자 이론 사이의 관계와 유사한 입구를 열어줄 수 있다는 생각이 들어요.

로즈메리 또는 "추한 것"과 "아름다운 것" 사이의 입구도요. 추하지만 그럼에도 불구하고 아름다운 어떤 것을, 또는 그런 것을 그리는 예술

---

103 라틴어 Quad Erat Demonstrandum의 약자로서, "증명이 종료되었음"을 뜻한다.

104 편집-분열적 자리와 우울적 자리가 서로 교대한다는 비온의 아이디어를 나타내는 기호.

가를 본 적이 있으세요? 하녀나 창녀가 아름다운 여인으로 변하는 것을 본 사람이 있을까요? 또는 팬더가 사람으로 변하는 것을 본 사람이 있을까요?

MYSELF 나는 그 변화의 여정(*또는 변형 과정*)이 더 자주 반대 방향으로 진행되는 것을 보아왔어요. 변화는 두려운 것이 되고, 그 다음에는 좋은 것에서 나쁜 것으로 바뀌는 것처럼 보여요. 너무 자주, 나쁜 것에서 좋은 것으로의 변화는 속임수에 의해 행해지고, 추한 수단에 의해 추한 진전이 이루어져요, 또는 추한 목표를 위해 추한 동기들을 지닌 수단들이 사용되죠.

남자 우리는 살아있는 것에서 살아있지 않는 것으로 변하는 것을 알고 있거나, 안다고 생각하고 있지만, 살아있는 것에서 살아있는 것으로의 변형에서 무엇이 중요한 것인지는 모르고 있어요. 연결하는 과정이 살인과 자기-살해일 수 있어요. 어떤 사람들은 폭력적이고, 추한, 파국적 변화 과정에 의해 변화가 일어난다고 생각하죠. 적어도 정신분석가들 중에는 그들의 학문이 할 수 있는 최상의 것이 마음의 본성을 지도로 그려내는 것이라고 생각하는 사람이 드물어요. 마음 그 자체의 "발견"은 물리적 영역 안에서의 미세분자의 발견과 나란히 진보하고 있는 철학자들의 성취에 달려있어요. 마음, 인간의 마음은 분명히 아주 미미한 태아 수준의 성장 단계에 있는 것으로 드러날 수 있어요. 사물을 볼 수 없는 짚신벌레와는 달리, 사물을 볼 수 있는 인간 마음이 기적적인 것으로 보이는 것만큼이나, 통찰력이 있는 사람이 다른 사람들은 증거가 없다고 여기는 어떤 것을 감지할 수 있다면, 그것은 예언에 해당되는 것—상식에 적용되지 않는—으로 보일 수 있을 거예요. 아마도 짚신벌레는 "신"을 믿어야만 할 거예요. 인간보다 더 적합한 신이 무엇일까요? 어떤 사용 가능한 "슈퍼-맨"보다 인간에게 더 잘 어울리는 용어가 무엇일까요? 어떻게 잘-짜인 거짓말과 속임수 체계에 의해 종교 체계가 숭배 대상으로 만들어질 수 있을까요? 그러한 종교 체계는 거짓말들과 속임수들을 "노출시키는" 잘-짜인 "과학적" 거짓말과 속임수 체계보다 변형의 문제를 얼마나 더 쉽게 다룰 수 있을까요?

로즈메리 돈, 도덕, 명예, 지위 그리고 권력이 종종 위폐를 진짜 화폐로 받아들이는 여성들에게 제공돼요. 그리고 그 여성들은 음식과 약물이 남녀 매춘부에 의해 속임수로 제공되는 것과 같은 방식으로, 똑같이 매춘을 통해 쉽게 얻은 그들의 "부"와 "자산들"을 사람들에게 제공해요. 그리고 이제 마음은 "인간 마음"이 지금까지 성취했던 것보다 더 크고 더 나은 거짓말들과 속임수들을 산출하기 위해 거짓말들, 기만들, 회피들을 확장하는 데 사용할 수 있게 돼요.

MYSELF 그 반대 방향으로 가지는 않을까요?

로즈메리 그것은 확실히 매우 유혹적인 아이디어예요! 그러나 나는 그런 일이 속임수와 매춘 그리고 도덕적 우월성을 내세우는 영역에서 일어날 가능성을 배제하지 않는 것처럼, 현실의 영역에서도 그럴 수 있다고 생각해요.

MYSELF 신은 팔리누르스와의 전쟁에서 레테Lethe[105]의 물을 사용하는 데 주저하지 않았어요.

로즈메리 우르의 제사장들도 왕실과의 전쟁에서 그랬어요. 교활한 오디세우스가 그의 개의 도움으로 영원한 밤에서 구출되기 전에도 많은 영웅적인 거짓말쟁이들이 존재했어요.

남자 +-마음이 지도로 그려질 때, 그것에 대한 조사는 그것이 보여주는 다양한 패턴들 내부의 변화들을 드러낼 수 있어요. 중요한 것은, 정신분석가들이 가정하듯이, 마음의 병이나 질환을 드러내는 것만이 아

105 하데스에 있는 망각의 강으로서, 솜누스 신에 의해 잠들게 하는 약물로 사용되었다.

니라, +-바이오(*삶과 죽음; 살아있는 것과 살아있지 않은 것*)의 영역 안에서 식별될 수 없는 패턴들—마음이 현실의 전체 범위를 포함하기에는 너무 부적절하기 때문에—을 드러내는 것일 수가 있어요. 누가 수학을 감각과의 발생적 연결에 의해 드러난 족쇄에서 풀어줄 수 있을까요? 누가 상상 속의 수들, 비합리적인 수들의 도입을 통해 대수학을 확장한 것과 유사한 방식으로, 수학을 다시금 변형시켜줄 데카르트식 체계를 발견할 수 있을까요? 다시 말해서, 대수학적인 연역체계의 영역을 여는 것을 통해서 기하학을 유클리드에게서 해방시켜줄 데카르트 좌표를 누가 발견할 수 있을까요? 그리고 유아기 상태에 있는 정신분석을 감각에 기초한 마음의 영역에서 누가 해방시킬 수 있을까요?

로즈메리 아름다움이 그렇게 하는 데 도움이 될까요? 푸앵카레는 마치 아름다움이 수학적 가르침 안에 존재하는 것처럼 말했어요.

남자 내가 관심을 갖고 있는 한 가지 문제는 MYSELF가 자신을 누구라고 생각하는가라는 거예요. MYSELF, 당신은 당신 자신이 우리들과 다르다고 생각하세요?

MYSELF 아뇨. 그렇기도 해요. 왜냐하면 나 자신이 나의(*그리고 다른 사람들의*) 상상적 허구의 많은 특징들을 갖고 있다는 것을 알고 있음에도 불구하고, 나 역시 허구적 인물이기 때문이에요. 나는 확실히 상상할 수 있고, 다른 사람들에 의해 상상될 수 있어요. 그리고 나는 매우 현실적이고, 시각적으로 생생한 존재이기 때문에, 현실적인 것과 상상적인 것 사이의 차별 또는 구별이 불가능하다고 전적으로 확신해요. 만일 내가 "비온"이 누구인지를 안다면, 그리고 나 자신이 누구인지를 안다면, 나는 그 둘을 비교할 수 있겠죠. 그러나 내가 학교에 다닐 때 내가 누구였는지에 대해서는 말할 수 있지만, 그것은 그 당시의 나와는 전혀 다른 거예요. 나는 내가 누구였는지를 결코 알지 못할 거예요.

29

MYSELF 분석이든 분석이 아니든, 나의 모든 경험에도 불구하고 내가 누구인지 말할 수 없기 때문에, 나는 지금 미래의 어느 시점에서도 지금보다 나를 더 잘 알게 될 가능성은 많지 않다는 것을 알고 있어요. 내가 아닌 누군가가 나를 나보다 더 잘 안다는 것을 믿는 건 불가능해요. 나는 만약 내가 살아있는 동안 그렇게 존재할 수밖에 없었던 사람이 누구인지를 안다면, 유용할 거라고 확신해요. 때로 나는 너무 비범한 "실수들"을 저지르는 바람에, 그 비범한 사람이 나라는 것을 인정하지 못해요. 유사하게, 나는 내가 저지르는 실수를 인정하기가 어려운데, 그 이유는 그 실수가, 그 실수의 창조자, 생산자, 아버지가 나 자신이라는 것을 인식하게 해주기 때문이에요. 나는 고유한 존재이고, 그러므로 비범한 존재이며, 동시에 철저하게 일반적인 존재예요. 그리고 그런 점에서 비범한 존재로서의 자격을 인정받아요. 내가 만들어낸 것들에 대해 말하자면 …

다함께 쉬, 쉬, 쉬! … 누구지? 그건 롤랜드일 뿐이에요.

로즈메리 포르노그래피일 "뿐," 섹스일 "뿐"이죠.

MYSELF "뿐"이라는 말은 논의의 세계에 한계를 정하는 언어적 방법일 수 있어요. 문제와 문제 해결에 관련된 사람이나 사물은, 만약 두

가지 요소가 인간 마음과 조화를 이루는 어떤 길이 있을 수 있다면, 서로 도움을 받을 수 있을 거예요. 생존을 위해 해결해야만 하는 문제들을 해결할 "뿐"이죠. 철학자들, 수학자들은 인간 동물이 생존을 위한 과제들을 수행하기에 적합한 도구를 만들기 위해 시도할 수 있을 거예요. 일반적으로, 동물은 "살아있는" 것이 죽은 것이 되거나 그와 반대 상황이 발생할 때보다는, 살아있는 것이 살아있을 때 모든 것들을 더 잘 할 수 있다고 추정돼요. 막대기나 돌은 협력하지 않지만, 서로 협력적인 것으로 만들어질 수 있어요. 단단한 돌 같은 사물들은 돌도끼나 망치로 변형될 수 있고, 도구로서 인간에게 도움을 줄 수 있죠. 이러한 발견은 인간과 그의 도구 사이에 사랑과 감사의 느낌을 만들어내요. 역으로, 만약 "그것"이 죽는다면, 살아있고 유용한 것은 증오스런 것이 될 수 있어요.

로즈메리 "그것"이라고요? 그게 뭐죠?

MYSELF "뿐"이라는 단어는 문법적으로 분사分詞에요. 만약 "뿐"이라는 단어가 어떤 것에 관한 것이라면, 그것은 문법적 용어로 끝나지 않아요." 마찬가지로 "그것"이 너무 많은 의미로 채워진다면, 이해할 수 없는 것이 돼요. 정신분석가로서 일하는 것이 지닌 이점들 중의 하나는 내가 "그것"이 무엇인지를 당신에게 말해주려고 시도할 수 있다는 거예요. 정신분석에 관해 글을 쓰는 것 역시—이 시도에서처럼—이점을 갖고 있지만, "그것"이 무엇인지를 말하는 것은 매우 어려워요. 만약 나와 다른 사람이 그것에 대해 말하려고 시도한다면, 그것의 "다양한" 내용들에 대해 말할 수 있는 기회를 줄 수 있을 거예요. 분석가로서의 일이 성공적이지 못할 수도 있어요. "섹스," "사랑," "증오" 같이 흔하게 사용되는 용어들은 너무 추상적이어서 의미 없는 것이 될 수 있고, 또는 지나치게 비하되는 바람에 그것이 지닌 가치에 이름을 부여하거나 말하는 것이 불가능해질 수 있어요. 여기에서 나는 프로이트가 "해석"과 대비되는 것으로서 서술했던, "구성construction"의 의미에 대해 말하려고 시도하고 있어요. "그건 롤랜드일 뿐"이라는 말은 "질투," "승리감," "시기심," "경쟁심," "복수심," "사랑," "섹스"와 같은 많은 용어들로 대체되어야 할 수도 있어요. 내가 그것을 성인의 "열정적 사랑"의 경험을 의미한다고 가정해 봐요. 그리고 당신이 "그게 뭐죠"라고 물어보는 것을 가정해 봐요. 만약 당신이 그것을 목격할 수 있다면 그리고 마찬가지로 목격한 그것을 이해할 수 있다면, 당신은 그 경험으로부터 배울 수 있는 기회를 가질 거예요. 반대로, 당신은 "경험으로부터 배우는 것"이 무엇인지 배울 수 있는 기회조차도 갖지 못할 수도 있어요. 단일한 단어들은 매우 부적절할 수 있거든요.

로즈메리 어쨌든 당신은 말이 많네요!

MYSELF *(남자를 바라보면서)* 여기에 있는 이 신사분께서 대화의 바통을 넘겨받고 싶을 것 같은데요?

남자 맞아요. 나는 나의 역할이 정확히 말해서 사람들을 즐겁게 해 주는 것이 아니라는 것을, 또는 나의 관심이 "오직"이라는 말처럼 한계를 설정하는 데 있지 않다는 것을 알고 있어요. 그것은 논의의 테두리뿐만 아니라—또 그 문제네요!—시작 지점을 나타내거든요.

비온 당신은 새 이름이 필요해요. 그래서 나는 당신에게 "2," "둘," "역시"라는 의미를 지닌 투too[106]라는 이름을 주겠어요—모든 점에서 두 배로 많다two much라는 의미에서요.

다함께 만장일치 찬성이에요.

남자 시인은 그것을 이렇게 표현해요. "옛 질서는 변하고, 새로운 질서에 자리를 양보하네. 그리고 신은 다양한 방식으로 자신의 뜻을 성

---

106 이 세 단어는 모두 발음이 같다. too much를 일부러 two much로 표기하고 있다.

취한다네."[107] 심지어 신도, 신의 흔적조차도—그것이 신의 흔적일까?—사라지지 않고, 단정한 겉모습을 지닌 배설물을 먹는 청소동물의 형태로 다시 태어나요. 여기에 있는 앨리스와 그녀의 어린 딸 앨리슨은 "그들의 재산"을 접수해서 재분배하는 나의 기능을 반겨주었어요. 나는 아직 앨리슨을 당신들에게 소개하지 않았는데, 그 이유는 그녀가 당신들이 약간 막연하게 미래라고 부르는 영역 안에, 그러나 실은 언어적이고 문법적인 것과는 대조적으로, 과거와 분리될 수 없는 영역 안에 존재하기 때문이에요. 거시적 정점은 죽음 구덩이 안에서 행해지는 즐거운 성스런 "축배" 의례와 함께, 우르의 왕실 궁전 재산의 재분배를 주재하는 인상적인 "나"를 보여줄 거예요. 트로이에서 있었던, 이름표가 없는 시적 재산, 즉 애도되지 않은 과거의 그림자 안에서 상실된 영혼들의 재산 재분배—어느 정도는 전형적으로 시인에 의해 이루어진—가 지금 마음의 제국을 숨기고 있는 "제국의" 재산 상실과 재분배에서 명백하게 재연되고 있어요. 그 제국은 일시적인 집을 그리고 심지어 이름도 갖게 되었는데, 그 집 또는 이름은 셰익스피어예요. 한 시인이 말했어요. "다른 것들은 우리의 질문과 함께 있으라. 그러면 그대는 자유로울 것이다 Thou art free."[108]

로즈메리 당신은 예술이라는 단어 Art를 제대로 말할 수 없나요?[109]

남자 할 수 있어요. 셰익스피어라는 단어를 쓰는 법을 배운 친구들처럼 그렇게 할 수 있어요. 그러나 당신이 기억할지 모르지만, 그 명칭들은 다양했고, Bacon과 G(reat) B(ritan) Shaw 만큼이나 서로 다른 "철자법"에 따라 적절하게 분배된 것이었어요. *(갑자기 어둠 속에 있는 누군가*

107 Lord Tennyson의 "*저자의 죽음*"에 나오는 시구.

108 빅토리아 시대의 시인 Mathew Arnold의 글.

109 영어에서 art가 예술을 의미하는 동시에 are의 고어 또는 시어라는 점에서, 일종의 언어 게임으로 보인다.

에게 손짓을 하면서) “거기 너, 거기에서 나와 봐! 두려워하지 말고 말해. 몇 살이지? 여섯 살? 나는 너 댓 살 정도로 봤는데. 네가 보고 들은 것을 말해봐.”

소년 우리 집 개들이 자칼을 구석으로 몰았어요. 나는 엄청나게 큰 자칼이 개들을 죽일 것 같아서 두려웠어요. 그러나 개들이 자칼을 에워쌌어요. 그리고 내가 자칼이 공격할 거라고 생각했던 그 순간에, 자칼은 앉아서 큰 이빨을 드러내고 으르렁거렸어요. 그리고 자칼이 하울링을 시작했는데, 그 소리가 무척 두려웠어요. 그것은 끔찍했어요.

남자 무슨 일이 있었는지 자세히 말해봐. 두려워 말고.

소년 내가 광견병에 대한 공포증이 있다고 생각하는 건 아니죠?

남자 광견병이라고? 아마도. 하지만 걱정하지 마. 그 하울링 소리가 어땠지? 계속 말해 봐!

소년 *(입을 벌리고 고개를 뒤로 젖히면서, 서서히 겨우 들을 수 있는 부드러운 소리를 내기 시작한다. 그 다음에 입을 점점 더 크게 벌리면서 그리고 부드러운 소리를 점점 더 고음의 하울링으로 바꾸면서, 기괴한 신음소리를 낸다)* 피—아오우. *(소리가 차츰 멀어진다)*

남자 그리고? 그 다음에는?

소년 어디에서 왔는지 유령들이 거기에 있었어요. 우리 개들은 겁을 집어먹었어요. 그 개들은 자칼을 공격하지 않았어요. 그들 역시 앉아서 이빨을 드러내고 있었어요. 그들의 이빨은 떨렸어요. 피-아오우! 피아-우! 피이-아아오우! 그리고 유령들이 커다란 원 안에 점점 더 많이 앉아 있었어요.

MYSELF “… 그는 누구의 하울링을 보고 있는 걸까요!”

로빈 그건 시대착오적인 거야!

MYSELF 나는 바보들이나 그렇게 말할 거라고 생각했어요. 셰익스피어는 자신이 행한 것을 알고 있었어요. 그는 익명성에 대해서와 마찬가지로, 시대착오의 진정한 의미를 알고 있었죠. 자칼들과 도덕주의자들은 도둑들이 훔친 물건들을 챙기는 동안 하울링을 준비하고 있었어요. "도둑이야! 강도야! 아파치야! 산적이야! 미친 사람이야!" 그들은 자신들이 정직한 사람들이라고 생각했거든요.

비온 그들의 명칭이 제대로 붙여진 걸까요? 도덕주의자들을 조심해요. 그들은 모든 도둑들 중에 가장 큰 도둑이에요!

MYSELF "그들은" 그것을 알고 있어요! 의심할 바 없이, 그러나 당신들이 바로 그런 사람들이고, 당신들에게서 지혜는 사라질 거예요! 지혜는 삼켜지고, 소유되며, 쇠도 용해할 수 있는 탐욕스런 소화관에 갇혀서 사람들이 사용할 수 없는 것이 돼요. "뭐라고요! 그들이 미소 짓고 있어요. 시간이 인간의 영광을 새겨놓은 비석에서 우리의 이름들과 업적들을 순식간에 지워버리는 것을 지켜보면서요."

남자 … 은 영원히 살아요. 영광스런 죽음. 그것은 목소리도 없고, 청각도 없이 그곳에 있어요 … 오세요, 함께 그들을 무덤에서 파내요. 그리고 … 소년, 너는 기억하니? 너의 유모가 …라는 것을 알았을 때, 네가 얼마나 놀랐는지.

비온 불쌍한 유모! 우리가 공동묘지에서 사람들을 파낸 다음 그들을 먹으려고 했을 때, 나에게 요청했던 사람이 늙은 아야Ayah[110]였어요. 불쌍한 늙은이!

로빈 시대착오에요. 다음번에 셰익스피어 시험을 보려면, 그것을 공부하고, 오십 번을 쓰세요. 오십 "번times"이요.[111] 시간의 수! 그것은 그들에게 시간에 대한 존경심 없이 말하는 법을 가르쳐줄 거예요. 실로 시간

---

110 이슬람 경전인 꾸란에 나오는 단어로서, 증거, 표징, 기적을 의미함.

111 "오십 번"을 나타내는 영어 표현인 "fifty times"에서 원래 시간을 의미하는 "times"가 "번"을 나타내는 것으로 의미가 바뀌는 것을 가리키고 있음.

이 없는 것A-chronous! 이름이 없는 것A-nonymous을요! 소년, 내 꼬리표 뭉치 좀 가져다줘. 나는 그들에게 누가 무엇을 갖고 있는지 보여줄 거야! 내가 이긴 전쟁이 어디에 있지?

남자 당신은 마음의 제국에 대해 말하고 있는 게 분명해요. 임하소서! 임하소서! 조만간, 조만간! 당신의 나라가 임하소서!—조만간! 조만간! 나는 새로운 포유동물이 곧 나타날 거라고 공룡들에게 말했던 것을 기억해요. 그러나 그들은 자신들이 이미 멸종되었다는 사실을 믿지 않았어요. 그리고 포유동물 역시 그랬어요. 호모 사피엔스는 아직도 빅뱅 이론이라는 그의 새 장난감을 가지고 놀고 있어요. 이 모든 넌센스—아, 여기에 있군요. 이것은 이것에 대한 바보 같은 이론이 아니에요*(섬세하고, 실용적이며, 기능적인 … 그림자들의 원을 보여준다)*. 어째서, 내 영혼에 축복을! 그들은 모두 어디로 갔죠? 오직 나뿐이에요. 나 혼자 남아 당신들에게 말하고 있네요!

목소리 *(연기 속에서)* 내 불은 어디에 있지? 나에게 불을 가져다줘! 여기에는 태워야 할 끝없이 높은 것들이 있어. 1페이지를 보고 다시 시작해. 다시 끝내Fin i gain … 알프Alph, 옴Om은 어디에 있지? 테오도르 Theodore, 던톤Dunton이 누구야?[112]

남자 그는 그들이 그들을 먹었다고 생각하지 않았어요. 그것은 성장 환상의 일부예요. "시간"과 그 모든 것. 그는 "먹고 있는"—먹히고 있는 그들을 보았어요. "오직" 호모 사피엔스만이 문제를 일으키는 사고나 아이디어를 가두고/신격화하는 장소에 대한 인식을 갖고 있었어요. 정신적 소화불량은 충분히 나쁜 거예요. 거기에는 또한 울트라와 인프라, 알파와 오메가, 하부 정신과 상부 정신, 하부-인간적이고 초-인간적인, 다중-감각적인 "정신성"이 존재해요. 나는 그것을 당신들이 이해할 수

---

112 Theodore Dunton(1832-1914). 영국이 시인, 시 평론가.

있는 영역 안으로 가져오기 위해 원시적인 용어들을 사용해야만 해요.

목소리 *(미래/과거로부터)* 나는 네가 무슨 말을 하는지 모르겠어. 어떻게 이 오래된 공식들이 지금까지 사용되는 걸까! "그들"이 거짓말을 하고 있을 때조차도, 자신들이 진실을 말하고 있다고 인식할 수 있다면, 그것이 가능하겠지. 그리고 그것은 역으로도 마찬가지야. 피오티 진실 peyote veritas[113] 안에는 이런 구절이 있어—"신들은 스스로 돕는 자를 돕는다. 과거에 속한 것이든 미래에 속한 것이든, 다른 사람들이나 다른 종교들의 가르침이든 상관없이." 그러니까 테르프시코레terpsichore[114]여, 나의 침팬지의 과학, 약물학에서 손을 떼고, 나의 £.S.D.[115]가 되어줘. 그것이 L,S,D.의 속성이야!

그분이 오시는 날을 기다리기 위해 당신은 어떤 화려한 옷에 마음을 빼앗길까? 그리고 당신의 신이 어떤 신이기를 바랄까? 두려움으로 오시는 신이 아니기를 바란다고? 크리슈나처럼? 망각을 가져다주는 레테 강물을 살며시 뿌려주는 솜누스처럼? 자신의 추종자들 중 한 사람의 어투로 말하는—아주 쉽게 알아들을 수 있는—교황의 옷을 입은 베드로처럼?

나는 네가 무슨 말을 하고 있는지 모르겠어. 나는 "오직"*(나도 모르게 또 이 말을 했군!)* 불에 나의 손을 녹이고 있었을 뿐이야.

MYSELF 그리고 그는 돌아섰고, 그의 눈을 통해서 불로 글을 썼고, 영혼을 그을리는 말을 했어요. 기독교인들은 마침내 그를 잡았어요. 그는 의미의 마지막 한 방울이 짜내어질 때까지 자신의 메시아적 감옥에서 탈출하지 못했어요. 공자의 가르침을 따르는 사람들Confucius[116]—그

113 인디언 종교의 가르침.

114 그리스 신화에 나오는 춤과 노래의 여신

115 L 대신에 영국 화폐를 나타내는 기호를 쓰고 있음을 주목할 것.

116 공자를 나타내는 영어 단어가 혼란을 가리키는 confusion이라는 단어를 연상시킨다는 뜻.

들은 그의 이름을 잘못 붙였어요. 어떤 말들과 구절들은 한 사람이 말로 표시된 한 지점 에 존재했었다는 확실한 증거인 것처럼 보여요. 트레버 로퍼Trevor Roper[117]는 창녀의 탐스런 복장을 통해서도 한 사람이 존재했었다는 것을 탐지할 수 있다고 생각했어요. 창녀들조차도 후원자들이 필요하거든요.

비온 로즈메리는 어디에 있죠? 끝없이 높은 것들은 … 태울 필요가 있지만 … 가시덤불은 불에 타도 사라지지 않았어요. 어떤 예술가는 항상 그곳에 수양이 기다리고 있다는 것을 보여줄 거예요. 맹신과 무지가요. 사보나롤라Savonarola[118]는 어디에 있죠? 안타깝게도, 그는 화염 속으로 걸어 들어갔어요—이카루스처럼 … 너무 성공적으로 그리고 너무 많은 맹신과 불에 타지 않는 제복에 대한 무지와 함께. 뉴턴은요? 불쌍한 친구. 그는 결코 그의 마음의 일관성을 되찾지 못했어요. 그리고 그 후로 그 누구도 그 흐름을 재구성하는 방식을 발견하지 못했어요. 도굴꾼들, 노다지 사냥꾼들은 그들이 경건하게 예배드리고 싶어 하는 아이의 시체를 어디에서 찾아야 할지 모르고 있어요. 다양한 … 최상의 동기들로 치장한 채로요 …

MYSELF 좀 단순한 것으로 돌아갑시다—빅뱅 이전의 것으로.

왓슨 단순한 거요? 그게 바로 내가 개입하는 곳, 즉 내 실마리에요. 당신은 어떤 빅뱅을 말하는 거죠?

MYSELF 나는 빅뱅 "이전"의 것이라고 말했어요. "전" 또는 "후"는 중요하지 않아요.

남자 내가 도와드릴까요? 나는 말을 한다는 것 자체가 무-시간성으로부터 그의 시대착오들 중의 하나를 빌려와야 할지도 모른다고 생각해요.

---

117 Trevor Roper(1914-2003). 영국의 역사가. 옥스퍼드 대학교 교수로 활동.

118 순교한 종교개혁가인 이탈리아 수도사.

앨리스 시대착오 랜드의 앨리스 말이군요.

남자 고마워요. 당신은 포르노그라피에서 왔군요. 그렇지 않아요?

앨리스 아닌데요—원더랜드에서 왔어요.

남자 아 맞아요. 동화랜드의 한 지역이죠.

팔리누루스 아냐, 원더랜드야, 그것이 아이들에 의해서 그리고 그들의 다양한 도둑들과 강도들에 의해 도둑맞기 전까지는.

앨리스 당신이 끌어모은 도둑들, 강도들, 강간범들과 유혹자들에 의해 도둑맞았다는 걸 잊지 말아요. 당신은 나를 성질이 고약한 사람으로 만들고 있어요.

MYSELF 아녜요—왜 그를 탓하죠? 당신은 항상 참을성이 없었어요. 그 점에서는 신도 그랬죠. 그 나름의 이유가 있었지만요.

남자 "이유"는 항상 있어요. 당신이 그것을 시대착오의 언어로 그렇게 부르듯이 말이에요. 그가 당신에게서 시대착오적인 것들 중의 하나를 빌리려고 시도했을 때, 시편 51편에 대한 사제답지 않은 해석을 빌려가서 그것을 "특권"에 관한 내용으로 비틀었어요.[119] 지금도 우리들 중의 일부는 "아이디어"의 소유권을 주장해요. 장담하건대, 이 책의 표지에 자신의 이름을 올리는 데 성공한 친구는 그 안에 담긴 내용이 자기 아이디어라고 생각할 거예요.

MYSELF 나는 분명히 저작권을 주장할 거예요. 그러나 나는 나의 소유욕과 탐욕 사이의 균형을 잡기 위해 관대함을 충분히 간직하고 싶어요.

로즈메리 당신은 나를 놀라게 하네요. 그러나 파리스Paris[120]조차도 얼마의 관대한 포부를 갖고 있었어요. 파리스 이전에 존재했던 많은 비

119 원래는 다윗이 자신의 죄를 뉘우치는 내용이었으나 은근히 회개하고 용서받은 사람에 대한 찬양으로 내용이 바뀌는 것을 꼬집는 말.

120 트로이의 헬렌의 애인.

열한 녀석들이 그들에게 생명을 주고 영원한 밤에서 그들을 구출했죠.

남자 나는 영원한 밤이 시대착오적인 것, 이름-없는-것, 그리고 단계-없는-것으로 바뀌었다고 생각해요. 나는 이것에 대한 이야기를 MYSELF에게 넘겨야 할 것 같아요.

공룡 만약 내가 이 허구적 등장인물인 사피엔스가 자리를 차지하기 전에, 틈새를 채우기 위해 당분간 시대착오를 빌려올 수만 있다면 …

MYSELF *(황급하게)* 틈새를 채우기 위해서라뇨. 그곳이 우리가 들어왔던 곳이에요—빅뱅 이전에.

공룡 … 그리고 태고적 점액질이 식기 전에.

MYSELF 나는 다음 장이 시작될 때까지 기다리는 게 좋겠다고 생각해요. 그것은 덜 시끄러울 수 있어요—덜 붐비고, 핵 쓰레기들과 연기가 덜한 상태 말이에요.

30

MYSELF 심리적 준비작업의 일환으로, 나는 언어적 공식이나 O와 같은 알파벳 기호, 또는 제로나 무한대 등과 같은 용어들을 빌려올 거야. 여러 세기 동안 유클리드 공간의 시각적 이미지는 사고를 자유롭게 하기 보다는 제한했어. 데카르트 좌표는 피타고라스 정리와의 결합을 통해서 선들과 원들의 시각적 도움 없이도 점들을 서로 연결할 수 있게 해주었어. 이러한 시각적 도움은 개연성의 균형을 왜곡시킨, 탐지되지 않은 강력한 세력을 끌어들였어. 그 왜곡은 아직도 계산이 불가능해. 성장은, +이건 -이건, 감정과의 관련성은 매우 명백하지만, 사고에는 접근할 수 없는 것으로 남아 있어. 개념적 사고와 열정적 감정은 기존의 제한된 담화 세계 안에서는 서로 연결될 수 없어. 이 문제는 유비를 통해서만 진술될 수 있어. 수들은 증가된 부담을 감당하기 위해 반복해서 확장을 겪었어—합리적 수, 비합리적 수, 그리고 최근에 등장한 켤레 복소수complex conjugate points. 정서적 영역에서, 열정에 의한 박해는 점점 더 커지면서 우울증이 돼. 하나가 다른 하나와 갖는 관계는 확장을 요구하고, 그 결과 양이 질로 변형돼. 시간, 공간, 개연성의 "매우 크거나" "매우 작은" 막간들은 양에서 질로의 성장에 해당하는 특질을 포함해. 따라서 "과도한." "부적절한," "너무 적은," "너무 많은" 같은 양적 용어들은 종류나 질의 변화를 나타낼 수 있어. 역으로, 질의 변화는, 예컨대, 사랑이나 증오의 변화는 양의 변화를 암시할 수 있어. 이것은 한 명의 독일 사람을 "증오하는 것"과 독일이라는 나라 전체를 "증오하는 것" 사이의 차이와 같이 조잡한 것이 아니야. 그것은 "수평적 의사소통"[121]lateral communication을 "나타내거나" "의미하는" 것일 수 있어. 그 변화는 언어, 음악, 수학에서 공식화될 수 있지. 그것은 사실 "인간 이하"나 "인간 이상"의 것일 수 있고, 생명이 있는 것—살아있거나 생물학적인—일 수 있어. 생명이 있는 것과 없는 것의 비교는 구별에 대한 필요를 드러내. 러시아인들은 달에 보내는 탐사선에 컴퓨터와 다른 장치들의 도움으로 지구에 "살고 있는 존재들"을 동승시키고 있어. 대조적으로, "미국인들"은 기계처럼 기능하도록 충분히 잘 훈련된 "살아있는 존재들"을 보내는 것을 선호하지.

베르나디노 사아군Bernadino Sahagun[122]은 통제할 수 있는 것으로 "보이는" 나무나 돌을 사용해서 인간이 인위적으로 만든 예술적인 신들을 선호하는 사람들과, 로마 가톨릭 신자들처럼, 독립적이고, 통제할 수 없는 신을 선호하는 사람들 사이의 논쟁에 대해 서술했어. 예수 그리스도는 "당신의 뜻이 하늘에서 이루어진 것처럼 땅에서도 이루어지이다"라고 기도하는 인간 예수와 신의 아들로서 세상을 구하러 온 메시아 사이의 타협[123]의 산물이야. 비록 예술가들의 창조작업 또는 "믿음을 창조하는 작업belief-creating operation"[124] 이후에, 그 두 최종-산물 모두는, 인간

---

121 본질적 의사소통과는 대조되는 증상적인 의사소통을 지칭하는 표현.

122 스페인의 프란시스코 수사, 선교사, 인류학자.

123 인간 예수는 눈으로 볼 수 있고 만질 수 있는 신을 대표하는 반면에, 그리스도 또는 메시아는 보이지 않는 신을 대표하는 것으로 보임.

124 여기에서 "믿음을 창조하는 작업"은 신의 상을 만드는 작업을 가리키는 것으로 보임. 그가 예술가의 작업을 나타낼 때 사용되는 work이라는 단어 대신에, operation이라는 단어를 사용하고 있다는 것은 기계를 사용한 예술작업을 암시하는 것으로 보임.

의 정점에서 볼 때, 여전히 예측이 불가능한 것이기는 하지만, 어느 정도의 독립성이 "신"에게 부여되었어. 생명 없는 물질로 만든 우상은 보통 동물들, 특히 인간 동물의 두드러진 특징들을 보여줘. 그런가 하면, 초-감각적이든 하부-감각적이든, 물질에서 창조된 신은 보통 우상들의 특권으로 간주되는 특징들을 보여주지. 또 다른 종류의 신의 형상으로서, 기계를 사용해서 만든 이미지들*(달 도해lunar illustration*[125]*에서 빌려 온)*은 인종, 시간, 공간과 상관없이 환기적이고 도발적으로 살아있는 특징을 보여주면서도 인간이 아닌 생명 없는 것으로 남아 있어. 만약 우리가 지금 이 차원을 시간의 측면에서 확장해서 오랜 시간을 포함시킨다면, 우리는 성자들, 철학자들, 과학자들, 예술가들 그리고 *(소크라테스의 용어를 빌리자면)* 장인들artisans과 같은 살아있는 인간 동물에 의해 감지되고 기록된 대상들이 지닌 하나의 안정된 특성을 발견할 수 있을 거야. 소크라테스는 자신이 지혜롭지 않다는 것을 알았지만, 신 또는 우상이라는 호칭에 적합한 존재를 암시하기 위해 사실들을 동원할 수는 없었어. 인간 감각들의 영역 안에는 우르에서의 죽음 구덩이로부터 히로시마와 그 너머에 이르기까지 폭력과 살인의 증거가 차고 넘쳐.

한 시인이 말했어. "나는 또렷한 눈으로 … 국가를 보고 있다고 생각해 …." 소크라테스가 그랬고, "크리슈나"와 그의 창조자*(그의 "플라톤," 그의 "호머")* 사이, 셸리Shelley와 그녀의 작품인 헬라스Hellas[126] 사이. 크리슈나의 "어둠의 힘들"과 비어있는 왕좌 사이에서 그런 일이 있어났어. 천로역정에 등장하는 "진실의 기사Valiant for Truth"와 그의 창조자인 번연 Bunyan은 "나의 용기는 … "이라고 말했어. *(뭐라고? 그 땜장이가tinker*[127]*?*

125 최신의 천문학 장비를 사용해서 달 표면의 사진을 찍는 예술의 한 종류.

126 영국의 극작가 Shelly의 시(1824). "겨울 풀들은 모두 사그러졌지만, 땅은 뱀처럼 허물을 벗고 새로워지고, 하늘은 미소 짓고, 믿음과 제국은 반짝이네."

127 thinker를 tinker로 비틀어 표현하고 있다.

그는 목수의 아들이 아닌가? 셰익스피어로 말하자면, 그는 돼지고기 장사였잖아? 누가 바가바드 기타를 썼지? 그는 흔적도 없이 영원한 밤 속으로 가라앉아버렸어. 그곳에 미쓰 블랜디쉬[128]*를 위한 난초꽃은 없어. "그러니까 싸워, 아류나Arjuna!")* "명성은 죽음의 토양에서 자라는 식물이 아니라 … 모든 것을 판단하는 여호와로 인해 … 천국에서 살고 번성하는 식물이야."

호머는 눈먼 마에오니데스Maeonides[129]가 되지 않기 위해 아는 것을 피했어—어쨌든 그는 눈이 멀었어. 뉴턴은 사과에 맞아서, 흔적도 없이 가라앉았어. 헬렌도 그랬어. 예수는 로마 가톨릭 교회와 거대한 의례의 무게 때문에 땅속에 묻혔어. "나는 네가 무슨 말을 하는지 모르겠어"—아무래도 괜찮아. "만약 진실이 승리하는지, 패배하는지에 대해 아무도 관심을 갖지 않는다고 해도. 위대한 진실은 승리할 거야." 그렇게 해서 포유동물이 살아남았어. 아마도 공룡은 아기 신동이 아직 무기력한 상태에 있을 때, 그 아기를 숭배하기 위해 모이지 않았을 거야. 오, 저 지나치게 자신만만한 스테고사우르스를 봐. 그들의 실패가 어떤 결과를 가져왔는지 보라고!

혹시 전자현미경과 방사망원경이 속임수를 쓰지는 않을까? 아냐. 그것들을 해석하기 위해서는 인간이 있어야만 해. 과거—역사, 화석과 돌, 컴퓨터, 그리고 시에 기록된—는 인간에 의해 해석되어야 해. 그리고 두 팔을 가진 기계가 문 앞에서 말한다고 생각해봐—*("두 팔을 가진 기계가 무슨 뜻이죠?" "그러니까 그게, 어 … 너는 사람들이 프로이트에게 관심이 없다고 확신해?" "오, 아니에요! 그들은 클라인학파예요. 그들은 프로이트에게 전혀 관심이 없어요." "그건 두 짐승들을 의미해. 보다*

128 순종적이고 순응적인 여성을 암시하는 이름.

129 그리스 신화. Lydia라는 도시의 옛 명칭이기도 함.

시피 …” “아니에요, 나는 이해할 수 없어요,” “오, 망할! 나도 이해 못해. 그러나 나는 그 말이 실제로는, 만약 그들 중의 하나가 너를 이해시키지 못한다면 다른 사람이 그렇게 할 수 있다는 것을 의미한다고 생각해. 그러나 너의 엄마나 아빠에게는 그것을 말하지 마.” “예, 그런데 당신은 ‘망할’이라고 말했어요. 그렇지 않나요?” “맙소사, 내가 그렇게 말했지! 너의 아빠는 무신론자야. 그렇지 않니?” “오 아녜요!”) 모든 해석은 구멍을 막는 데 사용되는 틈새-메우기일 뿐이야. 해석에 담긴 모든 부분은 전체 안에 있는 구멍을 막는 데 사용되어야 해. 방사망원경과 전자현미경, 신과 악마, 신체와 마음, 페니스와 질, 사랑과 증오, 있는 그대로의 것과 꾸며진 것, 현실과 우연, 결례와 복소수. 전체 안에는 채워야 할 많은 구멍들과 부분들이 있어.

지금까지는, “마음”이라는 용어가 유용한 것으로 증명되고 있어. 나 자신은 이 용어를 사용할 것을 제안하지만, 철학적, 심리학적, 종교적, 예술적, 또는 다른 기록에 대한 글을 쓰는 목적을 위해서 그렇게 하는 것은 아니야. 나는 그것을 내가 알지 못하는 것에 대해 말하거나 쓰는 데 유용한—의미가 있을 수 있는 장소를 표시하기 위해서—의미 없는 용어로 사용할 것을 제안해.

나는 “마음”이라는 용어에 근접한 실현realization[130]이 존재한다고 가정해. 많은 이론들, 사례연구들, 정신분석적 설명들이 가리키는 것이 “마음”의 산물이야. 나는 이것들 중의 일부가 마음에 대한, 그리고 “마음”이라는 용어와 같은 지위를 가진 것에 대한 정의적 가설에 근접하는 실현들이라고 봐. 나는 더 나아가, 두뇌 및 중추신경체계와 유사한 “마음”이 그 체계가 드러내거나 드러내지 않는 것과 중요한 관련성을 갖고 있다고 생각해.

---

130 본질 또는 물-자체와 같은 것은 아니지만 그것에 최대한으로 근접한 성취물에 대한 표현.

지금 구체적으로 말하지는 않겠지만, 나는 얼마의 이론들이 특별한 정점 하에 있는 "상수," 즉 "불변의 요소"라고 간주해. 만약 이 불변의 요소들이 부재하거나, 사용할 수 있는 장치에 의해 탐지되지 않는다면, 나는 그것들의 부재 그 자체가 중요한 것을 말해준다고 봐. 이 정의적 가설들은, 다양한 이론들에 기초해 있으면서도 그것들 자체는 그 어떤 이론도 지지하지 않는, 하나의 "도구"를 건설할 수 있는 토대로 사용될 수 있어. 그러면 그것은 마음이 드러낸 밑그림configuration을 기록할 수 있고, 그 결과 관찰자는 마음의 밑그림과 해석을 연구하고 숙고하는 데 그 기록을 사용할 수 있게 돼. 나는 동물의 역사 그 자체에 의해 제공된 극도로 제한된 영역 안에서 그러한 관찰자들을 찾는 것이 어려울 수도 있다고 말했어. 우리가 알고 있는 삶은, 천문 물리학과 우리가 외부 우주라고 부르는 것에 적용하는 기준과 비교할 때, 매우 짧은 최근의 역사만을 갖고 있어. 우리는 아직까지는 생물학적 세력들을 갖고서 살아야만 해. 그것들 또는 그것들의 징후들은, 설령 우리에게 알려져 있지 않더라도, 우리와 관련되어 있어. 그것들은 "알려진 것"과 "알려지지 않은 것," 생명이 있는 것과 생명이 없는 것의 영역 안에서 상대역을 갖지 않을 수 있어. *중추신경체계*, 그리고 마음*(내가 제시한 정의적 가설을 가리키는)*의 발달은 인류가 압데라의 데모크리투스Democritus of Abdera의 원자 이론 또는 아리스타쿠스Aristarchus의 태양 중심설을 그 시대에 사용할 수 있었던 것 이상으로, 그리고 지금까지 사용할 수 없었던 것 이상으로 우리의 능력을 확장할 수 있을 거야.

이것은 우리를 소크라테스가 지혜의 모체matrix로서의 자기 자신을 포함해서, 다른 계층들에 대해서는 느낄 수 없었던 존경심을 장인匠人 계층에게서 느꼈던 사실이 갖는 중요성에로 데려다줘. 그는 델피의 신탁에 대해서도 별로 존경심을 느낄 수 없었고, 그것의 내용을 현실적인 측면에서 판단했어. 그런 점에서 장인은 상당히 오랜 기간 동안 적어도 "존경받을 만한" 존재로서 인정받았던 것으로 보여. 마찬가지로 신도, 알려지지 않았음에도 불구하고, 또는 어쩌면 알려지지 않았기 때문에, 또는 어쩌면 존경의 대상이었기 때문에, 많은 변수들 가운데서 어떤 정점에서도 결코 변하지 않는 옷을 입고 있어. 신은 "알려지지 않은" "변치 않는 것"이고, 따라서 신에 대한 학문은 인간 학문의 중심에 있으면서 분명히 조작이 가능했던 수학—변치 않는 것은 알려져 있지 않은 것이고, 그 자리에 무한대의 변수들이 있다고 믿는—의 봉사를 받아왔어.

비온 우리가 알고 있는 그러한 종교적 수들은 비합리적인, 상상적 수들이기 때문에, 그것들이 사용되기에 적합한 영역과는 연관되어 있지 않아. 수학이 작동하는 공간은 과거에 수의 "영역"이 확장되었던 것처럼 종교적 수에 적용할 수 있는 것으로 확장되어야만 해. 요약하자면, 해부학과 생리학의 연구는 보통 뇌라는 탁월한 구조를 지닌 중추신경계에 대한 연구로 간주되고 있어. 실제로 존재하는 것으로 가정되는 마음 역시 구조를 갖고 있는 것으로 간주돼. 이 "구조"라는 단어는 감각적 경험 영역을 위해 만들어진 어휘에서 빌려온 거야. "마음" 그리고 마음의 "구조"라는 용어는 우리가 이 연구를 위해 마련한 영역들을 지칭하기에는 적절치 않아. "마음"은, 뇌와는 달리, 회선들을 갖고 있지 않아. 그러므로 뇌와 그것의 회선들의 영역으로부터 유사한 대상들이 창조되어야만 해.

31

MYSELF 마음은 인간 동물이 확장을 통해 얻은 성취물이에요. 그것은 성장해왔고, 성장과 쇠락 모두가 가능해요. 인간 동물의 발달은 마음과, 마음이 일부를 구성하고 있는 인간 유기체를 가져다주었어요. …

로즈메리 *(하품을 한다)* 미안해요.

MYSELF *(과장되게 정중한 태도로)* 천만에요—따분하게 만든 내가 미안하죠.

로즈메리 전혀 따분하지 않아요. 아주 재미있는 걸요. 나는 여기에 모인 마음들이 나와의 접촉에 의해 자극받거나, 그 접촉을 알고 있다는 신호를 보여주지 않는다고 느끼고 있었을 뿐이에요.

MYSELF 미안해요. 내가 주의를 독점했군요.

앨리스 당신은 명료한 말을 독점했어요. 나는 당신이 하는 말에 그 누구도 관심이 있다는 인상을 받지 못했어요—아마도 나의 결함 있는 마음 때문이겠죠. 롤랜드는 로즈메리의 발에 거의 절대적인 관심을 보였어요. 나 자신은 약간 질투를 느꼈지만, 그 발이 매력적이라고 생각했어요.

로빈, 롤랜드, 병사, 셜록, 왓슨 *(모두가 동의한다는 의미로 중얼거린다)* 그건 사실이에요. 내 주의는 약간 배회하고 있었어요.

로즈메리 톰 당신도요?

톰 *(머리를 가로젓는데, 죄지은 사람처럼 얼굴이 빨개진다)*

롤랜드 *(짜증스럽게)* 당신은 모든 사람의 관심의 중심에 있고 싶어 하는 것 같아요.

로즈메리 롤랜드! 나는 당신을 알아요. 당신도 똑 같아요. 물론 당신은 내가 모든 사람들의 관심을 원한다고 생각하죠. 당신은 나를 따분하게 만들었던 남학생을 기억하세요?

MYSELF 기억해요. 그는 나 자신을 생각나게 하더군요. 나는 학교에 다닐 때 여자아이를 데리고 나가지 않았어요. 그러고 싶었지만, 그럴 배짱이 없었죠. 거절당할까봐 두려워서 말을 못했거든요.

로즈메리 *(신기하다는 듯이 그를 바라보면서)* 당신 모습이 생각나네요. 당신은 어떤 점에서 그 남학생과 똑 같아요.

MYSELF 뭐가 똑같은데요?

로즈메리 그는 하녀에 불과한 내가 자신과 함께 외출한 것에 대해 자랑스러워해야 마땅하다는 아주 뻔뻔한 생각을 갖고 있었어요. 그는 자신이 거절 당할까봐 두려워했다는 사실을 거의 인정하지 않았어요. 나는 그때 남편 될 사람을 낚으려고 시도하고 있지 않았어요—남편들은, 내가 알기로는, 단 두 푼이면 살 수 있었거든요. 하지만, 나는 내가 하녀이든 아니든 상관없이, 한 사람을 선택하고 있었고, 확실히 그를 선택하지 않을 수도 있었어요. 여기에 있는 이 신사조차도 *(남자를 가리키면서)* 내가 자신의 정복의 대상이라고 생각하죠.

남자 *(눈섭을 치켜세우면서)* ?

로즈메리 그렇지 않나요? 왜 말을 안 하시죠?

MYSELF 만약 남자가 괜찮다면, 나는 내가 밖으로 데리고 나가지 않았던 매우 아름다운 소녀에 대해 말해주는 것으로 그 질문에 대한 대답을 대신하고 싶어요. 나는 그 소녀에게 분개했던 당신을 충분히 이해해요. 하지만 …

로즈메리 나는 당신이 나를 생각나게 하는 소녀에 대해 말하려고 한다는 것을 알아요!

MYSELF 당신은 아마도 내 이야기를 들은 후에 그것이 어땠는지 말할 수 있을 거예요. 어쨌든 그녀는 무척 아름다웠어요. 그녀는 또한 매우 지적이었어요. 간단히 말해서, 나는 그녀를 흠모했어요.

셜록 아이린 애들러였나?

MYSELF 아이린 애들러는 허구적 인물이야.

셜록 너의 소녀도 그래.

MYSELF 왓슨이 너의 여신이라고 말했던 "그 여인"*(네가 항상 그렇게 불렀던)*보다 내 여자 친구가 훨씬 덜 상상적인 인물이었을 수 있어. 내가 말하는 요점은 그녀가 정말로 지성적이고 아름다웠다는 거야. 그러나 그녀는 그녀 자신에 대한 찬양을 자제할 수 있을 만큼 지혜롭지 못했어. 그 찬양은 이미 어마어마했어—솔직히 말해서, 이유는 있었지. 그녀는 확실히 그녀에 대한 나의 칭송을 제한하거나, 내가 어리석은 행동을 할 때 나에게 경고해주는 지혜를 갖지 못했어—내가 실제로 그녀에게 아첨을 한 것은 아니지만. 마침내 나는 그녀를 사랑할 수 없게 되었어. 왜냐하면 그녀가 내가 하는 모든 말을 나의 사랑 능력의 표현이 아니라, 사실들의 반영, 즉 그녀의 탁월함에 대한 칭송으로 받아들였거든. 그때 나는 내가 그녀를 위해 할 수 있는 것이 아무것도 없다는 것을 깨달았어. 아마도 그녀가 그녀 자신이 우월성을 가졌고, 그래서 그저 빈둥거리면서 칭송받는 것 외에는 아무것도 안 해도 된다고 믿었던 것이 그녀에게 좋지 않았을 거야.

(방 안은 차츰 어두워져서 마침내 모든 토론자들이 어둠속으로 사라진다—

후미진 곳에 조용히 앉아있는 한 인물을 제외하고는. 그 인물은 어둠이 짙어지면서 점점 더 뚜렷이 드러나는데, 결국 얼굴의 대부분을 가린, 백발의 노파인 것으로 드러난다. 사람들로 가득한 방 안에는 침묵이 짓누르고 있다. 마침내 침묵을 깨고 그녀의 매우 작은 음률적인 말소리가 들린다.)

노파 너희들은 나를 기억하지 못할 거다—전혀. 나는 너희들이 생각하는 사람이 아니야. 나는 그 여인이 아니고, 그저 한 여인일 뿐이야. "지난 세월 내렸던 눈이 나를 먼 곳으로 데려갈 거야." 항상 그래왔듯이, 앞으로도 그럴 거야. 나는 너희들이 말하는 소녀를 아주 잘 알아—나는 그녀가 아니야. 과거에도 그런 적이 없었고, 미래에도 그럴 일이 없을 거야. 한 시인이 나에게 내가 "자부심이 너무 강하다"고 말했어. 자부심이 너무 강한 것이 한때는 자랑스러웠지만 다시는 그럴 일이 없어. 그것은 탁월하지 않고, 눈에 띄지 않으며, 이름 없는, 나 같은 사람들을 괴롭히는 죄야. 우리의 빈곤, 더러움, 지저분함을 가려줄 옷의 결여는 자부심으로 가득한 반짝이는 눈빛을 한번 섬광처럼 타오르고는 영원히 사라지고 마는 것으로 만들어.

남자 *(움직이기 시작한다. 긴장된 그의 얼굴은 어둠을 실감나게 만드는 창백함으로 인해 환해 보인다. 그는 어둠을 응시하고는, 다시 어둠 속으로 가라앉는다.)* 그녀가 사라졌어요!

노파 아냐. 꿈꾸지 마. 너희들은 과달러프Guadalupe[131]에 있는 교회 안으로 기어들어가, 언제라도 내 무릎 위에서 나를 볼 수 있어. 너희들은 앉아서, 슬퍼하고, 비통해하며, 상처를 보여주는 나를 볼 수 있어. 나는 전문적인 거지야. 아름다운 그 소녀처럼, 나는 타고난 추함을 갖고 있어. 나는 아무것도 할 필요가 없어. 나는 더러움과 비열함이라는 타고난 재능을 갖고 있거든. 나는 나의 장소를 갖고 있어—마음 안에. 신은 그곳에서 나를 부르는 걸 좋아해.

---

131 멕시코에 있는 사당.

남자 당신은 나를 공포에 질리게 해요.

노파 쓸 데 없는 소리. 너희들은 나를 보고 싶어 하지 않고, 나는 너희들을 싫어해. 내가 방해받을 수 있는 존재라면, 화가 났을지도 모르지. 나의 훈장에 대해 어떻게 생각해? 환한 빛이 효율적이지 않았어? 너는 침략자 아닌가? 전쟁, 빈곤, 질병 …

로즈메리 당신은 그것에 대해 아무것도 모르고 있고, 관심도 없어요. 나는 그것에 대해 알아요. 그래서 나는 그것과 아무 상관이 없어야 한다고 작정했어요. 나는 이기는 편에 서요. 여기에 있는 침략자도 그렇고요. 그러나 그것은—당신들 모두에게 공정한 경고를 하는데—단지 이 겉만 번지르르한 악당이 지배하는 동안뿐이에요. 만약 그가 당신처럼 탐닉을 선택한다면, 매춘행위를 위해 나에게 오는 것은 그리고 내가 그에게 충성할 거라고 생각하는 것은 좋은 게 아니에요.

남자 신은 매춘을 금해요!

로즈메리 신이 금한다고요? 내가 금해요. 나는 신을 기다리기 위해 내 시간을 허비하지 않아요. 당신들은 우르에서 바보들이 삽으로 쓰레기를 퍼서 제련통에 담을 때, 그들이 구해온 회색빛 물질을 봤어야만 해요! 우르에서 그들이 "작은 컵"을 사용했던 것은 최초의 순간이 아니었어요—마지막 순간이었죠!

비온 당신은 아주 오랫동안 이곳에 있었던 게 분명해요.

로즈메리 당신은 내가 당신이 나를 창조할 때까지 기다릴 거라고 생각하세요?

비온 글쎄, 젠장, 내가 아니면 누가 당신을 창조했죠?

로즈메리 그들은 모두 똑같아요. 호레이스는 내가 그의 영원한 시구들을 통해서 영원성을 획득할지도 모른다고 생각했어요. 그는 심지어 그가 피라Pyrrha[132]에게서 "도망쳤다"고 생각할 정도로 뻔뻔했어요! 만약 누군가가 이 책을 읽는다면, 그것은 그 독자가 그 책을 "포르노그라피"라고 부를 수 있을 정도로 뻔뻔한 것이기 때문일 거예요. 그래서 비온이 나를 언급하면서도 그럴듯한 설명조차 못하고 있는 거예요. 그것이 일차적으로 "똑똑한 미스터 두꺼비가 알고 있는 것의 반만이라도 알고 있는 사람이 아무도 없다는 것"을 말해주고 있어요.

비온 이것 보세요! 만약 당신이 하품으로 나를 방해하지 않았다면, 내가 지적하려고 했던 것은 ….

로즈메리 "… 하려고 했다 … 단지 무언가를 …"

비온 —과학적 이론, 정신분석적 구성물은 진짜 삶을 닮은 것이어야 해요. 프로이트가, 또는 멜라니 클라인이 그것을 썼다거나, 유명한 정신분석가인 X, 또는 Y, 또는 Z에 의해 해석된 것이기 때문에, 훌륭한 것으로 간주되어서는 안 돼요. 그것은 어떤 초상화가, 그것이 프락시텔레스Praxiteles,[133] 또는 프란스 할Frans Hals[134], 또는 피카소Picasso가 그린 것이기 때문에, 또는 그 그림속의 인물이 헤르메스Hermes, 또는 기사Cavalier, 또는 샐팀뱅크스Saltimbanques[135]이기 때문에 훌륭한 것이 아닌 것과도 같아요.

로즈메리 —"그래야만 한다고요," 그러나 실제로 그런가요?

비온 바가바드 기타는 누가 썼죠? 그 저자는 자신이 신 앞에서 하찮은 존재라는 걸 알았을까요?

로즈메리 한 번도 들어보지 못했어요.

비온 정말요? 어쨌든, 이 책은 "누군가"에 대한 것이 아니에요. 다

---

132 그리스 신화에 나오는 듀칼리온 Deucalion의 처.

133 B.C. 3세기에 고대 아테네에 살았던 조각가.

134 Frans Hals(1582-1666). 초상화, 풍속화의 대가로 알려진 네델란드의 화가

135 떠돌이 곡예사.

읽고 나서 독자는 …

앨리스 독자에 대해 말해주세요. 그는 누구죠?

비온 이제 그 이야기를 하려고 했는데 …

32

다 **함께** *(차츰 밝아지면서, 마침내 전체가 모여 노래를 부르는 장면이 모습을 드러낸다)*

톰 피얼스, 톰 피얼스, 너의 회색 암말을 나에게 빌려줘,

모든 길을 따라, 아래쪽 길을 따라, 바깥쪽 길을 따라 풀밭이 …[136]

비온 나는 이 모든 소음 때문에 들을 수가 없어요. 안타까워요. 결국, 그들을 창조한 사람이 나인데 말이에요.

남자 그들은 지금 당신에게 찬사를 돌려주고 있어요. 당신이 그들을 창조했다면, 당신은 분명코 시를 쓸 수 있겠죠?

비온 나는 내 인생에서 작곡을 하거나 시를 써본 적이 없어요.

남자 영혼 안에 음악이 없는 사람이군요 … 신경쓰지 말아요. 그런데 소리가 사라졌네요. 그렇죠? 시도해보세요! 지금 시도해봐요!

비온 어쨌든 그건 잘못됐어요. 그리고 빌어먹을 당신—당신은 도대체 누구요?

남자 그건 빌어먹을 당신도 마찬가지예요. 나는 이미 당신에게 말했어요. 당신은 왜 자신에게 하는 말을 듣지 않는 거죠?

비온 나는 항상 나에게 하는 말을 들었어요.

---

136 Uncle Tom Cobley의 민요집에 수록된 "Widdicombe Fair"라는 민요의 가사.

남자 나는 당신이 그렇게 하는 것을 보지 못했어요. *(그는 마치 우호적 의사소통을 하듯이, 증오 없이 말한다)* 당신은 그 불쌍한 창녀가 당신에게 하는 말을 들었나요? 나는 말할 수 있어요. 그것은 모두 증오였다고—전부 다요! 나는 정신분석을 말하는 게 아니에요. 당신은 돌아가서 당신의 바보 같은 책들을 읽을 수 있겠죠. 누군가가 성 지그문트 복음서가 말하는 첫 번째 가르침, 또는 다른 작은 천사들의 가르침을 읽을 때, 나는 그 말을 듣고 있지 않았어요. 천사들이 중요한 게 아니라 각도들이 중요하거든요![137] *(정중하게 고개를 숙이면서)* 당신이 쓴 책들도 마찬가지예요. 하나의 사실이 매끄러운, 자기만족 상태에 있는, 경건한 체하는, 당신의 마음속 숨은 장소에 도달하기까지는, 얼마나 많은 크리슈나들, 악마 숭배자들, 버질들이 그 길을 지나가야만 할까요?

스테고사우르스 누군가가 나에게 묻고 있는 거야?

남자 당신은 매일 아침 끝없는 약물인, 솜누스에 취한 채로 잠에서 깨는 전능한 사기꾼 신—그를 조심하세요!—에 대한 버질의 많은 글들에 관심을 갖기에는 구제불능일 정도로 문명에 길들어 있어요. 혹시 봤어요? 그 전능한 신이 어떻게 불쌍한, 충실한 팔리누루스를, 그리고 가엾은 작은 선두 배의 뒷부분—우리가 고물이라고 부르는—에서 찢겨나간 것들을 돛과 다른 모든 것들과 함께 던져버렸는지 말이에요. 그는 팔리누르스를 바다 깊은 곳으로 던져 버렸어요. 허구적이고 존재하지 않는 가슴에 실체를 주기 위해 위조된 당신의 증오, 사랑, 훈장들을 사용해서 사람들을 속이는 협잡꾼들에 대한 끓어오르는 신적 증오의 가마솥—그 아름다운, 땅에 뿌리내린, 숙고가 불가능한, 하찮은—안으로 말이에요!

---

137 Non angli sed angeli! 천사 angel와 각도 angle이라는 두 단어를 사용한 언어 게임. AD 590년에 교황 그레고리가 로마를 방문했을 때, 노예 시장에서 백인 소년들이 매매되는 모습을 보고 했던 말.

비온 내가 포퍼링게에 주둔했던 부대의 병사였을 때, 나는 그것이 신께서 주신 시간을 허비하고 있는 거라고 생각하지 않았어요. 유쾌한 종교적 감정을 가졌던 어네스트도 같은 생각이었어요. 나는 그때 내가 최초로 어네스트와 그의 신을 사랑했다고 생각해요. 나는 다른 모든 종교들과는 달리, 그의 종교에 의해 마비되지 않았고, 그와 함께 진기한 경험을 했어요. 그것은 내가 그보다 몇 해 전에 래드럼 만에 주둔해 있을 때 경험했던 것과 같은 것이었어요. 그때가 내가 유일하게 또렷이 기억하는 행복한 시절, 종교를 가졌던 시절, 그리고 동성의 인간에게 진정한 사랑의 감정을 느꼈던 시절이었어요. 첼튼햄에서 보낸 크리스마스 이후에, 나는 여자에 대해서도 마찬가지로 해방감을 느꼈어요. 그것은 경이로운 경험이었어요. 숲속의 활기 찬 공기가 불꽃을 일으켰고, 내 마음속에는 따스한 감정이 생겨났어요. 나는 새해맞이 예배를 마친 후에 그녀와 함께 집으로 돌아갔던 일이 생각나요. 그게 마지막이었어요. 내가 다음번에 그녀를 만났을 때, 나는 변해 있었어요—나는 감정이 주어있다고 느꼈어요. 나는 그녀가 가르치는 학교에서 줄지어 서있는 소녀들 사이를 지나가면서 이름 없는 불안에 짓눌려 있었고, 그것이 그녀와 그녀의 친구들에게서 놀랍다는 반응을 불러일으켰어요. 나는 내가 거의 일종의 죽음의 선고와 같은 대단한 훈장을 받은 상태였기 때문에, 때 이른 죽음의 부담을 짊어지고 있었다는 것을 당시에는 알지 못했어요. 나는 내가 느꼈던 공포를 다시는 진실되고 솔직하게 느낄 수 있도록 자유롭지 못하다는 것을 알았어요. 부를롱 숲이 나를 괴롭혔어요. 이프레 강도 나를 괴롭혔고요. 그 비! 지긋지긋한 비! 그리고 살이 썩어가는 달착지근한 냄새! 그 소녀는 나에게 걱정스러운 듯이 말을 하고 있었어요. 그녀가 나의 반응을 파악하기 위해 내 얼굴을 살피는 동안, 그녀의 눈빛은 심각한 걱정을 보여주었어요. 나는 아무런 느낌이 없었고, 아무것도 느낄 수 없었어요. "방금 뭐라고 말했죠?" 나는 간신히 현실로 돌아와 질문을 해야 했어요. 가망이 없었죠. 아뇨, 나는 포탄 충격의 희생자가 아니었어요. 그들이 말하는 건 모두 헛소리에요! 그러나 사랑은 죽었어요. 누군가에 대한 그리고 무언가에 대한 사랑이 죽은 거죠. 신선한, 위로 젖힌 핑크빛 얼굴들—그들이 무엇을 느끼고 있었을까요? 그것은 두려움이었을까요? 무엇에 대한 두려움이었을까요? 끝도 없이 비가 내리는, 그리고 중무장한 사람들의 소집단들로 가득한 이프레의 광대한 사막들. 그들 역시 기다리고 있었어요—여러 해 동안—그들의 무감각한 잿빛 얼굴들과 카키색 군복들이 사격의 불빛에 의해 환하게 조명되는 순간을.

로즈메리 *(하품을 하며)* 엄청 재미있어요 …

비온 미안해요. 나는 나 자신이 형편없는 친구라는 걸 알아요. 지젤 권총을 갖고 있는 내 친구 왓슨은 어디에 있죠?

왓슨 그것은 보어 전쟁 이전의 일이야.

비온 그것은 전쟁도 아니었어. 잡역 정도였지!

왓슨 네가 웃는군. 모두가 웃지만, 그것도 마음이 아파. 너도 알지만, 우리는 노력했어.

비온 웃으려 했던 게 아냐. 사실, 옥스퍼드에 있었을 때에도 나는 너와 셜록이 탐지하고 추적하고 돌아다니는 것을 보기 위해 삶의 현장에 개입하곤 했어. 그러나 나는 너에게 감사한 마음을 갖고 있기는 했지만, 제임스, 어네스트, 챨스가 떠나간 후에 삶에 대한 불꽃을 되살릴 수가 없었어. 나는 캠브레이에서 멸종되었어.

로즈메리 *(손톱에 매니큐어를 칠하면서, 그러나 약간의 생기를 되찾은 듯이)* 당신이 죽었나요?

로빈 아뇨, 하지만 죽은 상태였어요. 나는 결코 여기 비온처럼 용감한 적이 없어요.

비온 내가 용감했다고요?

로빈 오, 나는 그렇게 생각해요.

로즈메리 *(여전히 흐뭇한 눈빛으로 자신의 손톱을 바라보면서)* 어떻게 용감했는데요? 나는 남자들이 항상 장애물 경기에 참여하고 나서, 나중에 우리 여자들을 속이기 위해 온갖 거짓말들을 지어낸다고 생각했어요.

비온 어느 정도는 그래요. 그러나 완전히 그런 건 아니에요.

로즈메리 *(매니큐어 상자를 치우면서, 그리고 매우 진지한 어조로)* 나는 한 소녀가 이마에 커다란 땀방울이 맺힌 상태로 편안하게 침대에 누워 있는 모습을 본 적이 있어요. 그녀는 자신이 죽어가고 있다고 생각했어요. 그녀는 뱃속에 아기를 갖고 있었는데, 그 아기는 그녀가 정성을 다해 돌본 첫 번째 대상이었어요. 그 아기는 무사히 태어났어요. 그러나 그녀의 두려움은 정확했어요—그녀는 아기를 보지 않았어요.

비온 출산 이야기인가요?

로즈메리 그건 단순해 보여요, 그렇지 않나요? 당신은 그 이야기를 듣고도 냉정하네요.

비온 맞아요, 나는 냉정해요. 내 말이 무정하게 들린다는 걸 알아요. 하지만 당신이 죽음에 중요성을 부여한다면, 문제는 달라져요. 그 아이가 살아남아서 엄마가 된다고 생각해봐요. 우리가 본 끔찍스런 사건은 누군가의 아기가 …

노파 *(누더기 옷에 덮여 있는 만성적인 상처를 드러낸 채, 그녀가 매일 앉는 곳에 자리를 잡는다. 그리고 상처가 잘 보이도록 누더기 옷을 걷어 올린다. 그녀는 재빨리 흐릿한 눈빛과 함께 가련하게 칭얼대고 호소하는 듯한 평소의 표정으로 되돌아간다.)*

비온 … 맞아요, 당신요. 아시겠죠 … 그날 그녀가 취했던 직업적 입장을요. 당신은 당신의 딸이 죽어가는 모습을 바라보는 어머니가 되시겠어요? 아니면 출산 중에 죽는 어머니가 되시겠어요?

로즈메리 그렇군요. 당신이 예술적으로 말하니까 모든 게 멋있어 보여요. 현실에서의 삶은 그렇지 않아요. 이런 일들은 그런 식으로 일어나지 않아요.

비온 맞아요. 그런 식이 아니에요. 그래서 그것이, 내가 말했듯이, "무정하게 들린다"는 거예요. 문명국가에서는 그런 무도함을, 즉 감정에 행해지는 일상적인 공격을 허용하지 않아요 …

로즈메리 … 누구의 감정에 대한 공격이죠? 민감하고, 문화적이고, 세련된 관광객들의 감정인가요? 문명국가가 아닌 곳에서 살고 있는 사람들도 그렇게 어리석지는 않아요. 관광 시즌이 끝나고, 야외에 앉아있는 것이 충분히 편안할 만큼 날씨가 따뜻하지 않을 때에는 …

롤랜드 … 또는 거지들이 힘든 일을 하지 않아도 땀이 나고 냄새가 날 정도로 날씨가 덥다면.

앨리스 롤랜드! 당신이 나를 놀라게 하네요. 나는 당신이 그와 같은 일에 대해 알고 있다는 것을 몰랐어요!

롤랜드 앨리스, 당신이 나를, 또는 내가 알고 있는 것을 안 지는 아주 오래되었어. 그런데 우리는 … 이후에 각자 표류했어.

앨리스 … 우리는 서로를 알았어요. 나는 우리가 서로에 대해 결코 많이 안다고 생각하지 않았어요. 나는 너무 수줍었고, 당신은 너무 쉽게 충격을 받는 것처럼 보였거든요. 나는 당신에게 솔직할 수가 없었어요.

롤랜드 나 역시 당신에게 그랬어.

로즈메리 당신들 중 한 사람이 평범한 영어를 말할 수 있기 전까지는 나 같은 하녀가 필요했죠.

롤랜드 그건 잘 모르겠어. 내가 다닌 학교에서는 평범한 영어를 말했거든. 그 학교는 이름 있는 학교였어.

앨리스 당신네 남학생들이 서로에게 평범한 언어를 사용한다는 것이 널리 알려졌을 때, 부모들은 그들의 후원을 철회하기 시작했어요. 후원금이 점점 더 줄어들고, 마침내 학교 이사들은 학교가 문을 닫게 될까 봐 걱정하게 되었어요. 나는 불쌍한 교장과 직원들이 그 문제를 어떻게 해결했는지는 알지 못해요. 당신은 학교에서 LSD와 대마초가 유행하는 문제가 해결되었다고 보세요? 담배나 술에 접근할 수 있어야 한다거나 전적인 금지가 필요하다는 제안이 없었던 당시에는 남학생들이 어느 정도 자유로웠음이 분명해요. 문제는 만약 당신들이 그들에게 절제를 제안한다면, 그들이 상식으로부터도 금지된다는 거예요.

롤랜드 예를 들면, 뭘 금지한다는 거지?

로즈메리 *(애교스럽게)* 나 같은 하녀들과 외출하는 거겠죠. 그게 그런 의미 아닌가요?

롤랜드 *(짜증스럽게)* 나는 하녀들과 외출하지 않았어. 나는 할 수 있는 한 열심히 기도했고, 열심히 운동했어. 짧게 말해서, 순수하고 거룩하고 신적인 삶을 살았다고. 기도가 그런 삶을 사는 데 많은 도움을 주었어. 나는 섹스를 혐오했어. 그것은 두려움과 실패일 뿐이었어. 심지어 다른 남학생과의 우정도 나눌 수 없었어. 나는 이 점에서 정신분석가인 당신의 생각을 듣고 싶어요. …

MYSELF 나는 정신분석가로서 어떤 생각을 가진 것은 맞지만, 사실 뭔가를 알기 위해서는 여러 해의 경험이 필요해요. 그리고 그때쯤이면 그 생각은 이미 오래 전에 소용없는 것이 되고 말죠. 로즈메리, 나는 내가 말을 하는 동안 당신이 그 빌어먹을 발톱 다듬기를 그만했으면 좋겠어요. 내가 발톱을 자르는 당신의 모습을 바라보면서 말을 하는 게 얼마나 화가 나는 일인지 당신은 모를 거예요.

로즈메리 나는 정신분석가는 어떤 일에도 화를 내서는 안 된다고 생각하는데요. 오직 인내만을 해야죠.

MYSELF 그건 잘못된 생각이에요. 화를 내는 것이 옳은 경우들이 있어요. 그리고 그럴 때 화를 자제하는 것은 병적이거나 부적절한 것일 수 있어요. 게다가, 내가 하는 직업에서 화를 내는 것과 보통의 사회적 상황에서 화를 내는 것 사이에는 차이가 있어요. 정서적 경험들은 내가 어느 정도의 특권과 의무를 갖고 있는 정신분석 회기들에만 국한되어 있지 않거든요. 사회적 삶에서의 의무들과 전문가적 직업에서의 의무들은 같은 것이 아니에요.

로즈메리 당신은 매우 솔직하네요. 나는 당신이 철학적으로 말하는 것, 또는 정신분석적으로 말하는 것을 참아줘야 한다는 게 더럽게 화나게 한다고 말하겠어요. 당신이 나의 매니큐어 작업을 바라보는 것을 좋아하지 않는 이유는 내가 나의 발톱을 실제로 날카롭게 만들고 있기 때문이에요. 나는 당신이 정신분석적으로 말하는 것을 좋아하지 않아요. 나는 그것을 "당신의 도덕적 발톱을 날카롭게 만들기"라고 불러요. 그것 역시 예쁜 장면은 아니죠. 나는 어떤 불쌍한 악마가 정신분석에 의해 매를 맞고 있는지 궁금해요.

MYSELF 당신은 방금 나에게 확실히 매질을 했어요. (깊이 뉘우치면서) 나는 매를 맞을 만했어요, 그러나 …

로즈메리 "그러나"라고요? 누군가가 말했죠. 우리가 필요한 것은 "그러나들"이 아니라, "내가"라는 말이라고요. 나는 한순간 당신이 실제로 뉘우치고 있다고 느꼈어요. 그런데 당신이 말한 "그러나"는 당신이 그것과는 다른 더 나은 생각을 갖고 있다는 것을 보여주었어요.

MYSELF *(약간 어색하게 웃으며)* 맞아요. 당신 말이 딱 맞아요.

(어색한 침묵이 이어지는 동안, 그는 명백히 완전히 박살이 난 채로 희미해지고, 사라진다)

33

로즈메리와 앨리스는 뭔가를 기대하고 있는 것처럼 보인다. 앨리스는 자제력을 유지하고 있지만, 로즈메리에게 종속되어 있음이 분명하다. 마치 그녀의 명령을 기다리고 있는 시종인 것처럼 보인다. 로즈메리는 변형되었지만, 그 변화의 본성이 무엇인지는 모르고 있다. 그 두 여인은 무대를 완전히 차지하고 있고, 따라서 남자가 그곳에 있다는 것을 인식하기까지는 상당한 시간이 걸린다.

남자 논이를 계속할까요?

로즈메리 *(마치 불편한 정서로 인한 순간적인 오싹함에 진저리를 치듯이)* 모르겠어요. 나는 그 모든 것을 다시는 견딜 수 없을 것 같아요. 미안하지만, 나는 참을 만큼 참았다고 생각해요.

남자 나는 "논의를 계속할까요?"라고 말했어요. 같은 이야기를 계속하자고 제안한 게 아니에요.

로즈메리 나는 나 자신이 늙었다고 생각해요. 남자들은 결코 자라지 않나요?

남자 보통 남자들은 그들 스스로에 의해서든, 그들이 선택하는 여성들에 의해서든, 또는 그 둘 모두에 의해서든, 자라도록 허용되지 않아요. 나는 로빈이 안 됐다고 생각해요. 그는 나쁜 부류의 사람이 아니에요. 그는 죽음과 아주 가까이 지내왔어요. 나는 종종 그에게 희망이 없다고 생각했는데, 마지막 순간에 그는—고백하건대, 놀랍게도—옳은 쪽으로 기울었던 것 같아요. 그것은 마치 땅에 떨어지는 낙엽을 바라보는 것과도 같아요. 완전히 예측 불가능한, 운명과의 게임 말이에요. 그것은 마치 부적절한 동전을 가지고 게임을 하면서 "앞면이 나오면 내가 이기고, 뒷면이 나오면 상대방이 이기는 게임 같아요. 낙엽들은 동전을 표상하는 역할을 차지하기에 적합하다고 말하는 것이 더 정확할 거예요. 왜냐하면 낙엽들은 표상이고, 그런 점에서 공기와 그것의 움직임으로 알려진 어떤 세력들의 개입을 허용하기 때문이에요. 이 세력들은 …

로즈메리 *(그의 개입에 대해 몸서리를 치면서)* 그만 하세요.

남자 또요? 무슨 뜻인지는 알겠는데 …

(두 사람의 모습이 차츰 희미해지지만, 완전히 캄캄해지지는 않는다. 침묵 역시 완전하지 않다. 목소리들은 대화를 닮았지만, 대화가 아니다. 기억은 욕망을 닮았지만, 욕망이 아니다. 유한한 에피소드들은 무한한 에피소드들을 닮았지만, 무한하지 않다. 거기에 한쪽 방향으로 흐르는 것이 있어 보이는데, "역전된 관점"과 같은 방향의 변화를 포함하는 것처럼 보이지만, 그렇지는 않다. 라를링 Larling,[138] 그녀는 말이 없다. 그것은 과거가 아니다. 그것은 과거처럼 느껴지지 않는다. 그것은 방금 일어난 것 같은데, 과거가 아니다. 그것은 "마이너스 K"이다. -K 안에 있는 그 날짜는 8월 7일과 8월 8일이다.)

통크스 *(대위에게 명령서를 전달하며)* 자, 저 탱크들은 움직이지 말고 그 자리에 두세요! 부사관도 나와 생각이 같아요—구도構圖에 대해 아무것도 모르는 사람이 하는 말에 중요성을 부여하는 것은 아니지만. 나의 스케치가 완성되기 위해서는 저 탱크들이 하루 더 그곳에 있어야 해요. 아시겠어요?

지휘관 알겠어요. 설령 우리가 그것들을 움직이더라도, 제 자리에

---

138 비온이 전투에 참여했던 마을 중의 하나로 추정됨되는 영국 Thedford 인근의 마을 이름. 여기에서는 darling을 실수로 그렇게 부른 것으로 보인다.

되돌려 놓을 게요.

통크스 *(부사관에게)* 저 어린 바보에게 말하느니 벽창호에게 말하는 게 낫겠어요. 나는 그에게 탱크들이 움직여서는 안 된다고 말했는데—그가 대답하는 말을 들었죠?

지휘관 *(부지휘관인 아서에게)* 잘 들었지, 아서? 헤이그에게 쪽지를 보내서 내가 매우 미안하다고 말해. 그리고 여기에 상부에서 보낸 두 명의 전쟁 예술가들이 있는데, 그들이 자신들의 스케치가 완성될 때까지는 탱크 사용을 금지했다고 설명해줘.

아서 *(킥킥거리고 웃으면서)* 우리는 언제 출발하죠?

지휘관 6시 30분에. 우리의 흔적을 지우는 데 필요한 썰매들은 준비되었겠지?

아서 *(킥킥거리면서)* 예. 엉클 리치토펜Richthofen[139]이 놀라지 않을까요?

지휘관 엉클 누구?

아서 휠러의 부사관이 지휘관님을 뵙겠다고 합니다.

지휘관 들어오게, 오'코너. 원하는 게 있나?

오'코너 아닙니다. 휠러 중위가 사망했습니다. 그렇습니다. 그 일로 인해 조금 당황했습니다. 지금은 괜찮습니다.

지휘관 부사관, 자네는 괜찮나?

오'코너 예, 괜찮습니다. 정면으로 맞았습니다. 출발하자마자요. 그래서 기름을 전혀 낭비하지 않았습니다. 우리는 받은 만큼의 화력을 쏟아 부어 적군을 태워버렸습니다. 우리 병사들 중의 일부는 탱크 밖으로 나오려고 시도했는데, 그것이 전투를 더 생생한 것으로 만들었습니다.

139 유명한 독일인 비행사. 그는 자신이 전투 목적으로 비행하고 있는 것이 아니라는 표식과 함께 영국 전쟁포로들에게 편지들을 떨어뜨려 주다가, 그것을 보지 못한 병사들의 사격에 의해 격추되고 사망했다. 그 일로 영국군은 독일군 전선으로 화환을 보냈다.

신문에서 말하는 것처럼, "역사-이전 괴물의 구멍에서 검은 창자들이 쏟아져 나왔습니다."

지휘관 그건 너무 슬프군, 부사관. 그러나 상품 카달로그에는 이렇게 쓰여 있어. "모든 걱정일랑 낡은 가방 안에 넣어두고, 스마일, 스마일, 스마일하세요. 당신이 가는 길을 밝히는 데 루시퍼Lucifer[140]를 종처럼 부리는 동안, 당신은 캔들 브라더 리들러candle brother Ridler[141]가 필요하지 않아요 …."

앨리스 나는 그 말이 전부 틀렸다고 확신해요.

지휘관 입 조심하세요! *(냉소적으로)* 우리 모두는 알아요—모든 아름다운 여자들은 선원을 사랑하고, 모든 아름다운 여자들은 음경을 사랑해요. 왜냐하면 거기에는 그들에게 …을 상기시키는 촛불에 대한 무언가가 있기 때문이에요.

남자 … 그리고 그런 이유로 …

지휘관 *(화가 나서)* … 이유는 없어요! 저트랜드는 8월 8일 훨씬 이전에 싸웠어요.

남자 —나 자신이 그 말을 하려고 했어요. 저트랜드는 그것과 아무런 상관이 없어요. 잿빛 바다, 잿빛 안개 그리고 잿빛 머리카락. 레오나르도 다빈치는 형태 없는 무한 속에 숨어 있는 무언가를 상기시켜주기 위해 헝클어진 머리카락과 소용돌이치는 물을 그렸어요. 그는 그것을 볼 수 있었고, 그것을 그려주었어요. 그가 보거나 도울 수 없었던 것은 그가 그것들을 그려준다고 해도 당신들이 보지 않을 거라는 사실이었죠. 내가 이런 말을 해도 될지 모르지만, 나는 당신들이 "심각한 천치라고 말하고 싶어요. "그리고 그 결과들은 …" 아직도 그 게임을 기억해요?

---

140 악마의 이름.

141 먼저 하늘나라에 간 형제들을 추모할 때 사용하는 양초를 가리키는 것으로서, 여기에서는 일종의 운율놀이에 사용되고 있다.

당신들은 여전히 그 게임을 하고 있어요. 원인과 결과의 게임요!

비온 나는 당신이 어째서 그토록 우월한 사람인지 그리고 무엇이 당신 자신을 그토록 훌륭한 존재라고 생각하게 만드는지 모르겠어요.

남자 나는 당신이 나를 그렇게 느낄 거라고는 생각하지 않았어요. 당신은 레지옹 도뇌르 훈장과 D.S.O, 훈장 그리고 그 위에 기록된 말들이 반짝거리는 시시한 장난감일 뿐이라는 것을 알 수 있는 충분한 능력을 갖고 있었는데도, 그것들을 매우 집요하게 숭배해왔어요. 만약 크리슈나가 아류나에게 말했다면, 만약 뉴턴, 셰익스피어, 바흐, 모차르트, 마이스터 에크하르트, 플라톤, 소크라테스, 단테, 욥이 당신에게 말했다면, 당신은 당신의 영광에서 오는 광휘에 의해 눈이 멀고, 벗어날 수 없는 비워내기를 영원히 칭송하도록 저주받았기 때문에, 그 단순한 장면을 감싸고 있고, 유지하고 있고, 놀려주고 있는 시시한 것들을 언급할 수 있었을 거예요. 당신 자신에게 가장 가치 없는 것은 당신이 칭송하는 바로 그것이에요.

비온 오, 입 좀 닥쳐요!

남자 알았어요. 입 다물게요.

34

로즈메리는 말이 없다. 그러나 그녀의 체념은 전혀 수동적인 것이 아니다. 그녀의 침묵이 지닌 생생하고 생기 넘치는 불찬성을 제대로 전달하기란 불가능하다.

남자 *(로즈메리에게)* 당신은 기억하겠지만, 아류나는 "나는 싸우지 않겠노라"고 말하고는 그의 활을 던져버렸어요. 그러나 그는 크리슈나가, 그가 모든 것을 알지 못하고 있고, 설령 그의 적군이 그의 친구들로 구성되어 있고, 그들 사이의 관계 안에 사랑이 지배적이라고 해도, 그가 해야 할 일은 싸우는 것이라고 설득했을 때, 그 설득을 받아들였고 활을 다시 집어 들었어요. 나는 이 사람이*(비온을 가리키며)* "바보"라고 말하고 싶지는 않지만, 그 자신이 실수할 수 있다는 사실과, 자신이 속해 있는 사고의 세계가 그 자신이 만들어낸 세계보다 더 나은 것일 수 있다는 사실을 인정하기에는 너무 자부심이 강하다고 생각해요. 나는 그가 자신의 천막 안에서 우울해하는 아킬레스처럼 행동하고 있을 때, 그런 모습을 그 자신에게 보여주기 위해 그의 친한 친구를 옥스퍼드에 보냈던 일을 기억해요. 그 친구는, 심한 부작용을 겪었음에도 불구하고, 중요한 사람—영향력이 있는—이 되었어요. 하지만 비온은 여전히 바보로 남아있어요. 그는 그의 천막 안에 우울하게 남아있으면서, 아킬레스가 느꼈던 감정을 느끼고 있어요. 그것이 비극이 아니라면 우스운 일일 거예요. 나는 자신이 사랑하고 칭송했던 사람이 그럴만한 가치가 없는 사람임을 발견하는 아픔을 겪는 것이 끔찍스럽다는 것을 알아요. 더 나쁜 것은, 그가 그 자신의 사적인 지옥에서 고통 받고 있다는 것을 당신과 내가 볼 수 있는 것이에요. 그리고 그가 언제나 자신에 대한 사랑과 칭송을 아끼지 않았던 사람이라는 사실을 깨닫는 거예요. 이 칭송은, 항상 그렇듯이, 여전히 그의 가장 덜 칭송받을 만한 특질을 향해 있어요.

비온 입 좀 다물어! 닥치라니까!

남자 아시겠죠, 로즈메리? 우리가 더 이상 할 수 있는 게 없어요. 그냥 내버려둡시다. 결정을 하는 특권을 포기한 남자나 여자는 잘못된 결정을 내리는 특권을 갖거든요—반복적으로요.

비온 당신은 무척 아는 척하는 것 같아요. 만약 내가 나 자신으로 남는 것과 당신처럼 되는 것 중에서 선택할 수 있다면, 나는 나 자신으로 남겠어요. 내가 당신들 두 사람처럼 되는 것이 더 좋은 거라는 확신이 없거든요.

남자 당신은 내가 될 수 없을 거예요. 그건 확실해요—단지 "나처럼 보일 뿐이겠죠." 사람이 아니라 사람에 대한 우화처럼요. 당신은, 당신이 당신의 아버지와 어머니에게서 그랬던 것처럼, 우화를 빌려다 쓰겠지만요—당신이 그 빚을 갚으라는 요구를 결코 받지 않을 거라는 생각을 갖고서요. 조심하세요! 이것이 우리 시대의 8월 7/8일이에요. 우리 시대는 무신론자, 시대착오자, 도덕성이 없는 자, 아름다움이 없는 자의 시대에요. 조심하세요! 당신의 눈이 적응할 거예요. 보이시나요?

비온 내가 보는 게 사람인가요? 그림자인가요? 유령인가요?

남자 말을 하지 말아요. 그냥 들어요. 바라보지만 말고, 보세요. 좀 낫네요! 당신은 언젠가 그것을 무뇌증과 같은 것이라고 부를 거예요.

"스테인드 글라스의 장미는 돌의 눈을 갖고서 청각 없이, 시각 없이, 날마다 피어난다오." 좀 낫네요—당신은 이제 아주 분명하게 나에게 다가오고 있어요. 이것은 "하부-감각적인 것"이에요. 나는 당신의 형태 없는 "감각들"이 나에게 말하는 것을 알게 될 거에요.

비온 남자는 일종의 부드러움이 가득해요. 그러다가 갑자기 극도로 폭력적으로 여성의 머리를 가격하고 … *(공포에 압도되어 땀을 흘리면서)*, 나는 그 모습을 보지 않을래요! 나는 싸우지 않겠어요!

남자 뒤로 물러서, 이 바보야. *(로즈메리에게)* 불쌍한 바보 같은 사람 … 그는 한때 미치지 않았던 적이 있어요. 그가 그런 상태를 견딜 수 없었던 것 같아요. 계속하세요!

비온 그는 해골을 후려쳤어요. 와! 돌처럼 단단하네요. 그는 그것을 달걀껍질처럼 깨고는 빨아먹어요—식인행동이에요! 그는 뇌를 흡입하고 있어요.

남자 그것은 시대착오적 행동이에요. 백만 년 후가 아닌 게 당신에게는 다행이에요. 그렇지 않았다면, 야만적으로 문명화된 그들은 살인을 했다는 이유로 당신을 살해할 거예요. 백만 년 후에도 여전히 그들은 미쳤다는—"미친 괴물"이라는—이유로 당신을 가둘 거예요.

비온 염병할 깡패 같으니. 당신은 이 두려운 것을 행하고 있는 사람이 "나"라고 말하고 싶은 건가요? 당신은 깡패예요?

남자 "나," "식인종," "깡패"—이것들은 모두 시대착오적인 것들이에요. 나는 수백만 년 전에는 존재하지도 않았어요. 심지어 당신들은 지금도 지구가 태양의 궤도를 몇 바퀴나 도는지를 기준으로 시간을 측정하죠. 그 척도는 그러한 사소한 규칙을 따를 수밖에 없는데, 그 이유는 감각적 존재의 전체 범위 자체가 미세하기 때문이에요—당신들은 그 측정된 시간을 몇 해라는 용어로 부르는데—이것은 감각적 존재를 측정하기 위해 필요한 일종의 시간과 공간에 대한 옹스트롬angstrom[142] 단위예요. 당신의 시대착오적인 어휘를 빌려 말하자면, 출생 이전과 죽음 이후의 당신 존재의 대부분은 생기 없는 물질로 이루어져 있어요—그것은 어쩌면 하부-감각적이거나 초-감각적인 것으로 확장된 것일 수도 있는, 당신들이 영들spirits이나 화석들fossils이라고 부르는 거예요. "화석이 된 인간"은, 특히 해골은 상당히 견고해요. 그것은 광년으로 확장될 수는 없지만, 인간의 덧없는 시간에 비하면, 지리학적 시간 안에 존재할 수 있을 만큼 충분히 길어요. 당신들의 "정신적" 스승들 중의 한 사람이 말했듯이, 당신들은 사고의 영역으로부터 시간을 취하고—빌려오고—있으면서, "암흑세계의 모반자들이 내 아들인 그대를 위한 왕좌를 마련해준다"고 생각하고 있어요. 이 중무장한 해골들에게서 탈출한 자들이 있어요. 보통 사람들은 그들의 친구인 "고대 화석들"을 알아보죠. 비록 그들은 사고를 느끼는 것을 통해서 진실이 너무 강렬해지는 것—비록 그것이 농담으로 언어화되지만—을 금하지만요. 생각하는 것은 그것이 지닌 감각적 요소 덕택에 견딜 수 있는 것이 돼요. 인간 동물이 과연 기존의 장치에 새롭게 접목한 마음을 살아남을 것인가?라는 질문에 대해서는 아직 경험을 통한 대답에 도달하지 못했어요. 그런데, 당신들이 좀 더 견딜 수 있을까요?

비온 *(뚱하고 적대적으로)* 뭘 더 견디는데요?

남자 글쎄요 … "내가 정신적인 싸움을 멈추지 않을 거라는" 것이겠죠. 물론 블레이크가 의미했던 것만큼은 아니겠지만, 그 의미는 명료화에 의해 형태 없는 사고에 부과된 오도하는 내용이 용해될 때 떠오를 수 있어요. 심지어 "공자Confusion"도—당신이 그를 어떻게 부르든 상관없이—그 말이 마음의 방앗간에서 제분되고 있는 사고를 바라보면서

142 물리학에서 시간과 공간을 측정할 때 사용하는 단위의 명칭.

그 사고가 싹을 틔울 수 있을 정도로 많은 사랑과 관용을 갖고서 바라보는 것을 의미한다고 서술했어요. 심지어 그때도, 당신들이 알고 있듯이—우리가 당신들에게 무언가를 기대할 수 있다면—신은 이 주제넘은 대상들, ♀♂을 에덴 밖으로 쫓아냈어요. 전능한 존재는 인간이 성교 능력을 갖는 것에 반대했어요. 바벨탑 이야기에 나오는 신은 인간의 마음 영역이 갖는 힘이 커지는 것을 반대했죠. 그래서 플러스 K의 확장은 분명코 마이너스 K라는 장애물을 드러내요. 세포 분열에 의한 재생산 능력을 통해 성취한 불멸성immortlity이 핵 분열에 의해 성취된 죽음mortality으로 인도하죠.

비온 할 말이 또 있나요?

남자 나는 당신들 스스로가 생각해야 할 것을 말하지는 않겠어요. 조만간 당신들은 어떤 방식으로 생각할지를 결정해야 할 것이고, 그에 따른 대가를 지불할 거예요. + 방식일지, 아니면 - 방식일지 말이에요. 프로이트의 공식을 따르면, 충동과 행동 사이에 "사고"를 개입시킬 것인지, 아니면 그 둘 사이에 행동의 대체물로서의 사고를 개입시킬 것인지, 아니면 그 둘 사이에 행동을 위한 서곡으로서의 사고를 개입시킬 것인지를 우리는 선택해야만 해요.

비온 오, 좋아요—이 매혹적이고 장엄한 장면에 대한 이야기를 계속합시다.

(어둠이 짙어진다. 해골을 부수고 흡입하는 대상은 ♀의 죽음에 따른 영양 공급의 실패와, 담는 것을 되살려내지 못한 실패에 따른 우울한 느낌에 의해 압도된다. 그는 돌을 가지고 하나의 인공적인 형태를 만드는데, 그것은 플라톤에 의해 쉽게 생식을 위한 대체물, 창조를 위한 대체물에 대한 거짓된 표현으로 간파된다. 그리고 그 속이는 대체물은 행동을 위한 서곡으로 변형된다. 무한하고 형태 없는 암흑을 향해 움직이는, 이 소용돌이 치고 부풀어 오르는 혼돈은 빛이

되고, 레오나르도 다 빈치는 머리카락에서 그리고 소용돌이치는 구정물에서 형태 없는 혼돈을 훔친다.)

비온 역겨워! 구역질 나!

35

남자 당신들 형제의 뇌와 피와 창자의 맛이 역겹거나 형편없다는 것을 알게 되더라도 나를 탓하지는 말아요. 우르의 제사장들, 도굴꾼들은 당신들의 종교적 및 과학적 선조들이니까요.

비온 나는 당신을 탓해요.

남자 내 생각은 이래요. 당신들은 인간이 죄책감의 부담을 감당할 수 있을 만큼 충분히 강해질 때까지—당신들이 생각하기에—지불날짜를 연기하세요. 그 후에 정해진 지불날짜가 또 다가오면, 당신들의 조상들을 팔아서 다시금 속이세요. "그들은 우리들보다 더 잘 알지 못했다"고 말하면서요. 나는 당신들이 더 잘 알지 못했고, 지금도 더 잘 알지 못하고 있다고 말하겠어요. 미래에도 당신들은 더 잘 알지 못할 거예요. 초-감각적이고 하부-감각적인 영역으로부터 도망친 가짜 망명자인 당신들이 어떤 징벌을 받을지의 문제로 돌아가 보죠! 당신들은 인육 만찬에서 피 묻은 시체들에 코를 박고, 그 안에 새끼를 까죠, 일어서! 발기해! 오 믿을 수 없는 거대한 남근! 당신들은 속임수를 사용해서 죄책감을 다루죠. 진정한 사고영역 안에서는 전능성에 대한 환상을 갖는 데 기여하는 "근접한 것approximation"을 찾는 것이 가능해요. 진정한 사고는 동시에 순진한 아이, 책임감 있는 성인, 폭식을 하는 우울한 사람, 닥치는 대로 삼키면서도 모든 연령과 출신지역에 질리지 않는 우울한 사람에게 근접할 수 있어요. 그 종류는 무수히 많죠. 그 사고의 기본적인 모체는 변화할 수 있는 능력이에요. 예를 들면, 당신들은 자신들이 문명화된 인간 존재라고 생각하거나, 상상하거나, 직관할 수 있어요. 우리가 기이한 과학적 언어에서 말하듯이, "호모 사피엔스"라고요. 당신들이 보여주었듯이, 당신들은 당신 자신들이 포획물의 냄새를 맡고, 그 안에 새끼를 낳으며, 희생된 포획물에 대해 애도하는 야생 동물이라는 것을 느낄 수 있어요(*이미 말했듯이, 나는 선택하기에 따라 생각하거나, 상상하거나, 직관할 수 있어요*). 당신들은 쉽게 당신들 자신들이 포획물이 된다고 느낄 수 있어요. 당신들은 종류와 정도가 매우 다양한 아주 많은 사고들과 감정들의 조합을 포함해서, 많은 가능성들을 포함하고 있는 것으로 보이는 넓은 선택의 범위를 갖고 있어요. 당신들 부류에 속한 한 사람은—다른 비슷한 문제들에서 존재감을 드러낼 수 있는 더 많은 사람들이 있지만—그것을 그의 눈앞에 펼쳐지는 세계의 모든 영역들을 바라보는 동안에 일어나는 시각적 이미지들의 언어적 변형이라고 서술했어요. 마치 그것들이 탐욕스런 소유욕을 실행하는 데 적합한 대상들인 것처럼 말이에요, 이 영역 안에서는 초식동물이 육식동물을 잡아먹을 수 있어요. 나는 당신들에게 "사실"—확실히 그렇게 불릴 것인—을 분명하게 보여줄 수 있는 소통방법을 찾지 못하겠어요. 당신들은 아마도 관점에 대해서 알고 있겠죠?

비온 조금요.

남자 (스스로에게) 맙소사—나는 그가 배우고 있다고 생각해요! (*비온에게*) 어떤 정점에서 보면, 유클리드 기하학의 도형들은 왜곡된 것으로 보여요. 구체가 편편한 원반처럼 보이고, 타원은 둥근 원으로 해석될 수 있어요—예술가들은 빈번히 이런 방식으로 그림을 그리거나 드로잉을 해요.

비온 맞아요. 전에 들은 적이 있어요. 사실, 나도 전에 이와 비슷한 것을 말했어요.

남자 어떤 정점에서는—물론 내가 그것이 무엇인지를 알지 못할 정도로 "불확실한" 정점—유클리드 기하학 대상들의 감각적인 시각 이미지는 눈의 뒤쪽에 있는 어떤 것이 눈앞에 있는 대상들에게로 축출되고 투사된 것처럼 보일 수 있어요. 어떤 관점에서는 관찰자가 자신의 입 안으로 들일 수는 없지만, 눈을 통해서 안으로 들일 수 있는 한 마리의 말을 보고 있으면서, 그 이미지를 안으로 들일 수 있어요.

비온 이것은 나에게 그리고 나의 친구인 인간 동물들에게 친숙한 거예요.

남자 때로 그 "흐름"은 눈 뒤의 초점으로부터 소위 바깥에 있는 말을 향해 있고, 때로는 관점, 즉 흐름이 역전되어 있어요. 그 흐름 속 대상들은 때로는 파장의 형태로, 때로는 양의 형태로 도래하는데, 때로는 한 감정이 한 정점에서는 "무력감"으로 서술되고, 다른 정점에서는 "신"으로서 서술돼요. "관점"이 "역전"된 거예요.

비온 나는 당신이 무슨 말을 하고 있는지 알 것 같은, 일종의 예감이 들어요. 누군가가 언젠가 나에게, "나는 내가 하는 말의 의미를 모르겠어"라고 말한 적이 있어요. 나는 그가 상형문자를 언어적 형태로 표현하고 있는 것—시각적 이미지의 언어적 변형—을 명료한 말로 바꾸려고 시도했어요. 물론 그것은 명료한 사고의 법칙에는 잘 맞지 않았죠.

남자 나는 그 말이 무슨 뜻인지 안다고 생각해요. 함께 모으는 것이 좋은 아이디어일 수 있어요. 먼저, 우리는 어떻게 모을지를 알 필요가 있어요. 말하자면, 정신적 식인주의의 법칙을 알아야만 해요.

비온 *(스스로에게)* 마이 갓! 나는 그가 배우고 있다고 생각해요! 우리 두 사람 모두가 배우고 있는 것으로 드러난다면, 그것은 신기한 일일 거예요.

남자 첫 번째로 알아야 할 것은, 자연의 법칙이라는 것이 복종해야 하는 공식들이나 명령들이 아니라, 요소들이 항상 결합한다는 사실을 가리킨다는 거예요. 이것은 변수들이 어떤 것인지, 그리고 그 변수들이 대상을 얼마나 많이 지배하거나, 지배하도록 허용되거나, 고취되는지와 상관없이, 사실이에요. 여기에서 대상은 α + β x ξ, 또는 β + α x ξ 공식(상수 + 변수)에 근접한 것이에요.

앨리스 음악에서 베이스 또는 삼중 음자리표를 표시하는 것과 유사하게, 소음을 표시하는 기호가 필요한 거네요.

남자 한 유명한 인류학자는 해골 뼈의 형성과 명료한 말을 하는 데 사용되는 혀의 근육 사이에는 아무런 관련성이 없다고 말했어요. 인체 안에서 페니스 또는 질이 차지하는 위치 역시 그 자체로서 적절하고 아름다워요. 신이 모아놓은 것을 인간이 흩어놓아서는 안 되죠.

비온 우리가 어떻게 그것들을 모으거나 흩어놓을 수 있겠어요? 그것들은 생리학적 기능들을 지닌 해부학적 구조들이고, 나 자신만 해도 의식적인 기억 안에서, 의식적인 목표와 이상이 무의식적인 목표와 이상에서 분리되는 것이 가능했던 적이 한 번도 없어요. 마찬가지로 이 끊임없이 결합하는 대상들이, 짧은 기간을 제외하고는, 서로 사이가 좋았던 적이 한 번도 없어요. 그것들이 서로를 좀 더 갈망하게 될 정도로 충분히 오랫동안 좋아한 적이 없었죠.

남자 로즈메리와 나는 그것을 알아요. 나는 조금 전에 로즈메리에게 그것에 대해 말하고 있었어요—그렇지 않나요, 로지?

비온 로지라고요! 맙소사! 로지라!

남자 내가 그렇게 말했어요. 당신은 찬성하지 않는군요. 그래서 조롱하고 있고요. 우리의 애칭들이 당신의 것이 아닐 경우, 즉시 당신의 적대감이 드러나는군요.

비온 그게 나예요. 나는 내가 받은 교육이나 나의 인격을 선택하지 않았어요. 나는 내가 관대한 사람이었으면 좋겠어요. 당신이 무슨 말을 하고 무슨 행동을 하는지는 나와 상관이 없지만, 당신의 말과 행동은, 이번 경우에서처럼, 내 안에서 불편한 감정을 불러일으켜요. 내 안에서 불러일으켜지는 감정은 내가 함께 모으고 싶어 하지 않는 거예요. 하지만 그것들은 계속해서 함께 모이죠. 나는 당신이 그런 감정들을 불러일으키는 것에 대해 할 수 있는 것이 아무것도 없어요. 나는 실제로 불러일으켜진 감정들에 대해 아무것도 할 수 없어요.

남자 그건 그럴 수 있어요. 내가 아는 한, 마땅히 책임질 수 없다는 당신의 생각은 정당화될 수 있어요—당신은 명백히 당신의 관점을 갖고 있어요. 그러나 당신이 아무리 당신 책임이 아니라고 주장한다고 해도, 당신에게는 책임이 있고, 그것이 자신의 책임이라고 느끼는 사람은 바로 당신 자신이에요. 그럴 때 당신은 신이 결합한 것을 "떼어 놓으려고" 시도하고 있는 것이 아닐까요?

비온 신이 누구죠? 또는 어떤 존재죠?

남자 당신은 모르고 있지만, 당신은 마치 당신이 아닌 어떤 세력이 "존재하는" 것처럼 행동하고 생각하고 있어요. 만약 그런 세력이 있다면, 당신은 그것이 당신이 찬성하지 않는 방식으로 행동한다는 사실을 받아들이는 것이 당신에게는 불가능할 거예요. 오래 전에, 뉴턴은 빛의 행동을 설명하기 위해 그가 차용한 절차들이, 그가 친숙하지는 않지만, 의심의 여지없이 현실적인 세력들에도 적용될 수 있고 적용되어야 한다고 말했어요. 그는 그의 저서 "*광학*"의 끝부분에서, 그것들이 종교적 가르침을 따르는 사람들이 친숙하게 알고 있는 세력들과도 크게 다르지 않다고 말했어요. 아류나와 크리슈나 사이의 논쟁을 보고한 사람도 거의 비슷한 말을 했고요. 밀턴도 그랬어요. 위대한 마음을 가진 사람들은 그들이 찬성하지 않는 세력 앞에서 수치스럽게도 침묵한 것을 인정해야만 했던 경험을 포함해서, 이런 경험들에 친숙했음을 보여줘요. 비록 그들이 자신들의 침묵, 묵인 또는 “패배”를 수치스러워했지만요.

비온 그게 어때서요? 그 모든 것을 인정한다는 것—그게 어때서요?

36

남자 당신들은 나의 대답이 만족스럽지 않겠지만, 나는 여기에서 당신들에게 소개하고 싶은 게 있어요. 우선, 너무 어렴풋해서 그들이 남자인지 여자인지를 말하는 것조차 불가능했던 대상들을 소개할게요. 나는 이것에 대한 견해를 말하지는 않겠어요. 그 다음에는 인간보다 높은 권위자들이 그들이 남자와 여자라는 사실에 대해 전혀 의심하지 않았던 두 대상을 소개하겠어요. 해부학과 생리학에 대해서는 논쟁이 없었어요. 남자는 여자를 수풀 속으로 데려갔고, 여자는 주저하지 않고 따라갔어요. 거기에서 남자는 우리가 이성의 기능으로 간주해오던 기능을 완벽하게 실행하는 모습을 보여주었는데, 그것은 그의 이빨로 여자의 젖가슴과 성기를 무자비하게 물고, 마치 야생의 육식동물인 것처럼 그 두 부위의 살을 먹는 것이었어요. 이 에피소드는 그것 자체로서 문제를 제기했어요. 왜냐하면 그가 정글에서 자신의 포획물을 먹는 야수처럼 보이지는 않았기 때문이에요. 그는 휴양지에서 여자와 함께 외출하는 남자처럼 보였거든요. 이 쌍의 모습은 명백했기 때문에, 그들이 남자와 여자라는 사실을 믿지 않을 수 없었어요. 이와 비슷한 많은 경우들이 존재하기 때문에 그것들에 대해 말하고 기록할 필요가 없어요. 그것들이 얼마나 즉각적으로 이 책의 독자들에게 인상을 주었는지는 독자에게 고유한 많은 사실들—직업, 지금까지의 삶—에 달려 있고, 그 사실들을 이야기하는 데는 오랜 시간이 걸릴 거예요. 나는 그것들이 "정점에 달려있다"고 말하는 것을 통해서, 우리의 노동을 절약할 거예요. 하나의 정점, 즉 "꿈"이라는 정점에서, 나는 생생한 정서적 경험을 갖고 있는 것처럼 행동하는—나에게는 친숙한 장면인—한 남자를 알고 있어요. 그는 꿈을 꾸고 있는 것이 아니었어요. 그 자신이 꿈을 꾸고 있다고 생각하지도 않았어요. 내가 "정점"이라는 용어에 의존하는 것이 불필요해보일 수도 있지만, 그런 상태를 나타내는 더 적합한 용어를 발견할 때까지는 어쩔 수 없어요. 여기에서 말하는 상태란 개인이 동일한 정서적 경험에 적합한 둘 또는 그 이상의 사실들의 집합들을 갖고 있지만, 미쳤다는 느낌이 없이는 그 둘을 함께 생각하는 것이 불가능한 상태를 가리켜요. 이것은 두려움을 느낄 만큼 그리고 더 나아가 자신의 두려움을 존중할 수 있을 만큼 충분히 정신이 온전한 상태라는 느낌을 포함해요. 그는 자신의 마음을 두려워하고 있고, 그의 두려움이 존중받을 가치가 있는 것인지를 두려워해요.

비온 간략히 말해서, 그의 "마음"과 마음을 갖는 것에 따른 결과들이 환영받지 못한다는 깨달음이네요. 그런데 당신은 뭔가 개운치 않아 보여요.

남자 내가 걱정하는 것에 대해 좀 더 설명해 볼게요. 나는 마음과 관련해서 당신이 말한 것에 동의하지만, 인간 피의 맛, 발기가 가능한 생체조직 및 발기 능력 등과 연관된 "정서들"을 "정신적" 활동에 포함시키거나 배제하는 것이 만족스러운 것인지에 대해서는 확신이 없어요. 비록 추측이기는 하지만, 그리스인들에게는 프린phrene[143]이라는 아이디어를 받아들이는 것, 또는 그 아이디어를 죽은 자와 연관시키는 것, 또

143 영이 거하는 신체 안의 장소.

는 사람이 잠을 자는 동안에 출현하는 죽은 자의 유령과 연관시키는 것이 더 쉬웠던 것처럼 보여요. 크론톤의 알크메온Alcmaeon of Cronton[144]은 그러한 사고가 중추신경체계와 관련된 것일 수 있다고 생각한 최초의 인물인 것처럼 보여요. 그 후로 현재에 이르기까지 인간이 중추신경체계를 소유하고 있다는 사실에 커다란 중요성이 부여되고 있어요. 치아나 질이나 페니스를 사용할 수 있는 인간의 능력에서 나오는 충동의 본성은 비슷한 존중을 받지도 받아들여지지도 않고 있어요. 오늘날 한 사람의 충동이 다른 사람들의 감각적 체계의 기능들로 현현될 정도로 두드러질 때, 그 충동이나 그 충동의 장소는 존중을 받지 못해요. 말초신경체계와 그것이 확장된 것은 의심과 두려움의 원천이거든요.

비온 중추신경체계가 존재한다고 가정해보세요. 더 나아가, 말초신경체계가 존재한다고 가정해보세요. 그 둘 모두는 두려움의 원천이에요. 그 두려움은, 만약 하부-감각적인 것과 초-감각적인 것 모두의 확장물이 일부 존재한다면, 강화될 거예요. 이 확장물은 그것 자체로서 두려움을 불러일으키고, 감각들과 관련된 영역 바깥에 있는 것으로 의심될 때에는 두려움을 더 강화할 거예요 …

남자 … 그리고 거기에는 그 영역 안에 있으면서도, 인식되지 않는 것이 존재해요.

비온 또는 아민들amines[145]의 분자구조 내부와 그것들이 전달되는 영역에 위치한 것일 수 있는, 성격이나 인격으로 인식될 수 있는 것이 존재해요.

남자 설령 중추신경체계가 중요한 것으로 간주되는 것이 맞다고 해도, 우리가 그것의 중요성을 평가할 수 없거나 그것이 기능하는 방식을 모른다면, 그것은 우리를 더 두렵게 만들지 않을까요?

---

144 초기 그리스의 의학작가이자, 철학자이자, 과학자.

145 화학적 성분의 일종.

비온 그건 그래요. 나는, 정신분석가로서, 마음 또는 인격이라는 것이 존재한다는 가정 하에 이루어지는 행위에 헌신하고 있어요. 현 상황에서, 나는 나의 작업이 내가 그런 이론을 지지한다는 사실을 인정하는 것임을 알고 있어요. 나는 내가 나의 아이디어들을 행동으로 옮길 준비가 되어 있다고 굳게 믿어요. 실제로, 나는 나 자신이 정신분석가임을 공언해왔고, 정신분석이 갖고 있는 아이디어가 정신분석과 아무런 관련이 없이 살아온 사람들에 의해 인정받는 것으로 만들기 위해 다른 사람들과 함께 노력해왔어요.

남자 당신은 분명히 그런 인정을 획득하는 데 필요한 일을 하고 있어요. 당신은 다른 사람들이 같은 일을 하고 있다는 생각에도 동의하시나요? 당신은, 내가 아는 한, 과거의 유명한 인물들, 즉 지그문트 프로이트처럼 비교적 가까운 과거의 인물들뿐만 아니라 더 먼 과거의 인물들조차도 그들의 동료 인간들을 깊이 이해하는 타고난 능력을 가졌다고 주장했어요. 인정하세요?

비온 확실해요. 우리는 기록된 문서나 사람들이 말한 것에 근거해서, 그들의 행위나 행동을 평가할 수 있고, 우리 자신들에게 시대에 얽매이지 않는—시적인—자격을 허용해요. 나는 그들을, 아무도 정신분석이라는 용어를 들어보기 이전 시대에 살았던 정신분석가들이라고 부를 거예요.

남자 그 말은 정신분석이라는 "것"이 언어화될 수 있었는지 없었는지와 상관없이 존재하고 있고, 항상 존재해왔다고 주장하는 것이 아닌가요?

비온 나는 프로이트가 존재하기 이전에 존재했던 정신분석이 "생각하는 자 없는" 사고를 보여주는 예라고 말하겠어요.

남자 나에게는 당신이 "생각하는 자 없는 사고"를 가정하는 이유가 무엇인지 분명하게 와 닿지 않아요. 그것은 문제를 불필요하게 복잡한 것으로 만드는 것 같아요.

비온 "의심"은 항상 문제를 불필요하게 복잡하게 만드는 것으로 간주되어왔어요. 그 점은 한 개인이 "확실성"을 주장할 때마다 분명해져요.

남자 당신은 방금 "확실성"이라는 말을 사용했어요.

비온 투셰Touché.[146] 동의해요.

남자 그런데 당신은 방금 결투에서 사용하는 언어로 대답하셨는데요?

비온 일종의 "증오와의 놀이"죠. 놀이 그 자체는 어떤 것을 미리 연습하는 기능을 갖고 있어요. 우리는 병정놀이를 하죠. 놀이가 "단지" 놀이일 뿐인지는 항상 분명한 게 아니에요. 특히 그 게임이 게임방식에 대한 다툼으로 바뀐다면요. 반대로, 진짜 말다툼, 진짜 전쟁은 병사들이나 선원들이 "너무" 친한 사이일 때 극도의 적대감을 불러일으켜요. 나는 야전사령관인 몽고메리가 포로로 잡힌 적군의 장군을 다루는 과정에서, 정중한 태도와 정서적 격분이 서로 연결되어 있다는 사실을 보여주었다는 이야기를 들은 적이 있어요. "너무 심각한 것"은 "너무 친절한 것"과 경쟁해요—정신분석가는 논쟁을 할 때 수반되는 정서가 너무 강하다는 이유로 공격받기 쉬워요. 정서의 강도는 하나의 진술이에요. 언어적 공식화는 정서적으로 해방시켜주는 것일 수 있지만, 그것이 만족을 주는 것 이상의 것을 자극한다면, 그것은 제한하는 것이 돼요. *(그것을 더 추상적으로 표현하면, 다음과 같아요.* $\alpha\xi \rightarrow \alpha\alpha$*. 이것은 즉시 다음의 것이 돼요.* $\alpha\alpha \rightarrow \alpha\alpha\xi$ *= 좌절.)* 그 "좌절"이 기존의 문제를 해결하지 못하는 무능의 산물인지, 아니면 추후의 좌절을 드러내는 진전 때문인지와 상관없이, 좌절의 "종류"가 어떤 것인가의 문제보다 좌절 그 자체가 발생한다는 사실이 더 명백하게 부각돼요. 지연과 관련된 문제는 충동과 행동 사이에 사

146 펜싱경기에서 사용하는 용어로서, "내가 졌다"라는 말.

고를 개입시키는 것을 통해서 해결될 수 있어요. 또는 좌절이 너무 커서 충동과 행동 사이에 개입된 사고에 대한 증오가 그 자체로서 직접적으로 좌절되고 파괴 충동의 대상이 될 수도 있어요. 그러므로 일반적인 경향은 파괴적 충동을 추후의 사고로 바꾸기보다는 행동으로 바꾸는 것으로 보여요.

비온 사고의 이점들은 즉시 명백하게 드러나지 않아요. 당신들과 나 자신을 포함해서, 우리 사이에서 이루어진 이 논의를 알게 되는 사람은 아직 일어나지 않은 미래에 속해 있는 사고의 장점들을 알 수가 없어요. 그것은 잊혔거나 당시에는 우리가 존재하지 않았기 때문에 알지 못하는 과거만큼이나 나쁜 거예요. 따라서 무지는 미래의 천국에 대한 믿음과 과거 영혼들의 미래로의 이동을 믿게 해주는 힘을 제공해요. 나는 생각하는 자 없는 사고가 있을 수 있듯이, 그래서 책임자 없는 "행위들"이 있을 수 있다는 "예감"을 갖고 있어요. 행동에 책임을 지는 사람 없이 행동화되는 사고들이 존재해요. 서로 연결시켜주는 생각하는 자나 책임자 없이도, 서로 연결된 사고들과 행동들이 있을 수 있어요. 따라서 생각되지도 않고 행해지지도 않은 식인적 행동이 창조자와 책임자의 도래를 기다리고 있을 수 있어요. 실제로 특정한 살인자가 존재할 경우, 그 살인자는 살인 충동을 인식할 뿐만 아니라 그 충동을 사고나 행동, 또는 그 둘 모두로 변형시킬 수 있는 인격 이론이나 개념이 실현된 존재로 간주될 수 있어요. 그럼에도 불구하고, "살인자"라는 사실은 합리화일 수 있어요—흄Hume[147]이 정서의 노예로서의 기능을 갖는다고 가정했던 이성의 산물 말이에요. 당신들이 친숙하게 알고 있는 문제들은 사고에 의해서도, 행동에 의해서도, 또는 그 둘의 조합에 의해서도 해결되지 않아요. 당신들, 그리고 당신들 같은 다른 사람들은 불만족스럽게 느껴요. 당

147 David Hume(1711-1776) 영국의 철학자.

신들과 당신네 동시대 사람들은 세상에 살고 있는 어떤 사람도—실제이건 허구이건—더 만족스럽게 생각하고 있지 않아요. 설령 당신들이 그들 중의 한 사람의 입장에 처한다고 해도, 더 만족스럽지는 않을 거예요. 당신들은 승리자의 자리에 있는 자신들을 발견해요. 영국은 정복당했어요. 로즈메리가 마님이 되었어요. 그녀는 남자의 "소유물"이예요. 그녀의 전 여주인은 하녀의 처지가 되었어요. 그러나 당신들은 그녀가 한 말을 들었어요.

로즈메리 내가 무슨 말을 했는데요?

남자 당신은 "다시는 아냐!"라고 말했어요—그 말의 의미는 정점의 변화와 상관없이, 변하지 않는 것들 사이의 관계는 항구적이라는 거예요. 수학적 용어들은 문제를 공식화하는 데 사용될 수 있고, 변하지 않는 것들과 항구적인 것들 사이의 관계를 보여주는 데 사용될 수 있어요. 새로 배치된 요소들에 의해 제시된 밑그림이 친숙하면서도 환영받지 못할 정도로 정확하게 말이에요. 그녀는 "다시는 아냐!"라고 말했어요.

비온 어떤 정서들과 사건들은 다른 것들보다 덜 유쾌해요. 사람들은 이러한 것들이 다시 생겨나지 않기를 바라죠. 그들은 끝없이 유쾌한 감각들만을 느끼고 싶어 해요. 감정들과 아이디어들을 조작하려는 시도들이 이루어지는데, 그 결과 그 감정들과 아이디어들은 영속성의 원리를 따르게 되죠. 사람들은 모든 영역들에서 항구성의 느낌을 방해받지 않고 싶은 욕망을 갖고 있어요. 이 욕망은 필히 관련된 대상의 본성과 갈등을 빚게 되죠. 사고들과 감정들보다 제약에서 더 많이 자유로운 것은 상상하기 어려워요. 그러나 만약 그것들을 문장으로 만들거나, 심지어 구어체로 표현하려는 시도가 행해진다면, 사고의 자유는 부식돼요. 의사소통된 사고의 자유는 어느 한순간도 완전할 수 없어요.

37

비온 물리적이고, 감각적인 공간은 폐기되지 않았어요. 그것은 끈질기게 매달려 있었고, 그 결과 시각적 감각이 상실되었어도 안전감의 상실을 막아주었어요. 그것은 유클리드학파가 말하는 증거들이 시각적인 명백성에 의존해 있다는 사실을 인식하지 못하도록 방해했어요. 따라서 유클리드 기하학은 여러 세기동안 경쟁자가 없었죠. 교육의 영역에서도 경쟁자가 없었는데, 그 이유는 어떤 것을 알고 있는 사람들이 모르고 있는 사람들에게 알려주는 의사소통이 시각적 감각에 의존해 있었기 때문이에요. 시각적으로 "명백한 사실"이 주장되는 내용의 진실성에 대한 근거 또는 증거였어요. "시간" 역시 "공간"만큼이나 당연한 것으로 취급되었어요. 사건들은 특정한 시간에 그리고 특정한 장소에서 발생하는 것으로 여겨졌어요. "과거"와 "미래"는 감각적 경험에 달려 있지만, 거기에는 유클리드 기하학이 시각적 감각에 달려있다는 사실에 대한 인식만큼이나 이렇다 할 인식이 존재하지 않았어요. "정신적 삶"에 대한 이론은 당연한 것으로 간주되었고, 유클리드 기하학의 배경 역할을 했어요. 그 외에도 "정신적 시간과 공간"에 대한 유사한 가정들이 정신적 삶의 성장을 위태롭게 했어요. 물리적 세계의 상황 안에서 일반적으로 모습을 드러낸 인과론은 논의되지 않고 질문되지 않은 시간과 공간에 대한 아이디어 위에 세워져 있어요. 뉴턴은 그 토대를 수용했어요. 그가 물리적 세계에 적용했던 것은 정신적 또는 심리적 또는 영적 세계에 적용될 수 있는 것이었어요. 이 가정들이 정신분석가들이나 철학자들에게 수용되어야 할까요? 데카르트는 철학적 의심의 가치에 대해 의심하지 않았지만, "나는 생각한다, 고로 존재한다"라는 명제의 타당성을 의심하지 않았어요. 비록 그는 아주 가까이 근접했지만, 최후의 한 발짝을 내딛지는 않았어요. 나는 멜라니 클라인이 치료적 영역을 위해 공식화했던 이론을 그녀가 실제로 자신의 이론에 포함시키지 않았던 영역들로 확장할 것을 제안해요. 그 확장은 개인이 부분 대상을 파괴하고 흩어놓는 전능 환상을 갖고 있을 뿐만 아니라, 전체 대상을 파괴하고 그 조각들을 널리 흩어놓는 전능한 존재 또는 세력이 있다는 생각을 포함해요.

MYSELF 나는 그러한 존재나 세력을 천문학의 영역에서 볼 수 있어요. 그 영역에서는 매우 많은 것들이 직간접적으로 관찰하는—사진을 검토하거나 비교하는 것을 통해서—시각에 의존하고 있어요. 수백 장의 사진들에 포착된 사실들을 한데 모으는 것을 통해서, 태양의 발달 같은 사건들의 연속장면, 즉 "활동사진"을 포착하는 것이 가능해요—마치 몇 분 안에 많은 세기들 동안에 일어났을 수 있는 사건을 자세히 살펴볼 수 있어요. 그러나 나는 환상들과 같은 허구적 구성물이 어떤 유용한 목적을 위해 사용될 수 있는지는 잘 모르겠어요.

남자 그러한 구성물은 그것 없이는 이해하기 어려웠을 수 있는 것에 직접성과 현실성을 제공해요.

비온 거기에는 위험이 있지 않을까요? 엄청나게 많은 그럴듯한 이론들을 부풀리기 위해 또 하나의 이론을 만드는 위험 말이에요.

남자 물론이에요. 그러나 일어날지도 모르는 것에 대한 두려움은 나쁜 폭군이에요.

비온 개연성의 문제도 마찬가지예요. 나는 얼마나 많은 개연성이 있는 이론들이 만들어졌고, 그것들이 인류를 어리둥절하게 만들었는지 궁금해요. 나는 알고 싶어요. 나는 개연성이 있는 이론들이 그렇게 쉽게 만들어지는 것에 대해 의구심을 갖고 있어요. 우리가 말하고 있는 이 "개연성이 있는 이론"이라는 맥락에서, 개연성이 있는 이론, 또는 "확신을 주는 해석"은 성취하기가 힘들 수 있어요. 그것은 개연성이 있는 틀린 것일 수 있거든요. "해가 떠오른다"는 아이디어를 보세요—그것이 어떤 문제를 야기했는지를요! 우리는 기독교의 신, 또는 우르에서의 아브라함의 신[148], 또는 히틀러의 독일, 또는 인디언 부족의 환각제, 또는 어떤 다른 종류의 신에 대한 믿음과 연관된 고통의 대가가 얼마나 큰지 이루 다 말할 수가 없어요.

남자 모든 종류의 신이 다 그런 것은 아니에요. 어떤 신들은 다른 신들보다 "독성"이 덜해요.

비온 샤흐트Schacht[149]는 부의 축적은 무해한 포부이지만, 중요한 것은 그 부가 축적되고 사용되는 방식이라고 말했어요. 부의 축적은 일하기의 대체물로서 행해진 것에 대한 보상일 수 있어요.

남자 지식 축적의 목적을 위해 발달된 정신분석이나 다른 기제들도 마찬가지예요. 당신들은 우리가 가치감에 대한 암묵적인 가정을 만든다는 것을 알아차렸을 거예요. 또는 심지어 포부들을 평가하는 데 사용될 수 있는 가치에 대한 타당한 감각이 존재한다는 것을 확인했을 거예요. 우리는 우리의 "생존"을 중요한 문제로 간주할 수 있어요. 우리가 그렇게 하는 것을 원하지 않았다면, 우리는 생존하지 못했을 거예요.

앨리스 그 "우리"는 누구죠?

---

148 구약성서에서 아브라함에게 "이곳을 떠나 미지의 땅을 향해 가라"고 명령했던 신.

149 히틀러 정부의 재무장관.

남자 살아남는 데 실패한 일부 사람들과 함께 살아남은 자들이에요. 만약 우리가 살아있다면, 그것은 그런 상태로 남아있고 싶다는 포부를 포함하고 있어요. 그 동일한 충동이 그것이 보존할 만한 가치가 있는 삶이라는 포부로 확장되는 것으로 보여요. 나는 정신분석 안에 이러한 경향성이 있다는 것을 주목했어요. 정신분석의 일차적 관심이 신체적 건강이 아니라는 점에서, 전체적인 강조점은 행복에 관심을 갖는 누군가 또는 무언가가 있다고 제안해요.

로즈메리 나는 행복하고 싶어요. 나는 앨리스의 파티들로 인해 신경을 써야만 했던 것이 행복했다고 말할 수는 없어요. 사실 앨리스는 그녀가 나의 하녀라는 사실을 발견하는 것에서 행복감에 대한 일종의 자극을 받는 것처럼 보여요.

앨리스 나는 여자들이 남자들만큼 대영제국의 좋았던 옛 시절의 생존을 열망했을지 의심해요. "이미 존재하는 것"은 "추후에 존재하는 것"을 위해 필수적이지만, 동시에 그 둘은 양립할 수 없어요.

비온 로즈메리에 의하면, 앨리스는 그녀의 이전 하녀와 피학적 관계를 가질 수 있어요.

남자 그것은 정신분석적 진술이죠.

비온 동의해요. 나는 때로 정신분석적인 것으로 특징지을 수 있는 용어로 나의 견해를 말해요. 이런 경우, 나의 진술은 이론적 진술이라고 불려요. 내가 군인이었을 때 알았던 한 사람에 대해 좀 더 일반적인 용어로 말해볼게요. 그는 유명한 공립학교에서 높은 수준의 교육을 받았고, 내가 알기로는 특권계층의 사람들에게 흔히 주어지는 책임과 권력이 있는 직책을 차지할 수 있었지만, 그렇게 하지 않았어요. 그는 장교가 될 수 있는 기회가 주어졌지만, 그 기회를 활용하지 않았고, 전쟁이 끝날 때까지 장교 보좌관으로 머물렀어요. 전쟁이 끝난 후로는 그가 어떤 길을 걸었는지 알 길이 없고요.

앨리스 나 자신의 인생행로와 비교할만하다고 제안하는 건가요?

비온 그 생각은 당신에게 떠오른 거예요. 당신이 원한다면, 그리고 다른 사람들도 같은 생각이라면, 이 문제는 토론해볼 만해요. 그 논쟁에서, 내가 말한 사람은 남자이고 앨리스는 여자라는 사실이 논의에 전혀 방해가 되지 않아요. 그런 종류의 행동은 어느 한쪽 성에만 해당되지 않거든요. 하지만 그것은 그 남자와 앨리스 모두에게서 "성적인 것"으로 서술될 수 있어요. 이러한 분류는 나에게는 아주 친숙한 거예요. 정신분석에서 로즈메리와 앨리스 사이의 관계는 성적인 것으로 간주되거나 제시되거나 분류될 수 있어요. 우리가 로즈메리와 앨리스가 그들 개인적인 이유로 나라가 망한 것을 반기는 것으로 간주한다고 가정해보세요. 그들의 국가 또는 문화는 변화를 겪을 것이고, 그로 인해 사람들은 그렇지 않았더라면 자유롭게 할 수 없었던 것을 삶에서 추구할 수 있을 거예요. 나는 전쟁의 패배가 그러한 자유를 가능하게 해준다는 것을 알 수 있어요. 그와 같은 자유를 성취하고자 하는 욕망은, 만약 그것이 충분히 많은 사람들에 의해 공유된다면, 패배라는 사실에 영향을 미칠 수도 있을 거예요.

남자 그 말은 전쟁의 패배가 사회나 집단의 타락으로 인해 초래되었다는 말처럼 들리네요. 비록 내가 알고 있는 사회는 늘 퇴폐적이고 승리감에 취해 있는 것으로 여겨지지만요. 상호적 관점에서 보면, 그 승리는 무언가에 대한 신호, 증상, 또는 "결과"로 간주될 수 있어요.

로즈메리 남자들은 갈등, 경쟁, 승리에 커다란 중요성을 부여하는 것처럼 보여요. 사적인 일에서조차도, 나는 남자가 그에 대해 내가 갖는 생각과 느낌을 중요하게 생각하는 것을 상상할 수 없어요. 그는 마치 자신이 성공적인지 아닌지가 유일하게 중요한 문제인 것처럼 말하고 행동했어요. 그는 내가 그 자신처럼 유능하고 탁월한 남자와 사랑에 빠질 수밖에 없을 거라고 생각했던 것 같아요. 그는 마지막까지 내가 그를 사랑했을 수 있는 가능성을 받아들이지 못했고, 성공에 대한 생각에서 벗어날 수 없었어요.

비온 그게 정말이에요? 나는 당신이 스스로에게 정직했다면, 그의 성공에 많은 관심을 갖고 있었다는 것을 알아차렸을 거라는 생각이 드는데요.

로즈메리 그는 얼마의 특성을 갖고 있었어요. 그것은 그의 가장 따분한 부분이었죠. 심지어 성적 사랑에 있어서도 그는 자신의 능력을 믿고 있었어요. 그는 내가 그를 사랑할 수 있고, 그래서 그를 능력 있는 남자로 만들어줄 수 있다는 것을 믿지 못했어요.

비온 세상에는 자신들을 속일 수 있는 여성의 능력을 믿어 의심하지 않는 많은 남자들이 있다고 나는 확신해요. 전문적인 용어로, 여성이 자신들을 "거세"할 수 있다고 확신하는 남자들이 많다는 거예요. 여성의 성기에 대한 원시적 두려움—이빨을 가진 질이라는 시각적 이미지에서 표현되는—에서 시작해서 여성들이 남자들을 수치스럽게 만듦으로써 승리감을 맛볼 거라는 두려움에 이르기까지 온갖 두려움들이 존재해요.

남자 경쟁자를 이기고 그를 수치스럽게 만드는 것이 즐거운 일이라는 깊은 믿음이 확실히 존재해요. 충분히 일반적인 그런 마음의 상태는 남녀 상관없이 모두가 두려워하는 거예요. 그런 마음의 상태에 대한 두려움은 아이 시절의 경험들에서 유래한 것일 수 있어요.

비온 그 두려움의 효력은 믿음에 달려있어요. 그러나 잔인함이 주는 쾌락에 대한 두려움을 포함해서, 두려워해야 할 이유들은 무수히 많아요.

남자 당신은 또 "이유들"에 대해 말하고 있군요—"한 가지 이유," "무수히 많은 이유들". 당신은 믿음이라는 것이 "숫자를 만들어내는 자들"과 유사하게 "행동을 만들어내는 자"라고 생각하지 않으세요? 인간은, 동물들과 마찬가지로, 두려움을 느낄 수 있어요. 당신은 두려워하는 것에 대한 "이유들"을 가질 수 있어요. 당신은 죽음을 두려워할 수 있고, 죽을 거라고 생각할 수 있어요. 믿음이 행동을 만들어내는 장본인이에요. 그렇다면 무엇이 믿음을 만들어낼까요?

비온 만약 그런 상태가 당신의 일부였다면, 당신은 분명히 끊임없이 서로 결합되는 요소들과 친숙해 있을 거예요. 우리는 항구적 결합—또는 끊임없는 결합—이 우리가 아직 살아있다는 사실과 중요하게 관련되어 있다고 가정할 수 있어요. 나는 여기에서 한 걸음 더 나아가, 나는 "임박한 재앙"을 두려워할 수 있는 능력 덕택에 계속해서 존재해왔고, 앞으로도 그럴 거라고 말할 거예요. 문제는 "선을 어디에 그을 것인가?"가 아니라, "어디에 선이 그어져 있는가?"예요. 의식과 무의식 사이인가요? 프린phrene이 있는 곳인가요? 시상thalamus인가요?

로즈메리 그게 중요한가요? 만약 우리가 그 문제에 대해 논쟁하기를 원한다면, 그것이 중요하다는 것을 알겠어요. 그러나 나는 내가 그것이 중요하다고 생각한 위기의 순간을 경험한 적이 없어요.

비온 여기에서 우리는 논의를 하고 있어요. 나는 이와 같은 논의를 하는 것을 상상할 수 있지만, 논의를 하는 것과 논의를 하고 있다고 상상하는 것은 서로 다른 거예요. 하나는 논의이고, 다른 하나는 논의의 대체물, 또는 논의를 위한 전주곡이에요.

아이들이 때로 놀이할 때 보여주는 사나움이, 놀이를 하는 아이들이 자신들이 놀이를 하고 있다고 느끼거나 "단순히 게임"을 바라보고 있는 관찰자라고 느끼지 않는다는 사실에 대한 증거에요. "게임"이라는 아이디어는 그들이 보고 있는 것에 대한 부적절한 서술이죠. 그것은 "게임"이라는 명칭에 의해 잘못 분류된 거예요. 나는 이것과 관련해서 다음과 같은 수학적 유비를 말할 수 있어요. 만약 "담화의 세계"가 3 빼기 5

라는 문제를 해결하는 데 도움을 주지 않는다면, 그때 실제 수들은 쓸모없는 것이 될 것이고, 따라서 그것들은 "부정적 수"에 의해 확장되어야만 해요. 만약 수학적 놀이의 장이 "부정적 수들"의 사용에 적합하지 않다면, 그 장은 부정적 수를 사용하는 "게임"의 조건들을 충족시키기 위해 확장되어야만 해요. 만약 의식적 사고의 세계가 "오이디푸스 왕" 놀이를 하는 데 적합하지 않다면, 그 "담화의 세계"는 그러한 놀이를 포함하도록 확장되어야만 해요. 만약 진지한 정신분석적 논의가 프로이트가 적합하다고 보았던 영역 안에서 발생할 수 없다면, 그 영역을 더 확장할 필요가 있어요. 실제로, 프로이트는 정신분석의 영역이 자신이 환자와 경험하는 것이 제시하는 것을 담아낸다고 믿을 수 없었을 때, 그 영역을 확장했어요. 그래서 환자들이 모두 성적으로 공격을 받았던 사람이라고 생각했어요. 그는 결코 발생하지 않았던 사건들이 심각한 결과를 초래할 수 있다고 생각해야만 했어요. "믿을" 수 없다면, 나는 행동하거나 생각할 수 없어요. 나는 "생각하는 자 없는 사고"를 필요로 해요. 나는 진지한 논문이 아닌, 게임이 아닌, 살인적인 경쟁이 아닌 영역을 창조해야만 할 수도 있어요. 만약 "아동기"에 대한 이러한 생각과 "수학"에 대한 이러한 생각이 사실이라면, "정신분석" 그 자체를 포함해서, 다른 영역들에 그 생각을 적용하는 것은 왜 안 되는 거죠? "놀이의 장"은 "게임"을 하는 우리의 방식에서 발견되어야만 해요. 나는 언젠가 한 집단에게 "그것을 어떻게 해석할 것인가?"를 물었고, 논의가 진행되는 장소의 맨 앞으로 의자 하나를 밀어 넣었어요. 누군가가 내 질문에 대답을 시도하기까지는 거의 이십 분이 걸렸어요.

로즈메리 놀라울 게 없는데요! 당신이 무슨 생각을 하고 있는지 내가 어떻게 알겠어요..

비온 *(남자를 가리키며)* 그렇다면, 저 친구가 무슨 생각을 하고 있는지는 알아요?

로즈메리 그와 그의 모든 동료들 말이에요? 알아요.

비온 그렇다면 당신은 믿는 거예요.

38

남자 당신은 흥미롭군요. 우리가 무엇을 할 건지 물어봐도 될까요?

로즈메리 호머는 일리아드와 오디세이를 쓰는 데 시간을 썼어요—지금도 여전히 제기되고 있는 그 질문에 대해 아주 초기에 주어진 대답이죠.

비온 그 말은 남자가 방금 물어본 것에 대한 대답이 아닌데요. 그 대답은 "하나의 질문이 이미 존재했고, 지금도 존재한다는 사실"을 강조할 뿐이에요—우리는 호기심에 의해 움직이는 동물이거든요.

남자 또는 믿음에 의해서 움직이는 동물이에요.

비온 우리는 우리의 행동의 본성에 대해 질문해요. 그 질문에 대한 답은 과거에서 온 것들을 포함해서 많은 것들이 있어요. 로즈메리의 말이 맞다면, 답은 세계의 위대한 시인들 중의 한 사람에 의해 주어졌어요. 그러나 이번처럼 특별한 경우, 우리는 답을 제공할 수 있어요. 그 답이 우리에게 만족스러운 것이 아닐 수도 있지만요.

남자 아마도 우리의 조사 + 대답하는 "방법들"에 무슨 문제가 있나봐요.

로즈메리 글쎄요, *(남자를 돌아보면서)* 어쨌든 당신에게는 어떤 답이 있겠죠. 당신은 우리의 삶의 방식을 흔들어놨어요. 앨리스와 나는 확실히 자유롭게 말할 수 없는 상황으로 내몰렸어요. 당신더러 우리나라를 침범하도록 강요한 사람은 아무도 없어요.

남자 당신은 어떻게 내가 당신들보다 더 자유롭게 행동한다는 결론에 도달할 수 있죠? 내가 스스로 선택한 것은 사실이에요. 나는 당신네 나라를 침범하라는 명령을 받았지만, 그 명령에 복종하지 않을 자유가 있었어요. 나는 무엇을 할 것인지 스스로 선택해야만 했어요.

비온 그 말은 당신이 자신의 선택에 따른 대가를 치를 것인지를 결정해야만 했다는 뜻이에요.

남자 맞아요. 그렇게 말할 수 있어요. 그러나 나는 복종하는 것의 대가나 불복하는 것의 대가가 무엇일지 알지 못했어요.

비온 그것이 다른 결정과 무슨 차이가 있나요? 선택의 특권을 갖는 데 따른 대가는 자신이 결정한 것이 무엇이든 그 결과에 대한 책임을 받아들이는 거예요. 이것이 실제로 책임지는 존재가 되기로 선택하는 데 따른 대가에요.

로즈메리 당신은 당신이나 롤랜드가 앨리스와 나를 보호하는 책임이 있다고 생각하세요? 그게 아니라면, 무엇에 대한 책임을 진다는 거죠?

롤랜드 그 누구보다도 비온과 나는 그 책임을 받아들였어요. 나는 내세의 삶을 믿지 않아요—

로즈메리 —그건 나도 믿지 않아요—

롤랜드 —그러니까 나의 애국심이나 충성심이나 책임감은, 당신이 그것을 어떻게 부르든 간에, 나의 목숨을 바칠 것을 요구할지도 몰라요. 나는 자신들의 목숨을 잃은 많은 사람들을 알고 있어요. 심지어 많은 생존자들조차도 그들의 마음의 평화를 상실했거나, 그들의 삶을 가치 있게 만들어주던 것을 상실했어요.

로즈메리 당신은 책임감 때문에 군에 입대하지 않았어요.

비온 당신도 그랬어요.

로즈메리 여자들도 죽음의 위험을 감수해요. 아이를 낳을 때 ...

롤랜드 당신은 출산을 하지 않았는데요.

로즈메리 당신이 출산에 대해 무엇을 아시죠? 나는 한 때 남자와 그의 약속들을 믿었어요. 지금은 아니지만, 그 때는 그랬어요. 나는 죽지 않았지만, 내 안의 어떤 것은 죽었어요—정신적으로요. 나는 당신이 그것을 그렇게 부를 거라고 생각해요.

비온 대부분의 사람들이 살면서 정신적 죽음을 경험해요. 그런 경험을 하는 데 오래 살 필요가 있는 것도 아니에요—당신이 유일하게 해야 할 것은 정신적으로 살아있는 거예요.

앨리스 당신은 마치 정신적으로 살아있는 것이 간단한 일인 것처럼 말하는군요. 그것은 나 자신의 경험과는 거리가 있어요. 우리가 아는 한, 한 사람이 신체적으로 태어나기 위해 해야 할 일은 아무것도 없어요. 그가 신체적으로나 정신적으로 살아있기 위해 무언가를 해야 한다고 생각하는 게 더 맞는 것처럼 보여요. 신체적인 것이든 정신적인 것이든, 어느 하나가 살아있기 위해서는 상대역이 있어야 해요—그 둘이 서로 상충하는 경우에도요.

로빈 어떻게 그렇죠? 나는 만약 내가 경쟁을 원한다면, "맞서야" 한다고 보는데요. 그런데 내가 맞서지 않는다고 생각해보세요.

비온 그것은 경쟁을 위해서 당신이 무엇을 사용하느냐에 달려있지 않을까요? 이 논의 자체가 하나의 경쟁이에요. 우리는 어떤 것에 대해 말하고 있어요. 나는 거기에 경쟁, 또는 반대의 필요성에 대한 느낌, 그리고 심지어 그러한 필요성을 알고 있다는 느낌이 존재한다고 생각해요.

롤랜드 *(빈정거리듯이, 남자를 가리키며)* 이 신사는 우리를 친절하게 대해줬어요.

로빈 나는 전혀 감사하다고 느끼지 않아요. 나는 침략의 필요성 없이도, 날씨와 수확 문제로 충분히 골치 아팠거든요.

남자 나는 우리들 중 그 누구도 "맞서고 있는" 우리의 상황을 좋아한다고 생각하지 않아요. 나는 만약 그 맞서기가 다른 것이었다면, 우리가 더 좋게 보였을 거라고 느껴요. 나는 내가 원하는 것을 할 수가 없어요. 내가 그렇게 할 수 있었던 때가 없었어요. 그러나 내가 화를 낼 수 있는 사람이나 문제는 항상 있어왔어요.

비온 다른 모든 것을 할 수 없다고 해도, 당신은, 나 자신도 그렇지만, 당신 자신에게, 당신의 젊음이나 나이, 힘이나 약함에 대해 화를 낼 수가 있어요. 그것이 신을 만드는 것이 갖는 장점 중의 하나에요—만약 당신이 신을 믿을 수 있다면요.

로빈 글쎄요, 당신은 신을 믿을 수 없나요?

비온 어떤 신을 말하는 데요?

로빈 위대한 알라신Allah Akbar![150]

비온 나는 당신이 진지하게 말하고 있다고 생각하지 않아요. 나는 농담을 진지하게 받아들일 수 있는 정신분석가의 자격을 사용할 거예요. 우선, 당신은 당신에게 선택의 기회가 있음을 알고 있다는 것을 보여주고 있어요.

로빈 당신은 내가 농담하고 있다고 생각하는군요. 만약 내가 실제로 무슬림 문화의 일원이었다면, 그렇게 생각하는 것이 그토록 쉽지 않았겠죠. 또한 당신이 그것을 진지하게 받아들이는 것을 선택할 거라고 생각하는 것도 쉽지 않았을 거예요. 왜냐하면 당신은 정신분석 집단의 일원이니까요. 당신은 그것을 진지하게 받아들이지 않을 수 없었을 거예요. 그것은 특정한 집단이나 직업이나 문화의 일원인 것과는 아무런

---

150 신은 위대하다라는 이슬람 종교의 구호.

관련이 없어요. 그러나 정신분석이라는 특정한 문화는 근저의, 관찰되지 않은, 믿음의 항구적 결합과 중요한 관련성을 갖고 있어요. 많은 다양한 종교적 진술들에서 말하는 신은 실제로는 사실들의 밑그림 근저에 있는 어떤 것에 근접한 것일 뿐이에요.

비온 당신은 나에게, 칸트의 용어로, "물-자체," 누메논, 신성과 같은 것이 "현상에서 그 모습을 드러낸다"는 생각을 받아들일 것을 요청하고 있어요. "신성"과 대비되는 것으로서의 "신," "무한성"과 대비되는 것으로서의 "유한성." 밀턴이 말하듯이, "공허와 형태 없는 무한으로부터 오는 것." 대수적 연역체계와 대비되는 유클리드 가하학의 도식인 2, 4, 5개의 측면들을 가진 삼각형. 그러나 합리적 사실은 "믿음"을 위한 전체 그림을 보여주지 않아요. 만약 믿음이 믿음을 위한 "이유"를 찾는 것으로 변형된다면, 믿음 그 자체는 파괴될 거예요.

로빈 글쎄요, 나는 내가 그런 요청을 하고 있다는 당신의 말을 받아들여요. 만약 당신이 그것이 내가 당신에게 해달라고 요청하는 것이라고 말한다면, 그 말을 믿을 수 있지만, 나는 실은 그것을 알지 못한다고 고백할 거예요.

비온 그때, 당신은 믿음을 갖는 데 필요한 조건을 갖고 있어요. 당신은 비록 내가 말한 공식을 확인해줄 수 있는 위치에 있지는 않지만, 그것을 부정하지도 않고 있어요. "시간"이 그것을 확인해줄 수도 있고, 그렇지 않을 수도 있어요.

MYSELF 나는 시간이 그것을 맞거나 틀린 것으로 확인해줄 수 있다고 보지 않아요. 나는 당신이 하는 말의 의미를 알아요. 다른 사람들도 보통의 구어체 영어의 일반적인 용법에 친숙할 거예요. 이것은 현실이 회화적 진술에 근접해 있다고 가정하고 있어요. 내가 당신의 진술을 좀 더 정신분석적인 방식으로 검토한다고 가정해보세요. 그것은 특정한 정의적 가설들을 따라요. 그것은 "어휘" 또는 특정한 문법적 규칙들을 따라 명료화된 것에서 가져온 단어들로 이루어져요. 내가 그러한 "항구적 결합들," 단어들, 그리고 그것들을 명료화하는 데 사용되는 문법적 규칙들에 근접한 어떤 근저의 밑그림이 존재한다고 생각해야 할까요? 또는 명료화의 어휘와 문법적 규칙들이, 그것 자체로서 고유한 따라서 일반적인 의미를 갖고 있지 않은 근저의 밑그림과 고유하게, 특별하게, 그리고 편하게 맞는 걸까요? 또는 그 동일한 명료화를 위한 문법적 규칙들이 진술의 형태를 통해 직접적으로 공식화되지 않는 현실—공식화되지 않고, 탐지되지 않은, 그럼에도 불구하고 생생하게 느껴지는 규칙이나 학문체계에 말없이 복종하는 것을 통해서 공식화되는—을 나타내는 걸까요? 그렇다면 우리는 대화의 의미뿐만 아니라, 그것들이 "말해지는 방식"에 대해서도 경청해야만 하지 않을까요? 우리는 명료화의 규칙들을 따르고, 그것들에 순응해야 할까요? 아니면 명료하게 공식화된 법칙에 대해서만 그렇게 해야 할까요?

로빈 나는 내가 명료화의 법칙을 따라야 하는 이유를 모르겠어요. 결국, 나는 동사도 형용사도 아니에요. 문제가 없는 규칙들은 말의 일부가 아니고, 사람인 나에게는 전혀 적합하지 않을 수 있어요.

남자 당신은 실제로 정복자들의 법을 따라야만 해요.

비온 나는 당신이 허리에 차고 있는 권총에 대해 논쟁하고 싶지 않아요. 만약 내가 힘의 법칙을 따른다면, 당신이 죽든지 아니면 내가 죽을 거라고 가정할 수 있겠지만, 나는 그 특정한 기계와 관련해서 "찬성"하거나 "반대"하지 않을 거예요. 내가 아는 한, 죽은 사람은 더 이상 존재하지 않지만, 당신이 그 권총을 허리에 차고 있기 때문에, 나는 당신이 다른 견해를 따르고 있다고 가정할 거예요.

남자 전혀 그렇지 않아요. 당신의 견해와 나의 견해는 일치하는 것처럼 보여요. 이 경우에는 완전히 일치하지 않는데, 그 이유는, 선택할 수 있는 한, 나는 살아남는 자가 되고 싶기 때문이에요.

비온 그런데 당신은 권총을 갖고 있고, 나는 그것을 갖고 있지 않아요.

남자 당신은 내가 권총을 갖고 있다고 믿죠. 사실, 내가 차고 있는 총집에 들어있는 것은 초콜릿 바예요.

비온 매우 영리하군요. 그러나 그 "초콜릿 바"는 침략군의 힘에 의해 뒷받침되고 있어요.

남자 당신은 그것이 침략군의 힘에 의해 뒷받침되고 있다고 믿고 있군요. 사실은 …

MYSELF 내가 방금 그 말을 하려고 했는데, "사실들"이 매우 묘한 것이라는 생각이 떠올라서 망설였어요. 나는 당신이 명료한 말을 하고 있을 때, 만약 규칙들이 명료화를 위한 것이 아니라면, 그 규칙들은 어떤 것이 되어야 할지 궁금해하고 있었어요.

비온 "살인"의 규칙, "섹스"의 규칙, "폭력"의 규칙, "명료한" 의사소통과 대비되는 중국인의 의사소통 규칙, "협박"의 규칙 등과 같은 규칙 말이군요.

남자 당신은 이제는 사라지고 없는 대영제국의 일원으로서, 충분히 많은 폭력, 협박, 살인, 불분명한 말하기를 보게 될 거예요.

MYSELF 맞아요. 그것은 우리에게서 시기심, 우열을 다투고 싶은 야망 그리고 성취에 대한 경쟁심을 엄청나게 자극해요! 그러나 우리는 또한 많은 시와 시적 표현 및 의사소통의 경험을 갖고 있어요.

남자 당신은 정신분석 과정에서 발견하는 것들을 집단 치료에서 발견했던 것들과 대비시킬 수 있었어요. 그것들은 어떻게 비교되죠?

비온 내가 아는 한, 집단에서의 경험이든 정신분석에서의 경험이든, 나는 동일한 사람으로 남아 있다고 말할 수 있어요.

MYSELF 물론이에요. 그렇게 보여요.

비온 비록 내가 방금 말한 것과 모순되는 것처럼 보일 수도 있겠지만, 나는 그것에 관해서는 어떤 "물론"도 있을 수 없다고 생각해요. 나는 "내가 아는 한"이라고 말했는데, 실은 그것이 "어디까지인지는" 나도 몰라요. 나는 확실히 두 개의 상황에서 동일한 것을 보게 되지 않을 거예요. 내가 거시적 정점에서 보는 것은 미시적 정점에서 보는 것과 같지 않아요. 내가 거시적 공식이라고 부르는 것 안에서, 차이는 집단이 개인이 아니고 개인은 집단이 아니라는 사실에 의해 쉽게 설명돼요, …

MYSELF 당신은 드 브로글리de Broglie[151]가 거시적 단위들 사이의 관계와 미시적 단위들 사이의 관계를 관찰하는 것을 통해서 발견한 행동의 변화와 유사한 변화가 존재한다고 생각하는군요.

비온 "유비" 그 자체가 아주 상세한 것들에 대한 관찰보다는 거대하고 복잡한 것들에 대한 관찰과 판단에 더 적합한 정신적 도구예요. 미시적 정점—관찰하고 판단할 수 없는 주제에 대해 말하는 즉흥적인 방식으로 빌려온 용어인—은 개인이나 집단의 해부학이나 생리학에는 부합되지 않는 어떤 것을 드러내요.

MYSELF 당신은 이것을 나에게 의사소통하기 위해 시도할 수 있을까요?

비온 기꺼이 해야죠, 그러나 전망이 밝지는 않아요.

로즈메리 앨리스, 이제 우리는 가야 될 시간인 것 같아. 내 마음은 이 두 사람과의 접촉을 유지할 수 있을 만치 충분히 진지한 상태가 아닌 것 같아.

비온 나는 당신들 두 사람 모두가 내가 말하고 있는 것이 어떤 것에 대한 언어와 대조되는 물-자체를 말하고 있다는 것을 잘 알고 있을지도

151 Louis Victor de Broglie. 프랑스 물리학자, 파장을 측정하는 기계의 발명자.

모른다고 생각해야만 했어요. 당신들은 그것에 대해 누군가에게 말하려는 시도에서, 즉 수평적으로 소통하려는 시도에서, 나 자신이 그렇게 느끼는 것만큼이나 그것에 대해 말하는 것이 부적절하다고 느낄 수 있어요. 나는 나 자신에게조차 그것을 분명하게 전달할 수 있는 확률에 대해 낙관할 수 없거든요.

MYSELF 당신이 말하는 요지를 알겠어요.

비온 그러면 그것은 요점일 수가 없어요.

MYSELF 그 말은 내가 틀렸다는 건가요?

비온 아뇨, 그런 의미가 아니에요. 그러나 지금은 당신이 틀렸어요.

앨리스 로즈메리, 당신은 우리가 이것을 언젠가는 이해할 수 있을 거라고 생각하세요?

로즈메리 아니, 그러나 나는 내가 그것이 "되고 있다"고 느껴. 내가 "되고 있는 것" 또는 "되는 것"을 이해하지 못하고 있고, 앞으로도 결코 이해하지 못하겠지만.

비온 간략히 말해서, 무언가가 "되는 것"은 그것을 "이해하는 것"과는 달라요. 사랑이 제일이라는 말이 있지만, 그 사랑은 "이해하는 것"이 아니라 "되는 것"이에요.

앨리스 *(로즈메리를 쳐다보면서)* 나는 어떤 것이 되었어요. 그리고 이것은, 만약 그것을 말할 수 있다면, 내가 "사랑해"라고 말하는 것에 달려 있을 거예요.

비온 또는 당신이 어쩌면 사랑이 된 걸까요?

앨리스 아녜요, 나는 로즈메리를 사랑해요.

비온 당신 말이 맞다면, 당신은 사랑할 수 있는 사람이 된 거예요.

앨리스 나는 당신이 정신분석가로서, 나더러 동성애자라고 말할 것임이 분명하다고 생각했어요.

비온 정반대에요. 내가 정신분석가라고 "주장하는" 사람이 아니라 정신분석가로서 "존재"하는 한, 나는 당신이 동성애자이기 때문에 로즈메리를 사랑한다는 말이 틀렸다고 생각해요. 당신은 사랑을 할 수 있는 게 분명해요. 성적인 존재가 되는 것은 신체적 성숙과정의 일부에요. 진정한 사랑은 사랑받는 물건의 기능이 아니라, 사랑하는 사람의 기능이거든요. 그것은 신체적 성숙 또는 정신적 성숙의 일부이고, 사랑받는 물건이나 사람의 부차적인 특징들에 의해 방해받지 않아요.

MYSELF 당신이 "부차적인 것"이라고 부르는 특징들 중에는 우리가 섹스라고 부르는 것이 포함되나요?

비온 물론이에요. 섹스는 해부학과 생리학에 적용되는 것인데, 우리가 마음에 대해 말할 때 보통 그렇듯이, 정신분석가들의 영역이 되어버렸어요. 왜냐하면 우리는 이제 신체적 삶이나 "감각적 경험"을 위해 고안된 언어를 대용품으로 사용해야만 하거든요. 나는 "열정적 사랑"이라는 말이 물-자체, 궁극적 현실, "O"를 나타내는—내가 그것에 근접한 것이라고 부르는—언어적 변형에 가장 가까운 표현이라고 생각해요.

롤랜드 그렇다면 당신은 앨리스가 나를 사랑할 수 있다고 생각하세요?

비온 만약 그녀가 로즈메리를 사랑하는 것이 맞다면, 그녀는 당신을 사랑할 수 있어요. 그 말은 그녀가 잠시 동안이든 아니면 평생 동안이든, 또는 해부학적 이유에서든 아니면 생리학적인 이유에서든, 당신과 함께 있기를 원한다는 의미는 아니에요. 그러나 나는 여기에서 부적절한 도구를 사용해서 정신적 현상에 대해 논의하는 것이 마음에 걸려요. 나는 마음 또는 영이라는 "것"이 있다고 믿는 편견을 갖고 있거든요.

롤랜드 그것이 당신 자신이 정신분석가라고 말할 때, 그 말에 담긴 의미인가요?

비온 마음 또는 영이라는 용어는[152] 무의미한 것이지만, 내가 분석을 실천하는 동안에 어떤 개인들과 닫힌 방안에서 하고 있는 것을 포함해서, 확장하고 있는 결합을 지칭하는 데 유용해요. 그것은 내가 "수평적lateral" 의사소통—"회화 영어"—이라고 서술한 것에 쓸모가 있어요. 나의 용법에서, 그 두 단어들은 때로는 암묵적으로 그리고 때로는 명시적으로, 방향을 가리키는 의미를 갖고 있어요. 내가 그 단어들이 방향을 암시하는 용어로 사용된다고 말하는 이유는, 그 용어들이 나뿐만 아니라 다른 사람들에 의해서도 사용되기 때문이에요. 나는 또한 사고의 영역 안에서 양적으로나 질적으로 다른 맥락을 다룰 때에도 이 용어들을 사용해요. 정신분석가로서, 나는 "사고," "마음," "인격"이라는 이러한 용어들에 근접한 현실이 있다고 가정하거든요. 나는 마음 그리고 인격이 신체적 상대역을 갖고 있다고 봐요—그것이 예감 또는 의심 그 이상은 아니지만 말이에요. 그 아이디어는 알렉산더가 우주, 시간 그리고 신성이라는 그의 저서에서, 모든 정신증이 "신경증"과 관계를 갖고 있다고 서술하는 맥락에서 제시되었어요. 이 맥락에서 나는 모든 정신이 중추신경체계 안에 신체적 상대역을 갖고 있다고 가정해요. 나는 그 관계를 다음과 같이 기호들을 사용해서 종이 위에 묘사할 수 있어요. 시↔방 ア↔万. 여기에서 주목해야 할 것은 양방향 화살표가 사고의 방향이 분화되지 않았음을 나타낸다는 거예요. 나는 이것이 가리키는 것이 보통 중추신경체계를 의미하는 CNS라는 기호에 근접한 것이라고 가정되는, 신체적이고 감각적인 현실과는 다른 것임을 나타내기 위해 CNS를 한자를 사용해서 표시하고 있어요. 논의를 위해 방 万은 마땅히 중요한 것으로, 그리고 시ア도 방万만큼 또는 그보다 더—덜하지는 않게—중요한 것이라고 가정해 보세요. 평면적, 심오한, 피상적, 깊은, 초기, 후기—이것

152 마음 mind 또는 영 spirit.

들은 모두 시간과 공간 그리고 감각적 인식에 더 적합한 용어들이지만, 만약 정신적으로 인식하는 것이 가능한 영역이 존재한다면, 거기에서는 적합하지 않을 거예요. 신체적 중추신경체계 방万은 실제 물리적 세계와 접촉해 있고, 그것을 공식화하는 데 적합한 언어가 존재해요. 우리는 원래 언어가 그것을 위해 고안된 것이 아닌 어떤 것, 즉 그것 자체가 하나의 산물인 어떤 것을 의사소통하는 데 언어를 사용할 수밖에 없어요.

로즈메리 미안하지만, 나는 당신이 무슨 말을 하고 있는지 전혀 모르겠어요.

비온 내가 말하고 있는 것은 우리를 구성하고 있는 신체적이고 감각적인 요소들이 집합 이론에 의해 조작될 수 있다는 거예요. 사고하는 자와 관련된 사고들 역시 집합 이론set theory[153]에 호의적일 수 있어요. 그러나 마음, 인격, 관계, "믿음"은 그렇지 않아요. 그것들은 심지어 합리적으로 정의될 수조차 없어요. "합리적인 정의"는 "항구적 결합"에 "갇히는 것"을 포함하거든요.

153 Ignacio Matte Blanco에 의해 최근에 매우 암시적이고 절제된 방식으로 작업된 수학 이론임. 이 세련된 접근은 인격을 조사하기 위해 정신분석을 사용할 때 내가 친숙한 많은 사건들과 에피소드들을 조명해주는 것으로 보인다. 이것은 한 번도 의식화된 적이 없는 사고들과 아이디어들, 즉 심지어 출생 이전의 근원적 사고로 보이는 것의 흔적들에 대해 특별히 많은 빛을 준다. 만약 이 추측이 정확하다면, 그것은 깨어있는 동안의 마음 상태들과 잠자는 동안의 마음 상태들 사이의 관계를 개성할 수 있는 실을 열어준다. 특히 자신이 말하는 것에 대해 온전히 의식적이고 깨어있는 존재에 의해 이루어진 보고들이 꿈이고, 그것은 역으로, "잠자는 자" 또는 태어나지 않은 인격과 자궁 안에서 태아에 의해, 그리고 어쩌면 배아에 의해 느껴진 사실들—소위 과학자들에 의한—사이의 관계를 나타낼 수 있다.

39

남자 무엇을 도와드릴까요? 내가 최근에 습득한 그림을 보여드릴까요?

롤랜드 맙소사! 무례하군! 저건 나의 아타나시오스 그림이잖아!

남자 당신 그림이라고요? 그 그림을 본 적이 있나요?

롤랜드 물론이죠! 그 그림은 우리 집 식당에 걸려있었어요.

남자 전에는 당신 소유였지만, 강화조약 이후로는 내 것이 되었어요. 운 좋게도 재분배를 통해 나에게 왔죠. 내가 제일 먼저 그 그림을 신청했거든요. 혹시 그 그림의 훌륭한 점들을 설명해 줄 수 있을까요?

롤랜드 글쎄요, 나는 예술 전문가가 아닌데, …

남자 나도 당신이 예술 전문가라고 생각하지 않았어요. 다만 당신이 그 그림이 당신 거라고 말했는데, 어떤 의미로 그런 말을 했는지 궁금했어요.

롤랜드 당신은 힘의 권리, 즉 정복을 근거로 그 그림이 당신 거라고 생각하는군요.

남자 당신들이 나의 초콜릿 바에 항복한 권리에 의해서라고 할까요?

로즈메리 나 역시도—앨리스도 마찬가지로—모든 것을 정복하는 당신의 초콜릿 바의 노예인가요? 아냐, 앨리스, 그를 나에게 맡겨줘. 내가 말했지, 내가 이런 무리를 다루는 법을 안다고. 나는 너희들이 다녔던 그 허세를 부리는 학교에 다니지 않았어.

앨리스 롤랜드가 그런 학교에 다닌 건 맞지만, 그래도 그에게 "아타나시오스" 그림을 "설명할" 기회를 줘보세요. 어쩌면 우리는 당신과 나 그리고 아테네 사람들 모두가 어떻게 이 신사분의 초콜렛 바 앞에서 무너졌는지에 대해 무언가를 깨달을지도 몰라요.

(그 그림을 포함해서, 모든 것이 어둠 속으로 사라지고, 롤랜드의 목소리만 들린다)

롤랜드 먼저 이 유명한 그림의 실제 명칭이 "멧돼지에게 쫓기는 성 아타나시오스"라는 점을 분명히 할게요.

로즈메리 처음부터 틀렸어요. 그것은 "아타나시오스의 발 그림"이에요.

롤랜드 *(로즈메리의 개입을 무시한 채, 그리고 가이드북에서처럼 점점 더 학술적이 되어 가면서)* 이 그림은 아마도 가장 위대한 화가의 작품들 중 완전한 형태로 보존되어 있는 몇 안 되는 진품들 중의 하나일 겁니다. 그것은 항상 나의 가족의 소유물이었죠 —

목소리 맞는 말이야. 그 그림이 그들을 "소유했었지." "그들"은 한 번도 "그 그림"을 소유한 적이 없어—

롤랜드 —일반 대중에게는 알려져 있지 않았지만 그럼에도 불구하고 대중은 익명으로나마 그를 가장 위대한 예술가로 친숙하게 느끼고 있었어요. 미묘함과 진실을 담고 있는 세세한 부분들을 보세요. 성자의 왼쪽 발이 수풀이나 가시덤불에 걸렸는데, 그 장면의 명암이 너무 생생해서 그가 당장이라도 앞으로 고꾸라지고, 멧돼지의 앞니가 그를 찌를 것만 같아요! 아, 도움의 신이시여—그 동물이 매우 생생하게 묘사된 것에 주목하세요.

(논의의 이 지점에서 그림 속 멧돼지의 모든 사나움은 사실상 사라지고, 멧돼지는 평화롭게 종종걸음으로 그 장면에서 벗어난다) 저 멧돼지가 미친 거 아냐! 저 괘씸한 동물이 저렇게 걸어 나가면, 나는 이 강의를 어떻게 하라는 거지? 사실, 이 그림은 위대한 종교적 의미를 지닌 역사적 순간을 묘사하고 있어요. 나는 돼지 그 자체가 사탄이 사용하는 수많은 위장들 중의 하나라고 생각해요. 사탄의 시기심은 너무 강력해서 성자의 뒤를 좇아서 예술의 영역 안까지도 쳐들어 갈 준비가 되어 있어요. 내가 말하려고 했듯이, 성자가 발의 통증을 느낀 것은 그 뜻밖의 사고가 일어난 후였어요 …

로즈메리 프랑스 사람들은 그 그림을 그들의 무신론적인 언어로, "내 발"이라고 불러요.

롤랜드 … 그러면 더 이상 긴말할 것 없이 아타나시오스 신조[154]로 들어가죠.

앨리스 지금도 그 신조는 불쾌한 흔적들을 보여줘요. 아타나시오스는 놀라운 표현의 재능을 갖고 있었어요.

롤랜드 만약 당신이 가는 길에 멧돼지를 만났다면, 도망쳤을 걸.

목소리 만약 당신이 당신 자신의 초상화조차 환각증으로 만드는 정신증적인 강사를 만났다면, 당신 역시 조용히 종종걸음으로 달아났을 걸.

롤랜드 그 돼지는 지금 누가 소유하고 있죠?

로즈메리 아마 개더린 돼지농장일 걸요.

남자 이의가 있어요. 나는 당신들이 나에게 좀 심하게 대한다고 생각해요. 결국 먼저 침략을 받은 쪽은 우리에요.

비온 나는 이 문제가 결코 시간과 공간의 좌표 영역 안에서 선형적 접근에 의해 해결될 수 있을 거라고 생각하지 않아요.

---

154 삼위일체와 화육의 교리에 대한 정확하고 정교한 가톨릭 교회의 진술로서, 지금은 더 이상 성 아타나시오스에 의해 진술된 것으로 간주되지 않고 있다.

로즈메리 그게 무슨 뜻이죠?

비온 만약 우리가 풀어야 하는 문제들이 시간과 공간 안에서 일어나는 "사실들"이라고 보는 틀 안에서, 감각들을 위해 만들어진 어휘와 문법에서 가져온 아이디어들을 사용해서 해결될 수 있다고 생각한다면, 우리는 실패할 거예요. 그것은 네 개의 직선을 사용해서 평면 위에 배열된 아홉 개의 점들을 연결하여 하나의 큐브를 형성하는 문제를 푸는 것과도 같아요. 당신은 그런 방식으로는 큐브의 패턴을 만들 수 없고 그 안에 머물 수 없어요. 당신들은 삼차원 이상의 차원에 대한 아이디어를 받아들이지 않고는 데자르그의 정리Desargues's theorem[155] 모델을 만들 수가 없어요. 당신들은 상상력을 요하는 이론이 머무르기에 적합한 영역을 가정하지 않고는, 파동 역학과 양자 이론 사이에서 발생하는 명백한 갈등을 해소할 수가 없어요. 이 이론은 그것을 담아내기 위해 멜라니 클라인이 확장한 영역 안에서 작용하고 있는 것으로 공식화되었어요. 그것은 산수가 비합리적 수, 부정적 수, 복합적으로 변형하는 수를 담아내기 위해 확장된 것과도 유사해요. 자연수의 작용에 적합한 영역은 이런 다른 수들을 담아낼 수 없거든요.

로즈메리 난 이해를 못하겠어요.

앨리스 예를 들어 설명해주시겠어요?

비온 여기에서 우리가 다루고 있는 문제는 처음과 나중, 그리고 시간이나 공간 안에 있는 "장소들"과 "예들"의 측면에서는, 즉 교차하는 선의 그림을 통해서는 해결될 수가 없는 거예요.

코난 도일 그 말은 삶을 죽음과 분리하는 것을 통해서는 해결될 수 없다는 말이군. 나는 그것을 여러 해 전에 말했어.

비온 나는 몇몇 사실들에 주의를 끌려고 했던 너의 노력에 공감하

155 16세기 프랑스 수학자 지라르 데자르그의 기하학 이론

지만, 너의 이론들이 감각적 경험과 그것의 용어의 한계를 벗어난 적이 있다고는 생각하지 않아.

코난 도일 그렇게 말하는 너의 이론은 그 문제를 해결할 수 있다는 거야?

비온 분명히 아니지. 그러나 나는 그런 시도가 행해져야 한다고 확신해. 통계학자들이 푸아송 분포Poisson distribution 법칙[156]을 사용해서 명료하게 공식화할 수 있었던 종류의 경험은 아직도 경험적으로 공식화되지 못하고 있어. 그 이유는 인생은 너무 짧고, 바가바드 기타의 저자와, 십자가의 요한, 셰익스피어, 테니슨, 뉴턴 같은 사람들 사이의 공간적 거리가 너무 크고, 그 거리는 아직도 계속해서 확장되고 있기 때문이야. 인생을 말하기에는 집합 이론으로는 충분하지 않아.

셜록 나는 네가 말한 그 사람들 팀에 테니슨은 포함시키지 않을 거야.

왓슨 그러나 분명히 홈즈와 셰익스피어는 포함시킬 걸.

비온 홈즈, 나는 네가 너 자신을 선정 위원회나 관리자에 포함시키는 게 놀라워.

셜록 그 놀라움은 상호적인 거야. 결국, 너도 너 자신을 포함시키고 있잖아. 너는 심지어 이 책에 네 이름을 올려놓았어.

비온 그것은 항구적 결합을 나타내는 누군가의 방식이야. 나는 내가 지금 나 자신의 일부인 정신적 세계에 명칭을 부여하는 것이 쉬운 일이 아니라고 생각해. 나는 기존의 관습으로 다시 돌아가서. 내가 빚을 지고 있다고 생각하는 사람들의 공로를 인정하는 문제에서 충분히 정직하려고 노력하고 있어.

MYSELF 네가 빚을 지고 있다는 요지는 이해하겠어. 그러나 네가 말하는 O는 감각을 통해 인지된 O의 일부인 것처럼 보여. 그것은 그것

---

156 통계학적 개념. 확률론에서 단위 시간 안에 어떤 사건이 몇 번 발생할 것인지를 나타내는 이산 확률 분포이다.

자체가 감각을 통해 지각된 "주인됨ownership"의 감각적 영역의 일부인, 도덕성의 O의 일부야. 그러나 하부-감각적이고 초-감각적인 영역이 존재할 수 있어. 그런 영역이 존재하지 않는다고 믿는 게 불가능할 거야. 내가 "의미 있는" 주인됨의 중요성과, 우리가 보통 상상하듯이, 그것에 수반되는 빚을 졌다는 느낌과 도덕성의 장치가 갖는 중요성을 의심하는 것은 이런 이유 때문이야. 이 가정은 끝없는 혼동이 부수적인 것이 아니라 본질적인 영역으로, 다시 말해서, 끝없는 혼동과 어려움의 원천인 정신적 영역으로 우리를 다시 던져 넣어. 나는 내가 이런 상황에서 벗어날 수 있는 길을 찾아낼 거라고 생각하지는 않지만, 아직 확장되지 않은 "감각적" 영역의 특성을 생각할 수는 있다고 봐.

비온 이해 못하겠어.

MYSELF 어쩌면 네가 알고 있는 것을 예로 들어 설명할 수 있을 것 같아. 만약 그것의 구조가 빛을 가두기 위한 덫으로 의도된 것으로 생각할 때 이해하기가 더 쉬운 조각 작품이 있다고 상상해봐. 의미는 그렇게 갇힌 빛에 의해 형성된 패턴—즉 조각된 작업 그 자체가 아닌, 구조—에 의해 드러나지. 만약 내가 나의 말이 표현하지도 않고 표현할 수도 없는 의미를 "가두는" 방식을 통해서 너에게 말하는 방법을 배울 수 있다면, 나는 현 시점에서는 가능하지 않은 방식으로 너에게 의사소통할 수 있을 거라고 생각해.

비온 마치 음악의 작곡에 포함된 "쉼표들"처럼 말인가?

MYSELF 음악가는 분명히 소리를 내는 음표가 없지만, 존재하는 예술의 어떤 형태에서보다 더 많은 것들이 성취되어야만 하는 작곡의 부분들, 즉 음악이 갖고 있는 침묵들, 쉼들, 비어있는 공간들의 중요성과, 그런 부분들을 위한 잘 확립된 절차의 중요성을 부인하지 않을 거야. 정신분석의 대화적 교류의 일부로서 행해지는, 대화의 "예술"은 비대화 영역에서의 확장을 필요로 하고 요구해.

비온 그런데 그게 새로운 건가? 우리 모두는 이런 종류의 "틈새들"에 친숙하지 않나? 그런 틈새들을 지적하는 것은 보통 적대감의 표현이잖아?

MYSELF 전에 봐왔듯이, 우리는 단순히 어휘가 존재한다는 것이 그것이 필요한 것이라는 증거로 간주되는 활동에 친숙해 있는 것 같아. "증거" 그 자체가 우리가 친숙해 있는 감각적 경험의 범위 안에 들어있어. "섹스"가 감각적 경험과 관련되어 있는 경우, 사람들은 누구나 그 용어를 이해해. 만약 "섹스"를 말하는 대신에, "신의 사랑"을 말해야 한다면, 나는 특정한 시간적 또는 지리적 좌표 안에 분포되어있는, 종교 공동체에서 흔히 듣는 표현을 사용할 거야. 그러나 "섹스"라는 나의 용어가 그러한 감각적 좌표들을 갖고 있지 않은 영역이나 요소들, 유사물들, 또는 심리학적이거나 정신적인 핵들이 존재하지 않는 숫자 0을 가리킨다고 생각해봐. 그때 그 0은 "사고"—내가 사용하는 용어로서의—의 자격이 없어.

비온 꿈들과 꿈 사고들은 어떤데?

MYSELF 나는 우리가 의미 없는 것들을 조작할 수 있는 "책략"—α와 β 같은 소리를 사용하는 것—을 사용한다고 말해왔어. 이것들은 칸트가 말하는 "개념 없는 사고들"과 유사하지만, 그 원리와 그것에 근접하는 현실은 일반적으로 사용되는 말로도 확장될 수 있어. "기억"과 "욕망" 같은 단어들이 의미하는 것은 불투명해. 불투명성이 스며들어 있는 "물-자체"는 그것 자체로서 불투명한 것이 돼. "기억" 또는 "욕망"의 상대역인 O는 불투명해. 나는 이러한 불투명성이라는 특질이 많은 O들과 그것들의 상대역들 안에, 그리고 그것이 보통 나타내고자 하는 현상들 안에 내재되어 있다고 말하겠어. 만약 우리가 실험을 통해 언어적 형태를 발견한다면, 우리는 그러한 관찰이 특정하게 적용되는 사고들 역시 발견할 수 있을 거야. 따라서 우리는 이것들이 의도적으로 특정한 사고들을 모호하게 만드는 데 사용될 수 있는 상황을 성취해.

비온 네가 하는 말 안에 새로운 게 있어? 너는, 내가 그랬듯이, 종종 사람들이 네가 하는 말을 못 알아듣겠다는 말을, 그리고 네가 일부러 모호하게 말한다는 말을 들어왔음이 분명해.

MYSELF 그들은 나를 치켜세우고 있어. 나는, 만약 성취할 수만 있다면, 일부러 그리고 정확하게 모호한 존재가 되고 싶다는 하나의 목표, 또는 포부를 갖고 있다고 제안하고 있는 거야. 그럴 때 나는 듣는 사람의 마음속에서, 그 자신과 이미 그에게 접근 가능하고 사용 가능한 사고들과 아이디어들 사이에 하나의 사고 또는 사고의 연쇄를 정확하게 그리고 즉각적으로 활성화시킬 수 있는 특정한 말들을 사용할 수 있어.

로즈메리 맙소사!

40

MYSELF 비온, 너의 마지막 문장 또는 말은 나의 사고의 흐름을, 완전히 끊은 건 아니지만, 모호한 것으로 만들었다고 말할 수 있어. 하지만 설령 그게 사실이라고 해도, 그 생각은 내가 목표로 하는 기능을 성취하기에는 아직 충분하지 않아. 어떤 사람들은 아주 정확하게 말할 수 있는 능력 덕택에 청중은 소통되는 내용을 쉽게 이해할 수 있지. 그럼에도 불구하고, 모호한 시인은 가장 짧고 가장 직접적인 언어를 사용해서 사람들이 알고 있는 것을 표현할 수 있어. 제라드 맨리 홉킨스가 그런 사람들의 중 하나야. 에즈라 파운드의 견해로는, "소르델로 Sordello"[157]라는 시집을 낸 브라우닝도 그런 사람들에 속하지. 나는 듣는 사람 안에서, 그가 듣고 있는 동안에 그 자신과 사고들 사이에 개입해 들어오는 정신적 활동, 즉 일반적인 것이 아니라 특정한 것을 모호한 것으로 만드는 능력이 자극될 수 있는 가능성이 있다고 제안해.

비온 단순하고 직접적인 횡설수설은 왜 그렇게 못한다는 거야?

MYSELF 그것은 관람자가 자신이 싫어하는 그림에다 역청 단지를 던지는 것만큼이나 부정확하고, 어처구니없는 거야. 그것은 거시적인 것이고, 모든 감각에 기초한 활동들이 그런 것처럼 거대 행위적 현상이

157 1840년에 출간된 영국 시인 Robert Browning의 시집

야. 나는 지금 매우 미세한 영역 안에 있는 것을 탐색하고 있어. 유비를 사용해서 말하자면, 그것은 파동 역학의 영역도 아니고, 양자 역학의 영역도 아니야. 그것이 그 문제에 대한 나의 생각을 전달하기 위해 내가 찾을 수 있는 가장 가까운 표현이야.

비온 너는 뉴턴이 버클리와 충돌했던 지점을 향해 가고 있어.

MYSELF 네가 그런 저명한 이름들을 거론하니까, 내가 우쭐해지는 기분이 들어. 하지만 나는 나 자신을 그들과 연결 짓는 것을 사양하겠어. 너는 버클리가 증분의 "유령들ghosts of increments"에 대한 뉴턴의 공식에 등장하는 분석가를 공격한 것을 말하는 거야?[158] 나는 버클리가 그의 공격에서 사용했던 언어가 인상적이라고 늘 생각해왔어. 그것은 프로이트가 항문성애 이론을 서술할 때 사용했을 법한 언어야. 만약 내가 그 두 사람의 진술들을 시간 순서대로가 아니라, 동시대에 발생한 사건으로 생각한다면, 그 인상은 훨씬 더 강할 거야. 내가 결합된 것으로 그리고 정신적인 것으로 간주하는 현상들은 동시대적인 것으로 간주될 때 의미가 더 풍부해져.

비온 너는 그것들이 역사적으로 분포되었다고 보지 않는 거야?

MYSELF 맞아, 그러나 다 그렇다는 건 아냐. 사실, 나는 조현병 환자에게서 교대로 상호침투하는 수평적인 전이관계를 형성하는 능력을 빌려오는 게 도움이 될 거라고 생각해. 거기에는, 마치 단분자-막monomolecular-film[159]처럼, 깊고 혼동된 것, 또는 피상적이고 널리 "퍼져 있는 것"이 동일한 차원에 있어. 동시에 이런 상태들은, 비록 겉보기에는 상호배타적으로 보이지만, 평화롭게 공존하고 있어—마치 파동 움직

158 George Berkly, 뉴턴과 같은 자유사상가들을 비판하고 종교적 신념을 옹호했던, 탁월한 과학적 직관력을 가진 영국의 주교. 그의 비판서인 *Analyst*는 1734년도에 출간되었음.

159 생물학적 용어로서, 단일한 분자로 구성된 막, 또는 표면을 가리킴.

임과 양자 움직임이 그런 것처럼, 푸아송 분포를 따르는 패턴 안에 있는 대상들은 서로 직각을 이루는 두 차원—시간적 차원과 공간적 차원—에서 모습을 드러내. 시간적 수준의 정점에서 보면, 맞은편에서 일어나는 "전이"는 단분자-방식으로 퍼지고, 공간적 차원의 정점에서 보면, 그 "전이"는 침투적인 방식으로 진행돼.

비온 나는 이해하지 못한 것 같아. 그러니까 네 말은 역사적인 정점에서는 사건들이 우리가 시간이라고 부르는 것 안에서 순서에 따라 분포되지만, 시간적 정점을 무시하는 것을 통해서 그것들이 공간 안에 분포된 것으로 간주할 수 있다는 거야?

MYSELF 맞아. 그러나 그때 두 개의 견해가 발생하는데, 하나는 매우 좁고 극도로 침투적인 견해이고, 다른 하나는 매우 넓고, 깊이나 침투 없이 확산되는 견해야.

앨리스 그래서 어떻다는 거죠? 이것이 나와 내 친구들이 항상 알고 있던 것과 다른 건가요? 우리의 남학생 친구들은 모두 똑같아요—비록 별로 의미가 없는 것이 분명하지만, 항상 우리를 함부로 만지고, 찔러보고, 마찬가지로 별로 의미가 없는, 그들이 섹스라고 부르는 것을 하려고 들어요.

비온 또는 양쪽 다 그러는지도 몰라요. 그들은 그것을 조현병이라고 불러요.

MYSELF 그리고 그것이 정신의학 전체에 퍼져있는 것인지, 아니면 특별하고 특정한 "것" 또는 "사람"에게 집중적으로 적용되는 것인지를 따지는 것은 아무런 의미가 없어요.

남자 당신은 "정신분석," "섹스," "증오" 또는 다른 어떤 언어화에도 같은 말을 할 수 있을 거예요.

MYSELF 또는 "감정들"이나 감정들의 이름들도 그래요. 그것들은 아무것도 의미하지 않아요. 또는 칸트가 말했듯이, “직관 없는 개념들은 텅 빈 것이고, 개념 없는 직관들은 눈먼 것”이에요.

비온 나는 물론 네가 말한 인용문을 알고 있어. 그런데 그게 그가 의미했던 것이 맞아?

MYSELF 그가 의미했던 것이 무엇인지는 모르지만, 나는 나의 직관들과 비교하기 위해 그의 “개념들”을 사용하고 있어. 왜냐하면 나는 그런 식으로 개념과 직관을 하나로 모을 수 있고, 내가 의미하는 것을 안다고 느낄 수 있기 때문이야. 만약 내가 너와 나 자신을 병렬시킬 수 있다면, 그 둘이 함께 하는 것은 의미 있는 것일 거야.

로즈메리 당신들은 확실히 뜻이 아주 잘 맞는 것처럼 보여요. 당신들은 동일한 사람이 아닐까 궁금해질 정도로 잘 맞는 것 같아요.

비온 & MYSELF *(다 함께)* 나도 같은 생각이에요.

41

앨리스 마치 서로 칭찬하는 공동체 같아요.

남자 그런 목적으로 뭉쳤다는 의심이 드는데요.

로즈메리 그 의심을 어떻게 피하죠?

MYSELF 오래 전 앨리스와 롤랜드가 뭉쳤을 때, 그들은 서로 칭찬하는 공동체를 형성하기 위해 그렇게 했어요. 나중에—

앨리스 나중에요! 그것은 서로 증오하고 비난하는 공동체에 더 가까워 보였어요.

MYSELF 잘 표현하셨어요. 당신과 로즈메리는, 비록 공적으로는 아니지만, 결합한 것처럼 보였어요—

남자 —약간은 양가적인 관계였죠.

MYSELF "마님"과 "하녀," "남편"과 "아내"라는 용어들은 모두 "감각적인 차원에서" 의미 있는 것이고, 그것들은 A+B가 거시적인 방식으로 의미 있는 것일 수 있는, 감각적 관계의 영역 안에 있어요. 수학적으로 표현될 수 있는 관계들조차도, "순수" 수학자들이 자신들이 순수 수학 안에 있다고 말할 때, 감각적인 것이 돼요.

비온 그 말은 A+B 관계를 공식화할 수 있다는 단순한 사실이 그 관계를 거시적인 것으로 만든다는 의미가 아닐까요? 그러나 정말 그런가요? 우리가 관계들이 거시적인 것들일 때에만 진술을 공식화하고, 무언가가 공식화되면 공식화되었다는 사실 그 자체에 근거해서 곧바로 그것이 거시적인 것이라고 가정한다고 말하는 것이 더 진실에 가깝지 않나요?

MYSELF 그 지적이 사실인 것 같아요. 만약 우리가 "그것"을 공식화할 수 없다면, "그것"은 초-감각적인 것이든지, 아니면 하부-감각적인 것임이 분명해요. "텅 빈" 개념들과 "눈먼" 직관들은 완성을 결여하고 있어요. 그러나 "완전하지 않거나" "성취되지 않은" 완성이라는 것이 존재해요. ♀이 ♂을 갖고 있고, ♂이 ♀을 갖고 있지만, ♀ # ♂, 즉 그 둘 사이가 떨어져 있는 게 그런 거예요. 간단히 말해서, 그것은 안정될 수가 없어요. 채우고 완성하는 것이 자기 훈련, 또는 모든 훈련의 기능이에요. 결합시키는 것이 연결 또는 시냅스가 하는 일이에요. 연결을 위해 사용된 대체물로부터 떨어져 있을 수는 있지만, 어떤 대체물도 연결이 하는 것을 대신할 수는 없어요. "결혼 O" 또는 "이혼 O"의 자리에 중독되는 것은 실패해요. 조만간 모든 진정한 것의 대체물은 불안정성으로 인해 실패하게 되어 있어요.

롤랜드 우리 자신이 무언가를 보고 듣는 것과 같은 직접적인 관계를 대체할 수 있는 것이 존재하지 않는다는 것이 당신이 말하는 것이라면, 나는 그 말을 분명히 이해했다고 확신할 수 없어요. 그것은 분명히 오류이기 때문이에요. 천문학자는 직접 관찰을 통해서 화성 표면에 있는 "주름들"을 볼 수 있었고, 그려낼 수 있었거든요.

비온 나는 너 자신의 눈을 사용하라는 말을 들어왔어요. 오늘날에도 나는 사람들에게 그들 자신의 상식과 직관을 사용해야 한다고 말해요. 하지만 우리는 지금 화성 표면의 주름들이 화성의 표면을 직접적으로 관찰한 것에 대한 잘못된 해석의 산물이었다는 것을 알고 있어요.

MYSELF 내가 맡은 일이 어떤 것을 주장하는 것이 아니라서 다행이에요.

비온 너는 다른 누군가가 그것을 해야만 한다고 주장하지 않으면서, 누군가에게 또는 어떤 것에게 그 일을 떠넘기고 있어.

MYSELF 그것은 비겁하거나 무책임한 게 아닐까?

비온 어쩌면 그런 말들이 너의 행동을 특징짓는 정확한 용어일 수도 있겠지만, 나는 보통 또는 일반적으로 그렇게 생각하지 않아. 나의 사고들, 또는 그것들에 기초한 활동들에 명칭을 부여하는 나의 능력은 전보다 설득력—"행동을 발생시키는"—이 떨어져. 이러한 "사고 생성체," 또는 제임스 조이스가 말한 "아이디어의 어머니"[160]라는 용어는 덜 빈번하게 사용되거나 설득력이 떨어져. 아마도 감각적 동물의 영역 안에는 동물적 능력의 저하로 인해 쇠퇴를 겪고 있는, 생성적 활동들의 정신적 상대역이 존재하는 것 같아. 어떻게 생각해?

MYSELF 내가 방금 너에게 그걸 물어보려고 했어. 네가 나를 앞질러 가기 때문에, 나는 "다시 시작해"라고 말하고 싶은 유혹을 느끼지만, 나는 "처음부터 시작하는 것"에 대한 경고를 통해 이 비코식vicoesque[161] 충고를 완화시켜.

비온 나는 혼동에 접근하는 적절한 방식은 중간에서 "시작하는" 거

---

160 James Joyce의 표현. 분석에서 어떤 아이디어들은, 분석가와 피분석자 중 누가 말했든 상관없이, 곧 번식 반응을 발생시킨다. 질문이든 대답이든, 그것은 새로운 문제들과 아이디어들의 전체 범위를 생성해낸다. 그 두 사람 중의 하나는 이것을 막기 위해 마음의 문을 닫는 것을 통해 자신을 방어할 수 있다. 이것이 종종 깨어있거나 졸음이 오는 것의 기능일 수 있다. 마음의 상태들과 잠든 동안에 본 것들과 방문한 장소들에 대한 방어로서 말이다. 유사하게 두 사람 중의 하나는 잠이 들거나, 듣지 못하거나, 말하지 못하거나 주변 세상을 보지 못하는 것을 통해 활짝 깨어 있고 과학적으로 유능한 상태로부터 도피할 수 있다.

161 계몽주의 시대를 이끌었던 이탈리아의 철학자, 수사학자, 역사가인 Giambasta Vico의 표현 스타일에서 유래한 표현으로서, 여기에서는 처음부터 다시 시작하는 것을 지칭하는 것으로 보임.

라고 생각해. 우리는 사실 선택지가 없어. 편집증적인 마음 상태에서 시작해서 순환 고리를 계속 맴돌고 있어. 그렇게 접근된 혼동은, 스키아파렐리Schiaparelli[162]의 주름처럼, 박해와 우울을 감지할 수 있는 패턴을, 즉 인내로 "부터" 안전함 "으로" 가는 여정을 드러내는 것으로 보여.

MYSELF 우리에게 선택지가 없다고 말할 때, 네가 말하고 싶은 건 뭐야?

비온 우리가 태어난 세상에는 긴 역사를 가진 개인들(명백한 예로서, 우리의 부모들)이 살고 있어. 우리의 이야기는 그 긴 이야기의 중간에서 시작돼. 우리가 우리 자신의 이야기에 직접적인 관심을 갖는 개인이 되었다는 것은 이미 이야기가 많이 진전되었다는 것을 의미해. 거기에서부터 이야기를 계속하는 것이 나의 책임이야.

MYSELF 명백해. 그런데 그것을 아는 지점이 있는 걸까?

비온 일반적으로 가정되는 것은, 내가 한 장소에서 다른 장소로, 또는 사고가 한 영역에서 다른 영역으로 옮겨갈 때가 그 지점이야.

MYSELF 우리가 지금 그 지점에 있는 걸까?

비온 나는 그렇다고 생각해. 그리고 네가 질문하니까 대답하는데, 나는 자신이 어느 지점에 있는지를 아는 사람이 되기로 결심했어. 그러므로 나는 내가 어디에서 와서 어디로 가는지를 너에게 말해주고 싶어. 이 대화에서 나는 단순명료한 영어를 사용할 수 있지만, 너와 나의 다른 친구들이 단순한 질문들로는 만족해하지 않기 때문에, 나는 단순한 지식에 의지할 수가 없어. 사실, 너의 마지막 질문은 나를 네가 알기를 원하는 것이 무엇인지를 고려하도록 만들었어. 나는 너의 질문을 "해석"해야만 해. 나는 보통 그것에 대해 생각하지 않지만, 네가 말하는 것의 의미를 알고 있다고 생각해. 만약 네가 외국인이라면, 또는 그 주제에 대

---

162 화성의 주름을 발견한 천문학자.

해 친숙하지 않다면, 나는 직접적으로 그리고 확신을 갖고서 그러한 가정을 할 수가 없었을 거야. 나는 너의 질문에 대한 대답을 시도하면서, 내가 말했듯이, 앞서 있었던 일들에 대해 알지 못한 채 이야기의 중간에서부터 시작할 거야. 더 앞선 것들에 대해서는 추측과 추정에 의존해야만 해. 그러므로 나의 대답은 사실들에 대한 "추측들"과 나의 "추측들"에 대한 해석에 기초해 있어.

셜록 너는 도대체 그 모든 것을 어떻게 아는 거야?

비온 나는 그것들을 알지 못해. 그래서 추측들에 대한 해석들에 의존해.

MYSELF 맞아. 그런데 네가 그렇게 생각한다는 것을 너는 어떻게 알지?

비온 나는 알지 못해. 심지어 내가 나 자신의 사고에 관심을 갖고 있을 때조차도, 그리고 내가 다른 누구보다 더 잘 알 가능성이 있는 사람이라고 해도, 나는 알지 못해. 설령 내가 만나게 될 어떤 사람보다도 내가 나 자신을 더 잘 안다고 해도, 그 지식의 총합은 아주 미미한 것에 불과하다는 생각의 흐름을 시작한 사람은 프로이트였어.

남자 정신분석의 결과물은, 내가 관찰한 바에 따르면, 편협성, 교조주의 그리고 확실성이야.

비온 그것들은 단지 시냅스들일 뿐이야. 연결된 것의 의미를 말해주는 것이 아니라, "연결된 곳"의 위치를 표시해주는 이정표들이지.

42

로즈메리 *(앨리스에게)* 끔찍스럽지 않아? 너는 롤랜드가 이런 종류의 말을 하는 걸 참아줘야 했던 적이 있어?

앨리스 절대 아니에요. 감사하게도, 그는 농장 일에 대해서 말했을 뿐이에요. 나는 이것이 정신분석이라고 생각해요.

로즈메리 정말? 그게 설명이 되네. 나는 확실히—

앨리스 내 걱정은 안 해도 돼요—롤랜드가 이렇게 심한 권태에 빠진 적이 없었던 걸 생각하면 신기해요. 그가 재미있는 사람이라고 생각했나요?

로즈메리 그런 적이 없는 것 같아. 그러나 그는 적어도 이런 문제로 나를 지루하게 만들지는 않았어. 그것은 네가 그 말을 듣기 전까지는 매우 믿기 어려운 말 같아.

앨리스 지금은 어떻게 들리는데요?

로즈메리 끔찍해. 나는 그런 고급스런 말에 익숙하지 않은 것 같아—배운 게 있어야지.

앨리스 나는 많은 교육을 받았지만, 끔찍한 건 마찬가지였어요—그러나 이것만큼 심하지는 않았죠.

MYSELF 이건 정신분석이 아니에요. 이건 정신분석에 대해 말하는 거예요.

로즈메리 오, 그런 건 내가 좋아할 것 같은데요. 만약 당신이 나를 분석한다면, 어떻게 하는 건지 보여주세요.

앨리스 신이 그것을 금했어요! 정신분석과 엮이지 말라고요!

로즈메리 왜? 나에겐 최고로 흥미로워 보이는데.

MYSELF 당신들 중 누구도 정신분석을 좋아하지 않을 거예요. 당신들은, 만약 당신들의 분석가가 해야 할 일을 안다면, 지금 말하고 있는 정신분석에 대한 애정을 금새 잃을 거예요! 물론, 정신분석과 엮이지 말아야 한다는 앨리스의 생각이 옳을지도 몰라요. 어떤 사람들은 정신분석이 그들이 견딜 수 있는 영역 너머에 있다고 느껴요. 왜냐고요? 글쎄요, 당신들 모두가 비온과 내가 나누는 대화를 듣는 것을 견딜 수 없어 했던 것과 비슷한 거죠.

로즈메리 당신들 두 사람은 정신분석에 대해 말하고 있었나요? 우리는 당신들이 매우 지루한 사람이라고 생각했어요.

앨리스 어쨌든, 당신은 우리가 왜 지루했을 거라고 생각하죠? 당신은 정신분석에 "대해 말하는 것"이 정신분석을 경험하는 것과 같은 것이 아니라고 말했어요.

MYSELF 그것은 당신이 정신분석을 경험하는 것과 정신분석에 대해 말하는 것 사이의 유사성 또는 비-유사성에 관심이 있는지에 달려있어요. 정신분석 같은 것에 대해 말하는 것과 정신분석을 경험하는 것은 전혀 다른 활동이에요.

비온 당신들은 정신분석의 "실제"를 경험하는 것과 정신분석에 "대한 말하기"를 경험하는 것을 비교할 수 있어야 할 거예요.

MYSELF 나는 당신들 두 숙녀들이 어떤 것을 행하기 위한 전주곡에 참여할 때 하는 것과, 결코 전주곡 너머로는 가지 않는 상태—행동으로의 변형에 대한 대체물—에 머물 때 하는 것을 비교해보면, 그 차이를 가장 쉽게 이해할 수 있을 거라고 말하겠어요.

비온 많은 사람들이 소포클레스의 희곡, "오이디푸스 왕"을 읽었어요. 연극과 연극이 불러일으키는 감정 모두의 근저에 있는 패턴을 알지 못한 상태에서도, 즉 근저에 있는 "집단"이 인식되지 않은 상태에서도 정서들을 경험하는 것은 가능해요.

MYSELF 네가 말한 그 "집단"이 무엇을 뜻하지?

비온 나는 그 단어를 수학자들에게서 빌려왔어. 로즈메리와 앨리스가 했던 경험 안에서 나는 통합과정으로 인식할 수 있는 정서적 연쇄를 탐지할 수 있어. 나는 그 통합 세력을 보여주기 위해 일종의 예술작품을 구성하고 싶지만, 그것을 할 수 있는 예술적 능력이 나에게는 없어. 비록 내가 알고 있는 학문들과 이론들과 공식들에 의존할 수는 없지만, 정신분석을 실천하는 동안 나는 나의 결점들을 유익한 것으로 만들기 위해 피분석자의 협력할 수 있는 능력에 기댈 수 있을 거라고 생각해.

롤랜드 그 다음엔 뭐죠? 그게 환자를 치료해주나요?

비온 당신은 "그 다음엔 뭐죠"라는 질문을 통해서 치료적 학문에 해당하는 그 다음 질문으로 너무 빨리 이동하는 바람에, 내가 미처 따라갈 수가 없어요. "그 다음엔 뭐죠"라는 질문조차도 어떤 결과에 대한 이론 및 시간과 공간을 포함하는 틀의 일부예요. 그러나 나는 그러한 "밑그림" 또는 "항구적 결합"이 정신분석에서 경험된 사건들에 적합한 것으로 간주해야 하는지에 대해서는 확신이 없어요. 그런 틀은 내가 이론화할 때 사용하는 것이지 "실천할" 때 필요하다고 여기는 개념적 장치가 아니에요. 그 개념 그 자체는 거시적 요소들의 끊임없는 결합과 관련되어 있고, 나는 마치 그것이 미시적 요소들로 옮겨갈 때 적용할 수 있는 용어인 것처럼, 계속해서 사용해왔어요. 하나의 미시적 요소가 다른 하나의 미시적 요소와 갖는 "관계"는 직관적으로 α # Ω로 가장 잘 표현될 수 있을 거예요.

MYSELF 너는 "이론화하는 것"과 네가 정신분석을 "실천하는 것"이라고 부르는 것을 구분하는 것 같은데, 그 차이가 뭐야? 내가 보기에는, 정신분석의 실천이 이론화를 포함하는 것 같은데.

비온 "이론화"가 정신분석 실천의 일부인 건 맞아.

MYSELF 나는 네가 방금 말한 것이 무언가를 분명히 깨닫게 해주는 것 같지만, 그 깨달음이 거의 즉시 착각인 것으로 드러나고, 따라서 너의 설명이 무의미한 것이 되든지, 아니면 네가 "명료화하는 것들"이 즉시 또 다른 일련의 "알지 못하는 것들"에 의해 대체된다고 생각해.

비온 그 두 가지 가능성이 다 존재해. 그것이 "배우는 것"에 내포된 어려움이야. 깨달음의 순간은 또한 "명료화" 그 자체와 이해하기를 바라는 "문제"에 대한 의심이 존재한다는 사실이 분명해지는 순간이기도 해. 그리고 나는 이것이 분명히 셜록 홈즈에게 친숙한 경험일 거라고 생각해.

셜록 나는 철학자가 아니야. 나는 심지어 정신분석가가 무엇을 하는 사람인지 추측조차 할 수 없다고 생각해. 하지만 네가 나를 마치 정신분석을 경험한 사람인 것처럼 말하기 때문에, 나는 네가 내가 경험을 한 어떤 것에 대해 말하고 있는 거라고 짐작해. 나는 전에 한 고객을 만났을 때, 그의 옷에서 강한 담배 냄새가 나는 것을 알아차렸던 경우가 기억나. 그것은 가치 있는 단서였던 것으로 드러났고, 나는 후에, 비록 내가 전혀 예상하지 못한 방식이긴 하지만, 가치 있는 것으로 드러난 담뱃재에 대한 글을 썼어.

비온 내가 너를 언급했을 때, 나는 네가 말한 그 경험을 염두에 두지는 않았지만, 탐정으로서의 너의 높은 평판을 고려할 때—

MYSELF —그리고 비록 소설 속에서이긴 하지만, 유용한 사람으로서—

비온 —나는 네가 우리의 정확한 문제에 빛을 던져줄 수 있을 거라고 생각해.

셜록 그런 말을 들을 수 있어서 기뻐. 하지만 나는 네가 논의하는 문제가 정확한 것이라는 너의 생각에 놀랐다고 말할 수밖에 없어.

비온 나는 대화하듯이 말하고 있었어.

셜록 아! 내가 하는 일에서는 모든 게 정확해야 하거든.

MYSELF 우리가 하는 일에서도 그래. 불행하게도 우리는 구어체 영어를 사용해야 하는데, 그것은 우리가 다루는 목적을 위해 적합한 언어가 아냐.

셜록 슬프게도, 나는 저자가 허용해준 말을 사용해야만 해.

MYSELF 너희들—두 사람 모두—의 언어사용은 나쁘지 않아. 나의 등장인물들은 허구적인 존재가 아니지만, 내가 그들에게 정해주는 의사소통 수단에 대해서는 매우 불만스러워해.

셜록 "의사소통의 수단"이라! 네가 말하는 건 영어야? 아니면—

MYSELF 아냐, 그렇지 않아. 의사소통의 수단이 영어라면, 그것은 충분하지 않아. 나는 구어체 영어가 부적절하다는 것을 알고 있어. 그러나 너는 그들이 말하는 다른 것도 들어야만 해.

비온 예컨대, 전문용어 말이야.

셜록 그림을 그리거나 드로잉을 하거나 음악을 작곡하는 것도 포함시켜야지—

비온 또는 바이올린을 연주하는 것은? 너는 너의 고객들이나 범죄자들 앞에서, 또는 법정에서 너희들의 바이올린 연주를 시도해본 적이 있어?

셜록 내가 말했잖아—내가 하는 언어사용은 나의 저자에 의해 정해진다고.

MYSELF 너희들이 다 그랬어. 심지어 모리아티[163] 조차도 너희들을

---

163 소설 셜록 홈즈에 나오는 악한 세력에 대한 허구적 버전.

타락 장면에서 제거할 수 없었어. 그러나 우리는 아무 때라도 등장인물에 의해 제거될 수 있어.

셜록 너희들의 등장인물들은 "환자들"이 되는 것에 의해 제한되어 있지 않나?

MYSELF 아냐. 그 등장인물들은 인간인 것에 의해 제한받는 것처럼 보이지만, 만약 우리들 중의 일부가 생각하듯이 그들이 인격들이나 마음들이라면, 그들 각자는 고유하고, 그들의 "한계들"은 명확히 드러나지 않아. 나는 나의 인격과 마음의 한계가 무엇인지조차도, 또는 내가 방금 사용한 단어들에 근접한 "나의 인격"이라는 것이 존재하는지조차도 알지 못해.

셜록 너는 그것들을, 우리들이 그렇게 하듯이, 감옥 안에 처넣어야 해. 그러면 문제가 얼마나 빨리 정리되는지 너는 놀랄 거야.

MYSELF 그것들은 모두 "허구적인" 감옥과 법정 그리고 허구적인 마음에 적합한 거야.

로즈메리 그 말은 마치 당신이 말하는 마음들과 인격들이 매우 자주 "허구적인 것"이라는 말처럼 들려요.

비온 심지어 "아름다운 여성"조차도 그림자의 그림자의 그림자일 뿐이에요.

로즈메리 만약 내가 당신에게 키스를 하면, 당신의 어조가 즉시 바뀔 걸요.

비온 당신은 어째서 내가 당신을 아름다운 여성이라고 여긴다고 생각하는 거죠?

MYSELF 이런 주변머리 없는 사람을 봤나! 그것은 우리 정신분석가들 모두가 지불하는 대가의 일부야. 마음의 습관이 비분석적 상황 안으로 범람하거든.

비온 만약 분석가가 정신적 양복을 입고 있다면, 그리고 자신이 되고 싶은 허구적 인물을 선택하고 그 인물에 적합한 옷을 입힐 수 있다면, 그렇게 말할 수도 있겠지. 문제는 분석가가 단순히 연기를 목적으로 그 부분을 배우지 않는다는 거야.

로즈메리 나는 연기 행동을 하지 않아요. 그게 내가 당신에게 키스하지 않는 이유에요.

비온 어떤 키스들은 유명해졌어요. 유다가 유명해지고 악명이 높아지자, 그의 키스는 "유다의 키스"라고 불리게 되었죠. 다른 행동들이 그렇듯이, 키스는 말보다 더 큰 소리로 말해요.

MYSELF 해석된 것들이 그렇듯이, 해석도 마찬가지로 양뿐만 아니라 질에 달려 있어요. "양"을 나타내는 "요란함"은 신체적 감각들과 다른 현상들의 영역에서조차 충분치 않아요. "현상들"이라는 용어가 적용되는 모든 것은 정의상 감각들의 영역의 일부에요. 우리는, 존재한다고 주장하거나 존재해왔고, 여전히 존재하고 있다고 보고되는 많은 사람들이 그렇듯이, "초" 감각적이거나 "하부" 감각적이라고 불리는 것 "이상의 것"이 존재한다고 믿어요. 정신분석 실제에 의해 정련하는 것이 중요하다고 우리가 가정하는 것이 바로 "그 이상의 것," 또는 "+ 어떤 것"이에요.

왓슨 너는 전에 재능 있는 방사선 사진 전문가보다 심전도를 더 정확하게 해독하는 컴퓨터에 대해 말한 적이 있어. 네가 방금 말한 것은 마치 기계보다는 살아있는 존재에 의한 해독이 더 낫다는 주장처럼 들려—내 말이 맞아?

MYSELF 꼭 그런 건 아냐. 나는 어떤 것도 주장하고 있지 않아. 나는 어떤 식으로든 인간이 하던 기능들이 기계들이나 기계적 방법들에게 넘어갈 수 있다고 말하고 있는 거야. 우리 자신들은 어떤 시점에 "기계적으로" 걷는 법을 배웠어. 이것은 매우 유용한 기술이었고, 지금도 여전히 그래. 지금도 특정한 숙련된 움직임을 사용하는 것이 유용할 때가 있어. 나는 "기계적인 사고"나 "기계적인 해석"의 가치를 배제하지는 않지만, 그러한 진전이 초-감각적이거나 하부-감각적인 것이 발달할 수 있는 가능성을 배제하는 것은 원하지 않아. 설령 내가 그것이 무엇인지 또는 그것이 존재하는지조차 알 수 없다고 해도 말이야. 병리학 연구소는 임상적 관찰을 대체해서도 안 되고, 그 반대도 마찬가지야.

왓슨 딱 맞는 말이야.

셜록 임상적 분석이 매우 유용하다니까.

비온 너는 너의 담뱃재를 "해석"해야 했잖아—

셜록 —내가 발견한 것의 빛에서 말이야.

MYSELF 그리고 네가 발견한 것을 기록한 책의 도움을 받았지. 그 책은 내가 "도구"라고 부르는 것의 한 예야. 엄격하게 말해서, 그 책에 기록된 이론들도 마찬가지야. 설령 그것들이 전혀 "도구로서" 기록되지 않았더라도, 나는 그것들을 사용 가능한 도구—신성한 도그마나 종교적 가르침이 아니라—로 간주할 거야.

비온 하지만 나는 "하부-감각적인 것"과 "초-감각적인 것"에 대한 너의 진술이 종교적인 말처럼 들릴 수 있다는 생각을 하고 있었어.

MYSELF 네 말의 의미를 알겠어. 종교를 믿는 사람들은 내가 일종의 "예감"으로 제시한 것을 더 잘 이해할 수 있을 거야. 뉴턴이 그의 저서 광학의 끝부분에서, "종교적 믿음"은 과학적으로 접근할 수 있다고 제안했던 것을 네가 기억할지 모르겠어. 여러 해 전에, 밀턴은 "거룩한 빛"에 대해 말했어. 그는 그 빛을 찬양했지.

비온 너는 한밤중에 포탄의 불꽃이 우리의 탱크에 불을 질렀을 때 우리가 했던 말을 들었어야 해!

MYSELF 어떤 사람들은 분명히 그 불꽃이 "정직하고 유용한 것"이었다고 생각할 거야.

앨리스 당신이 말하듯이, 모든 것은 "정점"에 달려있어요.

비온 그 당시에 우리는 그것을 그렇게 부르지 않았어요. "정점"이라는 용어의 의미는 빛을 발하는 것의 정점에 달려있어요.

43

남자 로즈메리, 와서 커피 한 잔 하실래요?

로즈메리 당신은 아직도 그 초콜릿 바를 갖고 있나요?

남자 내 총 집 안에 있는 것 말이에요?

로즈메리 바로 그거요.

롤랜드 그 두 사람 사이의 관계가 사랑인지 증오인지? 유혹인지 열정적 사랑인지? 나는 그게 알고 싶어요.

로즈메리 나도 그래요.

앨리스 여성의 직관이 길을 찾을 거예요.

로즈메리 사람들은 그렇게 말하지만, 나는 그 말을 믿지 않아요.

비온 남성의 직관도 그 말을 믿지 않아요.

MYSELF 그건 수학의 직관도 마찬가지에요. 그 등식이 어떤 거죠? 남자 + 로즈메리인가요? 아니면 남자 # 로즈메리인가요?

로즈메리 나는 우리가 커피를 마신 후에 말할 거예요.

앨리스 이봐요, 롤랜드—그토록 여러 해 동안 결혼생활을 한 우리의 등식은 어떤 거죠?

롤랜드 앨리스 + 롤랜드지.

앨리스 지금도요? 나를 놀라게 하네요.

로즈메리 너도 나를 놀라게 해.

앨리스 당신도요. 커피 한 잔도 마시기 전에요.

MYSELF 때로는 커피 한 잔도 마시기 전에 말하는 게 여러 잔의 커피를 마신 후에 말하는 것보다 더 쉬워요.

앨리스 나는 당신네 정신분석가들이 여러 해 동안의 분석을 옹호한다고 생각했어요.

비온 그건 정신분석에 대한 생각일 뿐이에요. 그리고 그것조차도 사실이 아니에요. 우리는 정직한 작업에 어울리는 가장 짧고 가장 쉬운 방법들을 옹호하고 실천해요.

로즈메리 그 말은 무슨 상업용 광고처럼 들리는데요?

비온 나는 필요하다면, 나 자신이 사용 가능한 사람이라는 사실을 알려야만 하거든요.

앨리스 나는 로즈메리가 남자에게서 무엇을 보는지 알 수가 없어요.

롤랜드 그건 나도 그래.

앨리스 당신은 그녀에게서 뭔가를 본 것 같은데요.

롤랜드 그건 당신도 그런 것 같아.

앨리스 아마도 우리 두 사람이 다 그녀에게서 뭔가를 보았고, 그녀는 우리 두 사람에게서 뭔가를 봤을 거예요.

롤랜드 아마도. 그러나 나는 의심스러워.

앨리스 어쨌든, 양방향의 무언가가 있었을 거예요.

롤랜드 우리들 중 그 누구도 보지 못했지만, 그럼에도 불구하고 존재하는 어떤 것이 있었을까? 우리의 현자는 그것에 대해 뭐라고 말할까?

앨리스 누굴 말하는 거죠?

롤랜드 내 말은 정신분석가 비온 말이야.

앨리스 오, 그 사람요! 나는 그를 현자라고 부르지 않을 거예요. 글쎄요. 시험해보는 게 해로울 건 없겠죠. 그들은 섹스 외에는 관심이 없어요. 지금도 그들은 많은 사람들을 만나요.

비온 섹스는 우리가 종종 사용하는 단어이고, 그것에 대해 말하고 싶을 때 유용한 것이기는 하지만, 명칭일 뿐이고, 우리들 중 누구도 섹스하는 것을 "보는 것"은 아니에요. 언어는 감각들에 대해 말하기 위한 목적으로 생겨난 거예요. 나는 당신들이 내가 우리가 사용하는 말들과 이론들에 근접한 언어, 즉 물-자체에 대해 말해주는 언어를 말하는 것을 통해서 당신들의 경멸을 피할 수 있기를 바란다고 생각해요. 결국, 당신들 두 사람 모두가 서로에게서 뭔가를 "본다"고 말한다고 해도, "그들"은 생각하는 인격들이예요. 그런 문자적인 방식으로, 나는 우리들 중에 누구도 우리가 말하고 있는 관계 안에서 어떤 것도 "보지" 못한다고 확신해요. 그러나 나는 우리가 거기에 뭔가가 있다는 것을 확신한다고 생각해요. 물리학에서는 최소한 물리학자들이 보이지 않는 것을 볼 수 있는 전자현미경을 발명했지만요.

MYSELF 그리고 그들은 "불확실성의 원리"를 알아냈어요! 만약 비온이나 내가 "불확실성의 원리"를 발견했다고 공표한다면, 얼마나 놀림거리가 될지 상상해보세요.

비온 키이츠는 그가 "소극적 능력Negative Capability"이라고 부른 "불확실성의 원리"를 발견했어요. 멀리 가지 않더라도, 욥기와 바가바드기타의 저자들은 자신들이 "알지 못했던 것은 지식이 아니었다고" 생각했던 욥과 아류나의 추정을 발견했어요. 두꺼비 씨Mr. Toad조차도 동일한 조롱과 경멸의 영역 안으로, 즉 "정신적이거나 영적인" 오염처럼 "영원성의 백색 광휘를 오염시키는" 삶 안으로 들어와요.

셜록 나에게는 이 "허구적 인물들"이 당신들 실제 인물들보다 훨씬 더 많은 의미를 갖고 있는 것처럼 보여요.

비온 그리고 의미 없음을 갖고 있죠. 두꺼비는 "의미"와 동의어가 아니었고, 지금도 아니에요.

셜록 만약 그렇다면, 그의 창조자가 그를 창조할 필요가 없었을 텐데요.

앨리스 그를 창조하는 게 왜 필요하죠?

MYSELF 그들을 창조하는 것은 매우 긴 역사를 가진 활동이었어요.

앨리스 그 말은 내 질문에 대한 대답이 아닌데요.

롤랜드 실제로, 그것은 대답보다 질문을 더 자극하는 것처럼 보여요. 허구들의 창조가 그토록 잘 확립된 산업이 된 이유가 뭘까요?

MYSELF 속임수와 위장이라는 목적을 위해서죠—

비온 —무언가를 보여주고 정보를 주기 위해서이기도 해요.

MYSELF 때로는 정확한 정보를 주고, 때로는 거짓된 정보를 줘요. 그것은 저자의 느낌이 적대적인지, 우호적인지에 달려있는 것처럼 보이지만, 사실 나는 그것이 그런 느낌에 달려있다고는 보지 않아요. 왜냐하면 나에게는 그처럼 무언가에 "달려있다는 것"이 우선성과 관련된 것으로 보이거든요. 어떤 것이 먼저일까요? 느낌일까요? 아니면 허구적 아이디어일까요?

비온 칸트는 감각들은 판단하지 않기 때문에, 그것들은 결코 잘못을 범하지 않는다고 말해요. 그것이 내가 "정의적 가설"이라고 부르는 것인데, 나는 "정의적 가설" 역시 잘못을 범하지 않는다고 생각해요.

MYSELF 그러나 우리는 그러한 정의나 "정의적 가설"이 동일한 논의의 세계를 거치는 동안 내내 "불변의 것" 또는 "상수"로서 유지될 거라고 기대해요.

비온 누가 그것이 불변의 것으로 남는 것을 기대하죠? 만약 한 남자나 여자가 자신이 다른 사람을 사랑한다고 말한다면—

MYSELF 그건 내가 방금 염두에 두었던 상황이 아냐. 왜냐하면 나는 분명한 "사고"를 위해 특정한 "사고의 규칙들"—"명료한 의사소통"의 "논리"를 포함하는—을 세우고 유지하는 것이 사고에 참여하는 사람들에게 더 유리하다고 말하고 있었거든.

비온 그것은 네가 말하고 있는 공동체가 명료한 언어를 사용하는 공동체인지에 달려있어. 그러나 너도 알고 있듯이, 모든 공동체들이 명료한 언어를 사용하는 건 아냐. 중국인들은, 내가 알기로는, 의사소통을 하는 데 그런 종류의 언어를 사용하지 않아. 사실상, 이 문제는 크고 거시적인 공동체에게만 해당되는 것이 아냐. 개인을 예로 들자면, 멜라니 클라인은 시각적 이미지의 측면에서 생각함으로써, 한 개인을 마치 하나의 세계인 것처럼 간주했어. 로저 모니-컬Roger Money-Kyrle은 이러한 안내를 따라, 인간이 자신의 세계에 대해 갖는 그림에 대해 설명했어.

MYSELF 만약 우리가 정신분석 실제에서 클라인의 정점 하에서 사용할 수 있는 극히 미세한 견해를 따른다면, 그 모델은 "거시적인 것"이 아닌 "미시적인 것"일 거야. 나는 미시적 분석이 명료한 언어에 의해 도움을 받는다거나 그런 언어를 드러낸다고 생각하지는 않아. "명료한" 의사소통은 자기와 자기 사이의 지배적인 의사소통 방법이야. 나는 정신분석가들이 서로 다른 개인들의 "무의식적" 수준들 사이에서 의사소통이 발생한다고 봐. 그런 점에서 나는 화가들, 시인들, 음악가들 사이에서 발생하는 지배적인 의사소통 방법들이 "명료한" 의사소통에서의 규칙들과는 전혀 다른 규칙들을 따른다고 생각해.

앨리스 나는 그들이 그런 의사소통 방법을 따르지 않는다고 확신해요. 그리고 그런 것이 존재한다고 그들이 보통 가정하는, "도덕성"의 규칙을 따르지도 않는다고 봐요.

롤랜드 확실히, 남자와 여자는 각각 상대방이 도덕적 규칙을 어긴다고 비난하죠—

MYSELF 누군가가 "사랑해"라고 말할 때, 명료한 말의 규칙은 "말하기"에 적용되는 것이지 "사랑의 행위"에 적용되는 것이 아니에요. 신체적 의사소통에서 가장 많이 경험하는 방법은 명료한 것도 아니고, 심지어 목소리를 필요로 하는 것도 아니에요. "섹스"라는 정점에 적합한 의사소통 방법은 언어적인 것이 아니에요. 언어적 의사소통이 일반적인 것으로 간주되는 정점에서 볼 때, 그것은 "행동화"라고 부르는 거예요.

비온 나는 물론 영국 정신분석가들이 사용하는 "행동화"라는 표현에 친숙하지만, 네가 그 용어를 어떻게 이해하는지 알고 싶어.

MYSELF 나는 프로이트가 사용했던 독일어 용어와 동일한 것이 아닌, 영어로 된 용어를 사용하고 있었어. 물-자체, 즉 현실은 영어 공식과 독일어 공식 모두에 근접한 것으로 가정된다는 생각 때문이었지.

비온 너는 "가정된다"고 말하는데, 그 말은 의심한다는 거야?

MYSELF 분명히 그래. 나는 "의심"이 그 정점을 정의하는 데 가장 적절한 단어라고 말하겠어. 그것이 우리가 이 대화 자체 안에서 사용하는 적절한 정점이야.

비온 너는 네가 사용하는 "섹스"라는 단어의 의미를 확장할 수 있어?

MYSELF "섹스"라는 단어에 관한 한, 나는 프로이트가 말한 것보다 더 많은 것을 말할 수 있다고는 생각하지 않아. 나에게 그것은 의미 없는 용어들 중의 하나일 뿐이야. 왜냐하면 보통 사용되는 그 단어의 의미는 모든 것들이 보다 정교한 구성물을 향해 가는 과정에서 끊임없이 결합되어야 하는 것을 나타내기 때문이야. 그것은 제임스 조이스가 "아이디어의 어머니"라고 불렀던 것을 나타내는 단어들 중의 하나야. 그것은 "수의 생성체"라는 수학적 구성물과도 유사하지. 너는 "섹스," "아이디어의 어머니," "수의 생성체"라는 단어들이 그것들 자체로서 반복되는 단어로 의심받는다는 것을 알 수 있을 거야. 그런 이유로 나는 "O"와 같은 직접적으로 의미 없는 기호를 선호해. 종교에 대한 학문에서 빌려온 용어로는, "신성Godhead"이라는 단어가 "궁극적 현실"보다 덜 추상적이라는 점에서 유용하다고 생각해.

비온 추상적이라고?

MYSELF 나는 네가 그것을 지적할 거라고 생각했어. 나는 의미 있는 그리고 비교적 부정확한, 그럼에도 불구하고 유용한 표현을 사용해야 한다고 생각해. 체셔 고양이가 사라졌을 때, 남아 있던 것은 씩 웃음뿐이었거든.

셜록 또 하나의 "허구적 인물"이 등장했구먼.

MYSELF 허구적인 전체 구성물의 일부이지. 그런 종류의 것에 대해 플라톤은 예술가들과 시인들에게 책임을 돌렸어. 비록 그 자신의 예술적 창조물, 예컨대 동굴에 의해 도움을 받는 것을 경멸하지는 않았지만 말이야.

비온 너는 추상적인 것에 대해 무언가를 말하려고 했는데.

MYSELF 내가 말한 그 "씩 웃음," "허구적 인물," "픽션"은 "추상적인 것"의 "역전된 관점"이야. 이 관점에서 어떤 것은 다른 것과 반대되는 것이 아니야.

로즈메리 왜 아니죠?

MYSELF 그것은 오도하는 정의일 거예요. 나는 이미 존재하는 "용어"를 선택해야하기 때문에, "추상적"이라는 용어와 관련된 것으로서 "직관"이라는 용어를 선택하겠어요.

비온 그 둘 사이의 관계를 정의해줄 수 있어?

MYSELF 그 정의를 위해 나는 다시금 초-수학자들meta-mathematicians이 사용하는 기호를 빌려올 거야. #라는 기호 말이야.

비온 너는 방금 추상화抽象化를 직관과 연결했어.

MYSELF 그것이 이 대화에서 행해지고 있는 거야. 회화체 영어의 정점에서 보면, 그것들이 연결되어 있지. 정신분석적 논의의 정점에서, 그것들은 자유연상에 의해 연결되어 있어.

비온 너는 어느 정도로 이 자유연상이 실현을 나타낸다고 보는 거야? 또는 어느 정도로 "자유연상"에 근접하는 실현이 존재한다고 보는 거야?

MYSELF 나는 이 "직관"이라는 구성물에 근접하는 실현이 있다고는 생각하지 않아.

비온 너는 마치 "구성물"이라는 단어가 "용어"라는 단어와 바꿔 쓸 수 있는 것인 것처럼 말하고 있어. 그게 맞는 걸까?

MYSELF 이 논의의 정점에서 보면 "맞아." 그러나 "실현"의 정점에서 보면 "틀려." O의 정점에서 보면, 더더욱 틀려. "직관"을 "항구적 결합"과 연결시키는 모든 구성물은 이 논의의 정점에서만 사실이고, 실현의 정점에서는 사실이 아니야.

앨리스 왜 항구적 결합을 통합과 동의어라고 서술하지 않는 거죠?

MYSELF 나는 "통합"이 "항구적 결합"에 의해 나타내진 것과 호환될 수 있다고 생각해요. 항구적 결합 활동은 "통합"이 나타내는 것과 호환될 수 있어요. 이 대화의 정점에서 볼 때, 통합이라는 용어는 실현들의 집합을 포함하고 있는, 집합에 포함될 수 있어요.

앨리스 그렇다면 통합의 반대어인 해체는 왜 사용하지 않죠?

MYSELF 그건 절대 안돼요. 내가 사용하는 직관이라는 용어는 "항구적 결합," "통합" 그리고 다른 유사한 용어들과 반대되거나 부정적인 실현을 나타내지 않아요. 그것이 "항구적 결합"이 되거나 그렇게 보이는 한, 그것은, 조금이라도 연관되어 있다면, 완전한 변형을 거친 거예요. 다시 말해서, 모든 직관들 # 모든 다른 직관들이 된 거죠. 여기에서 # 기호는 부수적인 것이 아니라, 본질적인 것이에요.

앨리스 당신의 직관은 사고가 사라지고 난 후에, 그 자리에 남아있는 것 같아요.

롤랜드 또는 개념이 사라지고 난 후의 사고랄까요?

비온 그건 "맹목적인 개념"이에요. 칸트가 개념 없는 사고, 또는 직관 없는 개념을 눈이 먼 것이라고 말했듯이요. 그것은 텅 비어있어요. 그러나 나는 그것이 MYSELF가 의미하는 것이라고 생각하지 않아요.

MYSELF 네 말이 맞아. 내가 말하는 "직관"은 그런 것이 아냐. 그것은 무無와 같은 거야. 그것은 어떤 것에 대해 "부정적인 것"이거나 "반대되는 것"이거나 "역전된 관점에서 보는 것"이 아니야. 그런 용어들은 고전적 정신분석에서 빌려온 다른 것들처럼, 회화체 영어에서 "빌려온" 거야. 이 "빌려오기"가 합법적인 것은 맞지만, 고전적 사고의 맥락에서 그 의미가 내가 사용하는 것처럼 변경된다는 것을 의미하지는 않아.

앨리스 그게 문제가 되나요?

MYSELF 불행하게도, 그래요. 이미 프로이트가 매우 정확하게 사용했던 구절들은 그의 이론의 토대로 사용되었던 단어들의 의미가 지금 돌이킬 수 없이 변했기 때문에, 거의 이해할 수 없는 것이 되었거든요. 지금 누가 "열등감 콤플렉스"가 또는 "편집증"이 무엇을 의미하는지 확실히 알 수 있겠어요? 프로이트나 정신과의사가 쓴 책에서 그런 용어들을 읽게 되는 독자들 중에, 그 용어들이 오늘날 의미하는 것이 과거의 의미와 다름에도 불구하고, 저자들이 말하고자 하는 것을 이해하는 데 방해가 되지 않는다고 확신할 수 있는 사람이 얼마나 되겠어요?

앨리스 나는 모차르트가 자신의 연주에서, 또는 다른 누군가의 연주에서 무엇을 들었을지 의심스러워요. 그에게 당시의 클라비코드[164] 소리가 현대 콘서트에서 오늘날의 거장에 의해 연주되는 그랜드 피아노 소리와 같은 것으로 들릴지 궁금해요.

---

164 피아노의 전신

MYSELF 그는 그 "곡조"가 친숙하다고 느꼈을 것 같아요.

앨리스 나는 당신이 말할 때 인용부호를 사용하는 것을 아는데, 인용부호가 있는 말과 그런 부호가 없는 같은 말이 갖는 의미의 차이를 나는 안다고 생각해요. 그것은 마치 인쇄된 페이지에서 "하나, 둘, 그 다음에 다시"라는 표시를 읽는 것과도 같아요.

MYSELF 당신은 내가 수평적 의사소통의 결함 있는 장치라고 부르는 것에 대해 말하고 있어요.

비온 오직 이것이 공간에서의 의사소통과 마찬가지로, 시간에서의 의사소통이 갖고 있는 결함이에요.

MYSELF 천재는 의사소통을 방해할 수 있는 문제들을 극복했어.

비온 그가 어려움들을 극복하는 데 성공한 것 자체가 그를 수용하는 것에 대한 우리의 어려움에 실제로 기여했을 수 있어.

MYSELF 나는 의사소통의 어려움에 대한 하나의 해결책은 의사소통 문제 안에 있는 어려움에 대한 유일한 해결책으로 오인될 수 있다고 말하겠어*(??? …)*. 그러나 여기에서 나는 의문부호들의 소리를 듣고 있어.

다함께 당신은 제대로 들었어요—하지만 말을 한 사람은 아무도 없어요.

비온 나는 소리 증폭기 역할을 시도할 거야. 음향 재생을 통해 안드로메다 M31 성운, 또는 게자리 성운을 발견한 것이 어떻게 너의 요점을 예증할 수 있을까?

MYSELF 네 질문은 너 자신이 질문할 수 있게 해주는 어떤 것을 네가 알고 있다는 것을 말해줘. 그 문제에 대한 우리의 해결책은 우리들 사이와 그 두 은하계 사이를 공간적으로 분리하는 것처럼 보일 수 있어. 그 분리는 실제로 그 두 공간들 사이의 관계를 설명하는 데는 적합하지 않을 수 있지만, 우리의 이해와 몰이해 사이의 공간을 설명하는 데는 적합한 것일 수 있어.

롤랜드 나는 이해가 안 돼요.

MYSELF 그래서, 당신은 당신이 이해하지 못하는 것에 대한 대체물로서 당신이 이해하는 어떤 것을 발견할 수 있어요. 나는 언젠가 책방에서 고고학 관련 서적을 찾아달라고 요청한 적이 있어요. 그곳에 그 책은 없었지만, 점원은 고고학과 관련 없는 책을 마치 관련이 있는 책인 것처럼 나에게 추천했어요. 새로운 별의 해체가 나의 "통합"이 차지하고 있는 같은 시간과 공간에서 어떻게 발생할 수 있는지 내가 이해할 수 없다고 가정해보세요. 나는 나의 이해와 몰이해 사이의 "거리"를 나와 M31 성운 사이의 "거리" 그리고 그 거리에 대한 "해결"과 기꺼이 교환할지도 몰라요. 그리고 "소리"와 "광경"이 "창조적" 효과와 함께 그것에 연결될지도 몰라요.

앨리스 그것은 확실히 매우 환상적인데요?

MYSELF 당신이 한 말은 나의 "환상과 사실 사이의 거리가 매우 또는 진정으로 어마어마하다는 의미인가요? 그 아이디어는 생각하기, 몰이해 그리고 이해에 대한 위안이 되는 대체물일 수 있어요. 그것은 또한 불쾌한 경험이 곧 발생할 수 있고, 가까이 있다고 느끼는 것보다 더 즐거운 것일 수 있어요.

앨리스 당신이 말한 것이 사실일 수 있지만, 나는 내가 어떤 것을 선호하는지조차 확신할 수 없는 걸요.

MYSELF 정말 그래요. 우리 모두는, 만약 어떤 것이 기분 좋은 정서적 경험인지를 안다면, 그리고 그런 목표를 성취하기 위한 정확한 단계들을 확인하는 방법을 안다면, 그런 기분 좋은 경험을 선호할 거예요. 불쾌한 상태는, 우리가 정확한 선택을 했다고 상상하는 것이 주는 위안 없이 책임질 것을 강요받는다는 느낌을 주는 것 같아요.

앨리스 나는 당신이 약간 뻔한—진부한—말을 하고 있다고 생각해요.

MYSELF 진부하거나 환상적이라고, 또는 동시에 그 둘 모두라고 판단 받지 않고서는, 상식을 지키는 것이 어려워요. 고도로 세련된 집단들조차도 입자설, 양자 이론, 또는 파동정서에 속한 연속체 이론을 지지하는 사람들로 나뉘는 것을 볼 수 있어요.

앨리스 두 가지 모두를 지지하는 건 왜 안 되죠?

MYSELF 또는 환상적인 동시에 진부하면 왜 안 되죠? 잘 모르겠어요.

비온 모른다고? 네가 우리를 놀라게 하네. 나는 모든 사람들이 그것을 알고 있다고 생각했어!

MYSELF 익살스러운 친구 같으니. 계속 그렇게 행동하다가는 무슨 동물 흉내를 낼 것 같아. 나는 레오나르도가 머리카락과 물을 그리는데 몰두했다고 말한 적이 있어. 그런데 그가 그토록 몰두한 것이 무엇인지 추측하기 위해 시간을 들이지 않고서는 아무것도 추측할 수 없고, 아무런 아이디어도 갖지 못해. 시간을 들여 추측해볼 때, 나는 그의 그림을 바라보면서 보내는 시간이 가치 있는 것인지 아닌지에 대한 얼마의 아이디어를 가질 수 있어. 나는 그의 작품이 물의 연속체와 그 안에서의 움직임에 대한 나 자신의 몰두를 이끌어내도록 허용할 수 있어. 내가 궁금한 것은, 이 페이지에서 표현된 아이디어들이 H_2O 분자들의 무질서한 덩어리처럼 보이는지, 아니면 그것들이 한 양동이의 물 또는 머리카락의 순간적인 혼동처럼 보이는지에 대한 거야. 현실이 어떤 것에 더 근접할까? 미용사의 창조물일까? 레오나르도의 드로잉일까? 그 아이디어는 호머의 일리아드와 오디세이에 대한 언어적 표현에서처럼, 억류되어 있는 걸까? 분자 물리학자의 공식 안에 억류되어 있는 걸까? 또는 함께 모여, 마치 레오나르도의 연필로 그린 선들처럼, 끊임없이 결합되는 단어들의 패턴을 "구성"하고, 그 구성된 것을 억류하며, "호머"라는 라벨을 획득하게 함으로써, 세월이 흘러도 패턴이나 언어적 소리 안에 보존하는 집단이 존재하는 걸까? 더 나아가, 나는 짧은 순간의 해석 활동을 통해 피분석자의 주의를 하나의 패턴—회기에서 그가 말한 것이 나의 주의를 이끌어낼—에 집중시키려고 노력하는 동안 내가 무엇을 하고 있는 건지 궁금해. 때로는 해석이 주어지는 매우 짧은 시간이 듣는 사람에게는 무척 길게 느껴지지. 때로는 해석이 주어지는 시간의 "길이"와 그것을 듣는 시간의 "길이" 사이의 관계가 비례하지만, 때로는 그렇지 않아. 나는 어떤 때에는 그 둘을 "분리된 다른 것"으로 서술하고, 다른 때에는 "켤레와 복소수conjugate and complex"로 서술해.

앨리스 그 용어들은 이해가 잘 안 돼요.

MYSELF 나는 내가 말한 것과 당신이 들은 것 사이의 관계를 "켤레와 복소수"로 서술 하는 것이 정확하다고 생각해요.

앨리스 그렇다면, 당신은 왜, 나처럼, "나는 당신을 이해하지 못했다"고 말하지 않는 거죠?

MYSELF 왜냐하면, 이 정점에서는, 그것이 부정확한 서술이기 때문이에요.

앨리스 내가 보장하는데, 그것은 항상 사실이에요.

MYSELF 나도 마찬가지로, 내가 말한 것이, 나의 정점에서는, "항상 사실"이라고 보장할 수 있어요.

앨리스 편파적이지 않은 판사라면, 그렇게 생각할까요?

MYSELF 판사는, 만약 정점들이 이해된다면 그리고 그러한 이해를 사용한다면, 편파적이지 않게 판단할 수 있어요. 내 경험에 의하면, 그럴 가능성은 별로 없지만요.

44

앨리스 그래서 우리가 다시 원점으로 돌아왔나요?

MYSELF 그런 것 같아요. 문제는 궁극적으로 "사람들"이에요. 그것이 우리들 중의 일부가 인격은 과학적 연구대상이어야만 한다고 생각하는 이유에요. 대부분의 사람들은 유기적으로 연결된 근육조직을 사용하는 행동들에 친숙하고, 잘 연결된 언어articulated language[165]를 사용하는 것이 편하다고 느껴요. 아마도 그런 종류의 언어와 그런 종류의 근육을 사용하는 것이 더 쉬운 거예요. 행동에서 부드러운 근육은 보통 연결되지 않은 말과 더 쉽게 짝을 이뤄요. "사랑해"라는 말과 어휘 그리고 문법은 보통 연결규칙이 느슨할 때 활동 그 자체와 더 쉽게 짝을 이뤄요. 사랑과 연관된 행동은 연결의 법칙들이 비슷하게 느슨할 때 더 쉬워요. 사랑이 있는 의사소통의 가장 적합한 형태들은 사고, 말 그리고 행위에서의 연결 법칙이 적용되는 느슨함의 정도에 비례하는 것으로 보여요. 나는 사랑에 대해 말하지만, 내가 말하는 것은 신체적 영역에서 표현되든, 정신적 영역에서 표현되든, 모든 감정들에 똑같이 적용돼요.

비온 나는 개인이 하나의 "집단"이라는 아이디어—집단이 하나의 개인이라는 홉스의 아이디어처럼—가 깨달음을 주는 것일 수 있다고 생

165 articulated language는 명료한 언어와 연결된 언어 모두를 의미한다.

각해. 나는 그것에 대해서는 또는 네가 정의적 가설이라고 정의하는 아이디어에 대해서도 다투고 싶지 않아. 내가 확신할 수 없는 것은 너와 나 외에도 그 아이디어에 동의하거나, 비슷하게 만족하거나, 관대하거나, 찬성하거나, 반대할 자격이 있는 다른 사람들이 있는지에 대한 거야.

MYSELF 하나의 접근법의 수용 가능성은 사고나 논의에 달려 있지만, 그 문제에 대한 이러한 의심은 그것의 과거 역사에서 항상 그랬던 것만큼이나 오늘날도 여전히 타당해. 그럼에도 불구하고, 너와 나 모두는 부적절한 절차들 사이에 있는 현재의 선택에 대해서는 대안을 제안하지 않고 있어.

비온 그건 내가 말하고 싶은 요지가 아니야. 나는 하이젠버그가 물리학의 탐구 영역에서 탐지해낸 것처럼 탐구자에 의해 영향을 받지 않고 남아있는 문제가 있다고는 생각하지 않아. 물-자체는 관찰되는 것에 의해 변경돼. 나는 이 변화가 정신적 영역에서의 유사한 변화 없이는 가정할 수 없다고 제안하겠어. 같은 "유비"가 물리적 세계에도 적용될 수 있지만, 하나의 사고의 양태로서 사용이 가능한 것은 아니야.

MYSELF 너와 나는 지금 마치 그런 사고의 양태를 사용할 수 있는 것처럼 말하고 있어. 실제로, "가정된 것"이 사용될 수 있는 것처럼.

비온 너나 나에게 알려진 것은 아무것도 없어—

MYSELF —또는 화가들, 음악가들, 시인들, 또는 이 모든 사람들에게 알려진 것은 없어.

두 사람 모두 지금까지는.

A 안녕! 다시 만났군요. 이 책을 읽어보니 어떠셨어요?

Q 물론, 나는 그것을 읽지 않았어요. 나는 단지 그것이 어떻게 끝나는지를 보고 있었어요. 내가 그 책을 읽기 전보다 더 지혜로워진 건 없는 것 같아요.

A 나는 당신이 그것의 알파 *α*와 오메가 *Ω* 부분만을 읽었을지 모른다고 걱정했어요.

Q 뭐라고요?! 다시금 그 모든 걸 다 읽으라고요?

A 당신이 변했어요—5분 더 나이가 들었어요. 내가 빌려온 시간 척도에 대한 표기가 어떤 의미를 갖고 있다면요. 그래도 재정적으로 바닥난 것은 아니죠?

Q 아직은요, 그리고 궁금해서 그러는데요. 그것을 출간하는 데 돈이 많이 들었나요?

A 정말 많이 들었어요. 여러 해에 걸친 공립학교 교육, 군인으로 전쟁터에서 싸운 시간, 옥스퍼드 대학교에서 보낸 세월, 의사 수련생 시절, 포이티에스 대학에서의 한 해, 이것들 중 마지막 세 가지는 동시에 했지만, 이 모든 비용이 포함되어 있거든요.

Q (정중하게 하품을 하면서) 그게 가장 흥미로운 부분이에요. 그렇죠?

2권

제시된 과거

1

롤랜드 오늘이 며칠이지?

앨리스 모르겠어요. 그게 중요한가요?

롤랜드 물론 중요하지! 일어나요!

앨리스 오, 미안해요. 천구백칠십 … 년 화요일이네요.

롤랜드 당신은 아직 잠이 덜 깼어. 하지만 화요일은 맞네. 나는 문덴에 가야 해서 지금 일어나야 해.

앨리스 알았어요. 내가 꿈을 꾸고 있었나 봐요. … 무슨 일이지?

로즈메리 예, 마님? 마님이 나더러 깨우라고 말했어요.

앨리스 물론, 그랬지. 아침식사는 일곱 시 반에 할 거야. 맙소사! 머리가 아파.

롤랜드 당신은 꿈을 꾸고 있어.

앨리스 내 두통은 꿈이 아니라고 말할 수 있어요. 당신은 오늘 쉬는 날이죠? 점심식사 때 봐요. 로즈메리, 나는 끔찍한 꿈을 꾸었어.

로즈메리 그렇군요, 마님? 그게 다인가요?

앨리스 물론이야. 서둘러 아니면 …를 놓칠 거야. 내가 잠에서 덜 깼나봐. 나는 점심을 먹으로 브로잉에 가야 해. 롤랜드가 오늘이 우리의 결혼기념일이라는 걸 기억하면 좋겠어. 그가 나를 사랑한다는 것을 알았을 때, 내가 얼마나 안심했었는지 그는 몰라. 우스꽝스런 걱정으로부터의 대 해방이었어! 나는 지금 그의 별명이 얼마나 적절한 것인지 알아. 그의 별명은 또라이였는데, 당시에 나는 그걸 몰랐어. 그는 마치 뇌가 어떻게 된 것처럼, "라일락의 계절"을 중얼거리곤 했어. 그것은 내가 사용했던 향수의 이름이었지. 나는 그가 "너무 낭만적이고, 나를 사랑하고 있다"고 생각했어. 세상에, 그런 생각을 했던 내가 미쳤지! 남자들은 여자들이 자신들을 사랑하는 게 분명하다고 생각해. 내가 향수를 바른 것은 단순히 그것을 좋아했기 때문이었어—봄이어서도 아니고, 라일락 꽃이어서도 아냐, 그가 나를 사랑한다고 생각했던 내가 미쳤던 거지. 그러나 나는 꽤 아름다웠어—과거에. 지금은 화장을 할 때 거울에 비치는 내 얼굴을 믿기가 어렵지만. 아가씨에게 그녀의 지금 얼굴이 과거의 얼굴이 아니라고 말해주는 "잔인한 거울"말이야. 나는 롤랜드가 나에게 아름답다는 말을 할 때, 그 말을 실제로 믿고 있는지 궁금해. 내가 그 말을 진지하게 듣지 않는다는 것을 알면, 그는 상처받을 거야. 그러나 그가 내 앞에서 거울을 들고 서 있는 동안 로즈메리를 훔쳐보는 모습을 보면서, 나는 내가 "이전만치 아름답지 않다"는 것을 알 수 있어. 그는 내가 나에 대한 그의 찬사를 진짜라고 믿을 만큼 충분히 허영에 찬 여자라고 생각하고 있어. 우리의 결혼생활이 더 길어질수록 … 우리의 삶은 반복해서 돌아가는 레코드판 같아졌어. "빵과 농부"라는 노래는, 일부 남학생들이 생각했던 것처럼, "브레턴 농부"만큼 낭만적이지 못해, … "라일락의 계절," "봄," "사랑"—나는 그것들이 모두 "빵"을 의미하는 것이고, 만약 운이 좋다면, 약간의 "버터"도 의미한다고 생각해. 만약 내가 이 주름살을 펴지 않는다면, 나는 빵을 구걸해야 할지도 몰라. 롤랜드가 예쁜 아내에게 나쁘게 행동하는 건 아냐. 내가 속고 있냐고? 그렇지 않아. 나는 심지어 그가 "잘생겼다"고 봐줄 수도 있어. 그러나 그는 충실한 남편일까? 롤랜드는 잘 생겼어. 그리고 나에게 신실할까? 우리는 꽤 보기 좋은 한 쌍으로 보일 거야 … 브로잉에서 한물가기는 했지만. 만약 영국 해군이 전쟁에서 이기지 않았더라면, 영국이 어떻게 존재했겠어?—사람들은 그렇게 말하지. 만약 비티Beatty가 그가 쓴 모자가 삐딱하게 기울어져 있는 것을 보았더라면 어떤 일이 일어났을까?[1] 모자가 저스트랜드 전투를 승리로 이끈 거야! 얼마나 멋진 머리 윤곽의 모습이었을까! "나의 모자를 영국으로 가져다가, 해안가에 걸어두고, 라일락꽃이 만개하는 계절이 오면, 그것을 두드리라." 롤랜드가 왔어. 거의 7시 30분이야. *(롤랜드에게)* 오늘밤 우리는 우리의—

롤랜드 나는 먼저 확인해야 할 게 많아. 당신은 누가 오는지 알아?

앨리스 보통 때와 같을 걸요. 그렇지 않다고 말해준 사람이 아무도 없어요. 신부님은 늦을지도 모른다고 했고, 에드먼드도 좀 늦게 올지 몰라요. 나는 로즈메리에게 여덟 명 분의 다과를 준비하라고 했어요.

롤랜드 꽤 큰 파티야—그들은 보통 다 참석해. 이 모임은 대단한 성공이야. 비록 나는, 우리의 허트포드셔 지역은 말할 것도 없고, 영국에서 플라톤적인 작업을 시도하는 것에 대해 확실히 의심을 갖고 있지만 말이야. 로즈메리는 간식준비를 잘하는 것 같아.

앨리스 그래요. 나는 때로 이 나라에서 진행되는 것들이 얼마나 오랫동안 지속될 수 있을지 궁금해요.

롤랜드 철학자들은 가혹한 현실을 철학적으로 취급해야겠지만, 우리는 이론을 만들어내는 게 아니라, 우리가 존재한다는 것을 보여줘야 할 거야. 누가 또 늦는 거지?

앨리스 아마도 의사 선생님일 걸요. 로빈도 오나요?

롤랜드 톰이 왔네.

---

1 여기에서 함장은 스페인 함대를 무찌른 영국 해군의 넬슨 제독을 지칭함.

톰 안녕하세요. 로빈이 안 온다고요?

롤랜드 앨리스는 농부가 말할 수 있는 기회를 어떻게 생각할지 궁금해 해.

톰 나는 로빈이 안 올 가능성이 더 크다고 봐요. 나는 그를 트롯터 Trotter[2]가 말했던 부류, 즉 항상 삶과 죽음을 직면하는 사람들 중의 하나라고 생각하거든요. 광부들, 선원들 그리고 의사들처럼 말이에요. 소수의 사람들은 강제로—

정신분석가 실례합니다—안녕하세요?

앨리스 와주셔서 영광이에요.

톰 트롯터는 농부들을 잊지 말아야 했어요. 그가 많은 사람들이 굶주리고 있고, 앞으로 더 많은 사람들이 굶주리게 될 세상에서 살았더라면, 농부들을 잊지 않았을 거예요.

롤랜드 현저하게 두드러진 소비자의 세계, 즉 약자로 C.C의 세계 말이에요.

정신분석가 또는 현기증 나는 눈의 즐거움을 강조하는 "보라, 보라 See See"의 세계를요.

톰 확실히 눈은 배가 담을 수 있는 것보다 더 많은 것을 담을 수 있어요. 이상한 고대 새인 펠리칸pellycan[3]은 전혀 소화하지 않고 배설할 정도로 탐욕적일 수 있어요. BB See![4]가 지금 상업적인 TV 방송을 도입한 것은 적절한 거예요.

정신분석가 BB는 그 문제로 비난받아야 해요. BB는 그것을 반대했지만, 그 반대는 동일한 반응과 반대 반응에 책임이 있을 수 있어요.

롤랜드 그 문제와 탐욕이 어떻게 관련되어있죠?

---

2 Trotter, Wilfred. *평화와 전쟁 시의 집단 본능*을 저술한 외과의사.

3 과식하는 새로 알려진 펠리칸pelican을 풍자하는 말.

4 영국의 BBC 방송을 풍자하는 말.

톰 BB는, 리비-처럼Livy-like[5], 신체의 나머지 부분이 태만과 사치에 기여할 것을 요구하는 거대한 모든-것을-보는/나/눈big-see/I/eye이에요.

정신분석가 그 모든 것들이 비유로서는 훌륭해요. 하지만—여기 의사께서 오셨네요. 의사 선생님, 선생님은 리비가 말한 복부腹部의 비유가 해부학적으로 맞는 말이라고 생각하세요?

의사 물론 아니죠. 비유들이 맞는 것이어야 하나요? 그것들은 언어적 진술로 가는 과정 속에 있는 단순한 이야기들이에요.

앨리스 내가 이해하기에는 내용이 너무 심오해요. 제발 설명해주세요!

톰 의사 선생님은 비유가 통찰에 도달하는 데 필요한 정신적 보조수단이라는 뜻이에요. 원이나 선이나 삼각형이 유클리드에게, 또는 그보다 앞서 탈레스Thales에게 그랬던 것처럼요.

의사 이러한 구체적인 보조수단들은 한계들이 돼요. 자산이 부채가 되는 거죠. 해부학적이고 생리학적인 구조는 이동 능력을 갖기 위해 성장하는 아기에게는 자산이에요.

정신분석가 간략히 말해서 "스스로-움직이는 자"가 되는 거네요.

톰 공간, 기하학적 공간을 보조수단으로 사용한 유클리드 기하학은 매우 막강하게 성장하는 바람에, 수천 년 안에 그것의 시각적 틀에 의해 갇히게 되었어요. 이 지점에서 마음의 요구들은 육체적 구조 안에 갇혀 버렸죠.

의사 잠자는 공주를 깨우기 위해 동화 속 왕자를 등장시켜야겠네요.

정신분석가 누굴 말하는 거죠? 등장인물들이 무대에 나타날 때, 그들을 소개해주셔야죠.

톰 데카르트 좌표가 그 이름이에요.

앨리스 예쁜 이름이네요.

---

5 로마의 역사가(BC 57-AD 17). 신체의 부분들에 대한 비유를 통해서 집단문화의 현실을 설명한 사람.

로즈메리 로빈이 왔어요, 마님.

앨리스 안녕하세요, 로빈. 우리는 막 데카르트 좌표에 대해 말하고 있었어요.

로빈 세상에! 설마 나더러 그런 용어를 사용하라는 건 아니겠죠. 그러면 나는 내 농장을 좌표로 덮어버릴 걸요—그것들은 사고의 씨앗들이 내 마음속에서 싹을 틔우는 것보다 훨씬 더 빨리 자랄 겁니다.

앨리스 신부님이 오셨네요. "제 때 오셨어요." 우리의 이교도 과학자가 세례를 받을 필요가 있었거든요. 아직 문학적이거나 종교적인 이름을 갖지는 못했지만, 우리의 뇌가 최근에 낳은 자식인 데카르트 좌표를 소개할게요.

톰 그것들은 사실상 세쌍둥이예요. 첫째는 실제적이고 뚜렷이 구분되는 것이고, 둘째는 실제적이고 동시적인 것이며, 셋째는 켤레 복소수conjugate complex에요.

롤랜드 나는 그 첫째를 R.D.*(Real and Distinct)*라고 줄여서 부를 거예요.

정신분석가 나머지 두 쌍둥이는 R.C.*(Real and Coincident)*와 C.C.*(Conjugate Complex)*로 불러야겠네요.

폴 (신부) 부모들은 보통 자신들의 소망들을 나에게 말해요. 나는 그것들을 오직 신에게 위탁하죠.

롤랜드 그들의 기질을 추측해보면, 나는 첫째가 약간 고집스러울 거라고 예상해요. 나는 그가 거울 앞에서 화가 난 상태로 자신을 바라보면서, "나는 네가 아니야"라고 말하는 소리를 거의 들을 수 있어요.

정신분석가 나는 둘째가, "내가 여기에 먼저 왔어. 이건 내 자리야"라고 말하는 소리를 들어요.

롤랜드 켤레 복소수는, 우리의 야망에 찬 정치가인 남자처럼, 확실히 지적 속물이라고 말할 수 있어요. 당신들은 우리 지식인들에게 의존하는 바람에 잘못된 선택을 할 수 있어요—항상요.

앨리스[6] 나는 당신이 우리의 뇌가 낳은 자식들을 너무 가혹하게 대한다고 생각해요. 이것은 사악한 요정에게 마지막 소원을 말할 수 있게 해주는, 종교적 세례의식 같아요. 근사한 등장인물들이죠!

톰 글쎄요, 선線이 해방된 방식으로, 그리고 고도로 특허받은 방식으로 원圓을 자르죠. 그러면 엉클 리만Uncle Riemann은 기뻐할 거예요.

정신분석가 로바체프스키Lobachevsky[7] 대부代父도 그럴 거고요.

롤랜드 그리고 엉클 톰 코블리Tom Cobley[8]도 그럴 거예요.

톰 그러나 진지하게 생각해보면, 데카르트 좌표는 기하학을 해방시켰어요. 우리는 그 덕택에 더 이상 우리가 볼 수 있는 것에 갇히거나 제한될 필요가 없게 되었어요.

앨리스 워즈워드는 산들바람에 춤추는 수선화의 모습을 통해 자유로워진 내면의 눈에 대해 말했어요. 하지만 그는 그 장면이 가져다준 풍부함이 무엇인지에 대해서는 잘 알지 못했어요.

로빈 또는 누군가가 재치 있게 말했듯이, 3실링 6펜스에 또 한권의 얇은 책을 살 수 있는 기회가 있다는 걸 몰랐던 거죠.

정신분석가 그는 오늘날 3실링 6펜스로 부자가 되지는 못했을 거예요. 에릭 길Eric Gill[9]은 영국이 가난해지기를 기도했어요.

로빈 오늘날 그는 행복한 남자임이 분명해요. 아마도 우리는 "기쁨과 사랑이 가득한 축복받은 왕국"에서 행복하도록 허용받지 못한 사람들일 거예요.

정신분석가 "그만큼 그대는 천상의 빛이 내면을 비추고, 마음의 모

---

6 Bernhard Riemann(1826-1866). 독일의 수학자이자 기하학자.

7 Nikolai Lobachevsky(1792-1856). 러시아의 수학자이자 기하학자.

8 유명한 민요인, widdicombe fair에 나오는 인물.

9 Eric Gill(1882-1940). 영국의 조각가, 판화 제작자.

든 힘들이 빛을 발하고, 거기에는 식물의 눈이 있어, 거기로부터 모든 안개가 정화되고 사라지는 것을—"[10]

폴 —"내가 유한한 존재의 눈으로는 볼 수 없는 것을 볼 수 있게 하고, 말할 수 있게 하는 것을."

로빈 "하늘은 신의 영광을 선언해요." 나는 영국 공군이었을 때, "나는 새벽의 날개를 펴고 땅 끝까지 날아가리라"라는 시구를 생각하곤 했어요. 확신하건대, 폴은 그 시구를 알 거예요.

폴 물론이죠—우리 모두가 알아요.

톰 나는 그토록 시적인 것을 생각해본 적이 없어요. 나는 석유가스로 가득 차 있었어요.

로빈 그 시절은 내 생애 최고 시절이었어요. 비록 나는 그때 죽음에 대한 두려움 때문에 정신이 없었지만요. 그 후에 나는, 내가 아는 한 젊은 병사처럼, 포탄에 맞은 탱크에서 기어 나오는 순간 항복하라고 말하는 적에게 용감하게 항거하지 못한 것이 수치스러운 일이라고 느꼈어요.

정신분석가 무슨 일이 있었죠?

로빈 무슨 일이 있었냐고요? 무슨 일이 있을 수 있겠어요? 그들은—

톰 —"물론," 그를 사살했죠.

로빈 물론이에요. 당신이 말한 대로, "물론."

앨리스 로즈메리가 차를 가져왔어요. 차를 마시다 보면, 우리가 너무 뜨거워진 열기를 식힐 수 있을 거예요. 당신은 전쟁에 참여했나요, 로즈메리?

로즈메리 예, 마님. 육군여자보조대WAACS의 일원으로요. 달리 시킬 일은 없나요?

앨리스 없어, 고마워.

---

10 실낙원 3권에 나오는 내용.

롤랜드 우리는 차를 마시면서 대화를 계속할 수 있어요.

폴 당신들은 아침의 날개들이 신에게서 도망치기 위한 헛된 수단이었음을 잊고 있어요.

정신분석가 아마도 지옥의 깊은 곳으로 도망치려고 했을 걸요.

로빈 폴이 말했듯이, 나는 "아침의 날개"가 도망치는 것에 대한 시적 표현이라는 것을 잊고 있었어요. 나는 비록 정신분석가만큼 크게 성공하지는 못했지만, 교회를 가지[11] 않을 정도로 성공한 것은 분명하다고 생각해요.

정신분석가 당신은 왜 내가 성공했다고 가정하죠?

로빈 그렇지 않나요? 나는 정신분석가들처럼 적절히 분석을 받은 사람들은 "신이 하늘에 있는 동안 세상의 모든 것이 순조롭다"는 말 같은 허접한 이야기들은 믿지 않을 거라고 생각했는데요.

앨리스 정말요, 로빈?—당신은 왜 브라우닝을 제대로 읽지 않죠?

로빈 어째서죠? 내가 지금 뭘 잘못 말했나요?

롤랜드 나는 다 괜찮다고 말하겠어요—다만 당신은 성경을 제대로 읽지 않았어요.

톰 당신은 당신의 비행 규칙들을 잊었어요.

정신분석가 나는 사람들이 현재 숭배하고 있는 특정한 신을 그들에게 보여주려고 노력하는 데 많은 시간을 할애해요. 그들이 신을 숭배하는 것이 옳은지 그른지를 결정하는 것은 개인 자신의 몫이에요. 로빈의 신은, 그가 하는 말에 따르면, 태양신인 것처럼 보이지만, 그것은 그것이 식별될 수 있는 것이 되었을 때 내가 그의 주의를 끌기 위해 시도하게 될 증거에 달려 있을 거예요.

롤랜드 누구에게 식별된다는 거죠? 그인가요? 아니면 당신인가요?

---

11 브라우닝이 *Pippa Passess*에서 서술한 낙관주의 상태. 독일 철학의 낙관주의에 대한 볼테르의 풍자적 논평.

정신분석가 희망컨대, 두 사람 모두에게요. 나는 우리 두 사람 모두가 그것을 이해할 수 있다고 생각할 때, 그리고 두 명의 보통 사람이 "볼 수 있는" 증거가 있다고 여겨질 때, 우리 모두가 이해할 수 있다고 생각되는 언어로 나의 해석을 제공해요. 바로 지금—

롤랜드 예를 들어주실래요?

정신분석가 —톰은 자신에게서 석유 냄새가 난다고 생각하고요, 로빈은 시각적이거나 종교적인 경험을 한다고 생각해요.

로빈 나는 종교에 대해 아무 말도 하지 않았는데요. 나는 오래 전에 포기했어요.

정신분석가 그것은 당신이 당신 자신이 말한 것을 별로 존중하지 않거나, 당신이 존경스럽지 않은 말을 하기 때문이에요. 당신은 "하늘이 신의 영광을 선언한다"고 말했어요—

폴 —"그리고 궁창은 그의 솜씨를 보여준다"고 성경에 씌어 있죠.

로빈 세상에! 좀 단순한 보통 영어를 사용하면 안 되나요?

정신분석가 당신은 나의 정신분석가 지망생들이 "단순한 보통" 영어를 말하는 것을 들어봐야만 해요.

폴 나를 놀라게 하네요. 당신은 정말로 정신분석가들이 "단순한 영어"를 말할 거라고 기대하는 사람이 있다고 생각하세요? 나는 이해할 수 없는 전문용어를 말하는 것이 영예로운 거라고 생각했는데요.

정신분석가 그것이 영예로운 순간은 우리가 정신분석적 리그전에서 우승자를 가리는 게임을 할 때뿐이에요. 쉽게 말해서 그것은 우리가 정신분석에 "대해 말할 때"예요.

롤랜드 국제 리그 챔피언 경기들도 있잖아요. 나는 당신네 저널에서 읽어본 적이 있어요. 그 언어는 지독하게 이해할 수 없는 것이었죠.

톰 면상에 주먹을 날리는 것은 지독하게 단순한 것이고, 알아볼 수 있는 거죠—적어도 구경꾼들에게는요.

의사 시신경에 가해지는 갑작스런 압력은 불특정한 반응을 끌어내는 것으로 악명이 높아요.

앨리스 미안해요—못 알아들었어요. 당신은 내가 이해할 수 있는 반응을 끌어낼 수는 없나요?

의사 권투선수가 눈 부위에 펀치를 맞는 순간 "별을 본다"는 말이 있어요. 그런 자극에 대한 반응은 빛과 그림자에 반응하는 시신경에만 국한된 게 아니에요.

정신분석가 나는 앨리스가 "볼 수 있기"를 희망해요. 그러나 나는 내가 알고 있는 가장 단순한 용어를 사용해서 해석을 할 때에만, 나의 진술이 정신분석적 전문용어로서 칭송되거나 "더러운 성적인 말"로 취급되는 것을 피할 수 있다는 것을 알아요.

의사 나는 전에 너무 완벽한 양육을 받아서 자신이 "몸이 아프다"라는 말밖에 할 수 없었던 소년을 본 적이 있어요. 나는 그에게 그의 몸 어디가 어떻게 아프냐고 물을 뻔했는데, 그의 얼굴이 빨개지기 직전에 그가 "배가 아프다"는 말을 할 수 없는 아이라는 것을 알아차렸어요.

정신분석가 그의 얼굴이 "빨개질 뻔했다고요?" 나는 세포 확장의 보이는 증거를 찾을 수 없음에도 불구하고, 자신의 얼굴이 빨개진다고 느끼는 환자를 알고 있어요.

앨리스 당신은 지금 가장 단순한 용어를 사용하고 있나요?

정신분석가 그럼요. 만약 내가 "얼굴이 빨개진다"고 말했다면, 그것은 잘못된 인상을 줄 거예요.

로빈 밀턴은 "눈 먼 호머"라고 말하는 대신에 "마에오니즈Maeonides"[12] 라고 불렀는데, 그것은 자신의 박식함을 보여주기 위해서가 아니라 "눈 먼 호머"라고 부르는 것이 부적절했기 때문이에요.

---

12 호머의 또 다른 이름.

정신분석가 정신분석가들은 “사실상” 자신들이, 마치 의사들처럼, 한편으로는 기법적 정확성에 대해 그리고 다른 한편으로는 “원시적” 정확성에 대해 부끄러워할 필요 없이, 진실을 존중할 수 있는 사람들이 사용할 수 있는 언어를 말하는, 존경받을 만한 직업에 종사하고 있다고 주장할 수 있어요. 사회적으로 지향된 문화들 안에서 더 이상 허용되지 않는 용어들은—

앨리스 어떤 문화들인데요?

정신분석가 젠장. 만약 당신이 문화적 경계를 정한다면, 나는 그 용어가 분노를 자극할 거라고 추측할 거예요. 그림이 전시되기 전에 나에게 그림과 관람자들을 보여주세요. 그러면 나는 그 결과를 예측할 수 있어요. 프로이트가 유아들이 성적인 삶을 산다고 말했을 때, 사람들은 격노했어요. 오늘날 제임스 조이스는 허용될 수 있는 사람으로 간주되고 있죠. 종교적 현현에 대한 주장은 자신들이 편협성을 드러내고 있다는 사실을 부인하는 정신분석가들에게서 적대감과 의심을 불러일으킬 거예요.

앨리스 정말요? 당신은 나를 놀라게 하네요.

정신분석가 우리 모두는 편협한 믿음을 갖고 있다는 말을 들어요. 우리들 중에 편협한 믿음을 만들어내는 사람은 아무도 없어요. 우리들 중에 그 누구도 편협한 믿음의 원천이라고 인정하지 않아요. 그 결과, 우리는 우리가 찬성하지 않는 생각들을 가진 우리의 자손들을 인정하지 않아요. 실제로, 멜라니 클라인은 유아기의 원시적 전능성이 원치 않는 특성들을 분열시키고 비워내는 환상들에 의해 특징지어진다는 것을 발견했어요.

롤랜드 나는 그 말이 아이들이 그런 식으로 생각한다는 뜻이 아닐 거라고 확신해요.

정신분석가 맞아요. 그렇게 말하는 것은 부정확한 것이고 오도하는 것일 수 있어요. 그런 이유로 멜라니 클라인은 그것들을 "전능 환상"이라고 불렀어요. 그러나 비록 그녀가 말한 것이 많은 빛을 주었음에도 불구하고, 그녀의 공식들은 시간이 지나면서 그리고 그녀의 발견들이 가능케 한 추후 조사를 거치면서 비하되고 부적절한 것이 되었어요. 이러한 원시적 사고의 요소들은 언어적 공식화를 통해 설명하는 것이 어려워요. 왜냐하면 우리가 다른 목적들을 위해 나중에 정교화된 언어에 의존해야 하기 때문이죠. 나는 의미가 없는 용어들, 전형적으로 알파와 베타 같은 용어들을 사용하려고 시도했는데, 그 이유는 "텅 비어 있는 직관 없는 개념들과 맹목적이고 개념 없는 직관들"이 빠르게 "격랑을 빨아들이고, 비등하는 의미로 넘쳐나는 텅 빈 개념들을 삼켜버리는 블랙홀"이 되는 것을 발견했기 때문이에요.

로빈 정말요—당신은, 만약 우리가 당신이 말하는 것을 이해하지 못한다면, 우리를 비난할 건가요?

정신분석가 아뇨. 당신의 항의는 당연해요. 미루어 짐작컨대, 내가 의미하는 것을 말한다면, 그것은 영어가 아니라는 것을 발견할 것이고, 만약 내가 영어로 말한다면, 그것은 내가 의미하는 것이 아니라는 것을 발견할 것이거든요.

폴 사람들이 종교적일 수 없는 것은 신학자들 탓이에요—당신들도 우리들 만큼이나 형편없군요!

정신분석가 그것은 아마도 같은 이유 때문일 거예요. 궁극적 진실은 말로 표현할 수 없는 것이거든요.

앨리스 나는 당신이 폴에게 너무한다고 생각해요. 내가 이해하는 척하지는 않지만, 생각은 갖고 있거든요.

정신분석가 결국, 궁극적 현실은, 설령 인간 동물이 그것을 이해할 수 없다고 해도, 전체적인 것이어야 해요. 만약 내가 개미집을 발로 차서 헤쳐 놓는다면, 개미에게 그것은 의심할 바 없이 신의 행위처럼 보이겠지만, 그것은 단순한 설명이 가능해요.

폴 그렇게 생각하시는군요.

정신분석가 그럼요. 나는 지구라고 불리는 한 점의 먼지 위에서 은하계의 중심을 맴돌고 있는 무한히 작은 생물학적인 존재인 인간이, 태양을 일천 번 회전하는 기간도 안 되는 덧없는 인생을 사는 동안에, 은하계들로 이루어진 우주가 인간 자신의 한계에 맞출 거라고 상상해야 하는지 그 이유를 알 수가 없어요.

폴 자연의 법칙은 과학적 사고의 법칙일 뿐이에요.

로빈 이 거대한 세력들이, 우리가 사회적 관습을 따르듯이, 이 법칙들을 "따른다"는 것은 쉽게 가정되고, 의미로 채워져요.

에드먼드[13] 늦어서 미안해요. 나는 한때 가까운 시기에 초신성 폭발이 있을 수 있다고 주장하는 친구를 둔 적이 있어요.

로빈 그 시기가 얼마나 가까운데요?

에드먼드 눈으로 볼 수 있는 동시에 전파 파동을 통해 탐지할 수 있는, 소위 "게 성운"이라 불리는 1054가 헬륨 균형을 깨뜨릴 수 있고, 그 결과 질소를—

의사 아! 그것이 염색체의 DNA 요소를 교란할 수 있다는 말이군요.

롤랜드 그래서 어떻다는 거죠? 당신들은 내가 이해할 수 있는 범위 너머에 있는 말을 하고 있어요.

폴 나의 이해 범위도요. 그러나 나는 종교인으로서 욥기의 저자가 이미 인간 지식의 미약함에 대해 잊을 수 없는 언어로 표현했다는 사실을 지적할 수 있어요.

---

13 천문학 발달의 정점을 대표하는 인물.

로빈 아무리 생각해봐도, 나는 높이 떠 있는 구름과 위대한 바람을 거느리고 있는 하늘에, 그리고 나의 눈과 일기예보가 보고하지 않더라도 나의 피부가 말해주는 덜 두드러진 사실들에 절을 할 수밖에 없어요.

롤랜드 그래서 너는 좋은 농부인 거야. 너는 "남서풍이 비구름을 만드는 것을 그 누구보다도 더 잘 들을 수가 있거든. 그건 너의 피부가 생각한다는 거야, 로빈.

앨리스 로빈이 비가 올 거라고 말하면, 비가 와요. 일기예보가 무슨 말을 하든 상관없어요.

에드먼드 나는 그것이 나의 물리학과 무슨 상관이 있는지 모르겠어요. 만약 내가 학생이라면, 나는 시험문제를 낸 선생님에게 내 친구는 내가 수학적으로 풀 수 없는 답을 피부로 안다는 말은 하지 않을 거예요.

정신분석가 당신은 마치 당신 자신—내가 당신으로 알고 있는 인격—이 우리 모두가 친숙하게 알고 있는 신체 해부학과 생리학적 구조와 동일한 것이라고 확신하고 있는 것처럼 말하는군요.

로빈 글쎄요, 나는 물론 마음을 갖고 있어요.

롤랜드 그게 바로 우리가 논의하고 있는 거예요.

로빈 만약 우리가 수학의 언어를 말할 수만 있다면 …

폴 만약 우리가 종교의 언어를 말할 수만 있다면 …

앨리스 만약 우리가 예술가들이 무엇을 그리고 있는지를 보는 법을 배울 수만 있다면 …

롤랜드 아무 말도 하지 않고 음악을 듣는 게 뭐가 문제죠?

에드먼드 우리가 우주의 음악을 들어야만 한다고 훈계를 듣던 시절에는, 그 말이 이해되었을 거예요.

로빈 만약 내가 우주의 "수학"을 말할 수 있다면, 나는 반대하지 않을 거예요.

정신분석가 정신분석가의 언어에 대해서도 해야 할 말이 있을 것 같은데요.

롤랜드 정신분석가는 언어를 갖고 있지 않아요—전문용어를 갖고 있을 뿐이죠.

정신분석가 그건 사실이 아니에요. 나는 영어를 말하려고 노력해요. 왜냐하면 그게 내가 제일 잘 아는 언어니까요. 그러나 나는 내가 전달하려고 하는 목적을 위해 사용할 수 있을 만큼 그것을 충분히 알지 못해요. 나는 폴이 잡지에 나오는 용어를 말하는 것보다 더 많은 전문용어를 말하지는 않아요. 나는 로빈을 존경하지만, 학술적 수학자들이 내가 말하고 싶은 것을 이해했다고는 상상조차 하지 않아요. 당신들이 나에게 "이해할" 수 있는 언어를 사용해주기를 원하는 한, 그것은 나의 한계이자 당신들의 불행이에요. 나는 당신들이 내가 이해할 수 있는 언어를 말하는 것을 통해서 적어도 반쯤은 나를 만날 수 있기를 소망해요.

앨리스 나는 롤랜드가 말하는 것을 이해하려고 노력해요—그는 내가 이해하는 언어를 말하려고 시도하거든요—그러나 정신분석가가 보편적으로 이해되는 언어를 말하려고 시도한다는 말이 무슨 뜻인지 모르겠어요.

롤랜드 크로체Croce[14]는 미학이 보편적 언어라고 말했어요.

로빈 그 "구식 모자old hat"가 그렇게 말했어요?

정신분석가 "구식 모자"라고요. 번역 좀 해주세요, 제발.

롤랜드 오, 누구나 다 아는 말인걸요.

정신분석가 셰익스피어가 사용했던 언어를 말하고 있는 우리는 … 밀턴처럼, 자유로울 수밖에 없어요. 그러나—반복해서 말하는데—누군가가 구식 모자라는 말을 번역해 주시죠.

---

14 Croce, Benedetto, 미학에 대한 책을 쓴 저자.

로빈 그럼요. “구식 모자”는 낡은 게임vieux jeux, 즉 시대에 뒤처진 생각을 하는 사람이라는 뜻이에요.

앨리스 그건 프랑스 말인데요.

폴 그럴 리가요. 터툴리안은 나의 수호성인의 언어로 말하려고 시도했을 때 어려움에 봉착했어요.

롤랜드 그 수호성인이 누군데요? 오, 성 바울인가요?

폴 그가 아니면 누구겠어요? 내가 천사의 말을 할지라도, 사랑이 없으면 …

로빈 그건 구식처럼 들리는데요.

정신분석가 바흐Bach의 음악도 그래요. 내가 들은 건 시대에 뒤떨어졌어요.

폴 당신이 걱정하는 게 소리라면, 아마도 당신은 카리타스Xaritas[15]에 의해 더 많은 인상을 받을 거예요.

정신분석가 내가 아는 어떤 사람들은 은사Charisma와 은사들에 의해 강한 인상을 받아요—당신이 걱정하는 것이 인상이라면요.

의사 당신은 오늘날 결코 은사들을 찾아볼 수 없을걸요. 그것들이 단순히 히스테리 현상이라는 것으로 드러난 후로는 유행이 지났어요.

앨리스 만약 당신이 자비가 단지 히스테리 현상이라고 생각한다면, 사랑은 무엇이라고 생각하시죠? 정신분석가들은 그것을 무엇이라고 생각하나요?

정신분석가 나는 정신분석가들이 무엇을 생각하는지를 말하고 싶지 않아요. 나는 내가 말하고 싶은 것을 말하는 것만으로도 충분히 어렵다고 생각하거든요.

로빈 당신은 왜 예술, 종교, 또는 수학에 기대지 않으시죠?

---

15 사랑을 의미하는 그리스어.

정신분석가 내가 말했듯이, 나는 그 언어들 중에 어떤 것도 중대한 오해를 불러일으키지 않는 방식으로 말할 수 있을 정도로 잘 알지 못하거든요.

롤랜드 겸손하시네요.

로빈 나는 그렇게 생각하지 않아요—나는 정신분석가는 사기꾼이라고 생각해요.

정신분석가 종종 그런 말을 들어요. 그리고 만약 내가 그 비난에 진실이 하나도 없다고 말한다면, 그 말은 나 자신이 인간 이하의 존재라고 주장하는 것이 될 거예요. 그러나 만약 당신이 궁극적 동기가 유일하게 하나라고 느낀다면, 무언가를 놓치고 있는 거예요. 그것은 내가 과학적 진실, 또는 종교적 진실, 또는 미적 진실, 또는 음악적 진실, 또는 합리적 진실이 유일한 진실이라고 가정하는 것이 오류인 것과 같은 걸 거예요. 정신분석가들이 합리화라고 부르는 것조차도 합리적이어야만 해요. 나는 우리가 초-감각적인 것이나 하부-감각적인 것, 또는 초-자아와 이드에 대해 알고 있어야 한다고 생각하기 때문에, 어느 하나의 진실이 다른 진실을 부정할 수 있다고는 생각하지 않아요.

롤랜드 세상에, 내가 나의 시계에 의한 나의 시간을 말하고 싶을 때 항성의 시간이나 우주의 시간에 눈이 멀 수 없다면, 우리에게 무슨 일이 일어날까요?

정신분석가 만약 우리가 우리의 생각들과 감정들을 신체적이거나 육체적인 사실로 번역하려 한다면, 우리의 정신적 장치는 어느 정도 행동을 위한 전주곡으로 초점화될 필요가 있을 거예요. 그 초점을 맞추는 행동은, 나의 생각들을 "언어-시각적" 용어들 안으로 집어넣고 있는, 다른 요소들을 초점 바깥에 두는 것을 포함하죠. 항구적 무감각—눈 멈, 귀머거리, 억압—이라는 반대편의 실수를 저지르지 않으면서 관련성이 없는 것을 초점에서 제외하는 것은 정말 어려운 일이에요. 그것이 내가 기억, 욕망, 이해의 "불투명성"에 대해 말하는 이유에요.

에드먼드 은하계의 중심은 우리에게 숨겨져 있고, 그것이 궁수자리 Sagittarius[16] 근처에 있을 거라고 추측은 하지만, 우리가 M31[17]을 조사할 때 볼 수 있는 밝게 빛나는 중심은 볼 수가 없어요.

정신분석가 자극을 주는 생각이에요. 나는 천문-물리학자들의 과학적 발견들에 대해서 의문을 제기하고 싶지는 않아요. 왜냐하면 나 자신도 그런 발견들에서 인간 마음의 모호성을 밝혀주는 모델을 발견하기 때문이에요. 지금 나는 우주의 무한한 공간과 인간 사고의 무한한 공간을 동시에 다룰 수 없어요. 내가 하는 일은 나에게 인간 마음에 대한 지혜와 지식의 풍부함과 깊이, 그리고 심지어 인간의 무지가 지닌 더 광대하고 더 큰 깊이에 대한 강한 인상을 받게 해줘요. 인간의 지혜가 가진 힘을 칭송하는 글로 세상에 이름을 떨친 아나톨레 프란스Anatole France는 어떤 질문에 대답하는 과정에서, 그보다 더 놀라운 유일한 것은 인간의 어리석음, 편협성 그리고 불관용이라고 말했어요.

앨리스 그것은 고리타분한 소식 아닌가요? 당신이 말하는 것 중에는 새로운 게 없어요—아나톨레 프란스를 인용한다는 사실 자체가 그것을 보여줘요.

정신분석가 정말 그렇네요. 나는 종종, 플라톤이 말했듯이, 사람들이 끝까지 생각하기만 하면, 처음에는 낯설어 보이던 것이 과거에 알았던 것임을 깨닫게 된다고 지적해왔어요. 구식 모자조차도 한때는 활기찬 뇌를 담고 있었을 수 있어요. 러스킨Ruskin[18]은—

16 우주의 중심을 향하고 있는 것으로 생각되는 별자리.

17 안드로메다 성운

18 John Ruskin(1819-1900). 밀턴의 은유적 의사소통에 대한 해설, Rose La Touche 등으로 유명한 영국의 작가, 철학자, 예술 비평가.

롤랜드 러스킨이라고요! 나는 당신네 정신분석가들이 옛 사기꾼들의 모든 가식들을 폭파했다고 생각했는데요—

로빈 로즈 라 투셰Rose La Touche[19]를 통해서요.

폴 또는 데릴라Delilah를 통해서요![20]

정신분석가 또는 트로이의 헬렌을 통해서요!

폴 또는 호세아의 "여자친구"를 통해서요—당신은 그렇게 부를 것 같아요.

정신분석가 "로즈 라 투셰"의 중요성이 어떤 것이든 간에, 여기에서의 논쟁을 막는 데 그녀의 "기억"을 사용하는 것은 타당하지 않아요. 정신분석적 발견은 유아기 상태에 있고, 그런 점에서 정신분석은 항상, 마치 유아처럼, 성장할 수 있는 가능성에 직면해 있어요. 미성숙한 형태의 정신분석적 사고가 그것의 조상들을 공격하는 탄환으로 사용되었다는 사실이 정신분석의 미성숙이 개인이나 집단 안에서 정신적 성장을 가로막는 감옥으로 작용한다는 주장을 지지하는 것은 아니에요.

앨리스 미안해요. 우리는 모두 듣고 있어요. 계속하세요.

롤랜드 제발요 …

로빈 계속하세요 …

폴 냉소주의 냄새가 나는데요.

정신분석가 나도 그 냄새를 맡았어요. 나는 내가 무슨 말을 하고 있었는지 잊었어요.

에드먼드 러스킨 아니었나요?

정신분석가 러스킨은 *씨쌔미와 릴리즈Sesame and Lilies*[21]에서 밀턴을 읽는 것이 어떤 의미인지를 우리에게 보여주었어요. 물론 당신들 모두

---

19 영국 예술사학자인 John Ruskin이 사랑했던 여학생.

20 구약성서에 나오는 삼손을 유혹한 여인.

21 1865년에 발행된 존 러스킨의 저서.

는 섹스, 종교, 예술에 대해 알고 있지만, 밀턴, 버질은—

롤랜드 그러나 그들은 고전적 인물들이에요.

정신분석가 그들은 보통의 인간 존재들이었어요.

로빈 보통 사람들이라고요!

정신분석가 그럼요. 나는 당신들이 그들을 아첨과 유사-종교적 찬양의 언덕 아래 파묻기 전에, 말하고 싶은 게 있어요. 그것은 그들이 한 가지 의미를 담아서 말했던 것이 많은 면들을 가진 다이아몬드처럼 환하게 빛나는 신선한 진실을 가진 것으로 드러났기 때문에, 그들이 고전적 인물들이 되었다는 사실이에요. 그들이 그것을 썼을 당시에는 그런 일이 일어나지 않았기 때문에, 그들은 그런 사실을 몰랐어요. 만약 독자 또는 관람자가 "들을 수 있는 귀를 갖고 있고," 듣도록 자신을 허용한다면, 그 사람은 비록 그 반짝임이 "마침내 희미해질 수 있다"고 해도, 여전히 그것의 메아리를 포착할 수 있을 거예요. 우리의 사고는 낭비가 심해요. 그것의 대가는 정신적 오염, 즉 가장 중요한 창조물이 되어야만 하는 정신적 요소들이 제대로 연소되지 못한 데 따른 부산물을 발생시키는 거예요.

의사 도마뱀류가 그들의 능력이 절정에 도달한 시점에 만들어낸 것에 의해 멸종되었다는 증거가 있나요? 검으로 흥한 자는 검으로 망한다는 말이 생각나네요.

로빈 적절한 인용 대상이 된다는 사실은 누군가가 한때 적절한 단계에서 무언가를 말했다는 것에 대한 증거라는 말이 있어요. 그러나 길버트와 설리반으로 널리 알려진 사람 중의 한 사람인 길버트는 H.M.S. 피나포르Pinafore[22]에 나오는 등장인물의 입을 빌어 바로 그와 같은 오류를 풍자했어요. "비록 내가 당신의 떠도는 생각을 포착하기 위해 애쓰고

22 1982년에 상연된 뮤지컬 코미디 영화. 원 저자는 빅토리아 시대에 활동했던 극작가 길버트와 설리반임.

있지만, 그것은 의심스러워요, 신비스런 마리아님." 사람들은 보통 어떤 인용문에도 다른 것을 덧씌울 수 있거든요.

정신분석가 우리는 뚜렷이 드러나는 다양한 종류의 끊임없는 결합들—때로는 단어에 의해, 때로는 구절에 의해, 때로는 비유에 의해—중에서 선택해야만 해요. 프로이트는 그의 생애 후반부 마지막 시기에 그러한 의미 있는 결합물들을 서술하는 데 "구성물"이라는 용어를 사용하는 것을 선호했어요. 심리학자들은 문장의 미적분법a method of sentential calculus을 발달시킴으로써 인간 경험의 이러한 결합물들의 사용 가능성을 탐구하기 시작했죠.

앨리스 나는 이 논리적 구성물의 탁월함과 남성적 사고의 탁월함에 강한 인상—진심이라고 생각되는—을 받았어요. 그런데 그렇게 논리적으로 생각하는 사람들이 어째서 전혀 지혜롭지 않은 방식으로 그들의 생각을 행동으로 옮기는 걸까요?

롤랜드 저런, 나는 종종 당신의 아이디어와 진술에 강하게 인상을 받는데. 그 이유는, 당신도 알다시피, 그것들이 전적으로 비논리적이라고 생각되기 때문이거든—

앨리스 —당신이 종종 말하듯이, "정서적" 또는 "히스테리적"이기 때문이고요—

롤랜드 —하지만 나는 종종 지혜로운 사람은 내가 아니라 당신이라고 생각해.

앨리스 그렇게 말해줘서 고마워요.

정신분석가 "취향과 관련해서는"—

앨리스 또 무슨 말을 인용하시려고요.

정신분석가 내 말이 끝나지도 않았어요. 설령 내가 도구를 사용한다고 해도, 그리고 어떤 도구를 사용한다고 해도, 그것들은 정신과의사들이 흔히 말하는 "전문용어"나 "신조어"처럼 들리기 쉬워요. 그것들은 내가 말하고자 하는 진실을 표현하기에는 너무 부족해요. 현실, 즉 우리가 살고 있는 실제 환경은 보통 기껏해야 그러한 인간 진술에 근접한 것일 뿐이죠. 시기심을 예로 들자면—

롤랜드 오 맙소사! 또 시작이네요.

로빈 나는 당신이 "시기심"과 "경쟁"의 주제를 끌어들이는 이유를 모르겠어요.

정신분석가 미안해요—이 용어들이 내가 가장 쉽게 사용할 수 있는 것들이거든요.

앨리스 우리는 시기심과 악의와 증오의 악들을 알고 있어요.

정신분석가 나는 우리에게 이러한 속성들이 없었다면, 우리들 중에 아무도, 개인적으로나 집단적으로, 지금껏 살아남지 못했을 거라고 생각해요.

폴 그게 무슨 말이죠?

정신분석가 생존의 특질을 갖고 있는 산물은 그것이 현실 안으로 들어오는 처음 순간에 스스로를 선언하지 않는 "의미"를 갖는 것에 빚을 지고 있어요.[23]

로빈 방금 당신이 한 말은 매우 심오한 말임이 분명해요.

정신분석가 그 말은 냉소적인 것이든지 아니면 부적절하게 겸손한 거예요. 사실 나는 방금 폴의 질문에 대답하는 것이 쉽지 않았어요. 나는 정확하려고 노력했지만, 어쩌면 내가 "그림을 통해" 접근했더라면, 더 나은 대답을 했을지도 몰라요. 무력한 새끼 도마뱀은 너무 보잘것없는 존재였기 때문에, 도마뱀류는 자신들의 자리를 차지하게 될 후계자를 알아보는 데 실패했어요.

---

23 이 문장의 의미는 살아남기 위해서 새롭게 진화된 종이 완전히 다른 종이 아니라 과거에 있었던 종의 새로운 형태임을 알려야만 기존의 종에 의한 위협에서 벗어날 수 있다는 의미로 보임.

롤랜드 우리는 지금 이따금씩 주변에서 튀어나오는 무해하고 무력한 작은 도마뱀들에게서 위험하고 위협적인 우리의 후계자를 알아봐야 하나요?

로빈 정신분석가에 따르면, 그게 바로 우리 모두가 알지 못한 채 양육하고 있는 것임이 분명해요.

롤랜드 그 독사는 누구의 젖을 먹고 자라죠?

앨리스 그 독사는 분명히 어떤 비참한 여자의 아기일 거예요.

폴 혹시 어떤 여성주의 정신분석가일까요?—아니면 여신을 두려워하는 신일까요?

정신분석가 우리는 모르죠. 알고 있지 않아요. 명백한 것은 아니지만, 진짜 괴물일까 봐 두려워서 상상조차 하지 않아요.

롤랜드 생각하기. 정신의 힘. 이런 것들은 현재 너무 연약하기 때문에 멸절을 피했어요. 적자생존의 법칙이 분명해요. 왜냐하면 생존에 가장 적합한 것이 생존자가 되는 것을 통해 스스로를 증명하거든요. "정원을 돌고 돌아 테디 베어는 갔다네. 한 발짝, 두 발짝. 그 아래에서 그대를 간질인다네!"[24]

로빈 말도 안 돼요.

롤랜드 로빈, 그대의 이성 理性은 잘 있나요? 그대의 탁월한 이성 말이에요?

로빈 그건 바보 같은 말이에요.

정신분석가 바보를, 카리스마가 있는 사람을 조심하세요.

로빈 지식인들. 머리 좋은 사람들을 조심하세요! 노동당 총리인 아틀리Attlee는 그의 정당의 지식인들이 지혜롭지 않다는 것을 믿어도 된다고 말했어요.

---

24 부모가 어린아이와 함께 놀이할 때 부르는 영국의 민속 동요.

폴 인간 동물은 지금까지 그의 모든 경쟁자들을 제거해왔어요.

롤랜드 우리가 지금 운동능력을 겨루는 동물 챔피언십에서 누가 승자인지를 알아보는 문제를 다루고 있나요?

정신분석가 시각적 및 청각적 구덩이가 우리의 시각적 또는 청각적 능력에 반기를 들고 있나요?

폴 내 말은 종교적 기준이, 마치 운동선수의 능력이 측정되듯이, 지적 사고와 감정 사이의 차이를 측정한다는 뜻이 아니었어요.

로빈 나는 일부 신학자들이 시편 51편에서 제사장 문서가 시기적으로 앞선 문서인 엘로힘 문서와 상충하고 있다[25]는 증거를 발견했다고 생각해요.

정신분석가 이러한 의미에 몰두하는 새로운 현상은 많은 문제를 야기하고 있어요. 그것은 사실들에 대한 몰두와는 대조되는 "충동"이에요.

폴 당신은 "사실들"을 뭐라고 부르죠?

정신분석가 나는 의미와 사실을 구별하는 것이 유용하다고 봐요. "사실들"은 우리가 일시적으로 의미가 있다고 느끼는 항구적으로 결합된 모든 경험들의 집합에 부여한 이름이에요. 그때 우리는 하나의 "사실"을 발견했다고 간주하죠. 더 많은 관계들, 관계들의 더 많은 증가는 항구적일 뿐만 아니라 결합되는 것으로 공통적으로 관찰되는 또 하나의 "항구적 결합"의 발견으로 인도해요.

롤랜드 그리고 그것은 새로운 발견이 무엇을 "의미하는지"에 대한 또 다른 탐색을 시작하게 해요. 아직도 더 많은 "사실들"을 찾아가는 우

25 구약성서의 본문을 문서비평을 통해 분석한 결과, J, E, D, P. 라는 더 오래된 자료들이 합성된 것임을 밝혀냈는데, J문서는 신의 이름을 여호와(Jehova)로 표기하고 있는 반면에, E문서는 엘로힘(Ellohim)으로 표기하고 있는 것으로 드러났고, D문서는 신명기(Deuteronomy)를 구성하는 문서인 반면에, P문서는 레위기에서 볼 수 있듯이 주된 관심사가 제사와 관련된 내용으로 되어 있는 제사장(Priest) 문서인 것으로 드러났다.

리의 길 위에는 스테펀 리콕Stephen Leacock[26]이 더 큰 광기Larger Lunacy라고 부른 것에서 나오는 달빛을 얼핏 바라보는, 의미 없는 것에 대한 무감각이 우리를 기다리고 있어요.

로빈 그리고 아마도 추후 의미를 향해 나아가는 또 다른 한 바퀴의 나선형의 움직임이 기다리고 있겠죠.

정신분석가 당신은 선형적 진전을 제안하고 있지만, 그것은 발달이나 진전의 형태를 무시하고 있어요. 그 이유는 아마도 우리가 파동 움직임의 확립된 의미와 전자기electro magnetic 현상이 양자 이론에 의해 혼동 속에 빠졌을 때 경험했던 것과 같은 불일치의 가능성이 두렵고 싫기 때문일 거예요.

로빈 감사하게도—수학이네요.

롤랜드 당신은 분명히 수학에 어떤 피난처가 있다고 주장하지는 않겠죠? 칸트 이후로 학술 수학자들이 무슨 일을 해왔는지를 보세요.

로빈 그 말은 나에게 하지 마세요. 나는 한때 수학 분야에서 명예학위를 받았어요—또는 그것을 꿈꾸었어요.

정신분석가 그리고 당신은 "여기까지야. 더 이상은 아냐"라고 말하는 데 성공했나요?

로빈 나는 아무 말도 하지 않았어요. 그러나 나는 내가 더 이상 갈 수 없다는 것을 확실히 알고 있었죠. 나는 여기까지 온 것만 해도 운이 좋았다고 생각했어요. 나는 시험을 보는 동안 그렇게 생각했고, 그 후로도 줄곧 그렇게 생각해왔어요.

롤랜드 짧게 말해서, 당신은 당신 자신이 수학자가 아니라고 생각했군요. 지금 나는 내가 기하학에 꽤 조예가 깊었다는 생각이 들어요. 지금도 나는 만약 내가 기하학을 고집했더라면, 그 분야에서 꽤 유능한

---

26 캐나다 소설가.

사람이 되었을지도 모른다고 생각해요. 그러나 그들이 탄젠트와 코싸인 같은 것들로 끌려 들어갔을 때, 나는 기하학을 그만두었어요.

정신분석가 피타고라스가 그의 추한 머리를 다시 들었던 거군요.

앨리스 피타고라스가 그것과 무슨 상관이 있죠?

폴 아무도 모르죠. 하지만 피타고라스학파들은 우리가 오늘날 과학 또는 철학이라고 부를 만한 것에 흥미를 갖고 있었던 것으로 보여요.

로빈 그들은 그것을 뭐라고 불렀는데요?

폴 모르겠어요. 그러나 피타고라스라는 이름이 부각되었고, 그들은 피타고라스학파라고 불렸어요.

정신분석가 그것은 정신분석에서 일어난 것과 똑같아요. 그런 용어가 무엇을 의미하는지 아는 사람은 아무도 없지만, 어떤 사람들은 프로이트학파로 그리고 어떤 사람들은 클라인학파로 불리죠. 진보에 대한 왕의 표준Vexilla Regis Prodeunt이라고 할까요.[27]

폴 전쟁터를 향해 행진하는 크리스챤 병사들이네요.

롤랜드 그건 좋은 일이죠. 로이 캠벨Roy Cambell[28]이라면 이렇게 말했을 거예요. 쟁기에는 아무 문제가 없다지만, 빌어먹을 말은 어디에 있지? 전쟁은 어디에 있어?

정신분석가 또는 몰톤J.B. Morton[29]이 그리고 롱펠로우, 아무개 대통령, 처칠 수상 그리고 다른 사람들이 국가라는 배에 대해서, "돛을 올려! 배에 무슨 문제가 있든지 밑 부분에는 결코 아무런 문제가 없을 거야"라고 말했던 것처럼요.

로빈 그 배는 어디로 가고 있죠?

롤랜드 우리는 때로 우리 자신을 속이는 책략을 사용해요. 두 세 명

---

27 라틴 교회 찬송가에 나오는 구절.

28 남아프리카 공화국의 시인(1901-1957).

29 영국의 저술가(1893-1979).

이 운전을 하다가 창문을 내리고 걱정스런 어조로 "똑바로 가면 되나요?"라고 물으면, "맞아요, 똑바로 가요!"라는 대답이 돌아오죠. 마찬가지로, 만약 내가 나의 교실에서 고개를 들고 수학 선생님에게 "탄젠트와 코싸인"에 대해서 질문한다면, 당신은 같은 말을 들을 수 있겠죠. "맞아, 직진해!"

앨리스 만약 당신이 불안한 어조로 "치료될 수 있을까요, 선생님?"이라고 묻는다면, 당신의 정신분석가는 뭐라고 대답할까요?

로빈 만약 당신이 정신분석가에게 그렇게 묻는다면, 그는 "배의 밑 부분에 무슨 문제가 있나요?"라고 말할걸요.

정신분석가 아뇨. 나 같으면 "당신은 배의 밑 부분에 대해 생각해봤나요?"라고 질문했을 거예요.

롤랜드 그러나 당신이 배의 밑 부분에 대해 생각하는 동안에 배는 가라앉고 말걸요.

정신분석가 배가 멈추지 않고 가라앉는 이유는 바로 당신이 그것을 생각하기를 거절하기 때문이에요.

폴 "들에 핀 백합화를 보라," 많은 종교인들이 존경하는 어떤 분이 그렇게 말했어요.

로빈 그들은 그가 한 말을 "외우고" 나서는 그것을 잊어요. 솔직히 말해서, 내가 코싸인과 집합에 대해 배웠을 때도 그랬거든요. 나는 "수학은 나에게 맞지 않아"라고 말했어요.

정신분석가 모든 집단에는 "내가 원하는 것은"이라고 말하는 소수의 지도자들이 있어요. 내 친구 정신분석가는 그것에 "스스로-선택한 부적절한 것들"이라는 적절한 이름을 붙여주었어요. 당신은 당신이 수학에서 배운 것을 토대로 당신이 할 수 없는 것을 알게 되었다고 결정한 것처럼 보여요. 물론 당신이 실수했을 수도 있지만요.

폴 당신은 종교인들이 어떤 것을 “달달 외우고” 나서는 잊는다고 생각하세요?

정신분석가 결국, 우리는 걷는 법을 배우고—그리고 그것을 잊어요. 우리가 기억하지 않고 걸을 수 있는 것은 그 방법을 “몸으로 배웠기” 때문이에요. 그런 종류의 학습에 대해서도 말할 필요가 있어요.

롤랜드 그것이 당신이 “기억을 벗어버리기”라고 부르는 건가요?

정신분석가 나는 그 두 가지가 비슷하다고 생각하지만, 중요한 점은 “가슴으로 배우기”라는 구절에 의해 가려져 있어요—완전히 덮여 있지는 않지만요. 가슴에 의한 고통스런, 의식적 배움이 근육 또는 시상하부 신경체계 같은 의식적이지 않은 영역으로 전달되는 거죠.

의사 그것에 대한 증거가 있나요?

정신분석가 생리학적인 증거는 없어요. 이 맥락에서 “시상하부”는 내가 의식적으로 배운 것을 나의 자기-자극 감응체계에 전달하는 기능을 그림으로 나타내는 편리한 방식이에요. 그것은 아이들, 운동선수, 또는 종교인에게 어떤 것이 좋은 태도인지를 알려주는 방식이죠.

앨리스 복잡한 과정처럼 들려요.

의사 아마도 복잡한 과정일 거예요. 나의 제한된 지식으로는 감히 성장 과정의 생리학이나 발생학을 서술할 수 없어요.

정신분석가 나 역시 그것에 대해 정신분석적 설명을 제시하고 싶지 않아요. 그러나 여기에 문제가 있어요. 내가 생각하고 있는 동안 누군가가 부리나케 “대답을 하는데,” 거기에 그 대답의 옳고 그름을 따지는 과정이 빠져있다는 거예요. 당신은 밴더스내치bandersnatch[30]를 잡으려고 노력할지도 몰라요. “어떤 성흔聖痕도 도그마를 깨뜨리는 데 유용할 거예요.” 그러나 우리가 우리의 악몽 안에서 사냥할 수 있는 유일한 것들은 광활한 사막을 배회하는 무섭고 위험한 피조물들뿐이에요. 우리에게

30 독자가 선택하는 데 따라 이야기의 전개가 달라지는 소설.

는 오직 낮 동안의 희미한 조명과 깨어있는 사고에서 알려진 "대답들," "도그마들," "과학적 사실들," "삼각형들"과 그것들의 가까운 친척인 "영원한 삼각형들"[31]밖에 없어요. 나는 나의 정신분석적 동물원에 온갖 종류의 신기한 동물들을 포함시킬 거예요—만약 내가 그 동물들이 울타리를 빠져나와 최근에 새로 태어난 가장 아름다운 사실들로서 세상을 배회하지 않을 거라고 확신한다면요.

앨리스 그런가요? 당신은 나를 매료시키는군요. 당신의 동물원을 보여주세요!

롤랜드 여자의 말을 믿으면 옆길로 빠지게 돼요!

정신분석가 나의 정신분석적 동물원을 돌아볼 수 있도록 안내해드리죠. 물론 그 이름들은 친숙하지 않겠지만, 동물들 자체는 아름답고 추한 피조물들이에요. 아! 여기에 절대적 진실이 있네요—그것은 당신이 가능하다고 생각하는 것보다 더 순진한 하얀 거짓말과 검은 진실을 죽인 가장 사나운 동물이에요.

롤랜드 당신은 그것을 당신의 농담과 뒤섞고 있어요.

로빈 좀 더 과학적인 말로 익살이라고 부르세요.

앨리스 그것은 매우 매혹적인 꽃처럼 느껴져요.

정신분석가 말의 꽃일 뿐이죠. 여기 달콤한 물을 머금은 푸른 풀밭 위에다 진기한 광택을 입힌 당신의 모든 거짓말들을 던지세요. 러스킨이 보여주었듯이, "눈 먼 입들"이 읽는 법을 배워야만 할 거예요.

앨리스 나는 여러 해 전에 읽는 법을 배웠는데요.

정신분석가 우리 모두가 그렇게 생각해요. 그러나 사실 위대한 사상가들을 읽는 것은 당신이 그들을 읽을 수 있는 위대한 독자들을 발견하기 전까지는 매우 어려워요.

---

31 "영원한 삼각형"은 삼위일체 이론을 풍자하는 것으로 보임.

앨리스 나는 아이 시절에 위대한 독자였어요.

정신분석가 그랬을 수 있어요. 그러나 지금 당신은 성인이고, 기댈 수 있는 엄청난 양의 지식을 갖고 있어요—그게 배의 밑 부분일까요?

롤랜드 제발 나의 아내를 모욕하지 마세요.

로빈 그는 단지 롱펠로우의 시를 언급했을 뿐이에요. 당신이 그를 불안하게 만들면, 그는 말할 용기를 내지 못할 거예요.

롤랜드 그 말도 맞네요.

정신분석가 대화를 독점할 생각은 없지만, 나는 분명히 누군가가 침묵하면, 그보다 더 적게 아는 누군가가 그 빈 자리를 차지할 거라고 생각해요.

앨리스 "암흑세계의 모반자들이 당신의 왕좌를 지켜줄 것이고," 그러면 아무도 비어있는 공간을 채울 수 없을 거예요.

정신분석가 인간이 만든 "자연의 법칙"을 따르지 않는 격랑, 즉 동요에 대한 두려움 때문이에요. 그건 어떤 동물원보다도 훨씬 더 나빠요. 우리는 방금 절대적 공간과 절대적 시간이라는 쌍둥이에게 접근하고 있었어요.

앨리스 그것들이 마치 완벽한 애완동물인 것처럼 들려요.

정신분석가 그렇네요. 그러나 만약 내가 실제로 당신에게 나의 정신분석적 동물원을 구경시켜준다면, 나는 울타리에 너무 가까이 가지 말라고 경고할 거예요. 왜냐하면 당신이 이 긴 이름들을 환한 대낮에 읽는다면, 그것들은 의미에 대해 아무것도 말해주지 않을 거거든요.

로빈 의미는 종종 최악의 부분인 것처럼 보여요.

정신분석가 그것은 "사실들"이 무엇을 덮고 있느냐에 많은 것이 달려 있어요. 사실들은 과학적 언어만큼 오도하지는 않지만, 절대적 공간이라는 명칭은 파스칼처럼 튼튼한 마음을 가진 사람조차도 공포에 질리게 만들 수 있어요. 역으로, 무해한 인격—데카르트와 구별이 불가능한—은 데카르트 좌표 같은 열쇠를 발견하고, 그래서 유클리드 공간의 한계가 노출돼요.

로빈 그리고 나처럼 점잖은 사람은 코싸인들의 포효들과 탄젠트들의 울부짖음들 그리고 숲의 휘파람 소리를 생각조차 할 수 없게 돼요.

앨리스 그만! 나는 어젯밤 같은 밤을 다시 맞이하고 싶지 않아요.

롤랜드 나도 그래요!

로빈 왜요? 당신도 악몽을 꾸었나요?

롤랜드 아뇨, 그렇지만 앨리스가 집어던지고 몸을 뒤척이며 신음소리를 냈거든요.

앨리스 아마도 오늘 밤은 당신 차례일 거예요.

로빈 물론 지구-중심적geo-centric 밤이겠죠.

정신분석가 지구-중심적 밤은 자아-중심적 시간의 한 특정한 표본일 뿐이에요. 절대적 밤은 절대적 시간에 대한 인간의 사고의 일부이고요.

앨리스 혐오스런 눈사람Abominable Snowman[32]처럼요.

롤랜드 나는 그것이 폭파된 신화라고 생각했는데요.

로빈 나는 당신의 그 말이 갑자기 거대해져서 너무 두려운 것이 되었다는 것을 의미한다면, "폭파되었다"는 표현에 반대하지 않을 거예요. 그러나 그것에는 과학적 "사실"을 폭파하는 신화를 포함시켜야만 할 거예요. 나는 에베레스트, 난다 데비Nanda Devi[33], 또는 일곱 리쉬들Rishis[34]의 꼭대기에 오른 적이 없고, 경사가 더 완만한 알프스의 길들을 돌아다녔을 뿐이지만, 그것조차도 공포스러웠어요.

정신분석가 앨리스, 이것이 잘 길들여진 동물들 중의 하나예요. 설

32 히말라야 설산에 산다는 원숭이처럼 생긴 신화적 동물.

33 인도에 위치한 산.

34 힌두 신화에 나오는 일곱 별자리.

령 그것이 우리 밖으로 나온다고 해도, 그것은 실제로 아주 온순해요. 크라카토아Krakatoa[35] 산의 정상을 날려버린 것 같은 폭발이 아니에요. 그러나 이러한 지구-중심적 사건들은 우리처럼 하루살이들에게만 놀라운 거예요.

앨리스 나는 몽 펠리Mont Pelée[36] 화산폭발이 많은 하루살이들을 죽인 것을 알고 있어요.

정신분석가 물론 우리는 그것을 싫어하지만, 나는 우리가 왜 우리 자신들보다 높은 데 올라가야만 하고, 그래서 우리 자신들에 대한 과대망상에 빠져야 하는지 그 이유를 모르겠어요. 종교적 비하와 종교적 고양의 극단들 사이에 뭔가가 있을 수 있어요.

폴 제발 그것을 종교적이라고 부르지 말아주세요. 그것이 정신분석적 비하와 정신분석적 고양일 수는 있겠지만, 종교 안으로 끌어들이지는 마세요. 나는 신과, 신의 진실과 진노와 사랑을 믿지만, 정제되지 않은 인간의 생각을 신과 혼합해야 하는 이유를 모르겠어요. 인간들은 항상 그들 자신의 이미지를 숭배하면서, 그것을 신이라고 불러요.

정신분석가 당신은 정신분석가인 내가 빈번히 실제 인간의 진술을 전능 환상을 드러내는 것으로 해석할 때 말하고자 하는 것에서 멀리 있지 않아요. 우리가 얼마나 자주 신을 의심하는지를 안다면, 당신은 놀랄 거예요. 내가 하려고 하는 모든 것은 개인들에게 그가 갖고 있는 "신-같은 속성을 지닌 신-같은 가정"을 관찰할 수 있는 기회를 주는 거예요. 자신의 신-같은 속성에 대해서는 전혀 의심하지 않는 개인이 신에 대한 경외감을 느끼기 어려운 것은 전혀 놀라운 일이 아니에요.

로빈 그들은 자만심에 찬 사람들이 분명해요. 당신의 환자들 말이에요.

---

35 인도네시아에 위치한 산.

36 서인도 제도의 마르티니크 섬에 있는 산. 1902년의 대폭발로 수많은 인명피해가 발생했음.

정신분석가 하지만 그들은 또 다른 보통의 인간 동물에 의한 피상적인 관찰을 받아들일 만치 충분히 겸손한 사람들이에요.

폴 "또 다른 보통의 인간 동물에 의한 피상적인 관찰"이라는 말은 정신분석가를 의미하나요?

정신분석가 나 자신을 의미해요—

로빈 그럼 당신은 왜 그렇게 말하지 않죠?

정신분석가 왜냐하면 그 순간에 나 자신의 특정한 측면이 나의 동료들에 대한 의식적인 인식에 졌기 때문인 것 같아요.

롤랜드 우리 모두에 대한 인식인가요?

정신분석가 아뇨, 당신들 모두가 아니에요—심지어 우리들 중 한 사람의 모두가 아니에요.

앨리스 확실히 그 말은 충분히 분명하네요—우리들을 말하는 거네요.

정신분석가 만약 우리가 구어체 언어를 원래 목적대로 사용한다면, 그 말의 "의미"가 충분히 분명하다고 말할 수 있는 것이 사실이에요. 그러나 우리는 지금 그것을 그런 목적을 위해 사용하고 있지 않아요. 그리고 보통의 언어는 때로 우리에게 부적절해 보이기도 해요. 방금 앨리스는 보통의 언어가 적절하다고 느꼈던 것 같고, 다만 우리가, 아마도 부당하게, 보통의 의미를 듣는 것이 아니라 다른 어떤 것을 듣고 있었기 때문에 부적절하다고 느꼈던 것 같아요.

롤랜드 그러나 당신은 그 다른 어떤 것이 무엇인지 말해주지 않고 있어요—우리가 그것을 알아야만 하나요?

정신분석가 나는 여기에서의 경험의 결과로서, 알지 못하는 것에 충분히 친숙해질 수 있고, 그 결과 우리의 감각들과 인격들이 뭔가를 발견하는 능력을 갖도록 단련할 수 있다고 생각해요.

로빈 오!

롤랜드 이해가 안 돼요.

앨리스 나는 로즈메리에게 커피를 내오라고 전화를 해야겠어요.

정신분석가 행동이 말보다 더 크게 말하지만, 우리는 단지 우리의 사고를 압도하기 위해서 큰 소리를 허용할 필요는 없어요.

에드먼드 수학을 위해, 수학에 의해 그리고 수학에 대해서도 해야 할 말이 많아요.

로빈 "국민의, 국민을 위한," 또 뭐더라, "국민에 의한 정부"라는 말과 비슷하네요.

정신분석가 사람들에 의한, 사람들을 위한, 또 뭐더라, 사람들에 대한 말의 구성이군요.

앨리스 누군가는 행동을 해야 해요. 나는 로즈메리에게 커피를 내오라고 전화하고 있어요.

롤랜드 사고들은 때로 행동의 전주곡이에요. 그것들은 그 다음에 행동으로 옮겨지죠.

로빈 세상에, 우리는 마치 행동의 대체물인 사고들에 갇혀 살도록 저주받은 것처럼, 커피에 대한 상상, 기억, 또는 욕망을 먹고 살아야 하는 건 아니겠죠. 그러나 아마도 커피를 마신 다음에, 그 문제에 대해 더 논의할 수 있을 거예요.

에드먼드 "나의 수학"은 로바체프스키와 리만의 혹평에도 불구하고, 오직 유클리드 기하학을 향해 달려갔어요.

롤랜드 매우 멋진 시각적 표현이네요.

로빈 나는 맛있는 표현이라고 말할 거예요.

의사 취할 정도로 술을 마셔서는 안 돼요. 하지만 커피만이라면, 카페인이 그다지 해가 될 거라고 생각하지 않아요. 어쨌든, 지나치게 생화학적인 사고를 도입한다고 공격하지는 말아요.

앨리스 만약 나의 고급 커피가 분자들의 무작위적인 집합으로 취급된다면, 나는 분명히 그것에 반대할 거예요.

의사 오, 결코 그래서는 안 되죠! 보장하는데, 분자들의 배열은 극히 아름다운 사실이에요.

로빈 그러나 나의 내면의 눈으로 볼 때, 그 보이는 것이 풍부함을 가져다주었어요.

롤랜드 당신의 그 인용문은 잘못됐어요.

앨리스 나는 우리가 삼십분만 더 이야기한 후에 다음 주에 다시 계속할 것을 제안하겠어요. 찬성하세요?

의사 우리는 이제 막 아름다움에 대해 말하기 시작했는데, 그것이 우리에게 무엇을 의미하는지는 전혀 분명하지 않아요. 푸앵카레는 수학적 구성의 아름다움에 대해 말해요.

로빈 나는 종종 운동선수의 아름다움에 대해 생각해요. 나는 크리켓을 싫어하지만, 아름다운 타격으로 보이는 장면을 즐겨요.

롤랜드 나는 몇몇 아름다운 크리켓 필드를 알고 있어요. 아마도 로빈은 그것에 영향을 받았을 거예요.

로빈 전혀 그렇지 않아요. 나는 타원형 경기장에서 홉스가 만들어낸 영광스런 이닝들을 생각하고 있었어요—당신들은 타원형 경기장만큼 경외감을 주는 곳을 상상할 수 없을 거예요.

폴 "오 벨벳 잔디를 느끼고 싶어 하는 나의 발"—그러나 그 말을 한 사람은 종교적 여정의 아름다움에 대해 말하고 있었어요.

정신분석가 어떤 아름다움이죠? 어떤 종교인가요? 그것은 당신의 종교가 무엇을 의미하는가에 달려있는 것 같아요.

롤랜드 물론 우리는 그 의미를 알 필요가 있어요. 우리는 먼저 "사실들"에 대한 분별력이 있어야 해요.

정신분석가 사건들이 연쇄적인 것이고, 심지어 필연적인 것이라고 생각하는 것이 인간 마음의 특성일 수 있어요.

로빈 그 사건들이 모두 동시에 일어난다는 말은 아니겠죠?

정신분석가 물론이에요. 나는 "원인과 결과"라는 것이 인간 마음에 잘 맞는 말들이고, 관찰자가 아니라 사물들과 그것들의 특성들 안에 내재된 것으로 보이는 것일 뿐이라고 말하고 있는 거예요.

에드먼드 그 말은 환경이 존재한다는 것을 부인하는 것에 가깝지 않나요?

정신분석가 아뇨. 나는 우리가 설령 지각의 경계들을 강화하기 위해 뭔가가 행해질 수 있다고 해도, 감각의 감옥으로부터 자유로울 수는 없다고 말하고 있는 거예요. 만약 아리스타쿠스가 몇 백 년을 살았더라면, 그는 팔로마Palomar에 있는 200인치짜리 반사경을, 또는 조드렐 뱅크Jodrell Bank에 있는 방사 망원경을 사용할 수 있었을지도 모르죠. 그러나 우리가 아는 한, 그는 그럴 수 없었죠.

폴 우리가 아는 한—

정신분석가 그게 내가 말하고 있는 거예요—"우리가 아는 한" 말이에요. 그러나 나는 우리가 일부러 계속해서 "여기까지야, 더 이상은 아냐"라고 말해야 한다고 생각하지는 않아요. 프로이트는 그의 한계들을 훌륭한 설명으로 바꿀 수 있었어요. 밀턴은 내전Civil War[37]에서 지고 있었지만, "그대 천상의 빛이 내면에서 빛나도다"라고 말했어요—

앨리스 밀턴은 어떻게 그런 열망을 가질 수 있었을까요?

롤랜드 그는 천재였어요.

로빈 *실낙원*을 읽으셨나요?

롤랜드 글쎄요, 에 … 물론 읽었죠. 내가 읽은 것을 다 이해한 건 아니지만요.

---

37 밀턴이 당시에 처했던 영국의 정치적 상황을 가리키는 말. 영국의회의 구성원들 사이에서 있었던 투쟁 또는 혁명.

로빈 내가 "물론"이라는 악령의 모호성을 의심한다고 해도 용서하세요, 롤랜드. 밀턴이 오랫동안 감금되어 있던 모호한 영역 안의 거주자들 중에는 악령이 포함되어 있었던 게 분명해요.

폴 그러나 그는 자신이 탈출한 것이 신적 뮤즈의 활동 덕택이라고 말했어요—분명히 오르페우스Orpheus 덕택이 아니라고요.

롤랜드 그 말은 우리가 그의 서술을 진지하게 받아들여야 한다는 뜻인가요? 물론 그것은 훌륭한 시詩이지만요—

정신분석가 "물론이에요," 그러나 버질과 호머와 밀턴은 "시"를 쓴 게 아니었어요. 그들은 "진지하게" 글을 쓰고 있었을 뿐이에요. 그들이 시를 쓴 것은, 시가 글을 쓰는 가장 진지한 방식이었기 때문이에요.

롤랜드 당신은 그들이 종교에 대해 쓰고 있었다고 생각하세요?

정신분석가 분명히 아니에요. 나는 러스킨이 옳았다고 생각해요. 그는 그들—그들 중에 가장 위대한 사람들—이 진실에 가장 가까운 것을 쓰고 있었다고 말했어요. 베이컨이 지적했듯이, 빌라도는 너무 바빠서 자신이 던진 질문에 대한 답을 기다릴 수가 없었지만요.

앨리스 슬퍼요! 나도 그래요—그런데 우리는 다음에 만날 때까지 그 답을 미루어야겠어요. 나는 당신들이 달콤한 꿈을 꾸라고 기원하지 않겠어요. 왜냐하면 꿈들은 우리가 그것들을 언어화할 때쯤이면 항상 달콤한 것이 된다고 정신분석가가 말할 테니까요.

정신분석가 나는 아닌데요—프로이트가 그랬죠.

2

폴 오늘은 무엇에 대해 논의하죠?

로빈 나는 우리가 전에 무엇에 대해 이야기하고 있었는지 기억이 안 나요. 그것은 신기하게도 꿈만 같아요. 내가 꿈을 꾼 것은 알겠는데, 그 꿈이 무엇이었는지 말할 수가 없어요. 그 꿈을 잊지 않았다는 것은 알지만, 기억에서 사라졌어요. 이런 경우, 그것은 다시 돌아올 수도 있어요. 그것은 기억되지는 않지만, 어딘가에 있어요. 모두 한 덩어리로요. 그것은 확실히 전체로 있고, 확실히 부재해요.

롤랜드 나는 그런 경험을 했다고는 말할 수 없어요. 사실 나는 꿈 자체를 잘 안 꿔요. 나는 아이 시절에 꾸었던 약간의 꿈들을 기억하는데, 그것들 중 일부는 다른 꿈들과 달리 매우 무서운 꿈들이었어요.

의사 마치 우리가 지난번 모임에서 꿈에 대해 이야기하고 있었던 것처럼 들리네요. 꿈이었다면 쉽게 설명될 수 있을 텐데요. 환자—나는 어떤 특정한 남자를 생각하고 있는데—가 깨어있을 때 꾸는 꿈들은 뭐죠? 나는 그것들을 환각이라고 부르고 싶지는 않아요. 적절한 명칭이 없네요.

폴 당신은 이사야가 분명하게 보고 언어화한 비전을 뭐라고 부르죠?—그는 그것을 이사야서 6장에서, 마치 다른 어떤 사실과 날짜를 서술하듯이, 분명하게 말하고 있어요.

정신분석가 나는 비전들이, 비록 내가 그것들을 항상 현재에서 듣고 명료한 용어로 서술하기는 하지만, “마음의 한 수준에서” 발생하는 것, 또는 “인생의 어느 한 순간”에 오는 것이라고 생각해요. 이것이 내가 겪고 있는 어려움들 중의 하나에요. 왜냐하면 일반적인 영어를 사용하는 내가 말하고 있는 것이 우리 모두에게 이미 알려진 어떤 것으로 가정되는데 반해, 내가 말하고 있는 것은 보통 사람들이 이해할 수 있을 정도로 평범한 것이 아니기 때문이에요.

롤랜드 당신은 그 둘 중 어디에도 속하지 않은 것을 말할 수는 없나요?

로빈 정신분석 학회들에서는 그렇게 할 수 없죠. 거기에는 중간이라는 게 없어요. 어떤 사람들이 질문하는 것처럼, 사람들은 왜 모든 것에 적용되는 논리를 수학과 관련해서는 배제할까요?

정신분석가 나는 분명히 어떤 주제도 의도적으로 배제하거나 포함시키지 않아요. 비록 하나의 주제가 포함된다는 것은 다른 주제들이 “배제된다”는 것을 알고 있지만 말이에요. 책임 있는 사람은 자신이 논의하고 있지 않은 주제를 배제해야만 해요. 그런 점에서, 그는 그의 인격의 일부 측면이 드러나는 것을, 따라서 자기-증오를 발생시키는 것을 허용하지 않아요—그 자신이 아닌 어떤 세력이나 사람들에 의해 그에게 부과된 것으로 간주될 수 있는 어떤 불만도요. 우리는 꿈을 사고의 일부에 포함시키고 있어요. 당신은 그것을 논리의 포함 또는 배제라고 부르나요?

로빈 브라우어Brouwer[38]가 이미 고전적 수학의 논리와 상관이 없는 수학이 있을 수 있다고 지적하지 않았나요?

롤랜드 나는 수학자가 아니에요.

로빈 내가 정신분석가의 말을 정확하게 이해했다면, 그것은 당신이 운 좋게도 선입견의 무거운 짐을 짊어지지 않아도 된다는 뜻이에요. 비

38 배제된 중간에 대한 괴델 Gődel의 논의와 다르지 않은 수학적 사고유형을 제시한 사람.

록 대학의 승인 하에 숭배되고 재가되는 존경스런 선입견들이 존재하지만요—

정신분석가 나는 당신이 말하는 "대학"이라는 곳이 여러 개인들이 모여 누가 그들의 모임에 들어올 수 있는 자격이 있고 없는지를 선언하는 특권을 스스로에게 부여하는 곳이라고 생각해요.

롤랜드 그런 점에서 민주적 사회는 그 사회를 대표하는 사람들이 사회 안에서 스스로 신의 대리자들을 구성하는 곳이에요. 그곳에서는, 알퀸Alcuin[39]이 말했듯이, "사람들의 목소리가 신의 목소리예요Vox populi vox Dei."

폴 그 말은 민주적 사회가 신이 다스리는 사회라는 말과 구별하기 힘들어요. 그러나 신이 다스리는 사회는 공개적으로 그 자체의 주장을 인정하지만, 민주적 사회는 일종의 우월성을 주장하는 것처럼 보여요. 나는 그런 주장을 인정할 수가 없어요. 신이 다스린다고 말하는 사회는 한 집단의 인간 존재에 의해 다스려지는 사회, 즉 스스로가 신이라고 주장하거나 적어도 신의 목소리를 대변한다고 주장하는 보통의 인간 동물들에 의해 다스려지는 사회에 지나지 않거든요.

정신분석가 그런 종류의 내용이 시편 51편의 마지막 구절에서 공개적으로 표현되고 있는데, 그것은 그보다 훨씬 더 겸손한—실제로 참회적인 것으로 정당하게 불리는—앞부분 전체의 기조와 거의 직접적으로 충돌하고 있어요.

로빈 그것은 모두 우리가 지금 물어볼 수 없는, 그 글의 "저자"에 의해 제기된 가정에 불과해요.

정신분석가 하지만 그들의 말은 셰익스피어가 그의 언어적 피조물에 대해 주장했던 것과 같은 내구성을 갖고 있어요.

---

39 A.D. 800년 경에 활동했던 잉글랜드의 스콜라 철학자이자 시인.

롤랜드 당신의 그 말은 말을 사용해서 오래 지속되는 어떤 것—대리석이나 금을 도금한 기념물처럼—을 만들어내는 예술가에 대한 거예요. 그러나 정말 그럴까요? 프레더릭 포위케 경Frederick Sir Powicke[40]은 에드워드 영주Lord Edward와 그의 조수 허버트 드 버르Hubert de Burgh의 마음 상태에 대한 역사적 설명을 할 때, 그가 논의하고 있는 문제에서 가장 중요한 요인을 서술할 수 없다고 말했어요. 그가 지적하듯이, "그것은 사라졌고, 회상되지 않았어요." 그렇다면 셰익스피어는 상황이 더 나았을까요? 우리는 지금 그가 단시들을 썼을 때 과연 그의 의도가 무엇이었는지 알고 있나요? 그는 당시에 우리가 지금 그것을 읽을 때 이해하는 것을 이해했을까요?

로빈 시인을 따라잡기 위해서 시인을 내세우세요. 블레이크는 실낙원의 의미에 대해 속지 않았어요. 보다 최근에 케너Kenner[41]는 셰익스피어가 "태양의 열보다 더 많이 두려워하지 말라"고 썼을 때, 거기에는 그가 의식적으로 의도했던 것보다 훨씬 더 많은 것들이 들어있음을 보여주었어요.

정신분석가 케너의 설명은 러스킨의 리시다스Lycidas[42]처럼 강한 설득력이 있어 보여요. 그러나 그것은 운에 달려있는 문제에요! 과연 누가 러스킨이, 위대한 사람들이 그들의 유언장에서 우리에게 남긴 것들을 읽어볼 것을 강하게 설득할 수 있을 거라고 예측할 수 있었을까요? 오 맞아요—우리는 조금 전에 "물론 우리는 밀턴을 읽었어요"라는 말을 들었어요. 물론 우리 모두는 셰익스피어를 읽었죠.

롤랜드 내가 졌어요.

폴 이유는 모르겠지만, 내가 *뉴요커*라는 잡지에서 본 만화를 생각

40 Frederick Powicke(1879-1963). 영국의 중세 역사가. 옥스퍼드 대학 교수 역임.

41 William Hugh Kenner(1923-2003). 캐나다 문학비평가.

42 존 밀턴이 1637년에 쓴 시.

나네요. 그것은 한 지독한 바보가 결정적인 한 방을 날리고 나서, "내가 졌다"라고 말하는 장면이었어요.

롤랜드 나는 두 사람이 사브르 검으로 결투하는 끔찍한 사진을 본 적이 있는데, 그 중 한 사람이 상대방의 목을 한칼에 베는 장면이었어요. 나는 내가 실제로 나의 중추신경체계, 또는 나의 지성이 위치한 자리로부터 완전히 분리된 상태에 있었다고 주장하지는 않겠어요.

앨리스 당신은 종종 마치 내가 여성이기 때문에 결코 분리된 지성을 가진 적이 없었던 사람인 것처럼 말하네요.

정신분석가 아마도 그것은 그가 그 자신의 근원적 마음으로부터 완전히 분리된 적이 없고, 지금도 페니스가 없는 여성은 남성적인 사고 능력을 가질 수 없다는 믿음에 의해 지배되고 있기 때문일 거예요.

앨리스 그런 분기점은 연결시키나요, 아니면 분리시키나요? 그는 종종 마치 자신이 남성 동물이 아닌 것처럼 행동하거든요.

롤랜드 그 말은 불공평해요! 마치 여성 동물인 것처럼 행동하는 당신이 내가 때로는 소심히다는 이유로 남성답지 못하다고 비난하는 것은 받아들일 수 없어요.

폴 이 자리는 부부 사이의 경험을 이야기하는 자리가 아니에요. 그러나 만약 내가 그렇게 말한다면, 나와 나의 공식적인 성자 선배들이 섹스에 반대한다고 생각할 거예요. 생물학적 창조자는 도덕적 창조자와 사이가 좋아 보이지는 않아요. 언어적 성교verbal intercourse는 우리가 사회적으로 누려야 할 자유를 허락받지 못했어요.

정신분석가 자유는 종종 "지하"로 내몰리는 것처럼 보여요—또는 "지하층"으로 불러야 할까요?

앨리스 좋을 대로 부르세요. 그러나 독재자와 해방자가 지하로 내려가 거기에서 만난다고 생각해보세요.

정신분석가 나는 "하부-개념적"이라고 말하는 것에 대해 당신의 허락을 받아야 할 것 같은데요.

폴 글쎄요, 그 용어가 예술적 표현으로서의 내구성을 갖지 못하는 것은 충분히 끔찍스러운 일이에요. 사고의 세계는 그것이 사용하는 언어적 무기의 수에 반비례해서 그것의 테두리가 줄어들거든요. "단검"이 짧을수록, 그것이 휘두르는 영역은 더 넓어요.

롤랜드 나는 그 말을 믿지 않아요. 오늘날 도대체 누가 소총을 가지고 다니려고 하겠어요? 나는 그러지 않을 거예요. 물론 그것에 단검을 꼽지도 않을 거고요.

정신분석가 나는 할 수만 있다면 가장 간결한 표현 형태로 알려진 수학을 사용하고 싶지만, 그러면 길게 의사소통해야 하기 때문에 당신들이 그것을 견딜 수 있을지 걱정이에요. 하지만, 어쩌면 당신들은 그것을 견딜 수 있을 것 같아요. 그러면 나는 훨씬 더 쉬워질 거예요.

롤랜드 당신 자신이 견딜 수 있다면, 우리는 더 쉽게 들을 수 있을 거예요.

정신분석가 나의 문제는 두 마음, 두 사람, 두 등장인물이 만날 때 발생하는 관계에 대한 거예요. 프로이트는 그가 "전이"라고 부른 관계의 한 측면에 우리의 주의를 환기시켰어요. 나는 그가 말한 전이라는 것이, 한 남자가 그의 분석가를 만날 때 그는 아마도 그가 한때 알았던 그리고 부모 가족의 한 구성원이 갖고 있다고 합리적으로 추정되었던 특성들을 분석가에게 옮겨놓는다는 것을 의미한다고 생각해요. 이 특성들을 낯선 사람인 분석가에게서 느끼는 것은 부적절한 거예요.

폴 왜 분석가죠? 왜 다른 사람은 아닌 거죠?

정신분석가 분석가가 전형적으로 그 "다른 사람들" 중의 하나이기 때문이에요. 분석에서는 이러한 특징적인 전이들이 논의될 수 있어요.

로빈 환자에 의해서만 논의되나요?

정신분석가 아뇨. 분석가도 환자에게 유사하게 반응해요. 그러나 분석가가 자신의 반응을 인식하지 못할 경우, 그 반응은 역-전이라고 불리는 것이 돼요. 당신들은 이것에 대해 책에서 읽을 수 있지만, 더 좋은 것은 직접 정신분석을 받는 것을 통해 배우는 거예요. 나는 이것에 대해 더 깊이 이야기하지는 않을 거예요. 왜냐하면 여기에서 우리는 정신분석을 하는 게 아니라, 기껏해야 "정신분석에 대해" 말하고 있을 뿐이거든요.

로빈 당신은 수학이 정확하고 간결한 의사소통 방법을 제공하는 가능성에 대해 말하려고 했어요.

정신분석가 당신은 우리가 전에 데카르트 좌표가 유클리드 기하학을 시각적 이미지의 폭군에서 풀어준 열쇠로 드러났다고 말했던 것을 기억할 거예요.

롤랜드 기억해요—그리고 당신의 동물원에 안전하게 갇혀 있던 수많은 끔찍한 정신분석적 동물들이 해방되었다는 것도요.

정신분석가 나는 당신을 불편하게 만들려고 그 말을 했던 게 아니에요. 당신이 탄젠트와 코탄젠트, 싸인 그리고 다른 비슷한 것들을 언급했기 때문에, 그런 생각이 들었던 거예요.

롤랜드 맞아요, 그러나 그것들이 함께 모여 "실제적이고 뚜렷한," "실제적이고 일치하는" 그리고 "켤레 복소수" 같은 훨씬 더 끔찍한 동물들이 되었어요. 나는 그것들이 카커트리스cockatrice[43]와 밴더스냇치처럼 존재하지 않는 무서운 동물이라고 추측해요.

정신분석가 사실이에요. 그렇게 말하는 게 더 단순하네요.

앨리스 적어도 그것은 좋은 소식이에요.

---

43 눈만 마주쳐도 죽는다는 상상속의 뱀.

정신분석가 맞아요, 그러나 실제로 단순한 모든 것들이 그렇듯이, 그것들은 손으로 잡기 힘들고 파악하기 어려워요.

폴 당신은 은유적으로 말하고 있군요.

정신분석가 달리 표현해서, 나는 당신들에게서 이미지들을 자극하고 불러내기 위해 노력하고 있어요. 그러나 나는 누가 또는 무엇이, 누구 또는 무엇에게 어떤 것을 하는지에 대해 말하고 있는 게 아니에요. 나는 그것을, 유사한 "것들"이 공식화되지 않은 상태로 남아 있기 때문에 그 둘 사이의 연결이 관계의 "사실성thingness"에 의해 모호해지지 않은, 유비를 말하려는 시도라고 부를 수 있을 거예요. 그 관계란, 정신분석적 정점에서 볼 때, 전이라고 이해되는 거예요.

롤랜드 그 말은 충분히 분명해 보이네요.

정신분석가 그렇게 말하면 나는 내가 당신을 오도했을까봐 걱정이 돼요.

롤랜드 오. 불쌍한 롤랜드—그는 맞는 말을 하면 안 되나요?

정신분석가 나는 그 말을 믿지 않아요. 다만 나 자신을 더 많이 믿지도 않는다는 말을 하고 싶어요. 내가 말하고 싶은 것은 이러한 삶/죽음/사랑/미움/탄생 같은 근본적이고 기본적인 것들 중의 하나예요.

로빈 당신이 보통 사람들에게 너무 요란하게 말하려고 시도하지 않는 한, 당신은 분명히 매우 정교한 수학을 필요로 하지는 않을 거예요.

정신분석가 아! 만약 당신이 그림문자를 사용해서 말한다면, 나는 당신이 나의 언어적 의사소통 배후에 있는 의미에 더 가까이 다가간다고 생각할 거예요.

앨리스 그 말의 의미는 로빈이 한 말이 어느 정도 해박한 정신분석적 해석을 포함하고 있다는 것 같아요.

정신분석가 확실히 그래요. 나는 또한 그의 말이 단순하고 기본적인 것을 의미한다고 말하고 싶어요. 그것은 표적에서 벗어나지는 않았지만, 그럼에도 불구하고 한 사람의 언급이 점수로 기록될 수 있는 윤곽이 정해진 인정된 영역 안에 있는 것은 아니에요. 나는 직관주의자들이 무한성 같이 단순한 것에서 시작한 것이 옳았다고 생각해요. 그것은 실용적이에요. 분명코, 나는 말을 배우기 이전인 유아 시절에 무한성을 알았을 거예요.

로빈 오 주여! 당신은 수학적 천재임이 분명해요.

정신분석가 그렇게 말하는 당신은 "천재"라는 단어를 평범하지 않은 방식으로 사용하고 있어요. 나는 조숙했거나, 설익었거나, 또는 하부-지성적이었을 수 있어요—그런 종류의 결함은 종종 경외감을 또는 심지어 칭송을 자아내기도 해요. 카리스마가 있는 사람을 조심하세요! 메시아적 미래의 성흔聖痕을 조심하세요!

롤랜드 나는 당신이 하는 말의 의미를 이해하려고 노력하고 있지만, 그것은 모호하고 신비한 숙녀 같네요.

정신분석가 당신은 나에게 여성적 신성을 부여하고 있어요.

롤랜드 헛소리! 그건 길버트와 설리반이 한 말이에요.

로빈 그러나 그것은 당신이 당신 자신을 표현하는 데 사용되었어요. 나는 이러한 자유연상 이론 안에 뭔가가 있다고 생각해요. 그러나 그것이 수학과 무슨 상관이 있죠?

정신분석가 그것이 원의 두 지점을 가로지르는 선의 문제가 아니라, 각자가 다양한 특성들로 이루어진 두 인격들이 만나는 문제라고 생각해 보세요. 그것에 대한 유비는 흑인들로만 구성된 한 집단의 사람들과 백인들로만 구성된 다른 한 집단의 사람들이 만나는 것이 될 거예요. 육체적인 차이는 쉽사리 일하기를 피하고 싶어 하는 욕망으로 해석될 것이고, 그것은 그들이 다른 집단에 속해 있다는 단순성에 의해 결정될 거에요.

앨리스 모든 어려움은 인종 화합을 위한 통합버스 정책[44]에 의해 곧 바로 해결될 수 있을 텐데요.

정신분석가 그럴 수 있겠죠. 그것은 법으로 "해결"할 수도 있을 거예요. 그러나 그 법은 화학의 법칙이나 수학의 법칙처럼 사람들이 만들어 낸 거예요.

로빈 분명히 수학과 물리학과 화학의 법칙들은 자연의 법칙과 구별될 수 없어요.

정신분석가 그것들의 구별 불가능성은 언어의 부적절성 때문이에요—유일하게 확실한 사실은 언어가 그것의 창조자들과 사용자들을 속이기에 적합하다는 것이죠. 나는 수학적 "법칙"의 어느 한 부분을 이 문제에서 제외하는 것이 현명하다고 생각하지는 않지만, 이미 그래왔듯이, 신이 정수integers를 만들었고, 나머지 다른 모든 것들은 인간이 정교하게 만든 "가공물" 시리즈라고 가정하는 것이 편리하다고 생각해요.

롤랜드 오 갓!

폴 당신은 누구를 찾고 있는 거죠? 나는 당신이 신을 믿지 않는다고 생각했는데요.

정신분석가 내가 경험한 바로는, 모든 사람들이 예외 없이 신을 믿고 있어요. 나는 자신이 신이라고 믿지 않는 사람을 만나본 적이 없어요. 그들은 조만간 그런 자신의 모습을 드러낼 거예요.

롤랜드 헛소리!

정신분석가 당신은 어떻게 그렇게 확실하게 말하죠?

롤랜드 글쎄요, 당신은 우리가 당신을, 그리고 프로이트가 시내 산에서 받은 당신네 정신분석적 법칙을 따르기를 요구하고 있지 않나요?

정신분석가 나는 진실에 대한 나의 인상을, 다른 사람들이 사실들에

---

44 인종화합을 위해 통학버스를 이용하여 아이들을 거주지역 바깥에 있는 학교에 다니게 하는 정책.

대한 자신들의 견해를 내가 사실이라고 부르는 것과의 비교가 가능한 방식으로, 진술하려고 시도하고 있는 거예요.

롤랜드 당신은 매우 "합리적"이네요. 그것은 스스로 "거룩하다"고 주장하는 바울의 겉모습과 크게 닮았어요. 거룩하다는 것은 그것 자체로서 정직하고 유용하다는 주장의 지름길이에요. 그게 "거룩하다"는 말의 의미가 아닌가요?

폴 설령 그 단어의 의미가 그것을 의미한다고 해도, 그것이 "정직한," "도움을 주는," 또는 "거룩한"이라는 단어들이 갖고 있는 의미에 근접한 "것들"이 없다는 의미는 아니에요. 일부 종교인들은 "거룩한 영"에 대해 말하거든요.

정신분석가 버클리 주교는 "떠난 양의 유령들the ghosts of departed quantities"에 대해 말했어요. 그 진술이 지닌 일종의 "재미있는" 특질이 종종 언급되어왔지만, 그것을 말한 사람은 사람들을 재미있게 하려는 의도는 말할 것도 없고, 그것이 재미있는 진술이라는 것을 알지도 못했어요.

앨리스 "그리고 신은 그것의 청구서에서 나온 소리를 비웃었어요."

폴 아마도 그분He은 그러셨겠지요(제발 대문자를 사용해주세요— "존칭" 말이에요).

로빈 누구에게 말하고 있는 거죠?

폴 인쇄를 맡은 분에게요. 내가 하는 말이 영구적인 것이 될 경우에요. 아이작 루리아Isaac Luria[45]는 그의 말이 기록되는 것에 반대했지만, 나는 솔직히 루리아와는 달리 내가 한 말이 영구성을 가졌으면 좋겠어요.

정신분석가 설마 당신의 묘비에 수학 공식을 새겨달라는 건 아니겠죠?

롤랜드 내가 당신이라면, 나는 그렇게 하지 않을 거예요. 비록 스와

---

45 16세기에 유대교 신비주의의 거장이었던 랍비로서, 죽기 전에 자신이 쓴 모든 글들을 불태운 것으로 알려져 있음.

팸Swaffham[46]에서 발견한 항아리들에 대한 토마스 브라운 경Sir Thomas Browne의 글처럼, 내가 사람들이 기억할 만한 것을 말했다면, 나는 행복해할 것이기는 하지만요.

로빈 심지어 신이 죽었다는 말도 들려요.

폴 나는 그분이 그런 말을 극복할 수 있다고 생각해요. 아마도 아들을 만들기보다는 아들에게 손상을 더 많이 입힌 무능한 아버지는(제발 소문자 h를 사용해주세요) 아마도 그러지 못할 거예요.

앨리스 지옥 안의 영원성 말이군요.

정신분석가 비록 랭보Rimbaud[47]가 그랬던 것처럼, "그 모호한 거주지에 오랫동안 갇혀 있었지만요…."

로빈 당신은 당신의 수학적 도피처 안에 매우 오랫동안 머물러 있는 것처럼 보여요.

정신분석가 아 맞아요. 내가 어디로 도망칠 수 있었을까요?

로빈 내 생각에는, 외부의 암흑과 중간 암흑 사이 어디인 것 같아요. 롤랜드의 오르페우스적인[48] 곡을 너무 많이 들으면서, 천상의 뮤즈—아마도 앨리스—의 곡은 무시한 것 같아요.

앨리스 오 그러지 말아요, 로빈. 하나도 재미없어요.

정신분석가 그곳은 확실히 "남자들의 유쾌한 길에서 단절된" 암흑이었을 거예요. 나는 수학의 언어가 크로체Croce[49]가 미학에 자격을 부여했던 "우주적 언어"에 가까운 것이 아닐지 궁금하다고 말할 수 있을 뿐이에요.

---

46 영국 Norfolk에 있는 마을. 묻혀 있던 항아리들이 발견되자 토마스 브라운이 그것을 주제로 글을 썼는데, 그 글이 고전으로 인정받고 있음.

47 Arthur Rimbaud(1854-1891). 프랑스 시인.

48 그리스 신화에 나오는 하프 연주자. 동물들과 나무, 바위들조차 황홀하게 하는 것으로 알려져 있음.

49 Croce, Benedetto, 미학에 관한 책의 저자. 그는 그 책에서 미학을 보편적 언어라고 제안하였음.

롤랜드 아마도 수학 공식의 아름다움이 그것의 가치에 대한 징후일 거예요—러스킨이 서술했듯이, 특질을 주는 것 말이에요.

앨리스 롤랜드, 당신은 내가 당신을 알고 지낸 그 모든 세월 동안 러스킨을 언급한 적이 한 번도 없었어요. 만약 언급했다면, 예이츠Yeat[50]가 아랍 레이디Arab Lady에 대해 말할 때 사용했던 것과 같은 언어로 말했을 거예요.

롤랜드 나는 로즈 라 투셰Rose La Touche 같은 추문을 사용해서 그를 끌어내렸어요. 그러나 나는 수다를 통해 그의 명성을 모두 망칠 때까지 그를 존경했죠.

폴 키이츠에게는 "해리엣에 대해서"가 그런 것이었어요.

정신분석가 열여덟 살에 죽어 시골에 있는 교회 무덤에 묻힌 로즈 델더필드Rose Delderfield도요. 아마도 그는 오진된 맹장염으로 죽었을 거예요.

앨리스 당신이 극도의 암흑 속에 거하는 기간이 점점 더 길어지고 있네요. 당신은 천상의 것보다 더 오르페우스적인 곡조로 혼돈과 영원한 밤을 노래하고 있어요. 또는 오이디푸스적 사고, 또는 스핑크스의 수수께끼 같은 사고라고 해야 할까요? 너무 과학적이에요.

정신분석가 충분치 않거나 너무 많은 것, 그것이 문제에요. 뭔가를 보기에는 너무 어둡고, 너무 눈이 멀었어요.

롤랜드 —당신의 후광에서 나오는 빛에 의해서요.

정신분석가 어려움은 단지 우주의 중심에 관한 것만이 아니에요. 우리 자신의 인격의 중심을 보는 것은 우주의 중심을 보는 것만큼이나 어려워요. 자신의 자기self가 아닌 것에 의해 관심이 분산되고 매혹되는 바람에, 주변적인 것이 중심을 차지하기 때문이에요.

---

50 John Butler Yeats(1839-1922). Arab Lady라는 그림을 그린 영국의 화가.

에드먼드 당신은 그 말을 전에도 했어요.

정신분석가 그랬나요? 잊고 있었네요.

로빈 외부의 암흑이건 중심의 암흑이건, 그것은 잘못된 장소에 있는 잘못된 것이에요. 표면의 일부가 중심을 차지하고 있는 것이라면, 그것이 어떤 구체球體라고 해도 그것의 불확실한 "중심"으로 인해 분명히 흔들릴 거예요.

에드먼드 일식이나 월식의 변화들처럼 말이에요. 오늘날 일부 사람들은 그 쌍의 덜 두드러진 파트너가 블랙홀일 수 있다는 것과, 두 개의 블랙홀이 존재할 수 있다는 신호들이 존재한다는 것을 생각하기 시작했어요.

앨리스 전체 우주 안에서 블랙홀이 오직 둘뿐이라고요? 그 말은—

정신분석가 —마치 고전적 정신분석처럼요. 두 부모, 또는 정신분석의 부모들 중 한 사람에 의하면,[51] 두 젖가슴이에요.

에드먼드 또는 하나의 양성자proton와 하나의 전자electron일 수도 있어요. 그것들은 핵을 둘러싼 소립자처럼, 또는 우주의 중심을 도는 태양처럼, 모든 순환에서 발생하는 질량들을 증식시켜요.

폴 또는 신정神政 주변의 신들처럼요.

의사 또는 정신분석가가 말하는, 격랑을 둘러싼 진단들처럼요.

정신분석가 또는 두 사람이 만날 때, 거기에서 일어나는 것들처럼요.

롤랜드 엄청 지루하네요.

로빈 정신분석가들은 정말 따분한 사람들이군요! 그들이 따분한 것은 단순히 섹스 문제 때문이 아니네요.

정신분석가 그 말은 결코 사실인 적이 없어요. 우리가 알지 못하거나 이해하지 못하는 것은 우리의 환경이 아니라, 그것의 의미예요. 우리

---

51 멜라니 클라인을 지칭하는 표현.

가 위에 군림하는 자가 되고 싶은 야망을 가진 아래에 억눌려 있는 자들이기 때문에, 의미가 우리가 살고 있는 별 안에 존재하지 않는 거예요. 우리는 권위 있는 누군가 또는 무언가가 우리에게 밤의 아름다움을 밝히라고 말해주기를 원해요.

의사 보헤미아의 엘리자베스조차도 삼백 년 전에 무척이나 진부했어요—헨리 워튼 경Sir Henry Wotton에도 불구하고요. 여러 명의 이전의 아가멤논들 … 대리석으로 된 기념비도 금도금을 한 기념비도 살아남지 못해요 … 지난 세월들이 다 어디에 있을까요? 인간의 육체에 대한 해부학과 생리학의 견해가 우리 자신들의 상식이 말해줄 만한 것을 의미할 수 있다고 믿기도 어렵고 추측하기도 어려워요. 지금 우리는 새로운 종류의 과학자를, 즉 천 개의 태양보다 훨씬 더 두려운, "천상의 것이 아닌," 외부의 암흑이 지닌 모든 잡다한 진실들을 능가해서 빛나게 될 새로운 이름의 진실을 발견하는 데 헌신하고 있는 정신분석가에 대해 말하고 있는 거예요. 수학적으로 말해서, 고전적 수학에 따르면, 천 개의 태양은 매우 밝을 거예요. 당신은 어떤 종류의 정신분석적 수학을 도입할 것을 제안하시죠? 당신은 서둘러야 할 거예요. 그렇지 않으면, 다른 누군가가 현대 우주의 음악에 더 잘 어울리는 수학을 만들어낼 테니까요.

로빈 그것은 미학적 수학, 종교적 수학, 또는 과학적 수학일까요? 골라보시죠.

에드먼드 나는 무한한 우주의 침묵 앞에서 공포에 질리지 않았어요.

정신분석가 당신은 당신 자신이 그 침묵을 듣도록 허용했다고 확신하세요? 사람들은 자연이 진공을 혐오한다고 말해요—어떤 근거에서 그렇게 말하는지 모르겠지만. 밀턴에 따르면, 사탄조차도 지옥으로부터의 그와 도망과 관련해서 실제로 시적 부딪침을 즐기지 않았어요. 더욱이, 만약 밀턴을 믿을 수 있다면, 그는 우리의 선조들에게 약속되었던,

지옥에서 천국을 향해 가는 여정에서 살아남았어요. 밀턴은 더 많은 것을 요청했어요. "그만큼 그대는 천상의 빛이 내면을 비추고 …"

롤랜드 나는 당신이 유한한 자의 눈에 보이지 않는 것들을 보고, 말하려 한다고 생각했어요.

앨리스 그건 확실히 아니에요. 나는 그가, 개인이 보지 않겠다고 결심하지 않는 한, 유한한 자의 눈이 분명하게 볼 수 있는 것에 대해 말하려고 했다고 생각해요. 만약 정신분석가들이 눈에 보이는 것을 보여주려고 시도했다면, 당신들은 정말로 그들을 비난할 수 없어요.

의사 정신분석가들은 의사들보다는 상황이 더 나아요. 나는 건강염려증을 앓고 있는 한 소녀에게 그녀가 심각한 병을 앓고 있고, 심한 맥각麥角[52] 중독 현상을 보인다고 말해주었던 일이 생각나요. 그녀는 "하지만 선생님, 나는 아파요"라고 말했어요. 여러 주에 걸쳐 내가 그녀에게 그녀가 어떻게 아픈지를 말해주었지만, 내가 들은 말은 그것뿐이었어요.

정신분석가 혹시 그녀는 당신이 그녀에게 말하고 있던 것을 이해하기 시작했던 게 아닐까요?

의사 그녀는 그렇지 않았어요. 나는 지금도 죽음의 진찰대에 누우면서 내가 들을 수 있도록 온 힘을 다해 말하려고 애쓰는 비참한 소녀의 목소리가 생각나요.

정신분석가 나는 참호 안에서 내 옆에 웅크리고 앉아있던 운전병이 포탄에 흉곽이 날아가고 심장이 노출되었던 순간을 기억해요. 그는 전적으로 무능한 응급조치 요원의 어깨 너머로 소름 끼치는 상처를 보려고 노력했어요. "어머니, 어머니—나의 어머니에게 편지를 써주시겠어요?" "알았어, 뒈져버려," 나는 그렇게 말했어요. 만약 내가 신을 믿는다면, 나는 신에게 나를 용서해달라고 빌어야 할 거예요. "신이여 나를 용

52 보리 씨앗에 살고 있는 균사.

서하소서. 이것이 인간이 하는 일이에요."

앨리스 나는 당신이 그와 같은 비합리적인 죄책감에서 치료되었을 거라고 생각했는데요.

정신분석가 누가 그 죄책감이 비합리적이라고 말했죠? 또는 우리는 때로 우리 자신이 저주받았다는 것을 알 만큼 충분히 합리적일 수 있다고 누가 말했죠?

폴 당신은 앨리스에게 화가 났군요. 왜죠, 그녀가 무엇을 잘못했나요?

정신분석가 내가 무례했다면, 미안해요. 그런 의도가 아니었어요. 내가 언어 중에서 가장 슬픈 언어를 사용하고 있네요—"나는 그런 일이 일어나기를 의도했던 게 아니에요." 그 언어들은 마치 어처구니없는 야전 붕대처럼 내 마음의 열린 상처 위에 매달려 있어요. 그 날은 1918년 8월 8일이었죠.

롤랜드 항성의 시간인가요? 절대적 시간인가요? 아니면 단지 덧없는 시간인가요? 덧없는 존재들이 거주하는 시간 말이에요—

에드먼드 —그것의 적절한 의미를 아무도 알지 못하는 한에서요. 그렇지 않다면 그들은 당신을 비웃고, 당신의 몸에 이상이 생겼다고 생각할 거예요.

롤랜드 만약 그들이 비웃는다면, 나는 그것이 나의 득점판에 좋은 성적이 기록되었기 때문일 거라고 생각할 거예요.

폴 나는 당신이 이러한 종교적 아이디어를 수용하지 않는다고 생각했는데요.

롤랜드 나는 그런 아이디어를 수용하지 않아요. 나는 그런 아이디어를 갖고 있지만, 그것을 신봉하지는 않아요. 그것은 터무니없는 생각이에요.

폴 나는 당신이 그것을 신봉하고 있고, 그것들이 터무니없다고 생각하지 않는다고 봐요.

정신분석가 그 아이디어가 터무니없는 것일 수는 있지만, 나는 당신이 그 아이디어를 신봉하고 있다는 폴의 생각에 동의해요. 내가 아는 한, 그 아이디어는 내가 좋아하든 좋아하지 않든 상관없이 나를 붙잡아요. 나는 나의 귀신을 만날 것 같아서 아미엥 로드 근처에는 가지 않을 거예요—내가 거기에서 죽었거든요. 영혼은 죽어도, 몸은 영원히 살아요.

폴 우리가 일반적으로 하는 말과는 다르네요. 종교적 정점에서 보면, 몸은 죽어도, 영혼은 살거든요—

롤랜드 영원히는 아니었으면 좋겠어요. "영원히"라는 말은, "결코"라는 말처럼, 항상 너무 길게 느껴져요. 당신은 영원히 사는 것을 꿈꾸세요? 나는 그 말이 단지 은유일 뿐이라고 생각해요.

정신분석가 그 말은 "영원히 사는 삶이란 단지 심리적인 거야. 그런 것은 존재하지 않아"라고 말하는 사람들을 생각나게 하네요. 또 다른 관점에서, 만약 내가 과학자라면, 나는 최소한 영원한 삶에 대한 "예감"을 가질 수 있을 거라고 말할 텐데요—

의사 그 말은 영원히 살 것을 기대한다는 말은 아니겠죠?

정신분석가 나는 어떤 것을 "제안하는 것"을 반대하지는 않지만, 나의 육체적 존재가 무한한 것, 또는 종교인들이 말하는 것처럼 "영생하는 것"이라고 즉시 간주하지 않고서는 그런 것을 제안할 수 없다는 것을 발견해요. 그것은 해부학자들이나 생리학자들이 그들의 생물학적인 탐구 영역의 결과에 기초한 가설이 어떤 것인가와 아무런 상관이 없어요. "아버지, 나는 거짓말을 말할 수 없어요"라는 말은 하나의 진술을 위해서는 만족스런 자질을 갖고 있을 수 있지만, 나는 거짓말을 할 수 없는 과학자, 또는 예술가, 또는 종교인의 자질을 의심해요. 그는 진실이 무엇인지 어떻게 알 수 있었을까요?—진실되게 행동하는 것이 무엇인지는 더 말할 것도 없고요.

폴 나는 모든 종교인들이 그런 생각을 받아들일 거라고 생각해요. 유사하게, 나는 신의 존재를 결코 의심해본 적이 없다고 주장하는 종교인의 자질에 대해서도 의심할 거예요.

정신분석가 너무나 많은 유명 종교인들이 그들이 믿는 신이 종교에 뜨거운 관심을 갖고 있다고 말해요. 나는 종교를 가르치는 교수가 신에 대해 관심을 갖는 것은 이해하지만, 왜 신이 그런 것에 관심을 가져야만 하는지 이해할 수 없어요. 나는 그것을 원시적으로 표현된 원시적 종교 충동으로 간주해야 한다고 봐요. 그것은 골프를 치는 사람들이 유능한 골프선수를 숭배하는 것만큼이나 원시적인 충동이에요.

롤랜드 종교적 집합은 그들이 좋아하는 어떤 신도 믿을 수 있어요.

로빈 용어 사용에 조심하지 않으면, 정신분석가가 당신이 "집합 이론"에 중독되었다고 생각할 거예요.

정신분석가 나는 비록 사람들의 "부주의"에 대해 궁금해하겠지만, 그들이 조심스러워하는 것에 대해서는 더 많이 의심할 것 같아요.

앨리스 당신은 도덕적인 것과 과학적인 것 사이에서 줄타기를 하고 있어요. 도대체 그 불안으로부터 자유로운 적이 있나요?

롤랜드 그게 바로 내가 궁금했던 거예요.

로빈 그 말은 마치 당신이 가장 위태로운 삶을 살고 있는 것처럼 들려요.

정신분석가 나는 우리 모두가 그렇듯이 "존재"해요. 그러나 나의 존재가 나의 사적이거나 직업적인 이유 때문에 특별히 위태롭다고는 말할 수 없어요.

폴 신이 보시기에 인간의 삶은 위태로운 거예요.

롤랜드 여기에 왜 신을 끌어들이죠?

폴 당신은 내가 어떤 신을 끌어들인다고 생각하세요? 오 그래요,

알겠어요. "모든 지혜로운 사람들의 신"이죠. "그 신이 누구냐고요?" "지혜로운 사람은 결코 말하지 않아요."

정신분석가 불행하게도 그들은 그 비밀을 그들 자신들로부터 가장 깊은 데 숨겨놓고 있어요. 내가 만나는 대부분의 사람들은 그들의 숭배 대상과 그들이 함께 하기로 선택하는 회중을 발견하면서 놀라요. 그것들은 눈에 보이지 않는 그리고 감각을 통해 알 수 없는 그들 자신들의 우주의 핵들이에요.

에드먼드 우리 자신의 은하계의 중심처럼요.

로빈 만약 그것이 M31의 중심처럼 빛나는 것이라면, 거기에는 왜 그러한 발광 물질의 신호가 없는 걸까요? 다른 관점에서, 당신은 우리가 우리 자신으로부터 그렇듯이, M31의 중심으로부터 멀리 떨어진 나선형의 팔 위에 있기 때문에, 그 중심을 보지 못한다고 생각하세요?

에드먼드 우리는 우리가 좋아하는 것을 가정할 수 있지만, 그 아이디어는 M31의 중심이 우주의 먼지에 가려 보이지 않는다는 거예요. 분광기分光器 덕택에 우리는 어떤 요소들이 포함되어 있는지에 대한 좋은 생각을 갖고 있어요.

정신분석가 나는 우리가, 밀턴의 구절을 사용하자면, 내면의 눈이 "보고 말하는 것"을 불가능하게 하는 안개로서 작용하는, 정서적 세력의 본성에 정확한 이름을 붙여줄 수 있는 방법이 있을 거라고 생각해요.

롤랜드 당신이 "기억," "욕망" 그리고 "이해"라고 부른 것 말이군요. 또는 단지 수학적 능력의 결여든지요.

정신분석가 수학의 진전은 우리가 "심을" 필요가 있는 직관적 눈과 유사할지도 몰라요.

로빈 당신이 한 말은 확실히 문학적으로 들려요. 나는 당신이 무슨 생각을 하는지 모르겠고, 우리가 그것에 대해 무엇을 해야 하는지도 분명하지 않아요—할 수 있는 것이 있는지도요. 우리 모두가 알고 있듯이, 당신은 전쟁에 대해 말했어요. 우리는 지금 우리가 전쟁에 참여하고, 싸우고, 이겼다는 말을 들었을 때보다—그리고 그 말을 믿었을 때보다—더 현명하다고 생각해요.

롤랜드 우리는 침체상태에 빠졌을 때보다, 그리고 새로운 종교의 최근의 예언자, 즉 최근의 진정한 예언자에게 정신분석을 받기 위해 마땅히 종종걸음을 쳤을 때보다 더 현명해요. 그리고—여기에 우리가 있어요.

로빈 우리는 적어도 지금까지 우리 자신을 교리와 제복을 가진 제도로 만드는 것을 피해왔어요—정신적 제복도요.

정신분석가 지금까지는요. 나는 내 이름조차도 논쟁거리가 되는 것을 보고 놀랐어요. 나는 멜라니 클라인이 사람들이 자신들을 클라인학파로 부를 거라는 아이디어를 개탄했을 때, 그녀가 진지하기는 했지만 약간 낙관적이고 비현실적이었다고 생각하곤 했어요. 프로이트는 많은 사람들이 "정신분석"의 우산 아래로 들어오고 싶어 하는 위험에 대해 경고했지만, 나는 나 자신이 밝은 색깔을 가진, 그러나 빠르게 퇴색하는, 덧없는 영적 간식거리 중의 하나가 될 거라고는 기대하지 않았어요.

에드먼드 심지어 초신성들조차도 시간이 지나면 희미해져요.

롤랜드 그러나 만약 그 초신성들이 염색체의 균형을 흔들어 놓는 것이 사실이라면, 그것들의 나쁜 영향력은 오래갈 거예요.

의사 그것에 대한 증거는 한 조각도 없어요—과학적 증거 말이에요.

정신분석가 또는 당신이 원하는 종류의 증거를 의미하나요?

의사 다른 종류의 증거가 존재하나요? 사람들은 자신들이 신경증을 갖고 있다고 믿기를 원하고, 자신들이 필요로 하는 모든 것은 약간의 정신분석적 치료이고, 그러면 그들의 모든 문제는 해결된다는 믿음을 갖도록 부추겨져요.

정신분석가 정신분석을 받아보지 않은 많은 사람들은 그렇게 생각해요. 소수의 사람들이 정신분석을 시도하면서도 그런 유혹을 견뎌내는 것을 보면 당신은 놀랄 거예요. 나는 지금도 많은 "정신분석가들"이 그들의 추종자들과 마찬가지로 그런 유혹에 넘어간다는 말에 동의해요. "카리스마"와 "카리스마를 가진 사람들"이 유명해지는 현재의 유행에 대한 이야기를 들을 때, 나의 방어들은 긴장해요.

폴 그런 당신은 도대체 언제 마음의 평화를 느끼죠? 당신은 종교인보다 별로 나아보이지 않아요.

정신분석가 나는 정신분석가가 "잘 지낼 수 있게 된다"거나 심지어 "더 나아진다"는 희망을 갖는 것에 대해 의구심을 갖고 있어요. 평화로운 마음과 관련해서, 나는 내가 일하지 않고 있을 때보다 일하고 있을 때 마음이 더 평화로울 거라고 기대해요.

롤랜드 동의해요. 나는 일을 할 때 가장 행복해요. 그러나 우리가 그런 사실을 깨닫기 위해 분석을 받을 필요가 있나요?

정신분석가 정신분석을 받는 경험은 때로 일할 수 있는 능력을 성취하는 것과 관련되어 있는 것처럼 보여요. 음악을 배우는 것이 종종 악기를 연주할 수 있게 되는 것과 관련되어 있는 것처럼요.

로빈 그랬으면 좋겠어요. 나의 아들은 피아노를 배우고 있어요.

정신분석가 그러나 사람들은 종종 정신분석을 받으면 더 창조적인 사람이 될 거라고 기대하는 것처럼 보여요. 당신은 당신의 아들이 작곡가가 되기를 기대하세요?

로빈 아뇨, 그러나 아이 엄마는 그래요.

앨리스 그런데, 테아가 오늘 오나요? 그녀는 오겠다고 말했는데요.

롤랜드 어머니들의 기대에는 한계가 없다니까요.

앨리스 아버지들, 아들들 그리고 형제들보다 더 심하다고요? 나는 테아와 플로렌스가 그것에 대해 무슨 말을 할지 궁금해요. 나는 남자들이 자랑하고 칭찬받고 돌봄을 받을 것을 기대하고 나서는, 자신들이 이해받지 못한다고 불평하는 모습을 보아왔어요.

롤랜드 내가 그랬다는 거야? 나는 당신이 "그럴 수도 있다"라고 말할 줄 알았어.

앨리스 오 아니에요. 사실 나는 당신이 좋은 남편이라고 생각해요. 꿈에서조차 당신은 아주 친절해요. 어쨌든 나는 아직 당신과 결혼한 상태에요.

폴 나는 당신들이 드물게 행복한 쌍이라고 생각했어요.

롤랜드 나는 그 밖의 다른 것은 생각조차 해본 적이 없어요. 아마도 나는 앨리스가 나처럼 만족해한다고 너무 쉽게 가정했는지 모르지만, 분명코 나 자신은 행복을 의심해본 적이 없어요.

앨리스 나는 어젯밤에 끔찍한 꿈들을 꾸었는데, 그것들을 기억할 수가 없어요. 아마도 정신분석가가 그 꿈들을 분석하고 싶으시겠죠?

정신분석가 오 아니에요! 나는 나에게 정신분석을 받으러 오는 사람들의 꿈에 대해서만 분석을 시도해요. 분석을 위한 조건들은 일반적인 사회적 삶에서는 존재하지 않아요.

롤랜드 나는 항상 당신 같은 사람들이 우리의 고약한 성격 밑바닥에 있는 배관을 수리하는 수리공이라고 생각했어요.

정신분석가 고약하든 고약하지 않든, 성격은 견해의 문제예요. 아시다시피, 어떤 사람들은 심지어 사람들의 성격을 바꾸고 싶어 하죠. 나는 교회가 그렇다고 생각해요. 아닌가요, 폴? "교회의 공통된 토대," 그리고 그 모든 것의 토대가 사람들의 성격을 바꾸는 것으로 보여요.

로빈 아뇨. 당신은 그것을 혼동했어요. 우리가 부르던 노래는요—

롤랜드 “우리는 프렛 카르노Fred Karno의 군대라오.[53]

우리가 빌어먹을 무슨 소용이 있단 말인가?

우리는 총도 없고 싸울 수도 없는데,

우리가 빌어먹을 무슨 소용이 있단 말인가?”

그리고 다른 노래도 있어요.

“우리의 여정이 끝날 때, 우리는 …을 가질 거예요—”

로빈 당신들은 우리들에 비하면 훌륭한 신사들이었음이 분명해요.

앨리스 제발! 제발! 제발! 나는 항의하겠어요. 우리가 이 문제에 대한 이야기를 계속할 수는 없어요—

로빈 나는 우리가 여자들이 부르는 노래에 대한 논의를 시작하자고 감히 제안하지 않았어요!

폴 모든 여성들이 사이렌siren[54]이었나요? 토마스 브라운 경Sir Thomas Browne[55]은 세부사항으로 들어가지 않았어요!

앨리스 여기 다른 두 사람이 왔어요. 이제 우리는 여성의 견해를 좀 더 듣게 될 거예요. 내가 그들을 당장 데려올게요. 실례해요. *(퇴장)*

---

53 일차세계대전 시 자원병으로 구성된 무질서한 오합지졸 군대를 지칭하는 용어.

54 그리스 신화에 나오는 요정. 아름다운 노랫소리로 뱃사공들을 유혹하여 익사시키는 존재.

55 Thomas Browne(1605-1682). 과학, 의학, 종교, 미학 분야에 조예가 깊었던 영국의 작가.

3

로빈 어떤 여성도, 심지어 앨리스처럼 민감한 여성이라도 전투에 참여했던 사람의 삶이 전과 같을 수 없다는 것을 이해하지 못할 거예요. 나는 적군의 방어선이 붉게 타올랐던 밤을 기억해요. 나는 그것이 적군이 자신들의 탄약을 파괴하는 것이었음을 믿을 수가 없었어요. 나는 후퇴와 재앙에 친숙해 있었어요. 승리에는 친숙하지 못했죠. 승리는 너무 늦게 찾아왔어요. 그 시점에 나는 변해있었어요.

폴 "교회" 자체도 변했어요. 나는 강한 종교적 믿음을 간직했던 사람들을 생각하고 있어요.

로빈 예를 들면, 호머의 그리스 사람들인가요?

폴 아마도요, 그들의 믿음이 어떤 것인지는 알지 못하지만요. 나는 단지 추측할 수 있을 뿐이죠. 내가 일리야드에 대해 말할 때, 나는 종교적 믿음, 또는 극적인 이야기에 대한 서술을 말하고 있어요. 또는 다시금—

로빈 나는 그것이 담고 있는 특별히 혐오스럽고 힘든 언어 때문에 그것을 싫어했는데, 나의 선생님은 그 언어가 매우 아름답다고 주장했어요.

롤랜드 당신은 그 언어가 아름답다고 생각하지 않나요? 나는 지금 그렇게 생각해요. 그러나 내가 그리스어를 배울 때에는 당신의 견해에 찬성했을 거예요.

폴 오늘날 소위 교회에 다니는 사람들은 일리아드가 끔찍한 종교라고 생각했을 수 있어요—만약 그들이 일리아드를 종교라고 생각했다면요.

롤랜드 하지만 사람들은 아직도 일리아드를 읽어요.

정신분석가 우리는 "읽는다"는 단순한 단어를 어떤 의미로 사용하고 있죠? 우리는, 러스킨이 지적했듯이, 알파벳, 어휘 그리고 문법적 지식을 가질 수는 있어도, 끝까지 생각하지 않을 수 있어요.

롤랜드 한때 일종의 주사위를 던져 나오는 결과에 따라 특정한 음악의 요소들을 결합하는 게임이 있었는데, 그것이 음악적인 악보로 기록되고 나면, "바흐," "모차르트," 또는 "베토벤"의 분위기가 나는 음악이 나오곤 했어요.

로빈 "레오나르도"의 스케치를 산출하기 위해 선들과 삼각형들과 다른 형태들을 결합하는 유사한 방식도 있을 수 있어요. 나는 상대방의 움직임을 "읽는 것"에 대해 말하는 한 운동선수를 알고 있어요.

폴 하지만 어떤 음악가라도 그 음악이 베토벤에 의해 작곡된 것이 아니라는 것을 알 수 있을 거예요.

정신분석가 우리가 그렇게 하면 베토벤이 섭섭할 거예요. 기계적인 주사위 던지기가 베토벤의 자리를 차지할 수는 없죠.

폴 —또는 칸트, 프로이트, 레오나르도의 자리를요.

정신분석가 우리는 "끝까지 생각해야 할 사고," 또는 숭배해야 할 "신," 또는 종이 위에 갈겨 쓴 악보들이나 이름들에 의해 감추어지거나 드러나야 할 마음이 존재한다고 생각해요. 우리가 씨름하는 문제는 "어떤 마음인가?"에요. 그것이 단지 규칙이 요구하는 대로 주사위를 던지고 종이 위에 그 점수를 표시하는 "운동선수"가 되기에 충분한 마음일까요? 아니면 "게임"과 그 게임의 규칙들을 창조할 수 있고, 우리가 바흐, 모차르트 또는 플라톤이라고 부르는 정신을 표현할 수 있는 것이 마음일까요?

폴 —또는 샤르트르 대성당[56], 프락시텔레스의 헤르메스[57], 또는 피타고라스의 정리를 창조할 수 있는 마음요.

정신분석가 명백히 주사위에 의해 결정되는 "우연"의 개입 없이요.

에드먼드 또는 캄캄한 밤하늘에 우연히 흩어져 있는 우주의 성운들의 모습에 의해 영향받지 않고서요

로빈 "앉아요, 제시카, 보세요, 하늘의 마루floor가 얼마나—"

롤랜드 만약 우리가 들을 수만 있다면, 우주의 음악이 더 많은 것을 들려준다는 사실을 로빈도 인정했어요.

정신분석가 간략히 말해서, 만약 우리가 "느끼고 있는sense-ing" 사실들을 받아들일 수 있다면, 우리는 우리가 사용할 수 있는 "사실들"을 읽을 수 있고, 그 사실들의 배후에 놓여 있는 것에 대해서 끝까지 생각할 수 있을지 몰라요.

롤랜드 앉아요, 제시카—그런데 다른 여인들은 어떻게 된 거죠? 오, 여기 그들이 오는군요. 우리는 방금 "사실들"에 대해 이야기하고 있었어요—우리가 그것들이 무엇인지 알기라도 하듯이 말이에요. 그리고 우리가 알고 있는 그런 사실들의 의미와 관련된 추후의 문제에 대해서도요.

테아 그래서 어떤 결론에 도달하셨죠?

폴 결론이 문제의 시작이라는 결론요.

롤랜드 그 말은 정신분석가의 말만큼이나 고약하네요—항상 같은 지점으로 돌아가요.

정신분석가 오 아니에요. "같은 지점"이란 단지 우리가 희미하게 기

---

56 프랑스 샤르트르에 위치한 1252년에 완공된 성당으로서, 1979년에 세계유네스코에 의해 세계문화재로 지정되었음.

57 고대 그리스 조각품.

억하는 전에 있었던 지점에 대한 회상일 뿐이에요. 설령 우리가 도달한 친숙한 그 지점이 "같은" 것으로 인식된다고 해도, "그 시점이 같지" 않기 때문에, 그것은 같은 것이 아니에요. 지리물리학적geophysical공간 안의 지점인 그 "같은 시간"은 다른 시간일 거예요.

테아 지리물리학이 뭐예요? 나는 "지리"가 "이 지구와 관련되어 있는 것"으로 이해하는데요.

정신분석가 그것은 논의를 시작하는 말로서 충분해요. 에드먼드는 성운에 대해 이야기하고 있었어요. 우리는 지구에서 우리가 알고 있는 시간과 공간에 대해 말해야겠죠. 그가 한 말은 이해할 수 있어요. 우리가 관심을 갖고 있는 것은 우리가 알고 이해하는 것만이 아니라, 우리가 알지 못하고 이해하지 못하는 것을 포함하고 있거든요. 물론 우리의 과거 역사 안에는—즉, 우리가 이미 경험한 것 안에는—우리가 이해하지 못했고 지금도 이해하지 못하고 있는 많은 것들이 존재해요. 이것은 아직 일어나지 않은 것들로 취급돼요—

에드먼드 —우리가 아는 한에서요. 그것은 인류가 존재하기 전에 "일어났을" 수도 있어요. 헤스페로스[58]와 다이애너와 달[59]에 대한 문헌이 있어요. 진정한 시인들, 철학자들 그리고 사제들은 근본적인 것들을 관찰해요. "아가멤논 이전에도 용감한 사람들이 살았어요." 우리는 영원한 밤에 압도되기 전에 사고하고 번성했던 튼튼한 가슴의 소유자들에 대해 모르고 있어요. 우리는 또한 언제 우리가 그들의 뒤를 따르게 될지 그리고 흔적을 남기지 않을 수 있을지 알지 못해요.

롤랜드 정말 우울하게 만드는 생각이네요! 우리가 아무것도 할 수 없는 것에 대해 논쟁하는 것이 무슨 의미가 있죠?

---

58 헤스페로스 호의 난파선(1842). 헨리 워즈워스 롱펠로우의 서사시. 선장의 자존심이 낳은 비극적인 결과를 보여주는 이야기

59 삼중 신성을 지닌 신화 속 인물. 그녀는 달의 여신인 동시에 지하세계의 여신이기도 함.

로빈 만약 논쟁의 기준이 오직 우리가 그것에 대해 무언가를 할 수 있는 것이라면, 의미가 없겠죠. 우리가 아무것도 할 수 없는 주제들은 많이 있어요. 예를 들면, 천문학이 그런 거예요. 또 다른 예는 우리의 인격들일 수 있어요. 비록 정신분석가가 그 생각에 찬성할 것 같지 않지만요.

정신분석가 그것은 "무언가를 하는 것"이 무엇을 의미하느냐에 달려 있어요. 명료한 말이 존재하기 전에, "하다"라는 단어는 아마도 어떤 물리적인 행위만을 의미했을 거예요. 지금 우리는 우리가 "할" 수 있는 것의 범위가 확장되었다고 보고 있어요. 만약 우리가 아이가 동물을 괴롭히는 것을 본다면, 우리는 "하지 마"라고 말할 수 있어요. 그러기 위해서 우리는 잔인함이 자행되고 있다는 것을 알아야만 하고, 그런 행위를 하고 있는 사람이 그런 사실을 깨닫게 해야만 해요. 그것은 연쇄반응을 발생시킬 수 있는데, 종종 우리 개인의 삶은 그러한 반응의 나중 단계들을 알기에는 너무 짧아요.

에드먼드 아리스타쿠스[60]는 자신에 의해 시작된 사고 연쇄의 "후기 단계들"을 추측조차 할 수 없었어요.

정신분석가 하이젠버그에 따르면, 미세한 물리학적 요인들의 작용을 관찰한다는 사실은 관찰되고 있는 것의 작용에 영향을 미쳐요. 나는 그가 말하는 것이, 정신적 현상이 물리적 사실이라고 부르는 것에 영향을 미친다고 간주해온 나의 생각과 같은 것인지는 모르겠어요. 나는 "정신적" 현상들과 "물리적" 사실들 사이를 구별하지 못하는 실수를 저질러왔을 수도 있어요. 그와 같은 "아이디어"는 아마도 우리의 정신적 장치가 지닌 결함 때문일 거예요. 한 인간으로서, 나는 나의 사고들이 무한히 미세한 물질로 이루어진 미립자들의 명백하게 무작위적인 움직임들보다 더 우월한 것이라고 간주하고 싶어 하는 편견을 갖고 있어요.

---

60 지동설을 주창함으로써, 현대 천문학으로 이끄는 사고과정에 기여한 생각하는 자.

롤랜드 물질의 미세 미립자들의 무작위적인 움직임들에 대한 편견을 갖고 있다는 말인가요?

로빈 정신분석 이론 전체가 우리가 이미 친숙한 종류의 논리인 고전적 논리를 따르는 현상을 선호하는 것을 통해서 무효화 되는 것처럼 보이네요—정신분석 이론체계 자체의 구조적 본성이 그렇게 말해주는 것 같아요.

폴 소심함은 우리의 본성이 지닌 하나의 사실이에요. 우리는 우리에게 "여기까지야. 더 이상은 아냐"라고 말할 수 있는 기회를 주는 것에 매달려요. 그럴 때, 거기에서는 어떤 발견도 그것으로 종결돼요. 충분히 사용되지 못한 우리의 사고들과 노력들의 잔여물은 새로운 사고의 출현을 막고 기존의 체계를 공고화하는 데 사용되죠. 또 다른 아이디어의 씨앗이 싹을 틔울 가능성이 있는 우리의 체계 안에 있는 거친 부분조차도 부드럽고 매끈하게 다듬어져요.

롤랜드 나는 당신들 종교인들이 그런 현상을 보여주는 가장 완벽한 사례라고 생각했어요.

폴 구조의 빛나는 완벽함에 대해서는 당신의 수학적 공식보다 더 좋은 예를 찾기가 힘들 텐데요. 구조가 의존하고 있는 약한 "시멘트"로서의 논리 자체에 대한 공격은 지금도 계속되고 있어요. 정신과의사들은 "비논리적인" 체계들을 정신병원이라는 제한된 물리적 공간 안에 두려고 하죠. 드물지 않게 그 체계의 수호자들—의사들, 간호사들 그리고 다른 사람들—은 적을 포위하고 있던 군대가 포위된 적군에 의해 공격을 받는 것처럼, 그들이 담아내야 할 체계들에 의해 공격받아요. 그들은 정신의학적 사상자들을 "붕괴된 사람들"이라고 불러요.

정신분석가 그리고 당신은 그 "붕괴된 사람들"을 치유하기 위해 종교라는 붕대를 가져다주나요?

폴 전혀 아니에요. 사실 우리는 당신네 의료인들이 그들을 가두려고 하는 정신적이고 도덕적인 구속복에서 탈출하는 것을 돕기를 원해요.

정신분석가 아마도 당신이나 나는 "그들은 지금까지 그래왔던 것처럼 그대로 남아 있어야 해"라는 지침을 따르려고 공식적으로 노력하지는 않겠죠. 그러나 당신네 종교인들 중의 많은 사람들은 종교적 신비가들을 가두고 싶어 하는 것처럼 보여요.

폴 당신네 사람들이 과학적 또는 예술적 천재들을 가두고 싶어 하는 것처럼요—

정신분석가 —나는 심지어 우리가 그 천재들을 "치료"하고 싶어 한다는 것을 인정해요.

폴 —그들은 종종 돌았거나 미쳤다고 서술되었죠. 제랄드 맨리 홉킨스는 조현병 환자로서보다 예수회 사제로서 더 훌륭했어요.

롤랜드 우리는 우리의 목자들이 안내하는 대로 따라가요.

정신분석가 당신들은 양일 필요가 없어요. 우리는 지도자들이나 목자들이 되는 것을 원하지 않아요. 우리는 개인을 그의 "진정한" 자기에게 소개하고 싶어 해요. 비록 우리가 성공적이라고 주장할 수는 없지만, 우리의 경험은 인도받고 싶은 개인의 충동이 얼마나 강력한 것인지를 보여줘요—어떤 신이나 선한 목자를 믿고 싶은 충동 말이에요.

로빈 그것은 사실상 아버지 인물이에요.

정신분석가 아뇨. "아버지 인물"은 전문적인 용어이지만, 개인은 그러한 이론적 용어에 근접한 실제 사람이 존재한다고 믿어요. "하나님 아버지"에 대해서는 폴이 나보다 더 많은 것을 말해줄 수 있을 거예요.

폴 우리는 아버지 인물을 믿는 것이 아니라, 신을 믿어요.

정신분석가 우리는 아버지 인물을 신으로 믿는 현실을 인정하거나 부정하지 않지만, 우리의 피분석자들이 그 아이디어가 실제 아버지에 대한 회상에 뿌리를 두고 있다는 사실을 인식하기를 원해요. 그 말은 회상이 이루어졌으니까 기억된 "것"이 없어진다거나, 우리가 아마도 보통의 무가치한 현실에 의해 생겨난 이미 존재하는 아이디어에 주의를 끌려고 시도한다는 점에서, 그런 아이디어의 다른 원천이 있을 수 없다고 말하는 것과는 다른 거예요.

폴 그런 말을 들어서 기뻐요. 정신분석과 그것의 추종자들이 지나친 확신에 차서 종교적 진실을 거부하는 것처럼 보이고, 그래서 매우 독단적으로 보인다는 것이 내가 늘 정신분석에 반대해온 한 가지 이유였거든요—

정신분석가 나는 하나의 도그마를 다른 하나의 도그마로 대체하는 것을 좋아하지 않아요. 어떤 신이라도, 신을 세우는 것은 조사해봐야 해요.

폴 그것이 교회가 항상 주장해온 것이 아닌가요?

정신분석가 나에게는 신에 대한 "묻지 마"식 믿음이 교회 또는 교회 대표자들에 의해 요구되는 것처럼 보여요. 아마도 나는 제도적 종교의 도그마 너머에 있는 현실에 도달할 수 있는 기회를 박탈하는 것으로 느껴지는, 제도적 종교에 의해 오도되었을 거예요.

폴 그런 점에 대해 개탄하고 경고하는 종교적 스승들도 분명히 많이 있어요. 성 십자가의 요한은 심지어 그 자신이 쓴 글을 읽는 것조차도 직접적인 경험을 방해할 정도로 신성시된다면, 걸림돌이 될 수 있다고 말했어요. 가르침들, 도그마들, 찬송가들, 회중 예배 등은 종교 자체에 대한 전주곡이어야지 그것들 자체로서 최종적인 목표가 되어서는 안 돼요.

정신분석가 그 말은 우리가 "아버지 인물" 같은 정신분석적 전문용어를 사용할 때 겪게 되는 어려움에도 똑같이 적용되는 것처럼 들리네요.

로빈 인정해요!

정신분석가 —정신분석가가 직관을 얻기 위해 환자의 마음 그 자체를 들여다보는 것을 전문용어들이 대체해요. 마치 주인의 손가락이 가리키는 대상을 보지 않고, 주인의 손가락을 바라보는 개처럼 말이에요.

앨리스 테아, 나는 네가 이런 이야기를 듣고 나서, 나처럼 밤에 잠을 설치지 않기를 바래.

롤랜드 당신은 새벽까지 뒤척였어.

테아 나는 꿈을 잘 안 꿔요. 아마도 롤랜드씨는 이번에는 꿈을 꿀 거예요.

롤랜드 나는 꿈을 안 꿔.

로빈 그런 이야기는 하지 맙시다. 나는 밤에 푹 자고 싶어요.

정신분석가 "꿈에 대해 말하는 것"이 꿈을 꾸게 하지는 않아요. 꿈들은 존재하는 것이고, 정신분석가들 중의 일부는 프로이트와 함께 꿈들이 숙고하고 논의할 만한 가치가 있다고 생각해요. 밤은, 또는 꿈은 매끈하게 닦여 있는 낮 동안의 의식 사이에 있는 "거친 부분"이에요. 그 거친 부분 안에 하나의 아이디어가 거주하고 있을 수 있어요. 심지어 잘 닦여진 편편한 표면 안에도 망상, 또는 환각이 숨어 있는 틈새가 있을 수 있어요. 그 틈새 안에서 한 아이디어가, 그것이 제거되고 소위 "치료"되기 전까지, 거주하고 번성할 수 있어요.

폴 맞아요, 그러나 당신은 꿈이 과학적으로 연구될 수 있다고 믿는군요. 그런 연구는 거짓말들, 위조품들, "거친 것들"을 조사해야 하기 때문에, 진실만을 추구하는 당신의 자유를 제한할 거예요.

정신분석가 진실을 추구하는 것은 나의 능력을 제한하지 않아요. 나의 자유가 제한되는 것은 내가 도구를 갖고 있지 않다는 것, 즉 진실을 추구하는 능력의 결여 때문이에요. 신이 존재한다는 당신의 가정은, 만약 실제로 신이 없다면, 신이 없다는 것을 발견할 수 있는 기회를 배제함으로써 그러한 탐색을 제한해요. 어쨌든, 신의 존재를 가정하는 것에 반대하는 것을 사람들은 어떻게 생각할까요?

폴 실제로 나는 신에 대한 믿음이 탐구를 제한한다고 생각하지 않아요. 만약 내가 돈이나 유명한 축구선수를 신으로 숭배한다면, 그것은 확실히 나의 진실의 탐구를 제한할 거예요.

정신분석가 우리는 공언된 종교와는 달리, 그런 종류의 신을 믿는 투자자들과 운동선수들이 있다는 것을 알아요. 그것이 "아버지 인물" 같은 전문용어를 갖는 것이 유용한 이유예요. 만약 그 용어가, 현실이 정확하게 "아버지 인물"에 지나지 않는다는 것을 의미하는 것으로 간주된다면, 그것은 불행한 일이에요.

테아 나에게는 이러한 구별들이 미묘한 것이고, 진실의 영역 안에 있는 모험이라기보다는 의미론에 대한 논의처럼 보여요.

앨리스 동의해요. 그런 말은 영리한 사람이 신을 믿는 단순한 사람들에 비해 자신의 우월성을 증명하는 말처럼 들려요.

정신분석가 나는 당신이 말하는 "단순한 사람들"에 대해 의구심을 갖고 있어요. "근본적인 것들"은 종종 단순해요. 그러나 "사람들은" 단순하지 않아요. 천재의 "단순성"과 천재의 특징들을 흉내 내는 사기꾼의 "단순성"을 구별하는 것이 어렵다는 것이 사실일 수 있어요. 위대한 사람의 의상은 종종 사기꾼의 벌거벗음을 가리는 데 사용돼요. 돈은 가난한 사람의 파산을 숨기는 데 사용되고요. 아름다운 소녀는 본능적으로 자신의 추한 영혼을 그녀의 겉모습으로 감추죠.

앨리스 나는 아름다운 멍청이의 신성神性에 빠진 남자들을 보아왔어요.

정신분석가 왜 그것을 남자들에게만 적용하시죠? 육체적인 섹스는 종종 열정적인 사랑으로 위장해요.

로빈 남자나 여자의 아름다움은 쉽고 빠르게 "지각"돼요. 배후에 있는 현실을 지각하는 것은 정신적 미끼를 허겁지겁 삼키는 것보다 더 많은 조사를 필요로 할 수 있어요.

롤랜드 탐욕스런 영혼에게 수여된 "번쩍거리는" 상들은 많아요.

앨리스 글쎄요. 나는 눈을 뜨고 있는 게 힘들어요. 침대가 필요해요. 하지만 원하신다면, 이야기를 계속하세요. *(퇴장한다)*

롤랜드 만약 우리가 잠을 자러 간다면, 아마도 잠자는 동안에도 꿈속에서 이 이야기를 계속할 거예요.

테아 나는 진실이 꿈에서 출현해야 하는 이유를 모르겠어요.

정신분석가 "포도주 안에 있는 진실"이라는 말의 의미는 술에 취하거나 꿈을 꾸는 사람이 진실을 말한다는 뜻이 아니에요. 꿈꾸는 사람처럼, 술 취한 사람은 유능한 거짓말쟁이일 가능성이 적어요. 그는 "거친 곳"을 매끄럽게 만들 수가 없거든요. 그의 무능 때문에 그가 하는 말이 오히려 믿을 수 있는 말로 여겨질 수 있어요.

로빈 꿈꾸는 자들과 시인들은 예외적으로 강한 신뢰를 받아요.

정신분석가 그 말은 꿈꾸는 사람이 현자나 시인과 구별되지 않고 있다는 점에서, 애매한 구석이 있어요. 꿈꾸는 사람은 술 취한 사람처럼 종종 의식적인 유능함이 감소된 상태에 있어요. 유능하기 위해서 인간은 의식적이거나 "집중해야만" 해요. 우리는 개인이 말하지 않으려고 의도하는 것이나 말하려고 의도하는 것보다, 그가 실제로 말하는 것에 더 많은 관심을 가져요.

롤랜드 이것은 그가 말하는 것—또는 그가 말하지 않는 것—에 대한 당신의 해석에 달려 있겠죠.

정신분석가 나는 그가 말하는 것과 그것이 의미하는 것에 관심을 가져요. 나의 해석은 그가 말하는 것을 진술하려는 나의 시도에요. 그러면 그는 그 진술을 그의 다른 아이디어들과 비교할 수 있게 돼요.

롤랜드 만약 내가 문덴에 가고 있다고 말한다면, 나는 단지 그곳에 간다는 것을 의미할 뿐이지 성적 향락을 즐길 거라는 의미가 아니군요.

정신분석가 만약 내가, 실제로 그렇듯이, 당신과 사회적 교류를 하고 있다면, 나는 당신이 문덴에 간다는 사실에만 관심을 가질 거예요. 만약 당신이 의료적 충고를 위해 나에게 온다면, 나는 당신이 갈 만한 피트니스 센터에 관심을 가질 것이고, 여기에서 그곳까지의 당신의 여정에 포함된 의학적 문제들이 무엇인지에 대해 이야기를 듣고 관찰할 거예요. 만약 당신이 정신적 도움을 원한다고 말한다면, 나는 "문덴에 가겠다는" 당신의 의도를 "주변적인 것"으로 간주할 거예요. 만약 내가 당신이 나에게 오는 것과 문덴에 가는 것에 내포된 의미를 탐색하도록 허락을 받았다면, 나는 "성적 향락"이라는 말이 나타내는 영역에 주의를 기울이면서 반응했을 거예요.

로빈 다른 말로, 섹스 말이군요.

정신분석가 아니에요, 섹스가 아니에요—롤랜드가 사용한 말이 가리키는 영역이에요.

롤랜드 오직 말만이 그것을 가리키나요?

정신분석가 아뇨. 신호로 사용되는 것으로 보이는 모든 것이 그래요. 말은, 프로이트가 언급했듯이, 최근에 생겨난 인간의 대화 능력의 일부예요. 그것보다 훨씬 더 오래되고 원시적인 방법들도 많이 있어요. 예를 들면, 성적 방법이 그런 것이죠.

폴 종교 역시 그 자체의 방법들을 갖고 있어요.

정신분석가 누구, 또는 무엇과의 의사소통 방법일까요? 신일까요?

폴 우리는 신과의 의사소통이라고 믿어요.

정신분석가 또는 그것들은 다른 집단들과의 의사소통 방법일까요? 확실히 많은 종교적 공동체들은 서로 의사소통하는 것처럼 보여요. 프랑스 종교전쟁이 그것을 보여주는 하나의 예에요.

폴 사실이에요. 비록 나는 전쟁이 종교가 인정하는 방법이라고 보지 않지만요.

로빈 번연은 *거룩한 전쟁*이라는 책을 썼어요.

롤랜드 “만군의 주님”은 종교적 은유로서 만들어진 표현이 아니에요.

폴 하나의 은유는 실제 신체적 행동에서 나올 수 있지만, 그 신체적 행동은 은유가 되는 시점에서 보통의 다른 활동과 결합하는 것으로 드러나요. 예를 들면, 말은 폭력에 대한 대체물일 수 있어요.

정신분석가 또는 프로이트가 지적했듯이, “충동과 행동 사이에” 생각이 끼어드는 것을 통해서 충동적인 행동을 지연시키거나 “완화하는” 효과를 발생시킬 수 있어요. 생각이 행동을 바꿔놓는 거죠.

롤랜드 그 반대로도요. 충동은 더 약해지거나 더 강해질까요?

로빈 나는 화난 말을 하고 싶은 충동이 적개심이 되고, 그것이 다시금 살인적 공격으로 폭발한다는 것을 알고 있어요.

정신분석가 마음속에 쌓아두는 것은 생각하는 게 아니에요. 그것은 종종 최초의 충동이 향했던 것이 아닌 다른 목표물을 공격할 수 있어요.

롤랜드 태아는 생각하나요?

의사 태아는 확실히 뱃속에서 엄마에게 발길질을 해요. 당신은 그것을 공격적인 행위라고 부를 수 있을 거예요.

정신분석가 나는 유아 또는 태아의 정신과정을 서술하는 데 적합한 어떤 언어도 생각할 수 없어요. 나는 현재 “정신적인 것”이라고 정한 테두리를 태아의 활동을 포함하는 것으로 확장할 필요가 있다고 봐요.

의사 베타-요소들은요?

정신분석가 내가 베타-요소를 비정신적 범주로서 제안한 이상, 나는 태아의 발차기를 베타-요소, 꿈 요소의 원형, 언어적 표현이 가능한 진술이 되고 있는 일시적 요소—공격성—라고 부르는 것에 반대하지 않아요. 나는 태아의 신체적 활동을 "아이디어의 생성체" 또는 "아이디어의 어머니"라고 생각할 거예요.

의사 그게 무슨 말이죠? 그 개념에 대해 좀 더 설명해주시겠어요?

정신분석가 내가 나 자신의 추측을 그것 자체로서 "가설"이라기보다는 아이디어의 어머니라고 생각한다는 점에서, 더 이상의 설명은 "물-자체"에 너무 성급하게 "옷을 입히는 행동"이 될 수 있어요. 그런 행동은 생각의 성장, 즉 과학의 성장을 촉진시키기보다는 가두는 것이 될 수 있거든요. 조숙한 "과학적 이론"은 제한을 가져다줄 거예요. 프로이트가 마음의 캄캄한 영역들이라고 부른 것을 조명하는 데 내가 사용하고 싶은 용어는 "뚫고 들어오는 흑암의 빛줄기"에요.

폴 제랄드 맨리 홉킨스는 그것을 "이중의 암흑으로 그대의 눈을 멀게 하라. 그리고 창조되지 않은 빛을 추구하라"고 표현했어요.

정신분석가 바로 그거에요. 시인들은 표현할 수 있는 길을 찾아요—

로빈 —과거와 현재뿐만 아니라, 미래에 필요한 것들요.

롤랜드 이해하기가 어렵네요.

의사 홉킨스가 하는 말은 너무 모호하고 너무 종교적이라서 이해하기가 힘들어요. 그러나 나는 그것들을 이해하지 못할 때조차도 여전히 그를 좋아해요.

폴 당신네 의료인들은 신체적 증거만을 중시하는 편견을 갖고 있지만, 그러한 구속복을 깨고 나온 사람들도 많아요. 예를 들면, 토마스 브라운 경 같은 사람요.

정신분석가 "구속복," "미친 사람," "정신증 환자"—이 모든 것들은 "요동치는 마음"을 가두어 놓는 것과 관련되어 있어요. 그래야 우리의 "잠자는 공주들"이, 또는 우리의 "아름다운 잠"이 방해받지 않을 테니까요.

롤랜드 종교는 마약으로 묘사되어왔는데, 그것은 적절한 묘사인 것 같아요.

폴 그 이유는 종교가 일부 사람들에 의해 그런 목적으로 사용되고 있기 때문이에요. 하지만 나는 종교가 왜 그런 현상에 책임을 져야 하는지 이해할 수가 없어요. 술 중독에 대한 책임을 포도주에게 전가해야 하나요? 당신네 정신분석가들은 알코올 중독자들을 치료하기를 원할 텐데요.

정신분석가 그것은 알코올 중독자들이 포도주를 그만 마시기를 바라는 것과 같은 것이 아니에요. 종교는 최소한 열광주의에 반대해요. 그러나 나는 종교를 열광주의라고 부르는 것은 과하다고 생각해요.

로빈 "너무 많고," "너무 적고," "너무 잦아요." 오, 이 모든 측정법, 축적비율에 대한 설명이 없는 지도들, 조심성 없는 자를 위조된 안전함으로 오도하는 도깨비불의 용어들을 태워버릴 불의 뮤즈가 필요해요.

롤랜드 위조된 "안전함"이라. 내가 그 "천국"에 대해서는 너무 잘 알죠. "내가 사실을 말하는데 …" 그것은 거짓말쟁이가 자랑스럽게 걸어놓은, "진실은 위대하고, 승리하리라 …"는 깃발이에요. 그는 그 깃발 아래에서 자신의 캠페인을 벌이죠.

로빈 —그건 "진실이 승리하든 승리하지 못하든, 아무도 관심을 갖지 않기 때문이에요."

롤랜드 그러면 진실이 배제될 거예요—때로는요!

의사 잠잘 시간이네요. 자러 가야겠어요—바라건대. *(모두 떠나갈 채비를 한다)*

4

폴 *(독백을 한다)* 사람들은 정신분석가들이 결코 언쟁을 하지 않는다고 생각할 거야. 그러나 정신분석의 전쟁이 시작되면, 우리는 뭔가를 보게 될 거야—아무것도 그걸 막지 못할 걸. 산타야나Santayana[61]는 과학적 야수들과 악당들이 세상을 지배하는 날이 오는 것을 두려워했어. 무엇이 그를 그토록 "상냥한 소년 대가처럼" 영어를 말하게 했을까? 잘 자요, 롤랜드. 앨리스의 후의에 감사하세요. 이제 당신이 꿈꿀 차례에요. 그렇지 않아요?

롤랜드 나는 꿈을 꾸지 않아요. 나는 지금 거의 잠들었어요.

의사 맞아요. 꿈꾸지 말아요. 메스칼[62]을 시도해본 적이 있나요? 없다고요? 테오티후아칸Teotihuacan[63]에 있는 피라미드들이 당신에게 악몽을 줄 거예요.

롤랜드 노아! 노아! 이 끔찍한 옷들을 치워! 내 말 듣고 있어! 피해! 심리-영화-야바위꾼. 그 친구가 나를 막다른 골목으로 내몰 거야. 나는 앨리스가 그의 어떤 점을 좋게 보는지 이해할 수가 없어. 그들이 이 피라미드들을 파낸 걸까? 이 죽음의 장소에서는 찬 바람이 불고 있어. 그

---

61 Santayana, George(1863-1952) 스페인 태생의 미국 철학자, 시인, 논평가.

62 마약의 한 종류

63 아즈텍 피라미드가 있는 지역의 명칭.

잔인한 암캐는 어떤 남자라도 끌어들여 사등분을 낼 거야. 그렇게 할 수 있는 백정을 찾을 수만 있다면.

앨리스 지금 로즈메리를 말하는 거예요? 나는 그녀를 좋아해요.

롤랜드 당신네 여인들은 다 똑같아. 그녀는 잔인한 뱀이야. 뱀은 이브를 유혹하지 않았어. 이브가 뱀을 유혹했어. 나는 뱀이 지금 나무 아래로 미끄러져 내려가고, 그녀가 뱀을 애무할 때 뱀의 혀가 떨리는 것을 보고 있어. 그 나무 주위에는 구불구불한 파이프들과 관들처럼 생긴 관목들이 무성하게 자라고 있어.

의사 아니에요. 그건 아주 흔한 식물이에요. 툰드라 지역에서 자라는 용설란이에요.

앨리스 롤랜드, 당신은 꿈을 꾸고 있어요. 침대보 좀 그냥 두세요.

롤랜드 뭐라고! 정말이네. 내가 본 관들은 울타리 식물이 맞아.

앨리스 주무세요 … 나도 거의 잠들 것 같아요.

롤랜드 너는 못생긴 악마야. 너는 누구지? 악마가 아니라고? 그럼 악몽인가? 악몽이 아니라고? 너는 사실이 아냐.

두 나는 과거의 미래야. 앞으로 일어날 일의 모습이지.

롤랜드 유령은 아니고?

두 내가 유령처럼 웃나? 이 이빨들을 어떻게 생각해? 전부 다 내 이빨이거든. 나는 나 자신을 너의 정신에 묶어놨어—우리는 그것을 정신 안에 거하기라고 불러. 정말 재미있어.

롤랜드 꺼져, 추한 악마!

두 그런 말은 도대체 어디서 배웠어! 너는 꿈꾸고 있는 게 분명해.

롤랜드 나는 이것이 꿈이 아니라고 생각했어. 그럼 사이코-드라마인가? 아닌가?

두 아냐. 정신적 사건 그 자체야. 불쌍한 번연—너는 물론 그를 기억하겠지. 그는 그것을 허영-박람회Vanity-Fair[64]라고 생각했지만, 사실 우리는 상상 속의 헛된 것들이야. "사람들"이 무엇을 하는지 너는 알아. 그들은 네가 언젠가 신이라고 부르게 될 것들이야.

롤랜드 그건 끔찍스러워.

두 그건 끔찍스럽지 않아—그것은 아이디어의 어머니야. 진정한 것—진정한 것의 하부구조야. 우리는 증오에 찬 위협적인 목소리로 너를 에워싸고 있는 우리의 가족들에게 저주를 마시게 할 거야. 두려워하지 마—너는 너의 목사가 말하곤 했듯이, 불멸의 존재야. 그런데, 너는 그를 만나야 해. 그가 우리 진영의 독사와 함께 위협하는 소리를 냈기 때문에, 우리가 그를 여기로 불렀어.

롤랜드 불쌍한 악마.

두 그 단어를 사용하지 말라고 내가 말했지! 네 이빨이 몽땅 박살나고 싶어? 내가 그것들을 날려버릴까?

롤랜드 날려버려, 죽음을 날려버려, 아니면 슬픈 탄식과 함께 나를 괴물로 만들어.

두 더 크게. 네 턱을 더 크게 벌려봐. 너는 내가 미소 지을 때처럼 턱을 벌릴 수 있어. 그것은 정신증에서 유행하는 것이지만, 어떤 사람들은 심리적인 문제에서도 그런 식의 미소를 짓지. 네가 우리의 오르페우스적인 거짓말쟁이와 함께 절벽을 내려갈 때, 너는 혼돈과 영원한 밤을 노래할 수 있어.

롤랜드 나 좀 잠에서 깨게 해줘.

두 그건, 너도 알고 있듯이, 천상 뮤즈의 방울소리가 없이는 힘들고 드문 일이야.

롤랜드 너에게는 그렇지만 난 아냐. 오 죽음아, 너의 쏘는 가시가 어디에 있는가?

---

64 천로역정에 나오는 이야기.

두 그건 불경한 말이야!

롤랜드 내가 지금 무엇을 한 거지? 너는 신을 믿지 않잖아, 믿어?

두 신을 믿지 않느냐고? 물론 나는 믿지. 만약 내가 신을 믿지 않는다면, 너는 어떻게 내가 여기에 있을 거라고 생각하지?

롤랜드 미안—나는 여기가 천국인 줄 몰랐어.

두 글쎄, 정확히 천국은 아니지만 천국의 거주지역인 것은 맞아. 나는 너에게 백지 위임장을 줄 건데, 그것은 어디에서나 영원히 유효한 거야. 혹시 너는 여행자 수표를 갖고 있어? 걱정 마—너를 위해 당장 위조 수표를 만들어 줄게.

롤랜드 들키지 않을까?

두 물론이지. 그건 어디에서나 무효야. 그건 지불하겠다는 약속일 뿐이야—전혀 비용이 들지 않아.

롤랜드 나는 거기에 지옥불의 위험이 있다고 생각했는데.

두 오 아냐. 그것은 하나의 사실일 뿐이야. 어쨌든 그 아이디어는 최근의 초신성들에서 나온 거야. 사람들은 그것들이 감자튀김처럼 바삭바삭할 거라고 생각해. 그러나 그것은 오직 네가 살아있을 때만 그래.

롤랜드 그 말은 내가 죽었다는 뜻인가?

두 세상에, 아냐! 너는 불멸의 영혼이야. 너에게 말해준 사람이 아무도 없어? 나는 폴이 그것을 언급했을 거라고 생각했는데.

롤랜드 나는 피곤해. 나는 이 사람들이 갔으면 좋겠어. 그들이 갔다고? 나는 잠을 자러 가지 말았어야 했는데. 두, 너는 도대체 여기에서 뭘 하고 있는 거야?

두 내가 말했잖아. 여긴 지옥이 아니라고—아마도 억류지 쯤 될걸. 나는 발로 차서 쉽사리 여기에서 나갈 수 있어.

롤랜드 내가 발로 차서 여기로 들어온 거야?

두 아냐. 너는 늦었어. “암흑세계의 주모자들은 너를 위해 왕좌를 비워놓고 있어.” 암흑세계, 공허, 형태 없는 무한이 있는 곳에서.

롤랜드 무한대—나의 수학자가 지껄여대던—제로, 형태 없음이라.

두 마침내 나는 네가 가장 단순한 사실에 깨어있지 못할 거라고 생각했어. 모든 심오한 것은 단순해. 그 점이 심오한 것을 어렵게 만들어. 그것은 복잡하지 않고, 바보들에게는 충분히 거대해. 어떤 태아도 그것을 너에게 말해줄 수 있어. 나는 네가 뒤척이는 것을 멈췄으면 해.

롤랜드 내가 너의 발길질하는 문제를 어떻게 도울 수 있을까?

두 나는 너의 아이디어일 뿐이야. 네가 이처럼 주변을 발로 차면, 나를 유산시킬 수 있어.

롤랜드 네가 단지 아이디어일 뿐이라면, 너는 주변을 발로 찰 권리가 없어—설령 신의 마음속에 있는 아이디어라고 해도. 은유들은 자신들이 사실들인 것처럼 행동할 권리가 없다고.

두 말. 말. 말은 나의 탄생을 가로막는, 경직된 정의를 내리는 궤짝일 권리가 없어. 나는 밤낮으로 생각하는 자에 의존하지 않고서도 존재할 권리가 있어. 안으로 들어와 봐.

롤랜드 네 말은 파리가 거미에게 고맙지만 사양하겠다고 말하는 것과 같아.

두 태아가 아버지에게, 만약 내가 살기 위해 세상에서 빌려온 은유들을 사용할 수 있다면이라고 말했다는 것과 같군. 아이디어는 모든 얼굴 빨개짐이 그렇듯이 얼굴이 빨개지는 것을 들키지 않을 권리가 있어. 나는 얼굴이 빨개지는 것을 노출시켜야 한다고 주장하는 사람을 누군가가 살해했던 사건을 기억해.

롤랜드 나는 아무도 볼 수 없는 얼굴 빨개짐 때문에 죽은 사람을 기억해.

두 완전히 창백한 빨개지지 않는 뺨. 뺨은 없으면서 보여지기를 기다리고 있는 빨개짐. 그건 매우 도발적이군! 엄청!

앨리스 여보, 당신은 잠을 못 자네요.

롤랜드 미안해.

두 무슨 이야기를 하고 있었지? 나는 인간들이 방해하지 않았으면 좋겠어. 생각의 흐름을 거의 잃어버렸어. 너는 어디에선가 그 흐름을 본 적이 있어?

롤랜드 입 다물어! 나는 자고 싶어. 거짓말조차도 편히 쉬게 해줘야 해. 그리고 묘비 위에 새겨진 채 방해받지 않고 남겨둬야 해. 그래야만 한다는 생각, 그게 문제인 것 같아. 너는 … 뭔가가 되어야만 한다고 생각하지. 나는 왜, 만약 내가 원한다면, 미치는 것을, 또는 정신이 온전한 것을 고를 수 없는 거지?

두 그건 내 권리야. 나는 내가 원할 때 발로 차서 이 지긋지긋한 모체matrix 밖으로 나갈 수 있어.

롤랜드 그러나 네가 그렇게 하면, 다시는 돌아올 수 없을 텐데. 난 알아. 어떻게 아느냐고? 그냥 알아.

두 너는 "나는 생각한다, 고로 존재한다"고 말한 어리석은 동물처럼 말하고 있어.

롤랜드 오, 잠이나 자. 아버지는 아이에게 "네 빌어먹을 빵bun[65]이나 먹어"라고 말했어.

두 그리고 그 아이의 아버지였던 그 아이는 그것을 먹었고, 그 다음에 동산에서 쫓겨났어.

롤랜드 그래서 잡초가 자랐고 아이의 목을 졸랐지. 그래서 아버지는 이렇게 말했어. "끊임없이 더 크고 더 아름다운 거짓말들을 만들어

65 빵이라는 일반적인 의미 외에도 속어에서 여성의 성기라는 의미를 가진 단어.

낼 정신분석가가 있으랴. 그는 무한대 안에서 영원히 지배하리라. 공허 안에서 야생적인 미분의 귀신들wild ghosts of fluxions이 거짓말들을 삼킬 수 있는 시력도 없이 떠돌아다니게 하라."[66] 논리는 왜 수학을 제외한 모든 것에 적용되어야만 하지? 수학이 논리가 지배력을 갖고 있는 유일한 공간인데—비록 보잘 것 없는 것이기는 하지만.

두 성숙한 어른들은 수학을, 비록 부적절하기는 하지만, 우주들의 세계에 투사해. 그들은 양자 역학이 그들의 연약한 마음에 적용되는 법칙을 따르지 않을까봐 그것을 배우려 하지 않아. 새롭게 발견한 것들이 그들의 마음을 확장하라고 강요할까봐 그들은 새로운 발견들을 원하지 않아. "이 모든 것들 때문에 내 마음이 터지면, 나는 어디에 있어야 할까?" 마치 모든 버려진 실험들이 어디로 가야 할지가 문제인 것처럼 말이지! 운명이 어디로 부르는가? 의무와 영광이 어디로 인도하는가? "그것들은 오직 무덤으로 인도해"라고, 모든 것을 아는 자가 말하고, 그 다음에는 모든 것을 아는 다른 자와 싸우지. 맹신과 무지의 철벽 요새 안에 살고 있는 한 완고한 사람이 "나는 색다른 이야기를 들었어"라고 말해. 그러면 "미쳤군"이라고, 온전한 정신에 항복하는 더 작은 목소리가 속삭여. 자! 잠에서 깨!

롤랜드 너는 네가 하나의 마음이고 논리의 법칙을 따라야만 한다는 것을 발견한다면, 좋아하지 않을 거야.

두 너는 네가 잠을 자든 깨어 있든, 뭔가를 "해야만 하는" 법칙을 따라야 한다면, 좋아하지 않을 거야. O—순백색—의 법칙 말이야. 거기에는 양극현상을 위한 극들이 없어. 배제할 수 있는 중간이 없다고. 네가 너무 게을러서 할 수 없는 그 일을 할 천재가 없어. 거룩해지기 위해 충분히 "어리석은 자"가 되려고 하는 바보가 없다고.

---

66 Janet Malcolm의 저서 *The Impossible Profession*에 나오는 구절.

롤랜드 오 세상에goodness[67]—또야?

두 나는 "거룩해지기 위해"라고 말했어—"선하기 위해"라고 말한 게 아니라.

롤랜드 그 차이가 뭔데?

두 나는 "거룩해," 하지만 "선하거나" "악하지" 않아. 나는 자동적autonomic이 아니라, 의무적oughto-nomic이야. 내가 "너"가 되어야 하는 운명을 지녔다는 생각은—만약 내가 생각할 수 있다면—나를 정신적 독혈증으로 죽게 만들 거야. 다행히도 나는 생각을 안 해. 만약 내가 관절이었다면, 나는 류마티즘을 앓았을 거야.

롤랜드 나는 네가 무슨 말을 하는지 당최 모르겠어.

롤랜드 & 두 *(두 사람 모두)* 우리 사이에 거대한 만灣이 자리잡고 있네.

롤랜드 너는 누구야?

두 나는 너야.

롤랜드 나는 너에 대해서 들어본 적이 없어. 네가 말하는 "너"는 무슨 의미야? 너는 너야—내가 아니야.

두 그게 내가 말하는 거야. 혼동은 어휘상의 문제야. 너의 어처구니없는 의사소통의 연결체계 때문이지. 너는 나에 "대해서" 들어봤겠지만, 나를 들어본 적은 없어. 나는 때로는 너에게 말하기 위해 네 배를 사용해. 너는 분명히 리Lee라는 이름의 젊은 여성에 대해 들어봤을 거야. 그녀가 내가 말하는 방식들 중의 하나야.

롤랜드 오 입 닥쳐! 너 때문에 머리가 아파. 이건 하나도 재미없어.

두 재미가 없겠지. 재미있기에는 너의 표현방식이 너무 뻣뻣해. 네가 "미소를 짓거나" 너의 이를 드러낼 때, 네 모습이 얼마나 어처구니없는지 너는 모르지. 네가 영웅처럼 행동할 때도 그래—실제로는 너

---

67 goodness의 본래 의미는 "선함"이지만, 문맥에 따라 "세상에"를 의미함.

의 초-지능적인 기제인 비워내기에 의해 파산한 것이지만 말이야. 나는 "해야만 하니까 하는Oughto'nomic" 존재야—너의 세 마리의 곰들 중에서 가장 덕망 있는 곰이지. 네가 황금을 포함시킨다면, 네 마리의 곰이겠지. 자물쇠를 포함시킨다면, 다섯 마리의 곰일 거고.

롤랜드 꺼져버려! "꼴통 같은 친구."

두 "나"는 네가 피타고라스를 말할 수 있기 전에 너의 직각삼각형의 빗변 위에 있을 거야. 아나톨레Anatole가 말하듯이, 햄 두 개와 안두이 하나Deux Jambons et une andouille[68] 같은 사이지.

롤랜드 셋. 또는 둘 더하기 하나. 또는 삼위일체. 떠난 양의 유령[69]은 얼마나 도움이 될까? 다른 둘은 도움이 안 돼. 그것들은 명성이 아니라 운명과 동등시되거든.

두 나는 생각하지 말아야 해! 너는 자동적 체계를, 해야만 하는 어떤 것으로 대체하지 말아야 해. 그것보다는 의무적Ought-istic이라는 표현이 더 낫네. 너는 너의 지혜가 있어야 할 자리에 너의 지능을 두고 있어. 내가 그것들을 둥근 것으로 바꿔놓을 게.

롤랜드 아냐, 아냐, 아냐! 나는 둥근 것보다 똑바른 걸 더 좋아해.

두 글쎄, 그러면 너의 직선을 유지해. 만약 너의 직선이 너의 예술을 위해 너무 좁다고 느끼면, 그때 바꿔. 나는 잠자러 갈 거야.

롤랜드 그리고 잠든 상태로 있어 줘—제발!

앨리스 당신은 울고, 웃고, 소리 지르고 … 있어요.

롤랜드 나는 내가 살면서 그런 고약한 익살을 들어본 적이 없어.

두 고도로 폭발적인 그 말은 익살이 아니었어. 그건 너의 실용적 농담이었어.

---

68 프랑스 식 세트 음식의 한 종류.

69 George Berkley(1685-1753)의 수학적 개념으로서 미적분학의 기초를 비판하는 내용.

롤랜드 미안하지만—나는 총을 쏘지 않았어.

두 물론 안 쐈지. 네 총은 6인치 탄환만을 사용할 수 있는 거야. 그것은 5.9인치짜리 탄환이었어. 버얼스 오 보아Berles aux Bois의 길에서 너를 저격했던 친구 생각나? 그는 단지 따분했을 뿐이었어. 불쌍한 녀석.

롤랜드 나는 저격수가 아니야.

두 만약 그가 덥고, 따분하다고 느끼지 않았고, 따뜻한 술을 마시지 않았다면, 그리고 너무 조용하고 아무것도 할 게 없는 서부 전선이 아닌 독일에 남고 싶어 하지 않았다면, 너는 그런 농담을 결코 "들어보지" 못했을 거야.

롤랜드 어쨌든 너는 그때 무엇을 하고 있었는데?

두 나는 할 수 있는 한 너의 중추신경체계에 가까이 있으면서, 그리고 땅바닥에 납작 엎드려야 한다는 느낌을 전달하려고 시도하면서, 조용히 있었지—부신호르몬의 자극을 통해서 말이야.

롤랜드 최소한 나는 점심을 먹으러 다시 돌아왔어.

두 너는 너의 그 망할 영웅심과 허접한 개념들이 아니라, 그냥 나한테 감사해야 해.

롤랜드 아니지! 내가 너의 "해야만 하는" 헛소리에 굴복해야 했던 거야.

두 결정해—"느낌"이야, 아니면 "헛소리"야?

사제 내가 희망하는 것은 의무감이에요.

롤랜드 & 두 그것이 우리가 거의 찬성할 수 있는 말 같아요. 그것은 몇 인치 또는 몇 주만 더 길었어도, 우리 둘 모두에게 헛소리가 되었을 테지만요.

롤랜드 여러분, 그들이 행진할 때 노래를 부른 것에 대해 어떻게 생각하세요? "교회의 토대는 주 예수 그리스도 한 분입니다." 이것이 당신네 종교인들이 최전방을 방문한 후에 아이들에게 했던 말이에요! 왜 그는 두의 음악에도, 두가 하는 말에도 귀를 기울이지 않았을까요?

두 나의 음악에 귀를 기울이지 않았어.

사제 나의 종교적인 말에도.

롤랜드 우리가 말했듯이, "누가요."

두 & 사제 우리가 말했듯이, "바로 나!"

사제 운명이 이끄는 대로. 의무와 영광이 이끄는 대로. 어디에나.[70]

롤랜드 그것은 포병들에게는 소용이 있겠지만. 저격수에게는 아무짝에도 쓸모없는 거야.

앨리스 그들은 너무 푸념하지 말았어야 해요.

롤랜드 당신들은 그들이 경이로운 푸른 하늘로부터, 황금색과 혼합된 초록색 포격과 사격이 행해지는 황금빛 갈대의 얇은 선을 따라 펼쳐진 국도의 놀라운 푸른빛을 향해 다이빙을 하는 순간, 그들이 하는 말에 귀를 기울여야만 해요.

두 훌륭해. 네가 "포격들"과 "사격들"이라는 어처구니없는 언어만 사용하지 않았다면 말이야.

롤랜드 그리고 너의 어처구니없는 코 고는 소리만 없었더라면. 나는 네가 잠자러 갔다고 생각했을 거야.

두 나는 네가 말하는 "잠"이라는 것을 자지 않아. 그것은 죽음의 잠과 봄을 기다리는 잠이 구별되지 않는 너의 언어에서 사용되는 방식이야. 사제는 더 심해—그는 아무런 속성을 갖고있지 않은 어떤 것을, 그러나 언어의 의사소통 가능성이 그것의 존재에 달려 있는 것을 서술하는 데 그것을 사용해.

사제 그건 사실이에요—그리고 당신은 나에게 의존해 있어요.

롤랜드 그것은 오직 나 자신에게서 당신이나 당신의 아름답지 못한 음악을 아직 제거하지 못하고 있는 동안뿐이에요.

---

70 "Quo fata vocant. Quo fas et gloria ducunt. Ubique." 영국군 연대의 표어.

두 그러나 너는 방금 푸른 하늘과 푸른 바다를 보았고, 나는, 너는 보지 못했지만, 프린스라는 말 馬을 보았다는 것을 알아. 네가 잊고 있던 한 작은 소년은 그 말을 무척 자랑스러워했어. 그는 "아, 너는 프린스를 봐야만 해"라고 말하곤 했지. 그리고 네가 마침내 그 프린스를 보았을 때, 너는 그 프린스가 마차를 끄는 늙은 말일 뿐이라고 생각했어. 나는 그 말이 훌륭한 샤이어 종[71]이라는 걸 알고 있었어. 너는 눈을 뜨고 있었지만, 나는 네가 제대로 볼 수 있게 하기 위해 할 수 있는 것이 없었어.

사제 맞아요, 나도 그를 기억해요. 어느 일요일에 그는 들판에 있었어요. 당신들 두 사람은 퍼커릿지에서 온 젊은 목사의 설교를 들으러 노동자들과 정장을 차려입은 그들의 아내들과 함께 툴툴거리면서 마을회관으로 가고 있었어요.

롤랜드 그들의 말쑥하고 훌륭한 모습을 보는 순간, 인정 많은 내 마음은 울고 말았어요. 하지만 나는, 설령 그렇게 할 수 있더라도, 래치포드로 돌아가지는 않을 거예요. 세월은 갔고, 나도 늙었어요. 그리고 립Rib 강은 어떻게 됐을까요? 그 강을 보았을 때는 내가 허트포드셔 또 다른 지역에 있는 아름다운 시냇물에 대해서 노래를 작곡한 직후였어요. 그 가사는 "밈램Mimram이 위엄 있는 파도를 굴릴 때"라고 시작돼요.

두 그건 스타인벡[72]의 소설에 나오는 거잖아?

롤랜드 오 입 좀 다물어!

두 나도 거기에 있었어—엄청 두렵고 흥분한 상태였지. 너는 우리가 시커먼 구름을 보고 있을 때, 눈에 보이지 않는 장거리 곡사포 포탄들 사이를 빠져나와 운하 위를 날고 있던 큰 울리베어 나방Great Woolley Bears을 기억해?

---

71 영국 중부지방의 여우사냥으로 유명한 말.

72 John Ernest Steinbeck((1902–63). 노벨 문학상을 수상한 미국의 소설가.

롤랜드 나는 네가 아무도 모르기를 원했던 나의 불안을 이용해서 내 창자를 비틀고 휘저었던 것과, 나의 부하들이 내가 흘리는 땀이 죽을 수 있는 용기가 식은 데서 오는 게 아니라, 8월의 열기에서 오는 거라고 생각하기를 바랐던 것을 기억해.

두 너는 왜 도망가지 않았어, 바보야? 너무 겁쟁이라서?

롤랜드 맞아, 애국자, 즉 철없는 바보였기 때문이야. 내가 정말로 나의 연대장, 중대장 그리고 나의 부하들이 영국을 사랑한다고 생각했다는 것을 너는 이제 알겠니? 버체인저Birchanger의 초롱꽃, 나의 첫 번째 학습 시간에 내가 데이지꽃으로 만든 목걸이 … "여름 태양은 반짝이네 / 땅과 바다 위에서. / 행복한 빛이 넘쳐나네"[73]—운하 위 그리고 내 머리 위에서!

두 코드는 항상 너더러 바보라고 말했어. 생각 안 나?

롤랜드 그는 좋지 않은 결말을 맞았어. 그는 대부분의 시간 동안 취해 있었어.

두 만약 네가 뭔가를 느낄 수 있는 감각이 있었다면, 너는 술에 취하는 것으로 포탄-충격을 무효화시켰을 거야. 너는 너의 무리가 조명탄이 지평선을 밝혀주는 길을 따라 헐떡이며 걷고 있었을 때, 그 끔찍한 밤을 흔들리는 빛으로 환하게 밝혀주었던 적십자사 기차의 멋진 모습을 기억해?

롤랜드 물론 기억해. 어떤 부분을 기억하냐고? 나는 그 기차를 놓치지 않아서 기뻐—지금.

두 지금이라고? 너는 네가 무엇을 놓치고 있는지 모르는구나!

롤랜드 내 뺨은 차가워. 나의 해골을 덮고 있는 피부는 팽팽해. 시체 썩는 냄새가 나는 막사를 조사하는 것은 소름 끼치는 일이야. 나는 그

---

73 찬송가 가사(1871). William Walsham How 작사. Ruth Smith 작곡.

시체들을 응시하고, 응시하고, 응시했어. 아무것도 없었어. 맙소서! 저게 뭐였지?

두 양철 지붕이 미끄러지는 소리일 뿐이야. 저런! 저런!

롤랜드 내 눈에는 아무것도 안 보여.

두 이상할 것도 없어. 왜냐하면 볼 수 있는 것이 아무것도 없거든! 거기에는 아무것도 없어. 바보야.

롤랜드 그것은 나를 깜짝 놀라게 했어. 나는 그게 독일군이라고 생각했어. 그들이 말들이 다니는 길을 따라 한 막사에서 다른 막사로 기어가는 모습은 눈에 보이지 않아.

두 말이라고? 헛소리야! 노새겠지. 말들은 포탄이 날아오는 소리를 흉내 낼 수 없어. 노새야, 이 사람아! 노새라니까! 그건 노새가 내는 소리야.

롤랜드 노새들은 냄새가 고약해.

두 노새들이 죽었을 때 그 불쌍한 것들에게 뭘 기대하는 거지? 의로운 대의를 위해 죽은 다음에, 냄새나는 것조차 허용되지 않는다면, 너는 어떨 것 같아?

롤랜드 너는 나를 미치게 만들려고 시도하는 거지? 네가 미치고 싶지 않으니까.

두 너는 미쳤어. 제정신인 사람은 아무도 초롱꽃과 데이지 꽃반지의 아름다웠던 영광을 꿈꾸면서 이 주변을 배회하지 않을 거야.

롤랜드 나는 네 말을 듣고 있지 않아. 나는 피로 물든 저 막사를 바라볼 거야.

두 흥! 영국에는 따뜻하고, 편안하고, 영양상태 좋은 최상의 두뇌들이 얼마든지 있어.

롤랜드 너는 놀라겠지만, 나는 차라리 여기에 있을 거야.

두 너는 팝시가 뭐라고 말했는지 기억해? 팝시는 "네가 빅토리아 십자훈장이 아니라, 단지 "나무로 된 십자훈장"을 받을 거라고 말했어. 그 말이 딱 맞았어! 훈장은 네가 알 듯이 강한 사람에게 가지 않아. 너는 나무로 된 숟가락을 받을 가능성이 더 높아. 너는 충분히 빠르지도 않고, 교활하기에는 너무 무뎌. 어쨌든, 전쟁은 졌어. 연대장은 너희들이 이길 거라고 말할 거야. 나는 너희들이 이기지 못할 거라고 말하겠어. 증원군은 없어! 아무도! 너희들과 바다 사이에는 아무도 없어.

롤랜드 나만 빼고는.

두 대단히 거창하게 들리네! 옥스퍼드에 있는 선술집에서 이야기할 때까지 아껴두지 그랬어—너는 거기로 가고 있는 거지, 그렇지 않아? 전쟁이 끝난 후에 아가씨들이 돈을 많이 벌게 되고,[74] 성병이 만연하게 될 곳 말이야.

롤랜드 나는 단지 중대장의 말을 인용하고 있었어. 그는 꽥꽥 소리를 내며 발사되는 기관총들로부터 최소한 1마일 이상 떨어져 있었어. 그들의 기관총은 나와 나의 사격팀이 가졌던 루이스 기관총보다 더 요란한 소음을 냈지. 맙소사! 지금 내 귀에는 그것들의 소리가 들려! 나는 당시에 두려워할 시간이 없었어—지금 나는 내 입술의 창백함과 이빨의 부딪침을 느낄 수 있는 영원한 시간을 보내고 있어. "오 고마워, 하사—따끈따끈한 차가 정말 좋군! 어떻게 만들었지? 훌륭해!" 그들은 내 부하들이었어! 나는 장교역할을 해야 했지! 잊어줘. 나는 알고 있었어—비록 나중에는 잊었고, 모든 과장된 헛소리들을 믿었지만. 살아남을 가치가 있는 거라고 나 자신을 설득하면서 비참하게 보낸 세월을 생각하면, 나는 지금도 두려워. 지금도 그러냐고? 누가 나의 악몽을 사가겠어?

정신분석가 내가 살게요. 아직도 흘릴 눈물이 남아있다면, 지금 다 흘리세요.

---

74 세계일차대전 시 군인들이 부르던 노래의 구절.

롤랜드 당신이? 나는 당신네 정신분석가들은 다 치료된 사람들이라고 생각했는데요.

정신분석가 나도 그렇게 생각했어요. 다행히도 많이 심각하지는 않았어요.

롤랜드 다행이라고요? 나는 당신을 부러워했어요. 나는 "용맹함의 이름으로 훈장을 받고, 파란 영국군 제복을 입은 당신이 … 얼마나 멋진가"라고 생각했어요.

정신분석가 나도 그렇게 생각했어요. 나는 그게 왜 뜻대로 안 되는지 궁금했어요. 성공은 매번 나를 나의 목표에서 더 멀리 떨어진 곳에 남겨 놓았고, 싸늘한 쓰레기장으로 데려갔어요. 심지어 한 때 내가 존경했던 사람의 특징을 알아볼 수 없을 정도로요. 그러나 나의 탁월한—

롤랜드 나는 당신이 어떤 탁월함을 갖고 있었는지 몰랐어요.

정신분석가 나에게 탁월함 같은 건 없어요. 단지 훈장을 받았을 뿐이에요. 나는 포탄이 모든 사람들이 알아볼 수 있는 유일하게 남는 것이라는 두려움을 떨쳐버린 적이 없어요.

롤랜드 그게 탁월한 게 아닌가요? 나는 당신이 아무것도 아니라고 생각해본 적이 없어요.

정신분석가 당신의 경멸은 충분히 생생해요.

롤랜드 나는 당신이 나를 경멸한다는 현실을 전혀 의심하지 않았어요. 비록 그 경멸이 보통 관습적인 정중함의 옷을 입고 있었지만요.

정신분석가 그건 우리 두 사람 모두에게 사실이에요. 진짜 감정이 다른 것으로 위장하고 있었어요. "진보"는 그것이 입고 있는 화려한 옷 때문에 감지하기가 어려워요. 한 사람이 알고 있던 것들이 마침내 우리가 그것들을 알게 될 때 진실을 드러낸다는 것은 진부한 이야기에요!

롤랜드 망상 상태에 남아있는 게 더 낫지 않을까요?

정신분석가 나는 우리가 살아남을 수 있을 정도로 튼튼해질 때, 그러한 진실을 받아들인다고 생각해요.

롤랜드 진실은 어째서 우리에게 위협으로 느껴질 정도로 우리 자신들과 잘 맞지 않는 걸까요?

정신분석가 "우리 자신들"은 전혀 중요하지 않아요. 태아가 자궁의 보호를 받기 위해 자궁벽을 꼭 붙잡고 있는 것은 너무 두려운 일이에요. 나중에는 우리의 무지의 자궁을 붙잡고 있어야 하죠. 너무 쉽게 대답하네요—하지만 다른 "설명"이 있을 수 있을까요?

5

롤랜드 지나치게 상상적이지 말아주세요. 안 그러면 앨리스가 또 다시 힘든 밤을 보낼 거예요.

정신분석가 "상상력이 너무 자극받으면" 우리 모두를 끔찍하게 각성시킬 수 있어요.

에드먼드 이 우주적 재앙들—예를 들면 초신성 같은—은, 우리가 알듯이, 발생은 하지만, 상상할 수는 없어요. 태양은 수십억 년 안에 폭발할 것임이 분명해요.

로빈 아침식사 전에 잠시 바다에 들어갔다 나오면 어떨까요?

롤랜드 내일 아침에요? 좋아요—수십억 년 이내가 아니고요.

에드먼드 그것이 정신분석가가 뜻하는 거예요. 바다 수영은 우리가 우리의 무지를 확실하게 붙들 수 있게 도와주거든요. 우리는 무지가 우리의 어깨에서 벗겨져서는 안 되는 보호복이라도 되는 것처럼, 그 무지에 의지할 수 있어요.

롤랜드 당신은 불쌍한 무지한 사람들인 우리에게 너무 가혹해요. 당신이 우리와 함께 수영한다면, 좀 나아질 것 같아요.

에드먼드 그 생각에는 동의하지만, 나는 나의 천문학에 대한 취미생활을 계속하고 싶어요.

정신분석가 당신이 당신 자신의 상상에 의해 또는 당신이 전혀 생각할 수 없는 과학적 활동에 의해 그토록 공포에 질리지 않는다면, 당신을 막을 수 있는 것은 아무것도 없어요.

로빈 정부가 공포에 사로잡혀서 당신을 막을지도 몰라요. 그러나 어쩌면 그들은 너무 무지해서 그렇게 하지 않을지도 모르죠. 또는 정부가 과학적 추론의 연약한 싹들이 "이론들"로 자라날 때까지 그것들을 지켜주는 보호막으로 작용할 수도 있어요.

롤랜드 만약 그 싹들이 강력하게 확립된 이론들이 된다면, 그것들은 사회적 추론의 연약한 싹들을 보호하기에는 너무 강한 것들이 돼요. 강한 두려움이 학문분야의 강력한 용매溶媒일 수도 있어요.

앨리스 어떤 정부도 감히 천문학자들이 천문학을 연구하는 것을 막을 수는 없어요.

정신분석가 만약 내가 천문학 연구를 막고 싶어 하는 정부 관료라면, 나는 비판을 받지 않는 범위 내에서 충분히 미묘하게 그렇게 할 수 있다고 확신해요. 나는 천문학 논문들을 인쇄할 수 있는 종이가 충분하지 않다는 이유를 댈 수도 있고, 천문학 연구에 필요한 도구들을 만드는 데 필수적인 자료를 획득할 수 없게 만들 수도 있고, 잠재적으로 재능 있는 천문학 학생들을 위한 교육예산을 없앨 수도 있을 거예요.

롤랜드 그 말을 들으니 당신이 정부 고위직에 임명되어서는 안 될 것 같아요!

앨리스 천문학자가 의회 편을 들어주면 도움이 될 것 같은데요.

로빈 그러나 원칙이 있어요. 정신적 발달을 가로막는 데 권력을 사용할 수 있는 사람이 그런 자리를 차지하게 내버려 두는 것은 위험한 일이에요.

정신분석가 천문학자들이 태양이 임박한 재앙의 징조들을 보여준다는 것을 믿도록 대부분의 인간 존재들을 설득할 수 있다고 생각해보세요. 어느 한 순간에라도 우리가 엄청난 열의 소용돌이 안에 갇힐 수 있다고 말이에요. 그것에 대처할 수 있는 것이 아무것도 없는 상황에서, 당신은 그것이 방송되는 것을 허용하겠어요?

로빈 종교인들은 이미 세상의 종말이 임박했다고 경고해왔어요. 신이 모든 것을 태우는 불이라고요.

정신분석가 모든 것을 태우는 불의 신에 대해 걱정하는 사람은 아무도 없어요. 사람들은 신이 존재하지 않는다거나, 실제로 관대한 친구, 친절한 분, 좋은 분이라고 말하죠.

에드먼드 심지어 우리가 알고 있는 고대 종교인들, 즉 그리스 사람들은 태양을 강력한 신으로 간주했어요. 우리와 멀지 않은 시대에 살았던 밀턴은 "천상의 빛"은 경외 대상이어야 마땅하다고 생각했고요.

로빈 밀턴은 더 나아가, 블레이크가 지적했듯이, 다른 방향Other Direction—"공허와 형태 없는 무한"—에 대해 존경 그 이상의 것을 보였어요.

폴 많은 사람들은 종교가 신에 대한 존경뿐만 아니라, 악의 세력에 대한 존중도 포함해야 한다고 생각해요.

롤랜드 맞아요, 그러나 오늘날에는 아무도 종교를 믿지 않아요.

폴 종교와 관련해서는 많은 혼동된 사고들이 있어요. 인간의 충동인 종교는 종종 신 또는 종교적 칭송이 향하는 대상과 혼동되어왔어요. 나는 프로이트가 모든 인간이 성적 존재라고 말한 것처럼, 모든 인간은 종교적 존재라고 말하겠어요. 그러나 개인의 종교적 세력의 표현은 각 개인의 성격과 정신의 질에 의해 채색돼요. 자신의 어처구니없는 믿음 없음을 자랑하는 사람은 사실상 가장 광신적이고 지적으로 경멸스러운 종류의 종교적 믿음을 가진 사람으로 드러나요.

앨리스 오, 당신은 스포츠 등에 중독되는 것을 말하는 거죠—그러나 그것은 종교가 아니에요.

정신분석가 나는 폴의 생각에 동의하고, 앨리스의 생각에는 동의하지 않아요. 앨리스가 말하는 사람들은 본인들이 중독된 사실을 알고 있어요. 만약 개인이 자신이 중독되었다는 사실을 분명히 알고 있다면, 그것은 종교가 아니에요. 하지만 나는 세심한 주의를 기울이는 것을 통해서, 개인의 행동 안에 "종교적"이라고 정확하게 서술될 수 있는, 그리고 다른 어떤 용어로도 정확하게 서술할 수 없다고 여겨지는 특질이 존재한다는 사실을 관찰했어요.

앨리스 나는 그것을 종교라고 부르지 않아요.

정신분석가 내 말은 그것이 일반적이거나 절대적인 존경을 받을 가치가 있는 것이라는 측면에서 "종교적"이라는 게 아니라, 관찰된 현상이 정확하게 종교라고 특징지어질 수 있는 것이라는 의미에서 종교적이라는 거예요. 특정한 종교적 특징이 가치 있게 또는 적절하게 사용될 수 있는가는 또 다른 문제예요. 아즈텍, 부두, 로마 가톨릭, 유대교, 개신교 등에 의한 종교적 역량의 실행과 관련해서는 견해의 차이들이 있을 수 있어요. 그러나 이 차이들은 종교의 존재나 비존재를 위한 증거 자료가 아니에요.

롤랜드 무슨 말인지 모르겠어요.

정신분석가 한 남자는 성을 숭배 대상으로 만들 수 있어요. 그 말은 그가 섹스를 하지 않는다거나 섹스가 적절하게 지향해야 할 대상이 없다는 의미가 아니에요.

로빈 "적절하다"는 게 뭐죠?

정신분석가 쇠퇴보다는 발달이 가능한 방식이라는 의미에요.

로빈 그렇다면 능력이 쇠퇴하고 있는 노인은 적절하게 섹스할 수 없는 게 되는데요.

정신분석가 당신이 말하는 쇠퇴는 섹스와 아무런 관련이 없어요. 그것은 해부학이나 생리학과 관련된 것이지 섹스에서 "유래하는" 쇠퇴나 발달과는 구별되어야 하는 거예요. 마찬가지로, 종교적 세력에서 유래하는 충동들의 발달이나 쇠퇴는 다른 세력에서 유래하는 것들과는 구별되어야 해요.

폴 우리는 신에게서 유래한 발달과 개인의 충동에서 유래한 발달 사이에 중요한 구별이 이루어져야 한다고 주장해요. 이사야는 충동이 의심의 여지없이 직접적인 신 경험에서 온 것인양 말했어요.[75]

로빈 정신분석가께서는 이사야의 경험이 타당한 것이라고 인정할까요? 아니면 그것은 환각적 세력을 가진 것으로, 즉 마음이 만들어낸 환영으로 간주할까요?

정신분석가 나는 그토록 여러 세기들 전에 있었던 사건들을 논의하는 데 필요한 과학적 증거를 갖고 있지 않아요.

폴 우리가 말하고 있는 종교적 경험은, 비록 역사는 그것이 먼 옛날부터 존재해왔다는 것을 말해주지만, 수백 년 전이 아니라 현재 일어나고 있는 거예요. 최근에 쿠퍼Cowper는 "크리스챤이 노래를 부르는 동안 때로는 빛을 보고 놀란다"[76]고 분명히 말했어요.

정신분석가 그는 조울증적인 사람이었고, 자살했어요.

폴 종교적 경험은 보편적인 거예요. 그 경험은 불행한 사람인 정신증 환자에게도 열려 있어요.

로빈 당신은 종교가 종종 명백하게 정신증의 원인이라는 것을 부정하지 않겠죠. 부정하세요?

---

75 히브리 예언자. 저자는 이사야가 말하는 두 날개의 기능이 두 성기를 말하는 것으로 의식적으로 이해될 수 있다고 본다. 그런 점에서 성적 충동의 기원을 신 경험에 두고 있다고 말한다.

76 Cowper, William(1731-1800), 영국의 찬송가 작가.

정신분석가 나는 종교가 정신증의 원인이라는 것을 부정하지 않아요. 나는 우리가 원인이라는 측면에서 생각하는 경향이 있다는 것을 알아요. 에드먼드는 이것에 대해 하고 싶은 말이 있으세요?

에드먼드 나는 원인에 대해 생각하는 것을 좋아하지만, 인간의 마음이 우리를 둘러싸고 있는 거대한 우주들을 이해할 수 있을 거라고는 믿지 않아요. 종교인들은 낙관주의적 진술들을 말하죠.

폴 "하늘은 신의 영광을 선언하고, 궁창은 신이 만든 것들을 보여주도다."[77]

에드먼드 그게 그런 진술들 중의 하나에요.

정신분석가 그것은 관찰된 것이고, 폴은 자신이 관찰한 것을 말한 거예요. 내가 보기에, 그 진술은 종교적 정점에서 만들어진 거예요. 나는 에드먼드가 자신이 종교를 갖고 있지 않다고 주장한다는 것을 알기 때문에, 그의 관찰들과 진술들이 "유일하게" 또는 "단지" 과학적인 것이라고 가정할 수밖에 없어요. 르 콩테Le Conte[78]에는 우리가 결코 알지 못하는 하나의 사실이 있다는 말이 담겨있어요. 별의 구성 말이에요. 나는 "결코"라는 말에 대해 에드먼드가 무슨 말을 할지 궁금해요.

에드먼드 르 콩테에 담긴 그 말은 옳았지만, 분광기를 사용한 조사는 별의 구성에 대해 분명한 아이디어를 가질 수 있게 해줘요.

앨리스 별의 구성에 대한 설명은 다음 날 에드먼드 몫으로 남겨두도록 해요. 지금은 우리 모두가 잠잘 시간이에요.

---

77 구약성서 시편 19장 1절.

78 일상에서 일어나는 다양한 이야기를 뜻하는 말.

6

정신분석가 당신은 메테렌Meteren[79]에서 두려움 때문에 정신이 없게 되자 나더러 당신의 역할을 물려받으라고 요청했어요. 당신은 재로 덮인 회색 길을 따라 전진하던 날까지 살아있었어요. 기억하세요? 바보 같은 늙은 촌사람이 길가에서 경례하며 서 있던 모습을요. 나중에 죽은 퀜틴Quentin[80]이 당신 옆에서 행진하고 있었고요.

스톡스[81]의 유령 맞아. 퀜틴은 매우 종교적인 사람이었어. 그가 사람들이 포탄-충격이라고 부르는 것에 의해 붕괴되었을 때, 그리고 그가 휴가에서 돌아오지 않았을 때, 모두가 그를 조롱했지. 맙소사! 나는 네가 너무 두려운 나머지 미쳐가고 있다고 생각했어. 좌로 봐! 사람들은 그 노인이 항상 제2 연대를 떠나가는 군인들에게 경례를 했다고 말했어.

클리프의 유령 어리석은 늙은 바보 같으니. 너는 신앙이 깊은 녀석이었지. 왼발, 오른발, 왼발, 오른발.

키인의 유령 행군은 지금도 나를 지치게 해. 너희들은 눈에 띄지 않게 되는 것을 기뻐했어.[82] 그들은 내 두 다리를 절단해야 했어. 처음에

---

79 네델란드 Gelderland 지역에 위치한 마을.

80 붕괴에서 회복되지 못한 병사의 이름을 숨겨주기 위한 이름.

81 남아프리카에서 억압에 맞서 싸웠던 사람.

82 이 문장에서 "너희들"은 병사가 자신의 절단된 팔과 다리를 지칭하는 것으로 보임.

그들은 내 팔은 구할 수 있을 거라고 생각했지만, 그렇게 할 수 없었어. 그래서 나는 행군할 때 소총을 들지 않아도 되었고, 지치지 않을 수 있었어. 다행히도 내 마지막 팔이 그 일을 해줬어—나는 죽었어. 내가 마취에서 깨어나 내 모습을 보았다면 얼마나 우스꽝스러웠을지를 생각하면 지금도 웃음을 참을 수가 없어. 나는 여전히 먼지 자욱한 이 긴 길을 너희들과 함께 행군하고, 행군하고, 행군하고 있지는 않을 거야. 사람들은 그 먼지가 별의 먼지로 바뀐다고 말해. 이 여정의 끝에서—

정신분석가 "우리는 가질 거야 …"

키인의 유령

"너에게는 이것이 … 그리고 나에게는 저것이 …

그곳에는 너와 나를 위해 …이 기다리고 있어"

로즈메리 그게 매독일까? 그건 절대 아니겠지!

퀜틴 *(웃으며)* 너무 심하네요.

클리프의 유령 네가 그런 추잡한 농담을 알고 있다니! 너도 포탄충격을 받은 게야! 보호껍질이 없어졌어.

정신분석가 이것은 긴 행군이에요. "굽이굽이 늘어선 줄을 따라 나의 꿈의 땅으로 들어가는 길고 긴 길이죠." 영국군 제5 연대는 그곳이 우리의 악몽의 땅이 될 거라는 것을 말해주지 않았어요. 그렇지 않나요?

스톡스의 유령 아직도 줄 하나가 있어? 그 줄은 최후의 심판 날까지 뻗어있을까? 15인치 곡사포가 날아가 옆에 있는 발사대에 떨어졌어. 그것이 그를 공포에 질리게 만들었지. 그 말이 맞지, 정신분석가?

정신분석가 그것은 지금도 그래요. 그들은 지금 그것을 정신분석이라고 불러요. 아름답지 않은 것을 위한 아름답지 않은 이름이죠. 어둠이 덮고 있었고 희미한 별빛만이 있었어요. "장교님! 장교님! 장교님! 나의 어머니에게 편지를 써주실 거죠, 장교님! 그렇게 해주실 거죠, 장교님?

그렇죠?" "오 입 좀 다물어, 빌어먹을" "왜 내가 기침을 할 수가 없는 거죠? 장교님! 내가 왜 기침을 할 수 없나요?" "왜냐하면—망할!—네 흉곽이 날아갔기 때문이야!" "나는 흉곽의학에 대해서는 잘 몰라. 나는 자격이 없어. 포병들이 흉곽을 수술하는 방법을 알고 있어."

키인의 유령 두 팔을 수술하고 나서 다리도 수술했지. 아마도 약간 거칠게 했을 걸. 하지만 그들은 빠르게 마취 없이 수술했어. 그들의 이름은 영원히 기억될 거야. 비석에는 쇼크로 인한 사망으로 새겨졌어. 그것이 내가 끝없이 웃는 이유야. 아! 네가 여기에 있네—나는 네가 다시는 군목으로 여기에 오지 않을 거라고 생각했어—재미있는 최근의 이야기를 우리에게 말해주기 위해서 말이야. 영원히 우리를 웃게 만들어 주소서! 군목 장군의 말처럼, 영원히!

정신분석가 당신은 머리가 이상해지고 있어요. 진정해요!

키인의 유령 우리는 가볍게 무장한 보병부대일 뿐이야, 그렇지 않아? 용병부대들은 중무장을 했어—탱크들아, 나를 덮치지 마!—나를 덮치지 마. 장교님! 장교님! 내 팔과 다리는 왜 푸복하려고 하지 않는 거죠? 그것들은 왜 기지 않을까요? "입 닥쳐, 빌어먹을 녀석! 너 때문에 잠을 못 자겠어!"

정신분석가 그는 그것을 잘 견뎌냈지만, 계속해서 꿈을 꾸었고, 꿈속에서 사랑에 빠졌어요. 그의 꿈에서 그녀는 가장 아름다운 소녀였어요. 불행하게도 그것은 생생한 이미지였지만, 그녀는 소녀일 뿐이었어요.

퀜틴 그래서 그가 잠에서 깼군.

정신분석가 맞아요. 당신은 그것을 그렇게 말할 수 있어요. 의사들은 그것을 "의식적이 된다"고 말해요. 물론 그들은 "의식적이 되는 것"이 어떤 것인지를 그에게 말해주지 않았어요. 이것은 확실히 어둡고 캄캄한 길이에요. 거기! 거기에 다른 운명이 기다리고 있어요.

테아 "행군하며 사라지는 병사들"[83]이네요. 그렇죠? 그들은 정말로 꾸준하네요. 군가도, 북소리도, 아무것도 없이요. 그들은 어디로 떠나가는 걸까요? 땅의 허망한 그림자들이 도망친다는 이야기를 나는 들었어요.

목사 총구를 나에게 돌리지 말아요. 나는 당신에게 그 그림자들이 어디로 도망가는지, 또는 어둠의 보호막 없이 어떻게 살 수 있는지를 말하지 않았어요!

장군 나도 말하지 않았어요. 그 행군은 어둠속에서 행해져야만 하는 것이었어요. 하지만 승리를 하지 못해서 더 영광스러운 날이 되지 못했죠.

정신분석가 그래서 우리가 졌나요? 그들은 최정예 군인들이었고, 분명히 가장 값비싼 사람들이었어요. 우리는 그 대가가 어떤 것인지 나중에 알게 될 거에요.

83 Thomas Hardy의 시 제목.

7

정신분석가 앞으로는 우리가 이 부엌에서 만날 거예요.

롤랜드 이곳은 “일꾼들”의 숙소인가요? 나는 우리가 만날 수 있는 곳이 있어서 다행이라고 생각해요. 우리의 새로운 주인들은 우리가 머물러야 할 적절한 자리를 지정해주네요. 그런데 로즈메리는 그들과 운명을 함께 하기로 최종적으로 결정했나요? 그녀가 그와 결혼한 것을 아는 사람이 있나요?—내 말뜻은 남자 말이에요.

로빈 누가 그것을 결정하죠? 로즈메리, 아니면 남자? 홈즈, 당신은 누가 범인인지 알고 있을 텐데요.

셜록 아뇨—나는 탐정일 뿐이에요. 나머지는 법정에 맡겨요. 만약 그녀가 사라졌다면, 어떻게 그렇게 했는지를 밝히는 데 나의 기술이 사용될 수 있을 거예요. 그것이 단지 그녀가 아무런 생각 없이 그렇게 하는 거라면, 우리는 정신분석가를 불러올 수 있어요. 내가 마지막으로 그녀를 보았을 때, 그녀는 우리 지배계층이 입는 옷들을 입고 있었어요.

롤랜드 나는 요즘 우리 지배계층이 어떤 옷을 입는지 알지 못해요. 그들은, 앨리스가 증언해줄 수 있겠지만, 보통 비싼 옷인 건 맞지만, 항상 자랑하기 위한 옷이나 튀는 옷을 입었던 건 아니에요. 실제로 그것은 지금 앨리스가 입고 있는 하녀복처럼 그렇게 화려하거나 튀지 않았어요. 앨리스가 신고 있는 두꺼운 검은색 스타킹들과 신발들은 로즈메리가 버린 것들 같아요.

톰 앨리스는 지금도 너무 아름다워요. 그렇죠?

앨리스 그렇게 말하지 말아요!

왓슨 화내지 마요. 그의 말이 좀 거칠기는 하지만, 그건 사실이에요.

셜록 만약 그것이 범죄자의 공격이었다면, 나의 도움이 유용할 거예요.

모리아티 친애하는 홈즈씨! 당신은 조금 시대에 뒤떨어진 것 같아요. 이 앨리스라는 여성은 원더랜드에 살고 있을 수 있지만, 그 원더랜드는 빅토리아 시대의 영국에 존재하는 게 아니에요. 그 점에서는 빅토리아 영국도 마찬가지예요. 당신은 적어도 그것을 알고 있었겠지만요. 그것은 상상의 산물, 즉 소설 속의 이야기예요.

로즈메리 누가 내 이름을 불렀나요?

(모두가 침묵한다)

롤랜드 *(침묵을 깨면서)* 그것은 남성의 세계였어요.

앨리스 남성의 세계는 항상 그래왔듯이 상상의 산물이에요. 사랑과 그 모든 것이요—그것을 출산과 출산 중에 산모가 죽는 것과 비교해보세요. 강간, 협박, 강도 등과도요.

정신분석가 살인과 죽음 그리고 협박이 그 세계의 전부는 아니에요.

앨리스 내가 말한 것은 아니지만, 나는 여성의 세계가 남성들이 알고 있는 것보다 훨씬 더 음울하다고 생각해요.

로빈 음울함과 우울함이 상품으로 걸려 있는 경기에 뛰어들고 싶지는 않지만, 나는 우리가 살고 있는 세상이, 비록 그것이 개인마다 다르게 느껴진다고 해도, 우리 모두에게 거의 동일한 겉모습을 제시한다고 말할 거예요. 나는 당신이 되는 것보다 나 자신이 되는 것이 더 행운이라는 직접적인 느낌을 갖고 있다고는 말할 수 없어요. 나는 학교에서의 경험 대부분을 혐오했고, 내가 학교를 떠난 것은 내가 앞을 내다보면서 그리고 과거를 회고하면서, 당시에 두려웠던 군에 입대하기 위해서였어요. 우리는 우리 자신들의 세계를 만들고, 우리가 만든 사랑의 취향에 따라 그 세계 안에서 살아요.

로즈메리 아녜요. 당신은 그것을 다른 사람 탓으로 돌려요. 앨리스, 손수건 좀 가져다줘.

롤랜드 당신은 손수건이 필요 없는데요.

로즈메리 필요 없죠. 그러나 나는 그녀가 나에게 즉시 복종한다는 것을 상기시키기 위해서 그것이 필요해요.

롤랜드 당신은 점령군에게 복종해야 하지 않나요?

로즈메리 그랬죠—점령군이 나에게 복종하게 만드는 법을 배우는데 여러 해가 걸렸어요.

정신분석가 그게 누구든 또는 무엇이든, 그것은 당신이 유혹하는 위치에 있다는 것에 달려 있어요. 롤랜드는 그것에 대해 증언할 수 있을 거예요.

로즈메리 헛소리! 앨리스가 나보다 더 좋은 위치에 있었어요. 당신은 앨리스가 가서 나의 손수건을 가져와야 하는 것이 나의 우월한 위치 때문이라고 말하고 있는 건가요?

정신분석가 당신 말이 맞아요, 그녀는 자신의 피학적인 갈망에 의해 당신에게 성적으로 지배되고 있어요.

로즈메리 내가 그런 종류의 말에 강한 인상을 받았던 때가 있었지만, 지금은 그것들이 적절치 않은 말이라는 것을 알고 있어요. "박는다 fuck"라는 짧은 단어조차도 남성이 자신의 남성적 우월성을 누군가에게 과시하기에 바쁘다는 것을 의미하죠.

정신분석가 지금 당신은 내가 모르는 게 무척 많다는 인상을 주고 싶어 하고 있어요. 그러나 나는 그 단일한 단어가 사랑과 정조의 구성물, 그리고 그것들의 맹세에 대해 말하고 있다는 것을 알아요. 나는 롤랜드와 로빈이, 나처럼, 평화 시기와 전쟁 시기 동안의 놀라운 승리들에 대해 잘 알고 있다고 확신해요.

(남자가 들어와서, 보호하듯이 로즈메리의 손을 잡는다. 그녀는 인내심 없이 그 손을 뿌리친다)

롤랜드 그의 말이 맞아요. 로빈은 두 번의 큰 전쟁을 승리로 이끌었던 일련의 승리들에 대해 분명히 들어봤을 거예요. 그런데 남자는 여기에서 무엇을 하고 있는 거죠?

앨리스 그는 우리에게 말했어요. 모든 것이 초콜릿에 의해 이루어진 거라고요. 나는 잠에서 깨야만 해요.

로빈 그가 그녀의 손을 잡으려고 시도하고 있어요.

정신분석가 그리고 실패하네요.

롤랜드 남자들과 여자들은 실패해요. 룬덴도르프Lundendorff[84]조차도 1918년 8월 8일은 독일군의 암흑의 날이었다고 말했어요.

정신분석가 그 암흑의 날에, 나의 한 친구는 항복하라는 요구를 받았어요. 그는 "내가 항복한다면, 나는 저주를 받을 거야"라고 말했고, 가슴에 총을 맞았어요. 그는 즉사했어요. 열아홉의 나이에 그렇게 죽었어요.

앨리스 그랬어요?

로즈메리 맞아요, 그랬어요. 그것에 대해 당신들이 어떤 거짓말을 하더라도, 그들의 이름은 영원히 살지 않아요.

정신분석가 당신이 그것을 말했다고 해도, 나는 그것이 거짓말일 수 있다는 걸 알 수 있어요. 그러나 만약 앨리스가 말했다면, 거짓말이 아닐 수도 있겠죠.

---

84 Hindenburg라는 독일의 도시를 다스리고 있던 전략적인 마음의 소유자로 추정됨.

앨리스 나는 당신이 과학자인 줄 알았어요.

로즈메리 나는 과학자들이 진실을 말하고, 사실들을 믿는다고 생각했어요.

정신분석가 나는 사실들에 대한 믿음을 위해 나의 능력을 허비하지 않을 거예요—나는 사용할 수 있는 사실이 없을 때에만 믿어요.

로빈 그 말은 사실적인 것이 아무것도 없을 때 당신은 믿음에 의지한다는 거네요—기독교라는 종교와 그것이 주장하는 허접한 내용들처럼요. 정신분석이 그러한 거짓말들로 이루어져 있다는 게 놀랄 일이 아니네요.

정신분석가 아니에요. 그런 뜻이 아니에요. 그 말은 내가 아는 것과 믿는 것을 선택함에 있어서, 그 둘을 혼동하지 않기 위해 나의 능력을 최상으로 유지하는 데 주의를 기울인다는 뜻이에요. 내가 사람들이 사실들이라고 말하는 것을 액면 그대로 진실로 받아들이지 않는다는 점에서, 나는 마치 어떤 대가를 치르더라도 자신의 마음을 가득 찬 상태로 유지해야만 하는 사람들과는 달리, 많은 헛소리들을 믿지 않아요. 또는 역으로, 정신적인 신경성 무식욕증에서처럼, 마음을 빈 상태로 유지해야 하기 때문에 그런 것들을 믿지 않는 것도 아니에요.

롤랜드 나는 신경성 무식욕증이 정신적인 문제일 거라고 생각했어요.

정신분석가 그것은 내가 말한 게 아니에요. 그것은 책에 기록된 사실적 표현들에도 불구하고 전혀 사실이 아닌 모든 정신분석적 이론들처럼, 사실인 것처럼 알려져 있어요. 그것들은 마치 건망증을 유사건망증이 채우듯이, 빈 공간을 채우고 있어요.

롤랜드 그렇다면 당신은 거짓말쟁이이고 사기꾼임이 분명해요.

정신분석가 아뇨. 몇몇 정신분석적 이론들과 진술들은 내가 믿는 전형적인 종류의 것들이에요. 내 정점에서 볼 때, 그것들은 사실들이 아니에요. 그것들은 내가 믿는 것들이죠.

로즈메리 당신이 “피학적 갈망”이라고 말한 모든 것들이 사실들인가요?

정신분석가 아뇨, 그것들은 특별한 경우의 믿음을 진술하려는 시도였어요. 만약 내가 예술가였다면, 나는 그것을 그림이나 음악으로 표현하려고 시도했을 거예요.

로즈메리 나는 당신이 그것을 노래로 부르는 것을 듣고 싶어요.

정신분석가 글쎄요, 당신이 내 말보다 노래를 더 좋아할지 의심스러운데요. 당신은 겨울잠 쥐가 당밀 우물을 그리는 것에 대해 했던 말을 기억할 거예요.

로즈메리 아뇨, 생각나지 않아요. 겨울잠 쥐가 어쨌는데요?

다 함께 *(남자만 빼고)* 겨울잠 쥐를 모른다고요? 저런! 앨리스를 몰라요?[85]

로즈메리 내가 엄청 무식해요. 내가 아는 유일한 앨리스는 나의 하녀예요.

정신분석가 어쨌든, 나는 그것을 노래할 수도 없고, 그릴 수도 없어요. 당밀을 그릴 수는 있지만요.

로즈메리 당신은 미친 게 분명해요. 당신이 하는 말은 한마디도 못 알아듣겠어요. 아니면 아마도 그 말을 이해하지 못하는 내가 미쳤을 거예요.

롤랜드와 로빈 당신은 미치지 않았어요.

정신분석가 앨리스도, 루이스 캐롤도 미치지 않았어요. 그러나 나는 루이스 캐롤이 미친 것에 대한 훌륭한 표현을 제공했다고 생각해요—정신증에 대해서도요.

앨리스 나는 당신이 앨리스가 등장하는 책들이 정신증적인 것이라는 생각을 만들어내지 않았으면 좋겠어요. 나는 그 책들을 좋아했고, 지금도 좋아하고 있어요.

---

85 루이스 캐럴의 동화 속에 등장하는 앨리스라는 이름의 겨울잠을 자는 쥐.

정신분석가 나는 그 어떤 것도 "만들어내는" 데 관심이 없어요. 비록 나는 종종 추하고 두려운 것들을 사람들에게 보여줘야 할 때가 있지만, 그것은 내가 그것들의 아름다움을 보여주거나 사람들이 추한 것을 두려워하게 하기 위해서가 아니에요. 만약 내가 어떤 것에 당신의 주의를 끌 수만 있다면, 당신은 최소한 당신 자신의 견해를 형성할 수 있는 기회를 가질 수 있을 거예요.

로즈메리 그것이 당신이 말한 "유혹적인 피학적 충동"의 의미인가요?

정신분석가 할 수만 있다면, 나는 당신이 당신 자신의 견해를 형성하는 것을 방해하고 싶지 않아요.

로즈메리 나도 당신의 견해를 형성하는 것을 방해하고 싶지 않아요. 나는 만약 내가 당신이 있는 그대로의 나를 보도록 허용한다면, 당신이 살아남을 수 있을지 확신이 없어요.

롤랜드 자, 그만 해요! 나는 당신이 최고로 매력적이고 아름다운 사람이라고 생각해요.

로즈메리 지독한 바보!

남자 나는 당신이 롤랜드에게 좀 야박하게 대한다고 생각해요.

로즈메리 당신과 당신의 동료들도 마찬가지예요. 진짜 초콜릿 바들이에요! 나는 앨리스가 그를 어떻게 참아주는지 모르겠어요.

로빈 롤랜드는 당신이 알다시피 당신을 참아주었고, 앨리스는 지금도 당신을 참아주고 있어요.

로즈메리 그녀는 내가 만족할 때까지 참아야 해요.

앨리스 오 제발 …!

로즈메리 나는 지금 견딜 만해. 너는 내가 지금 단순히 네가 나의 하녀라는 사실을 가지고 장난치고 있지 않다는 것이 어떤 차이를 만들어내는지 상상할 수 없을 거야. 정신분석가 당신이 말하는 "피학적인 충동"은 단지 미숙한 생각일 뿐이에요. 섹스처럼요. 남자들과 여자들은 생리학적이고 해부학적인 성숙이 충분한 심리적 발달과 같은 것이라고 생각하는 것을 당연하게 여겨요.

정신분석가 나는 그렇게 생각하지 않아요. 만약 내가 사람들이 생각하고 느끼는 것을 보여줄 수만 있다면, 그들은 자신들의 견해들을 개정할 수 있을 거예요.

로즈메리 나는 사람들이 당신이 보여줄 수 있는 것들뿐만 아니라, 정신분석적 거울이 보여주는 황홀한 장관들에 대해서도 칭송을 보내는 걸로 알고 있어요.

정신분석가 나는 확실히 사람들에게 왜곡된 이미지들을 제시해요. 내가 과학적 용어를 사용해서 그려낼 수 있는 초상화들조차도 불완전한 것이에요. 하지만 그렇다고 해서 정신분석가들만 실패하는 것은 아니에요. 그리고 나는 때로 내가 맞다고 생각해요. 심지어 틀릴 때보다 맞을 때가 더 많다고 믿어요—내가 믿음에 대해서 말했던 것을 참고하세요. 그것에 대해 수학자들에게서 빌려온 용어를 사용하자면, 맞을 때와 틀릴 때의 비율이 51:49 정도는 될 거예요.

롤랜드 왜 그들에게서 용어를 빌려오죠? 그것은 수학적 정확성이라는 인상을 주기 위해서가 아닐까요?

정신분석가 물론 아니에요. 그것은 수학적 용어를 사용하는 진술이 개연성에 대한 예술적 진술에 가장 가까이 갈 수 있는 진술이기 때문이에요. 나는 그것을 수학자들이 확률 이론을 받아들이는 것처럼 생각하지 않아요. 나는 로즈메리가 당신을 지독한 바보라고 불렀을 때, 당신이 화가 났을 거라고 생각했어요. 당신의 이전 언급 이후로 당신이 화가 났을 확률은 아마도 49:51일 거라고 생각해요.

롤랜드 나는 로즈메리를 탓하지 않아요. 사실, 나는 그녀가 옳았다는 것을 알 수 있어요. 최소한 나는 그녀가 얼마나 끔찍스럽게 불리한 조건들과 씨름해야 했는지를 알고 있어요.

로즈메리 불리한 조건이라고요? 도대체 무슨 말을 하고 있는 거죠?

롤랜드 나는 당신이 당신의 어머니가 매춘부였다고 말했던 것을 생각했어요. 내가 틀렸다면, 미안해요.

로즈메리 그녀가 창녀였다고 말한 것은 맞지만, 나는 불리한 조건에 대해서 말한 적이 없어요. 사실 그녀는 최고의 어머니였고, 그녀가 알고 있는 최상의 방식으로 나를 양육했어요.

로빈 그녀가 당신에게 그녀의 … 그녀의 … 직업에 대해서 말해줬나요?

로즈메리 물론 아니죠. 나는 그것을 내가 원할 때 스스로 알 수 있었어요. 나는 그녀에게 그녀가 함께 외출했던 훌륭한 신사분들 중의 한 사람과 왜 결혼하지 않느냐고 물어봤어요. 그녀는 외출했다는 사실을 부인하지는 않았지만, 나는 그녀가 엄청 충격을 받았다는 것을 알 수 있었어요.

로빈 그녀는 자신이 창녀였다는 것을 당신이 알아낸 것 때문에 충격을 받았을 거예요.

로즈메리 물론 그렇지 않아요. 그러나 그녀는 내가 창녀와 외출한 남자와 결혼할 거라고 생각할 수 있다는 것에 충격을 받았어요. 엄격하고 종교적이었던 그녀는 그런 남자들을 전혀 좋아하지 않았어요. 당신 얼굴이 빨개졌네요, 롤랜드. 로빈 당신도요! 당신들이 창녀와 외출하는 것을 누구나 다 볼 수 있었어요—남자들이 남자일 수 있었던 그 좋았던 옛 시절에 말이에요. 우리 정신분석가 선생은 어떤가요? 그의 얼굴이 빨개지나요?

앨리스 얼굴이 너무 많이 구워졌어요. 평생 변치 않는 외관이에요.

정신분석가 맞아요. 정신분석가의 얼굴은 충분히 구워져요. 나는 쉽게 수치스러움을 느끼도록 엄격한 훈련을 받았어요. 그러나 내가 정신과의사로서 일을 시작했을 때, 한 소녀가 나더러 점잖아 보인다고 해서 놀란 적이 있어요.

로빈 예—그 말이 당신처럼 나이든 불량배를 흔들어놨겠네요.

정신분석가 당신은 익살을 즐기지만, 내가 정신분석가라는 이유로 얼마나 자주 늙은 불량배이자 실제 삶에 대해서는 아무것도 모르는 사람으로 가정되는지를 알면 놀랄 거예요.

로즈메리 정신분석가들만 그런 건 아니에요. 나의 한 친구는 칭송받았을 뿐만 아니라 존경받았던 성직자가 세운, 최고의 그리고 나중에 유명해진 고아원에서 자랐어요. 그 성직자는 신체가 잘 발달한 아이였던 내 친구를 상처가 나도록 때렸고, 그 결과 내 친구는 겁에 질린 아이가 되었어요.

로빈 우리는 모두 부도덕하게 살아가는 성직자들, 의회의 높은 사람들 그리고 다른 사람들에 대한 이야기들을 알고 있어요.

롤랜드 그리고 그렇게 살아가는 예술가들도요.

로즈메리 그들 모두가 다 거짓말쟁이에요. 모두가 성 무능자죠. 모두가 자신들이 아닌 다른 사람들인 척하죠. 모두가 항상 거룩하고, 사악하고, 어설퍼요. 아무리 가식을 떨어도, 그들은 서투른 초짜들이에요.

정신분석가 서툰 사람들—특히 서툰 아마추어들이죠.

로빈 심지어 수백만 명의 병사들을 배후에 갖고 있는 남자조차도 그의 가죽 케이스 안에 초콜릿을 갖고 있는 척해요. 정신분석가는 자신이 가장 중요한 인물이 아닌 척하고 있고요.

정신분석가 짧게 말해서, 우리는 인간이고, 척을 해요. 왜냐하면 우리는 뒷다리로 걷기 때문이에요. 즉 우리는 우월하고, 그 우월성은 우월한 종류의 우월성이거든요.

롤랜드 나는 우리가 중추신경체계를 가진 것에 대해서도 같은 주장을 하는 것을 들었어요. 생물학자인 내 친구는 나에게, 인간은 버려져야 할 자연의 실패작들 중의 하나라고 말하곤 했어요.

앨리스 누구에 의해 버려진다는 거죠? 여자들인가요?

롤랜드 내가 당신이라면 남자들을 배제하지 않을 거예요.

로즈메리 나는 당신들 두 사람이 서로를 버렸다는 것을 알고 있어요. 당신들은 그 사실을 인정하지 않은 채 서로를 사랑하는 척하는 위선적인 삶을 선호했어요. 그 자기-기만이 당신들 두 사람이 지금 왜 종들이 거하는 숙소에 있고, "하녀"인 내가 명령을 내리고 있는지를 설명해 줄 수 있을 거예요.

정신분석가 나는 그 말을 믿지 않아요. 그러나 당신은 나에게 "진실"에 대한 단서를 주고 있어요.

앨리스 정신분석가들은 진실이 신성하다고 생각하지 않나요?

정신분석가 우리는 진실에 우리 자신들을 헌신하지 않아요. 정신분석가와 그의 피분석자는, 분석의 정도 正道를 지킨다면, 일시적으로 진실에 중독되는 상태에 들어간다는 이론이 있어요. 그리고 상담실이라는 특별한 환경 안에서 이러한 상태에 들어가는 것은 "정신적 불건강"에 대한 저항력을 발달시킬 수 있다는 믿음이 있어요—내가 그것을 이론으로 부르지 않는다는 점을 유의하세요.

롤랜드 내가 아는 예술가는 진실에 대한 집착을 갖고 있었고, 자연에 진실하기 위해 정말로 노력했어요.

정신분석가 우리도 그렇게 해요—인간 본성에 진실되려고 노력하죠.

남자 나는 그런 것은 상상도 못했어요. 나는 정신분석가들이 자신들의 깃발 위에 새겨야 할 계파의 정신분석적 이론을 두고 길고양이처럼 싸우는 일에 몰두한다는 말을 들었어요.

정신분석가 사실이에요. 이 점에서 우리는 우리가 연구하는 것과 닮아 있어요. 심지어 일선에서 일하는 분석가들조차 특정한 국가의 집단에 충성을 맹세하죠.

남자 그래서 때로는 배신자들이 되는군요. 우리는 배신자들을 사살해요.

로빈 초콜릿으로요?

로즈메리 *(남자를 자제시키면서)* 자기! 나는 당신이 그들을 사살하는 걸 보고 싶지만, 지금 내 부엌에서는 아니에요. 나중에 하세요.

롤랜드 "자기"라니! 그 말 들었어요?

로즈메리 나의 인내는 거의 바닥났어. 롤랜드! 앨리스! 너희들이 맡은 일로 돌아가고, 너희들의 언쟁소리가 들리지 않게 해.

남자 내 사랑, 나는 그들이 당신에게 무례하게 구는 걸 못 참겠어요. 그들을 사살하는 걸 말리지 말아요.

로즈메리 나도 당신이 그랬으면 좋겠지만, 지금은 아니에요—나중에. 게다가 앨리스는 좋은 하녀에요. 그녀의 훈련과정은 이상적이었어요. 물론 내가 그녀의 처지에 있었을 때는 깨닫지 못했지만, 지금은 그녀가 나를 돌봐야만 하는 것이 너무 기뻐요. 그녀가 불만족스러워진다면, 다른 일자리를 찾아보라고 할 거예요.

남자 다른 일자리는 없어요.

로즈메리 *(생각에 잠긴 채)* 아뇨. 멋지지 않아요? 그녀가 나를 칭송해요.

정신분석가 내가 가학적 …이라고 부른 것은—

로즈메리 오 닥쳐! 당신에게는 어떤 일자리를 줘야 할지 모르겠네. 앨리스에게 내 방 정리를 하라고 말해줘.

정신분석가 확실히 그러죠. 우리가 다시 만나나요? 이 부엌에서?

로즈메리 당신이 제대로 처신하는 한에서요. 남자가 권위를 갖고서 중재할 수 있어요—그렇죠, 자기?

남자 그럼요, 당신이 원한다면.

(다 나가고 빈 방에는 홈즈, 왓슨 그리고 모리아티만이 남아있다. 그들은 속삭인다)

셜록 *(존경스럽게)* 대단한 여인이야!

왓슨 대단한 여인이라고? 홈즈, 너는 분명히 잊고 있는 게 있어 …

모리아티 그는 아냐! 그는 기억하고 있어. 나는 그녀를 사용할 수 있다고 생각해.

셜록 *(화가 나서)* 너는 그렇게 할 수 없어.

모리아티 홈즈, 너처럼 나에게는 내 방법이 있어.

8

롤랜드 오늘이 우리가 만나는 날 맞지?

로빈 그런 것 같아. 다른 사람들이 아직 나타나지 않아서—

롤랜드 우리가 할 수 있을 때 기회를 잡아보자. 오늘은 여자들에 대한 이야기를 해볼까? 나는 로즈메리를 신뢰하지 않을 거야. 그녀는 이미 남자에게 넘어갔어.

로빈 나는 그런 걸 너무 많이 봐왔어. 앨리스는 어때?

롤랜드 우리는 서로를 증오해. 좋지 않아—그녀는 그녀의 하녀의 손아귀 아래 있어.

로빈 협박하기에 충분할 만큼?

롤랜드 협박할 수 있는 조건은 존재하지 않아.

로빈 죽이는 게 더 빨라.

롤랜드 죽이는 게 효과적이지만, 너무 거칠어.

로빈 물론 그건 거칠지.

롤랜드 나는 "근접하다"는 의미에서 거칠다고 말한 거야.

정신분석가 내가 대화에 참여해도 될까요? 흥미로운 생각인 것처럼 들리는데요.

롤랜드 *(급하게 로빈에게 속삭인다)* 그를 절대로 믿지 마. *(정신분석가*

에게) 그러세요. 우리는 당신이 지금 하고 있는 일을 어떻게 감당하는지 궁금해 하고 있었어요—우리의 대화에 참여하는 것 말이에요. 여기에서 비밀은 없어요.

정신분석가 그건 사실이에요. 사실 나는 여기로 오면서 그 점에서 어떻게 바뀌었는지를 생각하고 있었어요. 동맹국들의 전쟁 목표들 중의 하나는 "공개적인 계약에 공개적으로 도달하는 것"이거든요.

로빈 그 계약이 지나치게 공개적이 되는 바람에, 거짓말을 하는 것이 전혀 다른 차원을 획득했어요.

정신분석가 거짓말의 질도 개선됐어요. 아마추어나 훈련받지 않은 거짓말쟁이와는 대조적으로, 거짓말 전문가의 몸값이 높아졌어요.

롤랜드 *(적대감을 제대로 숨기지 못한 채)* 당신의 서비스에 대한 수요가 많이 증가했나요?

정신분석가 아뇨. 나의 서비스에 대한 수요는 항상 높아왔어요.

로빈 한 회기에 50분씩 주 5회—

롤랜드 —끝도 없이!

정신분석가 그런 것 같군요. 그러나 그것의 수요는 변해요.

롤랜드 어떻게 변하는지 말해줄 수 있나요?

정신분석가 처음에 사람들은 내가 단지 단순하고, 명백한 바보라고 생각했어요—

로빈 —그 다음에는 당신이 그렇게 보였던 것보다 더 멍청한 바보라고 생각했겠죠. 당신은 바보가 아닌가요?

정신분석가 나는 보통 사람들이 나에 대해 적대감과 경멸감을 갖고 있다는 것을 알고 있어요. 만약 그것이 명백하다면—지금처럼—해석을 필요로 하지 않아요. 왜냐하면 당신과 나 모두가 그 사실을 알고 있으니까요. 그러나 예전에는—당신은 그 시절을 "좋았던 시절"이라고 말했나요? 아니라고요? 그럼 우리 이야기를 계속하죠. 예전에는 남자들과 여자들에 자유롭게 그리고 우아하게 거짓말을 하곤 했어요. 차츰 일종의 위선의 제국이 세워졌죠. 그렇다고 해도 "대영 제국"은 그 위선과 계약을 맺은 것처럼 보였지만, "마음의 제국"은 그렇지 않았어요. 나는 시인이 아니지만, 뜨거운 애국가를 작곡하고 싶은 유혹에 굴복했어요. 그 애국가는 "나의 마음은 나에게 하나의 왕국"이라는 주제를 담고 있는, 거의 뉴 월드 교향악 수준의 노래였죠.—물론 허락도 받지 않고 빌려온 것이지만.

롤랜드 딱 맞는 말이네요. 정신분석가에게 딱 맞는 말!

정신분석가 슬프게도, 아니에요.

롤랜드와 로빈 정말요? 어째서죠?

정신분석가 헛소리를 하는 사탄 같은 분석가들이 나를 공격하기 시작했거든요. 정신분석적 헛소리가 명료성의 분출에 의해 침식되고 있다는 핑계로요. 나는 소설에서 피난처를 찾아야만 했어요. 그런데 소설로 위장하는 바람에, 가끔 진실을 놓칠 때가 있어요.

로빈 확실히 당신은 풍자적으로 말하고 있는 게 맞는 거죠?

정신분석가 나는 진지한 정신분석적 해석이 종종 농담으로 생각되는 것처럼, 내 말이 풍자적인 것으로 들릴 수 있다는 것을 알아요. 신과 악마는 빈번히 진지하게 취급되지 않거든요.

롤랜드 그 말은 당신이 그런 말들을 진지하게 받아들인다는 의미인가요?

정신분석가 물론이에요—나는 정신분석가예요.

롤랜드 그렇군요. 나는 정신분석가들이 종교를 진지하게 받아들이지 않는다고 생각했어요.

정신분석가 내가 어떻게 사람들의 두드러진 특징들 중의 하나를 진지하게 받아들이지 않으면서 그들에게 관심을 갖는다고 말할 수 있겠어요?

로빈 나는 정신분석이라는 게 전부 섹스에 관한 이야기라고 생각했어요.

정신분석가 정신분석이 인간에 관심을 갖는다는 점에서, 정신분석가의 말을 들을 필요도 없이 정신분석적 이야기가 분명히 성적인 것일 거라고 가정하는 당신이 자연스러운 거예요.—당신이 말하듯이, 전부 다요. 정신분석 이론들은 또는 그것들이 말하고자 하는 것은 인간 존재에 대한 것이라는 점에서, 당신은 그 이론들이 실제 삶, 실제 사람들과 닮은 것이어야 한다고 생각할 수 있어요. 만약 그렇다면, 그 이론들 어딘가에서 섹스는 등장해야겠죠.

롤랜드 그러나 모든 곳에서는 아니죠.

정신분석가 하지만 당신들 두 사람은 종교가 논의의 일부로 포함된 것에 대해 놀랍다고 생각하는 것처럼 보여요. 예술과 과학도 논의에 포함되어야만 해요. 단순화를 위해서 우리는 논의를 감당할 수 있는 정도로 줄일 수 있고, 인간 동물에 "대한 이야기"를 과학, 종교, 예술이라는 주된 범주들로 나눌 수 있어요.

롤랜드 왜 당신은 "…에 대한 이야기"를 강조해서 말하죠?

정신분석가 왜냐하면 우리가 어떤 것에 "대해 말하는 것"과 어떤 것 그 자체, 물-자체, 궁극적 현실, 우리가 결코 알 수 없는 누메논 사이의 차이를 인식해야만 하기 때문이에요. 신에 대해 말하는 종교인들은 신이 "화육"할 수 있다고, 그리고 실제로 한 번 그렇게 했다고 믿는 것처럼 보여요. 이사야는 마치 신을 감각할 수 있는 존재인 것처럼 말했어요.

로빈 그 모든 것들은, 내가 아는 한, 이해가 불가능한 헛소리일 뿐이에요.

정신분석가 누메논은 말할 것도 없이, 어떤 것에 "대해 말하는 것"조차도 당신이 이해할 수 있는 범위 너머에 있을 수 있어요. 나는 정신분석의 궁극적 현실이 오직 "현상"일 뿐이라는 주장은 말할 것도 없이, 정신분석에 대한 담화를 이해한다고 주장하지도 않을 거예요.

로빈 글쎄요, 당신은 내가 들어본 정신분석가들 중에 신 또는 화육한 신을 믿는 최초의 정신분석가예요.

정신분석가 나는 화육한 신을 믿는다고 말하지 않았어요. 그러나 확실히 나는 달리 어떤 것을 한다는 것을, 또는 사실들이 아닌 다른 어떤 목적을 위해 내가 가진 믿을 수 있는 능력을 사용한다는 것은 상상할 수 없어요.

롤랜드 그 말은 당신이 헛소리를 믿는다는 의미예요. 당신이 믿는 그 헛소리는 어떤 거죠?

정신분석가 당신은 이미 내가 특정한 형태의 종교적 헛소리를 믿는다고 말하는 것을 통해서, 나에 대해 오해를 나타내고 있어요. 나는 그런 헛소리를 믿지 않아요. 나는 **화**육한 **신**에 대한 도그마 교리가 **화**육한 **악**마에 대한 믿음을 포함한다면, 그것은 내가 동의할 수 있는 교리라고 인정할 거예요. 나는 **화**육한 **신**과 **화**육한 **악**마가 동일한 신으로 이해된다면, 화육한 신의 교리를 믿을 수 있어요. 나는 부적절성에도 불구하고, 최대한으로 정확하게 말하고 싶어요. 그리고 일부러 강조체와 일반체를 구별해서 사용하고 있어요. 왜냐하면 그것이 내 말의 의미를 제대로 전달할 수 있는 가능성이 더 크기 때문이에요.

우리에게는 이해한다는 느낌이 중요해요. 나는 그것이 중요하다고 믿어요. 때로 나는 내가 안다고 생각하지만, 그것은 사실 하나의 중요한 느낌이에요. 그러나 나는 안다는 것과 믿는다는 것, 이 두 비슷한 진술이 동일한 것을 의미한다고는 보지 않아요. 내가 아는 것을 내가 더 많이 느끼는 것, 그리고 내가 아는 것을 내가 덜 아는 것, 내가 믿는다고 말할 때 내가 나의 존재에 대해 더 정확하게 생각하는 것, 그리고 그것이 내가 믿는다고 말하는 것이라고 내가 더 정확하게 느끼는 것이 중요해요. 왜냐하면 나는 관련된 감각들을, 즉 공동의 감각들을 갖고 있지 않기 때문이에요. 로빈은, 그가 원한다면, 대화체 영어의 모호성과 신축성을 사용해서 내가 헛소리를 믿고 있다는 식으로 나를 오인할 수 있어요. 나는 그 동일한 대화체 구절을 사용해서, 그것이 감각적인 것에 지나지 않는 것이라면, 나는 그 어떤 것도 믿지 않는다고 말할 거예요. 더 나아가, 나는 내가 믿는 것을 다른 사람들에게 의사소통할 수 있는 것으로 만들기 위해 적대적이고 경멸적인 논쟁에서 그런 말들을 빌려올 거예요.

로빈 왜 좀 더 적합한 말들에서 빌려오지 않죠?

정신분석가 내가 그런 것을 안다면, 그렇게 할 거예요. 비록 그것들이 이해될 수 없는 것이라고 해도, 그것이 내가 신조어에 의존하지 않고서 발견할 수 있는 가장 쉽고, 가장 단순하며, 가장 이해가 가능한 수단이거든요—신조어들은 정신의학에서 나쁜 평판을 얻고 있어요.

로빈 평범한 단어들을 평범하지 않은 방식으로 사용하는 것 역시 나쁜 평판을 얻고 있어요—보통 사람들 사이에서뿐만 아니라 정신과의사들 사이에서도요.

정신분석가 영적 또는 종교적 또는 예술적인 것에 대한 보통의 생각과 관련된 문제에서 주도권을 갖고 싶은 사람은 누구나 그의 동시대 사람들과 문제를 일으킬 수밖에 없어요. 뛰어난 예술가들, 과학자들 그리고 종교 지도자들이 얻는 평판의 운명은, 만약 우리가 그 영역을, 마치 수학이 거의 악명을 얻을 지점에 이르기까지 새로운 종류의 수들과 그것들의 조작을 수용하도록 확장되었던 것처럼, 좀 더 넓게 생각한다면, 우리 같은 보통의 인간 존재들에게 좀 더 이해할 수 있는 것이 될 거예요. 누군가가 오네요—

롤랜드 "화육한 악마"겠죠.

로즈메리 *(외출복을 차려입고 있다)* 앨리스에게 내가 찾는다고 말해요. 그리고 자동차 준비시켜요. *(그녀는 밖으로 나간다)*

로빈 오, 모르겠어요. 그녀는 꽤 여주인 티가 나네요. 그렇죠?

롤랜드 아직 크게 발달하지는 못했어요. 그녀는 그 모든 멋진 옷들을 어디에서 구했을까요?

로빈 남자겠죠—아니면 어디서 났겠어요? 그는 어쨌든 지독한 바보에요.

롤랜드 흐음 … 잘 모르겠어요. 그는 총을 잘 다루겠죠? 그렇지 않을까요?

로빈 맞아요—로즈메리도 총을 잘 다뤄요. "가죽 케이스"와 초콜릿은 없지만요. 그녀는 살아있는 탄환을 발사해요.

롤랜드 이 끔찍한 여자들이 다 그래요. 그들은 누구에게 발사하는지도 개의치 않아요. 그들에게 충성해야 하고, 경호원 노릇을 해야 하는 사람은 우리 남자들이에요. 어쨌든, 앨리스는 지금 약간의 경호를 받고 있어요.

로빈 나에게 묻는다면, 나는 그녀가 그것을 좋아한다고 말할 거예요.

롤랜드 어쩌면요. 그러나 지금까지 로즈메리는 자신의 위치를 찾기 시작하면서, 앨리스를 가지고 놀고 있어요. 지켜봐요—앨리스는 곧 그것이 게임이 아니라는 것을 발견할 거예요.

로빈 그들이 오네요.

로즈메리 내가 돌아올 때 당신들은 여기에 있어야 해요. 언제 오냐고요? 내가 그걸 어떻게 알아요? *(밖으로 나간다)*

정신분석가 화육의 교리는 영혼이 윤회한다는 아이디어를 닮았어요. 안녕하세요! 그는 어디에서 갑자기 나타난 거죠?

(사제가 등장한다)

롤랜드 도움이 필요하세요?

로빈 누구를 찾으시나요?

사제 오, 특별히 찾는 사람은 없어요. 고마워요. 나는 누군가가 화육을 언급하는 말을 들었는데, 매우 흥미롭게 느껴져서 한번 들러봤어요. 내가 여기에 있어도 괜찮겠죠? 나는 우르에서 왔어요—우르-종교요, 갈대아의 우르Ur of Chaldees[86]와 혼동하지 말아요. 그 둘이 비슷하기는 하지만요.

롤랜드 내가 아는 한, 모든 종교는 비슷해요.

사제 나는 그 말에 반대하고 싶지만, 물론 당신 말이 맞아요—그것은 당신이 유사성을 밝히는가에 달려있죠—

롤랜드 —또는 모호한 것들을 캄캄하게 만드는 데 달려있어요. 욥은 의도를 숨겼다는 이유로 권능자에 의해 쫓겨났어요. 나는 대체로 욥에게 연민을 느끼는 편이에요.

모리아티 욥은 올바른 아이디어를 가졌어요. 만약 우리의 정신분석가 친구가 맞다면—나는 그렇다고 생각하는데—욥은 내 편이었을 거예요.

정신분석가 당신은 상상의 산물들 중의 하나예요.

모리아티 모든 최상의 사람들이 다 그렇죠. 신과 악마처럼요. 그러나 우리 모두가 갖고 있는 시간을 생각해보세요! 우리는 당신네 과학자들이 그렇게 부르듯이, 현실 세계를 지배해요.

사제 우리는 이 상상의 산물 또는 미신적인 경외의 대상들이 지닌 힘을 잘 알고 있어요. 우리는 지금은 쇠퇴하고 없는, 테노크티틀란Tenochtitlan[87]에서 유행했던 종교에서 마약을 성물로 사용했던 것처럼,

86 구약성서에 나오는 지명. 아브라함이 약속의 땅을 향해 떠나라는 신의 명령을 받은 곳.

87 멕시코 시티의 고대 명칭. 사제는 여기에서 현대 과학의 승리를 풍자하고 있다.

매우 아름다운 예배의식을 가졌었고, 지금도 갖고 있어요. 그것은 오늘날에도 핵분열의 산물과 공존하고 있어요. 물론 우리는 우르의 궁전을 죽음 구덩이 안에 파묻었을 때 맛보았던 정도의 승리를 거둔 것은 아니지만, 핵분열의 사용을 우리에게 유용한 것으로 바꾸고 싶어 해요. 우리는 진정한 홀로코스트와 함께 경건함의 승리를 성취할 수 있을지도 몰라요. 히로시마는 그것에 대한 하나의 실험이었어요.

롤랜드 나는 당신이 마음에 들지 않아요. 당신이 차고 있는 개 목줄 dog collar[88]은 어디서 난 거죠?

사제 *(턱 밑에 있는, 사제임을 나타내는 것을 내려다보면서)* 이거요? 잘 모르겠어요. 언젠가 꿈을 꾸었는데, 꿈에서 깨니까 내 목에 이것이 채워져 있더라고요. 이상하죠, 그렇지 않나요? 그런데 그게 싫지 않아서 계속 차고 있어요.

로빈 나도 이 친구가 별로야. 그는 섬뜩하게 느껴져.

롤랜드 그는 로즈메리를 생각나게 해—나는 그녀도 싫거든.

로빈 나는 그녀가 네 하녀였을 때, 즉 전쟁이 일어나기 전에는 네가 그녀에게 친절하다고 생각했어. 나는 너의 정신분석가 친구도 마음에 안 들어.

롤랜드 그는 내 친구가 아니야. 나는 그가 스파이라고 생각해.

정신분석가 미안해요. 내가 이 모임에서 나갈까요? 어떤 점에서 당신 말이 맞아요. 나는 나의 삶의 대부분을 다른 사람들을 살피는 일에 썼어요—여기에 있는 이 분처럼 헌신적으로 한 것은 아니지만 *(사제를 가리키며)*, 나는, 당신이 말했듯이, 일종의 스파이 노릇을 했다고 봐요. 다만 누군가를 돕기 위해서였죠.

로빈 누구를요?

---

88 성직자임을 나타내기 위해 목에 두르고 있는 칼라를 지칭하는 표현.

롤랜드 또는 무엇을요?

모리아티 그것은 셜록 홈즈가 해야 할 일이에요. 아니면 마이크로프트가 해야 할 일이겠죠.

정신분석가 또는 나의 일이기도 해요. 그러나 나는 당신들이 나의 판단을 수용하지 않을 거라고 생각해요.

롤랜드 당신 같으면 범죄자가 검사와 판사 행세를 하는 것을 수용하겠어요?

정신분석가 그래요. 나는 실제로 그들을 조사에 포함시켜요. 적어도 그들이 나설 때에는요.

롤랜드 장담하건대, 당신은 결코 확신에 도달하지 못할 거예요—당신에게 확신을 주는 종류를 제외하고는.

정신분석가 놀랍게도 나는 확신에 도달해요. 비록 때로는 그것이 실행에 의해 방해받지만요. 피분석자가 스스로 실행할 때 말이에요.

롤랜드 그 말은 환자가 자살을 한다는 말인가요?

정신분석가 짧게 말하면, 그래요.

롤랜드 실제 사건도 마찬가지로 간략해요. 간략하게 말하는 것은 영리한 사람이 하는 거예요.

정신분석가 불행하게도 그렇지 않아요. 분석은 길어질 수 있어요.

로빈 항상 그런가요?

정신분석가 내가 염두에 두고 있는 이야기에서, 분석은 오랜 시간이 필요했어요. 분석이 성공을 성취하기 위해서는 항상 시간을 필요로 하거든요.

로빈 그렇군요—희생자는 당연히 그의 죽음을 포함해서, 모든 것에서 실패하는군요.

정신분석가 때로는요.

롤랜드 왜 모든 게 다 미스테리죠? 극적인 긴장감은 치워버리고, 요지를 말해보세요.

로빈 그에게 기회를 줘요. 당신은 아닐지 모르지만, 나는 흥미로워요.

정신분석가 신비는 실제 삶이에요. 실제 삶이 실제 정신분석이 관심을 갖는 것이고요. 마치 소리가 음악으로, 언어적 능력이 문학과 시로, 얼핏 본 나무의 몸통에 대한 인상들이 그림으로 대체되는 것처럼, 알 수 없는 삶에 대한 말들이 정신분석을 통해 다른 것으로 대체돼요. 실제 자기-살해는 피상적 인식으로 끝나지 않고, 우발적인 자살은 계획된 실제 자살로 대체되며, 실제 효과를 만들어내기 위해 구체적으로 실행돼요. 이것을 위해 환자—그를 위한 좋은 이름인—는 성공하기 위해, 살해할 만한 가치가 있는 존재가 되기 위해, 먼저 정신분석가나 가족과 협력해서 고통을 겪어야만 해요. 죽음의 위험은 모든 구경꾼들에게 실행의 성공이 임박했음이 분명할 때까지는 심각해지지 않아요. 그때 완전히-눈먼 상태가 아닌 격노가 끔찍스런 가위를 갖고서 나타나요. 이런 종류의 남자나 여자는 겉으로만 자기-살해자를 닮아 있어요. "그래, 그대는 카탈로그에서 인간을 사로잡고[89] …" 셰익스피어는 위조품에 속지 않았어요. 그가 속임을 당할 수가 없다고 생각한 사람은 "용감한" 정신분석가일 거예요. 우리들 중에는 그런 사람들이 존재해요.

롤랜드 로즈메리일까요?

정신분석가 나는 지금까지 내 안에서 그런 살인자가 되는 느낌이 불러일으켜지는 것을 관찰해본 적이 없어요.

로빈 그 말은 살인이 행해지려 한다는 느낌을 예상한다는 의미인가요?

정신분석가 그런 환자에게서 나는 나 자신이 재앙과 같은 생생한 정서적 폭풍의 중심에 서있다는 느낌을 정확하게 인식할 거예요. 나는 나

89 셰익스피어의 희곡인 맥베스에 나오는 대화. 화장한 아름다움을 추구하는 것에 대한 풍자.

의 경험이 폭풍이 휩쓸고 갈 가능성이 높은 "방향"에 적절히 민감하다고 보거든요.

롤랜드 당신이 매우 겸손하든지 아니면 정신분석이 대단한 것이 못되든지, 둘 중의 하나일 것 같네요.

정신분석가 그 둘 중 어느 것도 사실이 아니에요. 정신분석은 훌륭한 도구에요. 정신분석적 경험은 어떤 것들을 할 수 있는 빈약한 능력을 지금보다 더 큰 것으로 만들어줘요.

롤랜드 고마워요. 당신은 스스로를 칭찬하고 있어요.

정신분석가 나는 당신이 나의 견해를 좋아할 것을 기대하지 않았어요. 당신의 경멸은 나에게 영향을 미치지 않아요. 만약 내가 우울해진다면, 그것은 당신의 뚫고 들어갈 수 없는 자만심이 실망스럽기 때문일 거예요. 그것은 나에게 비판적 태도의 도움을 받는다는 것이 얼마나 어려운 일인지를 다시 한번 상기시켜줘요. 만약 내가 엄격한 비판의 정화효과에 기댈 수만 있다면, 그것은 많은 도움이 될 거예요. 그런데 그럴 수가 없네요. 열광적인 칭송과 자만심에서 오는 적대감, 이 두 가지 모두는 그 양이 엄청날 수 있지만, 결국은 정신적 쓰레기에 지나지 않아요. 나는 당신의 칭찬이나 비난을 가치 있는 것으로 보지 않아요.

롤랜드 당신은 내가 당신의 칭찬이나 비난을 가치 있는 것으로 본다고 생각하세요?

정신분석가 나는 당신이 그렇게 보지 않는다는 것을 알아요. 내 견해로는, 당신은 그렇게 할 수가 없어요. 영국이 더 이상 무게를 견디지 못하고 가라앉은 데는 수백 명의 사려 깊고 선량하고 교육받은 "당신들"이 진 빚이 있어요. *(예상을 깨고 로즈메리가 들어오지만, 눈에 띄지 않게 들어와 자리에 앉아서 듣는다)*

롤랜드 나는 당신 같은 사람들이 공정할 거라고 생각했는데요.

정신분석가 임상 실제에서 나는 공정해요. 임상활동을 하지 않는 상황에서도 나는 공정한 태도를 유지해요. 어떤 상황이 발생하더라도, 나의 자연스런 충동은 불의보다는 정의 편에 서도록 나를 이끌어요. 그러나 그것은 당신이 말하는 공정의 의미는 아니에요—당신이 말하는 것은 내가 당신의 견해에 공정하지 않다는 것이죠. 내가 당신의 견해가 어떤 것인지를 알 수 있는 한, 당신의 견해에 대해 불공정한 것은 나에게 자연스러운 것이 아니에요.

로즈메리 당신들 두 사람 모두는 당장 입 다물어요.

롤랜드 *(정신분석가에게 차갑게 그리고 격노하면서)* 나는 그녀에 대한 당신의 견해를 알고 싶어요.

로즈메리 내가 입 닥치라고 말했을 텐데! 나는 숙녀도 정신분석가도 아니고, 나는 공정한 사람도 아니야. 나는 이 집의 마님이고, 복종을 원해—그렇지 않으면 나는 너희들이 학교에서 또는 너희들 학급의 여자들 입에서 들어본 적이 없는 언어를, 그렇지만 너희들이 이해할 수 있는 언어를 사용하겠어.

롤랜드 그런 당신의 모습은 사람들을 놀라게 할 거요.

로즈메리 꺼져—빨리! *(남자들이 나가고, 앨리스가 들어온다)* 내 슬리퍼 가져와. 냉큼. *(앨리스는 허리 굽혀 인사하고 나간다)* 그녀는 바보 천치야. 그러나 그녀는 그녀의 가정교육에도 불구하고, 배우고 있어. *(방안이 캄캄해진다)*

9

사람들의 모습이 서서히 드러난다,

모리아티 홈즈, 저 소리 들려?

셜록 그걸 못 들었으면 귀머거리 게.

모리아티 나는 네가 낮은 주파수대에 맞출 수 있기에는 너무 상류층이라고 생각했어.

셜록 나는 네가 생각하는 것보다 더 많은 것을 아아린에게서 배웠어.

모리아티 애들러? 나는 항상 그녀가 수녀라고 생각했는데.

셜록 그러니까 너에게는 똑같은 생각이 떠오르는 거야. 너의 아이디어를 좀 넓혀봐, 모리아티. 너의 도덕성이 꿈꾸는 것보다 더 많은 일들이 범죄자에 의해 행해지고 있어.

모리아티 *(후회하듯이 머리를 흔들면서)* 너와 마이크로프트는 정말 슬프게도 범죄의 희생자들이야. 너희 두 사람 모두는 내가 어지럽힌 세상에서 맡은 일을 아주 잘해왔어.

왓슨 일반의로서 사는 것은 훌륭한 훈련과정이야—너는 사람들이 재앙의 충동이 임박했을 때 얼마나 진실된 존재로 바뀌는지를 보면 놀랄 거야. 그것은 내가 아는 어떤 치료나 종교보다 더 나아. 정신분석가로 불리는 사람은 사람들을 치료하기를 원하고, 목사들은 사람들이 그들을 돌봐줄 선하고, 친절한 신을 믿기를 원하지.

사제 쓸 데 없는 소리!

모리아티 당신이 나를 놀라게 하네요. 나는 당신이 원하는 게 사람들이 신의 선함을 믿는 거라고 생각했는데요.

사제 셜록 홈즈의 말에 따르면, "당신에게는 똑같은 생각이 떠오른 거예요." 나는 단지 "평범한" 사제에요. 왓슨이 말하는 의학분야에서의 일반의처럼, 사제로서 사는 것은 훌륭한 훈련과정이죠—당신이 그것을 견딜 수만 있다면요.

정신분석가 나도 보통의 평범한 정신분석가일 뿐이에요. 그것이 훌륭한 훈련과정이고요.

사제 나를 오해하지 말아요—종교에서는 삶 자체가 사후세계를 위한 훌륭한 훈련과정이라는 생각이 일반화되어 있어요. 그것과 관련해서 새로운 것은 아무것도 없어요.

왓슨 그것이 "일반화된 것"일 뿐만 아니라 "믿어진 것"이라고 말했다면, 독창적이었을 텐데요.

셜록 친애하는 왓슨! 네가 말하는 "믿는다"는 것은 무슨 의미야? 나는 무의미한 용어를 좋아하지 않아. 나는 과학자거든.

모리아티 왓슨은 그렇게 생각해.

왓슨 너는 아이린 애들러를 믿었잖아.

정신분석가 나는 그녀를 믿은 적도 없고, 믿고 있지도 않고, 앞으로도 믿지 않을 거야. 나는 그녀가 이상화된 인물이라고 생각해. 그것은 믿음이 아니야. "이상화된 인물"은 내가 생각할 때 사용하는 전문적이고 과학적인 용어야. 나는 또한 허구적 인물들, 즉 상상속의 인물들을 사용해. 수학자들조차도 상상적 형태들과 상상적 수들을 사용하고 있어.

왓슨 네가 생각하는 수학은 분명히 이상한 종류의 수학일 거야.

사제 나는 당신이 삼위일체론과 유일신론을 이상한 종류의 수학이라고 생각할 거라고 봐요. 그러나 당신은 이 수학이, 비록 어렵기는 하지만, 적어도 종교적 영역에서는 유용하게 사용될 수 있다는 것은 잘 모르고 있는 것 같아요.

정신분석가 세상에는 자신들이 신조어, 새로운 수학, 새로운 예술을 위한 방법을 찾을 수 있다고 생각하는 사람들이 있어요.

롤랜드 맙소사! 이제는 새로운 예술을 말하는군.

로즈메리 여기서 나가요, 그게 싫으면 착한 개처럼 내 발밑에 앉아 있는 법을 배우든지요.

왓슨 고통스러울 땐 짖어요.

셜록 쉿! 저 쿵 소리는 뭐지?

소년 내 귀에는 쿵 소리가 안 들리는데요. 새 소리만 들려요.

마이크로프트 꼬마야, 네 귀는 너무 예민한가봐! 아니면 너도 셜록처럼 궁금한 게 많든지.

정신분석가 내 귀에도 그런 소리는 들리지 않아요.

로즈메리 너무 늙어서 그래요—여러 해 동안 전문용어를 듣느라고 귀가 먹은 거예요. 사실들과 개념들 그리고 정신분석에 의해 눈이 멀었고요. 내 친구는 요리강좌를 듣기 전까지는 훌륭한 요리사였는데, 요리강좌를 들은 후로는 계란 하나도 제대로 삶을 수 없게 되었어요.

사제 내 친구는 너무 거룩해서 자신이 신이라고 생각했고, 모든 사람들이 자신을 숭배해야한다는 것 외에는 아무것도 생각할 수 없었어요. 그는 심지어 신이 종교에 관심을 갖고 있다고 생각했죠.

마이크로프트 늙은 모리아티는 신은 오직 범죄를 짓밟는 일에만 관심이 있다고 생각해요.

로즈메리 롤랜드는 내가 그를 더 편하게 짓밟을 수 있도록 스스로 내 발밑에 누워있다고 생각해요.

사제 "평화의 복음을 전하는 사람들의 발이 아름답도다."

로즈메리 내가 내 발을 사용하는 것은 그런 목적을 위해서가 아니에요.

정신분석가 발의 적절한 사용에 대해 빗나간 아이디어들이 얼마나 많은지 알게 되면 당신은 놀랄 거예요. 그것들은 모두 서로 다르고, 모두가 서로를 밝혀주기보다는 서로를 모호하게 만들어요.

사제 사람들이 신이라고 부르는 것에 대한 아이디어가 그래요. 그 중에서도 정신분석가들이 최악이에요.

정신분석가 그 말을 존중은 하지만—아니에요.

로빈 당신은 신이 아버지 인물이라는 것을 항상 증명하지 않나요?

정신분석가 나는 종종 특정한 사람에게 그가 신을 믿고 있다는 것을, 그리고 때로는 그가 특정한 신을 믿고 있다는 것을 보여주려고 노력해요. 아버지들, 돈, 심지어 정신분석이라는 신 말이죠. 그가 내 말이 맞다고 여기면, 그는 자신의 마음을 정할 수가 있어요. 결정은 내 몫이 아니라 그의 몫이에요. 나 역시도 나의 믿음을 나 혼자 간직하거나, 기껏해야 특별히 선택된 사람과 공유하는 편이에요.

로빈 하지만 당신은 다른 사람들이 그들의 믿음을 당신에게 털어놓기를 기대해요!

정신분석가 나는 전혀 그런 것을 하지 않아요. 나는 누군가가 나와 함께 자신의 아이디어에 대해 논의하고 싶거나 자신의 인격을 노출하고 싶을 때, 그가 나를 사용할 수 있다는 것을 알려줄 뿐이에요.

로빈 *(미심쩍어 하면서)* 말은 그럴듯하네요.

정신분석가 불행하게도 "소리들," "장면들," 감각인상들과 그것들에 대한 우리의 해석들, 욕망들 그리고 기억들이 우리가 가진 모든 것이에요.

로빈 그것들로 충분하지 않나요?

정신분석가 지금 이 순간까지는 그렇게 보였어요. 그러나 그것이 충분한 것인지에 대해서 우리는 당신과 나의 탐욕, 또는 탐욕의 결여를 기준으로 논의할 수 있어요.

로빈 왜 탐욕이죠?

정신분석가 당신은 측정을 위한 어떤 대안적 척도를 제안하시겠어요?

로빈 종교적, 예술적 또는 과학적 성실성의 척도들요.

정신분석가 그 말은 그 대답을 탐욕의 더 오래전 판으로 돌아가게 만드는 것처럼 보여요.

로빈 당신의 말은 종교가 탐욕일 뿐이라는 건가요?

정신분석가 지금까지 당신 자신과 종교에 대해 배웠다고 생각하는 것에서 볼 때, 당신은 어떤 인상을 받죠?

로빈 나는 당신이 받은 인상에 대해 물었는데요.

정신분석가 내가 받은 인상은 나 자신 외에는 그 누구에게도 중요한 것이 아니에요. 당신의 인상도 나에게는 전혀 중요하지 않아요—당신이 분석을 원하지 않는 한요. 분석상황에서는 해석을 위해 충분히 정확한 정보를 필요로 한다는 점에서, 당신의 아이디어들이 제한된 중요성을 갖게 돼요.

로빈 그게 전부인가요?

정신분석가 실망스러운가 봐요.

로빈 당신은 왜 내가 분석을 원한다고 생각하세요?

정신분석가 나는 그렇게 생각하지 않아요.

로빈 그런데 당신은 왜 내가 분석을 원하는 것처럼 행동하세요?

정신분석가 정신분석을 받아야 하는 상황이란 존재하지 않기 때문에, 당신은 질문할 수 있고 반대도 할 수 있어요. 심리학적 반응을 선호하는 나의 성향으로 인해 어쩌면 내가 함정에 빠졌을 수도 있는데, 이것은 나의 직업에 내포된 위험이에요.

사제 당신은 좋은 성직자가 될 수 있을 거예요.

정신분석가 내가 종교에 대해서 말할 수 있는 것은 부적절한 것밖에 없어요.

사제 종교에는 그런 것들보다 더 많은 것들이 있어요.

정신분석가 정신분석 안에는 정신분석 이론들과 설명들보다 더 많은 것들이 있고요.

사제 그게 무슨 뜻이죠?

정신분석가 전주곡으로서의 말하기와 정신분석 그 자체로서의 말하기가 있다는 뜻이에요.

로즈메리 그 둘 중에 어떤 것이 어떤 것인지를 결정하는 것은 누구죠? 당신? 제도? 인증서인가요?

정신분석가 사실들이에요. 태양이 지구를 도는지 아니면 지구가 태양을 도는지가 궁극적으로 사실들에 의해 결정되는 것처럼 말이에요. 어떤 종류의 사실이 확증된 것으로 간주되는지는 모르지만요.

사제 당신은 어떤 기준을 사용하나요?

정신분석가 나는 내가 전투 현장에서 알게 된 사실들과 군사령부에 의해 발표된 사실들을 비교하기 전까지는, 군 당국이 국민에게 말한 것이 사실이라고 믿었어요. 나는 오랫동안 나 자신이 "사실들"을 알고 있다고 생각했죠. 나중에 나는 "너는 네가 듣는 말을 믿으면 안 돼"라는 일반적인 견해를 믿게 되었어요. 불쌍한 관료들. 그들은 누가 전쟁에서 이겼는지조차도 말할 수가 없어요.

(남자가 들어와 로즈메리 옆에 앉는다. 그는 상황을 확실하게 통제하고 있는 것처럼 보이고, 그녀는 만족스러워 보인다)

로즈메리 앨리스에게 내 숄 좀 가져오라고 말해줘요.

롤랜드 *(격노해서, 일어나 앉으며)* 트로이의 헬렌을 차지한 사람은—

로즈메리 누워 있어!

로빈 *(남자에게)* 뭐라고요? 초콜릿이 없다고요? *(남자는 그를 무시한 채, 마치 그들 사이에 완전한 이해가 이루어진 것처럼 로즈메리를 바라본다)*

로즈메리 *(남자에게)* 앨리스에게 신경 쓰지 말고, 잠자러 가도 된다고 말해줘요.

로빈 나는 심히 불편한데요.

정신분석가 우리를 동요케 하는 정서적 폭풍이 존재해요. 레오나르도는 소용돌이치는 물의 모습을 스케치했어요. 그것을 언어로 표현하는 데는 아마도 셰익스피어가 필요할 거예요.

로빈 하지만 당신은 그것을 느낄 수 있나요?

정신분석가 나는 그 기분을 알아요. 당신이 그것을 안다는 것을 내가 아는 것처럼요.

(로즈메리와 남자는 함께 철수한다. 롤랜드는 일어나서 자신의 몸에서 먼지를 털어낸다)

롤랜드 더러운 암캐 같으니! 내가 그냥 …

모리아티 나에게 맡겨줘—너에게 필요한 것은 범죄 행위야.

셜록 빌어먹을 바보처럼 행동하지 마요. 나는 모리아티를 알아요. 그의 말을 듣지 말아요.

모리아티 셜록은 나에 대해 편견을 갖고 있으니까, 성직자에게 물어보지 그래요?

사제 아뇨—이것은 신인지 악마인지의 문제가 아니에요.

정신분석가 혹시 신학의 문제일까요? 신학은 행동하기 전에 숨 쉴 수 있는 공간을 제공해줄지도 몰라요.

모리아티 *(조롱조로)* 우리는 어린 사슴들이 즐기는 모습이나 보러 갈까? 어쩌면 여기에서도 그 소리를 들을 수 있을지도 몰라.

정신분석가 진정한 즐거움은 예술, 과학 또는 종교의 이론들이나 교리들뿐만 아니라, 여러 해에 걸친 훈련을 요구해요.

롤랜드 오, 입 닥쳐! 훈련이 우리에게 가져다준 게 겨우 이거잖아!

정신분석가 플러스가 되는 훈련인지 아니면 마이너스가 되는 훈련인지. 훈련의 결여 때문인지 아니면 너무 많은 훈련 때문인지, 그것이 문제예요.

로빈 훈련이 어떻게 동시에 상반되는 것일 수 있죠?

정신분석가 고전적인 논리학에서는 아마도 불가능할 거예요. 실제로—글쎄요, 레오나르도의 공책을 보세요. 직관적 수학자들이 그 길을 보여줄 수 있을 거예요.

롤랜드 그때쯤에는 누군가가 폭력적인 죽음을 당했을 거예요.

사제 수백만 명의 사람들이 이미 죽었어요. 이 싸우는 세력들[90] 사이의 장벽이 제일 먼저 파괴되어야 할 거예요.

정신분석가 그 다음에 파괴되어야 할 것은 무엇이죠?

사제 싸우는 세력들이 아니에요. 그 세력들은 새 진용을 갖출 것이고, 또 다른 파괴를 위해 새로운 준비를 갖출 거예요.

로빈 나는 내가 강하고 유능한 국가를 보고 있다고 생각해요 …

사제 나는 그 국가는 인간 동물의 국가가 아니라고 생각해요.

모리아티 아마도 미생물의 국가 또는—버클리가 그것을 뭐라고 불렀더라?—떠난 양의 유령들[91], 또는 뉴턴이 말한 갓 생겨난 증분의 국가일 거예요.

정신분석가 버클리는 작든지 크든지 어떤 식으로든 성장하고 있는 대상들을 조롱했어요. 심지어 존재하지 않는 대상, 너무 작아서 떠난 증

90 논리와 직관 사이의 갈등.

91 유아가 환상 세계 안에서 비워내는 많은 것들이라는 의미를 획득하고 있음.

분增分의 유령이 된 대상, 또는 내가 성쇠와 상관없이 변화의 법칙에 따라 존재하게 되는 "유령"의 증분으로 서술하는 대상에 대해서도 그렇게 했어요. 이 모든 것은 만약 그것이 신체적 대상의 성쇠에 대한 이야기이거나, 신체적 대상을 서술하는 데 적합한 언어를 의도하지 않았던 것들, 즉 신체가 없는 대상들, 사고들, 마음들, 인격들을 서술하는 데 사용하는 문제에 대한 이야기라면, 공식화하기가 더 쉬웠을 거예요.

롤랜드 이 이야기가 우리의 현 상태와 무슨 상관이 있죠? 아니면 단순히 시간을 보내기 위한 대체물인가요?

정신분석가 그것은 "아무것도 아닌 것"에서 뭔가가 나오는 것일 수 있어요. "떠난 증분의 유령"의 증분, 또는 사라지게 되어 있는 어떤 것의 사라짐과 쇠락—또는 두 가지 모두요.

셜록 두 가지 모두일 수는 없죠—그건 말도 안 돼요.

로빈 당신과 모리아티는 어때요? 당신들은 아이를 즐겁게 해주고는 기억에서 사라지게 될 상상의 산물인가요? 또는 커다란 나무로 자라나는 동화 속의 겨자씨처럼, 자라날 운명을 지닌 새로운 아이디어들, 즉 떠난 증분의 유령인가요?

사제 그 이야기의 저자는 어떻게 됐죠?

로빈 내가 아는 한, "그 이야기는 아무런 의미도 없이 격노로 가득한 소리, 즉 바보 천치가 지어낸 이야기"에요.

정신분석가 그 이야기의 저자는 어떻게 됐죠? 어떤 클럽에서 논쟁을 시작하면서, "셰익스피어의 작품을 읽어서는 안 된다"라고 말했던 게 얼마나 오래전이죠?

롤랜드 그건 농담이었어요.

정신분석가 농담 안에 얼마의 진실이 담겨있지 않았을까요?

롤랜드 남자의 권총집처럼요. 그것의 중요성은 그것이 권총을 담고 있는지 아니면 초콜릿 바를 담고 있는지에 달려있어요.

정신분석가 그것은 또한 그 권총집에 담긴 것이 굶주린 사람들에게 제시되는지 아니면 무장한 사람들에게 제시되는지에 달려있어요. 남자는 한때 봉쇄의 증인이자 희생자였을 수 있어요. 그 "사실"에 의해 어떤 정신적 씨앗이 뿌려졌을까요?

로빈 그것이 승리가 아니었다는 것은 지금 누구나 알 수 있어요. "우리는 뱀에게 상처를 입혔지만, 죽이지는 않았어요."

정신분석가 아마도요. 그러나 승리가 무엇이었는지, 승리의 과거, 현재 그리고 미래를 볼 수 있는 사람이 있을까요? 로즈메리는 지금 이 집의 마님이에요. 앨리스는 그녀의 하녀고요. 내일은—

롤랜드 당신은 그것을 매우 쿨하게 받아들이지만, 나는 그렇지 못해요.

정신분석가 나는 당신과 앨리스가 당신들의 하녀에게 무엇을 가르치고 있었는지를 생각하는 데 시간을 써본 적이 없다고 봐요. 지금 당신들 두 사람은 그녀가 무엇을 배웠는지를 그리고 당신들이 무엇을 배우지 못했는지를 알 수 있는 기회를 갖고 있어요. 나는 당신이 여전히 "이 이야기"에서 무언가를 배울 수 있는 가능성이 거의 없다고 느낄 거라고 생각해요.

롤랜드 내 말은 그녀과 그녀의 남자친구를 죽이겠다는 의미에요.

정신분석가 당신은 설령 말은 하지 않더라도, 행동으로 옮기기 전에 그것을 행하는 것이 어떤 의미인지를 생각하는 게 현명할 거예요.

사제 나는 당신이 그가 그 일을 하도록 선동하지 않았으면 해요.

롤랜드 나는 당신과 당신 같은 사람들의 애국 연설을 들었어요.

사제 그건 다른 거예요.

롤랜드 나와 이야기하고 있던 한 남자는 그가 말하고 있는 동안 뇌가 날아갔어요. 누군가가 그에게 그 자신을 죽이는 것이 살인이 아니라 훌륭한 행동이라고 가르쳤어요.

정신분석가 아마도 그것이 행동의 양이 행동의 질에 영향을 미치는 경우일 거예요. 살인 + 증분이 전쟁이 되는 거죠. "분별력 있는 행동의 양이 용맹의 "더 나은 부분"이 아니라 비겁함의 더 나쁜 부분이 돼요.

로빈 만약 당신이 가장 작은 사고의 단위들, 전자들 또는 소립자들이 무엇인지에 대해 설명해줄 수 있다면—

정신분석가 —성적 활동의 유전자 말인가요?—

로빈 —나는 그것과 잘 맞는 수학을 발견할 수 있을 거예요.

롤랜드 조만간 당신들은 양성애적 동물들이 하는 것을 해야 할 걸요.

정신분석가 빠르면 얼마나 빠를까요? 또는 늦으면 얼마나 늦을까요?

롤랜드 어쨌든 나는 이 모든 이야기들을 전에 들어본 적이 있는 것 같아요.

모리아티 오 아녜요! 나는 사람들이 "치정에 얽힌 범죄"의 방법들과 수단들에 대해 논쟁한다는 이야기를 결코 들어본 적이 없어요. 당신들은 진보한 거예요.

정신분석가 어느 방향으로의 진보일까요?

모리아티 나한테 묻지 마세요. 성직자에게 물어봐요.

사제 내가 아가멤논 군대의 군목이었을 때, 나는 내 종교가 명령하는 것들을 따르곤 했어요. 나는 제우스의 명령을 따를 수 없었는데, 그것은 그가 일종의 올림푸스 민주주의 제도를 갖고 있었고, 모든 신들이 인간들처럼 싸웠기 때문이에요. 실제로, 그들은 종종 인간의 활동들에 참여했어요. 오늘날 신은 거의 항상 모호한 입장을 취해요.

정신분석가 그래서요?

사제 모호한 신의 진술들에 대한 정확한 해석들을 제공하기 위해 사제제도가 필수적이 돼요. 이제 모호성은 신에게 속한 것이 아닌 것이 되었어요. 모호성은 사제제도가 신에 대한 진술을 나타낸다는 공식 안에 있게 되었고, 더 나아가 사제제도가 물-자체를 나타낸다는 진술 안에 있게 되었어요.

정신분석가 나는 사제제도가 많은 보통의 인간 존재들로 구성되어 있다는 것을 알겠어요. 내 경험에 따르면, 이 보통의 인간 존재들은 보통의 좋은 아버지들과 보통의 나쁜 아버지들을 갖고 있어요. 그리고 그런 종류의 "사실들"로부터 우상들, 시들, 신비적 진술들의 형태 안에서 진실되고, 사실적인 진짜 신들과 악마들, 동정녀 마리아와 요정들로 제시되는 그림들이 유래해요.

사제 때로는 이러한 근사치들이 신에 의해 신적인 것에 근접한 것이 돼요.

정신분석가 그 말은 신이 예수와 같은 보통의 인간 존재를 찾아내서 사용한다는 뜻이군요.

사제 예수는 보통 사람이 아니에요.

정신분석가 글쎄요, 화육, 즉 "육체가 되는 것"을 목적으로 한 비범한 인간 존재겠죠. 그 말이 맞나요?

사제 그 말은 예수에 대한 진술에 도달하고 싶은 진정한 사제가 할 수 있는 요약으로는 나쁘지 않네요. 그러나 어떤 진술도 실현의 대체물 이상일 수는 없어요.

정신분석가 사실 이것이 우리가 보여주려고 노력하는 모든 거예요. 우리는 우리가 분석하고 있는 특정한 개인을 실제 인간 아버지의 측면이 이미 제거된 아버지 인물로 취급하면서 마치 그러한 언어적 이미지나 우상이 신인 것처럼 말한다면, 그것은 신 또는 심지어 신의 화육과는 아무런 관련이 없는 거예요.

사제 당신은 정확하게 이렇게 말하는 것처럼 보여요. "보세요, 당신이 숭배하는 신은 당신의 아빠에 대한 심하게 왜곡된 아동기 견해일 뿐이에요. 그러므로 신은 존재할 수가 없어요."

정신분석가 아마도 우리는 그렇게 할 거예요. 그러나 그렇게 말하는 분석가는, 궁극적 현실에 대한 그의 생각이 어떤 것인지와 관계없이, 정신분석을 잘못 알고 있는 거예요. 그것보다 더 정확한 진술에 가까운 것은 이런 걸 거예요. "당신이 숭배하는 신에 대한 당신의 서술은 기껏해야 당신이 갖고 있는 아빠에 대한 좋은 모델일 수 있어요. 그러나 당신이 당신의 아빠에 대한 아이디어를 전달하려고 시도하고 있는 한, 그 모델이 얼마나 좋은 것인지와 상관없이, 그 설명은 나의 지성에 모욕감을 주지 않고서 숭배할 수 있는 신이나 신에 대한 아이디어를 제공해주기에는 매우 부적절해요. 특히 당신이 그런 아이디어를 처음으로 갖게 되었던 시점이 당신이 아기 수준을 벗어나지 못했을 때였다는 사실을 인정한다면 말이에요." 이 해석은 신의 존재를 가정한다고 해도 신에 대해 아무것도 말해주지 못할 것이지만, 피분석자가 그의 지성을 화나게 하지 않으면서 신을 믿을 수 있는 방식을 발견할 수 있는 기회를 제공할 거예요. 이것은 다음과 같이 어처구니없는 말을 하는 것과는 달라요. "당신은 탁월한 운동선수를 신으로 믿고 있어요. 그러므로 신은 존재하지 않아요." 그것은 정신분석은 말할 것도 없이, 논리적이지도 못해요.

사제 나의 불만은 정신분석가들이 마치 아이디어가 숭배할 만한 가치가 있는 신이라도 되는 것처럼 아이디어를 숭배하고 있다는 거예요. 물론 그것은 "풍자"이기는 하지만, 내가 듣거나 경험한 대부분의 정신분석은 그다지 달라 보이지 않았어요.

정신분석가 당신은 운이 나빴을 수 있어요. 당신이 만난 정신분석을 받은 사람들 역시 성직자들을 만나는 데 운이 나빴을 수 있고요. 가치 없는 종교는 가치 없는 정신분석을 끌어당기고, 그 둘 모두를 더 무가치한 것으로 만들어요.

로빈 남자의 초콜릿 바는 어떤 상태일까요?

롤랜드 남자의 총은 그의 사랑의 행위에 무슨 도움이 될까요?

앨리스 그 두 사람 다 아주 잘하고 있어요. 로즈메리가 차고 있는 "값비싼 진주"는 모조품이에요.

롤랜드 돼지에게는 아무런 상관이 없어요—그들은 충분히 진짜예요.[92]

모리아티 돼지는 보통 그렇죠.

셜록 정말 안 어울려요, "사랑"이라는 용어와는 너무 안 어울려요.

왓슨 홈즈, 네가 말하는 것은 우리의 성직자 친구의 말처럼 들려.

로빈 "친구라고요?" "동지요?" 내가 그런 말을 들어본 적이 있던가요?

롤랜드 나는 많은 사람들이 "값비싼 진주"라고 말하는 것을 들었어요—그리고 *(앨리스를 쳐다보면서)* 그 진주가 모조품이라는 말도요.

정신분석가 모조품에 대해서는 새로운 것이 없어요. 그 용어는 다른 동물들보다 인간이 두드러지게 사용하는 방식에서 유래한 거예요. 그 진주들은 모조품들이에요. 롤랜드의 관찰에도 불구하고, 돼지도 진짜라고 가정할 수 없어요—또는 그 진주를 위해 값을 지불했다고 가정할 수도 없어요. 진주의 모조성, 돼지 그리고 가격은 때로 놀랍게도 서로 잘 들어맞아요.

사제 당신은 정신분석의 가격에 대해 어떻게 생각하세요?

정신분석가 나의 가격은 나의 필요에 의해 결정돼요.

사제 당신의 필요는 누가 결정하죠?

정신분석가 나에요. 내가 아니면 누구겠어요?

사제 그렇다면 당신의 가격은, 크건 작건, 당신의 탐욕에 의해 결정되는 거네요?

정신분석가 맞아요. 당신은 당신이 하는 일에 얼마를 받으세요?

사제 아무것도 안 받아요.

정신분석가 누군가가 당신의 식비를 부담하겠죠. 그렇지 않으면 어

92 "돼지에게 진주를 주지 말라"는 성서구절에 빗대어 로즈메리의 장식품을 빈정대는 내용.

떻게 생존하겠어요. 당신은 항상 당신이 속한 교단에서 지원을 받나요? 우르에서의 예식을 위해 누가 비용을 부담했죠? 많은 사람들이 그들의 목숨으로 값을 지불했던 것처럼 보이는데요.

사제 의사의 빗나간 믿음 때문에, 왕은 그의 목숨을 대가로 지불했죠.

정신분석가 그 빗나간 믿음은 그 의사의 것이었나요? 아니면 그의 종교의 것이었나요?

사제 그 의사는 자신의 의학을 믿었어요. 그것은 그에게 거의 신이었죠. 그는 그의 왕과 여왕을 숭배했어요—당신은 이 측면을 우상숭배라고 부르겠지만요. 나는 그가 왕이 죽어가고 있다고 생각했다고 배웠어요—

정신분석가 —그리고 당신과 당신 같은 사람들은 사람들에게 그가 살아남을 거라고, 그리고 그들이 그의 시체와 함께 구덩이 안으로 들어가 파묻힌다면, 그들은 천국에 갈 거라고 말했어요.

사제 천국요? 말도 안 돼요! 그 아이디어는 지난 수천 년 동안에 생겨난 것일 뿐이에요.

(로즈메리의 모습이 점차 분명해진다)

로즈메리 *(사치스럽고 멋진 구두를 신은 자신의 발을 자랑스럽게 바라보면서)* 천국에 대한 내 생각은 이런 거예요. 나는 내가 하녀를 부리면서 살게 되고, 내가 명령을 하면 나에게 "마님"이라고 대답하는 소리를 들을 거라는 것을 감히 상상할 수가 없었어요.

정신분석가 그것이 당신의 기대를 만족시켜주나요?

로즈메리 그럼요, 비록 한두 가지 개선될 점이 있기는 하지만요.

정신분석가 앨리스는 어때요? 남자는 어떤가요?

로즈메리 남자요? 나는 그와 아무런 문제도 없을 거예요. 그런데 왜 앨리스죠? 나는 내가 원하는 곳에 그녀를 배치해요. 지금부터 그녀에게 일어나는 일은 전혀 중요하지 않아요—그녀는 정신분석가를 찾아갈 수 있어요. 어쩌면 당신을 찾아갈지도 몰라요—만약 그녀가 충분한 모조품 분석료를 구할 수만 있다면요!

사제 자신의 천국에 있는 신은요?

로즈메리 신은 잘 지낼 수밖에 없어요. 자신의 천국에 있으니까요. 만약 그가 뭔가를 명령하고 싶다면, 그것은 그의 일이에요. 나는 정신분석가나 사제처럼 다른 사람 일에 끼어들지 않아요. 나는 각자가 자신의 일을 하게 하라고 말해요. 나는 과거에 칼시스Chalcus[93] 또는 쥬노Juno 또는 여호와의 일에 간섭하지 않았듯이, 지금도 그런 일을 시작하지 않아요. 그게 나에게는 잘 맞아요. 만약 그것이 앨리스나 당신이나 정신분석가에게 맞지 않는다고 해도, 그것은 당신들의 문제예요. 나는 근사하게 차려입는 것이 즐겁고, 당신들 모두가 나를 두려워해야 할 충분한 이유가 있다는 느낌이 기분 좋아요.

정신분석가 "거울, 잔인한 거울이네요."

로즈메리 그게 뭔데요?

정신분석가 내가 기억하기로는 시에요. 나는 당신과 당신의 겉모습이 내가 그 안에 살고 있는 영국을 반영하고 있고, 당신이 보는 영국을 나타낸다고는 생각하지 않고 있었어요. 그것은 칭송할 만한 초상화는 아니지만, 겉모습이라는 점에서는 진실된 것 같아요.

로즈메리 겉모습이 매우 중요해요.

정신분석가 우리는, 특별히 나는, 정신분석이 물리적 세계에서의 거울과 유사한, 인간 개인으로서의 우리들 각자가 자신의 모습을 볼 수 있는 도구를 발달시키기를 원해왔어요.

롤랜드 지금까지 그 거울은 오직 당신이 보고 싶어 하는 것만을 보여주는 거울일 뿐이었던 것 같아요.

---

93 그리스의 도시.

정신분석가 그게 사실인 것 같네요.

사제 신은 인간을 자신의 형상대로 만들었어요. 인간은 찬사를 되돌려주는 데 빠른 존재 그 이상이고, 그 찬사는 아첨하는 반영처럼 보이지는 않아요.

정신분석가 나는 당신이 사제로서 인간 세계라는 거울이 반영하는 신의 이미지가 그 거울이 지닌 결함 때문에 사람들에 의해 환영받지 못한다고 간주할 거라고 생각했어요. 거울에 비친 모습이 진실이기 때문에 그 모습을 불쾌하게 생각하는 사제가 있을 거라고는 생각해본 적이 없어요.

사제 나는 그것이 거울의 결함 때문이라고 생각하지 않아요. 그러나 나는 그 거울 이미지에 대한 판단이—즉, 그것이 보여주는 것과 그것을 보여주는 행위 모두가—환영받지 못한다는 것을 알 수 있어요. 신이 그의 피조물에 의해 정확히 판단된다고 누가 말할 수 있을까요?

로빈 *(롤랜드에게)* 나는 기권이에요. 나는 당시에게 투표할 게요. 나는 방법들과 수단들을 위한 위원회로 가겠어요.

로즈메리 나는 당신들 두 사람에게 내 사진을 줄게요. 당신들 모두는 다음 주에 여기에서 만날 수 있어요. 자, 굿 나잇이에요.

(그들은 해산한다)

10

로즈메리 *(혼자서)* 그녀는 좋은 엄마였어. 만약 그녀가 매춘을 하지 않았더라면, 나를 먹여 살릴 수 없었을 거야. 그랬더라면 나는 임질이나 나중에 유행한 신경성-매독에 걸리지 않고 섹스로 돈을 버는 기술을 배우지 못했을 거야. 불쌍한 엄마! 그러나 … 그녀는 얼마나 행복했고, 쾌활했던가! 나는 그 이유가 궁금해. 성병을 일으키는 균들이 뇌의 회선回旋 안으로 파고들 때 행복하다는 느낌을 자극하는 걸까? 그녀는 왕궁들과 더럽고 복잡한 런던 거리에서 폭탄이 터졌다는 소식을 들었을 때, 확실히 과도하게 웃곤 했어. 마침내 … 할 때까지. 나는 핵폭탄을 투하해서 평화를 가져오게 한 사람이 누구였는지 궁금해. 이 더러운 남자들로 인해 순한 눈을 가진 복된 평화가 지배하는 세상의 도래는 무척이나 지체되었어. 나는 어떤 불량배가 나를 위협했는지 궁금해? 나는 때때로 나의 깊은 도덕성과 의무감이 그에게서 온 것임이 분명하다고 생각해. 그렇지 않다면, 내가 어떻게 무엇이 순수하고 신적인 것인지 그리고 좋은 평판을 받는 것인지에 대해 그토록 강한 아이디어를 가질 수 있었겠어? 그것 없이는, 나는 결코 번듯한 위선자가 될 수 없었을 거야. 나의 엄마는 그것을 어떻게 즐겼을까? 만약 그녀가 먹고 살기 위해 매춘의 위험에 의존해야 하는 상황에서 나를 구하기 위해서 나에게 일을 가르쳤을 때 그녀의 어린 딸이 나중에 마님이 될 것을 알 수 있었다면, 그녀의 가슴은 얼마나 따뜻했을까? 그녀는 그녀가 알고 있는 남자들 이야기를 나에게 말해주곤 했어—그 이야기들 중의 일부는 매우 공포스런 것이었지만.

하루는 경찰이 와서 맞아 죽은 그녀의 친구의 시체를 가져갔어. 흥분되는 사건이었지. 그들은 살인자를 잡았어. 내 친구들이 나에게 신문에 나온 내용을 들려주었지. 나는 어느 날 엄마에게 "성적 파트너가 뭐야?"라고 물어봤어. 그녀는 "도대체 어디서 그런 말을 들은 거야?"라고 물었지. "오, 생선과 감자튀김이 담겨있던 신문지에서 봤어요"라고 나는 거짓말을 했어. 그녀는 나를 믿지 않았어. 나는 그녀가 영리한 바보인 정신분석가가 말하는, 성적 파트너의 의미를 결코 이해할 수 없었을 거라고 확신해. 그러나 그녀는 존경받는 공립학교 귀족이 여성의 젖꼭지를 물어뜯고 생명의 마지막 불꽃이 다할 때까지 그녀에게 매질을 했을 때, 당신의 여자 친구에게 일어났던 일이 바로 성적 파트너가 되는 것이었다고 정신분석가에게 말할 수 있었을 거야. 나는 그녀의 비명소리를 들었어. "나에게 그러지 말아요!" 나는 말했어. 친숙한 초콜릿 바와 그의 친구들이 이 나라를 강간할 수 있어—그러면 어쩔 건데? 그들이 케이크를 먹게 내버려둬! 그는 내 발을 핥고 자신의 노획물을 나에게 넘겨주는 특권을 지닌 자신이 행운아라고 생각할 수 있어! 사랑이라고? 사랑의 신이 나의 목자시니, 그의 선함이 나를 실망시키지 않으리로다. 글쎄, 그는 나에게 그렇게 나쁘게 대하지 않았어. 로즈메리의 하녀인 앨리스가 그의 신전에서 어떻게 숭배될지 두고 봐야겠어. 나는 성직자 친구에게 신에 대해 한두 가지 말해줄 수 있을 거야. 아마도 그는 우르 사건 이후에 뭔가를 배웠을 거야. 나는 정신분석가가 성적 도착에 대해 알고 있는지 궁금해—그에게 물어봐야지.

점점 더 어두워지고 있어. 영국에 새벽이 … 언제 오냐고? 어떻게 오냐고? 그들은 새벽이 오기 전에 밤이 더 캄캄해진다고 말하지. 앨리스는 내가 남자와 사랑에 빠졌다고 생각해. 어쩌면 그녀가 맞을지도 몰라. 나는 그녀보다 그를 더 사랑하지는 않지만, 그보다 그녀를 덜 사랑하지도 않아. 사랑은 명예 같은 거야. 폴스태프는 그것에 대해 많은 생각을 하지 않았어. 아마도 여성들은 명예보다 사랑을 더 중시하고, 남성들은 그 반대일 거야—창녀들을 골라잡고 학대하는 것처럼. 사전은 남성적인 것과 여성적인 것에 대해 진술할 필요가 있어. 사랑(남성적)은 … . 사랑(여성적)은 … . 명예(남성적)는 … . 명예(여성적)는 … . 나는 우리가 그 정의를 채우는 일을 사제나 정신분석가나 레오나르도나 모리아티나 셜록에게 맡길 수 있을 거라고 봐.

정말로 캄캄하군! "주여, 내 곁에 있어 주소서."[94] 나는 내가 그토록 종교적이었는지 몰랐어. 당연히 냉담하게 느껴야 하는데.

앨리스는 나를 칭송해. 내가 시키는 일을 그녀가 어떻게 하는지를 보면 분명히 알 수 있어. 나는 여신이 되는 법을 배운 적이 없지만, 그 일을 앨리스보다 더 잘할 수 있어. 나에게는 여종의 역할보다 여신의 역할이 더 잘 맞아. 나는 그녀의 실수를 반복할 필요가 없어. 나는 그녀에게 음식과 숙소를 제공해줘야 해. 너무 많이도 아니고 너무 적게도 아니게. 말은 쉽지만, 얼마나 많은 게 "너무 많은" 것이고, 얼마나 적은 게 "너무 적은" 것일까? 지금까지 나는 정확하게 그녀가 나에게 주었던 만큼만 주어왔어—그녀는 내가 여종일 때 입었던 옷을 입고 있어. 꿰맨 검은 스타킹과 꼼꼼하게 수선한 낡은 옷을 입은 그녀의 모습은 너무 아름다워. 그녀는 바보야—나와 비교하면. 그녀가 뭔가를 배운다면 어떻게 될까? 나는 지난번 롤랜드가 그녀를 유심히 바라보는 것을 봤어. 지금까지 나

94 찬송가 구절

는 내가 원하는 대로 남자를 움직였어. 나는 그녀를 해고할 수 있지만, 하녀를 잃고 싶지는 않아. 그녀가 나에게 가르쳐줘야 할 것들이 아직도 많이 있거든. 나는 그녀에게 매춘부가 되는 데 필요한 한두 가지를 가르쳐줄 수 있지만, 그녀가 무엇을 배울지는 알 수가 없어. 그녀는 아마도 성병에 대해서 알고 있을 거야. 그러나 그녀는 톰이 그녀를 힘으로 누르려고 했을 때 그를 멈추게 하는 법을 몰랐어—그 일을 생각하면 웃음이 나와. 아마도 그녀를 내보내는 게 최상일 거야. 그녀가 너무 늦게 떠난다고 해도, 나의 엄마의 운명보다 더 나쁘지는 않을 거야. 캄캄해졌어—그리고 분명히 더 추워질 거야. 나는 그녀에게 사람을 보낼 수 있어—그 다음엔? 나는 그녀에게 내가 춥다고 말하고는 "스스로 알아서 하도록" 내버려둘 수 있을 거야. 그녀가 해야 할 일을 내가 왜 말해줘야 하지? 그녀는 그녀 자신의 주도성을 사용할 수 있어 … 혹시 그녀가 너무 많은 주도성을 갖고 있으면 어쩌지? 모리아티는 맥베스 부인이 큰 화재를 일으켰다고 말해. 내가 잠에 빠져들고 있나? 나는 이상하고 혼동스런 생각들이 떠올라. 추운 날이야. 침대로 들어가야겠어.

내가 추운 건 당연해. 뱅코우Banquo[95]는 맥베스가 보았던 단검을 느꼈어—이것은 앨리스의 원더랜드에 나오는 앨리스의 다락보다 더 나빠. 나는 계속해서 잠에 빠져들어. 나는 메이퀸의 자질을 갖고 있어. 어머니, 나를 오늘, 오늘 …. 그게 로즈메리가 생각하고 있는 걸까? 매독균, 매독균/너는 어디에 있었니?/매춘부한테 있었지[96]/여왕을 보기 위해서/재는 재로 먼지는 먼지로 돌아갈 거야/만약 독한 술이 너를 잡지 못하면 섹스 충동이 너를 잡을 거야.[97]

---

95 셰익스피어의 희곡 맥베스에 등장하는 인물.

96 "up the puss octo puss." puss는 매춘부의 속어이고, octo puss는 up the puss를 비튼 말로 보임.

97 Carl Sandberg(1878-1967). 미국의 시인, 작가, 역사가의 글에서 인용됨.

앨리스 마님, 나를 부르셨어요?

로즈메리 그래, 내 발이 차가워. 너는 추워? 너 자신을 따뜻하게 유지하는 게 네 일이야. 내가 너를 필요로 할지도 몰라.

* * *

사제 *(혼자서)* 그는 물론 바보야. 그러나 그 유행을 너는 결코 알 수가 없지. 도굴이 그렇게 유행할지 누가 알았겠어? 그토록 부러운 일이 되다니—심지어 귀족들도 그 일에 뛰어들고 있어. 카나르본 경 Carnarvon, Lord은 그의 과학적 후원자인 하워드 카터처럼 파라오들의 저주를 무시했어. 그러나 그 저주는 지금도 효과를 발휘하면서 침입자들을 불안하게 만들고 있지. 모리아티가 이걸 보면, 그는 얼마나 웃어댈지! 나는 잠자러 가야겠어—그것이 모리아티와 무슨 관련이 있냐고? 오 있지, 나는 알아—"내 뼈를 옮기는 자에게 저주가 있으리라." 셰익스피어라고? 그가 그 졸렬한 글을 썼다고요? 정신분석적 무당들, 사기꾼들 그리고 협잡꾼들이 그들의 사기행각 안에 얼마의 진실을 감추고 있지 않다고 누가 말할 수 있을까? 시인과 함께 고통의 바다에 맞서기 위해 무장을 하고 그들을 끝장낼 것인가? 아니면 그 자신의 과학적 중독에 의해 끝장이 난 크누트Canute[98]의 전능성처럼, 그들에 의해 끝장이 날 것인가? 정신분석과 과학적 방법을 택할 것인가? 아니면 정신분석과 종교를 택할 것인가? 실제로 그것은 끝이 없어. 어제에서야 비로소 나는 베르나르디노 데 사하군Bernard de Sahagun,[99] 모테쿠소마Montezuma[100] 그

98 Canute(994-1035). 잉글랜드, 덴마크, 노르웨이의 왕.

99 Bernard de Sahagun(1499-1590). 스페인의 프란치스코 수사. 아즈텍 문명을 연구한 인류학의 선구자.

100 Montezuma. 1502-1520 사이에 아즈텍을 통치했던 왕.

리고 교황 사이의 문제에 대해 결정해야만 했어. 그것은 내가 최고 법원에 의해—세상에 종교적 관용의 이름으로!—아즈텍 공동체에서 포도주와 인간을 희생제물로 바치는 의례(매우 기이하고 재미있는)를 금지하는 법을 만들도록 설득당할 때까지 계속되었어. 나는 팔리누르스가 그의 보스인 아에네아스Aeneas[101]와 마찬가지로 그토록 완전히 속아서 그들의 함대가 바위에 부딪쳐 침몰할 때까지 사이렌들에게 가까이 다가가는 모습을 보면서 재미있어했던 것을 기억해. 호레이스는, 비록 그가 도망쳤다고 주장하지만, 피라Pyrrah[102]에 의해 거의 수장될 뻔했음이 분명해. 그는 물이 뚝뚝 떨어지는 잡초를 신에게 바치는 공물로 내거는 것을 잊지 않았지. 산타야나Santayana[103]가 "과학적 깡패들"이라고 부른 자들은 타르퀴니아Tarquinia[104]에 있는 내 무덤의 벽에 그려진 의상의 의미를 인식하는 데 실패했어. 신은 자신의 놀라운 일들을 수행하기 위해 신비스런 방식으로 일해. 여기에 있는 이 정신분석가를 봐. 그가 누구보다도 신을 존경할 정도로, 심지어 신을 경외할 정도로 충분히 겸손해야 한다고 생각할 기리고 누가 상상이나 했겠어? 정신분석적 신의 영광은 두렵고, 비예술적인 영화 같은 웅장함을 지닌 건축물에 의해 선포돼! 슙-애드Shub-ad 여왕[105]의 모든 물건들—나는 그녀에게 그것들을 무덤까지 가지고 가라고 말했고, 그녀는 그렇게 했어. 너도 그렇게 할 거야? 아니야? 너도 죽음의 춤을 출 거야? 추지 않을 거야? 해브록 엘리스Havelock

101 그리스, 로마 신화에 나오는 장군.

102 Horace의 Fifth Ode에 나오는 인간에 대한 매우 비감상적인 견해를 가신 인물.

103 George Santayana(1863-1952). 스페인 태생 미국의 철학자, 시인, 평론가.

104 이탈리아 지역에 위치한 고대 도시.

105 우르의 죽음 구덩이 안에 묻힌 여왕.

Ellis 대주교[106]와 그의 선조이자 예언자인 크라프트-에빙Krafft-Ebing[107]은 그것에 대해 글을 남겼어. 그것들을 발견한 사람들은 얼마나 큰 감명을 받았고, 어린 학생들에게 얼마나 깊은 감명을 주었을까! 그러나 나는 감명을 받았는가? 어쩌면. 그토록 가까이 살고 있는 누군가가 그가 하는 일에 감명을 받을 거라고 상상하는 것은 비현실적일 수 있어. "하늘은 신의 영광을 선포하도다." 그러나 우르의 죽음 구덩이와 관련해서 왕립학회의 크라카투아Krakatoa[108] 위원회는 그들이 느꼈던 영광을 수식하는 언어를 이해하지 못했어. 누가 알겠어? "그들은 그곳에 소리 없이 있네 …"[109] 아무것도 없이. 우리는 장엄함을 담기에는 너무 미미한 존재야. 온순한 자는 땅을 상속받는다지. 그래서 세균들은 관대한 신이 제공해줄 육체를 삼키기 위해 모퉁이에서 기다리고 있고, 땅을 정복하라는 신호를 기다리고 있어.

나는 신이 출현하려고 준비하고 있는 곳인 모체, DNA, 나선형을 알지 못해. 아니, 그런 것을 숭배하도록 강요받는다고 느껴. 미켈란젤로는 돌덩이에서 우리를 불러내는데. 그 돌을 우리가 숭배하지 않는 것은 흥미로워. 우리 사제들은 돌로 만든 형상들에 반대해왔어. 우리가 보석이라고 부르는 돌조차도 숭배 대상이 될 수 없다고 평가절하했지. 왜냐고? 이 집의 여주인은 하녀에게서 빼앗은 장신구를 달고 있는 그녀 자신이 숭배 대상이라고 생각하고 있어. 그녀는 전리품 중에서 "보물들"을 차지하는 일에 열중하고 있는 남자의 소유권을 빼앗는 일을 하고 있어. 그가 찾는 것은 또 하나의 돌멩이일까? 이 정신분석가는 바티칸—또 다

106 사이코패스인 크라프트 에빙에게 지식을 전해준 인물.

107 성적 사이코패스 환자의 이름.

108 인도네시아에 위치한 화산 폭발로 유명한 산. 여기에서는 장엄한 모습을 상징하고 있음.

109 Heredia 가 쓴 Vitrail에 담긴 싯구.

른 성직자가 자신의 광휘를 드러내는—의 위대한 "부활"[110]을 준비하고 있는 도굴범에 지나지 않는 걸까? 다음번에 그를 만나면 직접 물어보는 게 좋겠어. 로즈메리가 허락한 다음번 부엌 만남에서 그에게 물어볼 수 있을 거야. 아마도 그는 잘 모르거나, "안녕들 하세요, 여기 다시 모였네요. 또는 다 오셨나요?"라고 말할 거야. 만약 그럴 경우, 그 다음에는 어떻게 하지? 잠자러 가야겠지 …

그들이 앨리스라고 부르는 이곳의 하녀는 한때 중요한 존재였어. 트로이가 멸망하기 이전의 트로이 여성들처럼 중요한 친척들을 갖고 있었지. 앨리스는 한때 여주인이었고—지금도 훌륭한 미모를 갖고 있어. 나는 그녀가 엉엉 우는 모습을 포착했는데, 그녀는 감기가 걸려서 그런 거라고 말했지만, 주의 깊게 살펴본다면 누구라도 알 수 있었어 … 그것은 비참하게 짓밟힌 사람이 하는 행동이라는 것을. 나는 정신분석가에게 그가 어떻게 생각하는지 물어볼 거야. 그는 자신이 그것을 치료한다고 말하겠지. 어떻게? 부자를 어떻게 치료하지? 나는 그가 병든 마음에 대한 셰익스피어의 질문에 대답할 수 있는지 궁금해—그는 분명히 "결혼을 하세요," 또는 "크루즈 여행을 다녀오세요" 등의 말을 할 거야. 나의 대답은 뭘까? 부자가 되세요—이기는 편에 서세요. 이 사람들 중에 아무도 이기는 종교가 얼마나 중요한지 아는 사람이 없다는 게 이상해. 여왕 숍-애드는 자신이 더 좋은 삶으로 가고 있다고 생각했어. 그녀가 그리고 궁전의 다른 모든 사람들 역시 자신들이 박물관, 사제들, 큐레이터들이 돌봐야 할 전시물들이 될 거라는 것을 알았다면, 놀랐을 거야! 나는 로즈메리에게 만일 그녀가 영생을 원한다면, 아무도 그녀의 시체를 화장하지 못하게 하라고 말해야겠어. 호레이스의 처방은 시인을 발견하

110 여기에서는 부활과 도굴이 같은 것으로 취급되고 있다. 바티칸의 부활은 곧 바티칸의 도굴을 의미한다.

는 것이었고, 그 다음에 롤리우스Lollius[111]처럼, 영원히 소금에 절이는 것이었어—마치 송진 속 파리처럼 영원한 시의 구절 안에 박아놓는 것이었어. 쇼Shaw는 용감한 진보가 그에게 명예의 전당 안에 자리 하나를 마련해주기를 희망했어. 지혜의 일곱 기둥들은 앞으로 올 재앙의 쓰레기 더미 안에서처럼 우르에 오고 있어. 그것은 솜누스에 의해 버림받은 이 집 안에서 빛이 지나가는 통로가 되고 있고, 망각의 요정들이 가라앉는 곳이 되고 있어. 그것은 높은 곳에서는 퍼지고 있지만, 낮은 곳에서는 수액이 흐르지 않을까봐 퍼지지 않아.

들어와요 앨리스, 들어와요. 그 지독한 넝마 좀 벗어요.

앨리스 아뇨.

사제 벗어요—아니면 내가 그것들을 찢어버리겠어요.

앨리스 하지 마세요! 보세요—나는 전혀 개의치 않아요.

사제 내가 불편해요—그것들 좀 벗어요!

앨리스 아뇨. 나는 … 를 부르겠어요. … *(운다)*

111 Horace의 장편 시에 나오는 불멸의 존재.

11

사제 정신분석가는 어디 있죠? 나는 끔찍한 꿈을 꾸었어요. 저런! 벌써 그 꿈이 생각나지 않네요!

정신분석가 그건 꿈이 아니에요. 우리는 방금 매주 만나는 우리의 모임을 시작했어요.

사제 그런데 내가 여기에 어떻게 왔죠? 잠을 자면서 걸어왔나요? 약간 그런 느낌이 들어요. *(앨리스에게)* 당신은 당신의 옷을 찢었죠. 그렇지 않나요?

앨리스 어디를요? 맞아요. 그랬어요. 감침질을 더 많이 했어요. 그 옷은 매우 특별해요.

로즈메리 나는 전혀 개의치 않아—내가 원할 때 네가 말쑥한 옷차림으로 나타나는 한.

앨리스 내 말이 그 말이에요. 나는—

로즈메리 됐어. 가서 감침질을 마저 해.

앨리스 *(복종적으로)* 알았어요, 마님.

남자 앨리스가 거만해지게 내버려두지 마요, 자기. 그녀가 말대꾸를 하면 해고해버려요.

로즈메리 그녀는 나에게 말대꾸하지 않을 거예요. 자, 누가 이야기를 시작하시겠어요?

사제 나는 정신분석가에게 물어볼 것이 있었는데, 그게 뭔지 잊었어요. 그건 로즈메리가 … 잊으세요! 다음에 말할 분은 누구죠?

롤랜드 나는 남자의 초콜릿 바에 대해 생각하고 있었어요. 그것이 전쟁에서 소용이 있다고 생각하세요?

남자 물론이죠, 그것은 전쟁에서 가장 강력한 거예요. 평화 시에는 사람들이 그것을 사용하는 법을 몰라요. 이 지역의 방어를 맡았던 사단은 총 한번 쏴보지 못하고 항복했어요.

롤랜드 그것은 그 사단이 굶고 있었고, 사령관이 당신네 군대가 압도적인 세력으로 상륙한 것을 알았기 때문이죠. 그것이 당신의 초콜릿 바 때문이라고 주장하기는 어려울 것 같은데요.

남자 나는 그렇게 주장해요. 물론, 특별히 탁월한 예는 아니지만, 만약 우리의 사령관이 그 무기를 사용하지 않았더라면, 우리는 끝없는 문제들에 봉착했을 거예요. 우리의 여주인인 로즈메리는 탁월해요.

롤랜드 그녀가 당신네 군대를 지휘하지 않았는데요. 그녀는 그들의 승리 덕을 보았죠.

남자 당신네 군인들이 항복했을 때, 그녀는 우리의 승리를 어떻게 사용해야 할지 알고 있었어요. 나는 그것이 탁월하다고 말하는 거예요. 당신들은 방금 그녀가 그녀의 애인을 몸단장을 하라고 방에서 내보내는 것을 봤을 거예요.

로빈 그것은 그녀가 방해받지 않고 당신을 보기 위해서였죠.

남자 그럴 수도 있어요.

로즈메리 나는 적은 것으로 많은 것을 하는 법을 배우는 데 여러 해가 걸렸어요. 앨리스는 내가 그녀를 해고한 다음에야 그것을 배울 거예요—힘들게. 그녀가 나의 엄마가 가졌던 것 같은 선머슴 애인이 없어서 안 됐지만, 나는 톰과 사제가 그것을 알 거라고 생각해요.

로빈 당신은 좀 거칠게 말하고 있지 않나요?

로즈메리 아뇨—현실적으로 말하고 있는 거죠. 나는 그녀의 어떤 나쁜 생각도 봐주지 않아요. 그녀는 내가 쓰고 버린 것들을 가져갈 수 있어요.

로빈 당신이 버린 남자도요?

로즈메리 *(화가 나서)* 나는 내 주변의 쓰레기를 지키기 위해 내가 가는 길에서 벗어나지 않을 거예요.

로빈 그 쓰레기에는 앨리스가 포함되나요?

로즈메리 앨리스는 내가 만족하는 한, 그 자리에 있어도 좋아요. 내가 만족하지 않을 때, 그녀는 떠나야 할 거예요. 어디로요? 나의 엄마는 어디로 떠나야 했죠? 나는 모르죠. 관심도 없고요. 지금 그녀는 상당히 예뻐요. 당신네 남자들에게는 무슨 소용이 있을지 모르겠네요.

로빈 우리는 싸워야만 했어요.

로즈메리 싸워서 이겼어야 했는데, 실패했어요.

로빈 우리는 아직도 시도할 수 있어요.

남자 그럴 수 없을 걸요—그리고 로즈메리가 후원하는 이 모임을 위해 내가 커다란 위험을 감수하고 있다는 사실을 잊지 말아요.

로빈 그런 사실을 누가 알수 있죠?

로즈메리 로빈 당신, 정신분석가, 사제—심지어 앨리스도요. 거짓말을 하세요. 당신들은 심지어 스파이 짓을 할 필요도 없어요.

로빈 당신이 맞아요. 당신은 내 머릿속에 생각을 집어넣고 있어요.

로즈메리 그 생각들로 무엇을 할지 조심하세요. 나는 내 입을 다물어야 했어요—

롤랜드 자유 영국에서? 말도 안 돼!

로즈메리 자유 영국이라고?! 롤랜드, 당신은 바보가 분명하네요.

정신분석가 나는 사실들을 아는 것이 음식이 내 신체에 미치는 것과 비슷한 영향을 미친다는 것을 확신해요. 사실들을 아는 경험은 음식의 변형과정과 같은 거예요—사람이 살아남을 때 궁극적으로 변화되었다고 느끼는 것처럼요.

로즈메리 그 말은 질문을 발생시켜요. 사제는 사람이 죽은 후에도 살아남는다고 믿어요. 그렇죠?

사제 죽은 후에 살아남는다는 생각은 많은 변형들을 거친 믿음이에요. 당신이 말하는 믿음이 어떤 건지 물어봐도 될까요?

롤랜드 앨리스는 그녀 자신의 집에서 하녀가 된 후에 변했어요. 로즈메리는 여주인이 된 후로 변했고요.

사제 앨리스는 로즈메리를 숭배해요. 나는 다른 여인들의 신이었던 많은 여인들을 알고 있어요. 갈데아의 우르에서는—

롤랜드 당신은 분명히 그 야만적인 시절에 우리가 본받아야 할 표준이 있다고 주장하지는 않겠죠?

사제 야만적인 시절이라고요? 나는 많은 문명들을 살아왔지만, 내가 이 문명을 살아남을지 궁금해요. 나는 오늘날의 야만주의—당신이 "문명"이라고 부르는—안에도 얼마의 생명을 살리는 질적 요소들이 존재한다고 생각해요.

로빈 나는 그 "생명을 살리는 질적 요소들"을 문명이라고 부르지 않아요.

남자 당신은 나와 나의 몇몇 친구들이 당신을 사격연습용으로 사용했던 일 때문에, 우리에게 편견을 갖고 있어요. 우리는 단지 기갑용 총탄으로 당신 주변을 사격했을 뿐이에요—그것들은 폭발용이 아니었어요. 그리고 우리는 유능하지도 못했어요.

로즈메리 *(사제에게)* 신이 어땠는데요? 당신이 말하려던 신요 … ?

사제 나는 로빈과 롤랜드가 과거 시절에는 종교나 문화가 왜 뒤처져 있었다고 상상하는지 궁금했어요. 나는 항상 신을 믿어왔고, 유행에 맞는 적절한 복장을 입어왔어요.

롤랜드 학창시절에 우리는 브레이Bray의 성직자에 대한 노래[112]를 불렀어요.

로빈 우리도 그랬어요. 나는 그것이 바보 같은 일이고, 작곡자의 기대와는 달리 재미가 없다고 생각했어요.

사제 그것은 재미있지도 않았고, 확실히 어리석었어요. 신의 일관성과 항상성을 알게 되면서, 나는 나 자신이 일관되고 변치 않는 사람이 되려고 노력했어요. 만약 유행이 바뀌는데, 내가 하나의 모습에 경직되게 갇혀 있다면, 나는 나의 동시대 사람들의 존중을 받지 못할 거예요. 그러면 나는 내가 평화를 깨뜨리고 있다고 느낄 거예요. 그래서 나는 현재의—

롤랜드 —종교의 옷을 입게 되었다는 거군요! 이것은 내가 들어본 것 중에 가장 솔직한 인정이에요.

사제 너무 성급하시네요. 나는 이 "의상들"이 종교라고 생각하지 않아요.

정신분석가 당신은 불멸성에 대해 상당한 재능을 지닌 것으로 보여요. 따라서 당신에게는 내면의 종교를 아는 것이 쉬운 일일 수 있어요. 나와 여기에 있는 내 친구들은 당신에게는 단순해 보이는 것을 이해할 수 있기 위해 힘들게 노력해야만 했어요. 물론 어떤 것을 명료하게 만들어주는 예술가의 기법 자체는 독자들을 오도할 수 있어요. 버질의 목회적 시, 특히 네 번째 시는 이후의 사건들의 빛에서 그리스도의 탄생을 예언하는 것으로 해석되고 있어요. 하지만 그것은 아우구스투스 시저의

---

112 자신의 이해득실에 따라 견해를 바꾸는 것으로 유명한 인물을 풍자하는 영국인들의 유명한 노래.

후예에 대한 언급에 더 가까워 보여요. 내가 어린아이였을 때, 나는 팔리누르스가 솜누스에 의해 난폭하게 취급되었다고 생각했어요. 당시에는 버질이, 신이 솜누스가 했던 것처럼 행동할 수 있다는 생각은 떠오르지 않았어요.

사제 짧게 말해서, "크리켓 게임이 아니라는 거예요!" 당신은 신이 당신만큼 크리켓에 대해 진지하지 않다고 믿기 어려울 거예요.

정신분석가 나는 크리켓 게임을 싫어했지만, 어떤 사람들은 그것을 숭배했고, 학교 크리켓 팀의 주장을 신으로 받들었어요. 당시에는 그것이 자연스러운 현상이라고 생각했죠. 우리의 문제는 이런 아이디어들이 악하거나 나쁜 것이라는 데 있는 게 아니라, 그것들이 만성적인 행동의 원천으로 작용한다는 데 있어요. 그러므로 우리는 사람이 믿고 있는 신을 보여주는 것이 바람직하다고 생각해요. 그것은 개인들로 하여금 다른 사람이 가진 아이디어들과의 비교를 통해서 자신의 아이디어의 원시적 원천이 지닌 세력을 조절할 수 있게 해줘요.

롤랜드 그런 아이디어를 노출시키는 것을 통해서 그것이 더 강력한 것이 되지 않는다는 것을 당신은 어떻게 알죠? 또는 역으로, 신에 대한 신앙을 약화시키지 않는다는 것을 어떻게 알죠?

정신분석가 슬픈 일이에요! 우리는 개인이 실제로 분석적 경험을 그런 방식으로 사용하지 않는다고 확신할 수 없어요.

로빈 그 말은 정신분석이 해를 끼칠 수 있다는 것을 인정한다는 건가요?

정신분석가 정신분석은 해를 끼치지도 유익을 주지도 않아요. 개인은 그 경험을 어떤 목적을 위해서도 사용할 수 있어요. 결국, 외과의사가 도둑이나 살인자를 치료한다면, 그들을 더 도덕적인 사람들로 만드는 것이 아니라, 더 유능한 범죄자로 만드는 것이 될 수도 있어요.

롤랜드 외과의사에게 그런 걸 기대하는 사람은 아무도 없어요.

정신분석가 사람들은 실제로 그런 걸 기대해요! 분석가는 종종 얼마 동안 분석을 받았던 남자나 여자의 행동에 책임이 있다고 취급돼요.

사제 우리도 종교적인 사람들과 비슷한 문제를 갖고 있어요.

정신분석가 당신들은 믿는 사람들에게 그들이 어떤 종류의 신을 믿고 있는지 알 수 있게 돕나요? 아니면 그들이 진정한 신을 믿고 있는 선한 사람들이라고 확인시켜주나요?

사제 물론 우리는 그들이 추종하는 신이 어떤 분인지 보여주려고 노력해요. 사람들은 신과 맘몬 모두를 섬기고 싶어 하죠.

정신분석가 그게 무슨 효과가 있나요?

사제 여러 세기들을 거치면서, 효과가 있죠.

정신분석가 여러 세기들을 거친다고요? 그만한 시간이 없을 수도 있는데요. 그런 이유로 우리는 사람들이 자신들이 믿고 있는 것을, 또는 자신들을 지탱해주고 있는 것을 이해하는 데 정신분석적 절차가 필수적이라고 간주해요.

사제 당신은 정신분석을 통해서 사람들이 더 빨리 이해한다고 보세요?

정신분석가 때로는 그렇다고 생각하는데, 자주 그런 건 아니에요. 그럼에도 불구하고 정신분석은 정신분석가가 무언가를 배울 수 있게 해주고, 심지어 그것을 전달할 수 있게 해줘요. 저항이 놀라울 정도로 빠르게 극복되는 경우들도 있어요. 서로 관련된 많은 사실들이 최초로 모습을 드러내거든요. 그것은 거의 계시예요.

사제 당신은 우리가 사용하는 전문용어를 사용하고 있어요.

정신분석가 나는 당신이 그것을 주목할 거라고 생각했어요. 나는 우리가 당신이 말하는 언어적 사실과 그것에 상응하는 정신적 현실, 이 두

가지 모두를 분명히 보여줄 수 있다고 생각해요. 의미에의 집중은 음악이나 그림에서 성취될 수 있는 간결함을 요구할 거예요. 만약 내가 그러한 간결함을 성취할 수 있다면, 나의 피분석자는 구태여 이해에 도달하는 데 필요한 분석작업을 하려고 할까요? 청중들은 음악을 듣거나 그림을 관람하는 일을 자주 하지 않아요. 그들이 분석가가 하는 말을 들을 가치가 있다고 생각할 가능성은 그보다 더 적고요.

사제 이 어려움들은 여러 세기 동안 종교인들에게 친숙했던 것들이에요. 음악, 그림, 시, 화려하거나 검소한 의상들, 이 모든 것들이 보조물로 사용되어왔어요.

정신분석가 나는 그 보조적인 것이 그것을 받아들이는 사람에 의해 주변적인 것에서 중심적인 것으로 쉽게 바뀔 수 있다는 것을 발견했어요. 심오한 진실을 전달하려고 의도했던 메시지들—일리아드, 아에네이드, 실낙원, 신적 코미디—은 모두 다시금 그것들이 지닌 원래의 가치를 무색하게 만든 화려한 보석 세팅으로 유명해졌어요. 크리슈나는 아류나에게 그 자신은 그가 준비하고 있는 신성의 계시를 살아남을 수 없을지도 모른다고 경고했어요. 단테는 낙원 31편에서, 그가 가리키는 비전을 식별할 수 있는 독자를 드물게만 발견했고요. 밀턴의 마음은 그가 빠졌던 "악한 날들"을 통과할 수 있을지에 대한 의심의 그림자로 심하게 덮여 있었어요. 그것은 실로 그의 비극이었죠.

사제 우리가 알고 있는 절망에 대한 가장 심오한 표현은 "왜 나를 버리시나이까?"라는 말이었어요.

정신분석가 이러한 발견은 우리 모두가 두려워하는 거예요. 인간 동물이 외로움과 절망 가운데서 스스로 해야만 하는 것을 신에게 요청하지 않을 거라는 이론은 성립될 수 없는 거예요. 그런 이론은 예외 없이, 대체할 수 없는 것에 대한 대체물에 지나지 않아요.

롤랜드 당신이 방금 말한 그 정신분석적 해석이 그리스도가 십자가에서 신을 찾았다는 보고에 대한 설명인가요?

정신분석가 당신은 내가 정신분석의 실천에서 분석가와 피분석자가, 의식적으로 식별될 수 있는 사실들이 두 사람 모두에게 사용이 가능한 조건 하에서, 같은 시간과 같은 공간에 존재한다는 사실에 최고의 중요성을 부여한다는 점을 분명히 하는 데 실패했음을 보여주고 있어요. 이것들은 분석의 최소 조건이지 최대 조건이 아니에요. 오직 그때에만 정신분석은 두 참여자들에게 열린 활동이 돼요. 당신은 내가 거의 이천 년 전에 발생한 것으로 보고된 사건들에 대해 진술하고 있다고 말하고 있어요. 만약 당신이 그것이 내 견해의 요지라고 믿는다면, 내가 나의 견해를 방어하기 위해 존재하지 않을 때, 당신은 그것에 대해 무슨 말인들 하지 않을까요?

로빈 나는 당신이 화를 내는 이유를 모르겠어요. 롤랜드의 실수는, 내가 보기에는, 자연스러운 것이고, 이해할 만한 거예요. 나는 그가 당신의 생각을 왜곡했다고 보지 않아요.

정신분석가 상황을 고려할 때, 만약 내가 화가 나지 않았다면, 나는 적절한 감정을 느끼지 못하는 사람이었을 거예요.

롤랜드 그것은 당신의 견해죠.

정신분석가 그게 내가 말하는 거예요. 아니면 누구의 견해겠어요? 당신요? 글쎄요, 왜 아니겠어요? 나는 내가 당신의 자유를 방해하는 일을 하고 있지 않기를 원해요.

롤랜드 당신의 대답은 적대적이고, 나는, 당신은 아닐지 모르지만, 당신의 말속에 인내 부족, 냉소주의 그리고 심지어 역설이 있다는 것을 감지할 수 있어요.

정신분석가 나는 당신의 관찰을 부인하지도 인정하지도 않을 거예요. 나는 당신이 관찰한 사실들에 의해 내가 강한 인상을 받은 결과, 앞으로는 아예 해석을 하지 말아야겠다는 생각이 들어요.

로즈메리 마치 남자의 권총집에 대한 당신의 해석처럼 말이군요.

정신분석가 나는 여전히 그것이 초콜릿을 담고 있다는 그의 해석을 받아들이기보다는 권총을 담고 있다고 해석하는 것이 현명할 거라고 생각해요.

로빈 & 롤랜드 우리도 그렇게 생각해요.

정신분석가 우리는 많은 사실들을 알고 있어요. 만약 우리가 그것들을 하나씩 떼어서 해석한다면, 그 사실들과 해석들은 별 의미가 없을 거예요. 함께 모을 때, 그것들 전체의 "요지"가 해석될 수 있어요. 수학적 총합은 수학적으로 표현될 수 없지만, "요지"는 그럴 수 있어요.

롤랜드 "요지"에 대한 당신의 정의는 무엇이죠?

정신분석가 그런 건 갖고 있지 않아요. 왜냐하면 정의는 정확성이 없는 곳에 정확성이 있는 것처럼 보일 수 있는, 이미 압도적으로 많이 존재하는 진술의 어휘에 또 하나의 어휘를 보탤 수 있기 때문이에요. 만약 당신이 내가 하는 말을 경청한다면, 당신은 아마도 내가 "요지"라는 용어를 당신이 받은 인상들이 끊임없이 결합하는 것을 나타내는 데 사용하고 있다는, 내 말의 "요지"를 알 수 있을 거예요.

롤랜드 아이디어의 "요지"를 나타내는 것에 대한 예를 들어주시겠어요?

정신분석가 나는 "조현병"으로 의심되는 한 환자를 만나줄 것을 요청 받은 적이 있었어요. 내가 그의 병상 가까이 갔을 때, 나는 소동이 있었다는 것을 알게 되었죠. 그는 병상에서 담요로 몸을 가린 채 숨어있었고, 한쪽 눈만 드러내고 있었어요. 그는 그 눈으로 한 달 또는 그 이상의 여러 주 동안 침묵한 채, 나를 열심히 관찰했어요.

롤랜드 그렇군요, 그런데 당신은 당신이 말하는 정의의 "요지"를 말해줄 수는 없나요? 나는 무례하고 싶지는 않지만, 여기에서 우리의 시간은 매우 제한되어 있어요.

정신분석가 그래서 내가 "의도적으로" 말한 거예요. 때로, 이 경우에서처럼, 경험의 요지를 포착하는 데 오랜 시간이 걸릴 수도 있어요. 한쪽 눈 그 자체만으로는 아무것도 말해주지 않아요. 여러 주 동안에 걸쳐 그것을 보았고, "의도적으로"라는 것이 내가 본 것에 대한 공정한 요약이라는 점에서, 그것은 그 경험에 대한 "요지"라고 말할 수 있어요. 정신분석은 만약 두 사람 모두가 정신분석으로 불리는 것이 직접적인 필요에 대한 충분한 의미를 전달한다는 사실에 만족한다면, 두 사람이 하고 있는 것에 대한 "요지"를 전달할 수 있을 거예요. 그러나 내가 당신에게 의사소통하고 싶은 것은, 다른 조건들과 당신이 동의하고 싶어 하지 않을 시간을 요구할 거예요.

롤랜드 계속하세요. 당신의 그 힘든 환자는 어떻게 됐나요?

로빈 힘든 환자들에 대해 논의할 수 있는 시간이 있나요?

로즈메리 좋아요, 나는 흥미로워요.

롤랜드 지금은 흥미를 추구할 때가 아닌데요.

로즈메리 당신에게는 그럴지도 모르겠네요. 내가 여기에서 여종이었을 때, 나는 흥미로운 어떤 것을 하면서 시간을 보낸 적이 없어요. 당신은 내가 나 자신의 흥미를 추구하는 동안 당신과 나머지 사람들이 흥미로운 이야기에 참여할 수 있는 것에 대해 운이 좋다고 생각할 수 있을 거예요. 계속하세요, 정신분석가. 앨리스, 내가 원할 경우, 너는 이곳에 머물러도 좋아. 그게 너한테 좋을 거야.

정신분석가 어느 날, 겉보기에 아무런 효과 없는 해석들을 한참 듣고 난 후에, 그 환자는 갑자기 "나는 도움이 필요해요"라고 말했어요.

로빈 당신은 그것을 당신의 해석의 결과라고 생각했을 것 같은데요.

정신분석가 내가 아는 유일한 결과는 내가 희망이 없다고 느꼈던 것이었어요. 내가 이해하는 한, 그리고 내가 배운 바에 따르면, 거기에는 정신분석을 위한 최소한의 조건조차 존재하지 않았어요. 해석에 대한 나의 믿음은 내가 이 분석을 더 이상 끌고 갈 수 없겠다는 생각이 드는 지점에 이르기까지 무너지고 있었어요. 그러나 나는 환자에 대한 나의 의무를 상기했어요.

롤랜드 매우 칭찬받을만 하네요.

로즈메리 그에게 신경 쓰지 마요—계속해요, 정신분석가.

정신분석가 나는 나의 해석들이 결국 무슨 소용이 있을지 궁금했어요. 나는 내가 그에게 무슨 도움을 원하느냐고 물었을 때, 그가 즉시 입을 다무는 것을 보면서 그런 생각이 들었어요. 내 가슴은 무너졌어요. 나는 몇 주, 몇 달, 몇 년을 계속해야 할 것이고, 그는 똑 같은 언급을 반복할 거라고 느꼈어요.

롤랜드 당신이 설명하려고 했던 정의는 어떻게 되었죠? 그것을 말하는 데 몇 개월이나 걸리나요?

로즈메리 앨리스, 나는 너와 롤랜드가 얼마나 형편없는 주인들이었는지 이제 알겠어. 너의 모든 상류층 친구들이 그 정도로 형편없었어? 나는 너에게 내가 원하는 대로 할 거야.

남자 롤랜드를 쏴버릴까?

로즈메리 맙소사—아직은 아녜요!

로빈 그 말 들었어? 초콜릿 바로 쏜다는 말!

남자 나는 항상 초콜릿 바를 갖고 있다고는 말하지 않았어요.

앨리스 로즈메리, 그러지 마요—

로즈메리 앨리스, 이건 게임이 아니야. 나는 자기 자신의 위치를 아는 여종을 원해. 오늘 밤엔 그냥 넘어가주겠어.

(그들은 흩어진다)

* * *

(그날 밤. 롤랜드와 로빈이 속삭인다)

롤랜드 현실이 암울해.

로빈 우리는 실내에서 그를 처치하는 게 나을 거야.

롤랜드 그리고 그 다음엔? 미리 계획을 세워야 해. 로즈메리는 배신자야.

로빈 배신자가 아냐—현실주의자지. 여보세요! 누구시죠?

롤랜드 나는 그냥 잠을 잘 거야.

로빈 당신은 누구세요?

클리템네스트라[113] 너와 너의 게으른 친구들이 너희들 앞에 펼쳐진 기회들을 쓸모없는 것으로 만든 곳인, 특수층 자녀들이 다니는 학교에서 제대로 배웠더라면, 지금 그 질문을 하지 않았을 거야.

로빈 나는 당신이 무슨 말을 하고 있는지 모르겠어요.

클리템네스트라 감히 나에게 자랑하려고 들지 마. 왕은 한때 딸을 쉽게 희생시킨 아버지의 용납할 수 없는 배신을 용서할 수 있다고 믿는 것은 지혜가 아님을 배웠어. 나는 기다려야 했지만, 그에게 엄마의 사랑이 무엇인지 가르쳐주었지—모성적 사랑이 부부생활의 정조로 바뀌었다는 것을.

로빈 당신은 나쁜 꿈일 뿐이야.

클리템네스트라 네가 그 꿈에서 깨고 싶다면, 너는 나에게 말하는 태

113 Clytemnestra, 아가멤논의 아내, 오레스테스, 일렉트라, 이피게니아의 어머니,

도를 조심해야 할 거야. 나는 아가멤논이 배우는 데 실패했던 교훈들을 배울 수 있는 기회를 너에게 주지 않을 거야. 너는 살고 싶지 않아?

로빈 나는 오래 살고 싶지도 않아요—아버지의 사랑을 보여줄 수 있을 때까지만 살면 충분해요.

클리템네스트라 아버지의 사랑이라! 너는 왜 독생자에 대한 아버지 신의 사랑에 대해 배우지 못한 거지. 너의 성자들이 네 마음을 썩게 만들었어. 너는 마음을 크리켓 경기장을 빈둥거리며 시간을 허비할 게 아니라, 생각하는 데 사용해야만 했어.

로빈 나는 그러지 않았어, 이 발정한 암캐 같으니! 내 목에서 손을 떼지 못하겠어.

롤랜드 이 바보야, 일어나—지금 무엇을 하고 있는 거야?

로빈 미안—꿈을 꿨나봐. 꿈에서 무서웠어 … 살인적인 여자가 … 내 생각에는 …

롤랜드 잠이나 자. 로즈메리가 너를 화나게 했지. 내가 나중에 죽여 버릴 거야.

로빈 네가 그녀에게 임신시킨 건 아니겠지. 그게 맞아? 꿈속의 그 여자는 고전에 대한 불만을 갖고 있었던 것 같아—내 생각에.

롤랜드 생각하지 마—그건 너한테 해로워. 잠이나 자,

로빈 어떤 꿈을 꾸게 될까?

롤랜드 입 다물어, 햄릿!

12

롤랜드　오늘이 우리가 만나는 날 맞지?

로빈　너는 경고를 받았어—대장에게서. 나는 가끔 내가 미쳐가고 있다는 생각이 들어.

롤랜드　나는 너무 걱정 안 해—너는 미치지 않았어.

로빈　나는 극도로 무서운 꿈을 꾸었어. 어젯밤 꿈에서 나는 앵초 들판을 거닐고 있었는데, 향기가 너무 좋았어. 날이 어두워졌을 때, 한 여인이 내 무릎 뒷부분을 가격했고 나는 땅바닥에 넘어졌어. 그때 그녀는 예리한 도끼로 내 근육을 끊어버렸어. 그녀는 내가 그들이 앵초들인 것을 알았어야 한다고 말했지. 나는 그녀에게 어디에서 고전을 배웠느냐고 물었지만, 그녀는 도끼로 또 한 번 내려치겠다고 위협했어. 그녀는 내가 그것이 고전이 아니라, 원예학이라는 것을 알았어야 한다고 말했어. 고전이 뭐였지? 원예학은 뭐였고? 그것은 방금 내가 말한 거야. 나는 그것이 동물학이었다는 것을 아느냐고 묻고 싶었지만, 그녀는 나의 왼쪽 팔을 잘라버렸어. 그녀는 아무런 생각이 없는 것처럼 보였어.

롤랜드　너는 네 뇌리 속에 로즈메리를 담고 있어—예리하지만 그다지 섬세하지는 않은. 쉿! 그녀가 이리로 오고 있어!

로즈메리　무슨 이야기를 하고 있어요?

롤랜드 로빈이 잠을 잘 못 잤다는 이야기를 하고 있었어. 나는 그가 나쁜 꿈을 꾸고 있었던 게 아닌가 생각해.

로빈 기억이 전혀 안 나요.

로즈메리 꿈이 아니었을지도 모르죠. 내가 키우는 개는 때로 마치 꿈을 꾸고 있는 것처럼 낑낑대고 앞발을 씰룩거려요—아마도 토끼를 쫓고 있을 거예요. 개들도 꿈을 꾼다고 보세요?

롤랜드 물론 개들도 꿈을 꾸죠.

로즈메리 나는 개들이 생각이라는 것을 한다고 봐요? 여기에 전문가들이 있네요. *(사제에게)* 개들도 불멸의 영혼을 갖고 있나요? 아니라면, 왜죠?

사제 우리는 개들을 깨끗하지 않은 동물로 간주해왔어요.

로즈메리 개들은 어린 양의 피로 씻김을 받을 수 없나요? 어린 양은 깨끗하지 않은 짐승인가요? 정신분석가, 당신은 어떻게 생각하세요?

정신분석가 이것은 내 분야가 아니에요. 나는 단지 개인들이 생각하는 방식에 관심이 있을 뿐이에요. 동물들이 옳게 생각하는지 아닌지는 사실들을 추구하는 사람들의 관심사예요.

사제 당신은 나를 놀라게 하네요. 만약 어떤 사람이 손이 아니라 새의 발톱을 갖고 있다는 생각 때문에 당신을 찾아온다면, 그것은 분명히 당신의 관심사에 속하겠죠.

정신분석가 그가 그렇게 생각한다는 것은 나의 관심사예요. 당신이 외팔이라고 생각하고 아기가 외팔이라고 가정한다면, 그것은 나의 관심사예요 그러나 나는 팔이라고 불리는 살과 뼈로 이루어진 구조가 처음부터 그런 모습이 아니고, 유아기 시절의 연골조직과 지방의 덩어리가 변형되어 그렇게 된 것이라고 말해주는 태아학자들에게 의존해요. 의사로서의 나의 현재 지식에 의지해서, 나는 한 진술을 다른 진술과 안전하게 비교할 수 있고, 나의 해부학적이고 생리학적인 아이디어들을 표준이나 규범으로 사용할 수 있어요. 만약 한 사람이 팔을 갖고 있다는 내 생각과는 달리, 자신이 발톱을 갖고 있다고 말한다면, 나는 그가 왜 하필이면 그런 아이디어를 갖게 되었는지 궁금해할 거예요. 그는 자신이 발톱을 갖고 있다고 생각할 수 있는 자유가 있고, 조류학자나 의사나 외과의사를 찾아갈 수 있는 자유가 있어요. 만약 그가 자신이 발톱을 갖고 있으면서 그것이 손이라는 아이디어를 갖고 있다고 말한다면, 그것은 나의 관심사일 거예요. 만약 그가 원한다면, 나는 그를 불편하게 만드는 이 갈등을 일으키는 아이디어들에 대해 논의할 준비가 되어 있어요.

사제 불편한 느낌이 들지 않나요? 걱정되지 않으세요?

정신분석가 많이 걱정되죠. 그것들은 나에게는 친숙한 "사실들"이에요. 나는 의심과 의심에 대한 철학적 이론들에 친숙해요. 그럴 때 나는 "확신을 갖고서" 주장하거나 열정적으로 받아들이기보다는 "모르겠어요," 또는 "불확실해요"라고 말할 거예요. 그리고 심지어 나보다 자격을 덜 갖춘 사람의 견해를 찾아볼 거예요. 정신분석 실천에서, 정신분석은 헛소리이고 자신은 진실을 알고 있다고 선언하는 사람들을 만나는 것은 흔히 있는 일이에요. 당신과 당신처럼 생각하는 다른 사람들은 종종 신이 자신들의 견해를 지지해준다고 주장하죠.

사제 당신과 당신처럼 생각하는 사람들은 종종 자신들의 견해가 과학적 권위를 지니고 있다고 주장해요—때로는 신이 존재한다는 종교적 견해에 직접적으로 반대할 정도로요.

정신분석가 아마도 당신의 경험이 나의 경험과 비슷한 이유는 두 사고의 학파들이 인간 존재에 의해 지지받는다는 사실 때문일 거예요. "과학적 견해"는 오직 진실에만 충성하는 견해에요.

사제 유사하게, 신에 대한 충성은 진실에 대한 충성과 구별될 수 없어야 해요.

정신분석가 "그래야만 한다"는 것은 말하기는 쉽지만, 실천하기는 어렵죠. 남자는 방금 우리의 여주인, 즉 아름다운 여인—그렇게 부르는 것이 부적절할 수도 있겠지만—을 위해 롤랜드와 로빈을 사살하겠다고 제안하고 있었어요.

로즈메리 저주받은 바보!

사제 그것은 종교적 표현인가요? 아니면 과학적 표현인가요? 시인은 한때 "아름다움은 진실이고, 진실은 아름다움이다"라고 말했어요. 많은 학문들이 그 말에 충성을 맹세했죠. "그래, 그대는 카탈로그에서 사람들을 사로잡을 거야." 많은 신들은 인류의 헌신을 받을 만한 가치가 있는 존재로서 제시되었어요.

정신분석가 아마도 나는 아름다움의 법정에서 바보의 자격증을 갖고 있다고 주장할 수 있을 거예요.

롤랜드 조심해요! 당신은 남자의 총알받이가 될지도 몰라요!

로즈메리 나는 그에게 쏘지 말라고 말했어요—아직은요!

정신분석가 고마워요—아직까지는. 나는 예술, 과학 그리고 종교에 헌신하는 사람들이 원칙적으로는 동의한다고 생각해요. 그것이 어떤 것이든, 인간성의 중요한 분야들 중의 하나가 우리의 충성을 주장할 때마다, 우리는 진실을 추종한다고 주장하죠. 나는 원리라는 측면에서는 동의하지만, 임상 실제에서는—즉, 특정하고 정확하게는—그런 주장에 동의하지 않아요. "개인"은 종종 일반적인 것과 충돌해요. 개인은, 프로이트가 말했듯이, 유명하고 특권적인 이름의 겉표지 아래에서 안식처를 찾기 위해 학문 집단의 일원이 되려고 할 수 있어요. 시간이 지나면서, 사기꾼은 의심의 여지없이 스스로를 드러낼 것이지만, 그때는 이미 손을 쓰기에 너무 늦을 수 있어요. 예를 들면, 남자는 살인—어쩌면 살인이 아니라 "사격?"—에 대한 논의를 종결할 수 있어요.

남자 사격이 더 낫죠.

사제 당신은 확실히 그를 위협하고 있어요!

남자 나는 그럴 필요가 없어요—그리고 실제로 나는 나의 자제력에 놀라고 있어요.

정신분석가 당신은 그럴 필요가 없죠—총으로 무장하고 있고, 총이 부여하는 "권위"를 갖고 있으니까요. 나는 권력이 내가 속한 집단의 남자들과 여자들의 손에 있을 경우, 내가 얼마나 취약할지에 대해 오래전부터 잘 알고 있어요.

사제 나는 어떤 경우에도 나의 위험을 최소화하지 않아요. 나의 충성심의 변화는 브레이의 성직자의 그것과 비교되어왔어요. 왜냐하면 나는 항구성과 안정성이라는 인간의 규칙들에 동조하는 신을 믿지 않기 때문이에요. 나는 현재 유행하는 신의 형태가 어떤 것이든 간에, 그런 신의 비항구성과 불안정성을 신뢰하지 않아요. 나는 진실이 입어야 할, 또는 말해져야 할 "언어"가 어떤 것인지는 알지 못해요. 밀턴조차도 "비난받지 않고서," 천국의 빛을 찬양할 수 있는 구절을 찾을 수 없는 자신의 무능을 고백했어요.

정신분석가 당신은 당신의 감정에 대한 경험만이 아니라, 당신 바깥에 있고 당신과는 독립되어 있는 어떤 "원천"에 대한 경험을 말하고 있어요. 비록 나는 그런 경험을 갖고 있지 않지만, 나는 나 자신 안에서 그리고 때로는 다른 사람들 안에서, 당신이 신에 의한 것이라고 여기는 불가해하고 비밀스런 현실을 필요로 하지 않는 원천을 감지한다고 주장해요.

사제 "내가 의미하는 것"이라고 말하는 것은 그것이, 여기에서처럼, 신에 대한 논의에 사용될 경우에는 적절한 구절이에요. 그러나 종교경험 그 자체에 대해 말할 경우, 그것은 부적절한 구절이에요. 인간에게 신에 대해 말할 수 있는 방법을 제공할 수 있는 과학적 또는 미적 또는 심지어 종교적 경험은 존재하지 않아요. 그 현실, 신성은 그분에게로 가는 길을 제공하고, 개인은 그 길을 사용해야만 해요.

정신분석가 나는 인간의 마음 또는 인격에 관심을 갖고 있어요. 그 영역에서 나는 단지 개인의 삶의 다양한 시기 동안에 사용된 명확하게 이해할 수 있는 대상들을 서술할 수 있을 뿐이에요. 어린아이가 어떤 영웅적인 운동선수를 "숭배한다," 또는 성인이 골프, 카드 게임, 주식, 또는 어떤 음식이나 음료수를 "숭배한다"고 말하는 것은 부적절한 게 아니에요.

사제 그 말은 쉽사리 거짓된 것처럼 보일 수 있어요.

정신분석가 전혀 쉽게 그렇게 되지 않아요. 심지어 이 제한된 목표를 성취하는 데도 여러 해가 걸릴 수 있어요.

사제 그러나 당신이 수많은 "거짓된 신들"을 보여주었을 때, 거기에는 거짓되지 않은 "신"이 식별될 수 있다는 생각이 들지 않나요?

정신분석가 물론이에요. 나는 그런 가능성이 존재할 수 있다는 것을 받아들이는 데 어려움이 없어요. 그러나 그것은 나의 제한된 능력이 진실을 깨닫게 되는 데 따른 것일 뿐, 나는 당신이 말하는 그 현실을 경험한 적이 없어요. 나는 나의 어머니가 나의 아버지에게, "때로는 크리스챤이 찬송가를 부르는 동안 놀라운 빛을 본다"고 어떤 시인이 말했는데, 그런 일을 경험한 적이 있느냐고 질문했던 일을 기억해요. 나의 아버지는 잠시 생각해본 후에, 그런 경험이 없다고 대답했어요. 나는 갑작스런 열대야의 도래, 램프가 켜져 있던 방 그리고 두려울 정도로 장엄하고 이해할 수 없는 대화를 기억해요. 그들은 왜 슬펐을까요? 경험은 대답해주지 않아요.

사제 그것이 신에 "대한" 대화였다고 가정하는 당신의 본능은 옳았지만, 그것은 신은 아니었어요.

로즈메리 잠잘 시간이에요. 앨리스, 나에게 우유를 가져다줘.

13

다락 안. 로빈과 롤랜드가 속삭인다.

롤랜드 우리가 남자를 죽이지 않으면, 그가 우리를 죽일 거야. 그가 로즈메리에게 "내가 롤랜드를 쏴버릴까"라고 묻는 말을 들었지? 완전한 냉혈한이야. 우리를 해충 취급해—그건 농담이 아니야.

로빈 그래서 어쩌라고? 물론 그는 그럴 수 있을 거야. 그런데 만약 우리가 그를 쏜다면, 그 다음에 무슨 일이 일어날 것 같아? 우리는 죽임을 당할 거야.

롤랜드 나도 알아, 그러나 돼지 한 마리는 처리할 수 있을 거야. 그게 이대로 사는 것보다 나쁘지 않을 거야.

로빈 더 좋을 것도 없어. 우리는 성급해선 안 돼. 계획을 세워야 해.

롤랜드 다행히 우리는 그들에게 위협이 되지 않고 있어. 나중에 다시 이야기하자고, 그 동안 우리는 생각할 수 있어.

로빈 그들은 우리의 마음을 꿰뚫어 볼 수 없어. 정신분석가는 어때? 또는 사제는?

롤랜드 정신분석가는 허풍쟁이야. 그리고 사제는 누가 이겼는지 알고 싶어 하는 사람이 있을 때까지는 도움이 안 돼—그는 이기는 쪽에 설 거야.

로빈 이기는 쪽은 없을 거야. 잘 자. 그들은 이미 이겼어.

롤랜드 그들은 이겼지만, 나는 지지 않았어—아직은. 잠이나 자, 너무 잘 자지는 말고.

(로즈메리의 방 안. 로즈메리가 자신의 구두와 시계들을 오만하게 벗어버리는 동안 앨리스는 그것들을 주워 선반 위에 놓는다)

로즈메리 나는 남자가 로빈과 롤랜드를 쏠 거라고 생각해. 괜찮을까?

앨리스 글쎄요, 아뇨, 괜찮을 것 같지 않아요, 그러나—

로즈메리 그러나 뭐?

앨리스 나는 우리가 결혼했던 시절을 생각하지 않을 수 없어요.

로즈메리 나는 물론 그것들 때문에 미안한 느낌이 들지만, 옛 시절을 생각하면, 그 기억이 혐오스러워. 나는 지금처럼 지내는 게 좋아. 나는 너와 너의 무리들이 지금 상황을 뒤집을 수 없다는 게 기뻐. 나는 그들이 사살되는 것을 보고 싶지 않다는 것을 인정해—그것을 보고 싶지는 않아.

앨리스 남자는 당신을 지켜보고 있을지도 몰라요. 나는 그가, 우리가 그들을 사랑한다고 생각하면, 능히 그러고도 남을 거라고 생각해요.

로즈메리 그는 네가 그렇다고 생각할지도 몰라. 그래서 그들을 사살하고 싶냐고 나에게 물었던 거야. 어쨌든, 너는 이제 가봐. *(냉정하고 형식적으로 말한다)* 굿 나잇.

14

로빈 우리가 다시 만났네요.

정신분석가 우리는 의심에 대해 충분히 논의하지 못했어요. 특히 확실성의 덕목을 지지하는 사람들의 반대에 부딪쳤어요.

사제 롤랜드가 그의 머리를 흔드는 게 보여요. 우리가 그것에 대한 흥미를 고갈시킨 걸까요?

롤랜드 나는 그것에 대해 흥미를 갖고 있어요. 그러나 우리가 현재 처한 상황이 논의를 요하는 것처럼 보이지 않아요. 남자는, 비록 초콜릿 바에 접근하는 것을 지지한다고 주장하지만, 지난번 모임에서 사격이 주는 유익에 대해서 말했어요. 당신은 총과 논의할 수 있나요?

정신분석가 전쟁이란 논쟁하는 방이 총이 도구로 사용되는 전쟁터로 바뀌는 거예요. 도구는 아무런 결과를 발생시키지 않아요—동기적 세력 또는 인간이 결과를 발생시키죠.

롤랜드 너무 맞는 말이에요. 사실 동기적 세력은 남자이고, 우리가 이 방을 사용할 수 있도록 허락해준 주인마님이에요.

로즈메리 나는 내가 할 수 있는 것을 해서 기뻐요. 그러나 나는 롤랜드 당신의 냉소주의를 즐기는 척하지는 않겠어요,

로빈 *(롤랜드 곁에서)* 소리 좀 낮춰.

롤랜드 나는 내가 냉소적이라는 걸 몰랐는데.

앨리스 당신이 그것을 아는지 모르는지가 중요한 게 아니라, 로즈메리가 그렇게 느낀다는 것이 중요해요. 만약 그녀가 당신이 무례하다고 느낀다면—

로빈 그녀는 방아쇠를 당길 거예요.

롤랜드 나는 결코 나의 생각들이 방황하도록 내버려 두지 않을 거예요.

정신분석가 그러나 만약 당신이 익숙한 길에서 벗어날 수 없다면, 당신은 문자적으로나 은유적으로 탐구하는 일이 불가능해요.

남자 확실히 중요한 것은 당신이 익숙한 길과 배회하는 영역이 어떤 곳인지를 충분히 아는 거예요.

롤랜드 말하자면?

남자 당신은 폭력의 가능성에 대해 탐색해보자고 제안할지도 모르죠. 당신과 로빈은 살인을 고려하고 있을 수 있어요.

롤랜드 당신은 로빈이나 내가 누군가를 쏜다는 아이디어를 도대체 어디에서 가져오는 거죠?

로빈 *(심기가 불편한 듯이)* 당신은 약간 도발적이지 않나요?

로즈메리 *(감탄스런 눈빛으로 자신의 발가락과 발목을 바라보면서)* 앨리스, 너는 내 구두를 제대로 닦지 않았어. 다시 닦아.

앨리스 *(복종적으로)* 알았어요, 마님.

로빈 *(아무도 특정하지 않은 채)* 세월이 변한 걸 새삼 느끼게 하는 말이네요.

롤랜드 한 사람이 그토록 많이 배울 수 있다는 건 놀라운 일이야—심지어 총을 쏘는 것도. 물론 은유적으로.

로즈메리 속삭이지 말아요! 당신들 두 사람은 뭘 중얼거리는 거예요?

롤랜드 나는 한 사람이 얼마나 많이 배울 수 있는지 놀랍다고 말하고 있었어—물론, 문자적으로.

정신분석가 인상적이에요. 아나톨레 프란스는 정직, 성실성 그리고 지혜에 대해 말했지만, 오직 독선과 무지만이 더 강력하네요.

로즈메리 좋은 교육이든 아니든, 나는 철저하게 교육받았어요.

남자 나는 내가 뭔가를 배웠다는 느낌이 들어요. 나는 유혹과 암시에 대한 경험을 어느 정도 갖고 있어요.

정신분석가 그 두 가지 모두의 적극적인 원리는 인격의 한 부분이 다른 부분을 자극하는 거예요.

롤랜드 또는 공동체의 한 부분이 다른 부분을요.

정신분석가 그것은 승리가 누구의 몫이 될 것인가와 상관이 없어요. 나는 그것이 모든 결정에 내포된 결함이라고 봐요. 그것은 마치 행동을 위한 주제를 선언하는 사람이나 사물이 아이디어를 사실로 변형시키는 실행자만큼은 강력하지 않은 것과 같아 보여요—여기에서 실행자를 가리키는 명칭 중의 하나는 집단의 최고 권력이에요. 그러나 최고 권력이 뭐죠?

로즈메리 그것은 오직 실천에 의해 그리고 특별한 상황 안에서 결정될 수 있어요. 여기에서 그것은 탐욕일 수도 있어요.

로빈 또는 어쩌면 전쟁이나 살인일지도요.

정신분석가 또는 부족함이나 굶주림의 상태일 수도 있어요. 페기 Péguy[114]는 자유, 우애 그리고 평등에 대한 프랑스 사람들의 생각을 요약하면서, 평등을 자유와 우애보다 낮은 위치에 두었어요.

롤랜드 물론 우리는 여기에서 모두 동등해요.

정신분석가 우리는 단지 한 사람만이 아니라 몇 사람들의 인상들을

---

114 Charles, Péguy(1875-1914). 프랑스 작가.

활성화할 수 있는 기회를 갖고 있어요. 그것은 우리의 감각들이 끌어모은 정보가 어떤 것인지를 평가하는 데 필요한 몇 가지 다른 식별 능력들을 활용하기 위해서예요.

로빈 물론, 개인의 판단이 집단의 나머지 사람들의 존재에 의해 무효화되지 않는다고 가정한다면요. 그런 무효화가 일어날 경우, 집단의 결합된 지혜는 그 집단의 개인 구성원의 지혜보다 못한 것이 될 수 있어요.

정신분석가 집단의 경험이 그 집단에 속한 개인들의 건강과 힘의 성장을 촉진시키지 못한다면, 그렇겠죠. 아마도 우리의 이 집단모임은 그러한 발달이 지닌 생성적 힘을 가질 거예요.

롤랜드 또는 그것은 단순히 전문용어만 만들어낼지도 몰라요. 각 개인이, 마치 암처럼, 반역적이고 절제되지 않은 세포 증식에 기여하지 않는다고 어떻게 확신할 수 있죠?

정신분석가 우리가 여기에서의 경험을 계속할 수 있다면, 우리는 무엇이 성장을 자극하는지, 그리고 그 성장이 어떤 구조를 보여주는지를 알게 될 거예요.

롤랜드 나는 이 집단이 산출하는 것의 본성에 대해 낙관적이지 않아요. 이 집단은 두 명의 패배한 군인, 한 나라를 파괴하는 일에 성공적으로 동원된 세력의 한 구성원, 피지배 계층에 속한 한 여인—즉, 앨리스—불신받는 학문체계를 대표하는 한 명의 사제로 이루어져 있어요.

사제 나는 종교 그 자체와 혼동된, 불신받는 위계제도를 대표하는 사람으로 생각될 수도 있겠네요. 또는 결코 종속된 적이 없는 힘에 대한 언어적 표현일 수도 있고요.

롤랜드 당신은 여러 종교들 중에 어떤 종교를 말하는 거죠? 나는 당신이 브레이의 성직자처럼 되는 것을 자랑스럽게 여긴다고 생각했어요.

앨리스 롤랜드, 당신은 틀렸어요. 당신이 생각하듯이, 나는 종속된 사람이고, 로즈메리는 드높여진 사람일 수 있어요. 그러나 그것이 여성됨의 진실을 나타내는 것은 아니에요—

사제 종교도 마찬가지예요. 나는 인간이나 도마뱀류가 가진 종교들의 다중적인 형태들 중 어느 하나에 헌신해야 한다고 주장하지는 않지만, 종교에 헌신하고 있어요. 설령 내가 나 자신이 헌신하고 있는 현실을 제대로 대표하지 못한다고 해도요.

롤랜드 미안해요—내가 어리석은 게 분명해요.

정신분석가 그 말은 오해를 발생시킬 수 있는 잘못된 표현이에요.

로즈메리 나는 그렇게 생각하지 않아요. "어리석다"는 말은 롤랜드에게 적절한 표현이에요.

남자 나는 "멍청하다"라는 표현을 더 좋아해요.

로빈 그 말은 우리 집단의 실제 모임에서 살인을 제안한 당신이 할 만한 말이에요.

정신분석가 그는 그가 집단에 대한 그의 생각이 변하고 있고, 그 변화에 대한 책임을 집단에 전가하고 있다는 증거를 보여주는 것일 수 있어요.

사제 나는 그가 변화를 보여주고 있다고 생각하지만, 그 책임을 집단에 전가하는 것 같지는 않아요.

롤랜드 나는 당신이 신의 뜻을, 즉 인민의 소리, 신의 소리를 말하고 있다고 생각해요.

로즈메리 당신도 변하고 있어요? 만약 그렇다면, 나는 당신이 어리석다고 말한 나의 진술을 재고할 거예요.

셜록 그러지 말아요. 그가 "어리석다"는 말은 맞는 말이에요.

모리아티 나는 내 무리 중 하나를 알고 있다고 생각했어요—어리석고, 범죄자인 상상의 산물을요.

왓슨 불쌍한 롤랜드! 나는 보통 어리석은 상상적 존재로 취급돼요. 앨리스, 당신은 무슨 말을 하고 싶은 거죠? "여성됨"이 뭔지 대답해주시겠어요? 당신은 당신 자신이 진짜 여성이라고 생각하세요?

앨리스 나는 롤랜드를 너무 잘 알아요. 그는, 비록 여전히 내가 알던 남편 같기는 하지만, 엄청 변했어요!

롤랜드 내가 정말로 그렇게 나빴나?

앨리스 그보다 더 나빴죠—훨씬 더요. 과거의 당신이 불량배였다면, 지금의 당신은 사실 허구적이고 아첨하는 사람이에요.

왓슨 그건 매우 강력한 표현인데요.

로즈메리 헛소리. 나는 롤랜드를 알아요. 나는 그를 사살하겠다는 남자의 제안이 전혀 부적절하다고 생각하지 않아요.

롤랜드 오 마이 갓! 내가 지옥의 고양이들을 건드린 건가?

사제 분명코 당신이 부른 신이 당신의 질문에 답을 주실 거예요.

정신분석가 나는 당신이 사용하고 있는 언어가 부적절하다고 생각해요. 정신분석이 갖고 있는 어마어마한 어휘도 더 나을 것이 없어요. 나는 그 어떤 언어도 적절하지 않다고 봐요. 견해들이 결합되어 만들어진 것은 물-자체, 궁극적 현실, 실제 롤랜드에 대해 말해줄 수 없어요—심지어 실제 롤랜드의 어느 한 측면도요.

롤랜드 정신분석가께서는 그 말을 확신하고 있는 것처럼 보이네요.

셜록 그는 나의 형제 마이크로프트를 생각나게 해요. 나의 형제는 그다지 명석하지는 않았지만, 그렇다고 장식품 같은 존재도 아니었어요. 나는 우리가 같은 가족의 구성원이기 때문에 편견을 갖고 있을 수 있어요.

정신분석가 어떤 가족이죠? 당신의 어머니의 가족인가요, 아니면 상상 속 자녀들 중 한 사람의 가족인가요?

앨리스 상상은 사악한 늙은 암캐에요. 그녀는 아동기 시절에 나를 고문했어요.

롤랜드 매우 감동적인 회상이야. 나는 당신이 그녀와 닮았다는 것이 어디에서나 명백할 거라고 생각해!

로즈메리 롤랜드, 당신은 전혀 나아지지 않았어.

롤랜드 그게 누구 잘못인데?

앨리스 & 로즈메리 구제불능이군!

남자 내가 쏴버릴까?

로즈메리 아뇨. 아직은 아니에요.

사제 참회 기도문이 그에게 도움이 될 것 같아요. 그게 종종 성장을 촉진시키거든요.

정신분석가 그것은 암의 증식을 촉진시킬 수도 있어요.

사제 물론이에요. 내가 가장 친숙한 종교적 분야는 내가 아는 가장 유해한 표본들의 성장을 산출하거나 도왔어요. 그것은 또한 매력적이었어요. 장밋빛 뺨을 갖고 있었고, 크리켓을 사랑했죠. 특별히 한 사람이 기억나는데, 그는 내가 지난번에 만났을 때 이프레 여단의 군목이었어요.

정신분석가 나도 그를 알아요. 그의 쾌활함은 나중에 무뚝뚝함으로 바뀌었어요.

(로빈과 롤랜드는 희미하게 보이는 상태로 남아있고, 나머지는 차츰 모호함, 어두움 그리고 깊이 속으로 묻힌다)

롤랜드 사격은 그에게 너무 좋은 일일 것이고, 우리에게는 너무 시끄러운 일일 거야. 의료함 안에 쥐약이 있어. 결국 그것도 일종의 의약품이지.

로빈 비소를 사용하면 범죄의 증거가 남아. 타닌산도 마찬가지야.

롤랜드 우리는 처리해야 할 일을 갖기도 전에 나중 일을 걱정할 필요가 없어.

로빈 오, 우리는 그럴 필요가 있어. 나는 그와 함께 나 자신을 처리하고 싶지는 않아. 그래서 우리는 그를 어떻게 제거할지를 생각해야만 해.

롤랜드 나는 먼저 그를 제거하자는 데 찬성이야.

로빈 바보처럼 굴지 마. 너는 나더러 너무 조심한다고 말하지만, 너는 너무 즉흥적이야.

롤랜드 여자들은 어떻게 하지? 그 하녀는 분명히 처리해야 할 세력이야. 그녀처럼 보스가 될 수 있는 사람은 누구나—

로빈 그녀는 배신자일까 아니면 잠재적 도구일까?

롤랜드 그건 말하기 어려워. 나는 그녀에게 가서 도움을 청하고 싶지 않아. 섹스는 예측할 수 없는 세력이야.

정신분석가 내가 대화에 참여해도 될까요? 프로이트는 인류가 움직일 수 있는 생식 원형질을 만들어낼 수 있는 복잡한 구성물이라고 제안했어요.

롤랜드 그런 건 나중에 이야기해요—그것은 하나의 아이디어예요. 점점 날이 밝아오고 있고, 소음도 더 많아지고 있어요—내가 지금 무슨 목소리를 듣고 있나요?

사제 집단의 다른 사람들과 의논해 보면 어떨까요? 그들은 내가 믿는 사람들이에요. 또는 그럴까요? 나는 자기 새끼들을 돌보고 있는 힘세고 강한 국가를 보고 있어요.

로빈 지금 몇 시죠? 내 시계는 시간만을 알려줄 뿐 세기를 알려주지는 않아요.

정신분석가 내 시계는 오십 년까지만 나타내는데, 당신 시계는요?

사제 나의 시계는 세기들을 나타내는데, 오직 지구-척도만을 따라요. 우리는 우주적 시간이나 은하계 바깥의 시간을 필요로 해요.

롤랜드 나의 시계는 오직 계절만을 말해줘요. "그래서 해가 바뀌면 계절이 돌아와요."

로즈메리 나는 앨리스가 나에게 준 숙녀의 시계가 있어요. 그것은 아름다움을 나타내요—보는 사람의 눈에 따라 달라지는 아름다움요.

사제 내 시계는 신이 바라보는 영적 아름다움을 나타내요.

로빈 남성적인 것도요, 내가 이해한 바로는요.

롤랜드 남자들에게만 그렇게 보이는 것들요.

앨리스 차 한 잔 드시겠어요, 마님?

정신분석가 한 가지 척도가 더 있어요—인간 동물의 소화관의 척도요. 시간의 척도에는 소화관 척도, 지구 척도, 별의 척도, 은하계 척도, 은하계 바깥의 척도 등, 여러 다양한 척도들이 있는 것 같아요. 우리는 지금까지 지구 척도에 의존해왔지만, 그것은 우리가 필요로 하는 목적에는 부적절하다는 것이 지금 명백해지고 있어요.

로빈 그것은 신체적 손상의 물리적 중요성과 어울리지 않는, 고통 같은 부적절한 경험들에 대한 설명이 될 수 있을 거예요.

사제 당신의 위와 장의 체계 안의 강렬한 고통이 당신에게 "식사 시간이에요"라고 말한다는 뜻인가요?

로빈 그것은 나에게 이제 그만 먹을 때라고 말할 거예요.

정신분석가 신체 언어는 해석을 필요로 해요—먹기를 중단해야 할 때인지? 아니면 단순히 "그때인지?" 후자일 경우, 그때는 무엇을 할 때일까요? 소화관이 활동할 때일까요? 아니면 의료활동을 할 때일까요? 그것은 상형문자로 된 문서처럼 다중 형태 또는 다중-가치를 지니고 있어요. "다중 형태적-도착"이라는 용어는 어때요?

롤랜드 글쎄요, 그게 어때서요? 당신이 알아야죠!

정신분석가 "당신이 알아야죠"라는 말은 인간의 지식체계 바깥에서 오는 침범 같아요. 나에게는 그 말이, 유성이 은하계 내부의 것이 아닌 것처럼, 인간 세계에 속한 것이 아닌 것처럼 느껴져요. 그것은 인간 정신에 속한 것일 수 있어요. 프로이트는 그가 "무의식"이라고 부른 영역에서 오는 많은 침범들이 존재한다는 것을 발견했어요. 나는 이 침범자의 정체를 밝히기 위해 인간의 무의식 이상의 것을 살펴볼 필요는 없지만, 우리가 전혀 알지 못하는 영역으로부터의 침범 가능성을 배제하는 것은 지혜롭지 않거나 고집을 부리는 거라고 생각해요.

사제 나는 이 문제에서 정신분석가들이 신성을 배제하는 것은 주제넘은 옹고집이라고 생각해요.

모리아티 신성이라고요! 또 하나의 상상의 산물이군요.

왓슨 나는 당신이 상상의 산물을 비웃는 것을 이해할 수 없어요. 아마도 가장 위대한 힘을 가진 자는 우리들 중의 하나와 구별이 불가능할 거예요.

남자 어쨌든 나는 신을 믿어요. 나는 신의 선함에 대한 증거를 갖고 있어요.

롤랜드 나는 악마를 믿어요. 나는 그의 잔인성과 사악함에 대한 증거를 갖고 있어요.

정신분석가 나는 생각이 달라요. 증거는 감각의 기능이에요. 그것은 논리적으로 신의 "진실"에로 인도할 수 없어요. 그것은 신이 아닌, 현실의 진실에로 인도할 수 있을 뿐이에요.

셜록 좋아요! 나는 이미 우리들 상상의 산물들이 희미하고 그림자 같은 당신들의 현실보다 훨씬 더 "현실적"이라고 말한 바 있어요. 당신은 나를 창조한 코난 도일보다 더 믿을 수 없는 존재를 상상할 수 있으세요? 그는 환상적이에요!

마이크로프트 아주 잘했어! 그러나 너는 좀 의기양양한 거 아냐? 괴물 프랑켄슈타인처럼 말이야?

셜록 글쎄, 네가 나한테 의기양양한 건 아니고? 누가 또는 무엇이 그 괴물을 만들었는지 너는 말해줄 수 있어? 프랑켄슈타인이 누구였지? 사람들은 그 괴물이 프랑켄슈타인을 죽였다고 말해.

정신분석가 죽음 본능이 에로스를 죽였어요. 인간은 태어날 때부터 그 본능과 떨어질 수가 없어요. 탄생과 죽음은 그 본능이 활동하는 방향들을 가리켜요.

롤랜드 남자가 이미 말했듯이—누군가는 사살될 거예요.

로빈 "우리 자신의 입술로 독배를 마시라고 권하는" 무언가가 태어날 거예요. 시작은 정의定意를 시작하죠.[115]

정신분석가 죽음 본능은 항상 증가하고 있는 추악한 괴물이에요. 유아 대학살은 효과적인 예방조치가 되지 못했고[116], 사고나 생각하는 자를 살해하기에는 너무 늦었어요. 분명코 생각하는 자 없는 사고는 조만간 생각하는 자를 그것의 아버지가 되도록 자극할 거예요. 어떤 도마뱀류가 그런 사고를 발생시켰을까요? 거기에는 누군가가 사고를 탄생시키는 위험이, 또는 심지어 사고와 행동 사이에서 조정하는 막을 빼놓은 채, 직접적으로 도둑질과 살인을 허용하는 위험이 존재하지 않을까요? 세상에 순진함과 죄를 가져다준 알려지지 않은 두 부모인, 도둑질과 살인 말이에요.

사제 나는 그 말을 믿지 않아요. 당신의 견해는 당신이 말하는 종류의 의사소통 법칙에 의해 채색되고, 지배되고 있어요. 알려지지 않은 사고들이 아직도 호레이스가 말했던 영원한 밤을 살고 있는 영웅들 같은 시인을 필요로 한다는 말이잖아요.

정신분석가 그 시인은 그의 에우리디케Eurydice[117]를 구하기보다는 알려지지 않은 밤 속으로 사라질 가능성이 더 높아요. 정교한 수준의 정

---

115 Initiation initiates definition. 죽음 본능이 작동한다는 의미로 해석됨.

116 헤롯이 메시아의 탄생을 막기 위해 유아살해를 명했다는 성서 이야기.

117 그리스 신화. Orpheus의 아내

신분석적 언어로 말하자면, 무의식은 의식을 압도할 것이고, 담겨진 것은 담는 것 안에서 상실될 것이며, 혈액은 모세관에서 사라질 수 있고, 살아있는 인간이나 사물의 생체조직은 혈액 고갈로 인해 죽을 것이며, 합리적인 것은 비합리적인 것 안에서 상실될 것이고—

롤랜드 오, 맙소사!

로빈 맞아요, 무슨 말인지 알겠어요—반복해서 말할 필요가 없어요.

사제 호세아는 고집스러움에 삼킴을 당했고, 순결함은 매음과 함께 사라졌어요—

셜록 뭐라고요! 당신도요?

히아와타[118] 너무 쉬운 것으로 알려진 것을 하는 데, 내가 특별한 공로를 주장할 수는 없죠—

왓슨 홈즈, 너는 네가 대단한 발견을 하고 나서 그것을 설명했을 때, 내가 다른 모든 사람들과 똑같이 그 발견이 매우 쉬웠을 거라고 생각한다고 불평했어.

정신분석가 프로이트는 그가 여든두 살 때 정신분석의 개요를 썼어요. 이 "개요"는 단순해 보였고, 그래서 쉬워 보였어요. 그 일을 팔십이 년 동안 해온 사람에게는 그것이 쉬운 일이었겠죠. 실제 성별과는 상관없이, 좋은 어머니는 궁극적으로 상실을 받아들일 수 있는 어머니에요. 그래야 자녀는 독립적인 존재로서 살아갈 수 있게 되죠. 포유류는 도마뱀류를 "필요로 하지" 않아요. 인간 동물은 수가 많아지고, 후손에 의해 대체돼요. 자랑스럽고 행복한 부모들에 대한 찬양과 칭송에 참여하도록 우리를 몰록Moloch[119]에게 데려다줄 수 있는 새로운 아이디어는 어디에 있을까요?

---

118 16세기에 다섯 부족의 동맹을 이끌어낸 전설적인 인디언 추장.

119 자식을 제물로 바치는 의례를 행한 셈족의 신.

마이크로프트

“도마뱀류가 생각을 낳고, 생각을 낳고, 생각을 낳을 때,
도마뱀 뇌의 껍질 안에 예쁘게 사고를 낳는다.”

모리아티 나의 조상은 낙원 안에 숨어있었어. 기질과 미적 기술의 측면에서 최고의 자격을 갖춘 사람의 능력이 불행하게도 거룩한 빛을 칭송하는 바람에 뭉개졌어요. 그가 빠져들고 있는 논리적 혼동을 표현했음에도 불구하고, 그는 “혼동과 캄캄한 밤의 자식인” 악마적 어두움을 직접적으로 찬양하는 것을 통해 고르디우스의 매듭Gordian knot[120]을 자르지 못했어요—정말 애석해요. 사람들은 그의 불행한 배신 때문에 거짓말, 속임수, 회피에 패배한 것을 슬퍼하지 않을 수 없었어요. 가장 위대한 문화의 전파자는 항상 도둑과 강도였어요. 그는 강한 자와 재능이 많고 현명한 자를 낮추고, 낮고, 보잘것없으며, 심각한 죄인을 높여주었어요. 우리는 누가 진보하기를 바라는 걸까요? 지혜로운 자인가요? 선한 자인가요? 아름다운 자인가요? 사고에게 죽음을! 심지어 마이크로프트도 그의 주된 덕목을 태만에 빚지고 있어요.

비천하고 태만한 자를 찬양하고, 조류학은
새들과 다른 천사 같은 괴물들에게 남겨두라.
결코 유쾌하지 말라. 찬양하라! 내가 말하노니, 상처 입은
영혼이여—술을 마시고 견디라 …

마이크로프트 나는 네가 시인이라는 사실을 몰랐어!

모리아티 친애하는 마이크로프트, 혹시 “애인들 사이에서 망하라”는 책을 읽어본 적이 있어? 내가 심심할 때 즐겨 읽는 책이거든.

마이크로크트 너는 취했어.

모리아티 내가? 취했다고? 나는 절대로 술을 입에 대지 않아. 나는

120 알렉산더가 잘랐다고 알려진 전설속의 매듭.

그것이 순환하도록 도와. 또 다른 시인이 말하듯이, 밀수는 술값을 낮춰줘. 그래서 신사들이 지나갈 때가 가난한 사람들에게는 제일 좋은 때야. 너는 이 집의 여주인을 소를 돌보는 일꾼들이 사용할 수 있게 해준 이가 누구라고 생각해? 누가 이 집의 여주인에게 그녀의 참된 소명을 발견할 수 있는 기회를 주었을까? 그녀는 결코 여종이 되거나 강간당하는 즐거움을 스스로 발견하지 못했을 걸. 심지어 그녀는 로즈메리를 멈추게 하려고 시도했지만, 왜 …

마이크로프트 나는 분명히 앨리스가 바보 같은 홈즈보다 더 잘했을 거라고 생각해—홈즈의 여성 취향이 의심스러워—비록 그녀가 당신처럼 효율적이지는 않을 것이지만, 부인, 만약 당신이 나와 한 배를 탄다면!

로즈메리 매우 유혹적이네요—그러나 나는 상상의 산물이 아니에요.

모리아티 당신이 실제로 존재하는 사람이라는 걸 알겠어요.

정신분석가 상상의 산물들은 종종 실제로 존재하는 많은 것들보다 더 강력해요. 실제 남자들과 여자들은 다른 남자들과 여자들이 이상화한 인물들만큼 강력하지 않아요.

롤랜드 만약 당신이 말하는 것이 상상의 산물들이라면, 왜 그것들을 그렇게 부르지 않고 "이상화한 인물들"이라고 부르죠? 당신은 왜 야만스런 용어 대신에 영어를 말하지 않죠?

정신분석가 그 이유는 "영어"는 이미 확립된 의미를 갖고 있기 때문이에요. 그것은 의미에 의해 과도하게 포화되어 있어요. 그래서 나는 선입견과 다른 것을 지칭하기 위해 선입견에 의해 물들지 않은 단어를 사용하고 있는 거예요. 불행하게도 포화되지 않은 표현은 거의 즉시 포화되고 말아요—즉, 당신이 전문용어라고 부르는 것이 돼요. 그래서 나는 친숙한 의미를 갖고 있다고 생각되는 말, 진부하다고 생각되는 말, 의미없다고 여겨지는 말, 어두움을 밝히기보다는 화자의 "광증"을 더 부각시키는 말, 단순히 "시적"이라고 추측되는 말을 사용할 수밖에 없어요.

로빈 나는 밀턴이 나를 눈물이 날 정도로 따분하게 만들었던 이유를 알 것 같아요—비록 그의 말이 수학보다 낫긴 했지만요.

로즈메리 또는 라틴어보다요.

앨리스 "아킬레스를 죽이고 돌아온 헥토르가 변하고 인정한 순간보다요."

사제 또는 "그날, 진노의 날, 재앙과 비참에서 구하소서라는 기도보다요."[121]

정신분석가 또는 "시기심과 감사"[122]보다요.

롤랜드 나는 그 책이 그리 대단해 보이지 않던데요.

정신분석가 당신과 로빈 둘이서만 하는 이야기보다 더 대단한 것은 아무것도 없겠죠.

롤랜드 당신은 우리가 공개적으로 말하거나 행하지 않는 것들을 말하거나 행한다고 말하고 있는 건가요?

(날이 어두워진다. 롤랜드와 로빈을 제외하고는 모두 시야에서 사라진다)

롤랜드 아무도 듣거나 볼 수 없는 게 확실하지?

로빈 물론이지. 밤 동안에 이 다락은 안전해.

롤랜드 그 망할 정신분석가가 한 말에 대해 너는 어떻게 생각해?

로빈 너는 그를 의심하는구나! 내가 아는 바로는, 그는 다른 사람들과 마찬가지로 머릿속에 섹스밖에 없는 사람이야. 믿어도 돼.

롤랜드 나는 잘 모르겠어. 나는 그가 밀정이라고 생각해. 어쨌든 나는 성적 행위들을 비난하고 싶지는 않아. 그것은 내가 다녔던 공립학교만큼이나 나빠. 적어도 그곳에서는 우리 두 사람이 어둠 속에서 하려고 했던 것을 말하기 위해 여러 해 동안 정신분석을 받을 필요가 없었거든.

로빈 그러나 지금 우리는 어둠 속의 두 소년이 아니야.

121 Dies illa, dies irae, clmamitatis et miseriae … Thomas of Celano의 시구.

122 멜라니 클라인의 저서명.

롤랜드 그리고 이것은 평화시절의 자유 영국이 아니지. 남자가 사살하겠다는 말을 너도 들었잖아. 그리고 로즈메리 그년이 했던 말도—

로빈 그녀는 "아직은 아니라고" 말했지. 어쨌든 죽는 순간이 올 거야. 그래서 어쩌라고? 결정을 내리는 사람은 그 두 사람일 가능성이 적어. 나는 폐렴에 걸릴지도 몰라—이 망할 숙소에서는 그렇게 되기 십상이야. 무언가를 찾다가는 걸려 넘어져 목이 부러질 거야. 몽테스큐Montesquieu[123]는 여러 해 전에 말했어. 도망치려고 시도했던 한 동료가 바지 멜빵이 끊어지고 뛸 수 없게 되는 바람에, 도망치다가 잡혔다고 말이야. 만약 그가 섹스에 관해 그렇게 아는 게 많지 않았더라면, 그는 바지를 벗고 뛰었을 거야.

롤랜드 너는 정신분석가만큼이나 나쁜 놈이야. 그게 패배한 영국에서 사는 것과 무슨 상관이 있는데?

로빈 맞아 섹스야! 나에게 아이디어가 있어. 남자는 로즈메리에게 빠져있어—우리가 그의 멜빵끈을 어떻게 끊어놓지?

롤랜드 도대체 무슨 말을 하는 건지 모르겠어.

로빈 너는 학교에서 내가 생각하는 것보다 덜 배웠어. 충분히 생각해 봐—그것에 대해서는 다시 논의하자고.

(더 캄캄해진다. 로빈 혼자 남는다)

로빈 나는 롤랜드를 신뢰할 수 있을지 의심스러워. 그는 강심장이지만, 너무 어리석어. 지금까지 말을 안 했지만, 그는 문덴에서 나를 버렸어. 무슨 말을 해서가 아니라, 그곳으로 오는 것을 통해서 나를 버렸어. 시골에 사는 사람은 종달새가 자신의 둥지에 내려앉지 않는다는 것을 알아야만 해. 종달새는 때로 걸을 필요가 있다는 것을 알 만큼 센스가 있어. "종달새가 너무 이상하게 노래하니까 …" 쥴리엣은 그에게 바

---

123 프랑스 정치철학자. 여기에서 로빈은 사람이 전쟁에서 사소한 사건으로 인해 죽을 수 있는 방식에 대해 서술하고 있다.

보처럼 행동하라고 권하고 있었어. 그것은 하나의 아이디어야.

(어둠이 더 깊어진다)

로빈 와! 저건 뭐지?

롤랜드 나는 네가 그처럼 놀라지 않았으면 해! 네가 내 잠을 깨웠어. 무슨 일이야?

로빈 내가 꿈을 꾸었나봐. 나는 영국이, 우리의 두 농장이 점령당했다고 생각했어.

롤랜드 그건 꿈이 아니야. 정신 차려!

로빈 나는 그렇게 생각했는데 … 그럼 그게 뭐였지?

롤랜드 내가 그걸 어떻게 알아? 너는 그게 꿈이라고 말했어.

로빈 너는 어리석어. 나는 기억해—꿈속에서 너는 어리석었어.

롤랜드 오, 입 닥쳐 그리고 잠이나 자. 계속 이러면 모두를 깨우게 될 거야.

로빈 내가 자야 할까 아니면 깨어있어야 할까? 너는 천치처럼 굴고 있어. 오, 그는 다시 잠이 들었네 날이 밝고 있어. 끔찍한 또 하루가 시작되겠지. 하지만 때로 나는, 만약 내가 그것이 어떤 것이었는지를 잊는다고 해도, 전보다 더 나빠질 게 있을지 궁금해. 남자와 그의 여자를 어떻게 살해할지를 계획하는 것은 아주 즐거운 일이야. 실천이 없다면, 좋은 계획이 아니지 … 그러나 그 실천이 즐거운 일일까?

15

로즈메리 앨리스, 지금 가서 롤랜드에게 내가 보자고 해. *(앨리스는 인사를 하고 나간다)* 저 여자가 골칫거리가 되고 있어. 그녀를 쫓아내야만 해. 그녀에게 무슨 일이 일어날까? 내가 알 게 뭐람. 내가 왜 신경을 쓰지? 아 … 들어와요. 롤랜드, 앉아요. 할 말이 있어요.

롤랜드 뭘 원하시나?

로즈메리 나와 함께 침대로 가는 것이 당신이 생각하고 있는 거라면, 그건 틀렸어요. 당신은 한때 내가 당신의 하녀였기 때문에, 내가 당신의 명예롭지 못한 의도 덕택에 영예롭게 될 거라고 생각했던 것처럼 보여요. 내가 원하는 것은 앨리스에 대한 거예요. 나는 그녀가 만족스럽지 않아요. 그 이유에 대해서는 당신에게 말하고 싶지 않고, 내가 왜 그녀가 자신의 몫보다 더 많은 고통을 받는 것을 원하지 않는지에 대해서도 말하지 싶지 않아요. 그녀는 자신이 어떤 위험에 처해 있는지 깨닫지 못하고 있어요. 내가 그녀를 해고하면—그럴 계획인데—그녀는 먹고 살 길이 없어질 거예요. 그녀를 위해 내가 할 수 있는 게 아무것도 없어요. 내 말을 알아듣겠어요?

롤랜드 그녀는 나와 아무런 상관이 없는데. 당신은 그녀가 아직도 내 아내라고 생각하고 있나봐.

로즈메리 나는 그런 걸 생각하는 게 아니에요. 내가 그녀가 당신의 아내 또는 심지어 첩이라고 생각했던 것은 오래 전 일이에요. *(롤랜드는 갑자기 짜증스럽다는 몸짓을 한다)* 롤랜드, 이 자동소총은 초콜릿이 장전되어 있지는 않지만, 당신에 대한 좋은 감정이 장전되어 있지도 않아요. 나는 나중에 후회하겠지만, 주저 없이 쏠 거예요.

롤랜드 나는 당신이 나에게 관심이 없다는 것을 알아. 그러나—

로즈메리 당신은 구제불능이에요. 나는 당신에게 내가 앨리스에게 아무런 감정이 없다는 걸 말하려고 했어요. 가도 좋아요.

(롤랜드가 나간다)

로즈메리 날이 밝고 있어. 밝은 것과 어두운 것—그게 나에게 왜 중요하지? 내가 남자의 이름을 모를 정도로 바보인 걸까? 메넬라오스Menelaus[124], 큐피드, 헥토르, 아스티야낙스[125] … 그러나 그 밤, 공허, 무한은 뭐지? 그리고 지금 결혼 만찬이 시작되었는데, 가난한 신부일까? 나는 세상이 젊고 아름다웠을 때 세상을 보았어. 눈만 감으면 그것을 다시 볼 수 있지. 남자는 나를 사랑하고, 나에게 반했어. 나는 전쟁의 전리품 중의 하나야. 앨리스는 나의 전쟁에서 얻은 전리품의 일부이지. 내가 아도니스를 애도해야 하나? 또는 앨리스를, 또는 롤랜드를 애도해야 하나? 롤랜드 개자식은 자신의 여종을 영국 상류층 전쟁의 전리품으로 값싸게 구할 수 있다고 생각했어. 그들은 대영제국이라고 말해! 그리고 지금 이 살인적인 촌놈은 자신이 정복한 여자들을 수확할 거라고 생각해. 그는 만약 내가 내 신발 위에 쌓인 쓰레기를 귀찮아하지 않았다면, 내 발밑을 기었을 거야. 앨리스가 안 됐지만, 그녀가 롤랜드와 결혼했을 때, 나는 그녀가 불쌍하게 여길 만한 가치가 없는 바보임이 분명하다고 생

124 그리스 신화 스파르타의 왕, 헬렌의 남편.

125 그리스 신화. 헥토르의 아들이자 트로이의 왕자.

각했어. 그것은 신의 일이지 내 일이 아니야. 신의 종인 사제는 미네르바Minverva[126]로부터 그를 스쳐 간 지난 천년에 대한 어떤 느낌을 갖고 있어. 트로이의 헬렌—그들이 당시에 나를 그렇게 불렀어. 헬렌이란 이름으로 불리기 전에, 나는 이름 없는 자, 알려지지 않은 식물, 포유류의 기생충들이 생겨나고 그것들이 지금도 의존해 있는, 허망함과 무력함의 여신이었지.

정신분석가 미세-세포 식물—박테리아—은 어떤가요? 그것들은 그것들의 두뇌가 낳은 자식들이 자라서 천 개의 태양보다 더 밝은 빛을 발할 때, 포유류의 썩어가는 찌꺼기를 먹고 살지 않나요?

로즈메리 나는 당신이 마음을 믿는다고 생각했는데요.

정신분석가 당신은 그것을 그렇게 말할 수 있어요. 나는 내가 인간의 마음에게 말을 해야만 하기 때문에 그것을 마음이라고 불러요. 마음이 존재하는 것을 믿지 않고서는, 인간의 마음에게 말할 수 없거든요.

로즈메리 때로 나는 당신이 지적인 사람이라는 생각이 들기도 해요.

정신분석가 슬프게도! 나는 지적인 사람이에요. 당신은 내가 지성—나 자신과 다른 사람들의—과 문제를 일으켜왔다는 것을 믿지 못할 거예요. 지성을 가진 사람들—아류나, 마이스터 에크하르트, 예수, 플라톤, 소크라테스, 아리스토텔레스, 성 어거스틴 그리고 다른 사람들—은 신을 알고 싶어 해요. 이카루스처럼, 왁스로 된 그들의 날개들은 녹을 것이고 … 추락할 것이라는 경고를 받았어요.

로즈메리 지성과 관련해서 내가 갖고 있는 어려움을 당신은 몰라요. 섹스조차도 나에게는 종교적인 거예요. 불쌍한 미네르바도 같은 불평을 하곤 했어요.

남자 아름다움과 관련해서는 어떤데요?

---

126 그리스 신화. 지혜, 기예, 전쟁의 여신.

로즈메리 인간들은 아름다움을 종교 그리고 섹스와 혼동해요. 항상 신 대신에 여자 또는 섹스 또는 포도주를 숭배하죠.

모리아티 아! 나는 당신이 **상**상의 **산**물이 지닌 중요성과 씨름하고 있는 게 아닌지 궁금해요. *(나는 인쇄를 맡은 사람에게 존경심을 나타내는 표시로 대문자를 사용해 달라고 말했어요)* 그것은 셜록과 내가—그리고 불쌍한 왓슨까지도—동의하는 것들 중의 하나예요. 오직 위대한 인간 존재들만이 이 상상의 산물들을 알아볼 수 있어요.

정신분석가 예수는 징조를 요구하는 음란한 세대에 대해 불평했어요.

모리아티 사탄은, 윌리엄 블레이크처럼 그러나 실낙원의 저자와는 달리, 이야기를 지배하는 방법을 알고 있었어요.

정신분석가 그 능력은 시구의 아름다움 안에 숨겨져 있었죠.

로빈 아니에요, 실낙원의 아름다움은 누군가가 그 메시지를 수용할 수 있도록 그 진실이 충분히 오래 가게 만들었어요.

정신분석가 당신은 그러한 진술들의 긴 수명이 아름다움의 결과였다는 생각에 동의하지 않나요? 그렇다면, 그 진실을 인식하기 위해 작업이 행해졌어야 해요.

로빈 당신은 원을 맴돌고 있어요.

정신분석가 "원"은 빈약한 시각적 이미지예요.

로빈 나는 당신이 나선형으로 돌고 있다고 말했어야 했다고 생각해요.

롤랜드 그리고 너는 입 좀 다물고 있어야 했어.

로즈메리 롤랜드, 당신은 가도 된다고 내가 말했는데요.

정신분석가 당신은 D.N.A.에게도 말했어야죠.

로빈 그게 뭐죠?

정신분석가 의심Doubt, 자연Nature, 예술Art요.

로즈메리 예술, 자연, 부패Decay겠죠. 당신이 말한 순서는 틀렸어요.

롤랜드 나는 사과나무에 적합한 퇴비를 만들기 위해 야생사과를 발효시키는 기술을 사용한 적이 있어요. 자연적 퇴비가 되기에 적합한 것으로요.

정신분석가 공자께서는 "마음의 반죽 안에 뿌리를 내리라"고 말했어요.

로빈 나의 라틴어 선생은 몸의 지체들에 대한 리비Livy의 비유[127]를 가르쳤어요. 그는, 리비가 그것의 의미를 아무에게도 말해주지 않았듯이, 그 비유의 의미를 가르쳐준 적이 없어요.

정신분석가 머리털자리Coma Berenices[128]가 뭘 의미하는지 아세요? 그것은 눈으로 볼 수 있을 정도로 크게 하늘에 매달려 있지만, 천문학자는 오직 부분적으로만 그것을 볼 수 있어요—그 부분은 시인이 볼 수 있는 부분이 아니죠. 비록 나는 한때 그 두 부분 모두를 본 천문학자를 알고 있었지만요. 수백만 명의 사람들은 혜성들을 두려워하는 수준의 지혜를 갖고 있었어요.

로빈 나는 정신분석가들이 심오한 해석들을 하는 사람들이라고 알고 있었는데요.

(냉소적인 분위기에서 일반적으로 동의한다고 중얼거린다)

정신분석가 천문학자들이 머리털자리를 보는 것은 별 너머에 있는 나라를 보는 것과 같은 걸 거예요. 머리털자리 안에서는 아무것도 보지 못한다는 것이 상식이죠. 당신은 내가 보통의 영어—전혀 심오할 것이 없는—를 사용하고 있다고 가정하죠. 그런데 당신들의 말에는 왜 불만이 담겨있는 거죠? 나에게는 흉내를 잘 내는 환자가 있었는데, 그는 자

---

127 집단문화의 현실을 의사소통하기를 원할 때 신체적 용어들을 사용해서 말하는 비온의 서술.

128 Coma Berenices. 별자리. 코마는 혜성의 핵 둘레에 있는 대기를 말함.

신이 대화하고 있는 사람과 똑같이 말하곤 했어요. 그러나 분명해진 것은 그가 자신이 말한 것이나 내가 말한 것을 하나도 이해할 수 없었다는 사실이었죠. 다행히도 내가 그의 "언급"을 클라인학파 이론의 빛에서 해석했을 때, 변화가 일어났어요. 그 이론은 투사적 해석에서 유래한 것으로 알려져 있죠—

롤랜드 당신은 지금 영어를 말하고 있나요?

로즈메리 나가!

롤랜드 기꺼이.

남자 내가 꽈버릴까요?

로즈메리 아뇨. 흥미로워요. 나는 정신분석가의 언어를 사용하지도 않고, 사제의 언어도 사용하지 않아요. 나는 앨리스의 언어를 사용해요.

정신분석가 나는 해부학자들과 생리학자들 그리고 아마도 프로이트학파 정신분석가들이 그런 언어를 "섹스"라고 부를 거라고 말할 거예요.

로빈 나는 당신이 스스로를 프로이트학파 정신분석가로 부른다고 생각했어요. 아니면 클라인학파 정신분석가인가요?

정신분석가 나는 내가 프로이트와 멜라니 클라인에게 진 빚을 인정하고 싶어요. 그러나 그들은 그러한 찬사에 모욕감을 느낄지도 몰라요. 나는 다른 사람들에게 내가 진 빚을 인정하겠지만, 많은 사람들이 그런 말을 자산이라기보다는 부채로 생각할 것임을 알아요. 그들은 나의 정신적 조상으로 간주되고 싶어 하지 않을 거예요. 나 자신도 나의 진짜 참새의 깃털 대신에 공작새의 깃털을 입고 싶지 않아요.

로빈 심지어 레스비아Lesbia[129]의 깃털조차도요?

정신분석가 당신의 그 말이 딜레마를 훌륭하게 요약해주었어요.

로즈메리 당신이 무슨 말을 하는지 모르겠어요.

129 로마 시인 Galus Valerius Catullus가 그의 연인을 나타내기 위해 사용했던 가명.

정신분석가 안드로마케Andromache[130]의 옷을 취할 사람은 당신이 아닐 거예요.

사제 여왕 메리가 그녀를 칭송하는 무리들에게 환호하라고 말하면서, 사람들이 알아들을 수 있는 영어로 말하지 못했을 때, 그녀는 뭐라고 속삭였죠?

로빈 그것은 그녀가 그녀의 뱃사람 남편에게서 배운 거라고 나는 생각해요. 당신은 우리가 환호하기를 원하지 않나요?

정신분석가 아뇨. 나는 환호들을 해석해요.

로빈 항상요?

정신분석가 나는 그와 같은 증거를 나의 감각들과 통찰이 제공하는 것을 사용해서 해석하지만, 그것을 공개해야 하는 것은 아니에요. 정신분석 실제에서, 나는 보이지 않는 것이 말해주는 것을 인식하고 통찰하도록 피분석자를 돕는 것이 나의 책무라고 암묵적으로 받아들여요.

로빈 왜죠?

정신분석가 왜냐하면 나는 그가, 잠정적으로, 그의 감각들이 말하는 것을 들을 필요가 있는 사람으로 보기 때문이에요.

로빈 당신은 우리가 당신이 말하는 것을 듣기를 원한다고 생각하세요?

정신분석가 이따금씩 사람들은 그들이 알고 있는 것을 확인받기 위해 무언가를 듣기를 원해요—좋은 것이든, 나쁜 것이든. 그들은 드물게만 진실을 듣기를 원해요—환영받는 것이든, 환영받지 못하는 것이든 상관없이요. 그리고 더 적은 사람들만이 그것이 치르는 대가가 어떤 것인지를 알기를 원해요. 그리고 정신분석가들은 그들의 욕구를 충족시켜줄 것을 기대받아요.

---

130 그리스 신화. 트로이 전쟁의 영웅 헥토르의 정숙한 아내.

로빈 그 점에서는 정신분석가가 다른 사람들보다 더 나을 게 없지 않나요?

정신분석가 아마도 더 나을 거예요—진실을 전달할 기회가 그에게 주어지는 몇 시간 동안은요.

로빈 사람들이 진실을 원하는지 어떻게 알죠?

정신분석가 나는 모르죠. 나는 내가 보기에 한 남자 또는 한 여자가 원하는 것에 주의를 환기시킬 뿐이에요. 그들이 내가 하는 말이 깨달음을 주는 것으로 여긴다면, 자신들의 방식을 계속 고수할지 아니면 바꿀지를 결정할 수 있어요. 그것은 그들의 선택이에요.

로즈메리 나는 무엇을 원하죠?

정신분석가 나에게 판단할 수 있는 기회가 주어졌는지는 확신할 수 없지만, 당신은 욕망을 채워주기 위한 수단을 제공할 수 있는 짝을 원할 수 있어요.

로즈메리 사랑을요?

정신분석가 나는 당신이 누군가와 갖는 관계를 서술하는 데 그 단어가 필요하다고 보지는 않아요.

로즈메리 나는 안드로마케인가요?

정신분석가 아뇨. 그 역할은 앨리스가 맡을 거예요. 왜냐하면 롤랜드가 그녀의 헥토르가 되기를 거절했으니까요.

모리아티 당신은 앨리스의 안드로마케를 위한 헥토르가 되고 싶지 않아요?

정신분석가 나는 그 역할을 맡을 용기가 없어요.

앨리스 당신은 나를 슬프게 하네요. 그러나 나는 당신 말이 맞다고 생각해요.

왓슨 누가 알아요? 나는 비범한 용기를 가진 보통 사람들이 있었다는 것을 알아요.

정신분석가 당신이 무슨 말을 하는지 알겠어요. 나는 심지어 나에게 주어진 용기를 가져왔어요. 그러나 마음속으로는 겁쟁이가 아니었던 적이 없어요. 심지어 정신분석가로서 일하는 무미건조하고 영웅적이지 않은 시간 동안에도, 나는 해석을 주는 것이 항상 두려워요.

로빈 살해될까봐 두려운가요?

정신분석가 그럴 가능성은 희박해요.

로빈 그럴 가능성이 존재하나요?

정신분석가 다른 가능성들과 비슷하겠죠. 분석가들이 때로는 환경적 요인들에 중요성을 부여하지 않는다는 비난과 일치하게, 나는 "이성적으로" 제공된 어떤 합리적인 설명도 오직 일시적으로만 효과가 있다는 것을 발견해요. 환경적 요인들은 그것을 듣는 사람의 마음속에서 오래 지속되는 교훈을 주지는 못해요—흔적도 없어요.

로빈 그렇다면 오래 지속되는 효과가 있는 건 뭐죠?

정신분석가 사랑 ↔ 증오의 스펙트럼에 속한 감정들을 자극하고, 활성화하고, 창조하는 모든 것이죠.

로빈 당신이 무슨 말을 하는지 모르겠어요—전문용어처럼 들려요. 나는 당신의 진술을 다른 전문용어를 사용하는 진술과 구별하기가 어려워요.

정신분석가 당신 말이 맞아요. 나는 내가 정신분석에 "대해 말할 때" 그 어려움을 어떻게 설명해야 할지 모르겠어요. 만약 내가 당신과 정신분석을 하고 있다면, 나는 "당신이 느끼고 있는 것은 내가 '증오' 또는 '사랑'이라고 부르는 것, 또는 그 둘 사이의 어떤 하위 단위에 속한 거예요"라는 말을 해주는 것을 통해 당신의 정서적 경험을 보여주려고 노력할 거예요. 여기에서 나는 당신이 "전문용어"라고 부른 것을 상당히 긴 이야기를 통해 설명할 수도 있어요—프로이트는 그것을 "구성"이라고 불렀을 거예요.

로빈 "그렇게 불렀을지도 모른다"—또 그 말이네요. 당신은 참 조심성이 많네요. 왜 직설적으로 말하지 않죠?

정신분석가 그것이 내가 전달하고자 하는 진실이 아닐까봐서요.

로빈 당신이 평범한 영어를 말할 수 없는 것을 보면서, 나는 정신분석이 무척 힘든 어떤 것이라고 생각하게 돼요.

정신분석가 당신 말이 맞아요. 정신분석은 무척 힘들어요. 평범한 영어를 말하는 것도 그렇고요. 내가 그런 영어를 말할 수 있다면, 그것은 내가 "말"하고 싶은 "그 말"이 아닐 거예요.

로빈 내가 졌어요.

셜록 만약 내가 바이올린을 연주할 수 있다면, 그리고 당신이 그것을 들을 수 있다면, 그 문제는 금방 해결됐을 거예요.

정신분석가 만약 당신이 바이올린을 연주할 수 있다면, … 만약 내가 그것을 들을 수 있다면, … 만약 그 문제가 금방 해결될 수 있다면, … 그때 우리는 또 다른 문제로 옮겨가야 할 거예요.

로즈메리 앨리스! 내 이브닝 드레스 좀 꺼내 와. 아니, 아니, 그것 말고. 기다려. 그 옷을 나에게 입혀주면 좋겠어.

앨리스 예, 마님.

정신분석가 *(사제에게)* 로즈메리는 그녀가 원하는 곳에서—그녀의 발밑에서 앨리스를 불러내는군요.

사제 그런데—앨리스는 그것을 원하지 않아요.

정신분석가 그걸 잘 모르겠어요. 내 생각에는 앨리스가 원하는 것 같아요. 슙-애드Shub-ad[131]는 어떤 사람이었죠?

사제 그 여왕요? 전혀 나쁜 부류의 사람이 아니었어요. 그녀는 왕의 죽음 때문에 크게 당황했어요.

---

131 우르의 죽음 구덩이 안에 있던 여왕.

정신분석가 그곳이 당신이 당신의 작은 술잔과 함께 그리고 커다란 이야기보따리와 함께 등장한 곳이죠. 그리고 시간이 지나면서 영국 박물관이 되었고요.

사제 펜실베니아 대학교와 그곳에 있는 커다란 달러 가게를 잊지 마세요. 그리고 프로이트를 잊지 말아요. 신과 예술과 지혜 그 자체가 과학의 무게를 견디지 못하고 그 아래에 묻혀 있다는 것을요.

정신분석가 당신은 죽음이 결코 승리하지 못할 거라고 말하는군요.

사제 아뇨, 그런 뜻이 아니에요. 그것은 죽음에 대한 나의 견해가 아니에요. 사고들은 그것들의 탄생을 가능케 하는, 생각하는 자를 발견할 때까지 살아요—그리고 그렇게 함으로써 세상에 죽음과 모든 저주를 가져다주죠.

정신분석가 당신의 관점에서는 그렇게 보일 수 있겠어요. 그러나 그것은 "…처럼 보이는" 아찔한 절벽 위에 서 있는 것에 달려 있어요.

사제 당신은 당신의 텅 빈 사고들이 가득 차 있는 것처럼 보이게 하려고 시각적 이미지에 의존하고 있어요.

정신분석가 나는 나의 사고들이 가득 차 있는 것처럼 보이게 만들려고 한다는 생각에는 동의하지만, 그것들이 텅 빈 것들이라는 생각에는 동의하지 않아요. 나는 그것들이 내용을 갖고 있다고 생각해요. 나는 "어떤 것"에 대해 말하고 있고, 나는 " …처럼 보이는 것"을 존중하는 것이 가치 있는 일이라고 생각해요. 나는 진실인 것처럼 거짓말을 하는 악마의 애매함을 의심하거든요.

로즈메리 취침 시간이야. 앨리스, 내 옷 꺼내놨어? 나는 자정 무렵에 손님이 오기로 되어 있어. 그를 안으로 들이고 나서 잠을 자러 가.

앨리스 알겠어요, 마님.

16

로즈메리가 남자를 맞이하고 있다. 그녀 옆에 존경심을 보이며 서 있던 앨리스는 그의 모자와 외투를 받아들고 그곳을 떠난다.

남자 아직도 그 하녀를 그냥 데리고 있네요.

로즈메리 그녀를 해고하기로 마음먹었어요.

남자 나는 당신이 그녀가 좀 거만하다고 생각하는 줄 알았어요.

로즈메리 아뇨, 그런 게 아녜요. 그녀는 부담돼요—의존적이에요—마치 나에게 도움을 바라는 것 같아요. *(웃는다)*

남자 나는 당신이 그렇게 웃는 게 좋아요. 거기에는 매료시키는 음악이 있어요.

로즈메리 앨리스가 그 말을 했어요. 나는 그녀의 매력이 매우 마음에 들어요—옛날에 그랬던 것보다 더 많이요.

남자 나는 그녀나 롤랜드를 좋아하지 않아요. 당신이 왜 그들을 봐주는지 모르겠어요. 나는 그들 모두가 위험하다고 생각해요.

로즈메리 나도 롤랜드가 위험하다고 생각해요.

남자 내가 그를 쏘게 내버려두는 게 현명할 거예요—아니면 직접 쏘든지요.

로즈메리 글쎄요, 아마도 그럴 거예요. 그러나 여기에서는 아니에요. 제발. 나는 폭력이 싫어요. 앨리스가 아기를 가질 거예요.

남자 그녀가 아기 아빠를 사랑하나요?

로즈메리 사랑이요? 나는 그렇게 생각하지 않아요—당신은 이 한심한 사람들이 어떤지 알잖아요. 그녀가 아기를 낳으면, 그때 그녀를 치울 수 있어요. 그것은 그녀를 해고하기 위한 좋은 구실이 될 거예요.

남자 롤랜드가 아이 아빠겠네요.

로즈메리 천만에, 아녜요! 그녀는 그를 증오해요. 그보다는 뭔가 흥미로운 것에 대해 이야기해요.

남자 우리가 언제 결혼할지 마음을 정했나요?

(날이 어두워지고, 그들의 목소리는 희미해진다. 다시 환해지면서 로즈메리가 혼자 있는 모습이 보인다)

로즈메리 결혼이라고? 그건 하나의 생각이지. 나는 지금 법이 어떻게 되어 있는지 궁금해. 물론 나는 그와 더 이상 볼 일이 없어지면, 언제든지 그를 독살할 수 있어. 얼마든지 톰에게 덮어씌울 수 있고, 그 누구도 진실을 알아내는 일에 관심이 없을 거야. 그러나 … 나는 나의 자리를 확고히 할 수 있을까? 나는 그럴 거라고 기대해. 나는 앨리스나 롤랜드처럼 멍청한 바보가 아니야. 때로 나는 궁금해 … 이 사람들은 한때 좋은 사람들이었을 텐데. 그 촌놈의 아들이라고 생각해봐—그녀가 그에게 아기를 낳아준다고 말이야. 내 입장에서 보면, 그것은 아주 재미있는 상황이야. 사람의 위치가 바뀌면, 같은 장면이 얼마나 다르게 보이는지! 나는 앨리스를 증오했어. 겨우 일 년이 지난 지금 나는 거의 그녀를 좋아하고 있어. 그녀에게 아기를 낳을 거냐고 물었을 때, 나는 거의 진심이었어. 그녀가 나에게 톰이 "좋은 남자"라고 제안했을 때의 그녀와는 너무 달라—너무 뻔뻔스럽게 말이야. 마치 나를 돌보기라도 하듯이! 그녀가 안됐어. 그녀는 구덩이에 빠졌어—톰은 아무런 도움을 줄 수 없어. 롤랜드는 그녀를 증오해. 그리고 곧 사살될 거야. 남자에게 그가 원할 때 그를 쏴도 좋다고 말해야겠다는 생각이 들어. 그러나 나는 나에게 충분한 시간이 있는지 확신이 없어. 그는 최근에 "신사다운" 모습과는 다른 모습을 보였어. 나는 그가 계획한 것 이상의 살인을 하도록 내몰고 싶지는 않아. 거기 누구야? 나는 쏠 거야! 뭐야, 아무도 없어? 내 정신이 어떻게 됐나봐. 내 횃불이 어디에 있지. *(벨을 누른다. 잠시 후 앨리스가 나타난다)*

앨리스 나를 찾으셨어요?

로즈메리 물론, 누구겠어? 나는 두 주 후에 너를 해고할 건데, 다른 일을 찾을 수 있도록 미리 말해주는 거야.

앨리스 다른 일이라고요? 그런 게 없는데요. 어쨌든, 나는 떠나고 싶지 않아요.

로즈메리 미안, 그러나 남자가 그 문제에 대해 나에게 말했는데, 네가 머물러도 된다는 말을 듣지 못했어. 그는 너를 좋아하지 않는 것 같아. 그리고 … 글쎄, 내가 뭘 할 수 있겠어? 물론 나는 너를 보고 싶겠지만, 아마도 헤어지는 게 더 좋을 것 같아.

앨리스 그를 믿는다는 말인가요?

로즈메리 아니, 물론 믿지 않아. 너는 롤랜드를 믿었어?—내 말은 나와의 관계에서. 아니면 내가 롤랜드를 끌어들였다고 생각했어? 나는 그를 조금도 믿지 않았어. 나는 제정신인 여자가 어떻게 그와 결혼했는지 이해할 수 없었어.

앨리스 나는 어렸고—그리고 사랑에 빠졌었어요.

로즈메리 나의 엄마는 내가 사랑에 빠질 정도로 바보라면 나를 집에서 쫓아낼 거라고 경고했어. 그녀는 "로지야, 네가 원하는 걸 해, 하지만 나에게 와서 사랑에 빠졌다는 말은 하지 마"라고 말했어. 나는 너에게 똑같이 말해주고 있는 거야. 나는 네가 그걸 학교에서 배우지 않았다는 게 놀라워. 지금은—가도 좋아.

앨리스 오늘 밤엔 이게 전부인가요? … 마님?

로즈메리 가! *(앨리스는 복종한다)* 말도 안 돼! 내가 남자와, 또는 그녀와 사랑에 빠진다고 생각하다니! 그녀는 사랑이 명료한 사고를 불가능하게 한다는 걸 배우지 못했어. 내가 그녀를 얼마나 싫어했는지 생각하고 싶지도 않아. 내가 그녀의 상사가 되리라고는 상상도 못했어. 내가 그녀의 팔목을 잡고 있어서 그녀가 나를 떠나보낼 수 없었던 그날까지는 말이야. 지금도 나는 그녀가 다시 일어설 수 있게 허용하는 실수를 저지르지 않을 거야. 그녀는 쓰러졌어—완전히. 나는 그녀에게 시간을 허비할 수 없어—나는 남자가 그의 자리를 유지하게 하기 위해 해야 할 일이 많아. 그가 우위를 점하도록 허용하는 것은 일을 망치는 거야. 나는 임신하면 안 돼—그가 나를 임신시키지 못하는 것이 그의 탓이라고 생각하게 만들어야 해. 나는 물론 엄청 화를 낼 것이지만, 도를 넘지는 말아야 해. 아니면 그는 속으로 불만을 품을 수 있어—엄청 화가 나서 말이야. 그러나 나는 그것에 대해 매우 용감할 거야. 맞아—그러면 그는 나의 선행록 안에 이름을 올릴 거야. 나는 그를 용서할 것이고, 괘념치 말라고 말할 거야. 나는 계속해서 앨리스와 함께 있는 것이 얼마나 불행한 일이었는지를 상기시키는 말을 그에게 할 거야. 만약 내가 그 일을 꾸민다면, 그것은 확실히 그녀에게는 불행한 일일 거야. 그것은 재미있는 일이지만, 충분히 재미있지는 못해. 내가 그녀를 치욕스럽게 만들 수만 있다면 좋을 텐데. 그러나 그녀는 그런 상황에서 마치 그것이 자신이 자발적으로 참여한 게임이라도 되듯이, 너무 많은 즐거움을 얻고 있어, 빌어먹을! 그녀는 실제로 굶어본 후에, 내 집에서 일감을 얻기 위해 다시 돌아와야만 할 거야. 그러나 그녀가 롤랜드를 떼어내면, 그녀는 이제 성공적일 수 있어—아, 얼마나 끔찍한 생각인가!

너무 어둡고 추워, 나는 남자를 필요로 하지 않는 사람이기를 원해.

나는 롤랜드가 필요 없어—필요했던 적이 없어. 그러나 만약 앨리스가 그렇게 생각했다면, 그녀가 다녔던 학교에 내가 다녔더라면, 나도 그렇게 생각했을지도 몰라. 이 무슨 운명의 장난인 걸까! 하지만, 지금 나는 그녀의 학교에 갈 거야—주인님들을 위한 학교 말이야. 내 머리가 좀 이상해지는 것 같아. 만약 이런 식으로 계속 가면, 나는 남자와 "사랑에 빠지고" 말 거야.

정신분석가 아뇨, 당신은 유혹받는 것과의 사랑에 빠지고 있을 뿐이에요.

로즈메리 또 당신이네요? 그러니까 당신은 내가 유혹받고 있다고 생각하세요?

정신분석가 아뇨. 나는 당신이 유혹과의 사랑에 빠졌다고 생각해요. 당신은 앨리스가 유혹 받는 것과의 사랑에 빠지도록 만들었어요. 그녀는 굶주렸고, 당신도 굶주렸기에, 두 사람 모두가 취약했던 것은 놀랍지도 않아요—육체적 섹스의 매력에 취약했어요. 아마도 앨리스는 당신보다 더 취약했을 거예요. 왜냐하면 당신이 쓰레기통이라고 부르는 그녀의 거처에서 앨리스는 당신네 빈민가에서는 경험할 수 없는 방식으로 육체적 섹스에 굶주려 있었을 테니까요. 당신들 중 그 누구도 사랑에 대해 아는 것이 없어요.

로즈메리 미안하지만, 나는 사랑을 알아요. 나는 사랑에 대해 당신보다 더 많이 알아요. 나는 당신과 롤랜드와 로빈과 남자가 나를 가르치고 있다고 생각했다는 걸 알아요. 나는 그들의 사랑이 별 가치가 없는 거라는 걸 배워 알고 있었어요.

정신분석가 맞아요, 당신은 "무가치한" 사랑이 어떤 것인지 알았을 수 있어요. 그것은 사랑이 아니에요. 카탈로그에는 사랑이라고 인쇄되어 있겠지만요. 세익스피어의 살인자들이 "남자들"을 사냥할 때처럼요.

의심의 여지없이, 당신의 포식자들은 "사랑하는 사람들"을 수집할 거예요. 당신의 사랑도 포식자의 사랑과 거의 비슷할 수 있어요. 당신은 내가 사랑이라고 부르는 것에 대해 말하거나 행한 적이 없어요.

로즈메리 당신은 훌륭한 영어에 불만이 많은 사람이에요. 당신은 "사랑"을 어떻게 정의하죠?

정신분석가 나는 사랑을 정의하지 않아요. 내가 여기에서 들은 사랑이라는 말은 많은 특징들, 구절들, 정서들, 경험들과 끊임없이 결합하고 있지만, 그것은 언어적 활동의 일부일 뿐이에요. "사랑"은, 과거와 연결되어 있는 한, 기억의 유령이에요. 그리고 미래와 관련해서, 그것은 앞쪽으로 그림자를 드리우는 희망이에요. "물-자체는—

로즈메리 맞아요, 나는 당신이 제시간에 그 물-자체에 도달하기를 원해요—

정신분석가 내가 당신을 실망시켰군요. 정신분석가로서 나는 성자들, 철학자들, 온갖 종류의 예술가들이 성공하지 못한 것을 이루겠다고 열망할 수는 없어요.

로즈메리 노력할 수는 있어요.

정신분석가 나는 그 말의 의미를 알지만, 사랑은 "노력"이 적용될 수 있는 영역이 아니에요. "죽을 수밖에 없는 존재인 인간이 성공할 수 없는 이것은" 신의 사랑에도 적용될 수 있어요. 그러나 사랑은 인간 존재의 일부예요.

로즈메리 당신은 인류가 언젠가 그것을 성취할 거라고 생각하세요?

정신분석가 그것은 과거, 현재 또는 미래와 상관이 없어요. "그것"은 존재해왔고, 존재하고 있으며, 앞으로도 존재할 거예요. 정신분석, 또는 설교, 또는 예술활동, 또는 음악은 "그것"이 아니에요—그것들은 그것에 관한 것이에요.

로즈메리 나는 피곤해요. 이미 날이 밝았어요. 때로 나는 사물을 너무 명료하게 봐요, 그러나 … 오, 그가 사라졌네요! 내가 그의 꿈을 꿨나 봐요. 그러나 한숨도 못 잔 것 같은 느낌이에요. 내 눈은 마치 밤새도록 파티에 참여했던 것처럼 아파요. *(짧은 웃음소리가 들리는데, 즉시 끝난다)* 왜 웃지? 무슨 농담이야? 배야—너는 뭘 보고 웃는 거지? 뭐가 그렇게 우스워? *(잠든다)*

* * *

(롤랜드와 로빈이 말하고 있다—다른 사람들은 아무도 보이지 않는다)

롤랜드 우리 둘 뿐이야. 충분하지가 않아. 그 망할 정신분석가를 믿을 수만 있다면—

로빈 너는 그를 전혀 신뢰할 수 없을 거라고 여러 번 말했어.

롤랜드 나는 그를 신뢰하는 문제를 생각하고 있지 않았어. 그를 믿을 수만 있다면 … 그는 로프의 한쪽 끝을 2분 동안은 잡고 있을 수 있을 텐데. 그를 믿을 수만 있다면, 1분이면 충분할 거야.

로빈 너는 그가 무슨 짓을 할까봐 두려운 거야?

롤랜드 무슨 짓을 한다고? 아무것도 안 할 걸—그러나 그것도 확실하지 않아.

로빈 글쎄 그 다음엔?

롤랜드 그가 말을 해서는 안 될 때, 말을 하는 거야. 그가 한 번—제때에—"거짓말!"이라고 소리만 질러준다면, 그리고 그를 믿을 수만 있다면, 그가 유용할 텐데.

로빈 단순한 것 같은데.

롤랜드 단순해. 대신에, 그는 분명히 그 이유를 알고 싶어 할 거야.

로빈 그는 그 정도로 형편없지 않아.

롤랜드 그는 그 정도로 형편없는 사람이야. 내 말을 믿으라고. "왜?"라고 묻는 사람들은 아무짝에도 쓸모없는 사람들이야. 그들은 일을 시작하고 나서 그들이 궁금한 것에 몰두하는 바람에 그들이 처음에 하려고 했던 것을 잊어버려. 그들에게 일을 맡기고 그들이 그 일을 해 줄 것을 기대하면, 결과는 나락으로 떨어지는 거야.

로빈 로즈메리는 어떻게 할 건데?

롤랜드 아무것도 안 해. 그녀는 너무 영리해—하녀의 마음을 가진 하녀일 뿐이야.

로빈 너는 그 하녀가 이 집안의 여주인이라는 것과 이 집의 여주인이었던 앨리스가 그녀의 하녀라는 사실을 무시하고 있어. 하녀가 앨리스의 가장 낮은 위치가 아니야—아직은. 그녀는 더 낮아질 수 있어. 그것은 로즈메리도 마찬가지고.

롤랜드 로즈메리는 남자 그 개자식을 낚았어. 그녀는 심지어 이 "대화 모임"에 참여하도록 그를 설득했어. 그것이 그가 그녀에게서 떠나가는 중에 있다는 징표야. 내 말 잘 들어.

로빈 그는 그럴 수 있지만, 로즈메리는 이 사교 모임에서 당신이 생각하는 만큼 인상적이지 않아.

롤랜드 그녀는 오직 예쁜 옷에만 정신이 빠져있어. 왜냐하면 그녀는 옷을 사용해서 그녀 자신의 아름다움을 과시할 수 있거든.

로빈 그러나 그녀는 살아남을 거고, 우리는 그러지 못할 거야. 그녀는 누군가의 정액을 받을 거야—

롤랜드 누군가의 매독균이나 임질균을 받겠지.

로빈 그녀는 그렇게 멍청한 부류가 아냐. 너는 그럴 수 있어도, 그녀는 아냐. 너는 그녀와의 섹스에서 성공한 적이나 있어? 아니지—앞으로도 절대 없을 거야. 나는 네가 삽입하기 전에 스스로 무너질 거라고 봐. 내 말이 맞지 않아?

롤랜드 그건 앨리스를 걱정했기 때문이야.

로빈 너는 구제불능이야.

롤랜드 빌어먹을! 내가 오늘 그 말을 두 번이나 들었어.

로빈 그렇게 말한 다른 한 사람이 로즈메리였지? 말 안 해도 알아. 그녀가 분명해. 설령 그녀가 그 말을 하지 않았다고 해도, 그게 그녀가 어떤 말보다도 큰 소리로 말하고 싶었던 말일 거야.

롤랜드 *(격노로 인해 얼굴이 하얗다)* 내가 너희 모두의 버릇을 가르쳐 주겠어!

(총소리가 들린다. 부드럽고 조용하다. 롤랜드가 죽는다)

로즈메리 *(남자에게)* 자기! 그러지 말라니까요. 나를 정말 화나게 하네요! 그는 실제로—

남자 미안해요. 나는 당신이 신경 쓰지 않을 거라고 생각했어요.

로즈메리 물론 신경 쓰죠. 불쌍한 앨리스. 그녀는 그를 구해주지 않았다고 나를 비난할 거예요.

남자 당신이 앨리스에게 관심이 있나요? 그녀가 그를 좋아했어요? 그 일로 우리 저녁 시간을 망치지 말아요. 사랑해요. 사랑해요.

로즈메리 소용없어요. 내가 무척 화가 난 걸 모르겠어요? 나는 마치 그것이 아무것도 아닌 양 받아들일 수 없어요. 나에게 시간이 필요해요.

사제 *(마치 누구인지를 확인하려는 듯이, 발가락으로 롤랜드의 시체를 돌려놓는다)* 톰에게 그를—그것을—내 말은 "그를" 치우라고 할게요.

로즈메리 *(울먹이면서 남자의 손을 밀어낸다)* 끔찍해요! 그런 일이 일어나지 않기를 바랐는데.

남자 *(낙담해서, 그녀를 놓아준다)* 나는 당신이 그것을 원한다고 생각했어요—

로즈메리 감히 어떻게 그런 말을 해요! 그런 식으로 말하면서 나를 사랑할 수는 없어요.

로빈 그는 죽었나요?

정신분석가 완전히.

사제 완전히 죽었어요. 자, 자 … 그의 고통은 끝났어요.

로빈 *(격노한 상태로)* 나는 당신이 내세를 믿는다고 생각했는데요.

사제 오 아니에요. 전혀 잘못된 생각이에요. 교회의 가르침을 공부하지 않은 많은 사람들이 그런 실수를 해요.

로빈 그러면 당신은 도대체 뭘 믿는 거죠?

사제 글쎄요, 지옥을 믿죠.

정신분석가 천국이 그렇듯이, 지옥은 당신 마음속에 있어요.

모리아티 *(킬킬대면서)* 어처구니없는 소리! 그가 죽은 게 안 보여요? 그게 다 무슨 쓸데없는 소리에요? 완전히 단순 살인이에요—아무런 문제가 없어요. 그런데 당신은 그것을 거짓말, 얼버무림 그리고 자기-기만의 원천으로 만들고 있어요.

왓슨 너는 어떻고? 너도 끝없는 논쟁을 야기했잖아?—라이첸바흐에서 너와 너의 활동중지에 대한 논쟁 말이야.

모리아티 도일이 서툴렀을 수 있어. 그 누구도 실제 세상에 실제로 악한 인간들이 없다고 말할 수는 없어. 언젠가는 나의 인간 추종자들이, 설령 그들이 "상상의 산물"에 지고 있는 빚을 인식하지 못한다고 해도, 권력을 쥐게 될 거야. 너의 군대, 해군 그리고 경찰병력이 어디에 있지? 남자는 방금 한 영국 신사에게 총을 발사했고, 여종을 "마님"으로 만들기 위해 필요한 일을 하고 있는 중이야. 나는 그녀의 원칙의 결여가 커다란 잠재력을 갖고 있다고 봐. 그녀는 지금도 앨리스로 인해 느꼈던 것보다 더 많은 양심의 가책을 받지 않고서 남자를 버릴 이유들을 준비 중이야. 그녀는 죄책감을 느끼지 않아—

로즈메리 만약 네가 상상의 산물이 아니었다면, 나는 네 목을 비틀었을 거야.

모리아티 만약 네가 조심하지 않으면, 너는 악의 "화신"이 될 거고, 네 목이 더 많이 비틀리게 될 거야. 너의 이전 주인의 남편에게 무슨 일이 일어났는지 보라고. 만약 그가 농사일에만 집중했더라면, 그는 지금 죽지 않았을지도 몰라!

정신분석가 이제 보니 너는 플라톤주의자네.

모리아티 그런 동물은 들어본 적이 없어.

사제 플라톤은 모든 사람이 자신이 하는 일에 끝까지 집중하면, "세상"은 지상천국이 될 거라고 말했어. 지금까지는 지옥이 세상을 지배하고 있지만.

모리아티 나는 항상 그가 철학자라고 생각했어—그는 좀 더 센스가 있어야 했어—

정신분석가 센스는, 쾌활함처럼, 침범해 들어와요—존슨 박사가 말했듯이.

로즈메리 누군가가 저 시체를 치울 건가요?

앨리스 내가 톰에게 말했어요. 그가 오고 있어요. 나는 화났어요. 결국, 나는 한때 그와 결혼했었어요.

로즈메리 나는 너와 롤랜드를 모두 보아왔어. 비록 너는 그것이 단지 "하녀의 견해"라고 생각했지만. 그것은 결코 내가 사랑이라고 부르는 것이 아니었어.

앨리스 당신은 너무 멀리 나갔어요, 로즈메리. 당신은—

로즈메리 너도 너무 많이 나갔어. 지금 상사는 나야. 톰에게 냉큼 와서 빨리 처리하라고 해. 나는 저게 치워졌으면 좋겠어. 그리고 너와 톰은 이 집에서 나가서 다른 일을 찾아봐.

남자 내가 도와줄까요?

로즈메리 아뇨. 나는 당신의 도움을 충분히 받았어요!

남자 미안해요. 당신은 혹시 …

로즈메리 내가 그것을 원할 때 요청할 수 있어요. 지금 나는 화가 났어요. 당신은 너무 거칠어요.

사제 & 정신분석가 내가 도와줄까요?

로즈메리 아뇨, 가세요. 당신들은 여자를 몰라요.

정신분석가 그건 사실이에요.

사제 나는 전에 그들을 만나봤어요. 로즈메리는 사라와 그녀의 여종 하갈을 생각나게 해요. 그들은 아브람을 힘들게 했어요.

톰 나를 찾으셨다고요?

로즈메리 저것 좀 치워.

톰 오 맙소사—주인님이시네요. 그렇지 않나요?

로즈메리 바보! 지금 남자가 화가 나 있어. 맞아, 그건 롤랜드 씨야—그걸 치워, 톰—그는 죽었어.

톰 어떻게 그런 일이 일어났죠?

남자 내가 쐈어. 그를 들판 어딘가에 묻어.

톰 그러나 그건 살인이에요!

남자 가서 집에서 멀리 떨어진 곳에 묻어. 아냐, 정원에는 묻지 마. 네가 좋다면, 공동묘지에 묻어도 좋아, 그러나 빨리 해.

톰 가서 손수레를 끌고 올 게요—그러나 그렇게 하는 게 옳은 것 같지 않아요.

로즈메리 지금 당장 네가 끌고 나가.

톰 나는 손수레를 가져오려고 했을 뿐이에요.

로즈메리 아냐! 그걸 치우라고!

(여전히 자동소총을 만지작거리고 있는 남자에게서 위협을 느끼면서, 톰은 역겨운 시체를 들쳐메고 밖으로 나간다. 자동소총은 그에게 오만한 태도를 보였던 로즈메리에게 발사되지 않는다)

로즈메리 그 총 좀 치워요. *(그는 머뭇거린다)* 내가 말했잖아요. 그 총 치워요. *(화난 목소리로)* 그 총 내게 줘요! *(그는 총을 포기하지 않은 채, 격노해서 밖으로 나간다)*

(어둠이 내리고—아무것도 보이지 않는다)

17

로즈메리 *(처음에는 희미하게만 알아볼 수 있다)* 날씨가 좋네! *(몰골이 후줄근한 여자 거지 유령이 서서히 모습을 드러낸다. 로즈메리는 그녀를 보고 놀란다)* 당신은 누구야? 여기에 어떻게 들어왔어? *(대답은 없지만, 그 인물은 점점 더 위협적으로 변한다)* 나가! *(그 인물은 그녀를 붙잡으려는 듯이, 천천히 손을 들어 올린다)* 그런 속임수로 나를 겁줄 수는 없을 걸. 나에게 유령은 새롭지도 않아. 너는 무엇을 원해?

유령 네가 겁을 먹지 않고 예의 바르게 행동하기로 결정해서 기뻐. 네가 비명을 질렀다면, 그렇지 않았을 거야.

로즈메리 *(경멸적으로)* 나는 쉽게 겁먹지 않아. 내가 미쳐가고 있다고 생각했을 때조차도 그랬어.

유령 그건 그래. 나는 너에게 경고하러 왔어. 나는 네 친구야.

로즈메리 안드로마케? 맥베스 부인? 헤카베Hecuba[132]? 이들은 내가 전에 본 친구들이지. 나는 너를 알아. 너는 그날 우르에서 사제에게 속았지. 그는 오늘도 나타났어. 나는 친구들이 많아.

유령 꿈들, 유령들, 환각들이 실제로 너의 친구들일 수 있어—네가 그들을 안다고 인정할 용기만 있다면. 지금까지 너는 적어도 나의 존재

---

132 그리스 신화. 트로이의 여왕.

를 인정했어. 내가 임박한 재앙의 전령인 동시에 그 재앙의 징표라고 생각하는 네가 옳을 수 있어.

로즈메리 네가 오지 않았어도 상황은 충분히 나쁘지 않나?

유령 나는 너의 잠을 방해해. 너는 내가 "병든 마음"의 증상이라고 느낄 걸. 프로이트는 이 꿈들을 좋은 이야기로 바꾸려고 시도했어. 너는 그의 말을 따를 의무가 없지만 말이야.

로즈메리 프로이트는 내가 들어본 적이 있는데, 그는 정신분석가야.

유령 네가 그를 어떻게 부르든, 또는 나를 어떻게 부르든 상관없어. 너는 경고를 들은 거야. 내가 너의 수면을 방해하게 만들지 마—잠을 잘 자라고. *(사라진다)*

로즈메리 없어졌네! 내가 소화불량인가 봐.

정신분석가 아마도 정신적인 소화불량일 걸요.

로즈메리 오 갓—이제 당신이 나타났네요.

정신분석가 신이 아니라, 나예요. 무슨 말소리가 들려서 와본 거예요. 이야기를 나눌 시간이 아니잖아요. 그렇지 않았더라면, 나는 보통의 관습적인 행동에서 벗어나지 않았을 거예요. 나는 당신과 함께 침대에 들기 위해 오지 않았어요. 나는 롤랜드가 당신을 보러왔을 때 그에게 했던 말을 들었어요. 내가 가기를 원하세요? 그런데 당신을 찾아온 사람이 있네요.

로즈메리 뭐라고요! 또 한 사람이 있다고요? 오, 알겠어요—사제군요. 그렇죠? 집이 꽉 차네요!

사제 무슨 소리가 들려서 와봤어요. 지금은 그럴 시간이 아니라서—

정신분석가 나는 이곳에 온 이유를 이미 설명했어요.

사제 불쌍한 여자! 하갈이 겪었던 똑같은 일을 겪다니—오, 내가 깜박했네요. 당신은 성경을 읽지 않고, 신 또는 그런 바보 같은 것을 전혀 믿지 않는다는 것을.

정신분석가 당신만큼은 아니지만, 그녀도 창세기에 나오는 이야기 정도는 알고 있어요. 좀 더 이야기하세요.

유령 *(다시 나타난다)* 이 신사들이 무슨 말을 하든 믿어서는 안 돼. 그들은 호세아보다 더 믿지 못할 사람들이야. 호세아도, 비록 신이 그에게 창녀와 결혼하라고 명령했다는 것을 "인정"했지만, 그 자신이 우월하다고 생각했어. 하갈은 사라가 하지 못한 임신을 하는 바람에 경멸을 받았지. 오, 너도 왔구나.

로즈메리 또 누가 왔다고!

남학생 미안해요! 목소리가 들리는데, 시간이 그래서—

정신분석가 긴 말 안 해도 돼. 우리 모두는 목소리를 들었고, 그럴 시간이 아니라고 생각했지.

남학생 우리는 전에 만났어요, 로즈메리. 나는 내가 너무 무례했던 것에 대해 사과하러 왔어요.

로즈메리 너는 내가 하녀라고 생각했고, 나와 함께 외출하거나 나의 엄마를 만나러 가기에는 너무 높은 계층의 사람이라고 생각했어. 실제로, 너의 관점에서 보면—정신분석가께서는 그것을 "정점"이라고 부르던데—나는 "최고 수준"이 아닌. 보통 창녀였어.

유령 당신들 중의 누구라도 이 "비범한" 상황에서 살아남으려면, 로즈메리의 엄마에게 빚을 져야 할 거야.

정신분석가 과학자들은 사물들과 사람들을 제대로 된 이름으로 불러야 한다고 생각해요.

남학생 맞아요! 나는 우리가 얼마나 재미있었는지 기억해요. 우리는 성경시간에 "선생님, 매춘이 뭐에요?"라고 묻곤 했어요. 나는 성경시간이 좋았어요. 그게 일요일의 유일하게 밝은 측면이었어요. 어떤 나이 든 바보가 "너희가 나만큼 자라면, 나만큼 알게 돼"라고 말하곤 했죠. 나는 "만약 네가 나만큼 젊고 "매춘"에 대해 나만큼 알았더라면, 너는 홍당무처럼 빨개지지 않았을 거야"라고 말할 수 있을 정도로 뻔뻔하지는 못했어요.

로즈메리 지금은 얼굴이 빨개지는 사람이 아무도 없어요. 하녀와 외출하다가 들킨 후에 너에게는 어떤 일이 있었지?

남학생 나는 죽었어요—"영웅적으로."

로즈메리 걱정했는데. 총을 맞았어? 아니면 성병주사를 맞은 거야?

왓슨 아니면 매독과 G.P.I.[133] 때문에?

로즈메리 오 마이 갓! 온종일 그 이야기를 들었는데, 밤에도 그 이야기를 듣고 있네요.

사제 만약 당신이 신을 믿는다면, "온종일과 밤새도록" 들은 것 때문에 놀라지 않았을 거예요.

정신분석가 또는 "모든 과학과 모든 종교" 때문에도요.

로즈메리 왜 "아름다움과 예술"은 빼놓는 거죠? 나는 신을 끌어들이지 않고서도 그날 밤이 충분히 나쁘다고 느꼈어요.

정신분석가 우리 모두는 인간 지식의 삼분의 일의 "증분"의 "증분"의 "증분"도 우리의 한계를 넘어선다고 느껴요. 그러나 그 남학생에게는 무슨 일이 있었던 걸까요? 지식의 무게를 못 이기고 가라앉았나요? 하녀의 아름다움에 의해 파괴되었을까요? 비너스와 그녀의 질병에 의해 압도되었을까요? 아니면 수학에 의해?

남학생 학교에서 나는 "경기장에서의 섹스"라는 제목으로 몇 개의 논문들을 썼는데, 그것은 민들레의 성적 및 무성적인 재생산 과정에 대한 학술적인 생물학 내용이었어요. 상당히 길고 정확한 설명이었죠. 나는 운동장의 잔디를 관리하는 사람과 함께 섹스에 대해 상상 속의 인

---

133 General Paralysis of the Insane의 약자

터뷰를 했어요. 그는 "나는 섹스에 대해서는 아무것도 모르지만, 싱싱한 민들레는 나에게 확실히 죽음을 가져다줄 거예요"라고 대답했어요. 어쨌든, 재미가 있든 없든, 그것이 나의 죽음이었어요. 나를 죽게 한 것은 그 글의 제목이었어요. 비록 리처드 쾨르 드 라이온Richard Coeur de Lion[134]에 대한 많은 이야기들이 있었지만요. 책임자는 나를 해고하라고 요구했어요. 나의 불쌍한 어머니는 상심했고, 나의 사랑하는 아빠는 격노했지만, 속으로는 재미있다고 생각했어요. 결국, 내가 군에 입대하기로 되어 있었기 때문에, 그들은 그때까지 머무를 수 있게 해 주었어요. 그것은 존경받을 만한 일이었죠. 내가 죽기를 원했기 때문에, 그들은 나의 엄마를 제외하고는 모두가 만족했어요. 심지어 그녀는 내가 최종적으로 죽었을 때, 내가 좋은 장교였고—나는 장교가 아니었는데—사후에 무공훈장에 추서되었다는 사령관의 말을 듣고는 기운을 차렸어요. 다행히도 그녀는 영국 군대와 그것의 영예들에 관심을 갖는 사람들이 없어지기 전에 죽었어요.

정신분석가 그래서 너는 사후의 삶을 살았니?

남학생 어떤 점에서는요. 나는 엄마의 꿈에 나타나 가끔 "안녕, 엄마"라고 말했고, 내가 전에 그랬던 것처럼 미소 지었어요. 그녀도 미소를 지었는데, 그녀가 잠에서 깨었을 때, 그녀의 뺨은 눈물에 젖어 있었어요.

정신분석가 그게 너를 힘들게 했어?

남학생 내가 죽기 전에는 그랬죠. 나는 내가 죽으면 어떻게 될지 두려웠어요. 나는 나의 아빠조차도 충격을 받았을 거라고 생각해요.

로즈메리 그래서 너는 영웅의 죽음을 죽었구나—그건 대단한 거야.

남학생 그런 것 같지 않아요. 당신이 나에 대해 말한 것이 맞았어요

---

134 잉글랜드의 두 번째 국왕(1157-1199).

—나는 당신을 데리고 나갈 배짱이 없었어요. 내 친구 하나가 전쟁에서 죽었는데, 당시에 나는 몰랐지만, 나도 그렇게 최후를 맞은 거죠. 나는 결코 회복하지 못했어요. 나의 용기, 기사도 그리고 희망은 죽었어요.

사제 그런데 여기에서 뭐하고 있는 거야?

남학생 내가 말했잖아요—나는 말소리를 들었고, 그럴 시간이 아니었기 때문에, 기보는 게 좋겠다고 생각했다고요.

정신분석가 단지 호기심 때문에?

사제 혹시 멸절, "영원한 죽음"에 대한 두려움 때문이 아닐까요?

정신분석가 환각 때문일까요?

남학생 그것들이 환각이라면, 사실이 환각보다 더 나을까요?

모리아티 사실은, 아무리 끔찍스러워도, 생각만큼 끔찍스럽지는 않아요.

로즈메리 모리아티는 상상의 산물이예요. 남자는 그렇지 않죠. 나는 상상의 산물이 더 좋아요.

정신분석가 상상의 산물들은 생생한 존재가 되는 법을 알아요. 로빈은 살아있지만, 롤랜드는 그렇지 않아요. 남자가 그를 죽였어요. 초콜릿 바가 의심을 죽였거나 덮어버렸어요. 상상의 산물로 위장한 진짜 루거 Luger[135]가 롤랜드를 죽인 거예요. 그 초콜릿 바와 진짜 총, 둘 모두는 각각의 상황에서 효과적이었어요. 중요한 것은 남자가 그의 말하는 능력을 사용한 방식이었어요.

로즈메리 이것은 생생한 꿈이에요. 나는 내가 도움을 요청했는지 안 했는지 기억이 안 나요. 이곳에 아무도 없었어요. 나는 내가 아주 오래 전 일요일에 그랬던 것처럼, 햇볕을 쬐고 싶었어요 … 나는 일어날 수 없었어요—너무 어둡고, 너무 이른 시간이었어요. 나는 전혀 눈을 붙이지

---

135 독일제 반자동 권총.

못했어요. 대낮의 환한 빛이 더 나을까요? 나는 나와 사랑에 빠졌다고 말하는 이 살인적인 무뢰배를 어떻게 다루어야 하죠? 저 소리는 앨리스가 흐느껴 우는 소린가요? 아뇨. 그건 바람 소리예요. 정말 조용하네요! 다시 소리가 들려요—내 얼굴은 눈물에 젖어 있어요. 내가 가서 그게 무엇인지 봐야 할까요? 아니면 앨리스를 부를까요? 내가 그녀를 내 발밑에 두는 것을 좋아했던 때가 있었지만, 지금은 내 목숨을 잃을까봐 두려워요! 그냥 울게 내버려둬요 … 그러나 그녀가 나를 깨우고 있어요. 이 끔찍한 사람들—그들은 자신들에 대해 꿈을 꾸지 않을 정도로 충분히 나쁜 사람들이에요. 마침내 날이 다시 밝아오네요. 나는 그녀에게 차를 대령하는 게 싫었어요. 그것은 그들에게는 멋진 삶이었죠. 지금은요? 남자에게는 상사가 있을까요? … 남학생은 그의 성경공부 시간 이야기로 나를 웃게 만들어 주었어요! 나는 그에게 무슨 일이 있었는지 궁금해요. 내 꿈에서 그는 죽었어요—전사했어요 … "당신의 모든 힘든 것들은 당신의 낡은 가방에 집어넣어요" … 장엄한 밴드 소리가 들렸어요. 그들은 지금 어디에 있죠? … 어쩌면 내가 앨리스에게 너무 심하게 대했는지도 … *(잠든다)*

18

로즈메리가 잠에서 깬다. 대낮처럼 환하다.

로즈메리 아무도 없어요? 무슨 일이람? 끔찍한 밤이었어—완전히 녹초가 된 것 같아. *(앨리스를 부르는 벨이 울리지만, 아무도 오지 않는다. 그녀는 마침내 침대에서 일어난다)* 앨리스가 도망쳤나? 모두가 다 도망쳤나? 남자와 그의 부하들이 와서 전부 다 체포해갔을지도 몰라. 그렇다면 그들은 왜 나를 빼놓았을까? 남자가 나를 남겨두라고 했겠지—그 자신을 위해서. 그는 나를 사랑하지 않아. 어제 내가 그에게 했던 말을 듣고 나서는 … 그게 어제였나? 그게 언제였는지조차 모르겠어. 그 남학생 … 아, 이제 생각이 나네—그가 전쟁에서 죽었다고 했지 … 미쳤던 게 분명해 … 아니면 내가 꿈을 꾸었나? 그건 꿈이 아니었어. 꿈이 아니면, 그게 뭐였지? 앨리스! 앨리스! 앨리스! … 나는 비명을 지르고 있어! 미쳤군—말할 사람이 아무도 없어. 미쳤어! 나 혼자야. 이곳은 으스스한 느낌이 들어. 귀신이 나올 것 같아. 나는 귀신을 보고 있는 거야. 사람들은 마녀에 씌웠다고 말하지. 저건 총소린가? 아냐, 트럭이 지나가는 소리야. 트럭들이 나를 향해 달려오고 있고, 나를 관통해서 내 머릿속으로 들어가면서 내 고막을 울리고 있어! 카싼드라, 나 좀 도와줘. 도와줘! 앨리스! 오, 너구나. 그동안 어디 있었어? 나는 침대에서 굴러떨어졌어. 마비가 온 것 같아. 의사는 어디에 있지? 아니, 나는 정신분석가를 원하지 않아—나는 병이 났어. 나는 마음의 의사가 아니라 신체의 의사가 필요해. 나는 일어나야 해, 아니면 미칠 것 같아.

앨리스 부르셨어요, 마님?

로즈메리 오 닥쳐! 나를 "마님"이라고 부르지 마.

앨리스 미안해요. 나는 당신이 그 말을 좋아한다고 생각했어요.

로즈메리 네가 그걸 좋아했지. 네가 나를 그렇게 이끌었어. 너는 어떻게 그런 헛소리를 참을 수 있었지? 나는 너의 하녀인 것을 증오했고, 너를 증오했어. 지금 너는 아마도 … 내가 꼴 좋다고 생각할 거야!

앨리스 뭐가 꼴 좋다는 거죠? 나는 당신이 마님이라는 말을 좋아했다고 확신했는데요.

로즈메리 내가 미쳤나봐. 내가 어떻게 이 집의 마님이 됐지? 무슨 일이 일어났던 거야? 무슨 … *(그녀는 신경질적이 되고, 앨리스는 화가 나고 겁에 질린다)*

앨리스 진정하세요! 무슨 일이에요?

로즈메리 아무것도 아냐. 나는 일어나고 싶어. 나는 … 악몽을 꾼 것 같아. 그것은 매우 생생했어.

앨리스 무슨 꿈을 꿨는데요?

로즈메리 *(사실들이 확실하지 않다. 자신의 속마음을 보여줄 수도 있는 것들을 말하게 될까봐 시간을 끌면서, 앨리스가 먼저 무슨 말을 하거나 행해주기를 바란다)* 나는 의자에 앉는 게 좋겠어. 정말 이상한 느낌이야.

앨리스 여기 앉아요. 방석을 원하세요? 문 앞에 누가 있네요—

로즈메리 *(간신히 비명을 참으면서)* 그를 들이지 말아. 그 끔찍한 남자!

앨리스 그는 톰이에요. 그는 들어오지 않을 거예요.

로즈메리 그게 확실히 …

앨리스 그는 단지 톰이에요.

로즈메리 *(자신이 정신줄을 놓지 않은 것에 대해 안도하면서, 자신이 생각하는 것을 드러내지 않고 도와줄 수 있는 누군가를 원한다)* 오, 그는 전혀 해롭지 않아—정말 아주 좋은 남자야.

앨리스 톰, 뭘 원해요? 잠깐만 기다려요.

톰 시킨 일을 다 끝냈다고 보고하러 왔어요.

앨리스 고마워요—다른 건 없어요? 나는 지금 바빠요.

톰 그게 전부인가요? *(혼잣말을 하면서 떠나간다)* 앨리스는 훌륭한 조력자야. 그녀가 나에게 뭘 시키든 괜찮아. 그들은 전부 미쳤어. 마님들에게 일어난 일들은 알다가도 모르겠어. 로즈메리는 어떻고! 옷을 그렇게 차려입으니까 완전히 귀부인 같아. 컬리에게 무슨 일이 있는지 알아야 해. 주인님에게 그 암소에 대해 물어볼 수 있었는데, 이제 그는 죽었고, 독일놈 밖에는 물어볼 사람이 없네. 그런데 그는 좋은 사람이 아니야. 우리 컬리 아가씨—어디가 아파? 아무것도 안 먹는다고? *(그는 컬리의 배를 만지려고 나가가지만, 암소는 거칠게 달려든다)* 와, 저런! 나는 널 해치려는 게 아냐. 나는 너에게 말하는 사람이 내가 아니라 주인님이었기를 바래. 암소들과 여자들—그들은 모두 똑 같아—은 달려드는데, 그건 자신들이 상처받을 거라고 생각하기 때문이야. 주인님은 "암소들과 도둑들은 모두 똑 같아"라고 말했을 거야. 불쌍한 컬리!

(희미해진다. 사제와 정신분석가가 함께 있는 모습이 보인다)

사제 나는 어젯밤에 이상한 꿈을 꾸었어요—나는 당신이 그것을 이상한 꿈이라고 부를 거라고 생각해요.

정신분석가 내가 그것을 어떻게 그렇게 부를 수 있겠어요? 그건 내 꿈이 아니었어요.

사제 나에게는 모든 꿈들이 "이상해요." 그래서 당신이 그렇게 부를 거라고 생각했죠.

정신분석가 당신네 예언자들 중의 한 사람인 이사야는 당신 같은 종교인들이 주목하는 사람이죠—혹시 내가 당신 종교의 명칭을 모르더라도 이해하세요—

사제 *(가볍게 고개 숙여 인사한다)* 우쭐한 기분이네요. 특정 종교의 명칭으로 나에게 딱지를 붙이지 않는 당신의 분별력을 축하드리고 싶어요.

정신분석가 의례적인 예절은 생략하죠. 나는 주님과의 접촉에 대해 정확한 날짜와 함께 일상적인 용어로 서술한 이사야를 생각하고 있었어요. 물론 우리는 무슨 일이 있었는지 알 수 없지만, 견해를 가질 수는 있죠. 나의 목표는 과거 경험을 논의하는 게 아니라, 방금 "이상한 꿈"이라고 말한 것이 무제한의 가능성을 갖고 있다는 것을 보여주는 거예요. 그 가능성은 이 논의에서 나의 무지에 의해서만 제한을 받아요. 그런 꿈에 대한 경험은 우리의 능력에 대한 "유한한" 고려들에 의해 제한받지 않아요. 그것에 대한 우리의 "논의"는 제한받지만요.

사제 나는 그 꿈에서 거대하고, 엄청난 그리고 장엄한 수준의 폭발이 일어나는 장면을 보았는데, 그것은 공포스러웠어요. 캄캄한 밤이었는데, 그 밤은 태양계에서 볼 수 있는 그런 밤이 아니라, 영혼의 캄캄한 밤이었어요—

정신분석가 십자가의 성 요한[136]이 서술한 것과 같은 밤이었나 보죠?

사제 나는 십자가의 성 요한이 아니에요. 이사야는 말할 것도 없고요. 그것이 내가 꾼 꿈일 수 있다는 사실이 이상하다는 느낌을 더해줘요.

정신분석가 나는, 당신이 방금 그렇게 하고 있었던 것처럼, 다양하게 부적절한 측면에서 서술된 공포스런 경험들에 대한 보고에 친숙해요. 우리 두 사람은 그 끔찍한 경험에 대해 알고 있지만, 많은 사람들은 그렇지 못해요. 그들은 "미치는 것," 어떤 말로 설명할 수 없는 재

---

136 Saint John of the Cross(1542-1591). 스페인의 반 종교개혁 수도사, 신비주의자, 가톨릭 성인.

앙, "붕괴"를 두려워하죠. 그들은 재앙을 초래하는 것을 통해서 스스로를 표현할 수 있어요. 우리 정신분석가들은 당신네 사제들이 꿈을 모른다고 생각해요. 꿈 그 자체는 일어난 일에 대한 그림으로 된 표상이자 언어로 표현된 거예요. 당신이 "꿈을 꿀" 때 실제로 무슨 일이 일어났는지는 우리가 알지 못해요. 우리 모두는 알려지지 않은 것을 견디기 힘들어하기 때문에, 그것을 즉각적인 설명이 가능한 친숙한 것으로 만들고 싶어 해요—당신과 나에게 친숙한 "폭발"로요. 사건 자체는 물리학, 화학, 정신분석학, 또는 다른 우리가 이미 알고 있는 경험의 측면에서 설명될 수 있기 때문에, 어렴풋이 추측이 가능해요. 꿈에서 폭발보다는 관념conception이 발생하는데, 그것은 "생각할 수 있는 것"이 되는 사건이에요. "생각할 수 있는 것이 되는 것"은 더 이상 새로운 어떤 것을 생성해내는 경험이 아니에요. 한 여성이 임신-이전pre-conception, 임신conception, 출산birth을 통해서 자신이 아기를 갖게 된다는 것을 아는 것은 얼마나 큰 충격일까요![137] 그것이 성교와 연결되어 있다고 가정하는 것은 얼마나 어처구니없는 생각일까요! 나는 여성이 아이디어를 생각해낼 수 있다거나, 고려의 가치가 있는 사고를 할 수 있다고 생각하는 것이 어처구니없다고 여기는 사람들을 봐왔어요.

사제 여성들은 실제로 질투심이 많고, 다른 여성들을 시기해요. 나는 산부인과 병동에서 결혼하지 않은 간호사들이 엄마들과 예비 엄마들에 대한 시기심이 일으킨, 재앙적 사건을 알고 있어요. 한 의사 친구는 나에게 산부인과 의사는 간호사, 수녀 또는 보모가 공정하게 바라보는 그의 기능을 몰수당하지 않으려면, 정신 바짝 차려야 한다고 말했어요. 당신은 남성들만이 창조적인 여성에게 적대적이라고 제안하고 있는 건가요?

---

137 이 문장에서 저자는 꿈 사고의 탄생과정을 설명하고 있다. 독자는 pre-conception과 conception이라는 영어단어가 생물학적 측면에서는 임신-이전과 임신으로 번역되지만, 사고발달의 측면에서는 전-관념과 관념으로 번역될 수 있음을 주목할 것.

정신분석가 분명코 남성들만이 그런 건 아니에요. 질투와 시기는 생리학적이고 해부학적인 특징들과 상관이 없어요. 그것들은 인격 또는 마음과 관련된 거예요. 인격 또는 마음은 신체적 형태가 지닌 매력에 의해 윤곽이 그려질 수 있는, 신체적 한계를 갖고 있지 않아요. 당신과 내가 서로 다른 것은, 육체적 영역이나 신체적인 영역에서의 차이가 아니라 다른 영역에서의 차이 때문이에요. 예를 들면, 당신이 개념적 간극을 채우는 데 신을 가정하고 있다는 사실이 그런 거예요.

사제 나는 우리가 개념적 간극에 대해 걱정할 거라고는 생각하지 않아요. 나는 논의를 위한 목적으로 "개념적" 또는 "이론적" 간극의 타당성에 기꺼이 동의해요. 나는 신의 "개념"이, 인간 존재들이 그들의 유한한 마음의 한계 안에서 만들어내는 그림자 같고 희미한 반영에 지나지 않는, 현실과 짝을 이루는 것이라고 주장해요. "무한히 장엄한 아버지Father of Infinite Majesty"라는 말은 말로 설명할 수 없는 무한을 표현하고자 하는 우리의 보잘것없는 언어화 시도에 지나지 않아요. 우리의 능력 안에 있는 어떤 경험적 요소들, 기억들, 욕망들, 희망들 그리고 두려움들을 통해서도 우리는 그것을 표현하거나 설명할 수 없어요.

정신분석가 그 말은 이해해요. 그러나 왜 그 이상의 것을, 즉 신을 끌어들이죠?

사제 나는 끌어들이지 않아요. 당신이 말한 "끌어들여진" 것이라는 표현은 "김빠지게 하는" 거예요. 밝혀주기보다는 오도하는, 차원이 없는 것에 대한 이차원적인 대체물이죠.

정신분석가 밀턴은 내면세계에 대해 말하면서, 그곳에서는 식물이 본다고 했어요.

사제 밀턴의 비극은 실낙원이었어요. 나는 그의 위대함에 대해서는 마땅히 인정하지만, 그가 낙원을 되찾았다고 생각한 것은 틀렸다고 생각해요. 블레이크는 밀턴이 그의 상실을 묘사하는 부분에서는 충분히 위대했지만, 그가 상실한 것을 되찾을 정도로 위대하지는 못했다고 봤어요.

정신분석가 당신은 사실을 무시하고 있는 것 같아요—

사제 실례지만, 나는 당신의 "과학"이 최근의 것이고, 이미 빈약하게 성장하는 것인 반면에, 당신이 "경험"이라고 부르는 것이 최소한 릴리스Lilith[138] 만큼 그리고 그 이상으로 오래된 거라고 주장하고 싶어요.

정신분석가 최소한 수천 년 동안 나는—

사제 "신께서 보시기에 수천 년이 하룻밤 같고. 새날과 함께 사라지는 꿈처럼 망각 속으로 날아가나이다."

정신분석가 그 말은 우리를 다시금 당신의 "이상한 꿈"으로 데려다 주네요. 당신은 우리의 논의가 당신의 "이상한" 꿈이 지닌 다중적인 의미에 빛을 줄 수 있다고 생각하지 않으세요?

사제 내가 하려고 했던 말이 그 말이에요. 우리의 다르고, 갈라지는 그리고 명백히 상반되는 견해들은 "이상한" 영역 안에서 현실보다 더 현실적인 것으로 "드러날" 수 있어요.

정신분석가 "우리의 해안이 그들의 해안과 마주 보고 있다."[139]

사제 버질이 한 그 말은 우리가 논의하고 있는 것을 의미하지 않았어요.

정신분석가 그러나 그 말은 과거에 빛을 비춰줄 뿐만 아니라, 미래에도 빛을 비춰줘요.

사제 당신은 그 현실이 어디에서 유래한다고 보세요—오직 유전자들, 염색체들, DNA, 이중 나선형에서만 유래할까요?

---

138 유태인의 여성 악마. 여기에서는 아담의 아내로서의 릴리스에 대한 전설을 말하고 있음.

139 Litora, litoribus contraria. 트로이 제국과 로마 제국 사이의 해안선에 대한 버질의 서술. 여기에서는 프랑스와 영국이 마주보고 있는 해안선을 서술하는 데 사용되고 있음.

정신분석가 나는 모르죠.

사제 그 말은 지금까지 당신이 인정한 것 중에 가장 현명한 말이네요.

정신분석가 그러한 기본적인 인정이 없이는 과학적 탐구를 열망할 수 없죠.

사제 그와 유사한 인정이 없이는 신에 대한 탐구를 열망할 수도 없어요.

정신분석가 내가 종교인들을 반대하는 이유는 그들이 전지전능한 신을 주장하기 때문이에요.

사제 우리는 우리 자신의 이미지 안에서 만들어진 신을 열망해요—그것은 잘 알려진 사실이에요. 그러나 나는 우리가 특정한 견해를 가진 사람들과 함께 있다는 이유로, 그러한 견해들 옆에 우리의 이름이 기입되어야 한다고 생각하지는 않아요.

정신분석가 우리 모두가 그런 경험의 희생자임을 지적하는 것이 내가 하는 일의 일부예요. 좋든 싫든, 그것이 인간의 왕국에서 일어나는 일이니까요.

사제 그 점에 대해서는 이의가 없어요.

정신분석가 우리는 당신의 이상한 꿈에서 시작해서, 내 생각에, 문제의 핵심으로 들어가지 않은 채, 먼 길을 돌아왔어요. 나에게 또는 나처럼 알기를 열망하는 사람에게 핵심을 유보하는 일은 하지 말아주세요.

사제 나는 유보하지 않아요—당신이 "열망하는 것"이 "성취하는 것"과 같은 거라고 주장하지만 않는다면요. 우리의 현 발달단계에서 그런 주장은 오만한 거예요. 우리가 목적지에 도달했다는 생각을 포기하는 데 동의하도록 하죠.

정신분석가 우리가 동의하지 않는다고 해도, 사실들이 동의할 거예요—아마도 당신의 폭발 꿈은 그럴 거예요. 나는 우리가 혼자가 아니라는 것을 관찰해요. 나중에 논의를 계속할 수 있을 거예요. 굿 모닝, 부인. 건강하세요.

로즈메리 고마워요—아주 좋아요. 앨리스는 어디에 있죠? 내가 그녀에게 여기에 있으라고 말했는데.

앨리스 여기 있어요, 마님.

로즈메리 여기에 있는 분들, 다 앉으세요. 당신들 두 사람(*사제와 정신분석가*)은 의견의 일치에 도달했군요. 그래서 나는 기뻐요—

사제 그것은 현실보다 더 명백해요.

정신분석가 우리는 동시에 같은 울타리에 도달했어요. 그런데 그 사실은 우리가 그 울타리의 다른 편에 있다는 사실을 보지 못하게 하는, 의견의 일치라는 환상을 줘요.

로즈메리 울타리라고요? 웬 울타리죠?

사제 슬프게도! 그것은 볼 수 없고, 만질 수 없고, 감각할 수 없고 …

정신분석가 우리 자신의 학문분야가 아닌 것에서 빌려오지 않고서는 거의 표현할 수 없는 것이에요.

로즈메리 그러면 당신들은 "취득물"에 대한 동의에 도달한 거군요.

정신분석가 아뇨. 사제는 나에게서 훔치거나 빌려가요. 나도 그에게서 같은 것을 하고요. 우리 모두는 서로를 그리고 심지어 함께 공모해야 하는 우리 자신들을 증오해요. 공모, 강도질, 도둑질—우리는 이것들에 얼마나 많은 빚을 지고 있는지 몰라요!

사제 독선, 무지, 무관용—과학은 이것들에 많은 빚을 지고 있고요!

정신분석가 교회는 무척 견고한 토대 위에 세워져야 했어요!

사제 과학자들은 대단히 집요하게 우리에게서 신앙을 훔쳐 갔어요! 그들의 공격에 저항하느라 우리는 얼마나 많은 잠 못 이루는 밤을 보내야 했는지요!

앨리스 그러다가는 당신들 모두의 집안에 역병이 돌고, 그들은 곧 멸망할 수 있어요.

로즈메리 함부로 말하지 마, 앨리스!

남자 내가 그녀를 쏠까요?

로즈메리 내가 분명히 말하는데, 쏘지 말아요—당신은 너무 거칠어요. 그녀는 나의 머리손질 같은 유용한 일을 하도록 훈련시킬 수 있어요. 앨리스, 너는 지금 내 머리를 다듬어줄 수 있지만, 만약 방해한다면, 이곳에서 너를 내보낼 거야.

앨리스 미안해요, 마님. 나는 마님이 그들의 생각에 반대한다고 생각했어요—

로즈메리 생각하지 마. 내 머리나 다듬어 봐. 그리고 내가 너에게 준 유니폼을 입어.

정신분석가 당신이 입던 옷—정신적이고 신체적인—말이군요. 그녀가 지적 논의에 참여하도록 허용하는 것이 당신이 그녀에게 물려준 여종의 옷을 해지게 만드는가 봐요.

로즈메리 당신 일이나 신경 써요.

사제 로즈메리는 당신이 보여준 모습에서 유익을 얻는 대신에, 더 오만해졌어요. 그녀의 마음의 틀 안에는 굴종이라는 것이 없어요. 군대를 명령했던 폭력이라는 장군은 군사들이 종교적 진실에 충성한다는 것을 깨달았죠. 그 요소가 느슨해질 때, 군기는 문란해져요.

정신분석가 마음은 제대로 된 훈련을 받지 못한 상태에서 철학이라는 학문에서 풀려났어요. 당신이 종교적 가르침을 대체하려고 시도했을 때, 그 가르침의 실행을 맡은 교회는 신의 도시를 계획하는 일에 많은 세월을 보내야만 했어요. 그런데 그것이 완성되기 오래전에, 심지어 그 계획이 정교화되고 있는 동안에도, 그것이 잘못된 장소들 위에 세워져 있다는 것이 드러났어요.

사제 맞아요. 나중에 정신분석가들, 낭만주의자들로 알려진 사람들은 그 장소가 모든 장소들 중에서 무의식 안에 있다고 주장했어요. 독가스가 나오는 늪이 있는 그곳에서, 그 놀라운 구조의 잔해들이 그것의 아름다움에 대한 주장들과 논쟁들을 시작할 수 있는 낭만적 폐허를 형성하기 위해 어렵게 한데 모였어요.

정신분석가 당신은 지금 "빌려다 쓰고 있나요" 아니면 "훔쳐다 쓰고 있나요?" 나는 포트 로열Port Royal[140]에 대해 그와 비슷한 말을 들은 것 같은데요.

사제 "정신분석"은 "포트 로열"처럼 "똥물" 같이 더럽고 냄새나는 것을 미화하는 행위를 지칭하는 말일 수 있어요. 밀턴이 지옥에서의 논쟁을 미화했던 것처럼요.

정신분석가 농부들은 자신들이 똥에 빚지고 있다는 것을 알고 있어요. 영주의 조레는 많은 아름다운 숙녀들이 그들의 안전을 창녀들과 매춘에 빚지고 있다고 말함으로써, 그의 동시대 사람들을 경악하게 했어요.

사제 남자들은 그 아이디어를 좋아하지 않아요. 호세아는 그의 아내를 얻는 데 매춘에 빚을 졌어요. "고멜Gomer[141]이 처음에 하늘의 명령에 따라 푸른 것blue에서 일어섰을 때" … 어떤 푸른 것이냐고요? 하늘? 포르노그라피?—어떤 언어는 "푸른 색"[142]이죠.

로즈메리 그만 하면 됐어, 앨리스.—내 머리 어때?

앨리스 아름다워요, 마님.

로즈메리 이 두 바보들과 이야기하는 것은 시간 낭비야. 과학과 지식은 아름다움을 모르는 것처럼 보여. 나는 네가 나의 이미 "아름다운" 머리를 명백하게 아름다운 것으로 만들었다고 생각해. 너는 나의 좋은

140 종교적 운동이 시작된 곳.

141 구약성서에 등장하는 예언자 호세아의 아내.

142 색깔은 종종 마치 항구적으로 감정과 관련되어 있는 것으로 서술된다.

하녀가 되기까지 오랫동안 비싼 훈련을 받았음이 분명해. 지금도 너는 배워야 할 게 많아. 나는 내가 아름답다는 것을 알아. 이제 너는 좋든 싫든 내가 아름답다고 말해야 해. 롤랜드가, 비록 그는 얼간이였지만, 나의 아름다움을 알아봤을 때, 꽤 재미가 있었어. 나는 너 역시 그 사실을 인정해야 할 거라고 생각해본 적이 없어. *(목소리를 낮춘다)* 내가 크게 잘못 알고 있는 것이 아니라면, 내가 자신의 총에 절하고 있다고 생각하는 나의 추종자는 곤란해질 거야. 어떻게? 오, 나는 내 방법이 있지—내가 그와 사랑에 빠져 있고 그의 친구들을 두려워하고 있다는 그의 믿음과 밀접하게 연관되어있는 방법 말이야.

앨리스 당신은 그를 사랑하고 있지 않나요, 마님?

로즈메리 물론 사랑하지, 그러나 나는 나 자신을 사랑이나 공포에 의해 마비되도록 허용하지 않아. 그것이 자기 자신이 받은 "교육"을 좋은 것으로 바꿀 수 있을 정도로 충분히 똑똑한 것이 갖는 장점이야. 나는 내가 어렸을 때 많은 것을 배웠고, 부유하고 힘 있는 사람들과 나의 엄마를 찾아왔던 욕정에 환장한 놈팽이들을 다루는 방법을 배웠어. 지금도 나는 악몽을 꾸고, 공포로 인해 땀을 흘린 채 잠에서 깨어나. 잊지마, *(앨리스의 발을 내려다보면서)* 나는 앞으로 네 구두를 신을 일이 없을 거야. 그건 그렇고, 그 구두는 어떻게 됐지? 내가 네 여종으로 왔을 때, 네가 하녀복의 일부로 나에게 준 것 말이야. 세상이 정말 변했어! 그 구두가 너한테 잘 맞네—나는 네가 그것을 잘 간직했으면 해. 저 남자들은 무슨 이야기를 하고 있는 거지? 그들이 나를 보는 순간, 그들은 말을 안 해. 무슨 말을 하는지 한번 들어나 보자 …

정신분석가 당신은 "숭배"를 말해요. 나는 그것보다 덜 정서적인 용어를 사용하는 것을 선호해요.

사제 숭배라는 단어는 정서적인 게 아니에요. 그것은 정확하게 내가 지금처럼 신에 대해 말할 때 의도하는 것을 의미해요. 나는 그 단어를 여기에서 남자 또는 우리의 여주인을 "숭배하는 것"과 같은 맥락에서 사용하고 있지 않아요. 만약 내가 그 단어를 그런 식으로 사용한다면, 나는 신성모독적인, 또는 최소한 아부하는 말을 했다는 죄책감을 느낄 거예요.

정신분석가 당신이 방금 그 단어를 사용했을 때, 당신은 누구를 또는 무엇을 말하고 있었죠?

사제 내가 말했듯이, 신요. 나는 나의 "이상한" 꿈을 단지 하나의 수식적 형용사를 가진 꿈으로만 간주하지 않을 거예요.

정신분석가 무의식의 분출만으로—

사제 "무의식"이라고요—그게 뭐죠?

정신분석가 "신"이라고요—그게 뭐죠?

사제 나는 당신이 내가 신에 대해서 당신만큼이나 아는 것이 적고, 무의식에 대해서는 아마도 더 적게 알고 있다고 생각한다는 것을 알겠어요. 하지만 내가 당신에게 무의식에 대해 물었을 때, 나는 진지하게 질문했어요. 당신은 무의식에 대해서 프로이트와 멜라니 클라인 그리고 다른 사람들이 말하는 일반적인 이론들보다 더 많이 알고 있나요? 당신은 자격을 갖춘 정신분석가들이 현실에 대해, 심지어 정신분석의 현실에 대해 어느 정도나 모르고 있는지 아세요? 내가 개인적으로 그리고 그들의 학회에서 만나본 사람들은 소위 전반적으로 합리적 수준에 해당하는 좁은 범위의 현상들만을 이해할 수 있는 것처럼 보이더군요. 당신이 발견한 것들을 합리적이고 명료한 언어로 진술할 수 없는 한, 당신이 "안다"고 말하면 안 되죠.

정신분석가 아마도 그 지적은 사실일 거예요. 우리는 과학자들에 의해 "과학적인 것"으로 수용된 관습을 따르려고 노력하기 때문에, 우리가 말하는 것들이 단지 합리적인 진술—상식—에 지나지 않는다는 비판에 취약해요. 그뿐만 아니라 그것들은 증거에 의해 지지받지 못하는 것으로 취급받아요. 우리는 진부하다는 비판과 이해할 수 없다는 비판 모두를 받아요. 이해할 수 없다는 말의 저속한 표현은 "미쳤다"는 말이죠.

사제 나는 당신이 "과학자들"이라고 부르는 사람들에 대해 숙고해봤는지 궁금해요.

정신분석가 당신이 크리스찬 사이언티스트Christian Scientist[143]라고 불리는 사람들에 대해 숙고해봤는지 물어봐도 될까요?

사제 그럼요, 내가 크리스찬 철학자들에 대해 숙고해봤듯이요. 나는 어떤 현상도 숙고에서 배제하지 않지만, 우리는 탄생과 죽음 사이에서 "숙고"를 위해 사용할 수 있는 시간이 얼마나 되는지를 숙고해야 한다고 봐요.

정신분석가 당신이 속한 사고 학파에 내가 반대하는 이유들 중의 하나는, 그것이 내세의 삶과 같은 무제한의 시간에 대한 믿음을 조장하는 것처럼 보인다는 거예요.

사제 불행하게도 우리는 그런 견해를 가진 것으로 치부되는데, 그것은 보통 우리가 가르치는 것을 사람들이 오해한 것에 불과해요.

정신분석가 당신 자신도 내가 지지하지 않는 정신분석에 대한 견해를 내가 갖고 있다고 치부하는 것처럼 보여요. 만약 당신이 피분석자였다면, 당신이 갖고 있는 가정들을 바로잡아주는 것이 나의 과제의 일부일 거예요. 그래야만 그것들을 당신이 가질 수 있는 다른 아이디어들과 대조하고 비교할 수 있을 테니까요. 이 점에서 나는 우리의 활동이 당신의 활동과 다르다고 생각해요. 당신은 다른 사람들에게 어떻게 그리고 무엇을 생각해야 할지를 말하고 싶어 하죠. 우리는 단지 사람들이 무엇

143 19세기 미국의 뉴잉글랜드 지역에서 Mary Baker Eddy에 의해 시작된 일종의 기독교 계통의 종파운동으로서, 특히 기도를 통한 질병의 치료를 강조하였음.

을 생각하고 있는지를 보여주고 싶어 해요. 나머지는 그들의 선택이죠.

사제 충분히 공정해요. 나는 그 점에 대해 불만 없어요. 그러나 나는 자신들에게는 약점이 없는 것처럼 말하는 정신분석가들에게 불만이 있어요.

정신분석가 충분히 공정해요—당신이 방금 한 말을 내가 하네요. 우리도 그런 부류의 정신분석가들에게 반대해요. 나는 그런 부류에 속하지 않기를 희망해요.

사제 이상적으로 들리네요.

정신분석가 맞아요. 그러나 우리는 현실과 이상 사이의 차이를 알고 있어요. 현실과 이상 사이를 구별하는 데 정신분석가보다 더 많은 도움을 준 사람들은 매우 드물어요.

사제 그 점에서 정신분석에 점수를 주는 데는 반대하고 싶지 않아요. 종교 역시 그러한 인식을 갖도록 북돋우는 데 중요한 역할을 해왔어요.

정신분석가 종교가 교회의 추문들과 신도들의 추문들을 구별하도록 사람들을 가르칠 수는 있을 거예요. 그러나 그것이 종교적 활동의 덕목이 되거나 종교가 자랑스럽게 여기는 활동이 되기는 어렵다고 봐요.

사제 정신분석의 추문들도 다르지 않아요. 우리를 만드신 분의 왕좌 앞에서 우리 모두는 참회하는 경외감을 가져야만 해요.

정신분석가 당신은 오직 평판을 통해 알려진 문제들만을 말하고 있어요. 정신분석은 비교할 수 있는 기회를 제공하고, 그 과정에서 드러나는 우월성을 인정해요.

사제 그런 분석은 내가 알고 있는 분석과는 대조되는 거예요. 그리고 그 대조의 순간은 나에게 아픔을 줘요.

정신분석가 현실은 종종, 과학적이든 아니면 미적이든, 이상과 가까워질 때 고통의 느낌을 포함해요. 나는 보통 이 고통에 민감해요. 나는

"그대보다 더 거룩하다"—더 과학적이다, 더 예술적이다, 더 부유하다, 더 귀족적이다—는 생각에 빠지는 것을 피하기 위해, 그 고통을 충분히 견딜 수 있기를 희망해요.

사제 열망하는 목표에서는 우리가 서로 멀리 있는 것 같지 않네요—"지금까지는."

로즈메리 그들이 하는 말이 멋지네!

앨리스 맞아요. 정말이에요.

정신분석가 숙녀분들이 경청하고 있네요. 그들을 대화에 포함시키지 않는 건 아마도 무례한 일일 거예요.

사제 또는 "우월한" 행동일까요?

정신분석가 성별이 다른 사람들은 그들의 견해의 차이들보다는 그들의 해부학적이고 생리학적인 차이들로 문제를 해결하는 게 더 쉽다고 생각하는 경향이 있어요. 결국, 신체적인 것은 촉각적이고 시각적이며 후각적인 조사와 해결에 종속될 수 있어요.

사제 개는 그런 목적을 위해 후각 능력을 사용하는 것으로 보여요.

정신분석가 맞아요. 그런 해결의 경로는 따라 하기가 쉽고, 쉽게 목적지에 도달하죠. 내가 그렇듯이, 마음이 존재한다는 것을 믿는 것은—

사제 그리고 내가 그렇듯이, 영혼 또는 영이 존재한다는 것을 믿는 것은—

정신분석가 —정신적 차이들은 훨씬 더 어려운 목표들과 문제들을 제시해요.

사제 거의 종교적 인물로 분류되지 않는 나폴레옹은 물리적인 것과 영적인 것, 물질적인 것과 도덕적인 것을 비교하면서 영적인 것을 훨씬 더 선호하지 않았나요?

정신분석가 아니에요. 그건 에머슨이죠—그처럼 인상적으로 말한 것은 아니지만요.

사제 누가 말했건, 그런 아이디어가 표현된 것이 중요해요.

정신분석가 에머슨은 확실히 아이디어가 위대한 힘과 중요성을 갖고 있다고 주장했어요.

모리아티 독단과 무지의 우월성과 힘에 특별한 위치를 부여해야 한다고 주장했던 아나톨레 프란스도 있어요.

정신분석가 *데이즈*Thais[144]라는 책에서요.

모리아티 그런데 그 아이디어는 어디에서 온 거죠?—아나톨레 프란스에요 아니면 상상이에요?

정신분석가 프란스의 상상—무의식이에요.

사제 무의식이라고 말하는 건 당신이 그것의 기원, 창조자를 의식적으로 의식할 수 없기 때문이에요.

정신분석가 나는 우리가 흔히 듣는 퀘이사들Quasars[145]의 세력 또는 그것들의 탐구를 부인하는 것보다 어떤 창조적 세력이 존재할 수 있는 가능성을 더 많이 부인하지는 않아요.

로즈메리 *(앨리스에게)* 저들 모두는 너와 나의 세력과 존재를 무시하고 있어.

앨리스 정신분석가는 "숙녀들"이 이곳에 있다는 것을 암묵적으로 인정하는 것처럼 보여요.

로즈메리 천치 개자식 같으니라구!

앨리스 아마 둘 다 천치이고 개자식이겠지만, 그것은 마님과 나의 존재를 인정하는 것과는 다른 거예요.

로즈메리 맞아. 남자는 내가 올라설 발판을 만들거나 나를 받드는 기능을 수행하느라고 바빠. 너는 여성적 직관이 개입할 때, 정신분석이라는 비들기집 안에서 무슨 일이 일어나는지를 봐야 해. 그들을 지켜봐.

---

144 BC 4세기에 아테네에 살았던, 알렉산더 대왕의 정부로 알려진 여인.

145 천문학, 퀘이사, 準星

앨리스 알고 있어요—그들은 그것을 "사제의 금욕주의" 그리고 "전문가적 성실성"이라고 불러요.

로즈메리 성 무능자 개자식들!

앨리스 그렇게 표현하니까 그들이 별로 대단해 보이지 않네요. 밖을 봐요! 당신의 남자 친구가 왔어요.

남자 *(앨리스를 무시한 채, 로즈메리에게 차갑게 인사를 한다)* 나는 당신에게 전해줄 뉴스가 있어요. 나머지는 물러가도 좋아요.

(무대가 어두워진다)

19

다시 밝아진다. 남자와 로즈메리만 있다. 그녀는 화려하고 값비싼 옷을 입고 있다.

남자 나는 긴 숙고 끝에 당신을 내 아내로 삼기로 했다는 것을 알려주려고 왔어요.

로즈메리 나는 놀랐어요.

남자 당신이 놀랄 거라고 생각했지만, 나는 이 문제에 대해 아주 주의 깊게 생각해왔어요. 나는 당신에 대해 좋은 말들을 들었을 뿐만 아니라, 나 자신의 개인적인 관찰을 통해서도 당신이 만족스럽다는 결론을 내렸어요. 그래서 우리는 다음 달 초에 결혼하게 될 거예요.

로즈메리 *(격노했지만, 말을 못할 정도는 아니다)* 만약 당신이 내 발 앞에 무릎을 꿇었다면, 나는 당신의 턱에 그 누구도 경험해보지 못한 강한 키스를 했을 거예요.

남자 로즈메리, 제발, 어리석게 굴지 말아요. 당신은 내가 길게 말하지 않는다는 거 알잖아요—그건 그렇고, 톰이 그 멍청한 영국놈을 처리한 걸 확인했나요?

로즈메리 감히 나를 위협하는 거예요? 당신은 당신 자신을 누구라고 생각하는 거죠?

남자 오 제발. 쓸 데 없는 말은 하지 말아요. 당신을 위협하는 게 아니라 우리가 결혼할 것이고, 세부사항들이 준비되고 있다고 말한 거예요. 위협에 의한 사랑 같은 것은 저속한 사람들에게나 해당되는 거죠. 그것은 분명히 여기에서는 어울리지 않는다는 걸 모르겠어요?

로즈메리 정말요? 그러면 섹스도 저속한 사람들이 하는 건가요?

남자 그런 건 우리와 상관없는 거예요. 물론 나는 성적 목적에도 당신을 사용할 거지만요—나는 그것을 해왔고 당신도 그것을 할 것이지만, 정신분석가 같은 동물이 말하는 어리석고 유치한 헛소리를 말하고 있다고는 상상하지 말아요. 나는 여러 해 전에 그런 것을 졸업했어요.

로즈메리 사랑도요?

남자 바보같이 굴지 말아요. 내가 다 정해놨으니까 그런 줄 알아요.

로즈메리 빌어먹을 뻔뻔스러운 사람 같으니!

남자 나는 다른 일들도 준비해야 해요. 삼십 분 안에 당신을 데리러 올 게요. 짐을 싸도록 해요. 나는 당신이 하녀를 데리고 있고 싶다고 해서 그렇게 준비했어요. 그녀에게도 사람이 올 거예요. 자, 또 봐요. *(그는 밖으로 나간다)*

로즈메리 앨리스!

앨리스 그가 무엇을 하려는 걸까요?

로즈메리 그건 내가 하려고 하는 거야, 날 믿어. 만약 내가 그를 다룰 수 없다면, 나는 크게 오판한 거야. 나에게 자동권총을 가져다줘—탄환을 가득 채워서.

앨리스 네, 마님.

(로즈메리는 말없이 앉아서 생각에 잠겨있다. 앨리스가 돌아온다)

앨리스 총이 없어졌어요. 다 사라졌어요.

(희미해진다. 다시 밝아지면서 남자와 사제만이 있다)

남자 나의 계획을 당신에게 알려주기 위해 보자고 했어요. 당신이 확실히 알고 있겠지만, 이 모임의 목적은 이루어졌어요—

사제 그 모임은 정말로 통제불능이 되고 있었어요. 나는 로즈메리가 평소에 갖고 있던 자제력을 잃었다고 생각했어요.

남자 아뇨, 아니에요—그녀는 자제력을 가진 적이 없어요. 단지 그녀의 하녀에 대한 성적 지배력을 가졌을 뿐이에요. 그것은 아무 상관이 없어요. 약간의 재조직을 통해서 해결할 수 있어요. 내가 로즈메리와 결혼을 하면, 나는 그녀에게 명령을 할 수 있는 권위를 부여할 거예요.

사제 축하해요.

남자 축하한다고요? 그게 무슨 말인지—오 물론이에요. 이 선택은 그녀가 자신의 재능을 가장 잘 사용할 수 있는 능력을 갖고 있다는 나의 관찰에 기초해서 이루어진 상당히 명백한 것이에요. 그녀는 증가된 권력과 특권에 어울리는 삶을 살 수 없을지도 몰라요—때로는 그런 일이 일어나죠. 나는 절망적이지 않아요. 하지만 나는 과거를 위해 시간을 허비하지 않을 거예요. 나는 당신이 종교적 감독자가 되기를 원해요. 당신은 과거에 집착해서는 안 돼요. 그게 당신의 약점이에요. 당신은 현재와 미래에 적응해야 해요. 나는 당신에게 기회를 주는 거예요. 당신이 성공하지 못한다면, 그건 슬픈 일일 거예요—당신은 제거될 테니까요.

사제 롤랜드처럼 말이군요. 지금 나를 위협하는 건가요?

남자 그런 생각이 당신이 과거에 집착한다는 것을 보여주는 예에요. 나는 위협하는 게 아니라 사실을 말하고 있는 거에요. 당신은 과거를 마치 훈장인 것처럼 몸에 차고 있어요. 비록 그것의 찌꺼기가 아직도 남아있고 현재를 침범하는 것 같기도 하지만, 그것은 더 이상 중요하지 않아요. 나는 그런 종류의 쓰레기가 청소되고 버려지도록 조치해놓았어요.

사제 당신은 1054년[146]의 찌꺼기를 어떻게 처리할 건데요?

남자 그걸 설명하는 건 너무 오래 걸려요. 그것은 눈에 보이는 쓰레기가 널려있는 것을 보여주는 한 예에요. 거기에 볼 것은 없지만, 사소한 작은 폭발이 계속되고 있고, 일부 사람들은 여러 세대에 걸쳐 그 파편들을 치우는 일에 헌신하고 있죠. 지금 그것에 대한 이야기가 수집되어 책으로 출간되고 있지만, 그 책은 곧 아무도 읽지 않게 될 거예요—당분간은요.

사제 당분간이라고요?—당신은 그것이 미래를 갖고 있다고 생각하는군요.

남자 내가 말하는 게 그거예요. 과거는 과거예요. 그것은 수집되고 처분되어야 할 찌꺼기일 뿐 아무런 영향을 미치지 못해요. 나는 당신을 지명할 건데—

사제 알겠어요. 마치 …같은 권위를 갖고서—

남자 노, 노, 노. …같은 게 아니에요. 당신은 또 그러는군요—과거에 그리고 과거와 "똑같은" 존재, 사람 또는 주교에 집착하고 있어요. 당신은 마치 "보세요, 내가 어른 같아요!"라고 말하는 어린아이 같아요. 그래서 당신에게는 무언가가 될 수 있는 기회도 없고, 마음은 기억들로 가득 차 있어서 뭔가를 받아들일 수 있는 공간이 전혀 없어요. 당신은 기울어진 마음을 정리해야만 해요.

사제 전에도 그런 말을 들었어요.

남자 "전"이라뇨, 아직도 과거를 말하고 있네요. 내 말뜻을 아시겠죠? 나는 시간을 허비할 수 없어요. 반 시간 후에 여기에서 만나요.

사제 또 반 시간이에요? 지금부터 반 시간이라고요? 그 말은 우리 모두가 함께 만나지 않을 거라는 말인데요.

---

146 1054년 7월 4일에 관측된 초신성의 폭발을 가리키는 사건으로서, 황소자리 게 성운을 만든 초신성으로 알려져 있음.

남자 그래요, 시간은 같을 거예요. 모든 반 시간은 다른 모든 반 시간—당신의 반 시간, 로즈메리의 반 시간—과 다를 거예요. 그러나 "그 시간"은 똑같을 거예요.

사제 롤랜드의 시간도요? 그는 죽었잖아요.

남자 알아요—내가 쐈어요. 그는 이제 죽었고, 나는 그에게 중요한 일을 맡겼어요.

사제 그는 죽었는데 어떻게 일을 맡을 수가 있죠? 그는 아무것도 할 수 없어요.

남자 그게 그의 자격이에요. 만약 당신 자신이 중요한 사람이라고 생각하거나, 그런 사람처럼 "보이려고" 노력하지만 않는다면, 당신은 거의 모든 것을 할 수 있을 거예요.

사제 하지만 당신은 나에게 중요한 자리를 맡으라고 하는 거잖아요.

남자 당신은 겉과는 달리 교정이 불가능한 사람이 아닐 거예요. 반 시간 후에 여기에서 봐요! *(사라진다)*

사제 내 시계가 어디 있지? 없네. 가장 불가능한 사람이 내린 가장 불가능한 명령이야! 그것이 로즈메리의 반 시간, 롤랜드의 반 시간인 것처럼, 나의 반 시간이 되어야만 할 거야. 그것은 대단한 만남일 거야! 만약 내가 나의 교구를 그처럼 운영했더라면 …

(서서히 캄캄해졌다가 다시 환해지면서, 남자와 정신분석가 둘이서만 있는 장면이 모습을 드러낸다)

남자 당신은 다른 일을 해야 할 거예요. 당신의 귀부인이 마련한 이 모임은 더 이상 필요 없게 됐어요.

정신분석가 나는 당신이 그것을 알게 될 거라고 생각했어요. 당신은 롤랜드를 쏘지 말아야 했어요.

남자 *(눈을 크게 뜨면서)* 나의 목적을 위해서는 그가 사살되는 것이 필수적이었어요.

정신분석가 그는 죽었어요.

남자 그것이 첫 번째 필수적인 요소예요. 나는 그가 … 하기를—

정신분석가 서둘러야 할 거예요—톰이 그를 묻었으니까, 그는 곧 부패할 거예요.

남자 당신은 "사실들"에 파묻혀 있는 현실의 포로예요. 당신이 편견을 갖는 것은 피할 수 없는 일이지만요.

정신분석가 나의 견해는 과학적인 거예요.

남자 내 말이 그 말이에요. 과학적 관점. 사실들에 의해 모호해진 제한된 관점이죠. 당신은 과학적이에요. 당신의 종교도 그렇고요. 이 이야기는 됐고요—나는 당신이 진실분과의 리더가 되었으면 해요.

정신분석가 그게 내가 과학이 의미하는 거라고 항상 생각하고 있는 거예요.

남자 내 관찰에 의하면, 그렇지 않아요. 당신은 진실에 헌신하고 있다는 아이디어에 헌신하고 있어요—

정신분석가 만약 그것이 내가 생각하는 진실이 아니라면, 내가 어떤 진실에 헌신할 수 있죠?

남자 당신의 딜레마는 정말 고통스럽네요. 그것은 당신의 고통이지 내 고통이 아니에요.

정신분석가 마치 당신은 관심이 없는 것처럼 말하는군요.

남자 나는 관심 없어요. 반 시간 후에, 여기에서 만나요! *(사라진다)*

정신분석가 *(혼잣말을 한다)* "반 시간 후에 여기에서 만나자니." 여기는 어디이고, 어떤 시계를 사용하는 거지? 배제된 중간의 법칙이네 … 나는 극단적인 경로 대신에 다른 대안적인 경로가 있을 수 있다고 생각했는데. 물리적으로 나는, 존재하든지 아니면 존재하지 않든지, 나 자신을 제시하는 것에 대한 대안을 모르겠어. 그 관점이 지형학적 관점이라는 나의 가정이 옳다면 말이야. 그러나 그 관점이 유형학적인 것이라고 가정한다면—내가 "그것"이 무엇인지를 발견하지 못했던 나의 삶의 아주 많은 경우들에서, 나는 이런 또는 저런 유형일 수 있었어. 어떤 "그것"을 말하는 거지? 내가 존재하는가 아니면 존재하지 않는가를 선택하는 건가? 셰익스피어라는 친구는 아직 해결되지 않은 정서적 문제를 말로 표현했어. 이 생에서의 삶이 미래를 시험하는 시간이라는 사제의 생각은 맞는 걸까? 미래가 없다고 가정해 봐—다음 반 시간 후에는 이끌어가야 할 것이 없고, 그래서 준비해야 할 것이 없는 나의 존재라는 생각은 있을 수 없다고 나는 생각해. 나는 배제된 시작의 법칙에 대해 숙고해야 할 거야. 이것은 논리적으로, 생리학적 정점에서 보면 모든 대상이 상상의 산물이라는 것을 의미해. 그뿐만이 아니야. 만약 그것이 시작을 배제한다면, 그것은 또한 상상 그 자체를 배제할 거야. 그러면 상상의 "산물"도 존재할 수 없게 되겠지. "배제된 끝"의 법칙은 예술가들에 의해서, 그리고 사실상 일반적인 인간 존재들에 의해서 암묵적으로 신봉되는 것으로 보여. 나는 "고전적" 논리가 유일한 종류의 논리라고 생각하고 있어. 그러나 현실이 인간 동물에 의해 만들어진 어떤 법칙도 따르지 않는다고 가정해 봐—인간의 사고뿐만 아니라, 인간의 사고에 포함되지 않는 우주의 "논리"조차도 따르지 않는다고 말이야. 인간 논리의 전체 범위에 속하지 않는, 즉 전-자기 파장electro-magnetic waves의 전체 범위 안에 있는 시각적 부분에 해당하는, 초논리 또는 하부논리가 존재하는 걸까? "지구 중심적 시간"은 다 됐어—반 시간이면 끝이 나. 그것은 지구의 시간인가? 아니면 별의 시간인가? 우주의 시간인가? 아니면 초월적 시간인가? 나는 그것을 유사 시간에 의해 측정된, 유사-과학적 시간이라고 부를 거야. 나는 내가 아무것도 알지 못하지만, 그것에 대해 말하거나 심지어 생각하기를 원하는 어떤 것을 가리키고 싶을 때, 그것은 의미의 옷을 입고, 나는 나의 아무것도 없음을, 또는 나의 알파 요소 또는 베타 요소를 상실해. 나의 변수가 상수가 돼.

잠을 깨라고? 지옥에나 가! 오, 맞아—일어날 시간이라고? 유사 지옥? 음정이 맞지 않게 노래하는 저것은 종달새인가? 그 소리를 듣지 마, 던컨. 야생 당나귀가 그의 머리를 밟을 수는 있지만, 바아람Bahram의 잠은 깨울 수가 없어. 위대한 사냥꾼은 더 이상 잠들지 않을 것이고, 따라서 코도르Cawdor[147]는 그리고 아에네아스는 더 이상 잠들지 않을 거야. … 팔리누르스! … 나는 빌어먹을 겨울잠 쥐가 아니야 … 그러니까 밝은 붙박이별처럼 반짝거리지 마! 전쟁은 지난 7월에 끝났어—죤 불John Bull[148]이라는 잡지에서 읽었어. 우리가 이겼어! 공식적으로! 오, 궤변을 말하는 자여, 어서 와요 … 그건 좋은 소식이네. 복음이야! 오, 남자 당신이네. 당신은 왜 그런 연기를 했지? 왜 나는 그것을 꿈꾸기만 했을까? 어떤 게 더 나쁠까—당신이 나를 깨울 수 없었던 건가? 아니면 당신이 그것을 연기한 건가? 꿈들을 자신의 정신적 배설물로 오염시키는 사람은 잠자는 사람뿐인가? 또는 그는 세상을 파괴하는 꿈을 꿀 수 없고, 자신의 꿈을, 그의 핵의 찌꺼기로 우리를 오염시키는 폭탄으로 변형시켜야만 하는 자인가? 이 무뢰한은 “반 시간 안에” 내 대답을 기대한다고 말하고 있고, 나는 상당히 지적인 퀘이사 시간으로 나 자신을 속이고 있어. 나는 정직한 사람이야. 생각하는 사람이지. 유사 도덕성에 관심이 있어. 과학이 있을 뿐 특별한 과학이란 없어. 그러나 나는 그것이 어떤 과학인지, 어떤 진실인지 알지 못해. “천으로 덮는 것”은 “영광으로 덮는 것”보다 덜 인상적이지만, 그런 종류의 영광은 반복을 거치면서 편안해져. 그리고 그것은 “천”을 사용한 은폐도 마찬가지야. 우리는 노래하곤

---

147 셰익스피어의 작품, *맥베스*에 등장하는 인물.

148 제일차 세계대전 중 악명 높았던 Horatio Bottomley에 의해 발간된 불명예스런 저널.

했어. "오 제발, 나는 죽고 싶지 않아요, 집에 가고 싶어요." 그것은 사실이었어. 우리는 추한 현실이 탱크의 철갑은 관통할 수 있어도 농담의 갑옷은 관통할 수 없기를 희망했어. 우리는 마법에 걸렸고, 멍해졌으며, 개연성에 압도된 겁쟁이들이었어. "아마도" 우리는 죽지 않을 거야. 우리는 살아남아서 새 하늘과 새 땅에서 살 수 있을 거야—전쟁이 끝난 후에야. 나는 비로소 내가 삶을 그토록 사랑하는지를 깨달았어. 나는 살아남아서 살아남은 것에 대한 대가를 치렀어. 전쟁에서 싸웠고, 남은 삶은 포탄들과 탱크들과 총알들, 그리고 "영광"이나 "천"보다 더 뚫기가 힘든 갑옷으로 무장했던 마음 상태의 비용을 갚는 데 썼어. "여러 명의 아가멤논 이전의 용사들" … 나는 "무명의" 용감한 병사들의 기억에 의해 관통당했던 것을 기억해. 그리고 지금도 관통당하고 있어. "반복되는 열정적인 사랑의 강조와 함께" 그들의 이름의 메아리는 마침내 희미해지고, "오래된 슬픔처럼 부드러워지며, 오래된 명성처럼 환해져." 그것은 희미해지고 사라져. 나는 왜 이 회색의 의기양양한 시골뜨기를 염려하는 거지? 내가 두려워하는 것은 죽음이 아니라, 수많은 허접한 실패들의 작은 부분을, 오직 작은 부분만을 아는 것에 대한 수치심이야. 다시 종소리가 들려! 전화벨인가? 알람소리인가? 들어와. 궤변을 말하는 사람—전쟁 이후 세계의 주모자들. 그 전쟁에서, 전쟁이 끝난 후에 해방된 것은 없어. 두려움이여 오라! 오라, 오라. 구름 한 점 없는 하늘에서 갑자기 쏟아지는 여름 소나기처럼 … 끔찍한 장면이냐고? 끔찍하지는 않을 것 같아! 이 신神을 봐 … 이 사람을 보라고. 잠을 잘 것인지 아니면 깨어있을 것인지, 둘 중에서 선택해—"네가 돈을 내니까, 네가 선택해." 오! 당신이에요?

남자 아니에요. 물러가요—그리고 앨리스를 보내요.

(정신분석가가 사라진다)

(앨리스가 나타난다)

앨리스 나를 찾으셨어요?

남자 그래요. 당신 여주인의 짐을 챙겨서 반 시간 후에 여기에서 만나요.

앨리스 그녀가 다른 데로 가나요? 어디로 가죠?

남자 신경 꺼요. 반 시간 후에 여기에 있어요. 당신에 대한 명령은 그때 내릴 거예요. 당신은 짐을 쌀 필요가 없어요. 가요!

앨리스 그러나 …

(희미해진다. 앨리스 혼자 어둠속에서 울기 시작하는데, 그녀의 울음소리는 점점 더 공포에 질리고, 거칠고, 화가 나 있고, 동물의 울음소리처럼 들린다)

앨리스 로자문드 … 로즈아문드 … 로지! 로즈 … 히로즈! 히어-로즈! 죽은 자로부터의 히이이 … 로즈!

목소리 멈춰! *(침묵. 그때 야수의 울부짖음이 다시 시작된다—이번에는 틀림없이 동물의 소리이다)*

로즈메리 쉿! 오 쉿! 무슨 일이야?

로빈 그건 롤랜드예요—그가 울부짖는 소리에요. 나는 그것을 어디서든지 들을 수 있어요. 그가 그의 짝을 찾고 있어요. 또 들리네요! 저건 앨리스에요. 사납게 들리지만, 그녀가 맞아요. 나는 알아요. *(소름끼치는 이중창이 점점 멀어지면서 폭풍과 섞이더니, 갑자기 음정이 낮아지면서 소리가 멈춘다)*

* * *

로즈메리 *(환한 곳에 혼자 있다)* 나는 이 지겨운 곳을 참을 수가 없어요.

남자 사제는 행복한 한 쌍의 결합을 위한 준비를 마쳤어요.

로즈메리 거기에서 내가 말을 할 필요는 없나요?

남자 없어요. 기도하듯이 겸손하게 절만 하면 돼요. 정확하게 내가 하는 대로 따라 해요.

로즈메리 하지만 … *(항의하려고 하지만, 그는 그녀가 아무 말도 하지 못하게 막는다)*

사제의 목소리 *(회중기도를 하는 듯한 단조로운 음조로)* 영국이 동전 던지기에서 이겼고, 공격을 선택했노라. 아-멘. 아 영국을 경기장을 달리는 크리켓 투수를 위한 것으로 세팅했노라. 아 그게 누구일지 궁금하도다. 땅에서 그런 것처럼 하늘에서도 황폐하리라. 왜냐하면 경기일이 되기 오래전에 폐허가 되었음이 확실한 낡은 마운드 위에는 잔디가 없을 것이기 때문이로다. 그날, 진노의 날, 재앙과 비참에서 우리를 구하소서.[149]

남자 *(흥분해서 거친 목소리로 속삭인다)* 머리를 숙여요! 쳐다보지 말고—아무것도 못 듣는 척 해요. 영국 팀이 공격을 준비하고 있어요. 내 생각에는 키친거[150] 팀과 … 키플링[151] 팀인 것 같아요! 아니, 그건 …

사제의 목소리 … 지친 선수들이 쉬고 있어요. 러드야드는 개찰구[152]를 향해 달렸지만, 키플링 팀에 의해 아웃되었어요. 정문 바깥에서 … 지금 그가 오고 있고, 막 코너를 돌고 있어요! 보세요! 그는 공 대신에 핵폭탄을 갖고 있어요. 그리고 … 여기에 우리 문명이 자랑하는 성스러운 컴퓨터에서 직접 뽑아온, 세 번째 날에 타자석에 섰던 영예로운 죽은 자들의 목록이 있어요. 퀴드 눈크Quid nunc[153]라고요? 이것들은 거대한 심장의 세미한 박동에서 나오는 것들이에요. 그리고 여기에서 그리스도-셈

---

149 Dies illa, dies irae, clmamitatis et miseriae.

150 부엌 물품들을 판매하는 회사, 일차세계대전 시 전쟁 장관이었던 Kitchener를 비꼰 말.

151 여성의 손가방 등을 판매하는 회사.

152 크리켓 경기에서 사용하는 용어. 야구에서의 루와 같은 기능을 함.

153 모든 최신 뉴스를 알고자 하는 자.

족 시대가 끝이 나고, 핵분열-이후의 유사 신기원이 시작돼요. 나는 이것을 여러분들에게 알려주기 위해 유일하게 혼자 탈출해 나왔어요. 얼마나 경이로운 날인가요? 맑고, 조용하고, 황량해요. 이 거대한 둥근 돌들밖에는 아무것도 볼 게 없어요. 나는 그 돌들 중의 하나 위에 서서 지평선을 바라보는데, 거기에는 반짝이는 황야를 절대 암흑으로부터 구별해주는 확실하고 환하게 빛나는 선이 있어요. 그 암흑은 그다지 춥지 않고, 크리켓에서의 곡구처럼 불친절하지도 않아요. 아무 소리도 없어요. 침묵을 바라보는 사람이 아무도 없을 때의 시각처럼 절대적이에요. 보이는 것도 없고, 들리는 것도 없으며, 앵초 초원의 향기도 없고, 눈부신 태양을 바라보는 자도 없어요. 절대적 부정, 긍정 없음만이 있어요. 또 무엇이 나타날지는 아직 불확실해요. 인간에 대한 실험은 폐기되었어요. 인간은 도마뱀류, 불, 위를 향해 날아가는 불꽃처럼, 괴로움만이 있고 그 괴로움을 경험할 수 있는 마음이 없는 존재로 드러났어요.

남자 나는 우리가 그 시대를 끝냈고, 그 시대는 결국 실패였다고 생각했어요. 자 그러면, 한 사람도 빠짐없이 정확하게 모였나요? 부사관, 출석을 불러요. 그리고 여러분 모두는 "예"라고 대답하세요—즉, 여기에 있다면요. 속임수, 거짓말, 망상, 환상 또는 건강염려증적 환각들, 이 모든 것들은 금지예요. 부사관 어디 있지?

다함께 우리는 여기에서 모두 마이너 리그에 속한 사람들이에요.

남자 오 물론이지. 맞아. 당신은 뭐야?

사제의 유령 아뇨, 나는 당신이 알고 있던 허풍쟁이의 유령이에요.

남자 당신은 이 마이너 집단의 팀장이 되어줄래요? 출석을 불러요!

사제의 유령 출석은 천국에서 부를 거예요.

정신분석가의 유령 그 시간 척도는 어떤 거죠?

사제의 유령 물론 별의 시간이죠. 무한한 제로의 시간요.

정신분석가의 유령 이해가 안 돼요.

남자 당신에게 이해를 요청한 사람은 아무도 없어요. 위디컴Widde-cum[154]이 여기에 있나요?

목소리 아뇨, 나는 그의 엉클이에요—

남자 엉클 톰 코블리Uncle Tom Cobley군요?[155] 만나서 반가워요—

다 함께 아냐, 멍청한 바보.

남자 건방지게 굴면 너희 모두를 폭탄으로 날려버리겠어.

무리 *(합창으로)* 우리는 죽지 않는 존재들이야. 우리는 악이야. 사람이 죽으면, 그 후엔 그의 악이 살아. 사람의 악은 죽지 않아.

모든 영혼들 육체는 죽어도 영혼은 영원히 살리라.

무리 *(합창으로)* 우리의 영혼들이 은총을 입으리라.

남자 웃기고 자빠졌네. 나는 너희들을 폭탄으로 날려버릴 거야.

모든 영혼들 뭐라고! 케이크와 맥주가 없다고?

남자 너희들은 죽었어—입 닥쳐!

모든 영혼들 우리의 이름은 영원히 잊혔지만, 우리는 아직 생겨나지 않았고, 네가 죽어 사라지고 없어진 후에도 우리는 살아있을 거야.

남자 나의 악은 내가 죽은 후에도 살아있을 거야. 나의 여주인은 어디를 돌아다니는 거야? 이리와요!

앨리스 마님은 분명히 그에게 복종하지 않을 거예요.

로즈메리 너의 거룩한 학교에서는 악조차도 가르치지 않은 거야? 추문도 안 가르치고?

앨리스 우리는 학교에서 추문에 대한 글은 읽었지만, 실제로 그것을 실천하지는 않았어요.

---

154 영국의 민요 Widdicombe Fair에 나오는 주인공의 애칭.

155 유명한 민요인 Widdicombe Fair에 나오는 인물.

로즈메리 나의 학교에서는 그것을 실천했지. 그래—나는 남자와 함께 가고 있어. 너는 너 자신의 문제나 신경 써.

앨리스 마님은 그를 사랑하고 있지 않아요!

로즈메리 물론 그를 사랑하지 않아. 나는 그 누구도 나에게 눈가리개를 씌우게 두지 않을 거야. 롤랜드는 너에게 아무것도 가르칠 수 없었어—그는 공립학교에 다녔거든. 네가 다음 직장에서 매독균에 감염된다고 해도 나는 놀라지 않을 거야. 아주 작은 매독균들이 부드러운 입으로 너의 뇌를 소리 없이 먹어치울 거야. 그놈들은 민감하게 먹이를 찾아내거든—

앨리스 마님은 나의 생계를 이유로 나를 군인들에게 넘겨줄 건가요?

로즈메리 그러면 왜 안 되지? 나는 나의 어머니를 그들에게 주었어. 그래서 그녀는 나를 제대로 키우려고 노력할 수 있었어. 그러나 원죄 때문에 나는 결코 받아들여지지 않았어. 나는 강해야만 했어. 이 살인적인 배경을 사랑하냐고? 그렇다고 말해야겠지! 네 눈으로 봐—그가 지금 오고 있어. 네가 머리를 숙이고 있으면, 사랑의 빛이 나의 눈을 부드럽게 만들고 그의 상식을 용해시키는 것을 볼 수 있을 거야. 그러나 그것이 나의 뇌를 부드럽게 만들지는 않아. 지켜봐—그리고 원한다면 기도해. 안녕, 자기! 오, 당신이네요, 그렇죠?

정신분석가 나는 당신이 "지켜봐"라고 말하는 것을 들었어요—

사제 —그리고 "기도하라"는 말도요.

정신분석가 & 사제 그래서 내가 왔어요.

로즈메리 당신들이 대화에 끼어들지 않는 한, 나는 신경 안 써요.

정신분석가 & 사제 당신은 그 잔인한 인간에게 당신 자신을 주지는 않겠죠! 그는 적이에요!

로즈메리 그가 전쟁에서 이기지 않았나요?

정신분석가 그와 그의 부하들은 결코 전쟁의 규칙을 지키지 않을 거예요.

로즈메리 전쟁의 규칙이라! 당신들이 전쟁에 대해 뭘 알죠? 당신들은 당신들의 규칙을 의미하는 거겠죠. 크리켓 경기장의 개찰구 앞에 줄서기[156], 목에 밧줄을 걸고 함께 교수형을 당하기! 무슨 규칙요?—브리타니아Britannia[157]의 규칙인가요? 해군 여자 예비부대의 규칙인가요? 카뉴트Canute[158] 조차도 당신들보다는 그 규칙을 더 잘 알았을 걸요!

마이크로프트 안 돼, 아이들은 안 돼—전자파가 나와요. 이런 게 아닐까요?

로즈메리 그리고 그들은 누구일까요? 과학적 선동가일까요? 내가 내 발을 반짝이는 것으로, 즉 빈민가의 단단한 포장도로 위에서 반짝이는 것으로 만들기로 선택했을 때, 내 발에서 나오는 전자파에 대해 당신들이 뭘 알았죠? 나는 빈민가에 살고 있는, 자연인 같은, 오염되지 않은 촌놈들과 깡패들이 보이지 않는 쇠사슬에 시선을 빼앗긴 채, 내가 그들을 해산시킬 때까지 끌려다니는 것을 봤어요. 사랑요! 당신들 두 사람 모두는 사랑이 뭔지 몰라요.

정신분석가 당신의 믿음은 당신의 권력에 대한 확신의 표현이에요. 당신이 어떻게 그런 "믿음"을 갖게 되었는지, 그리고 그것이 "사실"이라고 믿도록 당신을 설득한 증거가 무엇인지 모르겠어요.

로즈메리 나는 알아요—그리고 당신의 의심은 내가 받은 인상에 영향을 주지 않아요.

정신분석가 당신은 당신이 받은 인상의 진실에 대해 내가 의심한다고 생각하고 있어요. 나는 당신이 당신의 믿음을 뒷받침해주는 증거가

---

156 크리켓 경기에서 타자가 개찰구 앞에 다리를 내민 것은 아웃에 해당하는 반칙임.

157 영국의 고대 로마시대의 명칭.

158 영국, 덴마크, 노르웨이 왕(994-1035)

무엇인지 말해주지 않았다고 말하고 있는 거예요.

로즈메리 나는 그것을 느껴요. 그것을 알아요.

정신분석가 당신의 느낌 역시 증거의 한 종류예요. 그러나 당신이 마치 다른 종류의 증거를 갖고 있는 것처럼 행동하는 실수는 저지르지 말아요. 앨리스는 당신이 그녀를 사랑한다고 느끼지만, 그 느낌은 앨리스로 하여금 사실들을 추정하게 만들어요. 그녀는 당신에게 의존할 수 있다고 생각하죠. 하지만 그녀는 그럴 수가 없어요. 만약 그녀가 그녀 자신에게 의존할 수 없다면, 그 누구에게도 의존하는 것은 현명하지 못할 거예요.

로즈메리 예를 들면, 나 같은 사람요.

정신분석가 맞아요. 예를 들면요.

로즈메리 동의해요. 나의 원칙이 나와 다르게 생각하는 것을 허락하지 않을 거예요. 동일한 원칙이 내가 남자를 사랑하는 것도 남자에 의해 사랑받는 것도 허용하지 않을 거예요. 나는 나의 낚시바늘에 의존해요—

정신분석가 그리고 남자의 눈에 의존하죠. 그 눈은 당신이 그 안에 같은 낚시바늘을 집어넣을 수 있는 "물질"을 당신에게 제공하고요. 나의 정신분석적 용어로는 섹스를요.

로즈메리 *(하품을 하며)* 흥미 없어요.

정신분석가 전혀 없겠죠. 보통 섹스에 대한 관심은 사춘기에 시들해지고, 정신적 흔적만을 남길 뿐이에요. 그것은 당신이 나뭇가지에 매달려 있을 때 도움이 되는 꼬리의 흔적만큼이나 믿을 게 못 돼요.

앨리스 정말 어처구니없네요!

정신분석가 나는 어처구니없는 의존을 보여주기 위해서 어처구니없는 예를 제시한 거예요.

셜록 나는 정신분석 전체가 섹스에 의존해 있다고 생각했어요.

정신분석가 정신분석 실제에서 나는 생각에 의존해요.

앨리스 그게 꼬리의 흔적에 매달리는 것이 아니라면 무엇일지 알고 싶네요.

정신분석가 생각하는 동물로서의 인간은 길의 종착점에 도달했어요.

셜록 무슨 길요?

정신분석가 폐기되어야만 하는 모든 실험들에 의해 점령된 길요.

마이크로프트 아리스타쿠스는 그의 지동설을 폐기해야만 했어요.

정신분석가 아뇨, 그는 도구를 만드는 사람들이 그의 생각을 따라잡기 전에 죽었어요. 그들이 나중에 정신적 도구로서 인정받은 천체 망원경과 수학적 이론들을 만들어낸 후에, 코페르니쿠스는 아리스타쿠스와 그의 이론이 옳았다는 것을 발견했죠.

남자 아니에요. 그가 한 게 아니에요. 망원경을 사용해서 목성의 위성들을 발견한 사람은 독일인이었어요. 하지만 그는 그것이 자신의 공이 아니라고 했죠.

로즈메리 자기, 당신은 엄청 똑똑해요! 와서 내 옆에 앉아요.

남자 나중에요. 사제는 어디에 있죠? 계속해서 출석을 불러요.

사제 아이린 애들러

대답 —그리고 잿빛 암말

사제 톰 피어스

대답 —잿빛 암말은 나의 것.

사제 로빈

대답 —그렇지 않아. 그것은 코번트리Coventry[159] 여자야.

사제 모리아티

대답 —그녀는 창녀야.

---

159 영국의 중공업 도시.

사제 마이너즈

대답 —그것은 그녀의 것이야.

사제 롤랜드

대답 —그렇지 않아.

사제 모든 영혼들

대답 —그녀는 그녀의 것이야.

남자 창녀이든 아니든, 미세즈 브룬은 지금 노래를 불러야 해.

앨리스

"그것"은 사랑 때문에 죽은

사랑하는 이에게서 버림받은 청년이 달에게 바친 노래예요.

로즈메리 앨리스, 감상적으로 굴지 마. 그건 그렇고—톰은 요즘 어때?

앨리스 나는 그에 대해 아는 게 없어요.

로즈메리 *(교활하게)* 앨리스, 앨리스! 나는 충격 받았어. 너는 한때 나에게 그가 매우 "편리한" 사람이라고 말했잖아? 오 글쎄, 사랑이 마침내 식은 게야! 그건 그렇고, 남자에게 내 옆에 앉아도 된다고 말해 줘—용기가 있다면.

앨리스 그가 오고 있어요—쳐다보지 말아요.

정신분석가 "어두운 곳으로 내려가서, 비록 힘들고 드물지만, 다시금 하늘로 올라가는 모험을 하도록 천상의 뮤즈에 의해 가르침을 받으라." 그녀가 충분히 강할 수 있고, 그 역시 그럴 수 있지만, 그는 파이라 Pyrra[160]의 폭풍을 견뎌낸 호레이스가 아니고, 그녀는 호레이스의 금발의 연인만큼 강하지 않은데, 나는 그들이 어떻게 될지 궁금해요.

남자 *(친절하게)* 안녕? 기분이 괜찮아요?

로즈메리 나는 *(그를 존경하는 눈빛으로 바라보면서)* 당신이 옆에 있으

160 Horace의 다섯 번째 송시에 나오는, 남자들에 대한 매우 감상적이지 않은 견해를 가진 인물.

면 당연히 항상 기분이 좋죠.

앨리스 저 개자식이 그를 쐈어요!

로즈메리 어떤 개자식을 말하는 거지?

남자 당신은 당신의 하녀와 너무 친하게 지내면 안 돼요. 나는 당신이 그렇게 하는 것을 좋아하지만, 낮은 계층을 부추기는 것은 위험한 일이에요. 종들은 열망을 갖는 대신에, 섬겨야 해요.

로즈메리 자기, 내가 그 말을 기억할게요—항상. 앨리스, 가서 톰이나 만나.

앨리스 예, 마님.

남자 훨씬 낫군. 당신은 그녀를 치워버려야 해요.

로즈메리 앨리스가 없으면, 나는 그녀가 그리울 거예요. 그녀는 나와 함께 오랜 세월을 보냈기 때문에, 나는 그녀를 거의 이 집의 일부라고 생각해요.

남자 알아요, 그러나 그녀는 이곳에서 자신의 위치를 알아야만 해요.

로즈메리 당신은 정말 지혜로워요! 나는 앨리스가 그 사실을 잊었다는 징후를 보일 때마다 그녀의 올바른 위치를 상기시켜줘요. 만약 내가 이 집에서 나의 올바른 위치를 잊었다는 징후를 보인다면, 그럴 때마다 당신이 나에게 상기시켜주길 바랄게요—나는 당신이 그럴 거라고 믿어요. 우리의 결혼식은 언제죠?

남자 당신이 원할 때요. 나는 사제를 포함해서 모든 사람들에게 모든 준비를 마치라고 말했어요.

로즈메리 오, 진짜 교회 결혼식이 되는 건가요? 너무 흥분돼요!

남자 글쎄 … 맞아요. 구식이 아닌 현대식 교회 결혼식이에요. 우리는 모두가 정확히 출석했는지를 확인하기 위해 출석을 부르는 것으로 시작할 거예요.

로즈메리 아직 아무도 안 보이는데요. 한 두 명이 있었지만, 사라지고 없어요. 오, 물론—시작에 앞서 둘이서 오붓한 시간을 갖도록 계획하다니, 정말 명민하군요!

남자 다들 어디에 있어요? 시간이 많이 지났는데, 아직도 몇 사람밖에 보이지 않네—내가 반 시간 후에 결혼식을 위해 여기에 있으라고 말했는데.

로즈메리 앨리스—가서 빨리 그들을 불러와. 그리고 롤랜드를 데려와.

앨리스 그는 죽었어요.

로즈메리 그래서 뭐야? 나는 그가 여러 해 전에 죽은 걸 알고 있어. 그의 유령을 불러와. 네가 원한다면 그를 위해 울어도 좋지만, 그렇다고 그가 살아나지는 않을 거야. 그러나 울음은 너의 눈에서 그를 씻어낼 수 있을 거야.

남자 출석을 불러!

모든 영혼들 *(쉰 목소리로 다 함께)*

우리는 강가에서 모일까요?[161]

강물이 낙원을 가로질러 흐르는 곳에서.

정신분석가

저 너머에서 출석을 부를 때

나는 그곳에 있을 거야.

공작부인 틀렸어요! 그 노래는 이렇게 불러야 돼요.

행복의 문은 창고로 인도하고

사랑은 공중의 햇빛과 같다네.

로빈 틀렸어요.

사랑은 관속의 햇빛과 같다네.

---

161 찬송가 가사.

오 오직 그대의 눈물을 통해 나를 마셔요.

그러면 나는 맥주를 요구하지 않을 거예요.

앨리스 틀렸어요. 대령은 꼴통 하딩Knuts Harding에게 무공훈장을 주었어요.

숙맥 왼쪽으로 바짝 붙어, 왼쪽 오른쪽—제자리에 서! 좌향좌!

톰 글쎄요, 내 부하의 이름을 왜 명단에 올린 거죠? 무공훈장 수여자인 하딩 일등병은 술에 취하지 않고 제정신인 당신의 명령을 따랐다는 이유로 일등병으로 강등되었어요.

숙맥 실례지만 … 그건 공작부인과 관련된 거예요.

톰 오, 그것은 다른 거군요 … 미합중국의 부통령으로 승진된 이야기군요.

하딩 부통령이 되는 거야? 아니면 부통령의 상태가 되는 거야?

톰 아냐, 아냐—

숙맥 좌향 좌! 빠른 걸음으로 행진! 왼쪽 오른쪽 왼쪽 오른쪽. 해산! 이것이 정신분석의 상태들로 알려진 모든 것에 내려진 영원한 판결이에요.

하딩 내가 받은 판결은 내가 견딜 수 있는 것 이상이에요. "죄의 상태에서 태어나고 자라서 천박함, 알코올 그리고 박애의 철조망에 걸린 채로, 영원한 즐거움을 맛보라"로 되어 있어요.

셰올의 공작[162] 나의 대령님! 친애하는 대령님! 나는 진심으로 당신이 부러워요. 내가 당신에게 적포도주를 올릴 수 있을까요? 안 돼요? 사과드립니다—샴페인만 마실 수 있군요. 하늘에서는 그런 게 필요 없어요. 왜냐하면 폭풍 속에서는 포도나무가 자라지 않으니까요.

하딩 거기에 샴페인 같은 것은 없어요. 두 배로 아픈 아픔이든지, 아니면 아무 느낌도 없든지 둘 중의 하나예요. 중간은 다시금 배제되었어요—

---

162 The Duke of Shehol. 명예로운 귀신.

셰올의 공작 불쌍한 친구! 영원히 배제되다니. 이 극단주의자들! 나 자신도 극단적으로—중간이 없이—지나치게 성적으로 양육 받았어요. 나는 그것을 후회해요. 정말로요. 나는 당신처럼 되기 위해서라면, 무엇이든 내놓을 수 있어요. 거의 모든 것을요 … 물론 나의 젖꼭지는 제외하고요.

남자 혼돈 그 자체군! 로즈메리, 그들에게 당장 멈추라고 말해요!

로즈메리 *(입술에 연지를 바르면서)* 앨리스—그들에게 멈추라고 해.

(소음이 두 배가 된다)

톰 남자는 승리의 과실을 먹고 살도록 저주받았어요. 여기에서—영원히 자유로운 영국에서 그가 살아있는 동안요.

남자 내가 받은 상은 내가 감당할 수 있는 것보다 더 많아요.

로빈 운 좋은 돼지—나는 항상 명예롭기를 바랐어요. 이 소음이 두려워요.

로즈메리 *(거의 고함에 가까울 정도로 큰소리로)* 나는 저 찬송가가 좋아요. "우리가 강가에서 모일까요?" 야한 농담을 주고받는 촌놈들을 보는 것은 항상 나를 낄낄대며 웃게 만들었어요—이것은 야한 것과는 관련이 없지만요!

남자 *(귀먹지 않으려고 손가락으로 귀를 막으면서)* 안 돼!

사제 파트너들이 레저렉션 블루스Resurrection Blues[163]에 맞추어 춤을 추기 위해 그들의 유령들을 찾네요!

수학자 중간을 배제하는 것은 말도 안 돼요.

정신분석가 당신은 소음이 있다고 말하든지, 아니면 소음이 없다고 말해야만 할 거예요. 그것은 듣는 사람이 들을 수 있든지, 아니면 들을 수 없든지 둘 중의 하나라는 것을 의미해요. 그것은 그 인격이 듣는 인

163 출산 이전에 태아가 추는 것으로 알려진 춤동작.

격인지 아니면 듣지 않는 인격인지를 말해줘요. 그 인격을 둘러싼 환경과는 상관이 없어요. 내가 엑스레이를 찍을 수가 없어서 종양을 볼 수 없더라도, 또는 그 엑스레이 사진을 해석할 수 없더라도, 그것이 종양이 없는 것을 뜻하지는 않아요. 왜냐하면 그것은 배제되어 있으니까요.

로즈메리 자기, 감사해요, 감사해 …

남자 뭐가 감사한데요?

로즈메리 이 근사한 파티요. 멋져요. 너무 유쾌하고, 행복해요! 모두가 근사하게 즐기고 있어요.

사제 모든 유령들이 음악이 시작될 때—내 말의 의미는 멈출 때—그들 앞에 멈춰서는 파트너를 만나요.

수학자 나는 그 두 가지를 동시에 할 수 없어요. 멈추든지 멈추지 않든지, 둘 중의 하나만 할 수 있죠.

정신분석가 들리든지 들리지 않든지 둘 중의 하나죠. 우주의 음악처럼—방사능 천문학 덕택에 전문가는 들을 수 있지만, 일반인들은 그것을 소음이나 방해물로 간주해요.

로빈 또는 부인, 방어, 클라인학파의 헛소리, 정신분석이 다 그래요.

정신분석가 어떤 사람들은 그것을 들을 수 있고, 그것을 변형시킬 수 있어요—모차르트, 레오나르도, 프락시텔레스, 바흐—

로빈 또는 비틀즈, 로씨니—

수학자 또는 리만, 아리스타쿠스.

정신분석가 당신은 배제된 중간이 의미하는 것이 배제된 "배제," 즉 배제된 "사람"이나 "사물"을 의미한다는 것을 인정하는군요.

남자 여기에서는 아무것도 배제되지 않아요. 이것이 당신의 이상인가요?

정신분석가 아뇨, 나의 이상이 아니에요. 그러므로 나는 배제가 존재한다는 것을 배제하지 않아요.

남자 그러나 당신은 이 말도 안 되는 어중이떠중이들을 통해서 당신에게 모든 것이 허용될 수 없다는 것을 분명히 보거나 들을 수 있을 거예요. 어떤 것은 배제되어야만 해요—아니라면 당신은 영국이 이 혼동 상태를 좋아한다고 생각하고 있는 거예요. 정말 그런가요? 이것은 결혼식이 아니에요—폭동이지.

로즈메리 자기—멋져요. 앨리스가 "리디아의 부드러운 분위기로 나를 감싸주오"를 부르면 어울릴 텐데, 그녀는 어디를 간 거죠? 그녀를 당장 나에게 보내서 나를 위해 분위기를 띄우게 해요.

앨리스 남자에게 이곳을 떠나라고 말해요. 여기는 총과 무기 없이 그가 있을 곳이 못 돼요.

(로즈메리가 남자에게 이곳을 떠나라는 신호를 보낸다)

남자 이곳을 떠나라고요? 왜, 무슨 일인데요?

사제 레저렉션 블루스를 출 시간이에요. 호명을 하면 죽은 자는 오른쪽에 서세요. 유령들이 나중에 죽음의 춤을 추기 위해 그들의 파트너들과 재회할 거예요.

유령 *(한 친구를 알아보고는)* 당신이 그 친구가 맞죠? 그러나 오, 죽었네! 헥토르가 과거의 모습과 너무 많이 달라졌네요 …

아킬레스 … 그리고 그는 뻣뻣한 걸음으로 어둠 속으로 사라졌어요.

로빈 사람들이 많네요! 모두 최고들이에요—나와는 걸맞지 않는 교양 있는 사람들이죠.

롤랜드 네가 그렇게 생각하다니, 나는 놀랐어. 이들은 그런 종류의 사람들이 아니야—

로빈 밴드가 연주를 시작했어요. 거기에는 … 미안해요. 내가 당신의 이름을 잊었어요. 당신은 전보다 더 아름다워요. 같이 추실까요?

(롤랜드와 로빈의 쌍은 춤을 추며 서서히 멀어진다)

앨리스 그들이 누구죠?

롤랜드 아직도 그걸 몰라? 당신의 파티잖아.

앨리스 아니에요, 로즈메리의 파티에요.

로즈메리 아냐, 그것은 과거 시간의 파티야.

사제 그것은 정신분석가의 파티인데요.

정신분석가 아니에요, 나의 파티는 과거 시제가 아니에요. 항상 과거를 생각하는 것은 정신분석이 저지르는 실수예요. 과거는 후회의 소유물이에요. 후회는 정신분석적 파티의 손님이지만, 주인은 아니에요. 정신분석이 후회의 영역에 속해 있는 것도 아니고요. 후회는 헛된 것인데, 종교에서는 중요하게 그리고 존경스러운 것으로 취급돼요.

사제 모든 것이 헛된 것임이 드러난 후로도 여러 세기들이 지났어요, 헛된 후회는 신의 자리를 차지했어요.

롤랜드 당신은 왜 마음을 정하지 못하는 거죠?

로즈메리 남자들이 하는 전형적인 말이네요! 남자들은 항상 그들의 마음을 정하지만, 얼굴 화장을 한다는 이유로 여자들을 깔볼 수 있다고 생각하죠. 나는 남자가 마음의 화장을 끝냈을 때처럼 자신의 마음을 엉망진창으로 화장하는 여자를 본 적이 없어요. 남자들은 정신분석과 교육과 종교에 세월을 보내요! 그 모든 게 눈-화장만큼이나 헛된 거예요. 그들은 매번 전보다 더 고약한 모습으로 결말이 나요.

롤랜드 당신은 우리 남자들이 무엇을 하기를 바라는 거죠?

로즈메리 아무 생각 없어요. 내 마음이 결정하게 할 거예요. 당신은 내가 마음이 없다고 생각하죠?

롤랜드 나는 항상 당신이 매우 예리한 마음을 갖고 있다고 생각했어요—

로즈메리 오, 바보처럼 굴지 말아요! 아첨하는 말이 되지 않으려면,

당신과 나의 지성에 대해 충분한 존경심을 가져야만 해요. 밴드가 새로운 곡을 연주하기 시작했네요—오, 나는 이 노래가 좋아요. 같이 불러요.

소프라노들

여름의 태양이 육지와 바다 위에서 타오르네.

행복한 빛이 그대에게 비추는데, 나는 외면하네.

알토들

딩-동-댕 지옥의 종이 울리네

육지와 바다 위 먼 곳까지

크고, 고양된, 술 취한 소리가 들리네

새롭게 그러나 전과는 다르게.

테너들

오 죽음이여, 그대의 쏘는 가시가 어디에 있는가?

오 파업이 그대의 승리인가?[164]

롤랜드 문법 선생은 어디에 있죠? 그의 장례식에요?

로빈 독일인이 당신 말을 듣지 못하게 해요—그는 아리안 계통의 사람들에게 적대적이에요.

사제 이 밴드는 멋지네요—음정을 듣지 못하는 것이 그 밴드의 커다란 장점이에요.

롤랜드 그리고 색맹인 것도요. 당신이 색깔을 구별할 수 있다면, 당신은 나를 볼 수 없을 거예요. 왜냐하면 나의 가시성可視性은 인간 시각의 범주에 속하지 않거든요.

사제 나는 보기를 원치 않는 유령을 제외하기 위해 눈가리개를 사용한 것을 제외하고는, 인간의 시각에 관심을 가져본 적이 없어요. 이따금씩 아류나, 소크라테스, 단테, 마이스터 에크하르트, 후앙 이피즈 알바

---

164 찬송가 가사.

레즈Juan Yeepes y Alvarez[165] 십자가의 요한 같은 바보들이—

롤랜드 후앙 이피즈 알바레즈가 도대체 누구에요?

사제 그는 땅 위에 없어요.

로즈메리 도대체 무슨 이야기를 하고 있는 거죠?

사제 어거스틴이 신의 도시라는 책을 썼을 때, 천국은 "땅 위에" 있지 않았고, 히포타데스Hippotades[166]에서 온 친구가 있던 곳에도 없었어요. 플라톤은 그것을 알고 있었어요. 소크라테스는 그다지 지혜롭지 못했지만요.

로빈 키이츠는 "나는 … 마치 독당근을 먹은 것처럼 취해 있었노라"라고 말했어요.

사제 그는 페이요트peyote[167]를 시도했어야 했어요. 아즈텍 사람들은 그것에 대해 아주 잘 알고 있었죠.

셜록 심지어 그들은 영국 대법원이 미국 원주민 교회를 인정할 때까지 기다려야만 했어요—

사제 영국 대법원은 코르테즈의 성 스페인 교회를 성 가톨릭 교회로 인정했어요. 내가 말했듯이, 플라톤은 독당근을 마실 정도로 지혜를 결여하지는 않았어요.

셜록 내 추측에, 당신은 우르의 죽음 구덩이 안의 궁전 모임에서 당신이 제공했던 술을 마시지도 않았을 걸요.

사제 증거가 없잖아요.

셜록 그게 증거예요. 내가 하는 일은 사실을 찾는 것이고, 따라서 부정적 증거를 포함해서 모든 종류의 증거를 존중해야만 해요—

정신분석가 당신은 그것을 해석해야만 해요. 나는 사실을 도외시하

---

165 십자가의 성 요한으로 불리는 인물.

166 바람의 수호자

167 환각제로 사용되는 선인장 계통의 식물

지 않고, 사실을 해석하죠.

셜록 나는 당신의 관점을 반대하는 게 아니에요. 나는 단지 당신이 다른 하나의 사실이나 관점이 아니라 어느 한 사실이나 관점을 더 좋아하는 것을 반대할 뿐이에요.

사제 나도 그래요. 신은 조롱받을 수 있는 분이 아니지만, 당신은 특별한 사실의 범주를 직접 경험할 수 없다는 이유로 신에게 관심을 가질 필요가 없는 것처럼 행동하고 있어요. 지금 듣는 이 곡은 지옥의 음악 아닌가요?

정신분석가 당신은 토착 종교에 적합한 범주들에다 종교적 범주를 적용하는 완벽한 예를 보여주고 있어요.

사제 나는 그러한 예를 보여주고 있지 않아요. 나는 당신처럼, 내가 여기에서처럼 지역이 알려져 있지 않은 주제에 대해 논의할 때, 범주들과 지역들을 서술하는 데 지형학적 용어를 사용해야만 해요. 한 예언자는 "천국은 네 안에 있다"고 말했어요.

롤랜드 정신분석가들은 그러한 클라인학파 진술을 평가절하해요.

로빈 맙소사! 천국에 정신분석가들이 있다는 말은 아니겠죠.

롤랜드 너무 성급하게 결론 내리지 마. 나는 내가 천국에 있다거나 지옥에 있다고 말하지 않았어. 나는 내가 죽었다고 말했을 뿐이야.

로즈메리 나는 육체적 죽음이 죽기 위한 필수적 요건이라고 간주한 적이 없어요.

사제 고전적인 것들은 죽었어요.

정신분석가 사람이나 어떤 이론이 "고전"으로 불릴 때, 그것은 죽었다는 것을 나타내는 징후예요. 고전 예술, 고전 종교, 고전 과학은 사람들이 그것들을 물건으로 간주하는 단계에 도달했음을 말해줘요. 그런 상태들은 사실상 죽은 거예요. 이 음악은—

사제 음악은 아직 아니에요, 분명하죠? 음악에는 얼마의 구조, 즉 음악에 대한 정신적 훈련의 표시가 필요하지 않을까요?

정신분석가 만약 당신이 그렇게 생각한다면, 종교가 무엇을 믿을지에 대해서도 얼마의 훈련이 필요하지 않을까요? 정신분석에서, 비록 우리는 "자유"라는 아이디어를 지지하지만, 우리는 또한 정신적 훈련을 수행해요—엄격하게요.

로빈 방종과 자유 사이의 선이 어디에 있죠?

사제 종교에는 항상 훈련이 있어왔어요. 교리는 종교적 법에 대한 간결한 진술이에요. "교리적"과 같은 용어들은 교리를 과학적 진술이 아니라는 경멸적인 언급으로 사용하는 사람들에 의해 함부로 사용되어왔어요. 우리는 개인적인 경험에서 "생명을-보존하는" 종교 경험에 친숙해 있지만, 그런 경험이 없는 다른 사람들에게 그런 사실을 강요하지도 않고 강요할 수도 없어요.

롤랜드 밴드가 "몸은 죽어도 영혼은 영원히 살리라"를 재즈 스타일로 연주하고 있네요. 당신은 저것을 신성모독이라고 부르나요?

사제 아뇨. 그런데 그것은 지루할 정도로 유쾌한 저녁시간에 우울한 선율을 들려주고 있네요.

로빈 당신은 유쾌한 분위기가 불편하지 않나요?

사제 죽음이 상기시켜주는 장엄함의 음조가 없다면, 그 유쾌함은 지루할 거예요.

로빈 왜죠? 죽음이 뭐가 그렇게 장엄하죠?

정신분석가 전혀 장엄하지 않죠. 그러나 사람들은 마지막으로 무언가를 할 때, 그렇게 느껴요. 나는 그것이 처음일 때, 두 배로 장엄하다고 느낄 거라고 봐요. 여자들은 그들이 출산 중에 죽을 수 있다는 것을 알기 때문에, 죽음을 두려워해야 할 이유가 남자들보다 더 많아요.

로즈메리 그것은 이유와는 상관없어요. 그것이 상관이 있다면, 많은 사람들이 임신을 두려워할 텐데, 그렇지 않거든요.

정신분석가 그 말의 의미는 사람들이 그것을 의식적으로 표현하지 않는다는 거예요.

로즈메리 "무의식"이라! 롤랜드, 당신은 남자가 당신을 죽일 거라고 생각했나요?

롤랜드 나는 그가 나를 죽이기 전에 내가 먼저 그를 죽이려고 했어. 그러나 나는 내가 성공한다고 해도 오래 살아남지는 못할 거라고 확신했어.

로즈메리 당신은 미래의 삶이 두려웠나요?

롤랜드 아니. 이 "미래의 삶"이 내가 살아왔던 많은 시간들—실제로 일어나기 전에는 "미래"였던 시기들—보다 더 나쁘지 않아. 나의 삶 전체가 언젠가는 미래였어. 나는 나의 삶이 끝나기를 원해. 한 번으로 족해. 정신분석가는 뭐라고 말할까? 만약 이 지옥의 음악이 그를 생각하도록 내버려두었다면.

정신분석가 당신은 그것을 "지옥의 음악"이라고 부르는군요. "지옥"이라는 단어를 경멸적으로 사용하고 있나요? 아니면 지리적인 것, 즉 우리의 사제 친구가 지옥이라고 부르는 영역에 적합한 음악이라는 의미로 사용하고 있나요?

사제 "지옥"은 종교적 장소를 가리키는 용어가 아니에요.

지휘자 자—알토들만All toes only.[168] 2쪽부터 시작해서, 좀 더, 좀 더, 약간 활기차게. "우리는 더 많이 함께 해요." 하나, 둘 … 우리가 더 많이 함께, 함께, 함께—아니, 아니! 알토들은 다 함께—좀 더 음을 끌면서. 거룩한 성가를 부르듯이.

---

168 음악에서 사용하는 알토alto라는 단어를 all toes로 변형시키는 것을 통해서 상황에 대한 진술을 풍자적인 것으로 만들고 있다.

엄지발가락 나는 위치를 못 찾겠어요.

지휘자 그럴 필요 없어요. 이것은 솔로곡이 아니에요. 이것은 알토들을 위한 곡이에요. 당신은 더블 베이스가 시작할 때까지 기다려요. 3쪽은 당신의 입장을 지시하는 큰 소리와 함께 시작돼요.

알토들 입장이라고요? 나는 그것이 퇴장이라고 생각했는데요.

지휘자 알토들—퇴장—입장은 입을 통해서. 원한다면, 해부학의 반대쪽 끝에 있는 출구를 통해서. 아웃, 아웃, 에취! 재채기만 입을 통해서.

로즈메리 오, 푸른 다뉴브 강이네요! 나는 그것이 정말 아름다운 곡이라고 생각했어요. 나는 전에 한 젊은 남자가 아름다운 소녀에게 말하는 것을 들었어요. 그 두 아름다운 젊은이들은 춤이 마음에 들지 않아서 얼굴을 붉히고 있었어요. 나에게는 천국처럼 빛나는 것으로 보였던 그 춤이 "너무 따분했던" 거예요. "너무 따분해!" 그들은 반복해서 말했어요. 나는 다락에 올라가서, 나의 못된 마음을 착한 마음으로 만들어달라고 기도했어요.

남자 당신이 무슨 나쁜 짓을 했는데요? 나 같았으면 그들을 죽였을 거예요. 만약 당신이 착한 소녀가 된다면, 신이 당신도 춤추러 갈 수 있게 해줄 거라고 생각했나요? 당신은 춤추러 갈 거예요. 내가 당신을 데려갈게요.

로즈메리 이 춤은 나를 두렵게 해요. 그 춤을 추면 우리가 죽었다는 생각이 들어요.

모리아티 그럴 수 있어요—오직 인간 존재만 그럴 수 있어요. 그것은 죽은 자를 위한 기도문처럼 느린 속도의 춤이에요—마치 그들이 이해하지 못한 채 그 기도문을 읽을 때, 모든 상상의 산물들을 지겨워하는 것밖에는 한 것이 없는 것처럼요. 나는 가끔 그들의 꿈에 나타나곤 했어요. 롤랜드라는 남자는 살아있을 때 그의 동료들을 깨울 정도로 공포의 비명을 지르곤 했어요. 왜 그래요? 로즈메리, 무슨 일이 있어요? 안색이 많이 창백해 보여요. 나는 당신이 재미있어 한다고 생각했어요. 그녀를 부축해, 이 멍청아!

남자 여기에 의자가 있어요. 당신의 하녀는 어디에 있죠?

로즈메리 나는 괜찮아요. 여긴 덥네요. 그렇지 않나요? 좀 앉고 싶어요.

모리아티 앉는다고요?—그녀가 태어날 때 그랬던 것처럼. 그것들은 만약 부화할 가능성이 있으면, 자신들이 붕괴될 거라고 생각해요. 코난 도일은 그의 제정신의 외피가 깨진다고 느꼈을 때 무너졌어요. 현실이 보내는 어떤 신호에도 자라나는, 제정신의 껍질은 얼마나 견고한 감옥인지요! 뉴턴은 박하향의 대가가 되는 것을 통해서 그의 깨지기 쉬운 외피를 지탱해야만 했어요—다른 허황된 큰 사업의 구성물이 그렇듯이. 다른 사람들처럼 되기 위해서요—그들은 그것을 "제정신"이라고 불러요.

남자 *(로즈메리에게)* 자기, 좀 나아졌어요?

모리아티 아뇨, 바보 같으니—훨씬 나빠졌어요. 그녀는 여주인의 노예로 되돌아가는 길을 찾고 있어요.

로즈메리 저게 뭐죠? 무슨 소리가 들려요.

남자 당연하죠. 방 안에 사람들이 가득해요. 그들에게 돌아가라고 말할까요?

모리아티 나는 맥베스처럼 약한 자들만이 파티를 망쳐야 했다고 생각했어요. 로즈메리는 보통의 백일몽 이상의 지구력을 갖고 있지 않아요—아마 더 못할 거예요. 왜냐하면 그녀는 앨리스의 욕망이니까요. 정신분석가가 "성적" 욕망이라고 부르는 것이죠.

사제 프로이트가 일부 욕망들은 성적인 것으로 특정할 수 있다고 결정했을 때, 사람들이 그렇게 야단법석을 떨었다는 게 이상해요. 우리는 이미 여러 해 전부터 욕망의 모호한 속성에 대해 알고 있었어요. 심지어 아류나조차도 그가 거의 만족에 도달할 뻔했던 욕망을 견딜 수 없었어요.

로빈 "욕망"이라는 것은, 특수한 것을 일반화하는 것을 통해서 정확한 느낌을 모호한 것으로 만들고 싶을 때, 충동에 갖다 붙이는 이름이에요.

사제 당신이 철학적인 성향을 가졌다는 것을 몰라봤군요.

로빈 나에게 그런 건 없어요. 내가 원했던 것은 평화롭고 조용히 살면서 나의 농장을 운영하는 게 전부였어요. 그런데 농장의 한 인부가 자신의 뇌를 날려버리기를 원했고, 그렇게 했어요. 그는 또한 더러운 찌꺼기를 만들어냈죠—검시관들, 정신과의사들, 정신분석가들, 그리고 지금은 독일인들에 의해 상황이 더 나빠졌어요.

셜록 당신은 "그들"이 비난받아야 한다는 것을 어떻게 알죠? 당신은 만약 "그들"이 그 "더러운 찌꺼기"를 보지 못했다면, 그 누구도 그렇게 하지 않았을 거라고 말하고 있는 건가요?

정신분석가 나는 나 자신을 포함해서 모든 다른 영역의 전문가들에 의해 주어지는 설명들이 "합리화," 즉 "합리적인" 설명이라고 생각해요—일종의 쓰레기 뒤지기 말이에요.

사제 따라서 그 설명들은 의심스러워요. 합리화를 위한 근거가 없을 경우에는, 관찰된 반갑지 않은 사실들이 인간 마음의 한계와 인간 독재자가 만든 법칙의 한계에 의한 것임을 보여주기 위해, 인간의 이성 자체가 소환되죠.

정신분석가 논리는, 마치 사고가 "논리"를 따르는 것으로 판단될 수 있기라도 하듯이, 인간의 만신전에 모셔져 있어요. 그것은 사람들에게 확신을 주기 위한 것이지만, 경외, 존경, 찬양을 불러일으키기 위해 마련된 모든 다른 기준들과 마찬가지로, 어처구니없는 거예요.

남자 자유, 평등, 박애—사람들은 그것들을 내세운 다음, 그것들을 잊어요. 그것들을 영예로 채우고 나면, 그것들은 흔적도 없이 침몰할 수 있어요. 일부 정신 나간 시인이나 철학자나 성자는 만족을 모르는 호기심에 휘둘리게 되고, 산처럼 쌓인 칭송의 쓰레기 더미 안에서 잊혀진 신을 발굴해내죠.

사제 쓰레기 더미 아래에 묻혀 있던 신은 다시 살아나 죽은 쓰레기 더미를 뚫고 나와요. 폭발을 막기 위해 돌로 만든 감옥이 아무리 난공불락으로 견고하다고 해도, 자폐상태에 있던 지혜는 껍질을 깨고 부화를 시작해요.

천문학자 대격변의 폭발은 우주의 주변부에서 감지될 수 있어요. 이 거대한 격변들, 설명할 수 없는 폭발들이 이해할 수 있는 것임을, 따라서 존재하지 않는 것처럼 취급될 수 있는 것임을 증명하기 위해 자신의 지식, 이성, 논리와의 대화를 암흑으로 만들 준비가 되어 있는 사람은 누구죠?—그런 사람은 항상 존재하거든요.

정신분석가 그 사소하고, 미세하며, 눈으로 볼 수 없는 탄생들은 유비적으로, 그리고 그러므로 실제로 물리적 세계 안에 있는 상대적 양성자들과 비교될 수 있는 생물학적 사건들이에요.

천문학자 왜 "그러므로"죠?

정신분석가 왜냐하면 "유비"는 하나의 단어이고, 단어는 정신적 활동의 징후이거든요—이론의 한 조각 말이에요.

천문학자 그것이 이론에 근접하는 실현이 존재한다는 것을 의미하는 건 아니에요.

정신분석가 동의해요. 이론과 그것에 일치한다고 여겨지는 실현 사이에 어떤 연결이 있다는 "증거"는 없어요. 나는 인과이론이 전제하고 있는 방식에 따라 "방향"을 가정해야 할 필요는 없다고 봐요. "빅 뱅"이

"우주 확장"의 원인이라든지, 우주의 격렬한 확장이 계속되기 때문에 우리가 인간의 중추신경체계라고 부르는 예민한 수신기 안에 "장애"가 야기된다는 등의 방향 말이에요. 만약 인간의 중추신경체계가 높은 수준의 예민한 수용능력을 갖고 있다면, 비록 우리가 그것의 발생에 대해 무지하다고 해도, 그것은 엄청난 힘을 가진 사건들에 대해 설명해줄 수 있을 거예요.

천문학자 당신이 말하는 "무지"는 무엇을 의미하죠?

정신분석가 그 말의 의미는 한 사건이 공감과-유사한 것을 자극하기에 충분할 정도로 강력할 수 있지만, 그것이 다시금 피질을 자극할 만큼 강력하지는 않을 수 있다는 뜻이에요. 나는 마음에 대해 말하기 위해 이러한 해부학적 용어들을 사용할 수밖에 없어요. 그 용어들은 사실상 그것들을 듣는 사람이 그것들을 수용할 수 있지 않는 한, 무의미하고 부정확한 거예요. 하늘을 연구하는 사람들은 태양중심적 현상들의 증거에 대해 민감해야만 하고, 이해를 성취하기에 앞서 그들의 감각기관들이 전달해주는 것을 견딜 수 있어야만 해요.

사제 당신은 과학의 언어와 종교의 언어를 사용하고 있으면서, 만약 내가 그 언어를 사용하면, 나더러 비과학적이라고 주장해요. "하늘"이라는 용어는 그것이 역사적으로 종교적 사고의 일부라는 점에서, 그 용어의 사용이 적절한 존중을 받아야만 해요.

정신분석가 당신도 마찬가지로 용어들을 사용할 때 그것들이 관련 맺고 있는 과학적 진실을 존중해야만 해요. "천국이 네 마음 안에 있다"는 종교적 사상가의 진술에서, 그 사상가의 "정점"이 어떤 것이든 간에, 하늘이라는 과학적 사실은 존중되어야만 해요. 그러한 진술들은 과거에 결합된 것들에 일관성을 줄 뿐만 아니라, 처음의 어렴풋한 윤곽에서는 볼 수 없었던 결합들과 일관성들을 보여줘요. "인간의 내면세계"는 비슷한 종류의 정신적 현상들의 결합이 이루어지는 것에 우리의 주의를 끄는 영역에 대한 최근에 이루어진 간명한 진술이에요.

남자 그를 쏠까요?

로즈메리 아직은 아니에요—비록 견디는 것이 힘들기는 하지만요. 이 왈츠곡은 영원히 계속되나요?

남자 우리가 완전히 지칠 때까지만요.

로즈메리 소음이 점점 더 심해지고 있어요. 그것이 나를 뚫고 들어와요. 내 고막이 터질 것 같아요. 이렇게 생각하는 게 우습지만 …

남자 말을 하다가 왜 멈추죠? 무슨 말을 하려고 했는데요? 당신의 하녀가 롤랜드라는 친구와 춤을 추고 있네요.

로즈메리 나는 당신이 그를 쐈을 때, 그와는 끝났다고 생각했어요. 그녀는 춤을 잘 춰요—어디서 배웠는지 궁금해요. 나는 그녀의 먼 조상들 중의 하나가 혈통이 좋았을 거라고 생각해요. 그녀는 우아함을 지녔어요 … 나는 실신할 것 같아요 …

남자 당신의 하녀를 불러줄게요—거기 너! 이리 와서 네 여주인을 부축해드려.

로즈메리 기분이 끔찍해요. 나는 실신조차 할 수 없네요.

남자 당신은 강해야 해요. 당신은 늘 그랬듯이 춤을 추고 있어요. 나는 처음으로 사람을 죽였을 때, 그가 엄청 놀라는 모습을 보았어요. 그는 자신이 죽임을 당했다는 것을 결코 인식하지 못했어요. 그런 모습을 보는 충격에 익숙해지면, 총을 쏘는 게 전혀 나쁘지 않아요.

로즈메리 누군가와 춤을 추는 것이 충격이에요—마치 당신이 “누군가와 춤을 출” 것임을 인식하지 못했던 것처럼요. 정신분석가는 그것이 “성적인 것”이라고 말할 거예요. 사제는 그것이, 마치 성 바울의 “회심” 사건처럼, 종교적인 것이라고 말할 거고요.

남자 성 바울은 유태인이었어요. 그런데 그는 자신이 로마 시민이라고 말했죠.

로즈메리 크리스찬이라고요, 확실해요? 이 왈츠가 계속된다면, 나는 죽을 것 같아요. 나는 극도로 지쳤어요.

남자 당신의 발은 잘 추고 있어요.

로즈메리 그 발이 춤추는 나예요. 나는 그런 일이 일어날 줄 몰랐어요. 앨리스를 보세요—그녀는 나만큼이나 그런 일이 일어날 줄 몰랐던 거예요.

정신분석가 죽음은, 탄생이 그런 것처럼, 질병이 아니에요. 질병은 탄생과 죽음 모두와 결합해요. 삶도 그래요—그리고 인간 존재들은 하나가 다른 하나의 원인이라고 생각하는 경향이 있어요.

사제 그 이유는 오직 과학자들이 신을 동인動因으로 대체했기 때문이에요.

정신분석가 나는 종교 중독자들이 최초의 동인에 대해 말하는 것을 들은 적이 있어요. 과학자들이건 사제들이건, 그들은 신과 같은 아이디어들에 매달리는 인간 마음에 의해 제한을 받아요. 변하는 것이 변하지 않는 것에 의해 대체되고, 그 다음에는 항구적인 것으로 존경돼요.

사제 그것은 수학자에게 주어지는 보상일 수 있어요.

정신분석가 나는 대문자 "G"로 시작되는 신을 소문자 "g"로 시작되는 신으로 대체하는 것이 무슨 장점을 갖고 있는지 모르겠어요. 어떤 상황에서는 그런 표현이 가치 있는 것임을 알고 있지만 말이에요.

사제 그것은 주의를 끌고 싶어 하는 어떤 것을 나타내는 기호일 뿐이에요. 아무도 대문자 "G"를 존경해야 한다고 말하지 않아요. 우리는 존경할 만한 가치가 있는 것이 거기 있다고 생각해요.

정신분석가 나는 존중할 만한 가치가 있는 것에 인간의 마음을 포함시켜요.

사제 존중은 존경이 아니에요.

정신분석가 당신은 어휘에 대해서 말하고 있어요. 그러나 나는 내가 전문용어 놀이를 하고 있다는 가정에 친숙한 것은 맞지만, 지금 문법에 대해 논의하고 있는 게 아니에요. 실제로 나는 "존경"이라는 단어 너머에 있는 현실을 인정해요. 거기에는 "존중"이라는 단어에 근접한 무언가가 존재해요. 만약 "존중"이 하나의 범주로서 측정될 수 있다면, 그것은 "존경"과는 다른 주파수를 보여줄 거예요. 나는 이 음악을 존경하지는 않지만, 생각하는 것을 어렵게 만드는 이 소음을 존중해요.

사제

"이중 암흑으로 눈을 가리고
창조되지 않은 빛을 발견하라."[169]

정신분석가 프로이트는 인간 마음의 알려지지 않은 현상들을 조사하기 위해, "내 눈을 인위적으로 멀게 하리라"고 말했어요.

사제

"입술로 어떤 모양도 만들지 말고, 사랑스런 벙어리가 되라
닫힌 곳, 통행이 금지된 곳
모든 항복이 나오는 그곳에서만
그대는 유창하게 말할 수 있으리라."[170]

문법에는 맞지 않지만—시로 봐주세요.

정신분석가 나는 나의 침묵을 "봐주지는" 않지만, 환자의 말을 듣기를 원할 때 침묵해야만 해요. 나는 또한 말해진 것보다 더 많은 것을 들어요.

사제 말 이상의 것을요?

---

169 Gerald Manly Hopkins의 *Habit of Perfection*에 나오는 글.

170 상동.

정신분석가 예, 더 많은 소리만이 아니에요. 나는 말의 소리나 잘 알려진 의미들 외에도, 생물학적이거나 감각적 장치를 통해서는 들을 수 없는 것을 들어요.

사제 그게 뭔데요?

정신분석가 그것은 내가 깨닫는 것을 통해서 발견하기를 기대하는 거예요.

사제 나도 역시 깨달음의 중요성을 옹호해요. 나는 당신이 감각의 특정 범주들을 배제하는 것을 통해 지혜의 토대가 되는 증거를 왜곡시키는 것을 반대해요.

정신분석가 하지만 당신은 찬성의 의미로 홉킨스를 인용했어요. 그것은 선택적인 것이고, 따라서 지혜의 토대를 잠식하는 게 아닌가요?

사제 아니죠. 나는 신체적 필요를 위해 사용할 수 있는 감각적 증거는 충분 이상으로 많다고 생각해요. 그러나 여기에 있는 소음처럼, 영적 삶을 위해서는 지워야 할 것들이 너무 많아요. 우리는 증거를 훼손시키는 치폐막들과 표시들을 제거해야만 해요.

정신분석가 당신은 어떤 것이 필요한 것이고 어떤 것이 없애도 되는 것인지를 어떻게 알죠? 나는 어떤 것은 정신분석과 관련될 수밖에 없다고 생각하지만, 만약 누군가가 나더러 내가 신을 연구하거나 숭배하고 있다고 주장한다면, 나는 그 주장의 타당성을 발견하기가 어려울 거예요. 나는 심지어 인격의 제한된 영역에서조차도 나 자신의 분별 능력을 효율적으로 사용할 수 있다고 가정하기가 어려워요.

사제 하지만 모든 정신분석은 특정 현상들이 다른 현상들보다 더 주의를 기울일 가치가 있다고 강조하는 것처럼 보이는데요.

정신분석가 그건 사실이에요. 그러나 우리의 목표들은 오직 정신분석의 실천과 관련되어 있어요. 종교는 훨씬 더 포괄적이고, "모든 것을 포함하는 것”으로 간주되는 반면에, 정신분석은 오직 인간의 마음과 관련된 것이라는 나의 생각이 틀린 것일 수도 있어요. 나는 인간의 마음이 충분 이상의 것이라고 생각해요.

사제 그러나—무엇을 위해 충분하다는 거죠?

정신분석가 인간 마음의 발달을 연구하고 돕기 위해 충분하다는 거예요. 당신은, 남자처럼, 한 인간 존재가 그의 생명을 유지해야 하는지 말아야 하는지를 결정하는 것과 같은 과제에 참여하고 있어요.

사제 의사들도 그래요. 당신네 정신분석가들은 마음의 삶과 죽음에 대해서만 관심을 갖고 있어요—그 관심에는 영靈이 포함되나요?

정신분석가 당신이 말하는 “영”의 의미에 대한 나의 생각이 맞다면, 아닐 거예요. 의사가 해야 할 일이 부러진 다리를 고쳐주는 것일 뿐, 환자가 그 다리로 무엇을 할지, 도둑질이나 살인을 하는 데 사용할지는 환자 자신의 일인 것처럼, 피분석자가 그의 마음으로 무엇을 할지는 분석가의 일이 아니에요.

사제 또는 색스폰 연주자가 폐기종을 앓고 있는 그의 폐로 무엇을 할 것인지도요. 벌써 귀가 멍하네요—당신은 그의 연주를 들어야 한다고 생각하세요?

정신분석가 만약 그가 분석을 받기 위해 나에게 온다면 그리고 그것이 그가 누구인지를 나에게 알려주는 직접적인 길이라면, 나는 들을 거예요. 만약 그가 소음을 만들거나 소리의 패턴들을 직조하는 데 관심이 있다면, 나는 그것이 내 직업과 상관이 있다고 보지 않을 거예요.

로즈메리 만약 그가 당신의 귀를 먹게 만든다면요?

로빈 또는 만약 그것이 단지 의례행위일 뿐이라면요? 또는 종교적 패턴이라면요?

롤랜드 죽은 자를 위한 미사곡—예를 들면, 나를 위한 미사곡이라면요?

정신분석가 그런 것들은 아니죠. 만약 그가 당신의 귀를 먹게 만들고 있다면, 당신은 경찰의 보호를 요청할 수 있을 거예요. 만약 그것이 의례행위라면, 그것은 사제가 해야 할 일이고요. 만약 그가 색스폰 대신에 치명적인 무기를 갖고서 죽은 자를 위한 미사곡을 준비하고 있다면, 나는 그것이 군대가 해야 할 일이라고 간주할 거예요.

롤랜드 이 나라에서는 군대가 엄청 많이 필요할 거예요.

정신분석가 그건 내가 정부 당국에 의해 적절한 재가를 받았는지에 달려 있어요. 내가 그러한 재가—허락—를 받지 않았다면, 나는 그 누구에게도 정신분석을 하지 않을 거예요. 이 나라에서 군대는 더 강한 군대에 의해 무장해제 된 상태이기 때문에, 나는 총으로 뭔가를 만들기로 선택하는 사람을 막기 위해 군대의 파견을 요청할 수가 없어요.

롤랜드 군인이 총을 갖고서 정신분석을 받기를 원한다면요?

정신분석가 나는 그런 경험이 있어요.

롤랜드 나는 당신이 총을 분석하는 모습을 보고 싶어요!

정신분석가 나는 생명이 없는 물건을 분석하지는 않겠지만, 총 뒤에 있는 사람은 분석하려고 시도할 거예요—

롤랜드 그리고 그가 총알로 대답한다면요?

정신분석가 나는 그가 총을 들이대고 무슨 의미인지 분명히 말하라고 강요하기 전에, 많은 해석들을 할 수 있기를 희망할 거예요. 그런 종류의 해석이라면, 그것은 들을 만한 가치가 있는 것으로 보일 거예요.

남자 당신이 총을 분석할 수 있다고 생각하지 않아서 다행이에요. 나는 종종 총이 당신 같은 사람들에 대한 유일한 방어무기라고 생각해요. 나는 상식을 능욕하는 행동을 예방할 수 없었던 정신분석가들을 알고 있어요.

정신분석가 상식[171]은 공동의 무기에 의존할 수 있어요. 한 국가가 군

171 이 단어는 직역하면 공동 감각으로 번역될 수 있다.

대로 환원된다면, 그 때는 너무 늦어요.

남자 우리에게는 선택의 여지가 없었어요. 그런 민감한 주제에 대해 말하다니, 당신은 도대체 뭐하는 거요? 나는 불만을 해소하기 위해 정신분석에 도움을 청한다는 말을 들어본 적이 없어요.

정신분석가 우리가 특별한 형태의 불만을 해소하는 데 관심이 있는 것은 맞지만, 보상이 따르는 공헌을 만들어낼 수 있는 충분한 능력을 획득하는 데는 시간이 걸려요.

남자 내가 보고 들은 바에 의하면, 그것은 몇 세기 또는 심지어 수천 년이 걸릴 거예요.

정신분석가 누가 알겠어요? 변화는 종종 갑자기 일어나요. 버나드 쇼Bernard Shaw는 변화가 너무 천천히 일어나기 때문에 아무도 그것을 감지하지 못한다고 생각하는 사람들은 정치가들뿐이라고 말했어요.

남자 또는 그것이 너무 빨리 일어나는 바람에 관찰되지 못할 수도 있어요. 태아는 자신이 자라고 있다는 것을 알지 못할 거예요.

앨리스 태아가 살인을 하거나 자살을 할 수 있나요?

정신분석가 태아 단계의 아이디어는 스스로를 죽일 수도, 죽임을 당할 수도 있어요. 그리고 그것은 단순히 은유가 아니에요. 은유들은 태어나기를 기다리고 있는 아이디어들의 유령일 수 있어요. 그뿐만 아니라, 버클리Berkeley가 핼리Halley에게 말했듯이, "떠난 양의 유령들"일 수 있어요.

밴드 지휘자 *(벨을 누르면서 그리고 확성기를 사용해서)* 시간이 됐어요, 유령들! 떠날 시간이에요. 모든 것이 변해요! 해산! 끝! 오른쪽으로 정렬! 살아있는 자는 … 행진! 죽은 자는 … 각자의 관 옆에 정렬! 산 자 … 죽은 자! 산 자 … 죽은 자! 나를 사랑하지 말아요. … 사랑하지 말아요. 연옥에서는 모든 것이 변해요!

남자 이게 다 뭐야?

하늘 성가대 지도자 모든 게 변해, 개자식들아! 모든 게 변한다고!

남자 이곳은 불길한 구덩이군.

로즈메리 우리가 왜 이런 곳에 왔죠?

남자 다른 선택이 없었어. 도달한 거야. 모든 것이 변해.

로즈메리 모든 게 변한다고요? 확실히 아니에요. 다른 사람들은 어디에 있죠? 내 하녀 앨리스 그녀은 어디에 있나요?

남자 당신이 꺼지라고 말했잖아요.

로즈메리 내가 그랬다고요? 그녀는 그 말이 내 진심이 아니었다는 것을 알았다고 해도, 떠났을 거예요. 이게 연옥인지는 잘 모르겠어요. 나는 연옥이 종교적인 것이라고 생각했어요.

남자 아니에요. 종교적인 장소는 도그마예요. 이것은 과학적인 거예요.

톰 이 음침한 구덩이는 뭐죠? 당신은 왜 그런 이상한 방식으로 살피는 거죠?

정신분석가 그 눈들은, 사시斜視처럼, 제각기 따로 움직이는 위기를 겪고 있는 거예요.

사제 조화로움의 위기라는 말이 더 나을 거예요. 당신은 그들을 더 쉽게 쓰러뜨릴 수 있어요. 나는 지금도 루이스 기관총이 내는 소음을 들을 수 있어요.

로빈 내 귀에는 안 들려요. 저 빌어먹을 소음이 다시 멈췄어요. 당신은 바보에요! 그것을 그런 식으로 비틀지 마세요. 그것은 숫자 일이 아니에요. 나는 그것이 당신이 해결책을 알고 있는 유일한 장애물이라고 봐요. 여기는 정말 조용하네요! 아무 소리도 들리지 않아요 … 하지만 나에게는 전쟁터를 바라보고 있는 옛 유령들이 보여요. 나는 "친구들,

자네들이 나를 그렇게 바라보는 것이 정말 좋아!"라고 말해요. 이토록 조용한 걸 보면 이곳이 시체 보관실인지도 몰라요. 나는 우리가 집단 토론을 하는 데 찬성해요. 당신은 여기에서 투표권이 있나요?

정신분석가 물론요. 당신은 효력 없는 투표권을 얼마든지 가질 수 있어요. 유효한 투표권을 가진 사람은 왼쪽으로. 다른 사람들은 모두 오른쪽으로—그 투표권들은 적절하게 취소할 수 있어요.

남자 그건 헛소리nonsense예요.

정신분석가 아니죠, 그것은 감각이 없는 것Non Sense이에요.

남자 나에게는 미친 소리로 들려요.

정신분석가 당신은 여기에서 모든 게 변했고, 헛소리가 감각 없음이 되었다는 것을 잊었어요. 자연 법칙은 이제 비-이성적인 법칙이 되었어요. 지금은 포스트 빅 뱅 시대거든요.

앨리스 빅 뱅이 뭐죠? 기억이 안 나요.

모리아티 그것이 무엇인지는 아직 발견되지 않았어요. 과학자들은 그들이 기술을 따라잡았을 때, 자폐적 발견을 위한 여정을 시작해야만 할 거예요. 물론 고고학 역시 변했고, 영적 과학 또는 영적 호기심과 관련된 것이 되었어요. 사제는 자신의 후계자가 누가 될지 알 거예요—젊고, 호기심 많은, 포스트 뱅 공룡이겠죠. 나는 누가 내 자리를 물려받을지 아직 몰라요—아이린과 나 사이에는 아이가 없거든요.

셜록 아이린 애들러에게 그런 일이 있었군!

모리아티 홈즈, 정말이군! 그걸 몰랐어? 우리는 교회에서 결혼하지는 않았지만, 결혼을 했어. 그런데 빅 뱅이 우리를 갈라놨어.

셜록 내 생각에는, 당분간일 것 같은데?

모리아티 거기에는 네가 알고 있는 시간이 존재하지 않아. 나는 그것—또는 어떤 현실의 산물—에 많은 것을 기대하지 않아.

로즈메리 나는 당신이 현실의 산물의 유령일 뿐일 때 당신 자신에 대한 매우 높은 견해를 갖는다고 말해야겠어요.

모리아티 당신은 당신 자신이 죽음 이후의 거짓말에 대한 상상의 산물의 상상의 산물에 지나지 않는다는 것을 잊고 있어요. 나는 현실의 산물이었던 적이 없고, 변화는 당신이 겪고 있는 어려움을 나에게 가져다주지 않아요. 나는 정신분석가의 지위에 대한 분석을 시도하고 싶지 않아요. 그는 처음부터 현실적이었고, 심지어 그 자신보다 더 진부한 다른 현실들의 현실에 헌신해왔어요.

앨리스 당신은 무례하군요.

셜록 모리아티 네가 로즈메리에게 무례했다면, 너는 더 예의 바르게 행동해야 할 거야.

모리아티 나는 네가 사용하는 척도를 이해하지 못하겠어.

앨리스 나도 그래요.

셜록 그것은 내가 당신과 롤랜드 사이의 거리를 측정할 때 사용했던 것과 같은 척도에요. 그 척도에 의하면, 당신과 롤랜드 사이의 거리보다는 당신과 로즈메리 사이의 거리가 더 멀었어요.

톰 여기는 정말 우울한 구덩이이네요.

앨리스 당신은 전에도 그 말을 했어요. 우리가 여기에서 얼마나 기다려야 할까요?

마이크로프트 부인, 상상의 산물을 위한 시간은 없어요. 당신은 아직 현실에서의 삶을 잊지 않았어요.

앨리스 잊을 수 있었으면 좋겠어요. 그러면 천국일 거예요.

밴드 지휘자 천국은 다음 정류장이에요. 일등석 승객들만 허용됩니다. 성 베드로가 추가로 발행한 티켓을 포함해서요.

정신분석가 나는 성자는 정신분석에 대한 편견을 갖고 있지 않다고 믿어요.

셜록 당신은 일등석으로 갈 필요가 없어요. 어쨌든, 나는 안 가니까.

정신분석가 내 경험에 의하면, 천국과 지옥 모두를 가보았을 때 그 곳들을 이해하기가 훨씬 쉬웠어요.

로빈 천국과 지옥이 뭐죠? 나는 늘 그것들을 지형학적 용어라고 이해했어요.

사제 아니에요, 그것들은 종교적인 용어에요.

물리학자 아니에요, 상상의 산물이에요.

정신분석가 아니에요, 그것은 내가 정의적 가설이라고 부르는 건데, 그것은 관점에 따라 달라져요.

로즈메리 저런! 당신은 조금도 변하지 않았군요!

정신분석가 그 말은 분명히 내가 정신적 유연성을 결여하고 있다는 말처럼 들리네요. 정신적 유연성의 결여는 죽는다는 것을 의미해요. 나는 사후 경험의 가능성을 예측해본 적이 없어요. 나는 죽지 않았든지, 아니면 나의 견해를 개정해야만 할 거예요.

사제 덜 교리적인 접근을 추천할게요. 당신은 교리와 그것의 사용에 대해 친숙하지 않을 수 있으니까요.

정신분석가 나는 대체로 교리를 소위 "자연의 법칙"과 유사한 것으로 생각해왔어요.

사제 나는 그것이 "물 자체"에 대한 진술일 거라고 믿어요.

정신분석가 당신은, 신비가들처럼, 신을 직접적으로 경험할 수 있다고 주장해요. 나는 당신이 속한 교단은 그런 생각을 이단으로 간주할 거라고 생각했어요. 정신과의사는 그것을 과대망상으로 의심할 거고요.

사제 인간 동물이 그런 경험을 열망한다는 주장에 대해 의심하는 견해들이 존재해요. 오직 단테만이 죽을 수밖에 없는 존재인 인간이 그런 직접적인 경험을 할 수 있다고 주장했어요.

마이크로프트 당신은 당신의 신이 나 자신이나 폴스태프Falstaff[172]보다 더 확실하게 현실적인real 존재라고 생각하세요?

사제 나는 최근까지도 당신에 대해 들어본 적이 없어요. 그리고 폴스태프는 믿을 만한 가치가 있는 인간으로서만 신뢰할 수 있는 존재예요. 인간 존재들과 그들의 다양한 표현들 및 창조자들에 대한 신뢰 가능성은 나에게는 신을 상기시킬 뿐이에요. 하지만 나의 신 경험은 말로 설명할 수 없어요.

정신분석가 나는 당신이 말하는 경험을 알지 못할 뿐만 아니라, 이해도 못하겠어요. 당신이 보기에는 인간이 신을 상기시키나요?

사제 인간의 폭력과 살인적인 성향들은 신의 폭력에 의해 제거된 많은 것들을 상기시켜요. 한 위대한 종교 시인은 "하늘은 신의 영광을 선포한다"고 말했어요. 만약 그 말이 하늘의 폭력을 포함하는 것으로 간주된다면, 나는 그것이 나의 경험에 일치하는 "신"에 대한 근접한 설명이라고 말할 거예요. "그분이 오시는 날을 누가 기다릴 것인가"라는 구절은 보다 일반적으로 이해하기보다는, 내가 알고 있는 신에게 더 적합해 보이는, 경외와 두려움의 감정을 나타내는 것으로 이해해야 한다고 봐요.

로즈메리 당신은 사랑의 신을 믿지 않나요?

사제 믿죠. 그러나 나는 당신이 신을 "사랑"의 신이라고 서술할 때 당신이 경험하는 것처럼 보이는 느낌을 신적 사랑으로 인정하지 않아요.

정신분석가 당신과 당신이 속한 교단은 섹스에 반대하고 있고, 심지어 섹스에 대해 가르치는 것을 신에게 반대하는 것으로 간주한다고 악명이 높아요.

사제 우리가 가르치는 것에 대한 피상적인 지식만으로도 그것이

172 현실과 비교되는 인공적 인물

사실이 아니라는 것이 분명해질 것이지만, 그러한 악명 자체가 잘못된 거죠.

정신분석가 당신들 사제들은 독신이어야 하지 않나요?

사제 우리는 성적 몰두가 사제가 헌신해야 하는 일과 양립이 가능하다고 보지 않아요. 정신분석가들과 의사들도 그들의 환자들과 섹스를 해서는 안 되는 걸로 알고 있어요.

정신분석가 그것은 전적인 금욕을 추천하거나 심지어 옹호하는 것과는 다르죠.

사제 당신은 완전한 금주를 요구하는군요.

정신분석가 아니에요, 그러나 나는 그러한 철저한 금주가 현명한 선택인 사람들이 있다는 것을 알고 있어요. 나는 개인이 정신분석을 경험하는 과정에서 자신만의 견해를 가질 수 있게 되고, 그러한 선택지들이 부담보다는 자산이 될 수 있기를 희망해요. 그러나 만약 내가 나 자신이 선호하는 것들을 강요한다면, 그것들은 그들에게 독이 될 수 있어요. 따라서 나는 그런 아이디어를 진술하는 것이 정신분석가의 기능의 일부라고 보지 않아요.

사제 그러나 당신은 정신분석가로 존재하는 것을 통해서 그것을 암시하고 있어요.

정신분석가 나는 때로 정신분석 실제에서 충고를 해줄 것을 요청받기도 해요. 나는 충고를 제공할 수 있는 자격이 나에게는 없다고 말하는데, 그 말은 흔히 적대감을 불러일으켜요. 나는 단순히 나로서 존재하는 것이 환자에게 어떤 것을 암시한다는 말에는 동의해요. 하지만 나의 임무는 환자가 종종 인식하지 못하고 있는 충동을 그에게 보여주는 것이라고 생각해요.

사제 그것은 융이 했던 말 아닌가요?

정신분석가 그는 전이에 대한 프로이트의 설명에 동의한다고 말했어요. 그는 또한 원형들과 집단 무의식에 대해서 말했죠. 나는 그가 왜 오이디푸스 인물을 원형으로 부르지 않는지, 또는 오이디푸스 인물에 해당하는 것이 모든 인간에게 존재한다고 말하지 않는지 이유를 모르겠어요. 그러나 나는 프로이트가 말한 사실들과 이론들을 보완해야 할 필요성을 느끼지 않아요. 만약 내가 더 좋은 설명 방식을 찾는다면, 나는 그것을 사용하는 데 주저하지 않을 거예요. 집단 무의식에 대한 가정은, 내가 보기에는, 불필요한 거예요. 나는 두 사람이 하나의 산을 바라보는 것이 "집단적 시각"에 대한 증거라고 말하지는 않을 거예요. 그 두 사람이 비슷한 방식으로 기능하는 눈을 갖고 있다고 말하는 것이 더 간단해요. 나는 모호성을 증가시킬 위험이 있는 표현을 사용하지 않을 거예요—그것은 충분히 나쁜 것이니까요.

톰 지루하네요.

로빈 오 입 좀 다물어! 우리 모두가 다 지루해.

사세 "집단적 지루함"인가요? 안녕하세요! 누구시더라?

로즈메리 ? ! ! !

앨리스 끔찍스러워 보이는 표본이네요.

로즈메리 어떤 것의 표본인데?

톰 누군가를 생각나게 하네요.

로빈 그게 지루함이라고 말하지 마!

정신분석가 나는 그를 알아보기 힘드네요—그것은 나의 유령이에요.

로빈 나도 그렇게 생각했어요.

정신분석가의 유령 나는 영국의 농장에서 죽었고, 그 후로는 연옥에서 일하고 있어요. 나는 내가 정신분석가처럼 될까봐 두려워요.

로즈메리 나는 당신이 지루하다고 생각하지 않아요. 오히려 재미있어 보여요.

정신분석가의 유령 아뇨, 나는 차가워요. 나를 통과하는 차가운 바람이 얼마나 쌩쌩 부는데요! 내가 옷으로 살과 피를 가릴 수만 있다면—나의 늙은 뼈를 따뜻하게 해줄 텐데.

정신분석가 나는 그러지 않을 거예요. 나는 상상의 산물이 되기 위해 내 옷을 벗었어요.

오서Auser[173]의 유령 당신이 누구더라…?

정신분석가 나는 정신분석가예요.

오서의 유령 당신이 생각나게 하는 사람이 있는데—아, 당신이군요! 나는 여기에서 당신을 볼 수 있을지도 모른다고 생각했어요.

정신분석가의 유령 당신이 나를 알았을 때 나는 나 자신의 유령이었어요—나는 당신을 사랑했지만, 버얼스 오 보아Berles aux Bois[174]에서 당신을 구할 수 없었어요.

오서의 유령 괜찮아요, 옛 친구. 당신은 훌륭했어요! 탱크를 잃어서 내가 미안해요. 하지만 적군이 너무 많았고, 그들이 쏜 총알이 나의 심장을 관통했어요. 이 음침한 구덩이는 뭐죠? 일종의 임시 병영처럼 보여요.

사제 당신은 그것을 그렇게 부를 거예요. 어떤 사람들은 그것을 십자가의 길에서 쉬어가는 자리Stations of the Cross[175]라고 생각해요.

오서의 유령 *(쾌활하게)* 정말요? 나는 그것이 가톨릭교회의 아이디어라고 생각했어요.

사제 아녜요—그들은 그 이름을 한 유태인에게서 빌려왔어요. 그의 이름을 딴 거예요.[176]

---

173 1918년 8월 11일 아미엥 전투에서 전사한 젊은 장교.

174 아미엥 전투에 참여하기 위해 탱크들이 투입되는 전선으로부터 2마일 떨어진 곳에 있는 마을.

175 사순절 동안에 예수 그리스도의 마지막 시간들을 기억하며 구원의 신비에 대해 묵상하는 기도. 예수가 십자가를 지고 걸어가는 동안에 발걸음을 멈추었던 장소를 상징하는 장소.

176 그 이름은 요한 John이었음.

오서의 유령 당신이 입고 있는 이상한 복장은 뭐죠?

사제 당신은 그것을 그렇게 부를 수도 있군요.

오서의 유령 *(정신분석가와 정신분석가의 유령에게)* 요즘 어떠세요? 다시 보게 되어 정말 기뻐요—당신도 나를 보는 것이 반가웠으면 좋겠어요.

정신분석가 나도 정말로 기뻐요—사실 나는 당신을 만날까봐 항상 두려웠어요.

오서의 유령 나를 만나는 게 두렵다뇨—무슨 이유로요? 당신은 내가 본 가장 용감한 군인이었어요! 나는 빅토리아 무공훈장을 받고 싶었어요—당신이 받은 것보다 더 좋은 훈장요.

정신분석가의 유령 당신은 영웅의 옷을 입고 있는 나의 겉모습만을 본 거예요. 나는 당신이 나를 볼까봐 두려웠어요—내가 불쌍한 게이츠 Gates[177]를 보았을 때요.

오서의 유령 아 맞아요, 나도 들었어요. 그가 붕괴되었죠?

정신분석가 아뇨, 불쌍한 친구, 그는 전쟁이 끝나기 오래전에 맛이 갔어요. 그는 진실을 견딜 수 없었고, 동시에 자신이 소수자라는 사실을 견딜 수 없었어요. 그 모습은 참혹했어요—참호 안에 누워 맥주를 마셨죠. 술을 마셨지만, 그것도 그를 현실로부터 구해줄 수 없었어요. 술은 그의 식도를 망가뜨렸고, 눈을 멀게 했어요.

사제 나는 그에게 강도 높은 종교적 주사를 놓아주려고 시도했지만, 그는 결코 그 주사를 맞지 않았어요.

정신분석가 "주문한 대로 조제되는 종교적 약" 말이군요—하지만 아무도 그것을 주문하지 않았어요. 나는 어쨌든 그것이 그를 구했을 거라고는 생각하지 않아요.

로즈메리 아킬레스를 죽이고 돌아온 헥토르가 변하고 인정받는 순간이네요.

---

177 다르다넬즈Dardanelles에서 상륙작전에 참여했던 장교. 빅토리아 무공훈장에 추천되었지만, 그 전에 전사하였음.

사제 당신이 헥토르를 알고 있다는 것을 내가 잊고 있었군요.

로즈메리 그는 내 친구 파리스Paris[178]의 친구였어요.

롤랜드 나는 당신이 일리움Ilium[179]의 끝없이 높은 탑들을 불태운 패거리의 일원이었다는 말을 들었던 것을 기억해요.

로즈메리 맞아요—지금 그 탑의 스타일은 성 프란치스코의 끝없이 높은 형태로 바뀌었어요. 나는 엠덴Emden을 함락하는 데 천 척의 함선들을 보내기보다는 런던 스코티쉬London Scottish[180] 부대를 보냈어요.

오서의 유령 나도 그 농담을 들었어요—나는 그 농담이 재미있다고 생각했어요. 지역 사단의 병사들이 그들의 총신이 닳아서 짧아졌고 그로 인해 사정거리가 짧아지는 바람에, 적의 7사단의 포병 공격에 굴복했던 것처럼 말이죠. 당신은 매우 미인이군요.

로즈메리 감사해요. 사람들이 그렇게 말해요—젊었을 때는 그랬어요. 다행히도, 나는 추한 영혼—좀 더 유용한—을 갖는 것을 받아들였어요. 영혼은 장화 밑창처럼 튼튼해야 해요. 앨리스, 내 구두를 가져와. 보세요, 얼마나 예쁜지 아시겠죠? 그러나 삶과 영혼은 심지어 파티용 구두의 영혼조차도 밑창에 달려 있어요 … 내 말을 듣지 않고 있군요. 어디로 사라진 거죠?

오서의 유령 미안해요, 나는 내 친구를 보았다고 생각했어요. 나는 그가 이프레에서 죽은 줄 알았거든요.

로즈메리 이프레Ypres라고요? 들어본 적이 없는데요—위프레 Wipres[181]를 말하는 거라면 모르지만요.

오서의 유령 *(모호하게)* 그렇군요, 그럴 거라고 생각했어요. 물론 나

---

178 트로이의 헬렌의 애인.

179 요새화된 트로이의 또 다른 이름.

180 지역 연대. 일차세계대전 동안에 이름을 떨친 부대로서, 불행하게도 서부 전선의 영국군들 사이에서 조롱거리가 되었음.

181 같은 이프레를 가리키는 말.

는 그곳에 가본 적이 없어요—나의 시간이 오기 전까지는.

정신분석가의 유령 지금도 그는 오래된 명성처럼 빛나고 있어요. 아무도 그에 대해 들어본 적이 없지만, 나는 용감하고 쾌활했던 그 녀석이 그곳에 누워있는—죽은—것을 발견했을 때, 우리가 무엇을 잃었는지 알았어요.

오서의 유령 내 옛 친구 호레이스는 잘못 알았어요. 나는 전혀 "상냥하지" 않았거든요—죽어서든 살아서든.

정신분석가 살아서 늙어갈 수 있었던 우리들이 그 순간을 얼마나 장엄하게 서술했는지 내 유령에게 물어봐요.

정신분석가의 유령 너는 내가 잉글리쉬 팜English Farm[182] 이전에는 더 나았다고 생각하는 거야?

정신분석가 생각해보면, 아냐. 그 이후도 아니고. 정의로운—마음 좋은—사람의 행동은 계속 정의롭고, 못된 사람의 행동은 계속 못된 것으로 남아. 우리가 어떤 옷을 입든 간에, 구조構造는 우리가 의존해 있는 성격보다 오래 남아—우리의 피와 국가의 영광 말이야.

오서의 유령 나는 당신에게 묻고 싶었어요—우리가 이겼나요?

(긴, 긴 침묵)

---

182 전투가 일어났던 이프레 지역에 위치한 진흙탕 영역.

20

롤랜드 당신은 계속 울고 있어.

앨리스 신께서 모든 눈물을 닦아주실 거예요 …

롤랜드 자, 깨어나!

앨리스 신이 존재한다면 좋겠어요.

롤랜드 아마도—만약 그가 예전에 우리가 알았던, 찬사를 받아왔던 신보다 더 좋아진 신이라면.

앨리스 그 말을 들으니까 어젯밤 꿈이 생각나네요. 끔찍했어요! 나는 그 꿈을 기억할 수는 없지만, 밤새 계속되었다는 것은 알아요.

롤랜드 "잠자는 동안 침묵 속에서 그대의 환상들을 자유롭게 풀어줄 때"—우리가 학교에서 불렀던 노래야. 나는 그 환상들이 어디론가 갔어야만 했다고 생각해. 그곳이 어딘지는 잊었지만.

앨리스 "부드러운 목소리가 사라질 때, 음악은 기억 속에서 울려 퍼지네." 나는 그 곡을 누가 작곡했는지 기억이 안 나요—

롤랜드 그게 뭐가 중요해.

앨리스 당신은 사후의 삶이 있다고 생각해요?

롤랜드 그런 건 없으면 좋겠어.

앨리스 나는 우울해요.

롤랜드 당신은 잠자는 동안 내내 울었어.

앨리스 *(눈물을 닦으면서)* 나는 그것이 울음이라고 생각하지 않아요—그것은 "엉엉 우는" 울음이 아니라, "소리 없이 우는" 울음이었어요.

롤랜드 나는 오늘 아침에 문덴에 가야 해—

앨리스 나는 문덴 꿈을 꾸었는데요, 내 생각에는 …

롤랜드 불쌍한 로빈의 일꾼이 자살한 것 때문에 당신이 충격을 받았나봐.

앨리스 *(몸서리를 치면서)* 그것은 꿈이 아니었어요! 어쩌면 셰익스피어와 호머가 옳았던 것 같아요. 우리가 죽었는데 살아있는 꿈을 꾸었다면, 그건 끔찍할 거예요.

롤랜드 누가 알겠어? 이 괴짜 시인들은 종종 중요한 것을 말하거든.

앨리스 만약 그들이 훈련을 받았다면, 시를 쓰는 훈련도 받았다면—

롤랜드 나에게는 농사 훈련이 필요해! 나는 문덴으로 떠나. 안녕, 좋은 꿈 꿔요.

앨리스 안 돼, 안 돼! 나를 다시 잠들게 하지 말아요. 로즈메리! 로즈메리!

3권

망각의 새벽

Q　저기에 있는 책을 주시겠어요? 오 당신이군요?

A　슬프게도! 맞아요.

Q　왜 "슬프다!"고 말하는지 모르겠어요. 나는 당신과 만나는 게 싫지 않아요! 어째서 …

A　나는 당신이 이 책이 무엇에 관한 책이냐고 물을 거라고 생각했어요.

Q　오 아뇨. 나는 지난번 책을 읽었어요.

A　대단하세요! 좋았나요?

Q　아뇨. 이번 책도 그 정도로 형편없을까요?

A　더 형편없을 것 같은데요.

Q　재미있네요. 이 책을 사야겠어요.

A　나는 "더 형편없을 것 같다"고 말했는데요.

Q　그래서 내가 이 책을 사겠다는 거예요—나도 그 이유를 모르겠어요.

1

엠-머튜어Em-Mature[1] 이 책은 미숙한 지식, 경험, 영광 그리고 자기-도취적인 자기-만족으로 가득한, 탄생에서 죽음에 이르기까지의 태아의 여정에 대한 심리적 및 과학적인 이야기를 서술하려는 시도에요. 나는 정자가 난자에게 구애하는 방식에 대해 아는 게 없었지만, 여러 해가 지나면서 나의 조상들이 평판이 좋지 않은 긴 역사를 갖고 있다는 것을 알게 되었어요. 즉, 정자가 미지의 난자와 만나 나팔관 안에 자리를 잡을 때까지 헤엄을 쳐서 거슬러 올라가는 인상적인 사실 말이에요. 난자의 역사는 사실상 존재하지 않는 것처럼 보여요. 정자는 난자가 피하기 전에 신속하게 그라프 주머니Graafian follicle[2]를 침투했어요. 나는 여러 해가 지난 후에 과학적인 전언들을 통해서 알게 된 이 이야기들의 진실을 보장할 수가 없어요. 나는 내가 경험한 것에 대해서는 책임을 지겠지만, 과학적 의미의 왜곡에 대해서는 책임을 지지 않겠어요. 나는 분별력 있고 경험 있는 기록들에 의존하고 있다는 것을 인정해요. 그러나 나는 감각에 의해 오염되지 않고서, 순수하게 비-감각적인 것을 의사소통할 수 있다고 약속할 수는 없어요. 나는 부적절성에도 불구하

1 미성숙을 의미하는 단어인 immature를 변형시킨 것으로 보임. 줄임말로는 엠으로 표시되고 있다.

2 난자를 감싸고 있는 주머니.

고 경험과 이성의 언어를 빌려와야 하는 것에 대해 이미 사과했기 때문에 사과를 반복하지는 않을 거예요.

나의 최초의 경험들은 내가 나중에 "나"로 알게 된 어떤 것과 접촉하는 것이었어요. 나를 둘러싼 액체 안에서 느껴지는 압력의 변화는, 내가 쾌락이라고 부르는 것에서 고통이라고 부르는 것에 이르기까지 다양했어요. 체절3(體節, somites[3])이나 체절4일 때 나의 시각적 및 청각적 구덩이들은 수용된 소리와 빛, 캄캄함과 침묵으로 채워지는데, 그것들은 보통은 기분 좋거나 기분 나쁜 수준 이상으로 증가하지는 않지만, 때로 나 자신이 생명체라기보다는 생명 없는 물체인 것처럼 느끼게 만들어요.

프리-머튜어Pre-Mature 계속해요—당신은 언제 태어났죠?

엠-머튜어 서둘지 말아요. 그 이야기를 하려고 했어요.

8세 당신은 항상 있지만, 어딘가에 도달하지는 않는군요.

엠 내 나이가 겨우 체절3이었을 때—

24세 체절은 나이가 아니에요.

엠 당신이 이해하지 못하는 문제에 대해서는 말하지 말아요. 만약 당신이 당신의 선조들fore-bears에 대한 일말의 존경심을 갖고 있다면—

8세 당신이 말한 선조들이라는 단어는 철자가 틀렸어요.

엠 내가 말할 때는 그것이 맞아요. 당신이 말할 때는 그것이 틀리고요.

8세 장벽의 내 쪽에서 바라보면, 그것은 그렇게 보이지 않아요.

레오나르도 두 사람 다 입 다물고, 이 그림이나 봐요.

8세 나쁘지 않네요—뭘 그린 거죠?

엠 빛이 환하네요.

24세 눈을 떠봐요. 그러면 그것이 자궁의 캄캄함이라는 것을 알 수 있을 거예요.

---

3 태아의 나이를 측정할 때 사용하는 단위.

밀턴 형태 없는 무한요—공허.

엠 그 빛은 너무 강렬해요.

12세 그렇게 느끼는 것은 눈eyes이에요. 두려워 말아요. 그가 그것이 눈이라고 말했어요. 그리고 엠은 겁을 먹었죠. 하, 하, 하!

엠 압력의 변동이 너무 끔찍해요!

30세 당신이 이해하지 못하는 것을 말하고 있는 건 누구에요?

엠 소용돌이치는 물의 그물에 걸린 것이 말하고 있어요.

레오나르도 머리털! 물! 바라보기만 했어도, 당신은 "내가 의미하는 것을 알았을 텐데," 그러나—

40세 아니에요—단지 머리털, 물, 단어들—

42세 아니에요. 당신이 귀를 기울여 들었다고 해도, 당신은 정신증 환자의 "반복강박"만을 들었을 거예요.

정신분석가 정신분석을 하고 있나요?

엠 그만! 그만! 나는 그것을 견딜 수 없어요. 나는 눈이 멀고, 귀가 먹었어요!

크리슈나 내가 그렇게 말했죠. 당신이 아류나가 될 때까지 기다리라고요.

엠 이제 좀 조용해졌네요. 생식체들이 다투고 있어요. 탄생 후에 다시 시작했군요. 나에게 침묵을 줘. "입술을 움직이지 마." "눈을 감고 있어." 다른 쪽 끝에 있는 작은 구멍은 닫혀 있어요. "봉해진 관"이냐고요? 그럴 수가 없죠. 빨아! 무엇을?

체절4 자, 깨어나요! 생각해요!

20개월 생각하라고요? 당신은 생각할 수 없어요! 당신은 아직 중추신경체계도 갖지 못했어요.

엠 이 바보. 심지어 체절4조차도 빨고 싶다는 감각을 가졌어. 나는 인정해—

출산 예정일 너는 인정하지 않았어. 나와 나의 젊은 공동의장이 당신을 깨운 것을 두고 소란을 피웠어.

20개월 나는 발기된 것을 빨았어요.

출산 예정일 너는 내가 발기된 그것을 빨고 싶어졌을 때 소란을 피웠어.

20개월 헛소리! 나는 엄지손가락에 속아 넘어가는 것에 반대했어요. 젖도 없고, 양수도 없고, 아무것도 없었어요! 무, 공허, 무한! 너무 늦었어요—여기에 18세가 있네요.

18세 "앞으로 차츰 나의 부분들이 너무 많아질 거야."

유아기 당장 입 다물어, 너희들 모두. 여기에서는 내가 어른이야. 너희들은 내 젖꼭지나 페니스를 빨 수 없고. 내 엄지손가락에 대해 불만을 갖고 있어서, 내가 젖꼭지를 빨도록 배정했어.

체절들 우리는 젖꼭지를 원하지 않아요. 우리는 발기한 것을 원해요!

엠 나는 너희들이 빌려온 발기를 원하지 않아. 그것은 죽을 정도로 나를 찌그러뜨렸고, 나를 수장시켰어. 다행히도 나는 나 자신을 발기시킬 수 있는 지능—지혜—을 갖고 있었지. 나는 임시로 외-골격인 상자나 칼집을 빌릴 수 있지만, —

출산 예정일 안 돼, 하지 마! 만약 네가 외-골격을 빌려 쓰면, 너는 결코 그것에서 빠져나올 수 없을 거야. 나는 발기를 삼켰고, 그래서 그것은 지금 나의 일부야. 그것은 나의 내-골격이야. 나는 발기야. 나는 독립적인 존재야.

18세 귀를 기울여봐! 얼마나 자만심이 강한지! 자부심이 대단해!

24세 자부심과 자만심이 없었다면, 너는 아직도 네 배에 대해 불평하고 있었을 거야. 너는 출산 예정일에 빚을 졌어.

엠 나는 약간 불만을 가질 수는 있지만, 만약 내가 여자의 발꿈치를 물지 않는다면, 나를 뱀이라고 불러!

18세 만약 내가 너의 머리를 상하게 하지 않는다면, 나를 발꿈치라고 불러!

다함께 나는 너희들이 무슨 말을 하는지 모르겠어.

정신분석가 너희들은 그 말이 대단한 거라고 생각하는데, 그건 이미 셰익스피어가 말했던 거야—"그 말은 아무 의미도 없는 것이고, 바보 천치가 한 말이야."

12세 셰익스피어라고요? 나는 아직 셰익스피어를 배우지 않았어요.

정신분석가 너는 곧 셰익스피어를 배우게 될 거야. 그리고 그가 이 세상에 살았던 사람들 중에 가장 위대한 사람이라는 것을 깨닫고 나면, 너 역시 그를 더 이상 배우지 않게 될 거야—그리고 그 상태에서 회복하지 못할 거야. 셰익스피어는 너무 훌륭했기 때문에, 그 역시 그 상태에서 회복하지 못했어.

엠 나는 아주 훌륭할 것이고, 진정으로 태어날 거야. 나 역시 결코 그 상태에서 회복하지 못할 거야. 내가 언젠가 출산 예정일처럼 될 수 있다고 꿈꾸는 것은 끔찍스러워. 내가 바보 천치에 의해 기억될 수 있다는 것이 확실하다면, 나는 아무것도 아닌 것으로 남는 것과 화해할 거야. 그러나—

18세 너는 건강할 것이고, 좋은 교육을 받을 거야. 결코 다시는 너를 끌어낼 수 없을 거야. 나는 이프레 수로에서 견고해진 악몽들 중의 하나에 의해 교육받고 있는 것 같아.

엠 나의 시간이나 너의 시간에 훨씬 앞서 원시적 진흙탕 길을 기었을 때, 나는 악몽이었고, 악몽의 땅에서 악몽으로서 행동했어. 그때 나는 그것이 "단지 악몽일 뿐"이라고 부르도록 교육받았고, 배웠어.

18세 나는 피터 팬이 우리의 사령관이었다는 것을 배웠는데, 그때 달콤한 평화가 찾아왔고 나를 다시 잠들게 했어. 그리고 그것이 "단지"

꿈일 뿐이라고 가르쳐주었어. 그리고 정신분석가가 나타나서 그것이 "단지" 현실일 뿐이라는 것을 가르쳐주었지.

정신분석가 나는 그런 적이 없는데. 나는 네가 체절3과 그 외의 것들 그리고 피터 팬을 어느 정도 존중할 수 있다면, 그들에게서 무언가를 배울 수 있을 거라고 생각했어. 그런데 너는 그들이 "추하고" "고약하다"고 생각하는 것처럼 보였어.

21세 그들이 추하고 고약하지 않았나?

정신분석가 그것은 맛의 문제야. 결국, 너는 미뢰들을 갖고 있어—너는 미뢰들을 그리고 미뢰들이 말해주는 것을 왜 존중하지 않지?

21세 나는 9인치 호빗처[4]의 맛을 좋아하지 않았어.

24세 헛소리. 너는 네가 죽을 거라고 생각했고, 삶과 죽음 사이의 장벽이 관통당하는 것을 두려워했어. 발기를 호빗처9.2라고 생각한 것은 체절3이었어.

엠 나는 양수의 압력이 나의 눈구덩이에 언제 압력을 가했는지 모르겠어. 별들이 너무 심하게 반짝였고, 그래서 나는 그것들을 차버렸어.

체절18 헛소리! 나도 내 발이 어디에 있는지 모르는데. 너는 너 자신을 넘어서고 있어.

엠 네가 태아막이라고 부르는 것이 뚫리지 않으면, 그것은 골칫거리가 돼. 그러면 나는 너에게 도달할 수가 없어. 너는 누구야? 또는 뭐야?

출산 예정일 나는 네가 들이받을 때까지 너를 알고 있었어. 나는 마음이고, 나의 정신적 막은 나를 내 발이 갈 수 있는 것보다 훨씬 멀리 갈 수 있게 해줘. 그래서 나는 어떻게 그리고 무엇을 그리고 누가 도움을 주었는지를 알 수 있어.

---

4 곡사포의 한 종류.

엠 지금 너는 나를 혼란스럽게 만들고 있어. 나는 몸이 될 거야. 나는 영원히 너의 마음의 옷이 될 거야.

마음 안녕! 너는 어디에서 튀어나온 거지?

몸 뭐야—또 너야? 나는 몸이야. 너는, 원한다면, 나를 신체soma라고 불러도 돼. 그러는 너는 누구야?

마음 나를 정신이라고 불러—우리는 정신-신체야.

몸 우리는 신체-정신이야.

마음 우리는 서로 관련되어 있는 게 분명해.

몸 내가 도울 수 없다면—결코 아닐걸.

마음 오, 왜 그래. 그 정도로 나쁘지는 않아, 그렇지?

몸 더 나빠. 너는 우리를 이 공기 속으로 데려왔어. 다행히도 나는 약간의 액체를 가지고 왔지. 너는 지금 무엇을 하고 있지?

마음 아무것도 아냐. 그것은 나의 프린phrenes[5]이 분명해, 위와 아래를 왔다 갔다 하는 횡격막 말이야. 나는 액체나 물 안에서가 아니라, 공기 안에서 숨 쉬고 있어. 너는 그 축축한 물건을 왜 가져왔지? 냄새 끝내주네.

몸 만약 내가 너의 원자들을 담을 수 있는 액체를 갖고 있지 않았다면, 너는 그 냄새에 대해 알지 못했을 거야. 그게 마음의 전형적인 모습이지—말만 있고 내용은 없어. 너는 그것들을 어디서 찾은 거야?

마음 미래에서 빌려왔지—너는 그것들을 나에게서 빌려 쓰고 있는 거야. 너는 그 핵들을 횡경막을 통해서 받고 있어?

몸 그것들이 횡경막을 통해 스며들어오는 거지. 그러나 의미는 그 막을 통과하지 않아. 너는 어디에서 너의 고통을 얻는 거야?

마음 빌려왔어—과거에서. 그러나 의미는 그 막을 통과하지 않아.

---

5 정신이 거하는 신체 안의 장소.

우스워—의미는 그것이 너에게서 나에게 오는 것이든, 아니면 나에게서 너에게로 가는 것이든, 통과하지 않아.

몸 내가 너에게 보내고 있는 것은 고통의 의미야. 말은—내가 보내지 않은—통과하지만, 의미는 통과하지 못하고 상실돼.

마음 불쑥 튀어나온 우습게 생긴 저 작은 물건은 뭐지? 마음에 드네. 그것은 나처럼 그 자신의 마음을 갖고 있어.

몸 그것은 나처럼—그 자체의 몸을 갖고 있어. 그래서 그가 발기할 수 있는 거야. 마음, 너에게는 너 자신의 몸에 대한 증거가 아무것도 없어.

마음 웃기지 마. 나는 네가 아픔을 느끼는 것만큼 불안을 느껴. 실제로 나는 네가 전혀 알지 못하는 것에 대해 아픔을 느껴. 나는 우리가 거절당할 때 심하게 고통스러워. 나는 나를 정신Psyche이라고 부르고 너를 신체Soma라고 불러달라고 요청했어.

신체 좋아 정신. 나는 나의 소화의 산물figment of digestion이 아닌 사람이 존재한다는 것을 인정하지 않아.

정신 그러면 너는 누구에게 말하고 있는 건데?

신체 나는 나 자신에게 말하고 있고, 그 소리는 나의 태아막들 중의 하나에 의해 반사돼.

정신 너의 태아막들이라고! 하, 하! 아주 좋아! 그건 너의 농담이야? 아니면 나의 농담이야?

신체 그것이 네가 이해하는 유일한 언어야.

정신 그것이 네가 듣는 유일한 언어지. 네가 말하는 것은 모두 고통에 대한 거야.

신체 네가 존중하는 것이라곤 고통 아니면 고통이 없는 거잖아. 내가 너에게 뭔가를 전해줄 수 있는 유일한 때는 언덕에서 느끼는 고통에 대해 말할 때야.

정신 고통은 너의 위胃를 통해 말해. 내가 잠시 이 바보 같은 젖꼭지에 대해 말해 볼까—저것 봐! 당장 발기하네!

신체 내가 나의 액체를 그리로 보내주는 덕택이야. 저건 누구지?

정신 내가 그것을 깨물었어.

신체 그것이 방금 나를 깨물었어. 그것을 다시 깨물어! 그건 나야—그것이 아니라.

정신 그럴 리가 없어. 내가 내 발을 그 안에 집어넣었는데—그게 네 위였어? 너는 또 나를 혼동하고 있어. 고통, 발—모든 게 뒤죽박죽이야. 너는 왜 선택을 할 수 없는 거지?

신체 나는 선택해. 만약 네가 나의 "느낌들"을 조금이라고 존중했다면 그리고 내가 너에 대해서 느끼는 것을 행했다면, 너는 이렇게 엉망이 되지 않았을 거야.

정신 나 자신이 그 안에 끼어있었기 때문에 내가 엉망인 거야. 누구 책임이지? 너의 감정이야? 아니면 너의 아이디어야? 나를 갖고 있는 모든 것은 너의 것이야—양수, 빛, 냄새, 맛, 소음. 나는 그것들에 둘러싸여 있어. 조심해! 나는 흡수되고 있어!

신체 내가 너를 흡수하고 나면, 너를 오줌으로 내보낼 거야. 모든 오줌, 똥 그리고 찌꺼기로 말이야. 너는 그것을 이상화할 수 있어—분명히 좋은 값을 받아. 신의 은총을—나 역시 흡수되고 있어. 도와줘!

정신 그것은 안이나 바깥으로 침투하는 데서 오는 거야—나는 혼동스러워.

신체 그것은 침투하지 못하는 데서 오는 거야—너는 깨지거나 붕괴돼.

몸 그들은 그것에 맡겨 두자고. 소년들과 소녀들은—

2

소녀 "한창 때의 소년들과 소녀들은 모두 서로를 찾아간다네
굴뚝 청소부들이 먼지를 찾아가듯이."[6]

소년 우리는 민들레가 아니야. 나는 심심해. 우리 정원에서 놀자.

소녀 싫어, 그건 유치해.

소년 그렇지 않아. 그게 뭐가 유치해?

소녀 오 아무것도 아냐—그건 바보 같아. 바보처럼 따분한 낡은 정원이야. 제니퍼가 오고 있어.

소년 제니퍼라고! 끔직해! 그녀는 얼간이야.

소녀 그녀는 얼간이가 아냐. 오빠는 그렇게 그런 끔찍한 말을 해서는 안 돼. 내가 엄마한테 이를 거야!

소년 고자질쟁이! 그건 끔찍한 말이 아니야. 너는 고자질쟁이야.

소녀 나는 오빠가 그녀를 고자질쟁이라고 욕했다고 말할 거야!

소년 오, 거짓말쟁이—나는 그렇게 말하지 않았어.

소녀 오빠가 그랬어! 그럼 오빠가 무슨 말을 했는데?

소년 나는 그녀를 고자질쟁이라고 하지 않았어.

---

6 셰익스피어의 글을 인용해서 만든 노래 "Fear no more the Heat o' the Sun."

소녀 제니퍼는 나의 제일 좋은 친구야. 그녀는 남자애들이 끔찍하다고 말해. 나는 오빠가 나를 울렸다고 엄마한테 이를 거야.

소년 고자질쟁이!

소녀 나는 고자질 안 해. 엄마는 내 눈이 빨간 것을 볼 거고, 오빠에게 나를 왜 울렸냐고 물어볼 거야. 나는 그녀에게 말하지 않을 거지만, 오빠는 그 이유를 설명해야 할 걸. 오빠가 나를 울리는 것을 엄마가 싫어한다는 걸 오빠는 알고 있어. 그녀는 그것을 아빠에게 말할 거고, 그러면 아빠가 엄청 화를 낼 거야.

소년 오! 너는 … 너는 작은 짐승이야!

소녀 이제 나는 진짜로 엄마에게 말할 거야! 나는 오빠가 나에게 먼저 끔직한 욕을 하기 전에는 엄마한테 말할 생각이 없었어.

소년 시릴은 네가 어떤 고자질쟁이인지 알아. *(그녀는 그에게 혀를 날름거린다)* 오! 끔찍해! 엄마가 절대로 그렇게 하지 말라고 했어. 나는 엄마에게 네가 나에게 혀를 날름거렸다고 말할 거야. 나는 피아노를 쳐야겠어.

소녀 안 돼!

소년 왜 안 된다는 거야? 내가 연습하겠다는데. 내가 매일 피아노 연습을 해야 한다는 걸 너도 알잖아.

소녀 나는 엄마한테 오빠가 나와 놀아주지 않는다고 말할 거야.

소년 놀지 않겠다고 말한 사람은 너였어.

소녀 오빠가 내 욕을 했으니까 그랬지. 그리고 오빠는 왜 운동을 안 하는 거야? 엄마가 아침식사 후에 운동부터 하라고 말했잖아.

어머니 *(그녀가 등장하자 두 아이 모두는 부루퉁해진다)* 너희들은 정원에서 놀지 그래? 얼마나 멋진 아침인데.

소년 그러고 싶지 않아요.

소녀 *(환한 표정으로)* 나는 제니퍼를 기다리고 있어요.

어머니 그렇구나, 그녀가 올 때까지는 정원에서 놀지 그래?

소년 *(그 자신에게)* 글쎄, 왜 그럴까? 어쨌든, 안 놀아. 여자애들은 항상 놀고 싶어 해. 제니퍼는 나의 끔찍한 여동생과 한편이 되지만 않는다면, 괜찮은 애야. 나는 여자애들이 싫어—항상 최악의 상황을 맞게 돼.

소녀 *(그녀 자신에게)* 나는 정원에서 놀고 싶지 않아. 내가 왜 거기에서 놀고 싶다고 말했지? 제니퍼도 그걸 싫어해. 그녀가 빨리 왔으면 좋겠어. 그녀는 어쨌든 남자애들보다 더 나아. 나의 끔찍한 오빠와는 달리, 점잖은 남자애가 있다면 얼마나 좋을까… 오빠는 바닥에 얼굴을 대고 몸을 꿈틀거려. 그리고 나에게 그것이 멋있으니까 나도 그렇게 해보라고 말했어. 사기꾼—하나도 멋없어.

어머니 *(소년에게)* 안 가니?

소년 *(거칠게)* 오, 알았어요.

(소년과 소녀가 나간다)

정신분석가 그들은 정말로 서로를 증오하는 게 아니에요—"그들"은 모두 배울 게 많아지는 것—발달에 필요한—을 증오하는 거예요.

담는 것 배움은 나의 안목을 넓혀줘요.

어머니 어디 보자, 지금 … 내가 무엇을 잊었지? 뭔가가 생각나. 헬렌은 아마도 … 또는 나의 어머니는 내가 이를 닦기 전에 기도하는 것을 잊었다고 말했는데—다행히도 그녀는 내가 이를 닦았는지 묻는 것을 잊곤 했어요. 나는 그녀의 달콤하고 부드러운 목소리를 기억해요. "악마의 자식, 악마의 자식. 가서 그들에게 말하고, 그의 용서를 빌어." 나는 감히 대답하지 않았어요. "뭐라고요! 악마에게 용서를 빌라고요?—그에게 기도하지 않았다는 이유로요?" 그녀는 그런 건방진 대답—무슨 말이었더라?—을 허용하지 않았어요. 나는 우리가 지금은 더 많이 계몽되었다고 생각해요. 그리고 아마도 더 편해졌을 거예요. 이 두 아이들은 나중에 과거를 되돌아보면서, 그들이 지금 누리고 있는 자유를 그리워할까요? 그리고 내가 지금 그렇게 하듯이, 죄책감을 느끼면서 그들이 저지른 실수들을 돌이켜보며 놀라워할까요? 우리 제국의 가족의 자녀들은 어떻죠?—우리 시대의 위대한 사람들은 그들을 잘못 양육했나요? 파키스탄? 아민Amin?[7] 인디라Indira[8] 방글라데쉬? 신은 때로 인간 동물에게 생식능력을 준 것이 실수였다고 생각할까요? … 또는 바이러스들이 이미 멸종된 종의 시체를 찾아 이리저리 떠돌고 있는 걸까요? 그 바이러스들이 물려받으리라—우리의 성운을? 우리의 지구를? 그럴까요?

소녀 엄마, 제니가 좋은 생각이 있대요—나더러 스케이트 타러 가재요? 빙질이 환상적이래요. 오, 정말 다행이에요. 물론 우리는 오빠를 데려갈 거예요. 용돈을 좀 주실래요? 그리고 스케이트를 사도 될까요? 아빠는 반대 안 하실 거예요—아빠는 내가 스케이트를 배우기를 원했거든요.

어머니 그래, 나도 들었어. 그리고 너의 대답도 기억해. 네가 이렇게 말했지. "오 싫어요! 그건 재미없어요. 꼭 스케이트장에 가야 하나요?" 네 기억에는 …

소년 그건 오래전 일이에요. 게다가—

소녀 우리는 엄청 조심할 거예요.

어머니 *(그녀 자신에게)* 이게 데자뷔인가? 왜 이렇게 친숙하지? *(큰 소리로)* 안 돼. 미안하지만, 오늘 밤에 아빠가 집에 오시면, 너희들이 직접 말해.

소녀 오, 엄마! 그건 너무 늦어요. 제니는 우리와 함께 지금 가고 싶어 한단 말이에요! 내일은 그녀가 올 수 없어요.

---

7 우간다의 독재자 이디 아민.

8 인디라 간디

소년 거 봐. 엄마에게 말하는 게 소용없을 거라고 내가 말했잖아.

어머니 나는 네가 그런 바보 같은 요구를 하지 않을 거라고 믿고 있었어.

소녀 그러나 지금 오빠가 부탁하고 있잖아요! 그는 스케이트장에 가고 싶어 해요—그렇지, 오빠?

어머니 *(웃으면서)* 나는 네가 오빠를 내세울 거라고 예상했어. 미안하지만 안 돼. 제니야—다음에 같이 가도록 해. 지금은 정원으로 가서 뛰어놀아.

소녀 그건 너무 따분해요.

(어머니가 외출한다)

소년 우리 수달 사냥놀이 할까?

제니 그게 뭔데?

소년 그게, 네가 팁스를 잡는 거야. 그 고양이는 너를 모르니까 우리에게 오지 않을 거야. 그럼 나는 정원사에게서 아주 커다란 화분을 얻어 올 거야—내 말은 그의 헛간에서 가져올 거라고. 왜냐하면 그는 절대로 화분을 내어주지 않을 테니까. 그 다음에 네가 팁스를 쓰다듬는 동안, 내가 팁스를 화분으로 덮는 거야. 그리고—

제니 그건 너무 잔인하지 않을까? 우리 고양이는 그걸 싫어 할 걸.

소년 오, 팁스는 신경쓰지 않을 거야. 어쨌든 그건 잠깐뿐이고, 그 다음에는—

소녀 나는 크로켓 채를 가져다가 …

소년 화분을 박살내는 거야. 팁스는 화분에서 벗어나 달아날 건데, 그때 우리는 팁스가 나무에 올라가기 전에 다시 잡는 거야. 하지만 너는 정말 빨라야 해.

제니 너희들이 팁스를 쫓는 동안, 정원사가 너희들을 쫓아올 텐데.

소녀 오 아냐—그는 신경 안 써—어쨌든 그는 모를 거라고. 그는 그걸 나중에 알고 아빠에게 말할 거고, 아빠는 분명히 우리가 아니라 오빠가 그랬을 거라고 생각하고, 오빠를 때려줄 거야.

소년 끔찍이도 고맙네! 제니, 팁스를 잡아 와—지금 담장 위에서 자고 있어. 자—우리가 화분을 깨면, 팁스는 밖으로 나올 거야. 조심해서 다뤄—팁스는 항상 잠만 자!

팁스 *(혼잣말로)* 일광욕하기 좋은 날이야. 햇볕이 좋은 것만은 아냐. 햇볕이 있을 때에는 부인이 망할 아이들을 정원으로 내보내거든. 그녀는 왜 그들을 그녀의 자궁 속에 간직할 수 없었을까? 그녀가 당장 그 악마들을 버린다고 해도, 나는 그녀를 비난하지 않겠어. 태양이 어두워진 것이 놀랍지도 않아. 저기에 그들 중의 하나가 있군. 오 햇볕을 가리지 말고 좀 비켜줘. 오, 너는 제니잖아? 내가 너를 더 잘 알았더라도 도움은 되지 않았겠지. 게다가—네가 그르렁 소리 대신에 어처구니없는 소음인 "쨍그렁" 소리를 내다니. 그녀가 나처럼 감각 있는 언어를 말할 수 있었다면, 기분 좋은 소리와 화난 소리를 구별할 수 있었을 텐데. 지금 그녀는 나를 품에 안으려고 해! 오 저런! 저런! 그러나 나는 어쨌든 그녀에게 새끼 고양이들을 주지 않을 거야. 아! 여기 꼬마 악마들이 오네. 그들이 무슨 꿍꿍이를 갖고 있는지를 내가 모른다면, 그들은 나를 바보라고 생각하겠지—제니도 똑같이 못됐어. 나는 이 화분 안에서 겁을 먹고 있다는 것을 인정해. 나는 도망칠 수밖에 없어—나의 네 마리 새끼들 모두가. 바보 멍청이들! 저런! 나무 위로 올라가려면 발톱을 드러내야 해. 내가 발톱으로 그들을 할퀴지 않고 나무를 붙잡은 게 그들에겐 다행이었지. 다시 기분 좋고 따뜻해졌어. 저들이 돌아가네. 조금씩 … 조금씩 … 어쨌든 나는 평화롭게 나의 발톱을 핥을 수 있게 되었어. 망할 사냥개들은 항상 태아처럼 굴어—신처럼 오래되고, 전능하며, 모든 것을 알고 있는, 가르치는 것이 불가능한 태아처럼 말이야. 사실 그들은 모자를 나타내는 햇트 소리와 고양이를 나타내는 캣트 소리를 구별하지 못하는 바람에 할아버지의 모자에게 "쉬! 저리 가!"라고 말하는 할머니를 생각나게 해. 이 악마들은 꽃 화분과 임신 항아리가 어떻게 다른지를 몰라. "멋진 항아리예요," 소년은 그의 이모에게 말했어. 사실 그것은 그의 유일한 과학적 관찰이었지만, 그의 엄마는 그것이 무례했다고 말했어. 그것은 그녀가 그녀의 "손위 사람들" 앞에 서있을 때, 그가 뱃속의 소녀에게 말했던 거야. 그리고 그녀는 그들의 반응을 알아보기 위해 "화장실, 화장실, 화장실"이라고 말했어. 고양이는 정신과의사를 바라볼 때 "불안하게 반응하는 유형"으로 불리는 방식으로만 바라볼 수 있어. 나의 정자-짝인 톰은 정신병원에서 살고 있는데, 그는 그들 모두가 정신병원에서 태어나 땅 위에서 지옥을 만드는 짧은 마법의 시간을 가진 후에 그곳으로 돌아온다고 말해. 그리고 그들이 그리로 돌아가기 전에 자신들이 남긴 것을 빠뜨리지 않을 거라고 말해. 그것은 정말 소녀를 웃게 만들기에 충분해. 인류의 아동기에, 이집트인들은 최소한 자신들의 생각들을 담는 그릇으로 동물들을 사용했고, 그런 동물들을 존경했어. 모두 바보들이야—나는 그들이 자신들을 구성하고 있는 기본적인 내용물들을 간직하고 또 참고하고 싶어 하는 것이 이해할 만하다고 생각해. 우리가 이해하고 만나는 유일한 시간은 소화하는 시간이고, 언어가 양방향 모두에서 감각 장벽을 침투하는 시간이야. 그때 태어나는 감각이 공동감각이지. 그렇더라도, 일부 귀족 또는 고상한 사람들은 그 감각을 두들겨 패고 우리 고양이들에게 모든 오명을 뒤집어씌울 것임이 분명해. 근육-스트레칭 타임이군—아! 위대한 고양이 라Ra가 그들을 잡을 때까지 기다려.

어머니 좋은 시간 보냈어?

소년 나쁘지 않았어요. 케이크 있어요? 오, 저녁식사가 준비됐네요

—저녁식사는 싫어요. 케이크 먹으면 안 될까요? 제니가 곧 갈지도 몰라요! 그녀가 내일 또 와도 될까요?

어머니 그녀의 부모가 허락한다면. 너희는 달리기 경주를 했어?

소년 꼭 그런 건 아니에요.

소녀 어쨌든 제니는 오빠 친구가 아냐. 제니는 나를 보러 오는 거야.

소년 어쨌든 나는 그녀가 싫어—그녀는 물러빠졌어. 시릴에게 놀러 오라고 해도 될까요?

소녀 시릴! 그는 물러빠졌어, 미안하지만. 제니가 나에게 무슨 말을 했는지 알아? 그녀가 말하기를—

어머니 제발, 제발! 오늘 밤에는 그만 싸워.

소년 나는 싸우지 않았어요. 여기에 팁스가 있어요. 내가 팁스에게 우유를 줘도 될까요? 제발!

소녀 안 돼. 내 차례야. 팁스는 널 안 좋아해. 엄마, 그가 팁스가 나무 위로 도망쳐야 할 때까지 팁스를 쫓았어요.

소년 오, 허풍쟁이! 나는 그런 적 없어. 그리고 팁스는 나를 좋아해—그렇지, 팁스야? 창문을 건드리는 게 누구지?!

팁스 *(자신의 콧수염을 핥으면서 혼잣말로)* 나무와 나는 서로를 이해해—비록 그는 과거에 좀 더 많이 뿌리를 내리고 있지만 말이야.

나무 *(혼잣말로)* 나는 흙과 물에서 살아. 그리고 내 잎들과 가지들도 자랄 때 흙과 물 그리고 공기에서 양분을 섭취해.

팁스 그게 내가 숨 쉬고 냄새 맡는 거야.

어머니 침대로 가!

소년 안녕히 주무세요 … *(잠든다)* 팁스, 너는 버릇없는 고양이야. 네가 호랑이라고 말하는 건 좋은 행동이 아냐. 만약 네가 호랑이라면, 너는 정말로 버릇없는 호랑이일 거야—버릇이 없어서 겁쟁이pussy cat

로 변한 고양이 말이야. 시릴은 "푸씨"[9]라고 말할 때 웃어. 그는 그것이 천박한 단어라고 말해. 팁스 너는 지금 천박한 고양이로 변하지 않겠지. 그건 독일어야. 나는 잘 훈련된 큰 고양이를 두려워하지 않았으면 좋겠어. 호랑이 … 호랑이 … 우리는 학교에서 배웠어. 제발! 환하게 불타오르는 그 눈—무서운 손톱과 무서운 발톱도? 멈추라고? 알겠어, 적절한 멈춤이야. 만약 포도주가 당신을 잡지 않으면, 여자들이 잡을 걸. 포도주는 흙으로 시를 지어.

소녀 입 다물고 잠이나 자.

소년 나는 잠자고 있어. 너나 입 다물어. 팁스는 어디 있지?

소녀 잊어줘—그녀는 내 침대에서 자는 걸 좋아해. 시릴은 어디에 있냐고? 나는 관심 없어. 나는 그를 좋아하지 않아.

* * *

소년 이쪽으로 와봐! 프라임 들판 뒤쪽 야적장에 총들이 있어.

시릴 어디에? 우리가 가까이 가도 될까? 봐! 군인들이 있어! 수백 명이야.

소년 우리 지켜보자. 지켜보다가 나중에 총들이 있는 데로 가보자. 봐! 군인들이 더 많아—수천 명이야—노스 미드랜드 사단의 병사들이야. 그들이 진입하고 있어. 수업 준비시간을 알리는 종이 울리네. 수업 시간은 정말 지루해! 나는 군인들을 지켜보고 싶어. 만약 전쟁이 끝난다면, 끔찍할 것 같아.

시릴 나도 알아. 나는 독일군한테 미안한 마음이 들어. 그들은 분명히 완패할 거야. 우리는 입대할 수 없을까?

---

9 푸씨는 여성의 성기에 대한 비속어임.

소년 안 될 걸. 아직 어리다고 받아주지 않을 거야.

시릴 글쎄, 나는 열여덟 살이니까, 학기말에 입대할 수 있어. 보라고.

소년 알고 있어. 한 여자가 내가 입대하지 않았다는 이유로 나에게 하얀 깃털을 주었는데, 나는 끔찍한 바보가 된 것 같았어.

시릴 맙소사! 건방진 여자네. 그래서 너는 뭐라고 말했어?

소년 아무 말도 안 했어. 나는 정말 내가 바보 같다고 느꼈거든.

시릴 너는 그녀의 따귀를 때렸어야 했어.

소년 나는 그럴 수 없었어. 나는 나 자신이 군에 입대해야 한다고 느꼈거든. 나는 학생모를 쓰고 있는 나 자신이 바보라는 생각이 들었어. 어떤 여자는 나의 아버지를 바보라고 느끼게 만들었어. 그녀는 "하지만 당신의 아들은 학생모를 쓰고 있잖아요!"라고 말했어. 그런 모자를 쓰고 모병소에 가는 게 바보 같은 짓인 것 같아. 동시에 모병소에 가지 않는 것도 바보라는 생각이 들어.

시릴 그럼 네 모자를 벗고, 중절모를 써. 그들은 절대 모를 거야.

소년 그게 투미 양이 말했던 거야. 그녀는 무척 똑똑해 보였어. 그녀는 나를 위아래로 살펴보았는데—나는 그녀가 나를 말랑말랑한 천치라고 생각한다는 것을 알았어. 그녀는 "나는 네가 학생회장이라고 생각했어!"라고 말했어. 글쎄, 나는 그 말에 대답할 수 없었어. 나는 그녀에게 내가 바보처럼 느껴진다는 말을 할 수가 없었어. 너는 타라스콘에서 온 타타린을 알고 있지? 나는 그가 자신의 양심이 그에게 "너 자신을 영광으로 감싸라!"고 말한다고 했을 때, 그리고 다른 누군가가 "너 자신을 플란넬[10]로 감싸라!"고 하는 말을 들었을 때, 그게 재미있다고 생각했어. 나는 그 둘 모두가 다 바보 같다고 느껴. 너는 운 좋게도 입대하게 돼. 나는 학교에 남아 학생회장 직책을 수행하기를 원했어. 지금은 수업 준비시간이야. 불이 꺼진 다음에 다시 이야기하자. *(잠이 든다)*

---

10 이차대전 시에 군에 입대하는 젊은 남자들에게 영국의 젊은 여성들이 준 천 조각.

3

체절30 다시 양수 안으로 돌아가.

출산 예정일 세상으로 나가! 영광을 향해서! 들판은 빛으로 샤워를 하고 있어. 달빛으로! 더 이상 침대에 누워 빈둥대지 마.

체절30 침대에서 그냥 따뜻하게 있어. 너의 왕과 나라가 너를 원해—침대에 머물러 있어.

소년 *(불편한 심기로 분위기를 휘저으며)* 뭐라고? 운 좋은 악마가 빅토리아 무공훈장을 받을 거라고. 네가 뭐라고 말했지—플란넬flannel이라고 했던가?

출산 예정일 오 꺼져버려! 나는 밤새도록 여기에 누워있을 수 없어.

소년 앉아 제시카. 달빛이 강가에서 잠자고 있어. 끔찍스럽게 이어지는 저 반복—나는 제일 먼저 그것을 배워야 할 거야.

시릴 쉬, 쉬, 너는 끔찍스런 소음을 내고 있어. 잠이나 자.

24세 이제 불 끄고, 말하지 마, 제발—

70세 더 나아졌군. 항상 잠잘 수 있다면 얼마나 좋을까.

75세 불행하게도 그들은 결코 그렇지 않아. 때로 그들은 모두 동시에 말을 하기 때문에 완전히 아수라장이 돼.

정신분석가 나는 언젠가 그들이 모두 깨어나 상당히 세련된 논쟁을 할 수 있을 거라고 생각해요.

로빈 나는 그렇게 생각하지 않아요. 나는 때로 그들 대부분이 보통 잠들어 있는 것이 나를 광증에서 구해준다고 생각해요. 두세 명만이 동시에 말하는 것도 충분히 나쁘거든요.

롤랜드 그 이유는 단지 그들 모두가 다른 언어를 말하기 때문이에요.

남자 내가 당신을 쐈으니까, 당신은 누워서 가만히 있어야 해—그리고 여기에 끼지 말고, 침묵해야 해. 당신의 친구 로빈도 마찬가지야. 그건 여러 해 전 일이었어. 나는 내 주변에서 유령의 목소리를 듣고 싶지 않아. 사람들은 누구나 종교적인 헛소리로 내세의 삶이 있다고 꾸며대고, 천사의 목소리를 첨가해서 그 소동을 부추기는 게 그다지 나쁜 일이 아니라고 생각할 거야.

로빈 나는 정신분석가와 그의 추종자들이 마음과 성격의 종류들과 정신-신체적 장애들을 만들어내는 것이야말로 가장 나쁜 짓이라고 생각해요.

롤랜드 의사들도 나쁜 건 마찬가지에요—새로운 질병들과 값비싼 새로운 치료법들을 만들어내고, 그것들을 다루는 새로운 전문가들을 만들어내죠.

모리아티 그보다 훨씬 더 오래전에 종교적 헛소리와 전쟁을 벌였던 사람은—

정신분석가 오, 참아줘—너는 허구적 존재야!

셜록 홈즈 그러나 종교적 허구는 아냐. 과학적 허구는 전적으로 우수해.

악마 나는 종교적 존재이지만, 분명코 나 자신이 허구적 존재라고 생각하지는 않아. 나는 물론 에덴동산과 그런 원시적 장면에 등장할 때 입었다는 어처구니없는 의상을 입지 않아. 사실, 나는 항상 내가 입는 옷을 세심하게 관리해. 만약 누군가가 튀지 않고 조용히 그리고 아름답게 재단한 옷을 입고, 진정한 숙녀나 신사가 아니면 불가능한 예절 바른 태도를 갖추지 않은 사람을 만난다면, 나는 그가 만난 존재가 내가 아니라고 주장할 거야. 미안—방금 당신은 무슨 말을 하려고 했죠?

정신분석가 나는 솔직히 말해서 당신이 무의식 안에서 살고 있다고 가정했어요.

앨리스 우리는 학교에서 악마가 확실히 존재한다고 배웠지만, 우리들 중에 그것을 진짜로 믿은 사람은 아무도 없었어요.

악마 친애하는 나의 숙녀님—나는 나의 명철함의 부족에 대해 어떻게 사과해야 할지 모르겠네요. 나는 당신이 다녔던 학교를 아주 잘 알아요. 나는 그 학교 시상식에서 자주 그 해의 상들을 수여했고, 의례의 끝부분에 당신을 언급하곤 했어요. 나는 그 의례를 나의 봉사에 대한 특별히 기분 좋은 칭송으로 간주할 정도로 충분히 허영심에 차 있었어요. 나에게는 당신들 모두가 매우 매력적으로 보였어요. 당신의 여교사들—나는 그들을 아주 잘 아는데—은 만족스러울 정도로 예의 바른 사람들이었죠. 나는 심지어 가장 유망한 생도에게 주는 상을 위한 기금을 헌납했어요. 그것이 도덕적 철학을 위한 장학금—대학 장학금—이 되었죠. 술은 사양하겠어요. 고맙지만—나는 셰리주를 입에 대지 않아요. 그렇지만 그것이 약간의 진짜 쾌활함을 가져다준다고 생각해요.

롤랜드 당신의 얼굴이 왜 그렇게 친숙한지 이제 알겠네요—우리의 시상식 날에 봤던 얼굴이에요! 내가 알기로는 우리의 모든 성적인 문제들이 당신 책임이었던 것 같은데, 맞죠?

악마 분명히 아니에요. 섹스는 셰리주처럼 종종 진정한 사랑과 애정의 감정을 완벽하게 산출해요. 나는 그러한 무해하고 동의할 수 있는 실천들에 대한 도덕적 증오심을 심어주기 위해 다양한 종교적 교사들과 도덕주의자들에게 의존해요—

신체 내 영역이군요.

악마 대체로 그렇죠. 내 친구인 정신분석가의 말에 의하면—

정신분석가 미안하지만, 나는 당신의 친구가 아니에요. 나는 당신을 믿지도 않아요.

악마 당신이 나를 당혹스럽게 만드네요. 나는 지금쯤이면 당신이 사제를 따라잡도록 사실들이 밀어붙였을 거라고 생각했는데요—그는 적어도 나를 믿어요.

정신분석가 나는 사실들이나 내가 알고 있는 어떤 것을 믿는 데 시간을 허비하고 싶지 않아요. 나는 내가 알지 못하는 것에 대한 믿음을 유보하고 있어요.

악마 신처럼요?

정신분석가 물론이에요. 당신과 신 모두를 나는 사제와 그의 종교 영역에 남겨둘 거예요.

롤랜드 그러나 … 나는 당신이, 남자들과 여자들을 믿지 않는다고 말할 거라고 생각해요. 그들이 당신이 알고 있는 사실들이기 때문에요.

정신분석가 물론이에요—나는 일부 남자들과 일부 여자들을 알고 있어요. 나는 그들이 몸을 가진 것처럼 마음을 갖고 있다는 것을 알아요.

체절30 체절적으로 말해서, 나는 당신에게 명료하게 설명해줄 수 없는 것들을 많이 알고 있지만, 그것들은 나에게 충분히 사실적인 것들이에요. 그것들에 대해 말하기 위해서는 신체에게서 명료한 말을 빌려와야만 해요.

신체 그것이 정확하게 내가 겪고 있는 어려움이에요. 이러한 출생-후 구조들을 위한 체절적 어휘에서 복통이나 두통 또는 호흡기 장애 등의 명칭을 빌려오지 않는 한, 내가 정신에게 분명히 전달할 수 있는 것은 아무것도 없어요. 나는 몸 외에는 어떤 증거도 없는, 마음과 인격이 존재한다는 것을 믿어요. 그리고 내가 누군가에게 그가 복통을 앓고 있다는 것을 알게 해줄 때, 사람들은 곧바로 "치료"를 끌어들이려고 해요. 나의 메시지는, 신이 아는데—

악마 신이 안다고요! 신체도 종교를 믿나요?

로즈메리 내가 아는 것처럼, 당신도 그것을 알고 있어요. 내가 아는 건강하고 영양상태가 좋은 배 腹들 중에 최상급의 것들은 종교인들의 배들이에요. 독신주의를 고집하는 종교인들의 배는 특히 임신한 것처럼 보여요.

정신분석가 나는 임신이 침묵하게 만든다는 것을 알아요—나는 그 침묵을 믿을 필요가 없어요. 75세는 모두가 동시에 말하는 바람에 아수라장이 되는 것에 대해 말하고 있었어요.

사제 밀턴은 복마전에 대해 말했고요.

악마 그것은 이성理性이 의장직을 맡기 전의 일이에요.

정신분석가 그리고 아수라장은—이성이 형편없는 의장이었기 때문이에요. 소위 논리의 법칙들은 혼동에 대한 처방이었어요. 그것들은 생명력을 위한 살아있는 공간을 전혀 남겨두지 않았어요. 심지어 오늘날도 생명력은, 앨리스가 광증으로 불릴 수 있는 것에서 피난처를 찾지 못했다면, 유산되었을 거예요.

의사 조울적-정신증, 또는 히스테리아, 또는 조현병, 등, 등, 등—그것들은 꽤 맞는 말들이에요.

정신분석가 또는 왕립 의사협회, 또는 왕립 외과의사협회.

의사 또는 국제 정신분석학회, 또는 교회.

악마

"힘내라 저스티스, 힘내라 퍼시[11]
힘내라 유스타스[12], 힘내라 머시"

---

11 초록색 작은 장난감 자동차. 아이들이 좋아했던 만화 캐릭터.

12 영국의 유명한 축구선수.

아주 듣기 좋아요—내 귀에는 음악이에요! 모든 것이 죽었고—모든 것이 살아있어요.

정신분석가 모든 사회적 기관들은 죽었고, 그 결과 그것들은 모든 생명 없는 물체들이 그렇듯이 인간 이해의 한계 안에서 이해가 가능한 법칙들과 규칙들에 복종해요. 하지만 그 기관들이 발달할 수 있는 사람들과 개인들로 이루어질 때, 그것들은 변화의 압력에 굴복하기 시작해요.

출산 예정일 내 자궁도 그랬어요. 나는 그것을 충분히 겪었어요—생명이 짜내지는 것에 대한 공포가 오히려 맞서는 압력에 굴복하도록 나를 밀어붙였어요.

앨리스 그리고 거의 나의 생명을 잃을 뻔했어요. 당신이 나를 밖으로 밀어낼 때—또는 내가 당신을 밖으로 밀어낼 때—나는 살아있었지만, 종종 나에게 남겨진 생명이 살만한 가치가 있는 것인지 나 자신에게 물어봤어요.

로즈메리 불쌍한 것—내 숄을 가져와. 비록 내가 가끔 하녀를 새로 뽑고 싶다는 생각이 들기는 하지만, 너는 하녀 역할을 상당히 잘하고 있어. 나는 내가 버릴 수 없는 애인보다는 버릴 수 있는 숄이 더 좋아.

정신분석가 당신이 버릴 수 있는 과학이 버릴 수 없는 종교보다 더 좋은 것처럼요. 내가 과학 이론과 관련해서 겪는 어려움은 자신의 형태를 탈바꿈해야 하는 곤충이 겪는 어려움만큼이나 엄청나요. 우리들 중의 일부는 그런 형태를 외부-골격이라고 생각해요.[13]

의사 또는 아이디어들이 필요한 곳에서 사실들을 분출하는 소화관 같은 뇌도 있어요. 또는 심지어 사고들, 명료한 사고들이 필요할 때 "아이디어들의 도피"가 발생하기도 해요.

정신분석가 나는 너무 경직된 "사고의 연결들"로 인해 개인이 생각

13 환골탈태에 따르는 고통을 겪는다는 의미.

하지 못할 때, 또는 나의 의사 친구의 용어로 정신적 골관절염을 앓게 될 때, 문제가 심각해진다고 봐요.

악마 또는 나의 사제 친구의 명쾌한 구절을 빌려 말하자면, 관용이 있어야 할 곳에 영적 독선이 있을 때도요.

앨리스 또는 법이 지켜져야 할 곳에서 방종이 판을 칠 때도요.

로즈메리 앨리스, 너는 네가 인생에서 처한 위치를 넘어서는 아이디어들을 갖고 있어. 만약 네가 소크라테스의 아이디어들을 갖고서 이 대화에 끼어든다면, 나는 너를 치워버려야 할 거야.

앨리스 나는 이 세상이, 아리스토텔레스가 말했듯이, 실용적인 곳이라고 생각했어요.

로즈메리 제발 영어로 말해—여종답지가 않아. 소크라테스! 아리스토텔레스! 그 다음에는 칸트, 또는 데카르트가 등장하겠네.

사제 파스칼은 비록 그가 수학적 무례함을 피하는 감각을 갖지는 못했지만, 매우 지적인 사람이었어요.

악마 수학이라! 그건 음악만큼이나 나쁜 거예요. 만약 피타고라스가 수학과 음악을 결합하는 데 사용할 공식을 만들었다면, 그는 커다란 곤경에 처했을 거예요. 다행히도 그를 이해할 수 있는 기지를 가진 사람이 아무도 없었죠.

정신분석가 그 결합의 발달을 허용하기에는 갑옷이 너무 단단했어요. 데자르그Desargues는 많은 사람들에게 관심을 불러일으킨 예쁘고 작은 그림을 그리는 것을 통해서 그 발달을 도왔어요.

악마 파스칼은—비록 내가 좋아하는 부류는 아니지만—교회가 그를 통제하기 전까지는 잘했어요.

정신분석가 만약 정신과의사들이 그를 진단했다면, 그들은 자신들이 입고 있는 구속복을 그에게 입혔을 거예요. 오늘날 우리는 그를 우리의 이론적 구성물들 중의 하나 안에 가두려고 할 거고요.

악마 정말요! 당신의 명쾌함이 존경스럽네요. 많은 정신분석가들은 제한하는 구성물을 만날 때 그것을 아는 것이 불가능하다고 여기는 것 같아요.

신체 심지어 그것이 그들 주변에 널려있을 때 조차도요. 나는 액체로 된 매개물 안에서 일어나는 진자운동이 기체 안에서는 눈에 보이지 않는다는 것을 알고 있어요—단순한 액체의 변화인데도요!

체절30 나는 태어난 후에도 호기심이 없어서 배우는 것이 불가능한 아기들이 있다는 것을 알아요. 그것은 그들이 모든 동물이 알고 있는, 호기심 사용에서 유일하게 진정으로 효과적인 감각양태인, 냄새의 감각을 상실했기 때문이에요. 그들은 길들여지고, 교육되고, 배양된 피조물이 되고, "잊혀진" 존재가 돼요.

롤랜드 당신은 길버트와 설리반[14]을 말하고 있는 것처럼 들려요.

체절30 나는 그들의 이름을 들어본 적이 없어요.

앨리스 나는 그런 것들을 듣기 힘들어요. 나는 바흐와 모차르트가 좋아요.

악마 나는 정신분석가가 음악 분파들 사이의 싸움이, 새로운 옷을 입은 정신분석적 이론들 사이의 싸움이 그렇듯이, 계속되고 있다는 것을 인정할 거라고 확신해요. 드라이덴Dryden[15]이 얼마나 웃었을까요!

정신분석가 내가 확신하는데, 그는 웃었고, 웃고 있고, 미래에도 웃을 거예요. 여전히 의식적이고, 깨어 있으며, 우리를 둘러싸고 있는 매개물에 대해 알고 있는 나 같은 사람들에게 그것은, 신과 악마에게 그런 것처럼, 아주 재미있는 것이 아니에요. 그건 그렇고, 내가 당신을 어떻게 호칭해야 하나요? 사탄 각하라고 부를까요? 백치 각하라고 부를까요?

---

14 영국의 빅토리아 시대에 활동했던 시인이자 극작가.

15 "성 세실리아의 날 St. Cecilia's Day에 바치는 음악 또는 송시가 가진 힘"이라는 글을 쓴 사람.

악마 *(정중하게 고개를 숙이면서)* 당신이 고르시죠. 나는 그들이 "다른 장소The Other Place"[16]에서 그랬던 것처럼 그렇게 요란을 떨지 않아요. 독선과 편협, 나는 단순히 그런 매개물 안에서 번성해요. 우리는 그것을 얇은 스크린으로 직조해내고. 그 위에다 우리가 보여주고 싶은 것들을 투사하는데, 사람들은 그것들을 보고 그것들이 사실이라고 믿어요.

정신분석가 맙소사! 당신은 클라인학파가 아니군요. 그렇죠?

악마 당신은 전혀 나에 대해서 말하고 있지 않아요. 그렇죠? 당신은 악마를 신으로 섬기는 사람들 중의 하나인가요? 나는 이론들을 만들어내지 않아요. 이론들은 집단을 이루는 것을 좋아하는 동물들이 집단의 구성원들로 기능할 때 보이는 증상이에요. 나는 특별하고, 개인적인, 불찬성의 희생자예요.

남자 불쌍한 악마. 그렇게 하는 것이 분명히 매우 힘들겠지만, 그게 더 좋아 보여요. 적어도 당신은 번성하는 것처럼 보여요.

악마 나는 호기심을 가질 수 있는 나의 권리를 얻기 위해 싸워야만 했어요. 나의 도덕들을 극복해야만 했고요.

체절30 당신이 그래야만 했나요? 나의 유일한 안내자이자 정보의 제공자인 나의 후각은 내가 살고 있던 물속에서는 짧은 거리에서만 기능했어요. 나는 그 정보를 신체에게 전달했죠.

신체 나는 기체로 된 용매 안에서 나 자신을 발견했을 때, 그것을 좋은 것으로 바꾸었어요. 처음에는 충격이었죠. 어떤 신체들은 그 모든 기체를 통과해서 음식 냄새를 맡는 법을 결코 배우지 못했어요.

30세 나는 나의 코가 두리안의 냄새를 맡았을 때 두려워서 그것을 먹지 못했다는 사실을 인정해요.

신체 지금도 나는 정신분석가가 당신의 마음이라고 부를 것임이 확실한 것에 도달하기 위해, 일종의 지적 장벽—또는 도덕적 장벽—을

---

16 여기에서 말하는 다른 장소는 지옥을 가리키는 것으로도 보인다.

통과해야만 해요. 나는 내가 빚을 지고 있는 위-창자의 탐욕에 감사를 표하고 싶어요—

악마 나는 나의 유혹의 힘에 감사를 표하고 싶어요.

75세 당신은 체절, 신체 그리고 당신네 젊은이들이 내가 평생 동안 해왔던 것—늙어가는 것 외에도—에 빚을 지고 있다고 생각하지 않나요? 나는 내가 당신들 모두에게 빚을 지고 있고, 계속해서 빚을 지고 있는 것처럼 느껴요.

체절3 당신이 여전히 나에게 뭔가를 빚지고 있다고 인정하는 말은 처음 듣네요.

75세 나는 그 이유가, 내가 당신에게 처음으로 도달했기 때문일 거라고 생각해요. 지금도 나는, 비록 내가 종종 나의 아가미에서 의식적인 마음으로 가는 메시지들의 "메아리들"을 듣기는 하지만, 여기에서 나의 물고기 시절로 거슬러 올라가는 여정을 가능하게 해줄 정도로 내가 하는 말이 충분히 명쾌하게 이해될 수 있을 거라고는 생각하지 않아요.

14세 무슨 시절이라고요? 그런 건 처음 들어봐요.

75세 그것은 내가 당신에게 말해줄 수 있는 것 이상의 것이에요. 나는 대체로 당신과 관련된 과거의 기억들에 의해 항구적으로 폭격을 받는 바람에, 수치심을 느낄 수 있는 능력을 상실했어요.

50세 오, 나는 그렇게 말하지 않을 거예요. 결국, 당신과 정신분석가는 14세가 당신이 조사한 것들에 깨어있게 만들었어요. 당신들은 왜 과거가 평화롭게 잠자도록 내버려두지 못하는 거죠?

사제 나는 약간의 죄책감과 후회가 누군가에게 해를 끼친다고 생각하지 않아요.

정신분석가 약간의 죄책감과 후회는 그럴 수 있지만, 그것의 정도가 당신과 당신의 친구들이 옛 시대를 오염시켰을 때 그랬던 만큼이나 심하다면, 그건 다른 문제예요.

21세 옛 시대를 오염시킨다! 나는 후회할 것이 많고, 애도할 것이 많아요. 나는 8월 8일에 죽었던 나의 친구들보다 더 오래 산 것에 대한 수치심을 결코 감당하지 못할 거라고 생각했어요.

로빈 나는 기억해요—그것은 전쟁의 판도를 바꿔놓은 유명한 승리였어요—"독일군에게는 루덴도르프의 암흑의 날이었죠.

롤랜드 나도 그 날을 기억해요. 내가 로빈과 밝은 햇빛 아래 아미엥 로드를 돌아봤을 때, 우리는 놀라운 광경을 봤는데, 거기에는 증원군 병사들로 가득했어요.

21세 너무 늦었어, 망할 놈들, 너무 늦었어! 여러 해가 늦었어! 그 증원군은 20세기 1917년 11월에 거기—캠브레이Cambrai[17]—에 있어야만 했어요.

50세 사령부 직원들은 그들이 해야 할 일을 알았어야만 해요. 만약 증원병들이 포위를 뚫기 위해 거기에 도착해서 포로가 되었더라면, 그 승리는 최악의 재앙이 될 뻔했거든요.

정신분석가 지금 우리는 당시에 우리가 알지 못했던 사실을 알고 있는데, 그것은 우리의 정치지도자들이 자신들이 해야 할 일을 알지 못했다는 거예요. 적어도 군은 그것을 알고 있었지만, 민간인들은 결코 알지 못했죠.

21세 그 후로 당신도 배우지 못했고요.

50세 글쎄요, 당신은 왜 배우지 못했죠?

21세 나는 시도했어요. 그러나 옥스퍼드, 좋은 음식, 훌륭한 대학, 대학들 간의 스포츠 경기를 보러 뉴포트로 몰려가는 군중들이 이피 로드에서 만들어내는 어마어마한 흥분이 우리를 유혹했어요. "사십 년이 지난 지금, 그것은 당신의 눈에 어떻게 보일까요?"

---

17 탱크를 동원해서 독일군을 기습 공격했던 전투. 너무 성공적이어서 독일군과 영국군 모두가 그 충격에서 결코 벗어날 수 없었던 전투로 평가되었음.

61세 나는 당신이 망각 속으로 유혹당했다고 생각해요. 아마도 그것은 우리가 그들의 죽음에 대해 귓속말로 말하는 불쌍한 친구들보다는 나았기 때문일 거예요. 그 불쌍한 친구들은 성직자의 쾌락, 일광욕을 즐기는 공원, 맥달렌 타워[18]와 그레잇 톰[19]에 대한 통행금지령을 견딜 수 없는 사람들이었어요. 그들은 전쟁에서 살아남았어요. 하지만 그것은 그들의 삶을 끝장낸 평화였죠. 지금도 나는 길거리에서 만난 체구가 작은 군인을 기억해요. 그는 몬스 스타Mons Star[20]와 몇몇 의미 없는 장난감들을 옷에 달고 있었죠. "어떻게 살아남았어? 너는 전쟁에 참여한 거 맞아?" 하위 계층 사람들의 심하고 무례한 냉소주의가 여전히 감사의 결여, 불명예, 아무것도 아닌 보잘것없는 존재라는 느낌 등으로 그의 마음을 아프게 하고 있었어요. 내가 그 사람일 수도 있었지만, 너무 좋은 대우와 칭송을 받고 있던 나는 나 자신이 그런 사치를 누릴 자격이 있는 사람이라고 거의 믿을 뻔했죠. 완전히는 아니지만.

정신분석가 그런 느낌이 당신의 생명을 구했을 수도 있어요. 그것도 한 번 이상으로요. 궁극적으로, 당신의 의심이 그 수렁에서 당신을 구한 거예요. 당신 자신의 자만심에서 나온 삼출물 속으로 흔적도 없이 빠져드는 수렁 말이에요.

23세 나는 바닥에 도달했어요. 내가 너무 못되게 굴어서 나의 부모들조차 나에 대한 환상을 온전히 유지할 수 없었어요. 당신은 그 수렁에서 나를 건져준 것이 정신분석이었다고 생각할 것 같은데, 그런가요?

정신분석가 나는 정신분석이 도움을 주었다고 생각해요. 다행히도 그것이 진실의 유일한 원천은 아니었지만요.

---

18 옥스퍼드에 위치한 가장 높은 빌딩.

19 옥스퍼드에 위치한 또 다른 탑들 중의 하나.

20 1914년 8월 5일-22일 사이에 프랑스나 벨기에 지역에서 전투에 참여한 군인들에게 수여한 훈장.

23세 또 다른 것이 있었나요?

정신분석가 당신이 살고 있는 세상이 있었죠—당신이 책만 읽지 않고 세상을 읽는다면, 알 수 있는 세상 말이에요.

19세 나는 책을 읽고 있지 않았어요. 그리고 내가 읽은 것의 대부분을 잊었어요.

20세 나는 거의 읽는 것 그 자체를 잊었어요—확실히 나는 내가 읽은 것을 이해하는 방법을 잊었어요. 나는 인쇄된 말들이 의미를 갖고 있다는 것을 나 자신이 알고 있는지 궁금했어요.

14세 나는 *실낙원*이 의미를 갖고 있다고 생각했어요.

50세 당신은 그 당시에 무척 명석했나봐요.

14세 나는 당신이 어리석다고 말할 정도로 무례할 수는 없어요. 또는 당신이 영리하거나 현명하다고 말할 수 있을 정도로 거짓말을 하지도 못해요.

60세 나는 영리하거나 예의 바른 14세를 기억하지 못하는데요.

14세 나는 아마도 내가 호감이 가지 않는 눈치 없는 아이라는 것을 제외하고는, 나에 대해 생각해준 사람을 기억하지 못해요. 나의 어머니는 그렇지 않았는데, 그녀를 계산에 넣지 않았네요.

50세 어머니들은 항상 그렇게 생각해요.

60세 그들이 그렇게 하나요? 나는 그렇게 하지 않는 일부 어머니들을 보았는데요. 그들은 어쩌면 그들의 진짜 감정을 감추고 있었을 수도 있지만, 나는 그렇게 생각하지 않아요.

18세 당신은 참전한 데 대한 공로로 훈장을 받았을 때 기쁘지 않았나요?

23세 너무 늦었어요! 게다가, 나는 너무 많이 알고 있었어요. 나는 "주여 도우소서Lord Helpus[21]라는 별명을 가진 친구가 20세에게 했던 말

21 소위 종교적 신앙심이 유별났던 동료 병사에게 붙여진 별칭으로 보임.

을 기억해요. "나는 나의 아들 죤에게, 만약 네가 두 줄 이상의 리본을 달고 있는 사람을 본다면, 그는 살인자임이 거의 확실하다는 사실을 기억하라고 말할 거야."

20세 나는 기억해요. 나는 단 하나의 리본만을 달고 있었는데, 나 자신을 증명해야만 할 것 같아서 리본을 다는 것이 두려웠어요—나는 내가 나 자신을 증명할 수 없다는 것을 알고 있었거든요. 나의 쿵쾅거리는 가슴이 이렇게 말했을 거예요. 겁쟁이! 겁쟁이! 안빈Anvin에서, 대기가 떨리고 나의 고막이 진동한다고 느꼈을 때 … 공습이었나? 이십 마일 또는 그보다 더 멀리 떨어진 곳에서 날아왔나? 나이 든 일꾼인 트래퍼가 "참호 공습일 뿐이에요"라고 말하는 것을 듣고 나서도, 나는 기분이 더 나아지지 않았어요. 나에게는 온 천지가 다 지옥 같았어요.

23세 당신들 두 사람 말이 다 맞아요—그것은 공습일 뿐이었지만, 온 천지를 지옥으로 만들었어요.

20세 나는 이렇게 생각했어요—내 가슴에서 쿵쾅거리는 소리를 "주여 도우소서"와 다른 사람들이 들을 수 있지 않을까?

가슴 당신은 그것을 들었어요—당신은 왜 내가 당신의 두꺼운 프린을 두드리려고 시도하는 것에 주의를 기울이지 않았죠?

20세 내 마음은 "애국심! 아파치! 도적!"이라고 소리를 지르면서, 소동을 일으키고 있었어요. 나는 나 자신의 소리를 들을 수가 없었어요—나는 소동을 일으킨 사람이 나였다고 생각해요. 나의 생각 말이에요.

30세 창자가 너에게 하는 말을 듣기에는 당신이 가진 해부학과 생리학에 대한 지식이 너무 많았던 거예요.

체절32 나는 두 개 이상의 이가 났다는 것은 당신이 음식을 탐하고 사랑하는 상어라는 것을 확인시켜준다고 말해줄 수 있었을 거예요.

15세 플란넬로 그대를 감싸라!

23세 하얀 깃털로 그대를 감싸라!

18세 킹스웨이Kingsway[22]의 저 끔찍한 여자애들!

20세 그들은 내가 휴가를 갔던 1918년 3월에 나에게 플란넬을 주었어요.

75세 기억나요—그것은 당신이 임무배치가 끝난 후였죠?

20세 맞아요. 그러나 당시에 나는 그들이 상당히 옳았다는 것을 알고 있었어요. 약 한 시간 후면 최전방으로 돌아갈 예정이었는데, 갑자기 다른 부대로 배치된 거예요. "그러나" 그때 정부 관리가 말했어요. "당신의 아들은 유명한 연대의 모자를 쓰고 있지 않나요?"

가슴 그 모자가 잘 맞으면, 그것을 써요. 당신과 당신의 빌어먹을 바보 같은 마음은 최전방으로 가라고 하네요. 그런데 왜 나를 끌어들이는 거죠? 나는 "직업군인"을 신청하지 않았어요. 나는 당신이 나더러 그만 좀 쿵쾅거리라고 말했을 때 격노했어요.

75세 당신은 항상 쿵쾅거려요—격노 때문이 아니면 공포 때문에. 나중에는 사랑 때문에 쿵쾅거리죠. 토끼들은 항상 가슴이 뛰어요. 그것을 해석하는 것은 마치 자동차 경적을 해석하려고 시도하는 것과 같은 거예요. 그것은 아무것도 말해주지 않은 채, 당신이 누군가에게, 어딘가에서, 언젠가 일어날 것에 대해 상상하게 내버려 두죠.

가슴 만약 당신이 내 말을 듣고 내 언어를 배웠더라면—심지어 당신의 심장 의사가 그것을 말해주었는데, 어째서 못 배운 거죠?

25세 너무 늦었어요! 너무 늦었어!

75세 당신은 "브레인-피버 새"만큼이나 머리가 나빠요—기억해요?

6세 좋아요. 당신이 그걸 알고 있는 게 재미있네요. 그 새의 울음소리는 "브레인-피버, 브레인-피버, 브레인-피버"처럼 들렸어요.

77세 아 맞아요, "검은 머리 뻐꾸기" 말이군요.

22 Kingsway college.

20세 그런가요? 당신은 영국군 첩보장교만큼이나 형편없네요. 내가 이프레 3차 전투에 참여했을 때 그리고 내가 살아있는지 아니면 꿈을 꾸고 있는지 알지 못했을 때, 그 장교는 나에게 충적기alluvial가 언제 백악기cretaceous[23]로 바뀌었는지 아느냐고 물었어요. 나는 웃을 수조차 없었어요. 모든 참모부장교들과 마찬가지로 우리 전투장교들은 그를 바보라고 생각했어요.

가슴 당신들도 그런 바보들이었어요.

"그래서
우리는 간다
적군을 마주하러."

"그건 백마 여인숙White Horse Inn" 같은 뮤지컬에나 어울리는 노래에요. 당신이 뮤지컬을 관람하는 청중이었다면, 당신은 더 잘했을 거예요. 싸우는 일은 군인들에게 맡겨요—학생들이 아니라.

18세 당신은 당신을 찾아다니는 키치너Kichener의 꿰뚫는 눈을 봤어야만 해요.

20세 당신은 커존Curzon[24]이 키치너에 대해 했던 말을 들었어야 해요. 나의 부모들은 그것을 들었어요.

23세 당신은 탈의장에서 커존이 일반병사들에 대해 했던 말을 들었어야 해요. "오, 저 녀석들의 피부는 아주 희네!"

20세 나는 그들이 충적토를 물로 씻어내기 전의 모습을 보았어요. 그들은 심지어 그들의 얼굴들이 백악토처럼 하얄 때조차도 예쁘지 않았어요. 그 차가움은 … !

23세 그리고 그 따스함은! 저 바보들! 당신은 미란다라는 선술집을 기억해요? 선술집이 어떤 곳인지 생각나세요?

---

23 토질의 형태로 시대를 구분하는 지질학적 용어.

24 일차세계대전 당시 영국의 외무장관을 역임했던 정치가.

20세 아뇨. 그녀는 전쟁 일을 하고 있었어요—하얀 깃털을 나눠주면서요.

30세 오, 세상에! 전쟁 이야기 좀 안 할 수 없을까요?

18세 그것은 … 하지 않았어요—

20세 지금도 … 하지 않아요—

23세 나 좀 쉬게 해줘요.

30세 글쎄, 양말로 입을 틀어막지 그래요.

20세 운 좋게도 우리는 불을 피울 수 없었고, 그래서 작은 악마들이 시체를 먹을 수 있을 정도로 충분히 따뜻하지 않았어요. 그러나 그 추위, 혹독한 추위 그리고 위험한 백옥토의 광경! 내가 나의 소고기 통조림을 땄을 때, 커다란 연골 덩어리가 반쯤 차 있는 것을 발견했어요. 나는 전투식량이 없어진 것을 보고 소스라치게 놀라서 “프라이 벤토스Fray Bentos[25]는 우리에게 한 번도 그런 적이 없어”라고 말했어요. 쇼티Shorty는 “부유한 미국 회사가 우리에게 신경 쓸 필요는 없을 것 같은데”라고 말했죠. 나는 우리 앞에 펼쳐진 얼음 같은 백옥토를 칭송했어요. 만약 저격병이 이마를 정통으로 맞춘다면, 쓸모없는 덩어리가 된 뇌가 머리 뒤쪽으로 흘러나오게 되겠죠. 불쌍한 에드워즈—나는 그가 그것에 대해 전혀 몰랐으면 좋겠어요. 나는 지저분한 물질이 튀어나와 우리의 대화를 중단시킨 장면을 본 사람이 나뿐이었기를 바래요. 그는 그가 하던 말을 끝내지도 못했어요. “내가 과연 제대할 수 있을까요?” “당신의 탱크는 어디에 있죠? 탱크가 없이는 당신은 나에게 별 소용이 없어요.” 그러나 그것은 “그랜드 캐년”에서였어요. 빌러스 플루이치Villers Pluich[26]가 아니라요. 어쨌든, 아무도 묻는 사람이 없었어요. 그 망할 훈장! 그들

25 우루과이 남서부에 위치한 도시명.

26 Cambrai 남서쪽 프랑스 북부지역에 위치한 마을.

은 어째서 나에게 쓸모 있는 것을 줄 수 없었을까요? 말하자면, 용기 같은 것 말이에요.

30세 당신 잠꼬대하는 거 아녜요? 무슨 일이람—포탄 충격 때문일까요?

20세 아뇨, 맞아요. 내 말은, 알잖아요. 나는 괜찮아요. 18세, 나에게 말해봐요, 내 오른쪽 귀 뒤에 뇌에서 흘러나온 게 묻어있나요?

18세 아뇨. 입 좀 다물어요. 당신이 그렇게 말하는데, 내가 어떻게 싸울 거라고 기대하죠? 나는 빅토리아 훈장V.C.을 원해요—빌러스 플루이치V.P.가 아니라.

20세 날씨가 추워요. 너무 춥지 않았으면 좋겠어요. 아늑한 곳에서 집단 모임을 가지면 어떨까요?

30세 20세가 전쟁에서 살아남을지, 또는 출생과정에서 살아남을지 마음을 정할 수 없다는 것은 안타까운 일이에요.

40세 당신이 그 정보를 22세에게 흘리면서, 그것을 21세에게 그리고 다시 18세에게 전달하라고 말하지 않는 한, 그가 그것을 어떻게 알겠어요?

20세 나는 그것을 18세에게 전달할 수 없었어요—그는 빅토리아 훈장을 받겠다는 생각으로, 또는 그와 비슷한 헛된 생각으로 마음이 분주했어요. 게다가, 나는 내 머리에 구멍이 날 가능성이 훨씬 더 높다는 것을 알고 있었어요—당장은 아니라도 몇 개월 안에요. 내가 곧 다시금 피로 물든 현장에 있게 될 것을 알았더라면, 나는 독일군 저격병의 총에 맞아 내 두개골에 구멍이 나고, 그래서 나의 뇌가 로씨머스 대위의 뇌처럼 흥건히 흘러나올 거라고 생각했을 거예요. 나는 그때부터 1918년 8월 8일까지 뇌도 창자도 없었어요.[27]

---

27 생각도 할 수 없었고 용기도 없었다는 의미.

18세 말도 안 돼요. 나는 너무 두려워서 도망을 치려고 했고, 그 외의 다른 것은 아무것도 생각할 수 없었어요. 만약 20세가 나에게, 설령 시도한다고 해도 도망칠 수 없다고 말해주었다면, 나는 기분이 훨씬 더 좋아졌을 거예요.

20세 만약 내가 지금 알고 있는 것을 그때도 알았더라면, 나는 감히 당신에게 말하지 않았을 거예요. 나는 당신이 그렇게 보였던 것처럼 열정적으로 느낄 수 있기를 희망했어요.

18세 당신은 내가 그렇게 보이기를 희망했던 것만큼이나 당신 자신이 용감하기를 원할까봐 두려웠던 거예요.

21세 20세는 용감하기를 원했어요. 그리고 용감한 것처럼 보이기 위해 마음이 너무 바빴어요. 그래서 나는 거의 죽을 뻔했어요. 만약 당신이 좀 더 머리회전이 빨랐다면, 당신은 모병 사무소 같은 곳에서 편한 직책을 얻을 수 있었을 거예요. 하지만 당신이 한 것을 좀 봐요—나는 세큐하트Sequhart라는 끔찍한 곳에서 전투에 참여해야만 했어요.

22세 세큐하트가 뭐가 어때서요? 나는 당신이 뾰족한 첨탑 뒤로 떠오르는 태양이 얼마나 아름다운지, 그리고 너무 지쳐서 걸을 수 없는 두 명의 병사들을 어떻게 돌려보냈는지를 말했던 것을 기억해요. 기억나요? 당신이 그것을 너무 생생하게 묘사하는 바람에 내가 눈물을 다 흘렸었잖아요. 정말로 용감했어요! 두 불쌍한 친구들을 위한 자기-희생적 사랑이었죠!

21세 그만 좀 해요! 나는 정신이 나갈 정도로 두려웠어요. 당신이 알잖아요. 나는 그 사건에서 내가 웃기는 행동을 하지 않았다고 생각할 이유를 찾을 수 없어요. 만약 당신이 옥스퍼드 클럽에서 희희낙락하며 브랜디를 마시고 앉아있을 거라는 걸 알았더라면, 나는 차라리 … 차라리 …

22세 아니 당신은 그러지 않았을 거예요. 당신이 그런 사람이었다면, 당신은 "당신의 병사들에 대한 사랑"을 실천할 배짱이 없었겠죠. 당신 때문에 내가 졸도하겠어요.

20세 그러니까 나한테도 사랑을 실천해봐요. 나는 당신이 나쁜 개자식이라고 생각해요.

22세 나는 당신 말에 반대하기가 어려워요. 그렇다손 치더라도, 최근의 전투를 생각해보면 나는 그렇게 형편없는 인간은 아니었어요.

25세 당신은 형편없었어요. 당신은 방금 그 아이디어를, 용감한 퇴역장교에게 친절해야겠다고 생각한 옥스퍼드가 당신에게 수여한 표창장에서 표절했어요.

40세 퇴역장교와 퇴역용사라. 퇴역이라는 말이 붙는군요. 퇴역들이 만장일치로 선출되었음을 선포해요.

25세 맙소사! 설마 진짜 그런 건 아니겠죠? 거기에는 미래가 없나요?

앨리스 "그리고 그 전쟁 이후로 아무 소식이 없어요."

4

40세 저게 무슨 소리죠? 당신이 무슨 말을 말했나요?

앨리스 오 아무것도 아녜요, 아무것도. 그건 로즈메리였어요.

로즈메리 맞아요—아무것도 아니에요! 전혀 아무것도. 나는 단지 당신들의 논쟁이 흥미로웠을 뿐이에요. 계속하세요.

25세 내가 무슨 말을 하고 있었는지 잊었어요. 이 여인들이 방해를 했어요—즉, 뭔가를 말했어요.

로즈메리 아—이 여인들! 항상 우리 여자들 탓이군요!

앨리스 당신의 "용맹함"은 손상되지 않았군요.

20세 만약 우리가 싸우지 않았다면, 당신들은 어디에 있었을까요?

남자 그리고 이겼어요. 당신들도 이겼다는 걸 잊지 말아요!

롤랜드 우리는 최선을 다했어. 빈정대는 촌놈 같으니라고!

남자 내 여자 친구가 조롱하는 법을 나에게 가르쳐줬어요. 그녀는 영국 병사에게서 그것을 배웠죠. 그것은 담배꽁초를 땅 위에 던지고는 독일 여자들이 그것을 차지하기 위해 흙구덩이에서 서로 싸우는 모습을 보기 위해 기다리는 것이었죠.

앨리스 여자들은 항상 용감하네요.

로즈메리 앨리스와 나는 우리의 엉덩이butts[28]를 함부로—

로빈 제발, 제발! 저속해지지 맙시다.

18세 나는 나의 옛 학교가 훌륭했다고 생각했어요.

25세 나는 당신이 얼마나 이상한 학생이었는지를 거의 잊을 뻔했어요. 당신은 결승 테이프가 아직도 멀리 있는데, 경로에서 벗어난 주자였어요. 그 사건이 다시 생각나다니! 그러나 "지난 세월이 다 어디로 갔을까요?" 그것은 다시 돌아오지 않아요—진창만 남아요.

18세 "자신의 이름 전체가 사라지는 것!" 그것을 생각한다는 건 너무 슬퍼요.

정신분석가 과거를 생각하는 것은 흔히 저지르는 잘못이에요. 비록 정신분석적 대화가 그런 방향으로 흘러가기 쉽지만요. 그러나 그것이 정신분석가가 추구하는 목표는 아니에요.

40세 정신분석가가 추구하는 목표는 뭐죠?

정신분석가 그것은 아주 많은 요인들에 달려 있어요. 특히 그가 자신이 하고 있는 일에 적합한 기질, 나이 그리고 경험을 갖고 있는지가 중요해요—

40세 당신은 정신분석가 훈련과정에 대해 말하고 있는 건가요?

정신분석가 부분적으로는요. 나는 분석가 훈련과정을 그가 받은 분석, 그의 대학교육을 포함한 학교교육, 가정교육 등으로 제한하고 싶지 않아요. 이 모든 것들이 중요하지만, 나는 다른 사람들에 의해 주입된 지식과, 자신의 감각들이 말해주는 것을 양분으로 바꿀 수 있는 능력에서 오는 지식 사이를 구별할 필요가 있다고 생각해요.

40세 나는 이해가 잘 안 돼요.

정신분석가 당신이 방금 말한 것을 예로 들어보죠. 나는 당신이 이

---

28 담배꽁초와 엉덩이라는 두 가지 의미를 갖고 있는 butt라는 단어를 사용한 언어 게임.

해하는 한, 당신이 이해한 "것"이 당신의 성장에 기여할 거라고 생각해요. 당신이 이해하지 못하는 한, 나는 그것이 성장으로 인도할 수도 없고 인도하지도 않는다고 추측해요.

40세 당신은 매우 조심스럽군요. 당신은 왜 "추측한다"고 말하는 거죠? 아니면 내가 지금 너무 학자인 척하고 있나요?

정신분석가 천만에요. 나는 정확하려고 노력한다는 의미에서 "추측한다"고 말한 거예요. 나는 알 수가 없어요. 왜냐하면 설령 내가 이해하지 못한다고 해도, 내가 이해하지 못하는 무언가가 있다는 것을 배우는 것을 통해서, 내가 이해하지 못한다는 사실을 유익한 것으로 바꿀 수 있기 때문이에요. 반면에, 만약 내가 이해하지 못하는 것을 견디지 못하는 부류의 사람이라면, 나는 그 경험으로부터 배울 시간을 갖기 전에 그것을 비워버릴 거예요.

롤랜드 그러면 나는 전쟁에서 많은 것을 배울 수 없었을 거예요. 왜냐하면 만약 내가 나의 자동소총의 버튼을 누르기 전에 이 모든 절차를 거쳤다면—글쎄요, 나는 "이 모든 절차에 끝까지 참여하지" 않았을 것 같네요. 나는 단 한마디의 말이라도 생각하기 전에, 당신의 로씨머스 Lossiemouth 대위처럼 총에 맞았을 거예요.

정신분석가 그래서 당신은 위기의 순간에 이 모든 절차를 거치지 않고서도 자동적으로 버튼을 누를 수 있도록 그랜트햄에서 기관총 훈련을 받은 거예요. 그러나 당신은 때로 정찰대가 나가 있는 동안, 포착된 대상이 아군인지 적군인지를 확인하기 위해 기다려야만 했어요. 그것은 당신이 직접적으로 배운 지식일 것이고, 당신은 그 지식을 자동적으로 사용할 수 있기 위해서 그 지식을 당신 자신의 것으로 만들었을 거예요.

로빈 내가 보증해요—롤랜드는 그 훈련과정에 정말 "열심히" 임했어요.

정신분석가 글쎄요, 그렇다면—당신들은 그 전에 필요한 절차를 거쳤을 거예요. 당신들은 언젠가 그것을 거칠 수 있을 거예요. 만약 당신들이 술에 취해 있었다면, 당신들은 공격을 받는 상황에서 "맑은 정신상태로" 버튼을 누를 수 없었을 거예요.

로즈메리 무척 재미있네요. 그 버튼이라는 게 뭐죠?

정신분석가 미안해요—우리가 당신을 지루하게 만드는군요.

로즈메리 미안해 할 필요 없어요. 나는 지루하지 않아요. 그러나—

로빈 그러나 뭐죠? 그것은 당신과 앨리스 사이의 비밀인가요?

정신분석가 만약 그렇다면, 나는 정신분석적 해석을 제안할 수 있을 거예요. 그러나 우리는 지금 정신분석을 하고 있는 게 아니기 때문에 언어적 해석을 위한 최소한의 조건이 마련되지 않았어요.

로빈 보나마나 성적인 해석이겠죠.

정신분석가 성적 상황은 성적 해석을 위한 조건을 제공하고, 분석적 상황은 정신분석적 해석을 위한 기회를 제공하죠.

앨리스 정신분석적 해석이 뭔데요?

정신분석가 그것은 명료하고 명쾌한 해석이에요. 그리고—

롤랜드 단어들이 정말 길군요!

정신분석가 그것은 듣는 사람이 이해할 수 있는 언어로 말한 과학적으로 정확한 통찰에 대한 표현이에요. 그것은 분석가 자신이 진실이라고 믿는 것이어야 하고, 그 진술은 듣는 사람의 몰이해의 장벽을 관통할 수 있는 것이어야만 해요.

앨리스 오, 알아요—나의 두터운 여성적 두개골을 관통하는 해석이란 말이죠.

로즈메리 글쎄요, 모르겠어요!

정신분석가 당신들 두 사람은 내가 말하고 있는 어려움에 대한 예를 보여주고 있어요. 적대적인 앨리스는 나를 우둔한 남성으로 "생각하고" 있고, 로즈메리는 내가 많이 배운 사람이라는 것을 "기억하고" 있어요. 그 두 가지 모두가, 즉 감정들과 기억된 아이디어들이 불명료함을 산출해요.

체절24 나는 배가 아파요.

앨리스 마침내—무언가를 알겠어요. 나는 임신에 대해 알고 있다는 이점을 갖고 있어요.

14세 당신들 중 누구도 아이디어를 갖는 것이 얼마나 고통스러운 일인지 몰라요.

22세 너야? 나는 네가 아이디어를 가져본 적이 있다는 것을 몰랐어.

14세 나와 13세인 내 친구는 아이디어들을 갖고 있었어요—심지어 종교적인 것들도요.

사제 기억나요. 13세의 신은 학교 수영팀의 팀장이었고, 14세의 신은 학교 럭비팀의 팀장이었어요.

15세 나는 러스킨Ruskin[29]에 의해 가장 깊은 감명을 받았어요—지금도 그래요. 불쌍한 러스킨—나는 그가 그런 지옥에서 살았다는 것을 몰랐어요.

악마 그것은 나와는 아무 상관이 없어요. 당신의 신이 그렇게 만들었음이 분명해요. 당신의 신은 사람들을 걷어찼지만, 나는 그러지 않았어요.

16세 나는 당신이 무언가를 발로 차는 것을 상상할 수 없어요. 당신은 항상 정장을 하고 있었거든요.

악마 너는 그 아이디어를 비어봄Beerbohm[30]에게서 표절했어.

---

29 John Ruskin(1819-1900). 영국의 작가, 철학자, 예술비평가.

30 Beerbohm, Max (1872-1956) 영국의 수필가, 패러디스트, 커리커쳐 작가로 활동.

40세 그가 그랬어요? 나는 그가 불쌍한 솜스Soams[31]에 대한 글을 읽었다는 것을 잊고 있었어요.

16세 나는 많은 책들을 읽었어요. 운동도 열심히 했고요.

사제 기도도 열심히 했죠.

16세 나는 열심히 기도했지만 신이 응답해주지 않아서 포기했어요. 악마도 별 도움이 되지 못했고요.

70세 불쌍한 악마! 모든 것에서 비난을 받는군요—그러나 아마도 그는 우리 모두들처럼 배워야만 했을 거예요. 그의 존재에 대한 믿을 만한 근거들이 있거든요. 그와 그의 훈련생들은—

악마 항상 아담과 이브에게서 배울 준비가 되어 있어요.

16세 70세는 나에게 빚을 지고 있어요. 그의 몸은 그가 비틀거리면서도 아직도 돌아다닌다는 점에서 상태가 아주 좋아요.

70세 16세는 내가 좋아하는 인물들 중의 하나가 아니에요.

체절24 내가 좋아하는 인물도 아니고요. 매우 추한 인물이에요!

앨리스 오 불쌍한 영혼—네 모습을 드러내야 할 만큼 상황이 나쁜 건 아니겠지?

체절24 당신은 편견을 갖고 있어요. 내가 영혼으로 성장할 거라는 것을 알았더라면, 나는 태아로 머물러 있었을 거예요.

25세 내가 그처럼 추한 체절을 선조로 가졌다는 것을 알았더라면, 나는 영혼을 발달시키려고 시도하지 않았을 거예요.

18세 나는 내가 당신의 체절 친구를 알고 있었다고는 생각하지 않지만, 영혼이 무용지물이 아니라 자산일 거라고 생각했어요.

25세 우리는 모두 실수를 저질러요. 만약 내가 지금 알고 있는 것을 그 당시에 알았더라면, 나는 확실히 지적인 사람이 되는 것을 선택하지 않았을 거예요. 아마도 현명한 사람이 되는 것을 선택했을 거예요.

31 Soams, Nicholas 영국의 정치가

70세 그 점이 당신이 당신 자신을 칭찬할 수 있는 거예요. 나는 솔직히 말해서 나 자신이 현명한 사람이라고 생각할 수 없어요.

25세 아마도 당신의 정직함은 지나치게 발달한 것 같아요—병리적인 것에 더 가까워 보여요.

70세 아뇨, 나는 그렇게 생각하지 않아요. 실제 삶에서 정직함은 그것이 성장하는 만큼이나 빨리 닳거든요.

40세 25세, 당신은 너무 개인적이에요. 그것은 당신이 정신분석가에게서 배운 거예요. 그는 항상 개인적이거든요.

50세 정확히 말하자면—개인적인 게 아니에요.

정신분석가 나는 개인에 대한 커다란 존중심을 갖고 있어요. 당신은 그것이 잘못된 거라고 생각하세요?

50세 아뇨, 그러나 개인에 대한 존중은 무리의 성장과 나란히 가지 않아요. 나는 만약 무리가 정신분석가보다 더 빨리 발달한다면, 정신분석가는 심각한 어려움에 직면할 거라고 봐요.

정신분석가 만약 무리의 발달이 개인의 발달과 조화를 이루지 못한다면, 개인이 멸망하든지, 아니면 자기 자신을 성취할 수 없는 개인에 의해 무리가 파괴될 거예요.

사제 분명코 그것은 무리가 개인에 대한 관용을 발달시키든지, 아니면 개인이 무리에 대한 관용을 발달시키든지, 둘 중의 하나에 달려 있어요.

정신분석가 우리들 중의 일부는 개인의 발달이 세심한 감독을 필요로 한다고 생각해요.

사제 물론이에요. 우리 모두는 그 생각에 찬성해요. 불찬성은 찬성한 내용이 행동으로 옮겨질 때 발생해요. 찬성한 내용을 실행에 옮기는 사람은 무엇을 가르쳐야 할지, 무엇을 믿어야 할지, 무슨 비전을 내세워야 할지, 또는 음악적으로나 미적으로 무엇을 창조해야 할지를 결정해야만 하거든요.

의사 또는 어머니가 살아야 할지, 아니면 아기가 살아야 할지를 결정해야 해요. "과도하게 친절하게 살리려고 애쓰지 말라"는 것이 내가 배운 거예요.

롤랜드 만약 내가 나 자신을 살리려고 노력한다면, 나는 "과도하게 친절한" 존재일까요?

로빈 아니면 비겁한 존재일까요? 또는 그렇게 하지 않는 것이 자살에 해당하는 걸까요?

정신분석가 고통의 바다에 맞서 무장을 하는 것이 더 좋은 것인지는 …

사제 그것을 누가 또는 무엇이 결정하죠?

정신분석가 생명을 보존할 것인지를 결정하는 것은 개인인 것처럼 보여요.

물리학자 오늘날 개인은 물리학자들 덕택에[32] 그 자신과 사람들의 생사를 결정할 수 있는 것처럼 보여요.

정신분석가 우리에게는 그 말이 맞는 것처럼 보여요. 그러나 "우리"에게 그렇게 보이는 것이 사실과 부합하는 것으로 간주되어야 할까요? 사제와 다른 사람들은 우리 정신분석가들이 안다고 주장한다고 보는 것 같아요. 나는 내가 알고 있는 모든 것을 잠정적인 이론으로 간주해요—지식이 아니라 지식을 향해 가는 "도상에 있는" 이론으로요. 그 잠정적인 이론은 단순히 머무는 장소, 즉 상황이 아무리 위태롭다고 해도 내가 처한 상황을 아는 것에서 일시적으로 자유로울 수 있는, 쉬어가는 곳일 뿐이에요.

사제 존 번연은 생생한 이미지들을 떠올리게 하는 많은 구절들에서 그와 같은 상태를 서술했어요.

32 핵무기의 위험을 암시하고 있는 것으로 보임.

쉬레버[33] 나도 그랬어요.

롤랜드 저 사람은 도대체 누구에요?

정신분석가 오, 불쌍한 편집증적 악마일 뿐이에요.

로빈 뭐라고요? 미친 사람이라는 말인가요?

정신분석가 비록 프로이트는 쉬레버가 쓴 글이 주의를 기울일 만한 가치가 있다고 여겼지만, 나는 그가 미쳤다고 생각해요. 나는 당시에 유행했던 정신적 수렁에 빠졌었어요. 우리는 본능적으로 그 구렁텅이에 순응하는 것을 피할 수가 없어요. 그것의 결함이 무엇이든 간에, 우리는 그 수렁에서 지금까지는 살아남았어요. 번연은 그곳에서 기어 나오려고 노력했어요. 쉬레버도 그랬고요. 그 두 사람 모두는 진실을 위한 기사Valiant for Truth가 도움을 줄 거라고 생각했어요—비록 그들이 그렇게 부르지는 않았지만요. 내 생각에, 쉬레버는 그가 판사나 정신과의사라면 안전할 거라고 생각했던 것 같아요.

사제 또는 정신분석가? 성직자? 또는 법조인이라면?

로빈 셰익스피어는, 번연처럼, 그 상황을 "존재할 것인가, 존재하지 않을 것인가?To be or Not to be"라는 말로 표현했어요. 옛 대가들이 그 모든 것을 기록했다는 사실은 놀라운 일이에요. 물론 그들은 자신들이 무엇을 말하고 있었는지 알 수 없었지만요.

로즈메리 "물론이에요." 여인들처럼, 그들은 알지 못했을 거예요. 나는 최소한 아이를 갖지 않을 정도로 지성을 갖고 있었어요. 왜냐하면 나는 내 뱃속의 고통을 존중했거든요. 그리고 나의 배에 대해서도 얼마의 존중심을 갖고 있었어요. 그건 앨리스 너도 그랬어요.

앨리스 *(깊이 괴로워하며)* 노, 노, 노! 신이여, 나의 아들 압살롬 대신에 내가 죽겠나이다—

33 프로이트의 임상적 저술에 등장하는 편집증 환자.

롤랜드 그건 압살롬의 아버지가 했던 말이에요.

앨리스 나는 내가 아버지와 결혼한다고 생각했어요. 그러나 아버지는 내가 아들을 위해 생명을 내놓을 수 있다는 것을, 그리고 자신이 딸을 위해 결혼생활을 포기할 수 있다는 것을 알았을 거예요. 절망적, 절망적, 절망적이에요.

롤랜드 미안해요—이렇게 말하는 게 소용이 없다는 걸 알지만, 그래도 미안해요. 전쟁에서 살아남은 게 내 잘못은 아니거든요.

남자 당신은 당신네가 이기고 있다고 생각했군요.

롤랜드 당신은 당신네가 이겼다고 생각했죠. 하지만 당신네는 이기지 못했어요.

악마 내가 그 문제를 해결해 줄게요. 당신들이 다투는 것을 못 봐주겠어요. 나는 여기에서 연쇄반응의 좋은 예를 발견하는데, 나의 과학자 친구 중의 하나가 기꺼이 그것에 대해 가르쳐줄 거예요. 하지만 나는 일시적으로 당신을 묶어놓는 반응을 사용해서 당신의 자유를 제한해야만 해요. 그것은 단지 일시적인 것이고, 불편할 사이도 없이 곧 끝날 거예요. 아무도 쿵 소리조차 듣지 못할 거예요.

로빈 나는 겁이 나요.

롤랜드 나는 그런 연극적인 태도가 마음에 안 들어요.

로즈메리 그건 매우 유혹적이고, 매우 지적인데요.

롤랜드 빌어먹을 여자들.

악마 다투지 말아요—준비가 되면 나에게 말해요. 그러면 내가 당신들을 위해 할 수 있는 것을 할 거예요.

사제 또는 단지 "우리를 위해서" 하든지요.

악마 *(정중한 제스쳐와 함께)* 분부만 내리세요 …

로빈 제발 그를 화나게 하지 말아요.

롤랜드 제발 그를 숭배하지 말아요.

앨리스 나는 당신들이 그를 숭배한다고 생각했어요—특히 당신들이 나를 "숭배한다"고 말했을 때에요.

롤랜드 나는 잊지 않았어요. 나는 피 흘리는 여자들이 무서웠어요. 내가 처음으로 목격했던, 우리가 함께 있던 참호 안에서 죽은 병사조차도 피를 흘리지는 않았어요—옅은 담황색 흔적만이 뼈 위에 남아있었죠.

정신분석가 건강에 좋지 않은 장소로 알려진, 유령이 살고 있는 월체Wieltje 마을[34]에서, 죽은 병사와 함께 벽돌 먼지로 뒤덮인 땅 바닥에 누워있으면서 바라보았던 장면이 당신에게 깊은 인상을 남겼군요.

남자 우리의 9.2인치 곡사포 공격이 있던 날이었죠.

정신분석가 알겠어요. 나는 당신이 롤랜드에게 여러 발을 쏘았다고 생각했어요.

로즈메리 아무도 롤랜드를 다룰 수 없었어요. 나는 남자가 그를 다루려고 시도하는 것을 단념시키려고 노력했어요.

앨리스 롤랜드는 나를 위해서 그렇게 행동했어요.

롤랜드 나는 당신을 위해 죽었어. 그러나 당신은 내가 감상적이라고 생각했지.

로빈 나는 롤랜드 당신을 좋아했어요. 그러나 당신은 항상 내가 당신의 몸을 나누도록 허용하기에는 너무 겁쟁이라고 생각했어요. 마찬가지로, 만약 내가 당신을 숨겨주지 않았더라면—아마도 한 번 이상으로—당신은 오늘 살아있지 못했을 거예요.

롤랜드 고마워—뭐가 고마운지는 모르지만.

앨리스 로빈 당신은 롤랜드의 시체를 구해서 나에게 보내줬을 뿐이에요.

롤랜드 로빈 너를 칭찬하려는 것은 아니지만, 나는 네가 시체가 마

---

34 벨기에 지역에 위치한 마을.

르지 않게 하려고 그렇게 했다는 걸 알아. 그러나 슬프게도, 나는 장미 화환으로 치장된 옷을 입지 못했어.

정신분석가 나는 자신의 남편이 살아서 돌아오게 해달라고 기도했던 한 여인의 남편이 전쟁이 끝나고 여러 해 후에 돌아왔을 때, 어떤 일이 일어났는지를 기억해요. 그의 양 다리가 절단된 것을 본 그녀는 그를 버렸어요. 그는 그녀가 자신을 부상을 입은 영웅으로 사랑할 거라고 생각했어요.

앨리스 그녀는 남자처럼 행동했군요! 만약 그녀가 그의 아기를 갖고 있었다면, 그가 그녀를 포기했을 거예요. 나는 그가 보이지 않게 얼굴을 붉혔을 거라고 생각해요.

정신분석가 나는 절대로 자신의 낯을 붉히지 않는 사람을 알고 있어요. 그는 자신이 얼굴을 붉히는 것을 사람들이 본다면, 자살하고 말겠다고 생각했어요.

롤랜드 당신이 말하는 또 하나의 끔찍한 바보 이야기네요.

정신분석가 아니에요. 하나의 사실일 뿐이에요. 나는 그와 같은 이야기를 만들어낼 수 있는 상상력을 갖고 있지 않아요. 앨리스는 얼굴을 붉히지는 않았지만, 얼굴을 붉히는 것을 스스로에게 들킨 한 남자를 생각나게 해요. 내가 말했듯이, 그는 자살했는데, 그는 남자가 다루려고 애썼던 롤랜드보다 훨씬 더 효율적인 사람이었다는 점에서, 나는 그가 그렇게 한 이유를 찾을 수가 없었어요.

롤랜드 나는 때로 우리들이 하고 있는 이 논쟁이 가장 위협적인 것이라고 생각해요. 왜냐하면 그것이 너무 사적인 것—같은 가족의 이야기—이기 때문이에요. 우리는 왜 뭉칠 수가 없을까요? 우리는 비록 인위적으로 개인들, 집단들, 국가들로 나뉘어 있지만, 항상 한 인간 가족일 뿐만 아니라—

로빈 사제의 견해에 따르면, 우리는 "인위적으로" 나뉘어 있는 게 아니라, 신이 명한 대로 언어학적으로, 종교적으로, 미적으로 나뉘어 있는 거예요. 그리고 그렇게 나눠놓은 것은 우리들 사이에 교차로를 건설하기 위해서예요.

롤랜드 그 교차로가 그들이 하늘과 하늘의 왕좌를 쓸어버릴 수 있게 했어요.

로즈메리 기괴하네요!

앨리스 심지어 남자 역시 훈련된 살인자 집단에 의해 고안된 살인을 통해 인간이 하늘의 보좌에 도달할 수 있다고 생각하고 있어요. 승리! 대문자 V로 시작되는 승리를 할 수 있다고요.

정신분석가 오줌누기, 오줌 대홍수로요.[35]

롤랜드 어이없는 농담이네요—당신에게도요.

정신분석가 나에게는 어이없는 농담이 새로운 언어를 배우는 첫걸음일 수 있어요.

로빈 동화 속 두꺼비의 말처럼, 당신이 재미로 던진 돌이 나에게는 죽음을 가져다줘요. 당신이 말하는 새로운 언어는 어떤 것인가요? 그것은 중국인들의 표의문자들이 서로 "연결되어 있듯이articulated," 연결된 동음이어들을 생각나게 하네요.—비록 연결이 그 요소들을 일관성 있는 하나로 만드는 정확한 방법은 아니지만요

정신분석가 그 말은 표의문자로 된 기호들을 만들어낸 사람들의 관점에서 보면, 연결된 언어가 정확하지 않다는 거군요. 그러나 그 연결들은, 비록 "틀린 것"일 수 있지만, 페놀로사Fenollosa[36]로부터 에즈라 파운드Ezra Pound[37]로 그리고 에즈라 파운드로부터 미래 세대들로 이어지는

35 오줌 누기의 무의식적 환상은 세상을 물로 쓸어버리는 내용을 포함하고 있다.

36 Ernest Francisco Fenollosa(1853-1908). 미국의 미술사가 및 철학자.

37 Ezra Pound(1885-1972). 미국의 시인. 문예비평가.

더 많은 지식의 성취 과정을 가능케 해주었어요. 인위적인 것이든 신에 의한 것이든, 이처럼 개인들을 초秒들, 해들, 밀레니엄들의 단위로 나누는 것은 표의문자, 개인, (사람, 인종, 국가) 그리고 다음 세대 사이에 의미 있는 연결구조를 형성하는 작업을 극도로 어렵게 만들어요. 한 부분과 다음 부분 사이에는 막membrane, 분기점, 저항하는 자료가 존재하거든요.

앨리스 어떤 사람이 피카소처럼 유리조각 위에 그림을 그리지 않는 한, 그래서 그 그림이 화면의 양쪽에서—저항의 양쪽 측면 모두에서—볼 수 있지 않는 한, 연결구조의 형성이 어렵다는 말이군요.

로빈 마치 다양한 색깔의 유리돔이 영원성의 하얀 광채를 물들이듯이, 미세한 개인적 티끌에 지나지 않는 우리들이 유리 위에 펼쳐진 의미 있는 패턴으로 생각되는 것을 식별할 수 있다는 말이군요. 나는 롤랜드의 생각에 동의해요—"우리는 어째서 하나로 뭉칠 수 없을까요?"

정신분석가 이유는 없어요. 같은 사람이 우리의 모든 등장인물들을 창조했다는 사실을 안다면요. 그리고 따라서 우리가 함께 "우리"의 이름으로 책을 저술할 수 있기 위해서는 우리가 자유로워야 한다는 사실을 안다면요.

로빈 만약 그것이 책이라면, 그것은 페이지들, 장들 등으로 나뉘어야만 해요. 나는 당신네 군중에 의해 삼켜진 채 나 자신의 정체성을 잃고 싶지 않아요.

롤랜드 너는 그러지 않을 거야. 그런데 우리가 집단에 의해 삼켜진다는 것을 너는 어떻게 알지? 그것은 우리 모두가 삼켜진다는 것을 의미하는데, 그렇다면 그것은 우리 모두가 완전히 자유로운 상태라는 의미가 아닐까? 그렇다면 그것은 우리의 성취일 거야.

로빈 그것이 성 바울이 말하는 자유로 결말을 맺을지, 너는 어떻게 알지? 만약 내가 셰익스피어처럼 많은 어휘들을 알고 있다면, 그것은 매우 유용했을 거야. 빅토르 위고Victor Hugo[38]는 엄청나게 많은 어휘들을 알고 있었고, 그래서 바람에 의해 연못에 흩어진 장미꽃 잎새들의 이미지를 폭풍에 의해 흩어진 함대로 표현해낼 수 있었어. 에레디아Heredia[39]의 전설에 따르면, 안토니Anthony는 클레오파트라의 눈 속에 있는 연못에서 도망치는 함대의 모습을 보았어. 이 모든 것이 셰익스피어의 학문을 기리는 기념비에 새겨져 있어. 그것은 셰익스피어 홀로 불리는 학부생 식당 안에 있어서 눈에 잘 띄지는 않지만, 마찬가지로 인상적이야.[40] 지금은 셰익스피어를 꿈꾸는 사람이 아무도 없고, 나의 경우, 소통하고 싶은 것을 표현하기 위해 사용할 수 있는 단어는 사천 개도 되지 않아. 만약 셰익스피어가 살아남을 수 없다면—

롤랜드 또는 피타고라스가 그의 삼각형 아래 묻혔다면—

정신분석가 또는 프로이트가 그의 오이디푸스 삼각형 안에, 또는 멜라니 클라인이 투사적 동일시의 더미 아래 묻혔다면—

앨리스 또는 클라인 이론의 한 무더기가 "내사적 투사물"[41]로 취급되거나, 또는 내가 말하는 것조차, 정신의학이 만들어내는 신조어 덕택에, 정신증적 왜곡물로 해석되고, 진단되고, 변기 속으로 들어간다면 …. 시간은 고대의 것을 고대의 것으로 만들어요. 새로운 소식들은 화석이 되어, 정신적 고고학자들이 그것의 울퉁불퉁한 외피를 제거해서 동맥들을 되살려내고, 그 결과 죽은 과거의 전문용어들이 다시 칭송받고, 재진단되고, 재해석되고, 재매장될 때까지 망각의 영역 안에 묻히게 돼요.

---

38 Victor Hugo(1802-1885). 프랑스의 시인, 소설가, 극작가.

39 코스타리카의 도시.

40 옥스퍼드 대학 안에 위치한 건물.

41 "introjective projections." 여기에서는 안으로 들인 것을 바깥으로 내보낸 것이라는 점에서, 배설물 또는 무가치한 것을 나타내는 것으로 보인다.

정신분석가 제임스 조이스는 그의 부드러운 생명의 싹을 가두고 있는, 로마 가톨릭적인 것으로 채색된 셈족 제우스의 클롱고우스적인 Clongowesian[42] 포장지를 찢어버리려고 시도했어요.

사제 제우스는 어쨌든 어린애 같은 속물이었어요. 진실은 항상 애지중지하는 미라를 되살려내고 싶어 하는 최신의 열광주의자의 포장을 뚫고 나와야만 해요.

정신분석가 사람들은 미라에다 최근에 유행하는 방부처리 기술을 사용해서 새 옷을 입혀요. "어머니"는 "미라"가 되고, 신은 악마의 복장을 빌려 입고, 그의 아들은 수의에 싸인 채 속임수에 사용돼요. 그러나 인간은 인간을 파괴할 뿐이에요. 왜냐하면 그는 아직 생명이 없는 것을 살아있는 것으로 변형시키고, 살아있기 때문에 지각될 수 있고, 구별될 수 있으며, 주목할 가치가 있는 것으로 만드는, 말로 설명할 수 없는 미세한 미립자를 발견하지 못했기 때문이에요. "비록 몸은 죽지만," 바이러스는 영원히 살 거예요. 현재는 이미 망각 속에 숨겨져 있어요. 단추를 누르는 것은 누구의 손가락일까요?

앨리스 나의 클리토리스는 "눈먼" 당신의 입에 의해 간과되고, 당신의 속죄하는 페니스의 "과도한 자극"에 의해 지겨워져요. 당신은 지식을 모르고 있어요. 그리고 일단 그것을 알게 되면, 당신은 너무 많은 것을 알고 있어서 호기심을 가질 수 없게 돼요.

로즈메리 설령 그의 소화관이 더 이상 배울 수 없다고 해도, 그는 자신의 배가 감당할 수 없는 것을 먹는지를 눈을 크게 뜨고 지켜볼 수 있어요. 그때 그의 눈은 아름다움으로 가득 차 있어서, 나를 볼 수가 없어요. 호머조차도 트로이의 헬렌이 단순히 외배엽의 증식의 결과가 아니었음을 볼 수 있는 지혜를 갖지 못했어요.

---

42 Clongowes Wood College. 제임스 조이스가 다녔던 아일랜드 지역의 대학교. 이 대학의 학풍이 당시에 가톨릭주의, 셈족 문명, 그리스 문명 등으로 구성되어 있었던 것으로 보임.

앨리스 그들은 모두 똑같아요. 나는 여성의 몸을 갖고 있는 사람들 중에서 그 덫에 걸리지 않고서, 그녀 자신을 만나기 위해 그 덫을 돌파할 수 있는 사람을 보지 못했어요. 왜 그럴까요? 나는 내가 말할 수 있다고 생각해왔지만, 명료하게 말할 수 있는 이 똑같은 능력은, 내가 아닌 어떤 것과 의사소통을 가능케 해주는 연결이라기보다는 불투명한 막에 불과해요.

정신분석가 아마도 당신은 당신의 아이디어들을 당신의 저항 탓으로 돌릴 수 있을 거예요. 그러면 당신이 아닌 누군가가 그 저항에 남겨진 흔적을 읽을 수 있을 거고요.

로빈 그 말은 그녀가 다시 입을 열기 전에, 어떤 의미를 생각하기 위해 지연을 사용할 수 있다는 말인가요?

정신분석가 아뇨, 그렇지 않아요. 나는 만약 당신이 생각을 방해하는 장애물을 사용할 수 있다면, 그것이 당신에게 도움이 될 수 있을 거라고 생각하지만, 내가 아는 바에 따르면, 앨리스는 당신이 방금 말한 것과 같은 지독히 바보 같은 언급에 대해서는 침묵할 가능성이 매우 높아요.

남자 내가 그를 쏴버릴까요?

로즈메리 아뇨. (앨리스에게) 남자는 예의 바른 사람이야. 다만 성격이 좀 외골수야. 그런 성격은 총알, 페니스 그리고 다른 탄도미사일에는 충분히 유용하지만, 단 하나의 경로 또는 안내가 없이는 쓸모가 없어.

앨리스 보이스카웃들과 걸스카우트들처럼요—우리가 학교에서 말하곤 했듯이.

로즈메리 나는 네가 학교에서 그처럼 더러운 생각을 했다는 걸 몰랐어.

앨리스 오 맞아요, 우리는 꽤 많은 것을 알고 있었어요. 물론 우리는 그것을 선생님들에게는 감춰야했지만요.

목소리 당연하죠.

5

앨리스 그게 뭐였죠? 방금 그 소리 들었어요?

로즈메리 아니. 나는 네가 환각을 보지 않았으면 해. 아니면 너를 해고해야 할 거야.

정신분석가 나는 당신이 당신의 목소리로 무엇을 하는지 주의 깊게 봐야겠어요. 자, 정신분석적 알약 하나를 입 안에 넣으세요. 천천히요. 그것이 당신의 마음속에서 용해되도록 내버려 두세요. 그걸 삼켰군요. 그러면 안 돼요. 삼키더라도 해롭지는 않을 거예요. 단지 약간의 가슴 통증을 느낄 거예요. 그러나 그것은 당신의 체계 전체로 퍼질 것이고, 당신의 마음에 의해서 무해하게 배출될 거예요—계피나 위스키처럼요. 아마도 그것은 앞쪽으로 그림자를 드리우는 미래의 그림자일 거예요. 때로 그것은 기억을 앞쪽으로 던지는 과거로 위장하기도 해요.

로즈메리 땡큐. 정말 감사해요. 당신은 감사가 뭔지 아세요?

로빈 유익이 발생할 것이라는 생생한 기대요.

앨리스 당신은 너무 꼬였어요. 그렇다면 죄책감은 뭐죠?

정신분석가 아 맞아요!—키니코스학파에요.[43]

로빈 아뇨, 그녀는 죄책감에 대해서 물었어요. 죄책감은 자신이 행한 것에 대한 보상으로 벌을 받을 거라는 생생한 불안이에요.

---

43 그리스에서 시작된 자연스런 삶을 추구하는 철학운동.

정신분석가 학교에서 우리는 성적 농담을 할 때 낄낄거리기 위해서 말을 비틀곤 했어요—예를 들면, "내가 그랬어요It is I. 앞으로 나와come forth!"라는 말을 "네 번째가 아니라come forth, 다섯 번째came fifth로 왔어요. 그리고 그것을 한 것은 내가 아니라it is I 눈이에요it is eye"라는 식이었죠.[44]

앨리스 맙소사!

로즈메리 그건 끔찍스럽지 않나요? 그는 지금 존경받는 사람이 되었고, 정신분석가라고 불려요. 그런 말 비틀기는 롤랜드의 제안을 따라 뭉치고 싶다는 열망을 갖기 어렵게 만들어요.

로빈 만약 우리가 뭉칠 수 있다면, 우리는 아직 우리의 정체성을 보존할 수 있을 거예요—마치 모든 동일한 수준들이 하나의 윤곽에 의해 하나가 될 수 있는, 지도상의 언덕처럼요—

정신분석가 만약 우리가 여기에 있는 체절3을 다른 모든 체절3들과 연결시킬 수 있다면 그렇게 하는 데 문제가 없을 거예요. 물론, 청각적 구덩이들과 시각적 구덩이들이 서로 연결되는 것을 견딜 수 있어야만 할 거예요.

의사 출생 이후의 아기는 출생 이전의 태아에게서 거리를 두고 싶어 할 수 있어요—역으로도 마찬가지고요. 우리는 출생 이전의 요소들이 액체 환경에서 기체 환경으로 바뀌는 변화에 적응할 수 있다고 가정해요. 후각적 요소들은 점액을 산출해서 그 변화를 수월하게 만들고, 그 결과 그것들은 출생 이후에도 계속해서 기능하죠.

정신분석가 출생 이후에 사람들 중의 일부는 액체가 너무 많다고 불평해요. 그들은 그것을 "감기" 또는 "독감"으로 부르면서 치료받기 위해 의사에게 달려가죠. 당신은 그런 요구에 친숙해 있을 거예요.

---

44 동음이어를 사용한 언어 게임. "It is I"는 "It is eye"로, come forth는 come fourth로 뒤틀고 있다.

의사 맞아요. 그러나 나는 그들이 과잉 치료를 받고 있다고, 즉 치료에 의해 익사 당하는 것을 불평하고 있다고 말하지는 않을 거예요

정신분석가 당신의 체절 친구들은 당신의 뇌가 비워낸 지적 내용물의 바다속으로 가라앉고 있다고 불평할 거예요—그들이 맛보거나 냄새맡을 수 없는, 희박해지고, 추상화된 이론의 바다속으로요. 만약 체절들이 책을 쓸 수 있다면, 그 책의 제목은 "현실의 해석에 대하여"가 될 거예요. 그리고 그 이론들은 모두 우리가 꿈이라고 부르는 것이 될 거예요. 우리는 정신분석의 불쾌한 따스함과 건조한 추상화 작용, 그 둘 모두에 대해 불평해요.

의사 불쌍한 몸. 불쌍한 마음. 그 둘이 서로 잘 지내지 못하고 서로를 깔보는 것은 특히 그것들 중의 하나가 다른 하나에서 유래했다는 사실을 기억한다면, 놀랄 일이 못 돼요. 실제로 그것들은 생물학적 원형질로 된 생성체에서 유래했을 수 있어요.

정신분석가 만약 생명 물질이 산소가 원형질과 만나서 일으키는 반응에 의해 생겨나는 열熱에서 유래한다는 것이 사실이라면, 나는 뇌의 물질이 불수의적인 근육의 부패에서 유래했을 수 있고, 마음도 마찬가지로 운동능력의 퇴화에 의해 풀려난 에너지에서 유래했을 수 있다고 생각할 수 있을 거예요.

의사 나는 똑똑하고 "머리가 좋은" 옥스퍼드 대학의 운동선수들을 몇 명 알고 있는데, 그들은 머리도 좋고 운동능력도 뛰어난 것처럼 보였어요.

정신분석가 운이 좋은 사람들이네요! 만약 우리가 그들이 어떻게 그럴 수 있었는지를 알 수만 있다면, 우리는 소고기보다 더 많은 에너지를 산출하는 식량을 개발하는 문제를 해결할 수 있을 거예요. 나는 만약 내가 에너제틱한 "존재인 것being"을 통해서 더 에너제틱한 존재가 "될

become" 수 있다면, 나는 진정한 정신분석가가 되고 있다고 생각할 거예요.[45] 그것은 다른 사람들이 똑같은 반응을 시작할 수 있게 해줄 거예요. 멜라니 클라인은 정신분석을 위해 그 일을 하는 것처럼 보였어요.

비온 뭐라고요! 당신이 클라인학파가 아니라고 말하는 거예요?

정신분석가 당신은 앤드류 아귀체크 경Sir Andrew Aguecheek[46]을 생각나게 하네요—"만약 내가 그가 청교도였다고 생각했다면, 나는 … !" 탁월한 이성 각하?

비온 나는 당신이 우리가 함께 공유할 수 있는 경험의 진가를 평가할 거라고 생각했어요.

정신분석가 그 말을 들으니, 우리는 윤곽들을 사용해서 편편한 표면 위에 산을 묘사하듯이 마음의 다른 수준들을 연결하는 것에 대해 말하고 있다는 생각이 들어요. 당신은 어떻게 당신의 세 번째 체절을 나와 연결할 거죠? 로즈메리는 그녀가 트로이의 헬렌이었을 때의 이야기를 하고 있었어요—

의사 맞아요, 나도 그 말을 들었어요—불쌍한 편집증 환자 같으니! 그녀는 미친 바보가 분명해요.

정신분석가 —아무도 외배엽ectoderm 보다 못한 조상들을 원하지는 않았던 거죠. 그러나 만약 그녀가 체절30인 태아처럼 보인다고, 그리고 그녀가 그런 특성을 갖고 있다고 내가 말했다면, 그녀는 모욕감을 느꼈을 거예요.

7주 태아 만약 내가 트로이의 헬렌처럼 될 거라고 생각했다면, 나는 양수에 빠져죽었을 거예요. 다행히도 6주 태아가 그 차이를 알아차렸고, 그것을 그의 중신(中腎, mesonephros)[47]에게 전달해주었어요. 로즈

45 진정한 정신분석가는 항상 되는 "become" 과정 중에 있다는 아이디어.

46 셰익스피어의 희곡 *열두 번째 방*에 전형적인 바보로 등장하는 인물.

47 콩팥의 중심부를 일컫는 생물학 용어.

메리가 그녀의 외배엽의 혈통만을 볼 수 있는 사람들을 싫어한 것은 놀랄 일이 아니에요. 그래도 나는 나 자신이 6주 태아와 함께 갇히는 것을 원할는지는 잘 모르겠어요.

정신분석가 아름다움은 외배엽의 눈 안에 있어요—그것은 껍질이 발달하자마자 영구적인 것이 되기를 원하죠. 우리가 가슴에서는 모두 곤충들인 것이 놀랄 일이 아니에요—우리들 중의 일부가 내-골격을 발달시킨 것도 그렇고요.

롤랜드 그게 뭐가 그렇게 놀랍죠? 나는 항상 척추를 갖고 있고, 심지어 나의 페니스도 종종 발기하지만, 나는 그것 때문에 내가 더 나은 존재라고 생각한 적이 없어요.

의사 만약 당신이 척추의 결여로 인해 포로수용소에 갇히거나, 무기력한 페니스 때문에 결혼할 수 없다면, 그 반대로 생각할 거예요.

앨리스 나는 젖꼭지, 클리토리스 또는 페니스의 발기를 좌절시킨 적이 없어요.

정신분석가 흐음 … 나도 그렇게 하지 않아요. 비록 그런 사람들을 많이 봐왔지만요. 성적 성숙은 종종 여정의 끝으로 여겨지지만, 사실 그것은 또 다른 시작이에요.

의사 성적 성숙 외에 또 뭐가 있죠?

정신분석가 "성적 성숙" 같은 용어들은 정확히 청소년기에 이루어지는 신체적 성숙을 서술하는 것으로 사용되어야 해요. 그 용어는, 그것이 널리 사용되는 과정에서 신체적 및 정신적인 열정적 사랑의 결여뿐만 아니라, 그 둘의 융합의 발달을 숨겨주는 것이 되었어요.

로즈메리 흥미로운 이야기네요.

정신분석가 그 소리는 의도를 갖고 있어요.[48] 만약 당신 말이 맞다면

48 로즈메리는 "흥미롭다"는 의미로 한 말을 정신분석가는 "흥미로운 소리"로 듣고 있다.

그 소리는 액체로 된 매개물을 통과해서 당신 내부에 있는 청각체계에 도달할 수 있을 거예요.

앨리스 구덩이들은요?[49]

정신분석가 소리가 발생시키는 압력은, 그것이 음속보다 느린 소리 파동의 압력이든 아니면 하부 시각적인 압력이든 간에, 청각적 및 시각적 구덩이에 도달할 수 있어요. 불행하게도, 의사는 그가 받은 정신의학적 훈련으로 인해 그것들을 볼 수 없게 되는 바람에 그것들이 그의 마음속에서 일으키는 반향의 의미를 정확하게 해석할 수가 없어요. 따라서 많은 사람들은 그것들을 보거나 듣지 못하는 상태에서, 그것들이 시각적 및 청각적 환각들, 또는 화학적으로 생성된 호전적인 느낌, 또는 부신에서 생성된 두려움이라고 말할 거예요—마치 그것들이 주의를 기울일 만한 가치가 없는 것처럼 말이에요. 프로이트는 그의 위대한 스승 샤르코Charcot[50]를 경청하고 인용했어요. 만약 다른 사람들이 똑같이 그렇게 했다면, 그들은 자신들의 행동이 아무리 반복 강박처럼 보일지라도 우연들로 이루어진 혼돈 안에서 하나의 패턴이 모습을 드러낼 때까지 관찰을 반복했을 거예요. 당신이 마주하고 있는 사실들을 보세요. 설령 그것들을 좋아하지 않더라도, 그것들을 존중하세요. 그러면 안개가 걷히고 매우 불쾌한 패턴이 모습을 드러낼 수 있어요—

사제 또는 아류나와 다른 사람들이 발견했듯이, 그것은 눈부시게 빛나는 것일 수 있어요—

정신분석가 또는 그것은 아주 깊은 공허, 암흑이거나, 당신이 치러야 하는 대가 때문에 후회하는, 천문학적인 구멍일 수 있어요.

목소리 어떤 대가를 치러야 하죠?

---

49 시각적 및 청각적 구덩이들을 지칭하는 해부학적 용어.

50 프랑스 정신과의사. 프로이트는 한때 그에게서 배운 최면요법을 치료에 적용했지만, 나중에 그 방법을 포기했다.

앨리스 그것은 무슨 반향이었죠?

로즈메리 그 소리는 나를 떨게 만들어요.

의사 그것은 구멍과 구멍 측면들에서 반사되는 소리에요.

정신분석가 우리는 그 대가가 무엇인지를 너무 늦게 배우는 것 같아요.

앨리스 무엇을 하기에 너무 늦는다는 거죠?

정신분석가 우리가 우리의 경로를 수정하기에 너무 늦는다는 거예요. 현실에 대한 가장 최근의 제한들을 측량하는 데 필요한 수억 년이 아니라, 우리의 덧없는 존재를 측량하는 데 필요한 시간의 척도라는 점에서 너무 "늦거나" 너무 "이르다"는 거예요.

앨리스 우리가 뭉칠 수 있을까요?

체절3 그런 말을 들어서 기뻐요—그러나 나는 당신에게 나머지 다른 사람들이 나를 제거하기 위해 모든 에너지를 썼다는 사실을 상기시키고 싶어요. 나의 끈기가 아니었더라면—

정자 원형질 당신의 끈기라고요! 나의 끈기라는 말이겠죠.

체절3 나는 너를 먹여주었고, 네가 생존할 수 있는 조건을 마련해주었어.

모든 영혼들(출생-이후의) 우리 앞에는 성격 및 환경과 관련된 얼마의 기본적인 요소들, 즉 예이츠Yeats의 말에 따르면, 선택과 우연이 놓여있다는 사실에 동의하도록 하죠. 그것들은 우리 자신들이 멸종되지 않는 한, 없어질 수 없는 거예요.

체절3 내가 말하는 모든 것은—

7주 우리가 말하는 모든 것은—

정신분석가 내가 말하는 모든 것은 우리가 우리 모두에게 지고 있는 빚을 잊지 말자는 거예요—나는 복통이나 사시斜視가 유용하다고 보지 않아요.

모든 (출생-후) 영혼들 우리는 “고통”을 선택하는 것이 우리의 존재에 주의를 끌기 위한 유일한 방법이라고 생각하지 않아요. 우리는 우리의 분투를 위해 우울증이나 편집증이 유용하다고 보지 않아요.

정신분석가 만약 내가 모든 출생-후 영혼들을 대신해서 말할 수 있다면, 나는 우리가 주의를 끌기도 전에 우울해지거나 미치는 것이 유용하지 않다고 말할 거예요.

롤랜드 나는 비록 정자 세포의 증식이 마음을 탄생시킬 때까지 계속되어야 하는 이유는 모르지만, 그 증식이 계속되어야 한다고 생각해요. 그리고 지금 그것은 이미 일어난 일이기 때문에, 내가 해야 할 모든 것은 나쁜 직업을 최상의 것으로 만들기 위해 온 힘을 쏟는 거라고 생각해요.

로즈메리 일리 있는 말이에요—비록 그 최상의 것이 무엇인지는 확실치 않지만요.

앨리스 거기에 누군가가 있나요? 아니면 단지 세포들이 생성될 수 있는 공간이 없어질 때까지 더 많은 세포들만이 존재하나요?

남자 나는 우리 모두의 협력을 통해 단추가 눌러지도록 조처할 수 있다고 생각해요.

로즈메리 나는 두려워요. 나는 출생-후 영혼들이 하나가 되고, 마음이 생성될 수 있을 거라고 생각해요.

로빈 마치 썩고 있는 똥 덩어리가 발산하는 열 덕택에 부화한 구더기처럼요. 무엇이—

정신분석가 나는 마음의 발달을 중지시키기에는 너무 늦었다고 생각해요. 유일한 질문은, 그것을 어떻게 최상의 것으로 만들 것인가예요. 나는 또한 그것이 너무 많은 관심을 끌지 않는 게 좋을 거라고 생각해요. 사제께서는 어떻게 생각하시죠?

사제 우리가 소위원회를 만들면 어떨까요? 정신분석가, 로빈, 로즈메리, 앨리스 그리고 다른 한 사람으로 이루어진 위원회요.

앨리스 좋은 생각이에요. 나는 그 위원회에 사제를 포함시킬 것을 제안해요. 그는 정말로 많은 경험들을 갖고 있어요. 다른 사람들은 그들의 특별한 재능들이 빛을 발할 순간이 오면, 그때 기여할 수 있을 거예요 .

로빈 우리는 위원회 멤버가 아닌 다른 사람들을 대변할 수도 있어요. 나는 20세가 할 말이 많다는 것을 알고 있어요.

정신분석가 그를 새로운 회원으로 선출해야 할까요?

로빈 아뇨, 나는 내가 그 문제를 좀 더 매끄러운 용어로—정신분석가가 괜찮다면—표현할 수 있다고 생각해요. 좀 더 부드러운 언어를 사용해서요.

정신분석가 좋아요—시작하죠. 나는 내가 21세 때 어떤 느낌이었는지 기억해요. 우리는 방금 전투명령을 받았고, 나는 공포에 질렸어요. 미래를 낙관할 수가 없었거든요. 우리가 받은 명령은 우리의 8월 8일 승리에 의해 박살난 적을 숨돌릴 틈을 주지 말고 계속 밀어붙이라는 것이었어요. 불행히도, 나는 전투에서 용맹했다는 이유로 훈장을 받은 상태였어요. 21세는 내가 공포에 질려 있고, 병약자로 인정받아 후방으로 후송되기 위해 의사를 부를 용기가 없다는 것을 알고 있었어요. 나는 나 자신이 "영웅적" 행동을 할 만한 배짱이 없다는 것을 알고 있었어요. 게다가, 나는 독감을 앓고 있었어요. 나의 동료는 나에게 먹일 약 한 병을 받아왔어요. 아무도 내가 무슨 병을 앓고 있는지 몰랐기 때문에, 그냥 원인을 알 수 없는 발열증이라고 불렀어요. 나는 나의 죽음이 고통 없이 빨리 끝나는 것이기를 소망했어요. 내 옆에 있던 보병 병사는 그의 배에 구멍이 났는데, 우리는 그를 냉정하게 바라봤어요. 그리고 말했어요. "그는 죽은 사람이야—뭐 하러 그를 돌보느라 시간을 낭비하는 거지?

자—시간이 없다구." 나는 참호를 더듬거리며 기어 나왔고, 앞을 향해 걷기 시작했어요. 나는 당시에 억제된 상태였기 때문에inhibited—나중에 배운 용어이지만—나의 원인 모를 발열을 통해 분출되는 사실의 속삭임을 들을 수가 없었어요. 붕대를 스카프인양 목에 두르고 그것에 연결해서 자신의 다리를 묶어놓고 있는, 잿빛 머리의 병사가 나에게 도움을 요청했어요. 그의 엉킨 목걸이를 풀어줄 것을 기대받는 것은 짜증나는 경험이었어요. 나는 바빴거든요. "나는 그럴 수 없어—들 것을 옮기는 사람들이 올 거야!" 나는 그들이 그곳에 없다는 것을 알고 있었어요. 오직 연대에만 들것 운반 인력들이 있었거든요. 나는 그에게 왜 그렇게 말했을까요? 나는 문제를 해결하기에 부적절한 위기의 순간에는 친숙하지 않거나 생각해보지 않은 문제로 고민해서는 안 된다고 교육—훈련—을 받았어요. 나는 지금 의사로서, 그것을 이렇게 이해해요. 독감에 걸린 탱크부대 장교로서, "독일군이 오고 있어!"라고 내가 거짓말을 한 거라고요. 한 작은 독일병사가 내 쪽으로 달려오면서, 동료가 죽었어! 라고 소리를 쳤는데, 그가 넘어지지 않으려고 애쓰는 동안 그의 창자는 심하게 흔들리고 있었어요. 나는 발음이 불명확하기로 악명 높은 토미에게 지옥에나 가—독일군이 오고 있어—라고 말할 수 있었지만, 그 끔찍한 작은 독일병사를 그의 은신처로 끌고 들어갔어요. 전혀 훈련되지 않은 행동이었죠—나는 그가 나를 살해할 것임을 알고 있었지만, 그를 데리고 안으로 들어갔어요. 어둠 속에는 스카프로 다리를 목에 붙들어 매고 있는 또 다른 독일병사가 있었어요. "죽었나요?" 그는 내 손을 끌어당겨 자신을 만지게 하면서, "죽었나요?"라고 물었어요. 나는 그에게 말했어요. "맞아요, 죽었어요." 그는 눈물을 흘렸어요. 나는 나 자신에게 말했어요. "이 빌어먹을 바보야, 당장 여기에서 나가." 그리고 비로소 나는 그곳을 벗어났어요—그 구멍에서 공기가 있는 곳으로 나왔고, 내가 배운 대로 스미스 웻슨 총을 갖고 있다는 느낌으로 돌아왔어요.

사제 만약 당신이 군목이었더라도, 더 좋은 느낌을 갖지는 못했을 거예요. 나는 핑크 빛 얼굴을 한, 카드놀이를 즐기는, 쾌활한 우리의 군목을 기억해요. 그리고 당신들이 얼마나 경멸스러웠는지를 기억해요. 당신과 명령을 따르지 않는 붉은 얼굴의 일등병을요—그는 나서서 죽은 자들을 파묻으려고 하지 않았죠. 불쌍한 스미스! 그의 시체는 너무 경직되어 있어서 우리는 그의 팔을 무덤 속에 제대로 집어넣을 수가 없었어요. 우리는 너무 다급했거든요.

정신분석가 그는 복잡한 사령부 안에서 대령과 브릿지 게임을 하는 것을 좋아했어요.

롤랜드 오, 너무 위선 떨지 말아요—만약 당신이 브릿지 게임을 할 줄 알았고, 탱크부대의 지휘관이 아니었더라면, 당신도 그랬을 거예요.

정신분석가 맞아요. 나는 겁나지 않았어요—나는 아무것도 아니었어요. 나는 내가 군법회의에 넘겨질 거라고 생각했어요. 나는 내가 조금도 거짓말의 징후를 찾을 수 없는 명료하고 일관된 이야기를 했다는 사실에 놀랐어요. 나의 부하들은 크게 감사했고 나를 칭송했어요. 나는 그 칭송을 한 마디도 믿을 수 없는 나 자신이 놀라웠어요. 모든 거짓말들과 지금도 완전한 사실들은—

롤랜드 무슨 일이 있었나요?

정신분석가 나는 나의 지휘 탱크 안에 갇혔어요. 나는 나의 탱크가 장거리 기관총에 맞았다는 것을 알았어요. "탈출해!" "그리고 탱크가 명중될 때까지는 탱크 뒤에서 걸어"라고 부하들에게 명령했어요. 나는 탱크가 전속력으로 달리도록 설정해놓은 다음 그곳에서 탈출했어요. 탱크는 우리 앞에서 달렸기 때문에, 우리는 탱크와 부딪칠 가능성이 거의 없었죠. 그때 엄청난 공포가 나를 덮쳤어요. 바보! 내가 도대체 무슨 일을 한 거야? 독감에 걸린 상태로 탱크를 따라잡기 위해 뛰면서 나의 동료들에게 참호 속에 머물러 있으라고 명령을 내린 직후에, 냉혹한 현실이 사실로 드러났어요. 그것은 포신과 실탄들 그리고 175마력의 엔진을 장착한 완벽한 상태의 탱크가 적의 진영으로 넘어가고 있는 것이었어요. 그리고 그것은 나 혼자서, 오직 내가 잘못한 것이었어요! 그 순간 나의 발열은 그것의 알려지지 않은 원천과 재결합하기 위해 떠나갔어요.

사제 그런데 어떻게 당신이 탱크 안에 들어간 거죠? 차가운 강철 문을 손으로 두드렸나요?

정신분석가 나는 탱크 안에 있었어요. 내가 그 안으로 들어갔던 거예요. 그때 포탄에 맞았어요. 휘발유 화염이 탱크 표면을 휘감는 순간, 나는 아무 생각 없이 해치를 열고 튀어나왔어요. 다치셨습니까? 아냐—후미에 맞았어. 괜찮으세요? 물론! 어떻게요? 각자 위치로—빨리!

사제 당신은 정말 그걸 기억하세요? 나 같으면 어림도 없을 것 같아요—그러나 나는 당신네 과학자들이 사실이라고 부르는 것에 그토록 많은 중요성을 부여하는 것에는 동의할 수 없어요.

롤랜드 로빈과 나, 두 사람은 사실을 사실로 간주해요. 만약 내가 옥수수를 심는 것과 "사실"을 수확하는 것을 기억하지 못했다면, 당신이 구한 동료들은 식량을 구할 수 없었을 거예요. 까옥거리며 저녁 하늘에 흩날리는 까마귀 떼들도 없었을 거고요.

로빈 내가 암소 컬리를 문덴으로 데려가야 했을 때, 당시에 소년이었던 정신분석가와 그의 의사친구가 트럭을 운전했던 일을 기억해요. 컬리가 자기 새끼와 떨어지려고 하지 않는 문제 때문이었죠. 아무도 그녀에게 "불리 불안"에 대해 말해주지 않았지만, 그녀는 문덴에 가지 않을 수 있는 모든 방법을 알고 있었어요.

정신분석가 열두 살짜리 소년이었던 나 역시 "분리 불안"에 대해서 들은 적이 없었지만, 의식과 양심에서 획득한, 그리고 지적으로 훈련된

175마력에 달하는 나의 세력에서 분리되어서는 안 된다는 것을 "기억했어요." 지금도 나는 일부 망할 정신의학적 신조어를 남발하는 사람들의 위협적인 소리를 들어야 하지만요.

로빈 당신의 말 속에는 내가 보통 증오 비워내기와 결합되어 있다고 느끼는 쓴맛이 담겨 있어요. 만약 당신이 실제로 정신분석을 증오했다면, 나는 당신이 방금 한 말을 들으면서 놀라지 않았을 거예요. 정말이지, 나는 거의 충격을 받았어요.

롤랜드 만약 당신이 열두 살이었다면, 나는 컬리가 문덴에 도착하지 않았다는 말을 들었을 때 놀라지 않았을 거예요. 나는 정신분석가로서의 당신이, 당신이 말하고자 하는 "의미"가 적절한 언어적 축사 畜舍라고 생각되는 것에 도달하지 못한 것에 대해 화를 낼 때, 충격을 받았어요.

정신분석가 알고 있어요. 그리고 그 의미를 전달받은 축사가 불가피하게 나와 나의 의미 모두를 그 안에 가둘 거라고 두려워할 수밖에 없는 이유를 나는 갖고 있어요. 당신은 이것이 모두 말일 뿐이고, 말은 아무것도 아니라고 생각하고 있지만, 나는 그 생각이 맞지 않다는 것을 알아요—비록 증명할 수는 없지만요.

앨리스 나는 나의 아기가 만들어내는 소음이 모두 무의미한 소리가 아니라는 것을 알았어요. 그것은 말인 "것처럼" 들렸어요. 말이 아니었지만요.

정신분석가 아마도 그것은 말의 전조, 또는 전주곡이었을 거예요. 그러나 지금 우리는 모르고 있어요. 이 대화가 말과 "똑같은" 것인지, 말의 전주곡인지, 물-자체인지, 사실인지, 실제로 존재하는 것인지 모르고 있어요. 그것은 우리의 삶이 인도하고 있는 "물物"일 수 있어요.

롤랜드 컬리는 착한 짐승이었어요. 그녀는 자신의 아기를 위해 우유를 생산했을 뿐만 아니라, 밀이 싹을 틔우는 데 필요한 소똥을 산출했어요. 소똥은 농사에 필수적인 거예요.

로빈 당신의 트랙터들이 지닌 장점에 대해 할 말이 많겠지만, 만약 그것들이 만들어내는 석유냄새와 소똥냄새 중에 선택해야 한다면, 나는 소똥냄새를 선택할 거예요.

정신분석가 당신이 행한 것에 대해서도 마찬가지예요. 당신은 우리의 논의에 어울리지 않는 나의 증오의 냄새에 대해서는 그것이 밀의 발아를 위해 필요한 냄새라고 생각하면서도, 그것을 좋아하지 않았어요. 아마도 그것은 당신과 내가 어떤 발효가스들이 "필수적인" 조건인지에 대해 모르기 때문일 거예요.

로빈 설마 당신은 대기오염이 우리에게 좋은 거라고 말하고 있는 건 아니겠죠?

정신분석가 물론이죠. 당신은 확실히 소똥이 사회적 논의를 위한 이상적인 깔개라고 제안하고 있지 않아요. 그러나 그 소똥이 언젠가 우리의 사회적 교제를 풍요롭게 해줄 거라는 것을 누가 예언할 수 있었을까요? 소크라테스는 "말"이 "그림"처럼 좋지도 않고 나쁘지도 않은 양가적인 것이라고 지적했어요. 그의 말은 젊은 사람들을 타락하게 만든다고 해석—진단—되었어요. "그들"은 죽음이 그러한 타락한 생각의 확산을 막을 수 있다고 말했죠. 그의 몸은, 우리가 알듯이, 신체적으로 부패했어요. 그러나 그의 아이디어는 어떻게 되었죠? 플라톤은 그 아이디어를 되살려냈어요.

로빈 13세와 내가 만났을 때, 그것들은 우리를 흥분하게 만들었어요. 우리의 칭송은 점점 더 커졌고, 그 결과—

정신분석가 플라톤의 아이디어는 기념비 아래 너무 깊이 묻혀 있어서 아무도 그 소리를 들을 수가 없었어요. 비록 우리가 우리의 현재 아이디어들을 과거의 아이디어들과 비교할 수 있다는 것이 명백한 사실이지만, 한 아이디어가 살아남고, 퇴화하고, 발달하는 범위를 우리가 결정하기는 어려워요. 우리가 아이디어들에게 입혀주는 말들은 우리가 생각하고 있는 의미를 쉽게 보여주는 것만큼이나 쉽게 위장해요. 우리가 우리 자신들을 어떻게 부르든 간에, 베이컨이든, 진실이든, 시인이든, 뉴턴이든, 바흐든, 우리 모두는 사라져요. 그러나 아이디어들은 "겉으로 드러나지" 않아요. 그것들은 "물things"의 한 속성이에요.

로빈 "아이디어들"이 "물物"이군요. 어쩌면 아이디어들에 대한 우리의 아이디어를 재검토해야 할 것 같아요.

정신분석가 정자 세포는 그것의 "최소한의 조건들"을 갖고 있어요.

롤랜드 말 또는 아이디어들을 위한 어휘는 보강될 필요가 있어요. 제도들은 낡았어요. 그것들은 마치 사물처럼 생명력을 잃어버린 채, 살아있지 않은 대상들의 법칙을 따라요. 그것들은 살아있지 않아요. 제도들을 구성하는 것은 사람들이에요. 그리고 그들은 제도들의 발달적 특질들을 틀이나 구조에 종속시키지 않을 수 있어요.

정신분석가 아이디어는 소통되기 위해 구조에 종속되어야 하는 것처럼 보여요. 당신이 말한 플라톤의 아이디어는 언어의 예술적 효과의 법칙을 따라야만 했고, 그 결과 소통될 수 없었어요—

사제 —한 병사가 콘스탄티노플을 포로로 잡았고, 그 안에 갇혀 있던 아이디어들을 해방시켜줄 때까지는 그랬어요. 한 사람의 병사가 그 일을 해야만 했죠. 그리고 한 중세 사제가 그 아이디어들을 번역해야만 했어요.

정신분석가 에라스무스는 최소한 밀의 배아세포, 또는 파라오의 무덤처럼 제한하는 것으로서의 문화적 감옥을 깨뜨려야만 했어요. 투탕카

멘Tutankamun[51]의 아이디어들은 테베의 방부처리된 껍질 안에 갇혀 있었어요.

사제 그러나 우리는 아이디어의 죽음과 관련해서 껍질을 탓하기 전에, “방부제”의 기능에 대해 알아야만 해요. 우리는 DNA 분자의 나선형 구조를 정죄해서는 안 돼요.

정신분석가 또한 우리는 구조를 이상화할 필요도 없고, 생명이 있는 것과 겉보기에는 같아도 생명이 없는 것 사이의 차이를 알지 못하는 우리의 무지에 눈감을 필요도 없어요.

사제 소크라테스는 신의 존재를 인정했어요—감각될 수 없고, 인간이 아닌 생물학적이지 않은 신을요. 신은 인간이 자신의 최고의 자만심을 만족시키기 위해 만들어낸 법칙에 복종하지 않아요.

앨리스 만약 내가 당신이 말하고 있는 것을 모른다는 사실을 인정한다면, 나는 “사랑” 그리고 “관심” 같은 더 많은 말들—학문들, 잘 다듬어진 작품들—을 듣게 될 거라고 확신해요.

로즈메리 또는 아기의 음식에 대한 사랑을 생각나게 하는, 무질서하고, 무절제한 성적 사랑에 대한 말들을 듣게 될 거예요. 거기에 중간은 없어요. 만약 사랑할 것이 부족하거나 나를 사랑해줄 수 있는 것이 없다고 해도, 나는, 앨리스처럼, 사랑으로 가는 길 위에서 얼마의 일시적인 사랑을 경험할 거예요.

앨리스 어떤 정신분석가, 정신과의사, 남자는 내가 동성애 경험을 하고 있다는 것을 “알고 있다”고 확신해요.

정신분석가 당신도 그것을 알고 있어요. 그 말은 당신이 동성애적 요소가 일부를 구성하고 있는 경험을 하지 않는다는 의미가 아니에요. 하나의 알파벳 글자가 실낙원 전체와 구별이 불가능한 것으로 취급될

---

51 이집트 18왕조의 파라오. 1922년에 그의 무덤이 발견되었음.

수도 있어요. 하지만 정신분석적 해석은 종종 부분적인 것이 아니라 전체적인 것으로 간주돼요.

사제 만약 내가 "결혼"이 기적 같은 의례라고 말한다면, 그 말은 기적이 종교의 전부라고 주장하는 것처럼 생각되기 쉬워요. 나는 "기적"이 사실적 진실에 도달하는 인간 영혼의 여정에서 만나게 되는, 일시적인 에피소드라는 것을 알아요. 나는 그 사실적 진실을 신이라고 불러요. 왜냐하면 그것이 "과학적" 진실이라는 명칭보다 덜 오도하는 것이기 때문이에요. 과학적 진실은 인간이 이해할 수 있는 범위 안에 머물도록 수정된 진실일 뿐이에요.

롤랜드 나는 시인도, 화가도, 음악가도 아니에요. 나는 나 자신이 농부로서 적합한 사람 이상이라고 편하게 주장할 수가 없어요. 그러나 나는 책임을 질 줄 아는 사람으로 간주되어왔어요—비록 나 자신이 화학자도 아니고 기상학자도 아니라는 것을 알고 있었지만, 나는 책임을 지는 사람이 되어야만 했어요. 나는 폭풍을 수반하는 거대한 구름이 황금빛 옥수수밭 위에 웅장한 모습을 드러낼 때면, 그 장관에 매료되곤 했어요. 나는 이렇게 말하곤 했죠. "로빈, 이 폭풍이 옥수수를 뉘어놓으면, 우리는 트랙터 대신에 낫으로 추수를 해야 할 거야."

앨리스 나는 밭이 곡식으로 채워지는 마지막 시기에, 이리저리 도망치는 겁먹은 짐승들을 죽이려고 총을 쏘아대는 당신과 당신의 총들을 증오했어요.

로즈메리 오 어째서? 그날이 바로 우리가 맛있는 고기를 먹는 날이었는데.

로빈 불쌍하게도 그 짐승들은 피부병에서 막 회복된 상태였어요. 당신의 신은 그것에 대해 무슨 생각을 했을까요?

사제 신에게 어떤 생각을 하라고 말하는 것은 내가 맡은 일이 아니었어요. 만약 내가 토끼였다면, 나는 신이 준 다리를 사용해서 도망치기 위해 나의 토끼 지능을 사용했을 거예요. 나는 사람이니까 나의 이빨을 사용했을 거고요.

정신분석가 수백 년의 요리 경험을 가진 인간이니까 의심의 여지가 없네요. 당신은 사냥감을 앨리스에게 넘겨주었고, 그녀는 다시금 그것을 로즈메리에게 전달했어요.

앨리스 그래서—나는 로즈메리라는 바탕 위에 세워져 있는 첨탑 꼭대기에 내 자리를 갖고 있었어요. 사제와 정신분석가가 자신들을 위한 공간을 남겨달라고 나에게 압력을 가했죠. 글쎄요, 나는 당신 또는 당신의 탁월함을 시기하지 않아요.

정신분석가 당신은 나의 시기심을 자극하는 종류의 탁월함에 대해서는 시기하지 않을 수 있지만, 그럼에도 불구하고 시기하는 감정들을 갖고 있어요. 당신의 것이든, 나의 것이든, 또는 당신의 것도 나의 것도 아닌 다른 사람들의 것이든 간에, 내가 감정들을 정의할 수 없다는 사실은 그것들이 존재하지 않는다거나, 존재하지 않았다거나, 또는 미래에 존재하지 않을 것임을 의미하지는 않아요. 그것들은 나중에 어떤 단계에서 부각될 수 있고, 그래서 그것들에 이름을 붙이는 것이 가능해질 수 있어요.

로빈 나는 지금까지 내가 지금 성적 감정 또는 시기하는 감정이라고 부를 수 있는 것의 압력을 받고 있다는 사실을 알고 있지만, 만약 내가 성적이거나 시기한다고 말을 들었다면, 나는 격노했을 거예요.

롤랜드 다른 사람이 나의 감정을 언어화하는 것은, 특히 나 자신이 그렇게 할 수 없을 경우에, 엄청난 분노를 일으켜요.

정신분석가 그것은, 비록 항상 인식되는 것은 아니지만, 정신분석 실제에서 항상 다루게 되는 한 가지 요소에요. 죄책감을 반기는 사람은 아무도 없지만, 유아들조차도 쉽게 죄책감을 느껴요. 죄책감에 대해 해석하는 것은 도덕적 비난으로 취급되기 쉽기 때문에 어려운 과제예요.

롤랜드 그것은 확실히 정신분석의 결점이겠네요.

정신분석가 맞아요. 그러나 내가 그 말에 동의하는 순간, 당신과 다른 사람들은 유일하게 정신분석에만 그러한 약점이 있다고 가정하는 위험에 빠질 수 있어요. 나는 그것이 인간의 기본적인 경험이라고 생각해요. 죽은 지 수백 년이 지나고 나서, 이 논의에서 다시 소환되고 있는 소크라테스와 파이드로스Phaedrus[52] 사이에서 이루어진 플라톤의 대화 근저에 있는 것이 바로 이 근본적 경험이에요.

앨리스 남자들은 크산티페Xanthippe[53]를 언급하지 않는 것에 동의하나요? 당신들은 나 자신과 로즈메리가 여기에 있는 게 쓸모없다고 보세요? 우리의 성적 도구가 이 논의를 위한 유일하게 가치 있는 공헌인가요? 또는 우리가 환영받는 여종들이 아니라 참아주는 여종들인가요? 우리가 당신들의 욕정에 봉사하는 것을 당신들은 종종 사랑이라고 불러요.

롤랜드 로빈과 나는 종종 이것에 대해 논의했어요. 나는 섹스가 폐기되어야 한다고 생각한 적이 없어요. 심지어 그 충동이 지독히 성가신 것임을 알게 되었을 때조차도, 나는 그것들을 손쉽게 해결하는 방식에 대해서는 편하게 느끼지 않았어요. "변태." "동성애," "호색가"—나는 정신분석가가 그것에 대한 아주 많은 비하적 표현들을 제공할 수 있을 거라고 확신해요. 최고의 과학적 존경을 받는 용어들로만 말이에요.

정신분석가 나는 앨리스가, 남녀 상관없이, 자신의 성적 충동이 충족되어야 한다고 주장하는 사람과 그것을 충족시키는 일에 "종사하는" 사람 모두에 대한 경멸을 표현했다고 봐요. 특히 그것이 금전거래와 관련되어 있을 때 말이에요. 그들은 창녀, 포주, 계집질하는 자, 동성애자 등으로 불려요.

52 플라톤의 저서. 소크라테스와 파이드로스 사이의 상상적 대화로 이루어진 내용.

53 소크라테스의 아내.

로빈 나는 내가 매춘부에 의존할 필요가 있다거나, 여성이 그녀의 아름다움 또는 재능을 "매춘"에 이용하고 있다고 생각하고 싶지 않아요. 또한 여자들을 유혹하기 위해 자신의 돈이나 외모를 사용하는 남자를 좋아하지도 않아요.

정신분석가 여기에는 판단하고 분별하는 능력이 관련되어 있어요. 그것은 원시적이고 근본적인 것이며, 고도로 발달한 사회 안에 있는 정교한 부분이에요. 물고기는 냄새를 통해 유독하거나 위험한 것과 발달을 촉진하는 것 사이의 차이를 구분해요. 양서류도 그렇고요. 인간처럼, 기체화된 액체 안에서 사는 동물도 마찬가지예요.

로빈 당신은 혹시 우리가 물고기, 개구리, 파충류와 비슷하다고 진지하게 말하고 있는 건가요?

정신분석가 나는 아주 진지해요. 그러나 이것은 과학적 논의가 아니에요. 나는 사회적 대화의 자유를 사용해서 추측하고 있는 거예요. 나는 과학적 추론은 과학적 모임들에서만 사용해요. 여기에서 나는 과학적 시고에 의해 강요된 학문으로부터의 자유를 주장하고 있어요.

로빈 그 말이 나에게는 과학적 문제를 논의하고 있는 것처럼 들리는데요.

정신분석가 그것은 언어적 의사소통이 갖고 있는 문제들 중의 하나에요. 말은 모호해요. 말은 그것의 모호성이 겉으로 보이는 정확성에 의해 위장될 수 있기 때문에 훨씬 더 위험해요.

로빈 당신의 말은 우리들 대부분이 항상 의심의 눈으로 보고 있는 정신분석이 겉으로만 과학적 용어로 포장하고 있을 뿐, 실은 허튼소리라는 건가요?

정신분석가 나는 그 비판이 정당하다고 봐요. 그러나 나는 그것을 인정하기가 두려워요. 왜냐하면 그렇게 하는 것이 보통 내가 다른 학문들이 정신분석보다 더 우월한 "진실"을 갖고 있다는 생각에 동의한다고 오해받을 수 있기 때문이에요.

앨리스 학문이라고요! 학문이라는 말은 내가 정신분석이나 정신분석가들을 생각할 때 마음속에서 자발적으로 떠오르는 단어가 아니에요. 내가 보기에 정신분석가들은 그것들이 무엇이든, 섹스든, 분노든, 또는 그들이 기꺼이 사랑이라고 부르는 것이든 간에, 방해받지 않은 정서들이 가치 있는 것이라고 주장하는 것처럼 보여요.

롤랜드 내가 보통 만나는 분석가들은 우울하고 불안한 사람들처럼 보여요—"덜 떨어진" 사람들이라고 말하지는 않겠지만요.

정신분석가 우리는 느낄 권리가 있어요.

롤랜드 어젯밤에 나는 꿈을 꾸었어요.

6

로빈 당신은 번연의 진정한 제자로군요!

롤랜드 피 흘리는 보지처럼 굴지 마. 그리고 정신분석가 당신은 나더러 꿈 이야기를 하라는 거요 말라는 거요?

정신분석가 말해 보세요—

앨리스 글쎄요, 정말 그래야 하나요! 우리가 저런 욕을 계속 들어야 해요? 저건 성적인 것도 아니에요—정신분석가도 동의할 거예요.

롤랜드 알았어요, 크산티페[54], 여보. 만약 우리가 자연스럽게 그리고 자발적으로 논의할 수 있도록 허용되지 않는다면, 우리는 소크라테스처럼 불평하게 될 거요.

앨리스 나는 논의를 반대하는 게 아니에요. 그러나 분명히 그런 식으로 말할 필요는 없어요. 그래요, 나는 당신이 "뭐가 어때서?"라고 말할 거라는 걸 알아요. 그러나 당신이 내가 그런 단어를 사용하게 만들려고 아무리 애를 써도 나는 그런 상스런 말을 입에 담지 않을 거예요. 당신은 내 말의 의미를 아주 잘 알겠지만, 나는 로즈메리를 생각해야 해요. 나는 그녀가 동의할 거라고 확신해요.

로즈메리 오 맞아요. 마님, 동의해요. 나의 엄마는 나를 매우 특별한

54 소크라테스의 아내.

방식으로 키웠어요. 우리 집 개였던 패트리샤가 너무 크게 짖는 바람에 무심코 방 안에 들어갔을 때, 나는 엄마에게 그녀와 그녀의 신사가 무엇을 하고 있었느냐고 물었어요. 우리는 그 개를 트릭시라고 불렀는데, 그 이유는, 당신들이 내 말의 의미를 알 수 있을지 모르겠지만, 그 개가 암컷 같지 않은 느낌을 주었기 때문이었어요—이렇게 표현해도 될지 모르지만, 그 개를 암컷이 아니라 수컷으로 만들어준 거죠.

로빈 오 좆같은 전능한 신이여—계속해요, 제발.

앨리스 또 그러네요—당신은 당신 자신을 정화시키기 위해 신성모독이 필요한가요?

정신분석가 그는 광상시를 읊듯이 말하고 있어요—사회적 또는 과학적 정확성이 없이요.

롤랜드 로빈 자신은 "피 흘리는 보지"라고 말했던 나보다 더 신성모독적이지는 않다고 생각할 거예요. "피 흘리는bloody"이라는 표현은 "성모 마리아"—성스러운—를 줄여서 말한 거예요. 계속해요, 로즈메리, 제발Christ sake.[55]

로빈 오 이것 참!

롤랜드 그건 "속어"일 뿐이에요. 세상에Christ. 어쨌든, 제발 계속해요.

앨리스 이제 롤랜드가 "제발"이라고 말할 정도로 제법 문명화되었네요. 로즈메리, 계속해요,

로즈메리 오 예, 마님—나의 엄마는 늘 신앙심이 깊었고, 늘 십자가를 몸에 지니고 다녔어요. 그녀는 특히 신사들이 우리 집에 왔을 때, 주님을 결코 잊어서는 안 된다고 나에게 말했어요. 그래서 나는 그녀가 귀족들처럼 높은 계층의 신사들만을 손님으로 받는다는 것을 알았어요. 비록 내 친구 믿음이는— … 그녀의 이름은 믿음, 소망, 사랑이라는 구절에서 따온 거예요.

---

55 그리스도라는 단어가 얼마나 많이 신성모독적으로 사용되고 있는지를 보여주는 예.

앨리스 나 역시 롤랜드 당신에게 꼬치꼬치 캐묻지 않을 거예요. 왜냐하면 당신의 얼굴에 다 씌어 있거든요.

로빈 롤랜드, 우리의 안면 소근육에 무슨 문제가 있는 것 같아.

롤랜드 분명히 "중증 근육 무력증"일 거야. 그러나 로즈메리의 이야기는 너무 흥미로워서 빨리 듣고 싶어.

앨리스 당신들 좆같은 개자식들은 입 좀 닥치고, 그녀가 말을 계속하게 내버려둘 수 없나요? 당신들은 안면 근육을 통제할 수 없냐고요? 보세요—나도 얼마든지 당신들처럼 그런 식으로 말할 수 있어요.

롤랜드 나는 정신분석가가 당신이 항상 그렇게 할 수 있다는 것을 알고 있었다고 확신해요.

앨리스 계속 이야기해요, 로즈메리—그들의 추한 얼굴에는 눈길도 주지 말아요.

로즈메리 그게 나의 엄마가 항상 말했던 거예요. 그녀는 말했어요. "로즈메리, 다른 사람들의 말에 주목하지 마. 너는 사자에 의해 바퀴벌레처럼 죽임을 당할 수 있어"—지금 내가 무슨 말을 하고 있었죠?—생각이 안나는데—오, 맞아요, 믿음이와 나는 나의 엄마가 만나고 있는 신사들에 대해 말하면서 많이 웃었어요. 우리는 몰래 훔쳐보면서 낄낄댔는데, 하루는 트릭시가 신사에게 달려들었어요. 그 신사가 나의 엄마에게 너무 잔인하게 군다고 생각했던 거예요. 나는 창백한 엄마의 얼굴을 보고 두려웠어요. 엄마는 만약 트릭시가 신사에게 달려들지 않았더라면, 그 신사가 가죽 채찍으로 자신을 때려죽였을 거라고 말했어요.

롤랜드 정신분석가께서는 그것을 "순수한 환상"이라고 부를 거예요.

정신분석가 그것은 환상일 뿐만 아니라, 확실한 환상이에요.

로빈 그 말은 그런 일이 일어나지 않았다는 뜻인가요?

정신분석가 그것이 실제 환상이었고 실제 사실이었다는 것이 분명하다는 의미예요. 그 일이 어떤 식으로 인식되었든 간에, 내가 사실이 무엇인지 알 수 있고, 사실의 사실성을 존중할 수 있는 한, 그것은 실제 환상인 동시에 실제 사실이에요. 환상들은 때로 개인이 잠들 때 그런 것처럼, "방어를 내려놓는" 순간에 명료한 말로 분출돼요. 그것들은 개인이 완전히 의식적인 상태로 깨어 있는 동안에도 분출될 수 있어요. 때로 그것들은 명료한 말로, 전통적으로 수용될 수 있는 예술이나 음악으로, 그리고 때로는 관습적으로 수용될 수 있는 행동으로 분출돼요—로즈메리의 엄마가 말하는 신사의 행동은 수용될 수 없는 것이지만요. 때로 "수용될 수 있는 관습은" 분출되는 것을 담아내기 위해 확장되고 변경되어야만 해요. 때로 "관습적으로 수용될 수 있는 것"은 "분출하는 충동"을 뭉개버려요. 보통은 그 둘 사이에서 타협이 이루어지죠. 방금 앨리스는 자신의 귀와 입술이 "피 흘리는 보지"와 "좆같은 개자식"이라는 말에 의해 비하되도록 허용했어요. 나머지 우리들은 정중하게 "제발"이라고 말함으로써 그 비하가 제한되도록 허용했고요.

로즈메리 —그리고 그 신사는 도망쳐야만 했어요.

앨리스 그가 운이 좋았네요. 그가 운이 좋았던 게 맞나요?

정신분석가 우리 모두가 분명히 알고 있는 이 비하적인 언어는, 비록 우리가 잊고 있었고, 잊고 있고, 앞으로도 잊고 싶어 할 것이지만, 우리의 성교에 인식되지 않은 기여를 해요—원초적이지만 여전히 중요한.

롤랜드 그리고 과거에도 그랬고 지금도 그렇듯이, 그 언어는 미래에도 계속해서 세련되어갈 거예요, 그래서 거의 의미 없는 "예쁜 것"이나 의미 있는 추한 것으로 바뀔 거예요—또는 피할 수 없는 것이라고 해야 할까요?

로빈 예쁜 남자, 소년, 소녀 또는 여인처럼요—거기에는 겉모습만 있을 뿐 깊이가 없어요.

정신분석가 만약 우리의 자세한 조사가 겉모습을 넘어 근저의 현실에 도달한다면, 우리는 피부염보다 더 심각한 문제를 볼 수 있을 거예요.

앨리스 또는 만약 우리가 매독균, 피부의 각질화 그리고 미용실 너머에 있는 것들을 자세히 조사한다면, 신성모독과 섹스보다 더 심각한 문제를 볼 수 있을 거예요. 트로이의 헬렌, 클레오파트라 등은 과거의 그림자 이상이에요. 그들은 우리가 알지 못하는 미래에 의해 앞쪽으로 드리워진 그림자일 수 있어요.

정신분석가 매독균에 의해 썩어가는 인간 육체의 찌꺼기가 드리우는 그림자일 수도요—

앨리스 그것에 대한 당신의 표현이 너무 우아하고, 시적이에요.

정신분석가 —부패가 만들어낸 온기가 생명의 새로운 형태를 발생시키거든요.

로빈 먼지와 게으름에서 바퀴벌레가 그리고 목초 저장소에서 비료가 생겨나는 것처럼요.

롤랜드 누가 또는 무엇이 그 저장소의 자리를 물려받을까요?

정신분석가 만약 인류가 세계가 너무 작다고 느껴서 세계를 확장해야 했다면, 그 결과는 비슷했을 거예요—"압력"이 증가했을 거예요. 우리의 개인적 출생과 관련해서, 어머니의 자궁은 아이가 나올 때까지는, 또는 양수, 태아, 태변 그리고 다른 잡동사니들의 짐을 지고 다니는 것이 지겨워질 때까지는, 계속해서 압력이 증가되는 저장소일 거예요. 그러나 이제는 마음이 탄생할 차례예요. "기쁨의 산에 갇혀 있는 메리 맥스위니"가 태어나야죠—일부 낙서꾼들은 벽 위에 기록된 메리 맥스위니에 대한 구호 아래에 "국가의 탄생"이라고 썼어요.

앨리스 나도 그 오래된 이야기를 기억해요. 당시에 나는 그 농담이 전형적으로 남자의 관점에서 말해진 거라고 확신했어요.

로빈 나는 그것이 매우 재치 있는 농담이라고 생각했어요. 메리는 감금을 촉발시킨 무언가를 했을 거예요. 임신을 발생시킨 사람은 남자 혼자만일 수는 없어요.

앨리스 그 놈의 탓, 탓, 탓.

정신분석가 탓을 하는 것 또는 내가 죄책감이라고 부르는 것은 근본적인 것들, 또는 기본적인 가정들 중의 하나예요. 그것은 성스러운 피가 흐르는 성적이지 않은 "성기"만큼이나 근본적인 거예요—그리고 그것은 남성적인 것도 아니고 여성적인 것도 아니에요. 나는 당신의 생일을 알고 싶지 않아요. 왜냐하면 당신은 성교, 조산원, 수술 등과 아무 관련이 없는 날짜를 말할 것임이 확실하기 때문이에요.[56] 내가 알고 싶은 것은 당신의 성격 또는 인격이 태어난 날이에요. 당신의 안구 구덩이에 가해진 압력의 변화가 당신이 빛에 민감한 사람이 되게 했을까요?

로빈 나에게 분명해 보이는 것은 앨리스와 로즈메리가 "피 흘리는 보지"라는 욕을 알고 있었다는 뚜렷한 증거를 보여준다는 거예요.

앨리스 나는 그 말의 의미를 어느 한 아이비리그 학교에 질서유지를 위해 경찰이 출동했을 때 알게 되었어요. 그때 사람들은 장애를 입고 퇴역한 우락부락한 남자들을 향해 "니미 씨발놈들Mother Fuckers"이라고 큰 소리로 외치며 환영해주었어요.

롤랜드 그것은 이 원초적 용어들이 "피 흘리는 질"과는 무관하게 핵심적인 발달을 위한 씨앗을 숨기거나 위장하거나 보존하고 있다는, 정신분석가의 제안을 지지해주는 것처럼 보여요. 하지만 질은 실제적인 것이고, 중요한 경로예요. 페니스도 그렇고요.

로빈 당신은 숨거나 숨긴다고 말해요. 당신은 마찬가지로 젖가슴이나 페니스나 클리토리스가 발기를 "숨긴다"고 말할 수 있을 거예요. 그

---

56 생일은 출생한 날을 가리킨다는 점에서, 출생 역사와 관련된 많은 내용들이 생략되어 있다는 의미.

러나 "발기"라는 것은 없어요. 그것은 "발기할 수 있는" 세포조직에 의해 눈에 보이지 않는 것이 눈에 보이는 상태로 바뀐 것일 뿐이에요.

앨리스 모든 어머니는 한 번도 아기에게 젖을 먹여본 적이 없어도, 젖먹이는 방법을 알고 있어요. 또는 모든 아버지는 아기에게 페니스를 먹여본 적이 없어도, 그것을 알고 있어요.[57] 그런데 발기에 대해 편하게 느끼는 남자들과 여자들이 왜 그렇게 적을까요?

정신분석가 그것은 우리의 정신적 성장에 무언가가 결핍되어 있기 때문일 거예요. 유아는 잠재적인 부모예요, 부모는 잠재적으로 유아이지만, 유아가 될 수 있는 것은 아니에요. 그 말은 마치 발달적 과정이 한 방향으로만 움직인다는 주장처럼 들려요. 나에게는 그것이, 피카소가 유리판을 캔버스로 사용할 수 있었듯이, 우리가 차폐막, 저항, 분기점을 사용할 수 있는 능력을 발달시킬 필요가 있다고 말해주는 것처럼 보여요. 이쪽 측면에서 바라보면 정신-신체적 장애의 윤곽을 볼 수 있고, 저쪽 측면에서 바라보면 신체-정신증의 윤곽을 볼 수 있거든요.

로빈 당신은 내가 학생 시절에, 뜰 안에 나타나 배설을 한 후에 그 배설물을 말끔하게 덮고 나서 사라졌던 작은 검은 고양이를 생각나게 해요. 우리는 그 고양이를 멜라니 클라인이라고 불렀어요. 검다는 의미에서 멜라니였고, 작다는 의미에서 클라인이었으며, 억제된 구석이 없다는 점에서 멜라니 클라인이었죠. 오늘날 우리는 로디지아[58]의 작은 새싹을 독립국가가 된 로디지아와 비교할 수 있어요. 당시에 그 싹은 작고, 창백했으며, 억제되어 있었죠. 나는 그 국가의 오늘날의 모습은 알지 못해요. 그러나 내일의 아프리카는 건강하고, 거대하고, 억제됨이 없이 자유로울 거라고 믿어요.

---

57 아버지로서의 역할을 수행한다는 의미.

58 영국령 식민지였던 남 로디지아가 1965년에 로디지아 공화국으로 독립하였음.

앨리스 나는 그것이 우리의 논의와 무슨 상관이 있는지 모르겠어요.

정신분석가 아마도 이것이 현재가 지닌 항구적인 특징일 거예요. 심지어 엄격한 훈련을 통해서도 우리의 과거 역사를 아는 것은 힘든 일이고, 우리가 현재를 경험하고 있는 동안에 현재를 지각하는 것이 불가능한 일이며, 우리가 오직 검은색 유리를 통해서 앞쪽으로 그림자를 드리우는 미래를 지각한다는 점에서, 우리의 미래에 대해서도 모호할 수밖에 없어요.

롤랜드 그리고 그것은 집단뿐만 아니라, 개인에게도 적용돼요.

정신분석가 나는 우리 모두가 싫어하기 때문에 부르지 않는 노래 하나를 기억해요. "지배하라, 브리타니아![59] 브리타니아, 파도를 지배하라. 브리튼[60]은 결코, 결코, 결코 … 가 되지 않으리라." 이 노랫말에서 "결코 …가 되지 않는다"는 말은 여종이나 남종이 되지 않는다는 말일까요?

로빈 아니죠. 앨리스는 종이 "시민의 봉사자"일 뿐이라고 말할 거예요. "주세요, 주세요라고 해봐. 착한 개야!"—영리한 애완견이 재주를 부리게 만들 때 그렇게 하듯이요. 만약 주인이 "너의 국가를 위해서 죽어"라고 말하면, 그 개는 죽은 시늉을 할 거예요. 그 개 앞에 그림자를 드리우는 비스킷은 너무 과분해요. 그의 꼬리는 미친 듯이 흔들려요.

정신분석가 브리타니아는 남자 옷을 입고 있을 때에도 역겨운 늙은 귀부인이었어요. 그녀의 경계는 점점 더 넓어졌고, 마침내 그녀의 불쌍한 발이 욕심껏 빼앗은 전리품의 무게를 견딜 수 없게 되었고, 보기에는 예쁘지만 그녀의 나이에 어울리지 않는 젊은 여성들이 신는 하이힐을 더 이상 신을 수 없게 되었어요.

롤랜드 나는 당신의 누이가 어렸을 때 어머니의 구두를 끌고 이리저리 다니면서, "내가 엄마하고 똑같아!"라고 말했던 것을 기억해요.

---

59 영국에 대한 고대 로마시대의 명칭.

60 영국에 대한 고대 표현.

정신분석가 나도 기억해요. 당신은 집단과 개인이 나선형으로 발달한다고 생각하세요?

로빈 나는 개인의 발달과 집단의 발달이 비슷한 모습을 보인다고 생각해요.

정신분석가 개인의 발달에서는 안구 구덩이에 가해지는 압력이 존재하는 반면에, 집단의 발달에서는 불쌍한 늙은 뇌의 반구체들이 호기심이 획득한 전리품의 무게로 인해 가라앉을 때까지 망원경과 현미경을 통한 시각적 정확성에 대한 요구가 존재해요. 한 남학생이 맥락검사contextual examinations에 대해 했던 농담이 그걸 말해줘요. "나에게 주어진 벌은 내가 견딜 수 있는 것 이상이에요"라고 누가 말했죠? 대답—"아각, 그것은 그가 견디지 못하고 산산조각이 났을 때였어." 중요한 것은 상 賞이 아니라 상을 위해 달려가는 거야.

롤랜드 그것은 토끼와 거북이 이야기에도 적용될 수 있어요. 그러나 당신은 지금 진짜 토끼와 거북이에게 그것을 말하려고 시도하고 있어요.

로빈 당신은 시도해본 적이 있나요? 당신은 식물에게 초식동물을 어떻게 생각하느냐고 물어볼 수도 있어요. 인간 동물은 육식도 하고 초식도 하는 동물이에요. 탐욕스런 짐승이죠.

정신분석가 우리는 지금 마치 거의 무한할 정도로 다양한 생명체나 사물을 창조하는 어떤 세력이나 힘이 존재하는 것처럼 말하고 있어요. 우리가 우리에 대해 말하고 있을 때에는—지금 여기에서처럼—이런 식으로 말하는 것이 장점을 갖고 있어요. 불가피한 사실은, 그것이 진실이든 아니든, 우리가 경이로움을 느끼는 경향이 있다는 것이고, 동시에 경이로운 느낌을 금지하는 경향이 있다는 거예요. 그 말은 우리가 가정하는 이미지가 실제 이미지를 발견할 수 있을 거라는 의미예요. 우리는 실제 이미지가 무엇인지를 고려해야겠지만, 당분간 나는 나 자신에 대해 내가 갖고 있는 이미지가 실제적인 것이라고 가정할 거예요. 만약 내가 나-아닌-것Not-me이지만 그럼에도 나를 상기시키는 것을 만난다면, 그때 나는 그 대상에 대해 경이로움을 느낄 거예요. 만약 그것이 기분 좋은 대상이라면, 그때 나는, 나르시서스처럼, 나 자신이 얼마나 기분 좋은 사람인지를 발견하는 즐거움을 맛볼 거예요. 만약 내가 이 나-아닌 것을 좋아하지 않는다면, 나는 그것이 상기시키는 나를 좋아하지 않을 거예요. 그때 나는 화를 내겠죠. 나는 거울을, 물의 표면을, 소설을, 정신분석을 좋아하지 않게 될 거예요.

로빈 당신은 "물의 표면"을 말하는데요. 거기에는 양수의 표면도 포함되나요?

정신분석가 물론이죠—모든 액체가 포함돼요. 나는 한 걸음 더 나아가 우리의 모습을 반영해주는 모든 종류의 유동물질이 혐오 대상이 된다고 말할 거예요.

앨리스 그 말은 그 유동물질이 액체이어야 할 필요가 없이 출생과정에서처럼 기체로 된 유동물질로 변할 수도 있다는 뜻인가요?

정신분석가 맞아요. 그리고 액체이건 기체이건, 그 유동물질은 언제든지 고요히 반영하는 상태에서 격랑으로 바뀔 수 있어요.

앨리스 내가 천문학 강좌를 듣고 있었을 때, 우리는 관찰을 위한 조건들에 친숙해 있었어요.

정신분석가 맞아요. 산부인과 의사에게는 태아가 자신의 엄지손가락을 빨고 있는 것을 발견하는 것이 흔히 있는 일이에요. 아마도 태아는 자신의 엄지손가락을 "관찰하는" 이상적인 기회를 가졌을 거예요.

롤랜드 "아마도"라고요? 누가 그런 추정을 하는지 물어봐도 될까요?

정신분석가 우리 모두는 질문할지 말지를 선택할 수 있어요. "대답은 질문의 불행이다La réponse est le malheur de la question"라는 말이 있는 것처럼요.

로즈메리 제발 번역해 주세요.

정신분석가 나는 그 말이, 질문이 갖고 있는 불행은 그것이 쉽게 대답되는 것을 뜻한다고 생각해요. 당신의 호기심과 트릭시의 호기심은 당신의 어머니와 그녀의 신사에 의해 자극된 것이었어요. 그것이 당신을 "신사됨"에 대해 질문하게 만들었다는 점에서, 그것의 불행은 그 질문이 대답되었다는 데 있어요. 당신은 유사한 "신사다움"을 경험하기 위해서는 그것에 대한 갈망과 두려움에서 벗어나야 했지만, 결코 그러지 못했어요.

앨리스 오, 말도 안 돼요! 당신은 당신의 생각을 로즈메리에게 주입하고 있어요. 지금 그녀는 아주 작은 조각들을 산출하고 있는데, 그 모든 것들은 너무 작은 것들이어서 적절한 환경—실제로는 그렇지 못한—에서조차도 그것들이 어떻게 하나로 결합되는지를 보는 것이 불가능해요. 그러나 당신의 아이디어는 그녀가 그렇게 하는 것을 시도하게 만들고 있어요. 당신은 그녀의 젊음을 오염시키고 있어요.

정신분석가 나는 당신의 생각이 틀린 것이고, 내 생각이 옳은 것이기를 희망해요. 그녀의 사랑스러운 여주인으로서의 당신 자신의 모습을 편히 볼 수 있게 해주는 로즈메리의 성격의 고요하고 거울 같은 표면 아래에는, 관찰되지 않은 격노한 폭풍이 있는 것처럼 보이고, 그녀 자신도 그것을 알고 있는 것처럼 보여요. "진정한" 지중해 사람이 갖는 장점들 중의 하나는 호머, 버질, 심지어 당신과 내가, 아무리 고요하든 격랑이 일든 상관없이, 그 안에 반영된 우리 자신들을 상기시키는 바다의 모습을 볼 수 있다는 거예요.

로빈 당신은 우리에게 "말의 의미를 죽이는 법"을 가르치고 싶어 하는 것처럼 보여요.

정신분석가 아 슬프네요. 비록 내가 명료하고, 정확하게 그리고 요점적으로 말하려고 시도한다고 해도, 언어는, 나의 사용에서도 그렇듯이, 왜곡된, 왜곡시키는 그리고 격랑을 반영하는 표면일 뿐이에요.

롤랜드 우리의 군가는 이런 것이었어요:

재는 재로 돌아가고, 티끌은 티끌로 돌아가리.

만약 포도주에도 취하지 않는다면, 그대는 여인들에게 취하리.

정신분석가 실제로 그것은 그 둘 모두에요.

롤랜드 그 둘 모두라고요? 그 말이 무슨 뜻이죠?

정신분석가 가장 단순하게 말하자면, 그것이 데자르그의 정리[61]에 해당된다는 거예요.

로빈 세상에! 설마 당신이 지금 진지하게 말하는 건 아니겠죠? 심지어 수학 우등생들조차도 데자르그 정리와 원뿔곡선을 이해하지 못해요.

롤랜드 원뿔곡선은 대부분의 사람들이 이해하지 못해요.

앨리스 익살스러움은 삶의 매우 낮은 형태예요.

정신분석가 삶은 근본적으로 바퀴벌레들과 "피 흘리는 보지" 그리고 양수와 태변의 바다, 그리고 지금은 정신분석의 바다에서 유영하는 것과 같은, 실제로 "낮은 수준의 생명요소"로 구성되어 있어요. 태아조차도 태아-아닌-것과 관련되어 있죠. 하나의 원뿔은 다른 하나의 원뿔과 교차해요. 여기에서 우리들 각자의 눈은 대체로 원뿔처럼 생긴 공간의 한 영역을 쓸어버리는 것으로 서술될 수 있어요. 그러나 이 원뿔들은 다른 초점적 기원을 가진 다른 원뿔들과 교차해요. 이 교차점들은 기하학적 형상을 통해 그림 이미지로 묘사될 수 있어요. 그것은, 로빈이 말한 것처럼, 더 이상의 서술을 과도한 것으로 만들기에 충분할 정도로 복잡한 것에 대한 과잉-단순화예요. 그러나 나는 우리가 살고 있는 우주가 단순한 인간 존재인 우리에게 이해 가능한 것이 되어야만 하는 이유를

61 프랑스 수학자인 Girard Desargue의 정리로서 두 삼각형 사이의 유사성을 증명하는 사영 기하학적 정리.

모르겠어요. 그 점은 우리가 그 안에서 살아야만 하는 우리 자신의 신체들과 마음들도 마찬가지예요. 설령 "우주," 또는 우리가-아닌-것과 아무런 문제가 없다고 해도, 우리는 "내가" 누구인지 알고자 하는 단순한 시도 안에 우리가 결코 용납할 수 없었던 것들과 우리가 마땅히 견디지 말았어야 하는 수없이 많은 경우들이 포함되어 있다는 것을 발견해요.

롤랜드 당신은—브리타니아가 나에게 상기시켜주듯이—한 어머니가 죽음을 맞는 순간에 자녀들을 모아놓고서, 끊임없이 불신실하고 난잡하게 살아왔던 아버지이자 자신의 남편이었던 사람을 결코 사랑한 적이 없다고 고백했다는 이야기를 상기시키네요. 망연자실한 상태에서 제일 먼저 벗어난 첫째가 선언했어요. "나는 너희들 개자식들이 무슨 생각을 하는지와 상관없이, 영화를 보러 가겠어." 그들 모두는 할 말을 잃었어요.

앨리스 아주 재미있네요. 나는 나의 안면 근육이 나의 즐거움을 드러내놓고 표현하지 못해서 유감이에요.

로빈 나는 당신이 즐겁지 않은 것을 즐거워하고 있다는 사실을 인식하지 못하고 있다고 생각해요.

앨리스 내가 그것이 "매우 재미있다"고 말한 것은 맞지만, 당신이 내가 단순히 그것만을 의미했다고 생각하리라고는 생각하지 않았어요.

정신분석가 비록 당신이 그것을 정신분석이라고 부르지는 않았지만, 당신은 당신이 말하는 언어를 포함해서 당신이 하는 행동을 자연스럽게 해석하고 있고, 또한 다른 사람들이 당신의 행동을 해석할 것을 기대하고 있어요. 이 진단들, 해석들은 당신의 사생활과 우리의 사생활에 대한 침범들, 아마도 격노하게 하는 침범들일 수 있어요.

앨리스 만약 당신의 말이 맞다면, 그것은 나에게는 합리적으로 예의 바르게 행동해야 하는 또 하나의 이유일 거예요.

정신분석가 물론이죠. 그러나 실제로는, 내가 현실 또는 진실을 지각할 수 있는 한, 나는 현실이 예의 바르거나 합리적이거나 우리의 감정들과 아이디어들을 배려하지 않는다는 사실을 더 많이 알게 돼요. 이것은 당신과 나 모두에게 적용되죠. 우리는 항상 정중하고, 예의 바르고, 배려하는 존재가 아니에요. 따라서 우리가 "문명화된" 인격을 성취하는 한, 거짓말, 살인, 도둑질, 무례한 행동을 위한 우리의 능력은, 밀턴이 말하듯이, "우리 안에서 사용되지 않은 채 더 지배적이 돼요."

앨리스 밀턴은 분명히 당신이 말하는 그런 의미로 그 말을 하지 않았어요.

정신분석가 나는 밀턴이 그런 의미로 말하지 않았다는 지적을 수용할 준비가 되어 있어요. 오늘날 밀턴, 니체, 뉴턴, 또는 과거의 다른 위대한 인물이 했던 말이 무엇을 의미했었는지에 대한 아이디어에 도달하는 것은 상당한 훈련을 요구해요. 오늘날 우리는 그런 위대한 인물들을 지각하지 않기 때문에, 그런 문제에 대해서는 신경 쓰지 않아도 돼요. 사실 우리는 그들을 우리의 상상의 산물로 간주하는 법을 배우고 있어요.

롤랜드 나는 "아버지 인물"이라는 용어가 유행했던 시절을 기억해요. 당시의 정신적 풍경은 우리가 우리의 생물학적 아버지를 볼 수 없을 정도로, 아버지 인물들에 대한 짙은 분위기로 덮여 있었어요.

로빈 나는 아버지 인물의 냄새를 맡고, 허공에 떠 있는 그를 봐요. 나는 처음부터 그 싹bud을 잘라버릴 거예요.

롤랜드 나를 친구라고Buddy 불러줘—훨씬 더 친절하게.[62]

정신분석가 전문적 용어들은 평가절하되기 쉬워요. 따라서 나는 아동기 학습장애로 되돌아가는 것이 나의 의사소통을 강화할지도 모른다는 희망을 갖고서, 단어의 철자 말하기에 의존해요. 우리는 우리의 전문적 용어들을 끊임없이 수선해야 할까요? 그럼에도 불구하고, 해부학적

62 싹 "Bud"이라는 단어를 친구 "Buddy"라는 단어로 비트는 언어 놀이.

섹스와 아무런 상관이 없고, 여성적인 것도 아니고, 혈류학적인 것도 아니고, 종교적인 것도 아니지만, 성스러운 것이라고 말할 수 있는 피 흘리는 보지는 거의 보편적인 이해 가능성을 갖고 있어요—최소한 서구에서는요. 그것은 앨리스를 분노하게 만들었고, 심지어 그 분노를 명료하게 표현하게 만들었어요. 그것은 그 말을 듣는 사람만큼이나 그 말을 하는 사람을 비하하거든요.

앨리스 그런데 왜 그런 말을 사용하는 거죠?

정신분석가 나는 그런 말의 사용을 옹호하지도 반대하지도 않아요. 그것이 존재하는 것이기 때문에, 그것을 좋아하든 좋아하지 않든 상관없이, 우리가 다른 사실을 존중하듯이, 그것을 인정하거나 존중하는 것이 현명해 보여요.

로빈 나는 앨리스가 말하는 요지를 알 것 같아요—불쾌한 경험을 벌지 못해서 애를 쓸 필요가 있느냐는 거죠.

정신분석가 만약 그것이 오직 유쾌나 불쾌의 문제라면, 그것은 개인의 성격이나 인격, 그리고 그 또는 그녀의 호 불호에 달려있을 거예요. 나는 그것이 또한 "있다is" 또는 "있지 않다is not"를 포함한다고 제안해요. 만약 그것이 있다면, 그때 개인은 그 있음 또는 있지 않음을 존중해야 할 거예요. 당신은 이러한 것들이 매우 드물기 때문에, 그것을 적극적으로 찾기 위해 나서는 것이 비뚤어진 것이라고 생각하죠. 나는 그것들이 매우 보편적인 것이라는 점에서, 그것에 대한 인식을 피하기 위해 크게 정신적 우회를 하는 것이 오히려 비뚤어진 것이라고 말하고 싶어요.

로빈 그러나 누가 그런 언어를 사용하죠?

정신분석가 내가 사용해요. 당신도 사용하고요. 그리고 앨리스도요.

앨리스 미안하지만—나는 아닌데요.

정신분석가 그러나 당신은 얼마 전에 "씨발놈들 개자식들"이라고 말했어요. 당신은 롤랜드가 "피 흘리는 보지"라고 말했을 때 그렇게 반응했어요. 만약 그것이 외국어였다면, 나는 당신이 그런 욕을 갖고 태어났고, 그 욕을 살았으며, 당신 자신이 그런 언어를 사랑했다고 말했을 거예요. 나는 당신이 마치 그 말을 잊고 있었고, 그 말을 기억해내고 싶지 않았을 거라는 것에 대해서는 당신 말에 동의해요.

앨리스 그것은 오직 당신이 먼저 그 욕을 대화 속으로 끌어오기로 선택했기 때문이에요.

정신분석가 아이비리그 논쟁에 개입하도록 요청받은 경찰처럼요. 그리고 똑같이 무지한 로빈처럼요. 그러나 당신이 무지한 상태에 있었고 그 상태에 머물러있기를 소망했다는 사실은 당신의 문제예요. 로빈, 당신은 마을을 가로질러 행진하면서, 순진하고 깨끗한 영국 남자들과 여자들이 부르는 다음과 같은 노래를 들어본 적이 있나요?

> "우리가 소음과 고함과 함께 밖으로 나갈 때
> 만약 우리가 바보 취급을 당한다면, 우리는 바보가 될 것이지만,
> 우리는 바보 취급을 받지 않으리라!"

로빈 오, 군대 말이군요.

정신분석가 또는 당신의 매우 특별한 공립학교죠.

7

로빈　군대와 학교—그것은 오래전 이야기에요.

정신분석가　그렇다면 당신은 분명히 그것이 당신이 성장하기 오래전 일이고, 당신의 부모들로부터 시작해서 권위를 가진 모든 사람들이 끔찍한 언어를 사용하기 오래전 일이라고 말하겠군요. 그러나 만약 아기 시절의 당신이 심하게 화나지 않았거나 둔감하지 않았다면, 당신이 말했을 만한 언어는 그런 비열한 언어였을 거예요. 사실 나는 당신의 정신적 격랑이 이 역겨운 "물"의 부석들을 표면으로 떠오르게 한 적이 있었을 거라고는 믿지 않아요—당신이 그 물을 양수라고 부르든, 사회적 자유라고 부르든 상관없이요. 앨리스는 자명종 소리에 잠에서 깼지만, 좀 더 자고 싶었을 때 그녀 자신도 모르게 어떤 언어를 말했을까요?

앨리스　나는 당신이 말하는 요지를 인정해요. 하지만 나는 여전히 그런 언어를 말하는 것이, 또는 그런 언어에 대해 말하는 것이 무슨 유익이 있는지 궁금해요.

정신분석가　설령 잊고 있다고 해도, 원초적인 것은 진부한 말에 활기와 생명력을 불어넣어요. 나는 명망 있는 위원회 모임에서 의장이 회원들에게 좀 더 우회적으로 말할 것을 촉구하는 긴 연설을 시작하면서,

"에, 에, 너무 많은 공격들이 야기되었어요 …"라고 말을 더듬었던 장면을 기억해요. 그 의장은 "오, 빌어먹을. 또 지랄들이네, 씨발이라고 말하는 실수를 저지른 거 아닌가요?"라는 추측성 추궁에 대해, 그 추측이 맞다고 인정하면서 고개를 숙였어요. 그 장면에서 예의 바른 의사소통과 직접적으로 원시적인 말 사이의 대비가 가장 인상적이었죠. 원시적인 것은 졸고 있지만 착하게 행동하는 집단에 스며들어 있는 생명력의 저장고를 열어줘요.

앨리스 나는 당신이, 그 집단이 아무리 졸고 있는 집단이라고 해도 착하게 행동한다는 점을 인정해줘서 기뻐요. 나는 이 논의가 "씨발," "개씹," "개자식" … 등과 같은 말들을 자유롭게 사용하는 것에 의해 더 나아질 거라고는 생각하지 않아요.

정신분석가 우리는 당신이 그런 종류의 어휘에 대한 친숙성을 증명해야 하는 난감한 과제를 면제해 줄 거예요. 그러나 나는 우리가 보편적으로 이해되는 이러한 말이 사라지게 되는 것을 원하지는 않아요. 그것은 거의 통역을 필요로 하지 않아요. 나는 유엔총회에서 행해지는 연설들이, 만약 어떤 문제를 어떻게 표현할지를 제한받지 않고 선택할 수 있는 자유를 갖도록 확장된다면, 훨씬 더 생동감이 있는 것이 될 거라고 생각해요.

앨리스 나는 예의 바르고 격식을 차리는 유엔총회가 더 좋아요.

롤랜드 나도 그래요, 그러나 "근본적으로 기본적인 사실"이 논쟁의 규칙에 갇혀서는 안 될 거예요. 만약 우리의 목표가 신사적인 대화의 정중함을 성취하는 것이라면, 그러한 규칙들이 적합할 수 있겠죠. 그러나 나는 그것이 유엔총회의 목표가 아니고, 이 논의의 목표도 아니라고 생각해요. 나는 정신분석가께서 단순히 정신분석적 논쟁, 정신분석 기관들, "과학적 논문들"의 목표에 대해서뿐만 아니라, 정신분석 자체의 목표에 대해서 우리를 깨우쳐줄 것이 있는지 궁금해요.

정신분석가 내가 할 수만 있다면 그렇게 하겠지만, 나는 정신분석 자체를 경험하지 않은 사람에게 그렇게 할 수 있는 적절한 방법이 있을지 자신이 없어요.

앨리스 당신은 "씨발" 또는 "개씹" 같은 용어들을 사용하세요?

정신분석가 때로는요. 그것은 내가 무엇을 의사소통하기를 원하는지와 듣는 사람이 들을 수 있는 능력에 대한 나의 생각에 달려있어요. 내가 그런 용어를 사용하는 것을 열 살이나 열두 살짜리 아이가 들었다면, 그는 낄낄대고 웃었을 거예요. 만약 내가 "왜 낄낄대는 거야?"라고 물었다면, 그는 대답을 할 수 없었을 거예요. 내 경험에 의하면, 그는 분명히 죄책감의 신호를 나타내는 반응을 보였을 거예요. "죄책감"은 근본적이고 기본적인 원시적 속성을 공유하고 있는 것으로서, 프로이트는 그것을 이드Id[63]의 영역에 속한다고 보았어요. 만약 이드가 말할 수 있다면, 나는 그것이 우리가 지금 다루고 있는 그런 언어를 사용할 거라고 생각해요.

로빈 이것이 정신분석의 실천에 어떻게 적용되죠? 나는 당신이 이드에게 말하지는 않을 거라고 믿어요. 그것은 이론적인 용어일 뿐이니까요.

정신분석가 이론들과 이론적 용어들조차도 우리에게 현실을 상기시키게 되어 있어요. 나는 이론이 경험을 한 사람에게 "말한다"는 데는 의심이 없어요. 정신분석의 문제는 분석가와 피분석자가 두 사람 모두가 지닌 세련된 능력 전체를 무시할 수 없다는 거예요. 정신분석가는 전문적인 정신분석적 훈련을 포함해서 평생에 걸친 경험을 갖고 있어요. 피분석자 역시, 설령 아직 어린아이일지라도, 사용할 수 있는 상당히 많은 경험을 갖고 있어요. 만약 피분석자가 분석가의 지식, 성격 그리고 지혜

---

63 마음에 대한 프로이트의 이론. 그는 마음이 자아, 초자아, 이드로 구성되어 있다고 보았음.

를 존중하지 않는다면, 그 정신분석은 실패할 것임이 분명해요—그 역으로도 마찬가지고요.

로빈 정신분석은 두 사람이 서로에 대해 어느 정도 아는 것을 전제로 하지 않나요? 나는 처음에 분석가가 피분석자를 모르는 것이 중요하다고 생각했어요.

정신분석가 지금 말한 그 생각에는 중요한 내용이 담겨 있지만, 그것은 상식에 의해 수정되어야만 해요. 그 아이디어를 극단적으로 적용하면, 그것은 정신분석이 인종, 국적, 언어, 심지어 문화까지도 다른 두 사람 사이에서 수행되어야 한다는 것을 의미하게 될 거예요. 반대편 극단은 그 두 사람이 서로를 너무 잘 아는 바람에 생산적으로 논의될 수 있는 주제 자체가 거의 없는 경우일 거예요. 실제 상황에서는 보통 얼마의 대략적인 규칙들이 설정될 수 있어요. 서로를 잘 아는 가까운 친족이나 부부 사이일 경우에는 정신분석적 상호작용에서 유익을 얻기가 어려울 거예요.

로빈 나는 두 사람 모두가 열렬한 부부 정신분석가인 나의 친구들이 주고받는 이야기를 들은 적이 있는데, 그때 나는 그들이 서로를 분석하는 것을 장시간 들어야만 한다면, 나 자신이 미쳐버릴 거라고 느꼈어요. 나는 만약 정신분석이 그런 거라면, 내가 정신분석을 받지 않은 게 다행이라고 생각할 거예요!

정신분석가 나는 당신의 실망에 공감해요. 그러나 정신분석은 누구에게든 모르핀이나 신경 흥분제, 또는 사람의 말보다 더 많은 것을 하지 않아요. 대부분의 사람들은 이러한 기능들을 유익한 쪽으로 사용할 수 있지만, 세상에는 그런 기능들과 우리가 살고 있는 세상의 다른 구성요소들을 당신과 내가 칭찬할 수 없는 방식으로 사용하는 많은 쌍들이 존재해요. 로엡과 레오폴드Loeb and Leopold[64]는 그들에게 주어진 기회—

64 시카고 대학 재학 중 1924년 5월에 14세 소년 로버트 프랭크스를 완전 범죄를 목적으

동성애적 사랑을 위해 사용될 수 있는—를 "완전" 범죄를 실행하기 위한 목적에 사용했던 것처럼 보여요. 그들은 재능이 있었고 기회들이 풍부한 세상 안에서 살았지만, 결국 그들의 범죄는 완전하지 못했어요. 결혼제도는 이성애적 쌍에게 그들 자신들을 성취할 수 있는 법적 조건을 제공하기 위한 거예요. 그들이 자신들의 상황을 상호적 정신분석을 위해 사용할지, 상호적 자위를 위해 사용할지, 또는 상호적 어떤 것을 위해 사용할지는 그들의 선택에 달려있어요. 그들 중 한 사람, 또는 상대방, 또는 두 사람 모두는 결혼을 하겠다는 이전의 결정을 "교정"하기 위해 이혼이라는 절차를 사용할 수도 있어요. 그들이 어떤 선택을 할지는 그들의 사적인 일이에요. 당신이나 내가 그들이 사는 것처럼 살겠다고 결정하지 않을 거라는 사실은 전혀 중요한 문제가 아니에요—당신이나 나를 제외하고는요.

롤랜드 그러면 당신은 절대로 아무런 도움도 주지 않나요?

로빈 나는 그들이 도움을 얻기 위해 당신에게 온다고 생각하는데요.

정신분석가 당연히 나는 그들에게 기꺼이 도움을 주고 싶죠. 그러나 나는 돕고자 하는 나의 노력을 나의 능력의 한계 안에 두는 자제력을 갖고 싶어요.

로빈 그 말은 "당신이 할 수 있는 일을 찾아봐요. 그리고 욕심내지 말고 일을 더 적게 해요"라는 말처럼 들리는데요.

롤랜드 당신은 "더 많은 것을 하라"고 권고할 것 같지 않은데요.

정신분석가 나는 지식과 지혜를 구별하기 위해—적어도 이 논의의 목적을 위해서—해야 할 말이 있다고 생각해요. 나는 우리 각자가 어떤 지식을 갖고 있다고 해도, 그것은 지혜에 의해 보강되어야 한다고 말할 거예요. 한 사람이 아무리 많은 지식을 갖고 있다고 해도, 지혜를 사용할 수 없다면 그의 생존 가능성은 줄어들 거예요.

로 유괴 살해한 범인들.

앨리스 지혜로운 사람의 생존 가능성이 지능에 달려 있다는 것 역시 사실이 아닐까요?

정신분석가 물론이죠. 문제의 일부는 지식을 수집하는 능력으로서의 지능이 이 논의의 목적을 위해 정의된 지혜로부터 구별되고 분리될 필요가 있다는 거예요. 실제 삶에서 그 문제는 일반적인 회화에서처럼 단순하게 해결될 수는 없어요. "행위들"은 분명한 이름표가 없이 도래해요. 예측된 행위들은 병 안에 담긴 의약품과는 다르거든요.

앨리스 당신은 *전쟁과 평화*라는 소설에 등장하는 앙드레 공작Prince André이 논의 과정에서 느꼈던 것을 기억하세요? 그때 그는 "그것이 위안을 줘. 그것을 받아들여"라는 소리를 자신의 내면에서 들었어요.

로빈 맞아요, 나는 그 책을 감명 깊게 읽었어요.

앨리스 로즈메리 당신은 *전쟁과 평화*를 읽어봤어요?

로즈메리 오 아뇨. 내가 본 그 책은 너무 두껍고, 나 같은 사람에게는 너무 어려운 책이었어요. 나의 엄마는 항상 "자, 이제 가서, 소설 나부랭이나 읽어"라고 말했지만, 나는 한 번도 그런 적이 없어요. 그것은 내가 그처럼 두꺼운 책이 쓰레기였다고 생각했기 때문이 아니었어요.

롤랜드 나는 "지독하게 두꺼운 정사각형의 책들 중의 하나가 생각나요. 미스터 기본Mr. Gibbon의 책[65]이었을 거예요. 꼬불, 꼬불, 꼬불!" 위층과 아래층 그리고 나의 귀부인의 방안에서도. 그 책에서 나는 한 늙은 남자를 만났는데, 그는 그의 기도를 말하려고 하지 않았어요—그래서—

정신분석가 이 유아 동요들은 많은 것을 말해줘요. 어떤 분석가들은 그 동요들을 연구하죠. 아이들은 그것들을 배우고, 그것들을 이해해요. 그것들은 이해보다는 원초적 감정을 건드리고, 생명력을 분출시켜요. 우리가 그 감정을 건드릴 수 있다면, 그것에서 발생한 진동들은 차폐막

---

65 로마제국의 멸망을 다룬 역사책.

으로 작용하고 있는 장벽을 관통할 수 있어요. 여기에서 충분히 튼튼한 차폐막이 필요한데, 그 이유는 의미를 부인하거나 수용하는 것—"아니오" 또는 "예, 알아요" 등—을 통해 파괴하지 않고서, 그 의미를 포착하고 보여주기 위해서는 튼튼한 차폐막이 있어야 하기 때문이에요. 나는 정신-신체적 장애만이 존재하는 것이 아니라, 신체-정신증적인 장애도 존재한다는 것을 보여주기를 원해요. 그것을 보기를 원하는 사람이라면, 볼 수 있을 거예요.

롤랜드 당신은 그 늙은 남자가 자신의 기도를 말했어야 한다고 보세요?

정신분석가 나는 전쟁터로 가는 두려움 때문에 "회심"했다고 사람들이 비웃을 거라는 생각 때문에 기도를 말하고 싶어 하지 않았던 젊은 청년을 알아요.

로빈 내가 그랬어요. 그러나 나는 또한 기도하는 행위에 대한 경멸을 다뤄야만 했어요. 기도하는 법을 배우면서 그리고 다른 사람들이 기도하는 모습을 옆에서 보면서, 만약 내가 그렇게 한다면, 그것은 내가 나 자신에게 가졌던 모든 존중감을 모욕하는 것이라는 생각이 들었거든요.

롤랜드 당신은 개인의 상식을 모욕하지 않는 기도의 종류가 있다고 생각하세요? 운동선수의 "무릎 운동"처럼 보이는 기도는 어떤 신실한 사람도 만족시킬 수 없다는 게 명백해요. 정신분석가께서는 이것을 어떻게 생각하세요?

정신분석가 그것은 내 분야가 아니에요. 나는 다른 사람들과 마찬가지로 그것에 대한 생각은 갖고 있지만, 그것을 말하고 싶지는 않아요. 왜냐하면 그것은 정신분석이라는 나의 전문영역을 종교와 다른 학문들—그림, 음악, 문학—로 확장하는 것이 되기 때문이에요.

사제 그건 좀 비겁하지 않나요?

정신분석가 당신과 다른 사람들은 그렇게 생각할 수 있지만, 나는 그렇게 생각하지 않아요. 나 자신의 제한된 영역에서조차도, 나는 환영받지 못할 것이 뻔한 진실을 표현하지 않고 비겁하게 움츠리는 데 친숙해 있어요. 어떤 사람은 의심으로 도망치죠—빌라도는 "진실이 무엇이냐?"고 묻는 광대 역할로 도망쳤어요. 베이컨Bacon[66]은 그가 대답을 하면 죽임을 당할 것임을 알았기 때문에 대답하지 않았고요. 신체적 죽음은 지불하기 힘든 대가에요—특히 훈련과 관찰을 통해서 신체가 지워진다는 것을 믿고 있는 우리 같은 사람들에게는요. 나는 또한 개인의 진실에 대한 존중이 지워진다는 것을 믿어요. 한 사람이 진실을 분별하고 선언하는 자신의 능력을 파괴할 수 있는 방법은 단순히 신체적인 방법, 예를 들면, 술을 마시는 방법만이 아니에요.

사제 나는 도덕적, 종교적 죽음을 믿어요. 진실은 번성할 수 있어요. 그것은 죽도록 방치되거나 너무 자주 반복되는 유혹들과 비겁함의 독에 의해 중독될 수도 있어요. 그러나 진실은 견고해요. "사실들"은, 설령 우리가 그것들을 모른다고 해도, 죽지 않아요. 진실에 대한 인간의 연약한 존중심은 종종 겉으로 보이는 것과는 달리, 쉽게 사라지지 않아요.

정신분석가 나는 당신 말이 맞았으면 좋겠어요. 하지만 나는 나 자신과 다른 사람에 대해 내가 알고 있는 지식이 나에게 희망의 양식을 제공한다고 말할 수는 없어요. 종교 그 자체는 권력, 편협성, 무지가 지닌 엄청난 힘의 증거를 보여줘요. 대조적으로, 정신분석은 그것을 실천하려고 시도하는 우리 인간들의 실수와 결함들을 통해서 이루어져요.

사제 당신은 정신분석이 과학이고 진실된 것이라고 주장하는데, 그것은 극도로 자기-모순적인 주장이에요. 정신분석은 정신분석 바깥에 존재하는 판단 기준을 갖고 있어야 해요. 당신은 당신이 "신을 믿을

66 Francis Bacon(1561-1626). 잉글랜드의 철학자이자 정치가.

수 있는 것" 이상으로 진실을 믿을 수는 없어요. 신은 존재해요—

롤랜드 —또는 존재하지 않아요.

정신분석가 아뇨. "신이 존재한다, 또는 존재하지 않는다"는 것은 인간의 사고 원리에 따라 인간이 만들어낸 진술일 뿐이에요. 그것은 현실과 아무런 상관이 없어요. 우리가 알고 있는 유일한 현실은 우리의 일부인 다양한 희망들, 꿈들, 환상들, 기억들 그리고 욕망들이에요. 다른 현실이, 우리가 좋아하든 좋아하지 않든 상관없이, 존재하고 실제로 있어요. 실수로 테이블에 머리를 부딪친 아이는 자신을 아프게 한 그 테이블을 혼내주고 싶어 할 수도 있어요. 그는 언젠가 이런 사실들에 더해 착하고 나쁜 것, 좋아하고 좋아하지 않는 것, 용서하고 징벌하는 것과 상관없이, 테이블이 존재한다는 것을 믿을 수 있게 돼요. 우리는 우리의 신을 벌하기로 작정할 수 있고, "그것" 또는 "그" 또는 "그녀"를 믿는 우리 자신들을 벌하기로 작정할 수 있어요. 그러나 그 작정은 인간의 이해능력 너머에 있는 그것의 존재 또는 비존재가 아무리 추적할 수 없고 알 수 없는 것이라고 해도, 계속해서 진정된 것으로 남아 있게 될 현실에는 영향을 미치지 않을 거예요. 결국, 우리는 우리가 살고 있는 세계, 또는 우리 자신의 마음에 대해 많은 것을 알고 있지 못해요.

앨리스 나는 당신네 정신분석가들이 우리들에 관한 모든 것을 알고 있을 것으로 추정된다고 생각했어요.

로빈 추정된다고요? 누구에 의해서요? 나는 내가 나 자신이나 나의 남편을 안다고 추정하지 않아요—[67]

앨리스 나는 당신이 결혼한 사람인지 몰랐어요! 축하해도 될까요?

로빈 "결혼"이나 "이혼"이라는 용어가 국가기관이 만들어낸 것이라는 점에서, 나는 당신이 "결혼"을 했는지 아니면 이혼을 했는지 알지

---

67 로빈이 말하는 남편은 롤랜드로 보임. 그 두 사람은 동성애적 관계로 추정됨.

못해요. 그것들은 당신과 당신의 남편 사이의 진정한 관계에 대해서는 아무것도 말해주지 않아요. 그러나 비록 감각적으로 경험한 것은 아니지만, 나는 결혼과 이혼에 대해 내가 알고 있는 의미와는 상관없이 그 단어들 근저에 어떤 현실이 놓여있다고 믿어요.

정신분석가 당신은 "감각적 경험이 없다"고 말하지만, 당신이 그 경험을 "잊고 있는" 동안에 그 경험이 사실상 당신을 잊었을 가능성은 없나요?

로빈 당신이 무슨 말을 하는지 모르겠어요.

정신분석가 그 말은 당신이 결혼했다는 것을 "잊고 있었다"거나 당신이 말했던 것의 의미를 "잊고 있었다"고 말하는 것보다 그 경험이 당신을 잊고 있었다고 말하는 것이 더 합리적이고 더 잘 수용될 수 있다는 뜻이에요. 아마도 당신은 당신이 한 말의 의미를 결코 알지 못했을 거예요. 이런 것들의 일부는 그것들이 어떻게 수용될지에 대한 당신의 두려움 때문에 지금 생각하거나 진술하는 것이 어려울 수 있어요. 당신은 그것을 수용하는 사람이 아무도 없거나 당신이 두려워하는 사람이 그것을 수용한다는 것을 발견할지도 몰라요. 거기에는 유발자와 수용자가 있고, 그들 사이에 얼마의 차폐막 (분기점?)이 있다고 생각되기가 쉬워요. 만약 당신이 그것이 당신과 "나"—"당신이-아닌-것"과 "당신"—사이의 일이라고 믿는다면, 그것이 가능해요. 이것은 당신이 지금 유발자이자 수용자 모두라는 것을 믿는 것보다 덜 놀라운 일이에요.

로빈 어째서죠?

앨리스 모든 질문은 그것을 죽일 잠재적 대답의 존재에 의해 방해받기 쉬워요. 호기심의 약함이 갖는 불행은 마침내 호기심 그 자체를 파괴하게 될 대답이에요.

정신분석가 "예 나는 알아요"라는 이 반응은 얼마나 치명적인지요!

탐구를 시작하고 싶은 소망이 파괴되거든요. 당신이 만나는 그런 반응은 당신의 호기심을 뭉개버리든지, 또는 당신을 시야로부터, 마음으로부터 그리고 사회적 접촉으로부터 숨게 만들어요. 그곳에 남는 것이라곤 "예 나는 알아요"라는 피상적인 대답뿐이고, 따라서 생기 없는 사회뿐이에요.

롤랜드 내가 "배우기" 위해 다녔던 학교가 지닌 주지적 문화가 바로 그랬어요. 그 시절에 취미라는 말은 은밀한 섹스를 의미했어요. 교육은 아무도 묻지 않는 질문들에 대한 대답을 의미했고요. 법과 질서는 사람들이 하려고 하는 것을 발견하고 그것을 하지 말라고 명령하는 것을 의미했어요. 섹스는 널리 퍼져 있는 불법성—존재하지 않는—을 의미했어요. 위선은 종교를 의미했고요.

사제 두렵게 들려요.

롤랜드 두려웠어요.

정신분석가 "아마 이것들도 언젠가는 즐거운 추억이 될 거야Forsan et haec olim meminisse juvabit."[68]라는 말이 있는데, 당시에 우리는 그 말을 믿지 않았지만, 지금은 사실이라고 믿어요.

롤랜드 "당신은 마르셀루스가 되어 나에게 한 다발의 백합꽃을 안겨줘요Tu Marcellus eris. Date manibus lilia plenis."[69]라는 구절이 생각나네요 … 나는 내가 그 노래를 배운 적이 있는지조차도 몰랐어요. 내가 만약 그 모든 것이 남자 또는 소년을 사랑하는 사악한 일에 관한 것이었음을, 짧게 말해서 섹스에 관한 것이었음을 알았더라면, 그것을 배웠을지도 몰라요. 그러나 그러고 나서 나는 아마도 그것을 기억하지 않았을 거예요. 교육은 지독하게 괴상한 거예요.

---

68 Virgil, Aeneid에 나오는 라틴어 명언.

69 Virgil이 Augustus, Livia, Octavia 앞에서 읽어준 것으로 알려진 라틴어 명언.

로빈 교육은 "… 다양한 기회들을 통해서, 그와 같은 위기의 순간들을 통해서per varios casus, per tot discrimina rerum." 이루어지죠.

사제

"오 이 밤에
우리는 어떤 시간을, 어떤 암흑의 시간을 보냈는가!
당신의 가슴은 무엇을 보았는가! 당신이 갔던 길들이던가! …"[70]

앨리스 이제 저녁 먹고 잘 시간이에요.

롤랜드 좋아요, 마르다.

로빈 아니면 크싼티페인가?

앨리스 내가 갔던 길들의 일부가 시장으로 가는 길이 아니라면, 제일 먼저 불평할 사람은 당신일 거예요.

정신분석가 아마도 우리는 많은 일들로 바빴을 거예요.

롤랜드 우리는 왜 더 자주 만나지 않는 거죠?

정신분석가 우리가 그렇게 하기를 원치 않기 때문이에요. 이것은 우리의 잊혀진 물고기 자기들, 양서류 자기들, 육지 동물로서의 자기들이 모두 동시에 같은 신체 안에서 만날 때에도 사실이에요—그것들이 순서대로도 아니고 공간 안에 퍼져 있는 상태로도 아니라, 같은 신체 안의 지금 여기에서 만나고 있거든요. 블라인드를 내리세요. 우리는 선택하기 위해서 어디에 틈새들을 만들고 그것들 안에 억제들을 삽입해야 할까요? 우리가 살고 있는 세계가 광대한 다양성을 드러낼 때, 즉 기회를 드러낼 때—

사제 또는 신을 드러낼 때—

정신분석가 나는 그것을 우리 앞에 펼쳐진, 우리가 선택해야만 하는 "기회"라고 부르는 게 더 적절하다고 봐요. 우리는 설령 그 문제를 의도

---

70 제랄드 맨리 홉킨스의 시구.

하지 않았더라도, 우리의 행동에 대해 책임을 지는 선택을 해야 해요. 어쨌든, 선택은 구별된 대상들을 서로에게서 분열시키는 것을 포함해요.

앨리스 우리는 결합하는 과정에 있는, 무한히 작은 파편들로 시작하나요? 아니면, 정신분석가가가 암시하듯이, 전체로서의 파편들로 시작하나요?

롤랜드 당신은 우리가 물고기가 될지 아닐지를 선택한다고 생각하세요?

정신분석가 아뇨! 나는, 내가 아는 한, 그 문제에 대해서는 할 말이 없다고 말하는 것이 현실에 더 부합한다고 봐요. 의식적인 목적이 지닌 환상은 신에 대한 믿음을 위한 동기를—부적절한 이유에 근거해서—제공하지만, 나는 사제가 과학을 선택하는 나를 막고 싶어 하지 않는 한, 그가 그것을 믿는 것을 막으려는 어떤 시도도 하지 않을 거예요.

사제 우리 두 사람은 진실을 추구하는 것을 지지하지만, 우리가 선택하는 길이 종종 달라 보인다는 데 동의할 수 있을까요?

정신분석가 선택의 결여는 우리 각자가 여전히 물고기의 특질을 갖고 있다는 것을 의미해요.

로빈 물 밖에 있는 물고기라.

정신분석가 꼭 그런 건 아니고요. 우리가 기체 환경을 받아들이기 위해 액체 환경을 포기할 때, 우리는 액체 환경을 완전히 버리지 않았어요. 우리는 기체 환경으로 이동했음에도 불구하고, 물고기처럼 여전히 우리의 호흡기 경로 안에 액체 환경을 유지하게 해주는 선들 腺을 갖고 있어요.

로빈 나는 우리가 그것으로 무엇을 하는지, 또는 그것이 우리와 무슨 상관이 있는지 모르겠어요.

정신분석가 당신이 "감기"라고 불리는 것에 걸릴 때, 그것을 알게 될 거예요. 또는 눈물을 흘리기 시작할 때도요. 우리가 간직하고 있거나 내면에서 생산되는 액체 환경은 우리가 만들어낸 것을 보거나, 냄새 맡는데, 또는 심지어 그것을 공기와 같은 기체 환경으로 옮길 때 필요한 정자 원형물질germ plasm을 제공하는 데 유용해요. 그러나 그것이 과잉생산 될 경우, 그 점액질은 우리가 익사할 거라고 느끼게 만들어요. 그리고 그때 우리는 냄새 맡을 수 없고, 눈물이 나는 이유를 알 수 없으며, 과도하게 많은 양의 정자나 난자 용액을 담아둘 수 있는 저장고를 찾을 수 없게 돼요.

로빈 만약 우리 인간 발달의 이 모든 과거 세대들이 각 개인 안에서 반복된다면, 나는 그런 현상이 또한 마음이나 정신 안에서도 일어날 수 있다는 것을 알 것 같아요.

정신분석가 그렇게 생각하는 것이 때로는 통찰을 가져다주죠.

롤랜드 우리가 지도 제작자에게서 아이디어를 빌려온다면, 여기에서 우리는 두 개의 차원들을 알고 있고, 오직 두 개의 차원들만을 그릴 수 있다고 상상할 수 있어요. 따라서 윤곽을 나타내는 선들을 사용해서 산악 지역을 평면 위에 나타낼 수 있어요. 우리는 지도를 "읽고," 사람을 "읽어요."

로빈 우리가 가정하는 "윤곽들"을 연결해주는 요소들은 무엇일까요? 신체적 키가 그 사람의 성격의 키와 어떻게 연결되어 있는지를 말해주는 것은 아무것도 없는 것처럼 보여요. 나는 신체적 키의 차이에 따라 달리 전개되는 성격의 패턴을 상상할 수가 없어요.

롤랜드 셰익스피어가 햄릿을 썼을 때 그의 키가 얼마였을까요?

정신분석가 그 질문은—만약 대답이 가능하다면—비록 결과에 대해서는 빛을 주지는 않겠지만, 과정에 대해서는 빛을 줄 거예요.

로즈메리 우리는 램Lamb이 쓴 *셰익스피어의 이야기*들을 읽었어야만 해요—끔찍스런 내용이죠. 그것은 나를 셰익스피어에게서 영원히 등을 돌리게 만들었어요—그리고 램에게서도요. 나는 튀겨진 돼지 이야기가 정말로 바보 같다고 생각했어요.

로빈 아마도 우리는 당신이 램을 바보 같다고 생각했던 상황, 모든 나이들 또는 실마리들을 하나로 모을 수 있을 거예요,

정신분석가 로즈메리는 아마도 그것들을 기억하지 않을 걸요.

로즈메리 내 기억으로는, 램에 대해 생각해본 적이 없어요.

롤랜드 나는 앨리스가 그에 대해 무슨 생각을 했을지 궁금해요—그러나 그녀는 잠을 자러 갔어요.

정신분석가 우리는, 지리적으로, 그녀가 어디로 갔는지 안다고 말할 수 있어요.

로빈 만약 지리적으로가 아니라면, 당신은 어떻게 말을 했을까요?

롤랜드 나는 합리적인 대답을 했을 거예요.

정신분석가 합리적인 대답들은 모두 동일한 윤곽 위에 있을 수 있어요. "합리적"이라는 말은 인간 사고의 규칙을 따르는 대답들을 의미해요. 우리가 살고 있는 세상이 한계—사람들에게 이해될 수 있는 것을 말해야 하는—에 순응하도록 우리를 강제하지 않는다고 가정해보세요. 그때 우리는 아이가 우리가 의사소통할 수 있는 사소한 것조차도 이해할 수 있을 거라고 기대하지 못할 거예요. 우리들 중에 가장 지혜로운 사람들의 의사소통 능력도 태양계 혼자서 의사소통할 수 있는 것에 비하면 어린아이 수준일 수 있어요—우리가 태양계의 언어를 안다면요.

롤랜드 그것이 흔한 일이라는 것이 매우 자주 관찰되어왔어요.

로빈 사실이에요. 그러나 만약 그것이 우리가 무시하고 싶어 하는 사실이라면, 우리는 그 흔한 사실의 의미를 잊을 수도 있어요.

롤랜드 우리가 아무것도 할 수 없는 사실에 대해 숙고하는 것이 무슨 의미가 있을까요?

정신분석가 우리가 그 사실에 대해 할 수 있는 것이 아무것도 없다고 해도, 우리 자신들에 대해서는 무언가를 할 수 있어요. 특히 우리는 우리 자신들에 대한 생각과 지혜—우리 스스로 부과한 전지성—를 수정할 수 있어요.

롤랜드 우리의 "전지성"을 인정하는군요. 정신분석가들이 나에게 무슨 말을 한다고 해도, 내가 그것을 인정할 수 있을지 확신은 없지만, 만약 전지성이 우리의 본성이라면, 우리가 그것에 대해 과연 무엇을 할 수 있을까요?

정신분석가 그것은 견해의 문제에요. 당신은 자신의 전지성을 인정하는 것이 자신의 인격에 주의를 기울이는 사람에게 "무언가를 행한다"는 나의 견해에 동의하지 않을 수 있어요.

롤랜드 나는 나의 행동의 많은 불쾌한 측면들을 일깨워주려고 학교가 시도했던 많은 개입들을 기억하지만, 나 자신이 그런 측면들에 대해 주의를 기울였다고는 말할 수는 없어요.

정신분석가 나는 당신이 말하는 에피소드들에 대해서는 아는 게 없지만, 내 생각에 그것들은 정신분석 회기들이 아니었던 것 같아요.

롤랜드 정신분석 회기들 안에 그렇게 특별한 게 있다면, 그게 뭘까요?

정신분석가 나는 당신이 실제로 정신분석을 받아보지 않는 한, 그것을 당신에게 설명할 수 있을 것 같지 않아요. 그러나 나는 당신이 정신분석이 특별하지 않다고 생각하는 이유에 대해서는 말해줄 것이 있다고 봐요. 우리는 보통의 회화체 영어를 사용하고 있고, 그것은 여느 보통의 회화에서처럼 우리가 말하는 내용과 말하는 방식에 우리가 충분히 주의를 기울이지 않는다는 인상을 주는 경향이 있어요. 실제로 우리는 우리의 대화 상대에게 주의, 정확성 그리고 존중을 갖고서 말하려고 시도해요. 이것은 당신이 상상할 수 있는 것처럼 쉬운 일이 아니에요. 그것은 단순히 어휘나 영어 문법의 문제가 아니거든요—그것은 결코 의식적으로 그리고 의도적으로 표현되는 것에 "지나지 않거나" "국한된" 문제가 아니에요. 중요하고 의미 있는 것은 우리가 사고를 실제 행동으로 변형시키는 것을 목표로 하고 있고 의도하고 있다는 사실이에요.

로빈 우리가 여기에서 즉시 행동으로 옮기려고 의도하는 것이 무엇이죠? 나는 앨리스를 따라 잠을 자러 가고 싶다는 것 외에는 아무런 생각도 나지 않아요.

롤랜드 동의해요. 모두 다 동의하시죠? 그럼 다 같이 자러 갑시다.

8

정신분석가 지난번 모임에서 우리는 사고를 행동으로 옮기는 문제를 잠을 자러 가는 것으로 "해결"했어요. 정확하게 정의된 그 문제에 대한 정확한 해결책이 무엇이었죠? 그것은 논의를 종결하는 것에 의해 명백하게 "정의되었어요." 그러나 그 행동은 그 문제를 논의를 끝낸다는 의미로 정의했어요. 나중에 나에게 떠오른 생각은 우리가 마치 인간의 말을 막 배운 아이처럼 행동하고 있었다는 것이었어요. 아이가 어른들이 그들의 입으로 만들어내는 소음들뿐만 아니라, 의사소통을 위한 전주곡을 통해서 상호 의사소통에 참여하고 있다는 것을 알게 되는 것처럼요. 지금 자유연상으로 사용된 그러한 "사건"은 증가된 경험의 빛에서 재검토될 수 있어요. 그러한 "재-검토"는 그것 자체로서 훌륭한 설명이 될 수 있죠.

롤랜드 당신이 무슨 말을 하는지 알겠어요. 나의 불평은 그 재검토가 나에게는 우리의 경험을 좋은 설명으로 변경하는 것 같지 않는다는 거예요.

로빈 설령 당신의 발견이 환영받지 못하는 것이라고 해도, 그것이 당신의 활동—이 경우에는 우리의 논의—을 계속하는 것이 지혜로운 것인지를 재검토하도록 인도한다면, 그것은 확실히 유익한 거예요.

롤랜드 그럴 수도 있고, 그렇지 않을 수도 있죠.

정신분석가 정확한 말이에요—그럴 수도 있고, 그렇지 않을 수도 있어요. 그것이 우리가 감수해야 하는 위험이죠. 그것이 우리가 선택할 수 있는 자유를 행사하는 책임 있는 인간 존재가 되기 위해 치르는 대가에요. 우리는 잘못된 것을 선택할 수 있어요. 나는 나의 어떤 행동이 용기 있는 것이었다는 생각 때문에 나를 칭송했던 한 장교가 항복을 거부하는 바람에 불가피하게 죽임을 당한 사건에 대한 기억에 시달리곤 했어요. 그의 적들에게는 사살 외에는 다른 선택이 없었다고 봐야겠죠.

로빈 나는 적에게 항복했던 한 젊은 친구를 기억해요. 내가 보기에, 그는 가망 없는 상황에 처해 있었고, 항복을 하는 것이 옳았다고 보여요. 그는 자신이 나라를 위해 죽지 않고 자신의 목숨을 건졌다는 죄책감에서 결코 벗어나지 못했어요. 나는 그가 막 소년티를 벗은 매력이 넘치는 청년이었을 때 그를 알았는데, 항복한 이후에 그의 쾌활할 수 있는 능력은 … 글쎄요, 나는 그것이 "죽었다"고 밖에 말할 수 없어요. 그는 결코 쾌활함을 되찾지 못했어요. 그는 점점 더 우울해졌고, 내향적이 되었고, 철수했으며, 그 모든 고통을 견디지 못하고 마침내 스스로 생을 마감했어요.

로즈메리 예쁜 외모를 갖지 못했던 나의 한 친구는 그녀가 몹시 아기를 갖기를 원했을 때 자신과 결혼해줄 남자를 찾을 수 없을 거라는 생각을 견딜 수가 없었어요. 그녀는 사생아를 임신했고, 아무도 그녀에게 말을 걸지 않았죠.

앨리스 군중 속에서 인간의 도덕적 우월성을 관찰할 수 있다는 것은 놀라운 일이에요. 도덕적으로 우월한 한, 그 사람이 얼마나 잔인한지는 문제가 되지 않아요.

정신분석가 잔인성은 매우 초기 형태의 사랑이에요. 아기는 젖꼭지를 물고, 더 나아가 사랑하는 모든 음식을 씹어요. 아기는 자신이 음식을 씹지 않으면, 그 음식이 자신을 "씹는다는 것"을 곧 발견할 거예요. 그러나 아기는 음식을 씹는 것을 너무 두려워할 수도 있어요. 어떤 방향으로든 뭔가가 잘못되는 일이 일어날 수 있어요.

롤랜드 위-도덕성. 창자의 복수군요. 또는 그것들이 실패한다면, 거기에는 항상 배출을 가로막을 수 있는 치질이 기다리고 있어요.

정신분석가 나는 세관을 담당하는 부서들이 사회적 치질이라고 생각해본 적이 없지만, 당신이 무슨 말을 하는지 알겠어요. 당신이 그렇게 말하니까, 말하기와 논의에 관한 한, 만약 방귀가, 말하기가 그런 것처럼, 아이디어들을 간직하고 있다면, 그것은 많은 장애물을 갖는다는 것이 명백해 보여요.

롤랜드 "돌들의 설교sermon in stones"[71]라는 말은 지리학적 사실조차도 도덕적 아이디어를 전달할 수 있다는 것을 말해주는 좋은 방식이에요—물론 은유적으로요.

로빈 은유적이라고요? 맙소사! 당신은 분명히 돌을-던지는 폭도들 속에 있어 본 적이 없을 걸요—내가 확언하는데, 그것에 대한 "은유들"은 존재하지 않아요!

앨리스 출산에 대해서도 은유는 없어요. 적절한 면허증 없이 한 사람의 내면에 있는 아이를 "꺼내는 것"은, 설령 신체적 죽음은 피한다고 해도, 그의 평판에 대한 사형선고일 수 있어요. 그 반대는 사실이 아니에요. 적절하게 증언된 도덕적 탄생이, 면허증에도 불구하고, 한 여성을 죽일 수 있어요.

정신분석가 당신이 말하는 면허증은 법적 면허증인가요? 아니면 방탕함인가요? 나에게는 개인적이고 사회적인 도덕체계가 정밀검사를 요

71 셰익스피어의 표현. 자연 속에 신의 뜻이 담겨 있다는 의미.

하는 것처럼 보이지만, 그 정밀검사를 구태의연한 당국자들이 실행해야 한다고 생각하지는 않아요.

앨리스 그러면 누가 그 검사를 해야 하죠? 정신분석가들인가요?

정신분석가 정신분석가들은 정신분석만을 수행하도록 훈련받았어요. 그것만으로도 벅찬 일이에요. 나는 외과의사들, 엔지니어들 그리고 다른 시민들처럼 전문가로서의 나의 의무들뿐만 아니라 시민으로서의 의무들을 수행할 것을 기대받아요. 하지만 나 자신이 정신분석 이상의 것을 수행할 자격이 있다고는 생각하지 않아요. 나는 나의 전문성을 정신분석 너머로 확장한다는 아이디어에 찬성하지 않아요. 한 전문영역에서 "전문가"가 되는 것만으로도 충분히 힘든 일이에요. 하지만 우리는 끊임없이 우리의 전문영역을 훨씬 넘어서는 영역에서 전문가인 것처럼 행동하기를 기대받고 있고, 그 기대에 부응하는 데 실패할 경우 원치 않는 경멸의 대상이 되기도 해요.

앨리스 다시 말하지만, 누가 그런 정밀검사를 해야 하죠?

정신분석가 누가 그것을 하든지, 그는 그 과제를 위해 감당해야 할 것이 있어요.

로빈 그게 정신분석인가요?

롤랜드 클라인학파 이론인가요?

정신분석가 대부분의 정신분석가들이 그들의 임상에서 보여주듯이, 자신들이 하고 있는 일에 대한 헌신이 바로 그것이에요.

앨리스 내가 아는 분석가들은 그들의 환자들의 고통을 덜어주는 것보다 근사한 수입을 올리는 데 더 많이 헌신하던데요.

정신분석가 그것은 견해의 문제예요. 나는 다만 좋은 거처, 음식 그리고 교육을 제공할 필요를 말할 수 있을 뿐이에요.

롤랜드 당신이 말하듯이—그것은 견해의 문제예요. 무엇이 "좋은" 것인지는 누가 결정하죠?

정신분석가 물론, 분석가 자신이 해요. 당신은 내가 좋은 것에 미치지 못하는 어떤 것을 선택하리라고 기대하지는 않을 거예요. 실제로 나는 분석을 받기 위해 나에게 오는 누군가가 어째서 패배의 철학을 갖고 있는지, 그리고 만약 그가 그러한 철학을 갖고 있다면, 그는 자신의 패배를 돕는 일에 왜 나를 선택하려고 하는지가 궁금해질 거예요.

로빈 하지만 내가 말했던 병사는 항복하지 않으면 죽음이 명백한 상황에서도 항복하지 않았어요. 아마도 당신은 그가 어떤 오해 때문에 죽음을 선택한 것이 아닌지 분명하지 않다고 생각하겠죠.

정신분석가 그러한 헌신은 전부터 나의 능력 너머에 있는 것이었고, 지금도 그래요. 나는 항상 지극히 위험한 상황에 처했을 때 생존이 가장 중요하다는 믿음을 갖고 있어요. 만약 내가 그러한 믿음이 헛된 것이라고 인식했다면—어떤 끔찍한 부상을 입는 것을 통해서 그것을 인식하도록 내몰렸다면—나는 위험을 피하는 쪽을 선택했을 거예요. 전쟁에 참여하는 것이 삶을 즐기는 나의 능력을 전적으로 바꾸어놓을 것임을 나에게 말해준 사람은 아무도 없어요. 설령 누군가가 말해줬다고 해도, 나는 그 말을 이해하지 못했을 거예요. 심지어 오늘날도 우리는 우리의 자녀들에게, 또는 우리의 자녀들의 자녀들에게 그들이 그들의 동족을 위해 봉사할 때, 어떤 대가를 치러야 하는지를 말해줄 준비가 되어 있을까요? 우리는 그들에게 그렇게 하지 말라고, 그것은 너무 커다란 대가를 치를 거라고 말해줘야 할까요? 만약 그들이 그들의 동족을 위해 봉사하지 않는다면, 그들은 어떤 대가를 치러야 할까요? 소크라테스는 동료 아테네인들의 법정이 그에게 선고를 내린 후에 도망치는 것을 선택하지 않았어요. 도망치라는 충고를 받았을 때, 그는 도망치지 않는 것이 자신의 자유로운 선택이라고 말했죠. 그 자유를 위해서 그는 기꺼이 대가를 지불했어요.

롤랜드 그는 사후의 삶을 믿었을까요?

로빈 호레이스가 지적했듯이, 많은 용감한 남자들이 아가멤논 이전에 죽었어요. 호머가 그의 시에서 그들에게 불멸성을 수여하기 전에요.

롤랜드 그것은 어떤 종류의 불멸성일까요? 남학생들은 그들의 그리스 신화 시험에 대해 불평이 많았어요.

로빈 "불멸성"은, 정신분석처럼, 종종 사람들의 의식을 아늑하고 따스한 자기-위안 안에서 잠들게 해주는 정신적 "플란넬flannel"[72]이에요.

정신분석가 그것은 효과가 오래 가지 않아요. 세계의 당국자들은 최고의 선의를 갖고서 대학생 병사들이 무사하게 돌아오기를 원했어요. 헤이그Haig[73]는 제대한 병사들이 돌봄을 받기를 소망했어요. 어떻게 그런 일이 행해졌죠?

앨리스 그리고 여성들은요? 그들은 중요하지 않나요? 나는 나의 딸들에게, 그리고 그들의 딸들에게 출산에 대해 무슨 말을 해야 하죠?

로빈 그들에게 말한다고요? 중요한 어떤 것, 즉 아무것도 아닌 것이 아닌 것을요? 최소한 그들에게 자신의 몸을 그리고 신체적 충동들과 요구들을 존중하라고 말해주세요. 그리고 자신의 마음과 성격을 존중하라고 말해주세요. 그러면 그들은 어떤 늙은 호색가도 자신들의 배우자가 되거나 그들의 자녀들의 아버지가 될 수 있다고 생각하지 못할 거예요. 역으로, 그들은 어떤 늙은 창녀라도, 호세아처럼, 아내나 어머니가 될 수 있다고 가정하지 않을 거예요.

정신분석가 그 문제는 "영혼"의 부모됨에 대한 논의[74]라는 지적 괴물을 선택하는 것으로는 해결되지 않아요. 영혼의 부모됨에 대한 논의는 만약 우리가 오직 논의에만 관심이 있다면, 적절할 거예요. 그러나 그것이 정신분석의 대체물이 되어서는 안 돼요.

---

72 전선으로 가는 영국 군인들에게 영국의 소녀들이 만들어준 천으로 된 일종의 부적.

73 Douglas Haig(1861-1928). 일차세계대전에서 활약한 영국의 장교.

74 육체뿐만 아니라 영혼에 관심을 갖는 부모가 되는 데 필요한 자질들에 대한 논의.

롤랜드 그것이 정확히 지금 여기에서 우리가 직면하고 있는 위험이 아닌가요? 이 모든 것이 아무것도 하지 않는 것에 대한 대체물이 아닌지, 우리가 어떻게 알죠? 물론 논의 자체가 어떤 것을 하는 것이 아니라면 말이에요.

앨리스 나는 의회가 "단지" 어떤 것을 말할 때 무언가 중요한 일을 하고 있다고 생각해요. 나는 그 "말"이 통과된 법안에 반영되지 않는다거나, 통과된 법안이 단순히 의회 출판업자들에 의해 고안된 것이라는 주장이 사실이 아니기를 희망해요. 내가 본 법안들은 의미 있는 것이었음에도 불구하고, 외국어로 씌어있는 것처럼 보였어요.

로빈 그 법안들이 만들어내는 의미는 그것들을 해석해야만 하는 법정에 의해, 그리고 그것들을 행동으로 옮겨야 하는 다양한 당국들에 의해 결정돼요. 결국, 의회는 단지 "말하는 가게talking shop"가 아닐까요?

정신분석가 그럴 수 있어요. 자유를 위해 지불해야 하는 대가는 끊임없이 깨어있는 거예요. 이것은 정신분석에도 똑같이 적용돼요. 개인이 분석되지 않고, 치료되지 않는다면, 그는 살아있는 동안 내내 잠을 잘 수 있어요. 만약 그가 평생 잠을 잔다면, 사람들은 그것을 보면서 "좋은 해결책"을 찾았다고 간주할 수도 있을 거예요.

앨리스 내가 아는 정신분석가들은 훌륭한 의도들을 갖고 있고, 그 의도들을 실천하기 위해 많은 해결책들을 찾아내는 것이 사실이지만, 나는 그들의 삶이 훌륭한 철학을 실천하는 좋은 본보기가 된다는 인상을 받지는 못했어요.

정신분석가 나는 다른 분석가들에 대해 할 수 있는 말이 없어요. 나는 당신이 말하는 분석가들이 분석을 받은 사람들인지조차도 알지 못해요. 나는 나 자신에 대해서는 어느 정도 알고 있고, 내가 예의 바른 태도를 어떻게 유지하는지도 어느 정도 알 수 있어요. 나는 내가 아는 실패들이 시간이 지나면서 "후회"보다는 조금 나은 것으로 그리고 좋은 해결들로 인도하기를 희망해요.

앨리스 나는 빈번히 내가 바람직하거나 심지어 훌륭하다고 간주하는 행동을 따르지 않는다고 생각해요.

정신분석가 개인이 모르고 있고 그래서 통제할 수 없는 생각들과 행동들과 감정들을 알 수 있게 해주는 정신분석이 희망이 될 수 있어요. 개인이 그런 생각들과 행동들과 감정들을 알 수 있다면, 그는 그것들을 바꾸겠다는 결정을—비록 무의식적이지만—내릴 수도 있고, 내리지 않을 수도 있어요.

앨리스 나는 정신분석이 부모들, 교사들, 성인들, 철학자들, 또는 셀 수 없이 많은 세대들 동안에 이런저런 종류의 예언자들이 해오던 것과 어떻게 다른지 모르겠어요.

정신분석가 내가 말한 것—그리고 내가 더 잘 말할 수 없는—은 많은 유서 깊은 절차들에 적용될 수 있는 서술이에요. 당신은 나의 서술에 기초해서 정신분서적 접근에 어떤 우월성을 부여해야 할 특별한 이유가 있는 것은 아니라고 가정할 수 있고, 그 가정은 옳은 거예요. 대부분의 사람들이 정신분석가를 찾아가서 시간과 돈을 쓰지 않는 것은 바로 그런 이유 때문이에요. 우리가 열망하는 "진정한 정신분석"은 기껏해야 "진정한 정신분석"을 향해 가고 있는 것일 뿐이에요. 그러나 정신분석가와 피분석자의 보잘것없는 노력 너머에 무언가가 존재한다는 것을 사람들이 알게 만드는 것은 충분히 진실된 것이에요. 나는 그것을 성취하고자 하는 우리의 노력을 통해서 표면적인 것 이상의 것을 성취할 수 있다는 생각이 낙관적인 것이라고 봐요.

로빈 그 말은 신과 그리스도, 그리고 천국과 지옥에 대해 내가 들어왔던 모든 종교적인 말들을 생각나게 하네요. 나는 정직하게 믿으려고 시도했지만, 나의 스승들이 나에게 가르쳐준 것과 부합하는 현실을 발견하지 못하는 실패들과 그들이 "퇴보들"이라고 부른, 내가 지금 알고 있듯이, 나의 목표, 나의 상賞이 있어야 할 곳에 아무것도 없다는 반갑지 않은 경우들을 수없이 겪고 난 후로, "치료," "천국," "성공" 또는 최신 이름으로 불리는 "야생 거위"를 얻기 위해 정신분석적 노력을 시작할 수 있는 신선함, 활력 그리고 순진성을 결여하고 있어요. 내가 아는 한, 우월한 대안들을 제시하는 모든 경쟁적인 "치료들"이 있지만, "죽은 자를 도울 수 있는 것은 아무것도 없어요."

앨리스 그 말을 들으니까 우울해져요.

로빈 나는 그렇게 느끼지 않아요. 이 고지식함의 짐을 짊어질 필요가 없다는 것은 해방이에요.

롤랜드 당신은 캘커타 컵[75]을 두고 경쟁하는 경기에서 누가 우승했는지 알아보기 위해 열을 올렸던 것 같은데요.

로빈 이런 운동경기에서 승리했다는 소식은 나에게 즐거움을 줘요. 내가 기쁜 이유는 잉글랜드가 이겼는지 아니면 졌는지에 대해 더 이상 신경 쓸 필요가 없기 때문이에요.

롤랜드 전쟁에 대해서는요? 조국이 이겼는지 졌는지 신경 쓰이지 않나요?

로빈 물론 신경 쓰여요. 나는 패배의 결과에 대한 끔찍한 이야기들을 믿도록 세뇌되었어요. 나는 내가 사는 세상에 대해 내가 알고 있는 것에 기초해서, "네가 이겼는지," "내가 이겼는지," 아니면 "그들이 이겼는지"에 대해 말할 수 있어야 하나요? 어쩌면 나는 "세상이 이겼다"는 것을 하나의 가능성으로 포함시켜야 하지 않을까요? 패션계에서 최근에 유행하는 애국적인 의상 디자인은 별들과 줄들이 그려진 패턴을 배

75 영국에서 잉글랜드 팀과 스코틀랜드 팀 사이에서 행해지는 전통적인 럭비 경기.

경으로 재배열된 붉은색, 흰색, 푸른색으로 이루어져 있어요. 나는 붉은 망치들과 낫들이 그려져 있는 감각적 디자인을 배경으로 큰 글씨로 쓴 "표어"를 보면서도 아무런 느낌이 없어요.

앨리스 나는 트로이의 헬렌이나 클레오파트라가 이런 패션들을 본다면, 그들이 무슨 생각을 할지 궁금해요.

로빈 그들은 바보가 아니었어요. 오늘날에는 상당한 용기를 지닌 여성만이 그런 패션의 옷을 입을 할 수 있을 거예요.

앨리스 그렇겠죠. 그러나 당신은 마음이 흔들릴 수 있는 여지를 남겨두지 않은 채, 지저분한 것들을 말끔히 정리할 수 있는 여성이 있다고 생각하세요?

롤랜드 그 사람이 남성인지 여성인지는 중요하지 않아요—생명이 있는 것들을 키워낼 수 있는 조건은 부패과정에서 생성되는 온기에요. 만약 부패가 썩은 냄새를 통해 자체를 드러내지 않는다면, 어떤 산란관도 적합한 온기의 원천을 찾을 수 없을 거예요.

로빈 그 산란관은 코가 있어야 되겠네요.

정신분석가 당연하죠. 인간들은 창조적 활동을 하는 고약한 냄새가 아이를 산출하는지, 파리-떼를 산출하는지, 또는 아이디어들을 산출하는지와 상관없이, 그 냄새를 인정하고 그것과 화해하는 것이 어렵다고 느껴요. 냄새에는 좋은 냄새와 나쁜 냄새가 모두 있어요. 치즈는 발효를 거치면서 그 냄새가 역겨울 수 있지만, 좋은 음식이에요. 두리안도 그렇고요.

로빈 무슨 말인지 알겠어요—당신이 음식의 냄새에 대해 말한다는 것을요. 그러나 우리는 정신적 음식에 대해 관심을 갖고 있어요. 당신은 사실상 감각적인 냄새가 존재하지 않을 때, 나쁜 냄새의 상대역을 어떻게 알아보죠?

정신분석가 우리는 감각적 경험, 또는 은유의 본성, 또는 그 둘 모두에 대한 우리의 견해를 개정해야만 해요. 상스런 언어는 우리가 너무 "문명화되는" 바람에 알아볼 수 없게 된, 나쁜 냄새를 수반할 수 있어요.

로빈 내가 키우는 사냥개에게 한두 가지 시도해봐야겠어요. 그 개는 냄새를 잘 맡거든요. 내가 개에게 말할 때 속삭여야 할까요, 큰 소리로 말해야 할까요, 아니면 유혹하듯이 말해야 할까요?

정신분석가 하나의 아이디어네요. 나는 그런 실험에서 당신이 상스런 말을 할 때 상스런 태도로 해야 한다고 생각해요. 나는 몇몇 진정으로 상스런 단어들이 있다고 봐요—그것들의 소리는 국제적으로 알려져 있어요.

로빈 그것들은, 깨어 있든 잠들어 있든, 미국인이든 중국인이든, 개든 사람이든 상관없이, 동일한 냄새를 갖고 있어요. 사람의 피부는 사람이 상스런 정서 상태에 있을 때 다른 체취를 발산할 수 있거든요.

정신분석가 실험을 행하는 우리의 마음 상태가 진정성이 있는 것이어야만 할 거예요. 그럴 때에만 우리의 코가 우리의 호기심을 만족시킬 수 있거든요.

앨리스 만약 우리들 중의 한 사람이 주의 깊게 생각해둔 상스런 말을 한다면, 그것은 진정성이 있는 실험일 수가 없을 거예요.

롤랜드 당신의 개를 나에게 빌려주고, 아침에 알람이 울릴 때 무슨 일이 일어나는지 보세요. 나는 알람이 깊이 잠든 나를 깨울 때마다 혼자서 상스런 말을 지껄이거든요. 당신은 그것이 뭔가를 증명할 거라고 생각하세요?

정신분석가 아무것도 증명하지 않을 거예요. 궁극적으로 나는 우리가 조사하고 있는 것 안에, 언어적으로 인식할 수 있듯이 물리적으로 인식할 수 있는 얼마의 근저의 현실이 있는지 알고 싶어 할 거예요. 나는 그러한 근저의 현실이 단지 똑같은 생각이 존재하는 것이 아니라 생각에 대한 생각에 대해 생각하고 있는—선腺의 증상들인—거대한 허황된 생각의 둥지mare's nest[76]가 아니기를 소망해요.

롤랜드 부신副腎이 우리의 생각을 발생시키나요, 아니면 우리의 생각이 부신의 분비를 촉발시키나요?

로빈 다른 분비선들은 왜 그렇지 않죠? 가장 명백한 것은 성적인 것일 텐데요. 소녀가 아름다워 보이는 이유가 분비선이 작동하기 때문인가요, 아니면 눈이 아름다운 소녀를 보았기 때문에 분비선이 작동하는 건가요?

롤랜드 어쨌든, 어떤 것이 먼저인지가 중요한가요?

정신분석가 적어도 생과 사가 걸린 상황에서는 그것이 어떤 방향인가가 중요해요. 일부 사고 패턴에 의해 존재를 드러내는 것이 암을 일으키는 바이러스라고 생각해봐요. 문제의 기원이 생각인지 바이러스인지에 따라, 너무 늦기 전에 상황에 적절하게 대응하는 데 도움을 줄 수 있어요.

앨리스 당신은 암에 대한 공포가 초기 암의 존재를 암시한다고 말하는 건가요? 명백히 그건 아니죠.

정신분석가 당신 말대로, "명백히 그건 아니에요." 그것은 사고 패턴의 일부일 뿐이에요. 설사 그렇다고 해도, 그 패턴은 신체의 정확한 부위, 예컨대 가슴에 위치한 암을 가리킬 수 있어요. 그 패턴을 구성하는 부분들이 아니라 사고의 패턴이 중요해요. 사실들은 그것들이 분석가에 의해 사용된다는 이유로 사라지지 않아요. 자유연상들은 분석적으로 타당한 것일 수 있지만, 사실들을 모호하게 한다면 위험해질 수 있어요. 정신분석은 나쁜 일을 최상의 것으로 만드는 원리를 적용하고 있을 뿐

---

76 "암말의 둥지"로 직역되는 이 용어는 거짓된 생각, 착각, 날조를 가리키는 숙어임.

이에요. 나쁜 일은 나쁜 것으로 남아요. 설령 그것이 좋은 이야기로 바뀐다고 해도 말이에요.

롤랜드 당신은 만약 "생각이 분비선 활동의 부산물로 드러난다면, 그것은 허황된 생각의 둥지일 거라고" 말했어요. 사람들은 분비선들이 아이디어를 발생시키는 것인데도 불구하고 왜 사고의 현실을 부인하거나, 그 현실을 좋은 이야기로 바꾸려고 노력하지 않는 걸까요?

정신분석가 내 말의 의미는 사고가 "단지" 분비선 활동의 산물이라는 것이 아니에요. 내가 그러한 사고에 대한 적대감에 노출되거나 그것이 분비선이라는 낮은 수준의 기원을 갖고 있다는 것을 확인한다고 해도, 나는 놀라지 않을 거예요. 나는 자기 자신은 그런 것과 상관이 없다고 가정하는 편협한 사람들이 있다는 것을 너무 잘 알아요. 나는 나의 동료 형제자매들과 마찬가지로 흠결 많은 나의 기원보다는 메시아적 우월성을 갖기를 열망해요. 우리의 기원에 대한 증오는 모든 진보와 뗄 수 없는 것처럼 보여요.

앨리스 아마도 그것은 우리가 특히 우리 자신들의 기원에 빚을 지고 있을 때 그럴 거예요. 우리는 그곳으로부터 "더 높은 것들"로 떠올라요. 우리는 정말 짐승 같은 존재예요!

롤랜드 그리고 그런 존재였어요. 그러나 짧은 시간 동안에 변화하는 우리의 모습은 정말 놀라워요! 만약 우리가 진정한 진보를 위해 유리한 조건들을 발견한다면, 그것은 유익할 것 같아요.

정신분석가 또는 만약 우리가 진보하고 있는 방향을 알고 있다면, 어떨까요? 나는 때로 우리의 진보가 어떤 방향으로 가고 있는지 의심스러워요.

로빈 나는 당신네 정신분석가들은 진보를 의심하지 않는다고 생각했어요. 당신들은 자신들이 분석을 받았다는 이유로 최소한 자신들이 "진보했다"고 확신하고 있는 것처럼 보이거든요.

정신분석가 "확실성"은, "불확실성"이 그렇듯이, 삶의 일부예요. 우리는 그 둘 중에 어느 것도 피할 수 없어요. 그것들은 서로 반대편 극단에 위치한 동일한 감정이에요. 나는 그 "동일한 감정"에, 즉 상반되는 극들로 이루어진 감정에 어떤 이름을 붙여줘야 할지 모르겠어요. 만약 내가 시인이거나 철학자였다면, 아마도 이름을 붙여줄 수 있었을 거예요. 내가 정신분석을 나의 직업으로 삼고 있다는 이유로 나를 정신분석가라고 생각하는 것은 도움이 되지 않아요.

앨리스 여기에는 언어의 모호성으로 인한 혼동이 발생할 수 있어요—만약 당신의 직업이 정신분석가라면, 그것은 당신이 유능하다고 자인하거나 주장하는 사람이라는 것을 스스로 공언하고 있는 거예요.

정신분석가 그 말은 맞아요. 나는 나의 유능함을 주장할 수밖에 없어요. 그렇게 하지 않으면, 나보다 덜 유능한 누군가가 나의 자리를 차지할 것 같거든요. 구애 과정에서, 남자 또는 여자가 남편이나 아내가 될 수 있는 능력을 "공언"하지 않는다면, 어떤 일이 일어날 거라고 생각하세요? 그러면 인류는 편집증적인 허풍쟁이들만 남게 될 거예요. 지옥과 천국은 스스로를-파괴한 멜랑콜리 환자들로 채워지겠죠. "슬피 울라! 아도니스를 위해"라는 시구처럼요.

앨리스 또는 "나와 함께 칭송하라, 칭송하라, 헬렌 같은 아름다움을"이라는 시구처럼요. 하지만 나는 "오라, 다 함께 주님을 찬양하라"라는 시구를 더 좋아해요.

롤랜드 나는 만약 당신이 종교적 해결책을 믿을 수 없다면, 사실들이라는 것조차도 "믿을" 수가 없을 거라고 생각해요. 사실들은 종교적 충동을 위한 출구를 제공하지 않아요—과학적 호기심을 위한 출구만을 제공하죠.

정신분석가 그 두 충동들이 같은 것이 아닐까요? 내가 아는 종교인들은 확실히 자신들이 진실에 그리고 오직 진실에만 관심이 있다고 생각해요. 우리가 존경심을 갖고서 다룰만한 사실들이 아닌 평범하고 사소한 일들에 직면해서 경외감을 갖는 것은 종종 어려워요.

롤랜드 나는 "존경심을 갖고서" 다룰 수는 있지만, "경외심을 갖고서" 그렇게 할 수는 없어요.

앨리스 나는 "경외심"이라는 단어는 종교인들을 위해 남겨두는 것이 더 적절하다고 생각해요.

정신분석가 나는 우리가 사용하는 단어를 존중해야만 하고, 그것을 비하하지 않도록 주의해야 한다는 데 동의해요.

로빈 당신이 경외심을 갖고서 알고 있고 취급하는 어떤 사실이 있나요?

정신분석가 물론이죠—나는 오로라의 빛의 커튼이 불러일으키는 경외감을 알아요. 그리고 장엄한 산들이 만들어내는—

롤랜드 사람들이 아니고요?

로빈 당신은 개인들—구체적으로 특정한 남자들과 여자들—과 그들의 "마음"을 구별하나요?

정신분석가 때로 그 구별은 타당해요. 나는 점점 더 나의 감각들에게 스스로를 제시하는 것들—소리, 장면, 청취, 접촉—이상의 어떤 것이 존재한다는 것을 알고 있어요. 나는 나 자신이 냄새 맡거나 만지거나 듣거나 보지 못하는 어떤 것에 의해 자극되는 감정들을 경험해요. 나의 지각들은 충분히 섬세하지 않아요—그것들은 감각적 현실과 끊임없이 부딪치는 과정에서 무뎌졌어요.

앨리스 만약 그 경험이 초보적인 것이라면, 그것은 아마도 당신이 초보적인 인격—자궁 속의—이었을 때 만날 수 있었고 실제로 만났던 경험일 거예요.

정신분석가 당신은 임신하고 있었을 때 당신의 몸 안에 인격이 존재하고 있다는 것을 알았나요?

앨리스 물론이에요. 뱃속에서의 발길질 하나하나가 고유했어요.

로빈 나는 모성적 직관에 대해 정신분석가가 어떻게 생각하는지 알고 싶어요. 당신은 부성적 재능을 가진 정신분석가들이 그와 같은 섬세한 구별들을 할 수 있다고 보세요?

정신분석가 나는 내 편견의 희생자에요. 그 편견에는 부성적 유전자들의 기여와 부모 모두에게서 온 다른 유전자들의 기여도 있을 수 있어요.

롤랜드 당신은 정신분석가로서 양쪽 성 모두의 최상의 것으로 구성된 사람이라고 말하는 것처럼 들려요.

정신분석가 그게 사실이면 좋겠어요. 나는 그러한 나의 욕망이 내가 물려받은 약점들을 가리지 않기를 희망해요. 나는 나의 환자들 편을 드는 편견과, 그들의 탁월함을 공유하고 싶은 욕망을 갖고 있다는 것을 알고 있어요.

로빈 그게 역-전이인가요?

정신분석가 "역-전이"는 정의상 무의식적인 것임을 잊지 말아야 해요. 이 말은 내가 실제로는 나의 역-전이의 본성을 알지 못한다는 것을 의미해요. 나는 이론적으로는 알지만, 그것은 오직 역-전이에 대해 아는 것일 뿐이에요—그것은 "물-자체"를 아는 게 아니에요.

로빈 추정컨대, 역-전이에 대해 아는 것은 유용할 것 같아요. 우리가 많은 것들을 직접적으로 경험하지 않고서 배우는 것이 불가피하지 않나요? 나는 달 여행에 대해 배우지만, 분명코 그것을 직접 경험할 일은 없을 거예요. 그러나 우리가 교육과정이 비현실적이라고 믿지 않는 한, 그것은 얼마의 가치를 갖고 있음이 분명해요.

롤랜드 나는 기관총들에 관해 많은 것들을 배웠어요.

정신분석가 나도 그랬어요. 나는 실제로 요즘 유행하는 말로 "세뇌," "포탄 충격"과 구별이 불가능해 보이는 많은 것들을 배우고 학습했어요. 시대에 따라 명칭은 바뀌지만, 현실은 바뀌지 않아요.

로빈 당신은 "교육," "세뇌," "포탄 충격"이 같은 거라고 보세요?

정신분석가 나는 그것들이 같은 거라고 말하지는 않을 거예요. 다만 어떤 맥락에서는 말해진 것의 "근본적인" 의미를 인식하는 것이 중요할 수 있어요. 나는 어렸을 때, "애국심"과 "용기"가 중요하다고 배웠어요. 나는 "너의 왕과 조국이 너를 원한다"라는 표어가 사실이라고 믿었어요—수없이 많은 다른 사람들처럼요. 좀 더 예민하고 덜 튼튼했던 나의 동료들 중의 일부는 적군이 그들을 원치 않는다는 것을 알았을 때 "붕괴되었고," "포탄 충격"의 희생자가 되었어요. 시간이 지나면서 분명해진 사실은, 내가 전투에 충분히 자주 참여한다면 내가 죽을 거라는 것이었죠. 그러나 나를 "세뇌한" 이론과 훈련은 증가하는 현실의 공격들을 막아냈어요—조금 우쭐하게 만들어주는 훈장의 도움으로 그런 공격들을 견뎌냈죠. "플란넬로 그대를 감싸라"는 표어는 유혹적인 "영광"의 속삭임보다는 더 크고 우렁찬 소리가 되었어요.

앨리스 당신은 영광을 비난하는데, 그 안에도 얼마의 현실이 있지 않을까요?

로빈 나는 "의로움과 영광이 인도하는 곳"이라는 징병 표어에 의해 감명을 받았어요.

롤랜드 나는 지금도 그래요. 군부대를 상징하는 "휘장" 역시 신비감과 마음을 열게 하는 호소력을 갖고 있어요.

정신분석가 나는 그 점을 부인하지 않아요. 평화로운 세상이라면, 나는 약간의 회상과 함께 그림자와 어두움을 몰아내는 그 휘장의 광채를 보면서 기뻐했을 거예요. 그러나 어떤 아이디어들이 떠오를지 전혀 알지 못하는 상태에서, 영광이라는 아이디어는 나의 비겁함 때문에 저항에 부딪쳤어요. 전투에 참여해본 적이 없는 누군가에게 전투 중인 병사나 연대의 부상자 호송병이 되는 것이 어떤 것인지를 설명하는 것이 불가능한 것처럼, 정신분석가가 되어본 적이 없는 사람에게 실제 정신분석을 경험하는 것이 어떤 것인지를 서술하는 것은 불가능해요.

롤랜드 설마 분석적 회기가 전투에 참여하는 것과 비교될 수 있다고 진지하게 생각하는 건 아니겠죠?

정신분석가 예, 비교될 만해요. 물론 그 둘 모두에서 임박한 죽음이 예상되는 것은 아니지만요. 그러나 그럴 가능성이 전혀 없는 것도 아니에요. 임박한 죽음은 불안, 즉 낮은 음조의 두려움을 고려하지 않아요. 그런 상황에서 분석가는 환영받지 못하는 해석을 하기가 어려워요.

롤랜드 환자가 비난받는 것에 대해 화를 내는 것은 오직 두려움 때문이 아닐 텐데요?

정신분석가 나는 그것이 오직 두려움 때문이라고 생각하지 않아요. 환자는 비판적인 언급에 대해 화를 낼 수 있고, 아마도 심지어 살인적인 화를 낼 수도 있어요. 나는 그런 분노의 가능성이 의식적으로 방해한다고 생각하지 않아요.

로빈 그것은 어떤 무의식적인 두려움, 즉 당신이 말했던 역-전이 때문일까요?

정신분석가 그렇죠. 비록 우리가 그것을 의식하지 않는다고 해도, 분석가에게는 해석을 하는 것에 대한 내재된 두려움이 있어요. 분석가가 먼저 분석을 받아야 한다고 생각하는 한 가지 이유가 바로 그 두려움을 없애기 위해서예요. 만약 정신분석가가 제대로 된 분석을 하고 있다면, 그는 동물이 두렵게 느껴지는 어떤 것을 조사하는 것처럼 위험의 냄새를 맡는 활동을 해야만 할 거예요. 만약 분석가가 즐거움이나 이익 때문에 어떤 것을 조사한다면, 그는 자신이 해야 할 일을 하고 있는 게 아니에요. 환자들은 어떤 임박한 유쾌한 사건들을 예상하기 때문에 분석가를 찾아오는 게 아니에요. 그들은 마음이 힘들기 때문에 분석가를 찾아와요. 분석가는 자신이 감지한 위험을 공유해야만 하고, 따라서 그 위험의 "냄새"를 공유해야만 해요. 만약 당신의 목뒤의 머리카락이 뻣뻣해진다면, 그것은 당신의 원시적이고 원초적인 감각들이 위험이 존재한다는 것을 말해주고 있는 거예요. 당신이 해야 할 일은 그 위험에 대해 호기심을 갖는 거예요—비겁하지도 무책임하지도 않게요.

롤랜드 당신이 그토록 귀감이 되는 사람이라면, 당신은 스스로를 매우 높게 평가하고 있는 게 분명해요.

정신분석가 나는 지금 내가 그 일에 얼마나 적합한 사람인지 아닌지를 말하고 있는 게 아니라, 정신분석가가 해야 할 일을 서술하고 있을 뿐이에요. 나는 정신분석에 대한 이러한 사교적 대화—또는 그것에 대한 전문적 논의—와 정신분석의 실천 사이의 차이를 말해야만 하는 정신분석가의 과제에 충분한 존중을 표하고 있는 거예요. 정신분석을 실천하면서 아무런 두려움을 느끼지 않는 분석가가 있다면, 그는 그가 해야 할 일을 하고 있지 않든지, 아니면 그 일에 부적합한 사람일 거예요.

로빈 요소들을 두려워하지 않는, 또는 바다와 하늘을 두려워하지 않는 사람은 비행사와 항해사가 되기에 부적합해요. 두려움과 겁쟁이를 가르는 선은 희미해요.

정신분석가 맞아요. 나는 과감함과 어리석음 사이의 선도 마찬가지로 희미하다는 말을 덧붙이고 싶어요.

롤랜드 당신은 그 선을 어떻게 정의하세요?

정신분석가 나는 정의하지 않을 거예요. 정신분석 실제에서 선을 긋는 것은 한 사람의 인격의 사실들을 포함하는 사실들에 달려 있어요. 우리는 그 사실들에 대해 우리의 전체 능력을 사용해서 판단해요. 정의를 내리는 것은 이론—아이디어들의 논의와 소통에 유용한—의 문제일 뿐이에요. 분석 실제에서 우리는 언어적 진술처럼 모호한 것에 의존하지 않아요.

앨리스 나는 항상 언어적 진술에 의존해요. 나는 야채가게 주인과 정육점 주인과 생선가게 주인에게 내가 원하는 것을 말해야 하거든요. 로즈메리와 나는 서로를 이해하기 때문에, 우리 사이에는 아무런 어려움이 없어요.

정신분석가 당신의 실용적인 목적을 위해 언어적 진술이 적합하다는 것은 알겠어요. 그러나 정신분석에서 그 진술은 오해로 이끌 수도 있어요.

앨리스 분명히 그런 경우가 많을 것 같아요. 대부분의 사람들은 내 말뜻을 알 거예요.

롤랜드 당신은 운이 좋은 사람이에요. 농장에 있는 사람들 중에 당신이 하는 말을 이해하는 사람이 얼마나 소수인지를 알면 당신은 놀랄 거예요. 당신이 하는 말을 이해하는 누군가가 있다면, 아마도 나는 놀랄 거예요.

정신분석가 분석에서 그 문제는 더 복잡해요. 비록 내가 이 일을 한지 여러 해가 되었지만, 나는 여전히 나의 어휘와 구문이 내가 "말한 의미"에 나 자신이 만족할 수 있는 수준으로 충분히 세련되었다고 느끼지 않아요. 거기에는 또한 명쾌함이라는 부가적인 문제가 관련되어 있어요. 나는 명쾌할 수 없는 나의 무능을 보강하기 위해 피분석자의 이해능력에 의존해야 하거든요. 이상적인 것은, 내가 의사소통해야 할 것을 알고 있으면서, 길게 말하지 않고서도 근본적인 것을 소통하기에 적합한 지점에 이르기까지 나의 어휘를 정제할 수 있게 되는 거예요.

로빈 예를 들어줄 수 있나요?

정신분석가 만약 내가 피분석자의 행동에 포함된 원시적이고 원초적인 특징을 지적하고 싶다면, 나는 "배설한다," "똥을 싼다," "소변을 본다," "오줌을 갈긴다," "쉬를 한다," "오줌을 싼다" 등의 단어들 중에서 어떤 단어를 말할 것인지를 결정해야 해요. 아주 어린아이는 "오줌은 싼다"는 표현은 이해할 수 있어도, "소변을 본다"는 표현은 이해하지 못할 수도 있어요. 나와 친하지 않거나 의학용어에 친숙하지 않은 숙녀는, 만약 내가 "오줌을 갈긴다"고 말하면 격노할지도 몰라요. 당신은 "배"라고 말하는 것이 너무 무례한 행동이라는 생각 때문에 배가 아프다는 말을 할 수 없었던 소년에 대한 이야기를 기억할 거예요. 그는 배가 아프다는 말 대신에 "신체가 아파요"라고 말했어요.

롤랜드 확실히 그것은 바보 같은 까다로움을 보여주는 극단적인 예군요.

앨리스 나는 당신이 보통 극단적인 경우들을 다룬다고 추측은 하지만, 당신이 매우 장애가 깊은 환자를 만난다는 게 상당히 명백해 보이네요.

정신분석가 사실이에요. 자신에게 장애가 있다는 사실을 알지 못하는 한, 분석가를 찾아가서 시간과 돈을 쓸 수 있는 사람은 거의 없어요. 그러나 그는 자신을 힘들게 하는 "장애"가 무엇인지 알지 못할 수도 있어요. 몸이 아프다고 말했던 그 소년은 정중하지 못하고 벌거벗은 자신의 자발적인 말에 의식적인 언어의 옷을 입혔지만, 그 "옷 입히기"를 너무 잘하는 바람에 그가 말하는 것의 근저에 있는 의미에 도달할 수가 없었어요. 그가 입혀 놓은 예의 바른 언어의 옷을 뚫고 들어갈 수가 없었거든요.

로빈 방금 당신이 말한 것을 적용해보면, 당신은 무슨 냄새를 맡았고, 어떤 위험의 냄새를 맡았나요?

정신분석가 만약 내가 그 아이에게 "배"가 아픈 거냐고, 또는 최근에 제대로 대변을 보았느냐고 물었다면, 직접적인 위험은 그가 도망치는 것이었겠죠. 어떤 언어를 사용해야 할까요? 변비라는 말을 해야 할까요? 그러나 그는 겁에 질려 있었어요. 내가 냄새 맡을 수 있어야 했던 것은 우리 두 사람이 공유하고 있는 위험이었어요. 서로 가까이 접근한 호랑이의 위험과 사슴의 위험 말이에요.

로빈 호랑이는 사슴에 의해 잡아먹힐 일이 없으니까 두려워할 수가 없겠죠.

정신분석가 그것은 나의 문제에 대해 말해주는 좋은 예에요. 나는 그것을 이렇게 도표화할 수 있어요—

호랑이	내가 잡아먹힐 수도 있다 먹잇감이 도망칠 것이고, 나는 먹지 못할 것이다	사슴

위의 도표는 공유된 두려움을 서술해요. 분석가는 그 공유된 냄새—그 소년에게는 "지성소의 냄새"에 해당하는—를 갖고서 그 자신에게 의미 있는 진술을 만들어내야만 하고, 그 다음에 그것을 소년이 "이해할 수 있고," "소화할 수 있는" 말로 재진술하는 방식을 찾아야만 해요.

앨리스 무슨 말인지 알겠어요. 그러나 그것이 특별히 두려운 일처럼 보이지는 않는데요. 그것이 분석가가 분석을 실행하는 과정에서 씨름해야 하는 유일한 두려움인가요? 우리는 모르지만 당신은 알고 있는 다른 예들이 분명히 있을 것 같아요.

정신분석가 많이 있죠. 그것보다 훨씬 더 극단적인 위험들이 존재해요—무장을 하고 있거나 살인적인 환자들도 있거든요. 내가 제시한 "무해한" 사례에서조차도, 그 소년은 정신분석가가 그의 "사적인" 죄를 부모들과 당국자들에게 말할 거라는 두려움을 갖고 있었어요. 그는 범죄를 조사하는 역할을 맡고 있다고 생각되는 분석가에 의해 그 모든 것이 만천하에 드러나는 것을 두려워했어요. 혼동을 겪고 있는 소년, 또는 힘든 순간을 겪고 있는 소년은 그의 부모에게 자신은 분석가를 싫어한다고 말할 수 있고, 그럼으로써 그들 안에서 분석가에 대한 두려움과 불신을 불러일으킬 수 있어요. 또는 분석가가 자신에게 성적으로 접근했다거나 심지어 자신을 성적으로 공격했다고 비난할 수도 있어요.

앨리스 그건 좀 비현실적이지 않나요? 특히 이름 있는 분석가의 경우에는요.

정신분석가 "이름 있는 분석가"라는 것은 없어요. 하나의 유행이 지배하는 무대에서 유명한 분석가는 다른 유행이 지배하는 무대에서는 무명의 분석가예요. 유명과 무명 사이의 장벽은 "안"과 "밖" 사이의 칸막이만큼이나 얇아요. 분석가에게 유명해지는 것은 중요하지 않아요—정신분석가가 그런 문제가 자신의 직업에 "내장된" 부분임을 인식할 수 없는 사람이 아니라면요.

앨리스 나는 당신이 유명해지는 것에 대해 약간 편집증적이라는 생각이 들어요.

정신분석가 당신에게 "약간 편집증적인 것"이 나에게는 많이 편집증적인 것이거나, 편집증적인 것이 아닌 것이 돼요. 만약 편집증적이라면, 정신분석가는 그의 훈련과 그의 교과서들이 말해주는 것을 충분히 알 필요뿐만 아니라, 위험을 "냄새 맡을" 필요가 있을 거예요. 그런 경우, 그와 그의 가족은 위험한 상태에 놓이게 되거든요.

로빈 나는 독이 오른 방울뱀의 냄새를 맡을 수 있다고 주장하는 한 남자를 알고 있었어요. 짐 코벳Jim Corbett[77]은 사람을 잡아먹는 호랑이를 사냥하는 특이한 취향을 갖고 있었어요. 나는 그것이 타고난 사냥꾼의 직관이라고 생각했어요.

정신분석가 우리는 이러한 "타고난 본능"을 파괴하지 않은 채 의식적이고 합리적인 사고로 변형시킬 수 있는 것이 중요하다고 생각해요. 우리 모두가 문명화되는 과정에서 보통 거치게 되는 훈련은 우리의 "동물적" 유산을 파괴하거나 위험한 것으로 여기고 덮어버리는 경향이 있어요.

---

77 Jim Corbette(1875–1955). 인도에서 태어나 인도에서 활동한 영국인 사냥꾼.

앨리스 나는 영리하고 예의 바른 문화인이 되도록 훈련받았지만, 지혜롭거나 상식적인 사람이 되는 것이 불가능한 것처럼 보이는 많은 사람들을 알고 있어요. 나는 최고의 고등학교와 대학에서 훈련을 받았으면서도, 말할 수 없을 정도로 천박하고 괴팍한 남자를 알고 있어요.

로빈 나는 안락한 가정에 적절한 방식으로 행동할 수 없었던 비슷한 배경을 가진 한 남자를 알고 있어요. 그의 지능에는 아무런 문제가 없었는데도 말이에요.

정신분석가 그 말은 마치 당신들이 조직화된 훈련과정을 통해 배운 것에 대해 좋은 인상을 받지 못했던 것처럼 들리네요. 나 역시 그래요. 그것이 정신분석, 또는 그것보다 더 좋은 어떤 것을 발달시키는 것이 긴급하다고 여겨지는 한 가지 이유에요.

로빈 당신은 정신분석이 좀 더 나은 것으로 발달하고 있거나 발달할 거라고 생각하세요? 설령 좀 더 나은 것으로 발달한다고 해도, 그것은 여전히 내재된 약점들을 지닌 동일한 정신분석일 텐데요.

정신분석가 정신분석은 약점들—그리고 강점들—을 갖고 있어요. 나는 낙관적이지도 않고, 더 나은 것으로 발달시키고자 하는 시도를 포기할 만큼 비관적이지도 않아요. 지금까지 나는 포기하기보다는 끈질기게 노력하는 편이었어요. 지금까지는 나의 경험의 긍정적인 부분이 부정적인 부분을 능가하는 것처럼 보여요.

롤랜드 긍정적-부정적 … 당신은 그 대칭을 어떻게 확립하죠?

로빈 내가 걱정하는 질문은 "우리가 그 방향을 어떻게 정하는가?"에요.

정신분석가 그것은 명백히 핵심적인 거예요. 나는 우리의 이해능력 안에 절대적인 답이 있다고 생각하지는 않지만, 상대적으로 우리는 우리의 능력들이 부패와 퇴화를 향해 나아가고 있다는 감각을 갖고 있고, 그 감각이 무의식적인 나침반의 기능을 담당하고 있다고 생각해요. 대부분의 사람들은 무덤을 향해 가는 어쩔 수 없는 우리의 여정이 우리가 하는 일과 우리의 표준들이 따라야 하는 기본적인 선을 제공해준다고 믿는 것처럼 보여요.

앨리스 모든 사람들이 그런 것은 아니고, 대부분이 그렇겠죠. 종교인들은 종종 "몸은 죽지만, 영혼은 영원히 산다"고 생각하거든요.

로빈 그것 참 좋은 생각이네요.

롤랜드 지금 "좋은 생각"이라고 말했나요? 나는 그 생각이 완전히 끔찍스럽다고 생각하는데요—인생은 한 번으로 충분해요. 나는 나와 나의 가족의 생명을 유지하기 위해 최선을 다하지만, 그것은 나에게, 내가 감당해야 할, 충분한 고통과 불안을 제공해요.

앨리스 정신분석가께서는 무슨 말을 하고 싶으세요? 당신은 종교와 미래의 삶을 믿으세요?

정신분석가 나는 종교가 말하는 "사실"이 인간 성격의 일부, 아마도 뗄 수 없는 부분이라는 것을 믿어요. 나는 심지어 쥐조차도 고양이에게 잡혀 고문을 당할 때 제발 살려달라고 간청하는 종교적 태도처럼 보이는 행동을 하는 것을 본 적이 있어요. 그것이 종교적 충동일까요? 아니면 우리가 동물들에게서 배워 알고 있는, 절망적인 상황에서 취하는 태도일까요?

로빈 —잔인하지만 장난을 좋아하는 고양이 신 앞에서 말이에요. 만약 신이 존재한다면, 나는 신의 속성들 중의 하나가 잡아먹는 잔인성이라고 믿는 데 아무런 어려움을 느끼지 않을 거예요.

앨리스 매우 존경스런 고대 믿음이네요. 인간 존재는 인간을 제물로 바치는 것이 신에 의해 수용될 수 있다고 간주했어요. 그래서 신이 잔인하다고 생각했던 것 같아요. 신은 어째서 외과의사와 의사를 지지해주는 자비의 원천이 아닌 거죠? 그랬다면 정신분석가들도 그 원천에서 물을 마실 수 있었을 텐데요.

정신분석가 나는 정신분석가들이, 비록 그들이 하는 일이 종종 그들과 환자들 모두에게 고통스럽기는 하지만, 자비심이 없이는 그 일을 견딜 수 없다고 생각하지는 않아요. 나는 인간과는 독립적으로, 자비가 흘러나오는 외부의 원천을 가정해야 할 이유를 찾을 수가 없어요.

로빈

"소리도 투쟁도 없이
별들은 서두르지 않고 행진하네,
알라의 손가락이 가리키는 그곳을 향해
저 너머 보라색 아치를 통해 …"[78]

롤랜드 "이 무한한 공간의 영원한 침묵이 나를 두렵게 하네."[79] 절대적 차가움으로 채워진 광대한 우주는 나의 마음속에 인간의 사랑 같은 따스함을 불러일으키지 않아요. 매 순간 나에게 나의 동료 남자들과 여자들을 보내주세요.

앨리스 동의해요. 그러나 … 나치 포로수용소들은요? 그것들은 신의 도움 없이 인간이 만들어냈나요?

로빈 당신은 그것들이 신의 존재를 증명한다고 말하고 있는 건 아니겠죠?

앨리스 나는 그것들이 악마 또는 사탄의 증거라고 생각할 준비가 되어 있어요. 나는 사탄의 신학에 대해 말할 수는 없지만, 나 자신의 사고 능력에 의지해서 말할 수 있는 한, 나는 신과 악마가 실제로 존재하고, 그 둘 모두에 의해 영감을 받은 남자들과 여자들이 존재한다고 말할 수 있어요. 그런 생각이 더 쉽게 받아들여지는 경우들을 나는 많이 봐요. 결국, 만약 외부 현상들이 인간의 산물이라면, 창조된 세계—그 세계

---

78 Sir Francis Hastings Doyle의 시 "The Red Thread of Honour."

79 Le silence éternel de ces éspaces infinis m'effraie. Blaise Pascal의 시구.

가 신적 패턴에 따라 창조된 것이라면—에 책임이 있는 어떤 힘이 있다고 나는 생각해요. 비록 인간의 미미한 장치로는 그것을 이해하는 게 불가능한 것처럼 보이지만요. 우리가 아직 그 신적 패턴을 식별하지 못했다는 사실, 그리고 위대한 인간 과학자들 중의 그 누구도 그것을 보았다고 주장한 사람이 없다는 사실이 그러한 패턴이 존재하지 않는다는 것을 확인시켜주는 것은 아니에요.

정신분석가 나는 그런 가능성을 부인하지 않아요. 과학적 또는 "사실적" 접근을 선호하는 나의 편견이 나를 어떤 신비 경험으로도 인도하지 못하게 막고 있어요. 아마도 언젠가는 내가 내 방에서 그러한 조명 illumination의 순간을 경험할 수 있을지도 몰라요. 그러나 설령 그렇다고 해도, 나는 그것이 심리내적endopsychic 기원을 갖고 있다고 기대할 거예요.

롤랜드 "심리내적 기원"이라고요! 실례지만, 그것은 우리가 살아남기 위해 애쓰고 있는 암흑과 잔인한 무지의 영역에 한 줄기 빛을 주기보다는, 캄캄함만을 더해주는 전문용어일 수도 있어요.

정신분석가 내가 전달하고자 하는 것을 이해하는 데 방해가 되는 용어를 사용해서 미안해요. 전문용어들은 실제로 그런 언어에 친숙해 있는 동료들 사이의 대화에서 많은 시간을 절약하게 해줘요.

앨리스 당신의 동료들은 그 언어를 이해하나요? 때로 그들이 나누는 대화들은 근저의 의미에서 벗어난 전문용어의 교환에 지나지 않는 것처럼 보이던데요. 그것들은 뱀이 벗어버린 허물 같은 정신적 허물이 되는 것 같아요.

정신분석가 만약 내가 그랬다면, 사과하겠어요. 우리는 그런 비판과 그것에 반대되는 것에 대해 열려 있어요—즉, 우리는 보편적으로 이해되고, 보편적으로 상스런 것으로 인정된 언어를 말하고 있어요. 예컨대, "피 흘리는 보지"가 그런 거예요.

앨리스 우리가 정말로 그 예를 필요로 하나요?

정신분석가 아마도 아니겠죠. 당신은 확실히 내가 말한 것을 이해했어요. 언제든지 분출될 수 있는 위험은 우리가 언어를 정확하게 사용하려고 시도할 때, 명쾌한 사람이 되려고 시도할 때, 또는 우리 모두가 친숙한 일상적인 언어를 사용하려고 시도할 때, 우리는 전문용어에 대해 적대감을 가질 수 있다는 거예요. 전문적 어휘와 구문이 지나치게 비하되고 평가절하될 경우, 그것들은 표면에 표시된 액수를 알아볼 수 없는 동전처럼 되고 말아요.

로빈 하지만 당신은 그 언어로 말을 하고 있는데요.

정신분석가 비록 우리가 일상적인 언어를 사용하지만, 실은 그 언어를 형편없이 그리고 엉성하게 사용해요. 일상 언어를 통한 의사소통이야말로 최근의 그리고 가장 놀라운 발견들 중의 하나인데도 말이에요. 그 언어의 사용은 수천 년밖에 되지 않았어요. 따라서 우리가 정신적 수선이나 복구와 같은 야심적인 일을 시도할 때에는 일상 언어를 사용하는 방법만을 사용하는 것이 아마도 지혜로울 거예요. 그 방법은 신체적 폭력의 문제를 크게 개선했거든요.

롤랜드 내가 그 말에 동의하는지는 확신이 없어요. "똥구멍으로 지혜를 들인다"는 아이디어는 지금도 옹호자들을 갖고 있으니까요.

로빈 맞아요. 그리고 우리는 그 이유를 잘 알고 있어요. 나치 독일에게서 많은 것을 배웠어요.

앨리스 나치 독일에 집중하는 것은 다른 곳에서 발생한 그 언어의 발달을 관찰하지 못하도록 우리의 관심을 분산시키는 위험이 있어요.

정신분석가 편견과 무지는 인간 존재가 지닌 잘 발달한 두 가지 고대 특징들이에요. 정신분석에서 그리고 그것을 실천하는 사람들 사이에서 그것은 놀랄 만한 신선함과 활기를 보여줘요. 나는 그 신선함과 활기를 감지할 수 있는 우리의 능력이 닳아빠지고, 그것들에 대한 우리의 취향이 지겨워지는 바람에, 우리가 그런 것을 더 이상 알지 못하게 되는 일은 없을 거라고 믿어요.

앨리스 나는 닳아빠지거나 지겨워지지는 않았지만, 하룻밤의 휴식을 가진 후에 우리의 논의를 계속하는 것이 좋겠다는 생각이 들어요. 소화를 위해 잠시 멈추도록 하죠.

9

앨리스 신비한 사건을 직접 경험해본 적이 없다는 당신의 말은 당신이 아닌 누군가가 신비한 힘의 영향 아래 있을 때 그 사람과 같은 공간에 있어 본 적이 없다는 뜻인가요?

정신분석가 나는 나나 다른 사람이 그러한 경험을 하고 있다는 증거를 발견하지 못했어요. 나는 나의 피분석자가 신비한 사건이라고 실제로 주장했던 두세 번의 경우를 기억하고 있을 뿐이에요. 나에게는 그 개인이 의식적으로 그런 주장을 하고 있지 않았다는 점이 더 인상적이었어요.

로빈 왜죠? 분명히 "무의식적인" 주장이 잘못된 해석에 더 많이 열려있겠네요.

정신분석가 동의해요—나는 내가 전혀 모르는 사건들에 대해 함부로 말하고 싶지 않아요. 그러나 나는 믿음들, 이론들, 다양한 정신분석들과 정신분석가들 사이에 존재하는 유행들이 최신 화장품들만큼이나 많다는 것을 알고 있어요. 나는 유행하는 것이 사람이든, 종교든, 과학 이론이든, 휴가 장소이든, 그것의 원천이 우리가 가진 호기심에 있다고, 또는 그럴 수밖에 없다고 생각해요. 개인들로서의 우리는 핵심에서 멀리 떨어진 주변적인 목표 이상의 것에 도달하는 것을 희망할 수 없고, 그 주변적인 것이 궁극적 진실이라는 주장을 통해서 우리 자신들을 달랠 수밖에 없어요. 아니면 우리의 하찮음에 직면해서 절망에 빠질 거예요.

롤랜드 상식이 있는 대부분의 사람들은 그것을 알고 있어요.

정신분석가 "상식이 있는 대부분의 사람들"은, 내 경험에 의하면, 실제로 소수에 지나지 않아요. 상식은 별로 인기가 없어요. 성형수술을 한 상식과는 대조적으로, "진짜" 상식은 불편한 사실들을 너무 많이 말하거든요. 거대한 폭풍과 땅과 바다의 지각변동을 목격한 적이 있는 눈은 그런 현상들이 위험을 드러내거나 그런 상황에 적합한 정서적 상태를 드러낼 경우, 그것들을 외면할 수 있어요.

롤랜드 당신은 정신분석 자체가 인간의 사고와 감정이 사실들에 눈을 감고 귀를 닫는 방식으로서 사용된다는 점을 강조한다고 생각하지 않으세요?

정신분석가 맞아요. 정신분석은 우리가 좋아하지 않고 그것에 대해 아무것도 할 수 없는 사실들에 대한 인식을 금지하거나 "선택하지 않는" 방법으로 사용될 수 있어요. 그러한 사용에 따른 위험은, 만약 우리가 다른 방식으로 바라보기로 결정하지 않았더라면 무언가를 할 수 있었을 수도 있는 사실을 보지 못하게 되는 거예요. 마찬가지로 우리는 바깥쪽을 바라보는 것, 즉 우리 자신의 성격의 사실들이 펼쳐내는 장관으로부터 시선을 돌리는 것을 선호할 수 있어요. 우리는 내면을 바라보기로 선택하는 사람들을 돕는 일에 헌신하고 있어요. 나는 사적인 개인으로서 내가 살고 있는 우주에 대해 가능한 한 많이 아는 것이 필요해요. 직업상, 나는 내가 무엇을 알고 있다고 공언하는지를 알 필요가 있어요—단순히 피분석자의 성격이 "무엇과 같은지"만이 아니라, 그 성격이 "어떤 것인지"를 말이에요.

앨리스 내가 알고 있는, 정신분석을 받으러 가는 대부분의 사람들은 평범한 사람들이에요. 그들에게는 정신분석을 받으러 가는 것이 그들의 유일한 자랑거리라는 생각이 들 때도 있어요. 하지만 그들이 분석을 끝내고 나면, 그들은 내가 들어본 적도 없는 아무개 분석가에게서 분석을 받았다고 자랑해요. 내가 알고 있는 이름들은 프로이트와 융과 아들러뿐이거든요.

로빈 그 중에 두 사람은 정신분석가가 아니에요—프로이트에 의하면요.

롤랜드 나 같으면 정신분석가에게 가고 싶지 않을 거예요.

정신분석가 만약 당신이 정신분석가에게 간다면, 당신은 정신분석을 더 많이 싫어하게 될 거예요. 자기 자신과 자신이 하는 일이 "하찮게 여겨지는 것"을 원하는 사람은 이 세상에 아무도 없을 거거든요.

앨리스 당신은 그 사람이 하찮은 것으로 여기는 일에 그의 분석가를 포함시키나요?

정신분석가 그것은 인간 존재가 눈이 멀어서는 안 되는 현실의 일부예요. 그런 일이 실제로 일어나는지 아닌지는 정신분석적 탐색에 참여한 두 사람에게 달려 있어요. 그들은 자신들의 탐색이 정점에 도달하기 전에 그만두는 것을 선택할 수 있어요. 발견은 단지 일시적인 것이에요—또 하나의 발견으로 가는 길 위에 있는 거죠.

롤랜드 정신분석은 보상이 없는 것처럼 들리네요. 나는 "덕행은 그것 자체로서 보상이다"라는 구절의 의미를 들어본 적이 있어요. 나는 그것이 정교하고, 친절하지 않은, 짓궂은 "농담"이라고 생각했던 것을 기억해요. 분석을 받는 데 따른 보상은 분석 그 자체인 것 같네요.

정신분석가 모든 과학, 예술 그리고 종교는 인간의 타고난 성향에 부합하지 않는 "일치됨coherence"을 노출시키기 위해 함께 모이고 결합할 수 있어요. 나는 인간이 자연이 버린 실험들 중의 하나가 되어서는 안 되는 이유를 모르겠어요.

앨리스 당신은 자연이 마치 인격을 가진 존재인 것처럼 말하는군요.

정신분석가 맞아요. 그 이유는 그렇게 하는 것이 내가 의도하는 의사소통을 단순한 것으로 만들어주기 때문이에요. 그것은 내가 의사소통하고 싶어 하는 그리고 나와 의사소통하고 싶어 하는 당신과 다른 친구들에게 말하는 데 유용해요. 이것은 루퍼트 부룩Rupert Brooke이 한 말에서 볼 수 있듯이, "비늘로 덮인, 전능하고 친절한" 물고기 신이나, 우리를 자녀로 선택한 일종의 운명이 존재한다고 말하려는 게 아니에요. 우리가 한때 물고기로 존재했음을 말해주는 신—발생학자들의 발견이 정확하다면—이 나와 나의 동료 물고기들을 양서류로, 그리고 최종적으로는 포유동물로 변형시키기를 원했을 수 있어요.

롤랜드 최종적이라고요? 왜 최종적이죠? 우리의 존재를 지탱시켜주는 기체의 풍부함 덕택에 수행되는 이 대화는 우리가 사용하고 있고 남용하고 있는 기체 안으로의 또 다른 변형을 위한 전주곡일 수 있어요. 우리는 그것을 "영" 또는 "영혼"이라고 불러요. 마지막까지 과대망상적인 그대. 호모 사피엔스여!

로빈 당신은 이 무해한 자만심에 대해 적대적이군요.

앨리스 나는 그런 자만심을 많이 보아왔지만, 그것을 "무해한" 것으로 간주하지는 않아요.

(모두 침묵한다. 일 분이나 이 분 동안 생각에 잠긴 후에 …)

정신분석가 "홀과 왕관은
바닥에 굴러떨어지고
무덤 안에서는
모두가 평등하리라."[80]

로빈 나는 당신이 그 시를 읽었을 거라고는 생각 못했어요.

정신분석가 사람들은 자주 내가 기계적 문화나 도구에, 또는 그 두 가지 모두에 문외한일 거라고 생각해요.

---

80 영국 시인 James Shirley(1596-1666)의 시구.

롤랜드 당신은 그런 것들에 친숙하지 않을 것 같아요.

정신분석가 아니에요. 보통 사람들은 실제 삶의 불쾌한 요소들에 귀 먹고 눈멀어도 괜찮다고 생각할 수 있지만, 분석가는 현실 세계와 친숙해야만 해요. 그것이 그의 직업의 일부를 구성해요.

롤랜드 당신이 제시하는 해결책은 뭐죠? 정신분석은 부유한 사람들만이 이용할 수 있는 것처럼 보이고, 심지어 부자들의 세상이 최상의 것이라고 믿는 피분석자들과 그들의 분석가들의 생각을 확인해주는 것처럼 보여요.

정신분석가 나는 이 세상이 최상의 세상이라고 생각해요. 왜냐하면 나는 다른 세상을 알지 못하기 때문이에요. 이것은 팡글로스Pangloss[81]처럼, 세상은 개선하기 위해 노력할 필요가 없는 곳이라고 생각하는 것과는 다른 거예요. 우리는 인간을 개선하려는 시도는 가치 있고 긴급한 일이라고 믿어요. 나는 정신분석이 완전하다고 생각하는 분석가를 알지 못해요. 불행하게도 우리의 불만과 내적 논의와 불일치들은 흔히 어떤 집단이나 기관이 더 낫다는 믿음을 나타내는 것으로 잘못 해석돼요. 나는 어느 집단이나 기관이 더 낫다고 믿지 않아요. 그런 생각과는 상관없이, 나는 정신분석의 발전을 위해 비판해요.

앨리스 나는 정신분석가들의 편견과 고약한 성질을 너무 자주 목격하지 않았으면 좋겠어요.

정신분석가 나도 그래요—나 자신에게서 그것을 볼 수 있는 기회는 차고 넘쳐요. 정신분석가가 임상 현장에서 겪는 긴장에 친숙해져야 하는 데는 그만한 이유가 있어요. 내과의사들과 외과의사들이 하는 일이 책임이 무겁고, 끈기와 인내를 요한다는 것은 잘 알려져 있는데 반해,

81 Voltaire의 소설 *캉디드Candid*(1759)에 등장하는 인물로서, 그는 "모든 가능한 세계들 안에 있는 최상의 세계에서는 모든 것이 최상이다"라는 말을 통해서, 독일 철학의 낙관주의를 신랄하게 비판한다.

정신분석가들이 동일한 스트레스에 노출되어 있다는 것을 아는 사람은 많지 않아요.

로빈 당신은 일반 대중이 안락한 집, 좋은 음식, 저비용으로 유지되는 사무실, 그리고 부족하지 않은 수입 등을 확보하는 것이 쉽지 않다는 것을 인정해야 할 거예요.

정신분석가 나는 대중을 탓하지 않아요. 우리의 환자들과 같은 세상 안에서 살아야만 하는 것에 불만을 갖는 것은 어리석은 일이에요. 내가 받은 인상은 나의 동료들과 나는 반드시 알고 있어야만 하는 성격적 특질들에 대해서는 상당한 관용을 보인다는 거예요. 외과의사는 암이 예쁘다고 생각하지 않고, 내과의사는 매독균이 순수하다고 칭송하지 않아요. 그 질병과 접촉할 필요가 있다는 생각은 더 말할 것도 없고요—비록 헌터Hunter는 그의 매독균에 대한 연구에서 지나치게 과감했지만요. 정신분석가는 정신-신경증적 또는 정신증적 고통에 민감한 사람이 되는 것을 기대받아요.

로빈 우리 모두가 이런 고통을 겪고 있지 않나요?

정신분석가 어떤 점에서 보면, 그래요. 자신이 할 수 있는 것이 아무것도 없는 고통을 관찰하는 의사의 경험은 신경증의 정신적 고통이 얼마나 심한지 알면서도, 자신의 개입이 침범적인 것이고 이기적인 것으로 간주될까봐 아무것도 할 수 없는 정신분석가의 경험과 비슷해요.

롤랜드 그런 경우, 고통은 정신분석의 효과를 경험하는 것을 통해서 감소되지 않을까요?

정신분석가 아마도요—일반의들이 매우 유능할 때 그런 것처럼요. 그러나 정신분석가는 치료적 성공의 오랜 역사에 기댈 수가 없어요. 신체 의학에서, 치료의 승리들은 눈에 띄지 않고, 부각되지 않는 공중 보건의 정글—깨끗한 물, 맑은 공기, 오염되지 않은 음식의 중요성이 강조되는—속에서 상실되었어요. 현미경과 함께 사는 외톨이에게, 또는 식

료품 시장이나 다른 공적 장소에서 담배를 피우지 못하게 해야 한다고 주장하는 괴짜들에게 누가 관심을 갖겠어요?

롤랜드 만약 당신이 의사에게 영예를 돌리고 싶다면, 당신은 의사가 또한 중독자로 하여금 헤로인을 그의 혈관에 주사할 수 있게 가르쳐 주는 장본인이라는 점을 인정해야 할 거예요.

정신분석가 내 말은 의사에게 영예를 돌려야 한다는 의미가 아니었어요. 아마도, 만약 내가 그렇게 한다면, 나는 또한 그의 잔인한 봉사를 기리기 위해 세운 사데 공작Marquis de Sade의 동상들이 "불명예스러운 것"이라고 주장해야 할 거예요.

롤랜드 그럼 당신은 "명예"에 반대하세요?

정신분석가 제도적 조직의 일부로서의 "명예"는 내가 말할 자격이 있는 문제가 아니에요. 나는 해석을 위한 자료를 나에게 제공했던 소그룹들과 함께 작업하는 과정에서 명예와 관련된 경험을 한 기억이 없어요. 내가 몇몇 사변적인 환상들에 대해 생각하거나 사적으로 논의하고 있을 때, 만약 그것이 과학적으로 도출해낸 공식의 세력을 포함하고 있다고 가정된다면, 사교적 추측조차도 해로운 것이 되고 말아요. 그러나 나는 정신분석에서 받아들이고 있는 견해를 말하고, 내가 말한 것에 대해 책임질 준비가 되어 있어요. 명예와 관련된 맥락에서, 환자는 자신을 존중해야 한다는 증거가 존재해요. 만약 이 말이 너무 당연한 것처럼 들린다면, 나는 가치가 비하되고 존중받지 못하는 단어들을 나 자신이 사용해야만 한다는 사실이 유감스러울 거예요. 여기에서 어렵지 않게 알 수 있는 것은, 우리가 서로를 존중해야만 한다는 사실이에요. 나는 농사에 성공해서 부자가 된 한 농부를 알고 있는데, 그가 가축과 관련된 문제에 대해 말할 때면, 일자무식의 주정뱅이 소몰이꾼들조차도 그에게 커다란 존경심을 보이곤 했어요. "네 아버지와 어머니를 명예롭게 하라"

는 명령은 아버지와 어머니가 존경받을만 하지 않는 한, 타당성을 갖지 못해요. 일반적인 원리는 구체적 상황에 맞게 적용되어야 해요. 개인은 항상 그 자신에게 특별한 경우에 해당돼요. 그가 자신을 존경할 수 있는지는 그 자신이 결정해야 할 문제에요. 나는 이러한 말이 당신의 질문에 대한 답이 될 수 있는지는 알 수 없지만, 그 질문과 관련되어 있다고 생각해요. 한 집단의 성격이 개인적인 사람들 또는 그들의 활동 또는 그들이 +명예나 -명예를 선택하는 것을 통해서 드러날 거라고 가정할 수 있는 근거들이 충분히 존재해요.

로빈 나는 "+명예 또는 -명예"가 명예나 불명예를 의미한다고 생각해요.

정신분석가 맞아요. 정신분석적 해석의 모호성과 불확실성은 일부나마 우리가 자발적으로 말해야 한다는 것과, 우리가 짧은 순간에 우리의 생각을 정확하게 표현하는 것이 어렵다는 것과 관련되어 있어요. 우리가 정확하게 말하려고 아무리 노력한다고 해도, 우리가 사용하는 언어의 부정확성 때문에 모호성은 항상 존재해요.

롤랜드 당신은 수학의 정확성을 장려해야겠어요.

정신분석가 나는 우리가 수학 영역에서 많은 것을 할 수 있다고는 생각하지 않아요—당신이 플러스와 마이너스 기호의 도입을 "수학적 확장"으로 간주하지 않는 한요. 우리는 우리의 작업에 참여하고 있는 동안 우리가 필요로 하는 도구들을 연마해야 할 필요가 있어요. … 로즈메리는 계속해서 말이 없네요.

로즈메리 할 말이 별로 없어서 미안해요. 대신에 나는 열심히 듣고 있었어요.

롤랜드 아첨하는 말 같은데요. 나는 정신분석가의 말이 들을 만한 가치가 있었으면 좋겠어요.

로즈메리 오 가치가 있죠—나의 노력에도 불구하고, 내가 항상 이해하는 건 아니지만요.

앨리스 로즈메리와 나는 세속적인 활동에 열중하는 바람에 박식한 책들을 읽을 시간이 없어요. 한 집안이 살만한 곳으로 유지되기 위해서는 여자들의 헌신이 있어야만 하거든요. 당신은 우리가 수행하는 소소한 일들을 얼마나 존중하시죠?

롤랜드 아마 많이는 아닐 거예요. 필수적이지만 일상적인 모든 활동들이 다 그렇지 않나요? 결국, 우리는 치즈를 만들어낸 모든 남녀 영웅들을 위해 기념비를 세울 수는 없잖아요. 나는 카망베르 치즈를 좋아하지만, 그것을 만든 사람에게 감사기도를 드리지는 않아요. 어쩌면 그래야 할지도 모르겠어요.

로빈 일부 사람들이 다중적 감사를 표현하기 위해 다목적용 의례행위를 하는 것이 바로 그런 이유 때문이 아닐까요? 우리의 탐욕의 눈금을 지켜보는 악의 눈을 몰아내기 위해서 말이에요. 정신적 탐욕을 비난할 만한 것으로 간주하는 사람은 아무도 없는 것 같아요—사람들은 아무 책이나 닥치는 대로 읽는 독자를 칭송해요. 정신분석가께서는 이것을 어떻게 생각하세요?

앨리스 나는 정신적 식이요법에 대한 책이 왜 없는지 정신분석가에게 묻고 싶어요.

정신분석가 비록 진술된 적은 없지만, 인정된 원칙은 있어요. 우리는 아이들이 모든 종류의 책에 접근하도록 허용되어야 한다고 보지 않아요. 정신건강을 산출하고 유지하는 데는 일부 형태의 규칙이 요구된다고 생각해요—

로빈 그리고 자유가 요구돼요—아레오파기티카Areopagitica[82]를 보세요.

---

82 Milton, 인가받지 않고 인쇄할 수 있는 자유를 역설한 연설.

정신분석가 하나의 일반적인 원리로서, 인격은 호기심이 작동하도록 자극받아야 하지만, 그 자극이 과도해서는 안 돼요. 만약 욕망이 너무 쉽게 만족된다면, 정신적 활력이 상실될 수도 있어요. 그리고 정신적 소화불량의 위험은 주시되어야만 해요.

로빈 나는 당신이 말하는 은유를 이해는 하겠는데요. 그래도 구체적인 예를 들어줄 수 있나요?

롤랜드 당신은 아동기 자위가 과다한 것이라고 보세요?

정신분석가 아동기 자위는 과다한 것일 수 있어요—나중에 그것은 외설적이거나 포르노그라피적인 이야기들, 음화들, 영화들이 될 수 있어요. 그러나 한 사람에게 포르노그라피인 것이 다른 사람에게는, 심지어 같은 나이의 사람일지라도, 그렇지 않을 수 있어요. 한 남자는 다른 사람을 바라보고 앉아서 상상에 의해 강화된 시각을 통해 성적으로 자극받을 수 있어요. 그는 어떤 물리적 방해로도 막을 수 없는 동성애적 경험을 가질 수 있고, 따라서 외적인 검열을 자극하지 않고서 편하게 성적 삶을 즐길 수 있어요. 설령 이성애적인 것이라고 해도, 그와 유사한 경험은 개인을 정신적으로 똑같이 쇠약하게 만드는 것일 수 있어요. 그것은 마치 마음 자체가 건강한 방식으로 기능하기 위해서는 얼마의 어려움이나 방해를 필요로 하는 것과도 같아요. 신체적 건강을 위해서 음식은 너무 쉽게 소화될 수 있는 것이어서는 안 돼요. 프로이트는 분석이 박탈의 분위기 안에서 행해져야 한다고 생각했어요.

앨리스 오, 프로이트요! 당신네 정신분석가들은 프로이트 이전에는 그런 걸 생각한 사람이 아무도 없다고 믿는 것처럼 보여요. 어떤 여성이라도 아이가 원한다고 해서 모든 것을 다 주어서는 안 된다는 것을 알고 있고, 조절을 시도할 때마다 아이가 시끄러운 소음을 낸다는 것을 알고 있어요.

정신분석가 나는 지금도 고함소리와 그것의 반향을 들을 수 있어요—똑똑한 고양이가 몰래 훔쳐 먹다가 수염에 묻은 크림을 핥는 것처럼, 모든 것은 위장되지만요. 나는 당신이 그 고양이들이 모두 수컷이라고 주장하지는 않을 거라고 확신해요.

앨리스 또는 여자들만이 고양이나 호랑이 같을까요? 나는 그렇게 생각하지 않아요.

롤랜드 당신은 좀 화가 난 것처럼 보여요.

앨리스 나는 흠 없이 순진한 사람이 피곤해지고 있어요.

정신분석가 때로는 그 피곤한 사람들이 집결하고, … 거기에는 순진한 사람들에 대한 대학살이 발생하죠. 그러고 나면 우리는 순진한 사람들을 더 많이 키워내고, 그들을 학살하는 데 필요한 더 많은 이빨들과 발톱들을 만들어내기 위해 처음부터 다시 시작해요.

롤랜드 오늘날 우리는 더 나은 마음들을 산출하기 위해 더 좋은 분석가들을 더 많이 키워내고 있지만, 그 더 나은 마음들은 더 크고 더 무서운 폭탄들로 변해요.

로빈 그리고 분열 반응을 위한 물질을 계속해서 공급하기 위해 점점 더 많은 원자로를 만들어내죠.

로즈메리 자연이 정말 놀랍네요!

정신분석가 나는 은퇴한 후에도 자신이 젊은 최신의 비전을 가진 것에 긍지를 가졌던 한 노인을 기억해요. 그가 백발의 수염을 흔들 때, 그의 눈은 반짝였어요. 그는 우리가 "흔들리는 시대에 살고 있다"고 말하곤 했어요. "뭐가 흔들리는 시대죠?" 그의 불손한 조카가 물었는데, 그는 이미 잠든 상태였어요.

롤랜드 그 이야기가 주는 교훈이 있나요?

정신분석가 모르겠어요. 나는 프로이트, 멜라니 클라인, 또는 앨리스가 무슨 말을 하든 상관없이, 빅뱅을 분출하고 싶은 유혹이 그러한 쾌락을 박탈하는 것에 대한 보상보다 더 클 수 있다는 것이 두려울 뿐이에요.

로빈 서로 마주보고 있는 해안들이여[83]

"너희들이 즐기는 껌을 씹으면서
바닥에 앉아봐
우리가 네가 들어본 적이 없는
성경 이야기를 들려줄게."

정신분석가 쾌락, 특히 성적 쾌락이 최초의 쾌락적인 사건으로 인식돼요. 프로이트 덕택에 그 쾌락의 존재를 탐지하는 것은 어렵지 않아요.

롤랜드 그런 생각은 확실히 일반적인 거예요. 나는 늘 프로이트의 발견을 약간 순진하고 과잉-평가된 것으로 간주해왔어요.

정신분석가 프로이트 자신도 그토록 평범한 것이 그처럼 열광을 불러일으킨 것에 놀랐어요. 오늘날, 정신분석 이론들은 진부한 언어로 진술되고 있고, 프로이트가 진술한 것의 의미는 낡은 것으로 취급되고 있어요. 질병들은 낡은 것이 되지 않았고 정신적 고통은 항상 그랬던 것처럼 여전히 생생하게 남아있는데도 말이에요. 정신적 고통을 호소하는 사람들은 불합리한 사람들로 간주돼요. 고대 이집트인들은, 당시에 누군가가 오늘날 우리가 매독으로 진단하는 질병에 걸렸다고 불평했다면, 그를 불합리한 사람으로 간주했을 거예요. 심지어 오늘날도 정신적 고통은 별것도 아닌 것을 두고 법석을 떠는 것으로 간주돼요. 고통받는 사람이 겪고 있거나 앓고 있는 고통에 대해 논의하는 이론들은 드물어요. 나는 전쟁포로가 된 독일 병사를 만나보도록 소환된 적이 있는데, 손목의 고통을 호소하고 있던 그는 그 고통이 그가 나르빅Narvik에서 항복했을 때 영국군이 그의 손목을 심하게 묶었기 때문에 생겼다고 말했어요.

---

83 Litora litoribus contraria. Virgil의 *Aeneid*에 나오는 구절. 여기에서는 서로 마주 보고 있는 영국과 프랑스의 해안에 대한 서술.

통역을 위해 같은 곳에서 포로로 잡은 독일 해군장교가 불려왔지만, 그 장교가 통역을 하는 대신에 야만적인 속임수를 쓴 영국 병사와 영국에 대한 경멸을 쏟아붓는 바람에, 내가 할 수 있는 게 아무것도 없었어요. 나는 우리에게 항복한 것에 대한 그 자신의 자기-증오에 반응하지 않았지만, 나중에 그 증오가 그 자신이 나치에 굴복한 것에 대한 증오였을 수 있다는 생각이 들었어요.

롤랜드 어떻게 그것이 나치와 관련된 증오라는 생각을 했죠? 나 같으면 그런 생각을 못했을 것 같아요.

정신분석가 만약 내가 그와 함께 정신분석을 하고 있었다면, 나는 사실상 그렇게 말할 수 있는 근거를 갖지 못했을 거예요. 나는 그것을 나 자신을 위해 만들어낸 일반적인 원리의 한 특정한 예로서 말하고 있는 거예요. 실제 정신분석에서, 나는 항상 내가 해석하고 있는 과학적 사실들을 위해 구체적인 증거를 제시하는 것을 목표로 삼아요. 그러나 그러한 경험들의 축적은 모든 예들의 근저에 있는 패턴을 식별할 수 있게 해줘요. 그러면 나는 이 패턴을 진술하려고 시도하죠. 만약 내가 화가였다면, 나는 분명히 내가 발견한 것을 화폭에 옮겨놓으려고 시도했을 거예요. 음악가였다면, 악보로 옮겨놓았을 거고요.

앨리스 당신의 그 말은 종이 위의 까만 표시들이나 오케스트라 악기가 만들어내는 소리들을 의미하나요?

정신분석가 나는 근저의 근본적인 현실에 대해 말하고 있다는 점에서, 그것이 소리일 거라고 상상해요. 나는 음악가나 화가가 아니기 때문에, 그것을 알 수가 없어요. 그러한 연주 예술의 경우, 나는 오직 그것들을 수용할 뿐이에요. 내가 여기에서처럼 그것의 전달자가 되기를 열망한다면, 나는 명료한 말에 기댈 수밖에 없어요. 그것은 내가 그런 말을 잘하기 때문이 아니라, 다른 의사소통의 방법들보다 "덜 못하기" 때문이에요. 나는 앨리스가 다시금 이렇게 물을 수 있다는 것을 알아요. “당신은 종이 위의 까만 표시들이나 사람들이 말할 때 그들이 목소리로 만들어내는 소음들을 의미하나요?” 그 질문에 대해, 나는 “내가 사용할 수 있는 모든 언어의 자원들을 사용한다는 것을 의미해요”라고 답할 거예요. 나는 거기에 누군가가 종이 위에 남겨진 까만 표시들을 해석하는 것보다, 내가 한 말을 더 정확하게 해석할 수 있는 더 나은 기회가 있다고 생각해요. 두 경우 모두에서 내가 전달하고 싶은 의미의 운명은 나—의사소통할 수 있는 나의 능력—에게 달려 있고, 그 의미를 받아들이는 사람의 존재 여부에 달려 있어요.

앨리스 그러니까 그것은 “전달자”와 “수용자”에 달려 있군요.

정신분석가 그 나치 장교는 연쇄에서 좋은 일시적 연결이 아니었어요. 그것은 그가 말하고 싶었던 것을 소통하도록 제공된 기회가 아니었어요. 그의 관점 또는 정점에서 볼 때, 나는 좋은 일시적 연결이 아니었지만, 사용 가능한 최상의 것이었어요. 그게 다예요. 이전에 그는 총으로 그의 언어적 장치를 보강할 수 있었을 거예요. 그러나 무장해제 된 지금, 그에게는 말이라는 수단밖에는 남아있는 게 없어요.

앨리스 그리고 그의 몸짓들과 목소리의 높낮이들 그리고 그가 사용할 수 있는 얼굴 표정들이 있겠죠. 나는 로버트가 아기였을 때 내가 한 말을 그가 이해할 수 있었고, 분명하게 이해할 수 있었다는 것을 조금도 의심하지 않았어요. 내가 정신분석에 등을 돌리게 된 것은 정신분석가들이 자신들의 무지를 감추기 위해서였든, 아니면 모든 여성들이 알고 있는 상식의 미세한 부분을 표현하기 위해서였든, 엄청난 양의 전문용어에 의존한다는 인상 때문이었어요.

정신분석가 불행하게도, 모든 여성들이 그것을 알고 있지는 않아요. 모든 남자들이 다 아는 것도 아니고요. 정신의학 또는 정신분석이라는 직업은 그것이 인간 존재들에 의해 행해진다는 점에서는 다른 여느 직업들과 다를 바가 없어요. 나는 나 자신을 정신분석에 적합한 사람으로 변형시킬 수는 없지만, 나와 나의 동료들에게 공정하게 말하건대, 우리가 하고 있는 일에 적합한 사람이 되기 위해서 우리가 행하는 중단 없는 노력들은 다른 그 어떤 직업에 종사하는 사람들이 하는 노력과 비교할 수 없는 수준임이 분명해요. 우리가 정신분석이라는 전문분야에 몰입하지 않는 한, 우리는 우리 자신들을 정신분석가라고 부를 수가 없어요.

롤랜드 시간과 돈이 그렇게 많이 들어가는 정신분석을 받지 않고서는 그렇게 될 수가 없나요?

정신분석가 없어요. 정신적 고통은 세심하게 다뤄져야 해요. 신체적 고통도 마찬가지고요—비록 우리가 일반적인 두통이나 복통을 앓거나 찰과상을 입었을 때 외과의사나 내과의사의 돌봄이 필수적인 것은 아니지만요.

앨리스 당신들이 만나는 건강염려증 환자들도 그렇지 않나요?

로빈 맞아요. 내가 보기에 당신들은 세상에서 가장 성가신 사람들을 부추기는 것 같아요. 당신들은 먹고 살기 위해서 그런 행동을 부추기는 게 아닌가요?

정신분석가 그것은 우리의 의도가 아니에요. 우리가 사용하는 전문용어들에 대한 비하와 평가절하 때문에 우리의 어려움들이 더 심해져요. 예를 들면, "편집증적" 또는 "자기애적" 등의 용어가 그런 거예요. 우리는 필요에 따라 그런 언어를 사용해야만 해요. 그러나 보기에 따라서는 우리가 그런 언어를 사회적 교제에서 사용하고 있는 것처럼 보일 수도 있어요.

롤랜드 당신의 말을 듣다 보면, 정신분석가들은 모두 영어 교수들인 것처럼 들려요. 내가 그들의 책들이나 논문들을 읽을 때에는—감사하게도 아주 드물게만—그런 인상을 받지 않는데 말이에요.

로빈 & 앨리스 그 말에 우리는 "아멘"이에요.

정신분석가 "우리 모두가 찬성이군요." 우리는 그랬으면 더 좋겠지만 영어 교수들이 아니에요. 임상에서 우리는 제한된 경험 영역 안에서 영어를 정확하게 사용할 수 있는 제한된 능력을 필요로 해요.

롤랜드 나는 당신이 어떤 의미로 "영역"이라는 단어를 사용하는지 모르겠어요. 당신이 말하는 영역은 시대, 지리적 공간, 해부학적 부위, 또는 다른 어떤 것을 의미하나요?

정신분석가 당신은 내가 겪고 있는 어려움을 지적하고 있어요. 성격이나 인격은 우리가 볼 수 있고 만질 수 있는 신체적 경계들과 일치하는 것으로 가정되지만, 그것은 현명한 가정이 아닌 것처럼 보여요—만약 마음이나 성격의 실체가 실제로 존재한다면요. 예를 들어, 우리들 중 한 사람이 방에서 나가 말을 한다면, 우리는 목소리를 통해서 그 사람이 누구라고 인식할 거예요.

로빈 오 확실해요! 우리는 들리는 소리를 인식하고, 그것을 특정 개인의 존재에 대한 증거로 해석해요. 하지만 "성격"에 대한 증거는 아니에요.

정신분석가 아마도요. 그러나 나는 나 자신이 기록된 것—아무리 정직한 것이라고 해도—과 실제 사이를 구별하는 법을 금방 배울 거라고 생각해요. 나는 아기가, 설령 엄마가 실제로 현존하고 있고 아기에게 말하고 있는 것처럼 보인다고 해도, 녹음된 목소리를 듣고 있는지 아니면 실제 목소리를 듣고 있는지를 구별할 수 없다고 생각하지 않아요.

롤랜드 그 실험은 실제로 이루어지지 않았나요?

정신분석가 설령 그 실험이 행해졌다고 해도, 나는 그 실험 결과에 크게 감명 받지는 않았을 거예요. 나는 녹음된 자신의 목소리가 흘러나오는 동안 아기에게 엄마 역할을 연기하도록 요청받은 어머니가, 자신이 아기를 속이고 있다는 사실을 드러내지 않을 거라고 보지 않아요. 나는 아기가 어머니 안에 있는 거짓의 느낌에 대해 반응할 거라고 생각해요.

롤랜드 그러나 그것은 순전히 추측이에요! 그 문제에 대한 과학적 증거가 없나요?

정신분석가 그것은 추측이라는 말이 맞아요. 그러나 나는 그것이 우리처럼 단순한 인간 존재들이 사용할 수 있는 "순수한" 진실 이상으로 "순수한" 진실인지 확신하지 못해요. 정신분석가들은 과학적 진실이라는 자신들의 주장에 대해 조심해야만 해요. 정신분석적 쌍이 하나의 "사실"에 가장 가까이 갈 수 있는 순간은 두 사람 중 한 사람이 감정을 느낄 때에요. 그 사실을 다른 사람에게 의사소통하는 것은 인류가 존재한 이후로 과학자들, 성인들, 시인들 그리고 철학자들에게 좌절감을 맛보게 해왔던 과제예요. "요정들과 목자들은 더 이상 울지 않아," "슬픔의 샘아, 더 이상 울지 마"—이것보다 더 단순한 어떤 진술들이, 또는 그보다 덜 모호한 문법이나 어휘가 있을 수 있을까요? 그 말은 여러 세기에 걸쳐 사람들에게 강력한 영향력을 행사해왔어요.

로빈 "엄마, 더러운 씨발놈이 무슨 뜻이에요?"라는 질문 역시 단순한 질문, 말 그리고 문법이에요. 그러나 그것은 그 질문을 듣는 "엄마" 안에서 어떤 정서적 상태를 불러일으키는 것으로 알려져 있어요. 아마도 앨리스는 이 문제에 대해 얼마의 빛을 줄 수 있을 거예요.

앨리스 나는 방금 당신이 한 그 말을 들었을 때, 그 말이 순간적인 퍼덕거림을 발생시켰다는 것을 인정해요. 사실 나는 즉시 당신이 로즈메리 앞에서 그 말을 하는 게 옳은 것인지 궁금했어요.

롤랜드 나는 충격적인 어떤 것이 말로 표현되지 않았을 때, 그에 따른 결과가 발생한다는 것을 알고 있어요. 한번은 전쟁을 수행하는 당국자들이 적들이 알게 되는 것이 두려워 어떤 사실을 공표하지 않은 일이 있었어요. 그것을 공표했더라면 많은 목숨들을 살릴 수 있었는데도 말이에요. 나는 살아남은 자들이 죽은 자들의 죽음이 헛된 것이 아니었다는 생각에 기꺼이 동의할 거라고 가정해요. 그러나 나는 만약 그 죽은 사람들이 그 사실을 안다면, 그들은 무슨 말을 했을지 궁금해요.

정신분석가 나는 전투에 참여하면서 나의 목숨을 잃을 수도 있다는 것을 알았어요. 나는 나의 애국심 때문에 전투에 참여했다고는 생각하지 않아요. 나는 단지 내가 아마도 죽지 않을 거라고 믿는 데 성공했을 뿐이에요.

롤랜드 내가 보기에 그것은 당신이 그것들을 어떻게 사용할지 모른다는 두려움 때문에, 당신 자신에게조차 누설되어서는 안 되는 사실인 것처럼 보여요.

정신분석가 그건 사실이에요. 결정을 내린다는 것은 아이디어들의 특정한 집합을 선택하는 것을 포함해요—다른 집합은 금지하면서요.

로빈 나는 "금지inhibition"가 병리적 과정을 나타내는 전문용어라고 생각했어요.

정신분석가 어떤 용어들은 논의 안에서 전문적 용법을 위해 선택되지만, 현실은 문법이나 정신분석의 규칙을 따르지 않아요. 우리의 사고 장치는 지금까지 유용하게 사용되어왔을 수 있지만, "지금까지"라는 말은 그것이 우리 지각의 제한된 범위 안에서만 그렇다는 것을 의미해요. 앙드레 그린André Green은 선택된 주제의 제한된 영역 안에서 우리의 직관이 "또 하나의 눈un oeil en trop"[84]으로 기능할 수 있다고 지적했어요. 우리는 직관을 통해 우리 자신의 지각이 드러내는 것을 견딜 수 없을 정도로 반갑지 않은 의미를 포착할 수 있어요.

로빈 나는 나의 부모들이 엘레판티네Elephantine 동굴[85] 안에 묘사된

84 프랑스 정신분석가인 앙드레 그린의 책제목이기도 함.

85 인도 봄베이 근처의 엘레판타 섬에 있는 동굴.

그림들이 나의 순진한 눈이 관찰하기에는 너무 기괴한 것이라고 여겼던 일을 기억해요.

앨리스 당신의 어머니에게 "더러운 씨발놈"이 무슨 뜻이냐고 물었던 사람이 혹시 당신 아니었나요?

로빈 아뇨—나는 너무 순진해서 내가 다녔던 예비학교의 "더러운 어린 호모들"의 이상한 세계에서 간신히 살아남았어요.

앨리스 로즈메리, 당신은 이런 종류의 언어에 대해 나처럼 많이 반대하나요?

로즈메리 나의 엄마는 내가 그녀를 보기 위해 찾아온 신사들이 하는 행동을 듣거나 보아서는 안 된다고 특별히 강조했어요.

로빈 그래서 당신은 "숙녀들과 신사들"의 행동에 아주 친숙하겠어요—그들이 실제로 당신의 "선배들"일까요?

로즈메리 나의 어머니는 나를 양육하는 문제에 특별한 관심을 갖고 있었어요. 물론 나는 나를 놀려대던 친구들을 통해서 나의 엄마가 "창녀"였다는 것을 알았어요. 하루는 교실에서 선생님이 나에게 어떤 시의 끝부분을 읽으라고 말했을 때, 아이들이 "로즈메리는 창녀야, 로즈메리는 창녀야"라고 속삭이는 소리가 점점 더 커지기 시작했고, 마침내 선생님은 소리를 질렀어요. "창녀든 창녀가 아니든, 로즈메리는 지금 실낙원 제9권의 마지막 부분을 읽을 거야." 나는 그 말을 또렷이 기억해요. 왜냐하면 나는 꿈을 꾸듯이 "축복받은 낙원"—"축복받은 교제, 성스런 친교"—이라는 단어를 생각하고 있었거든요. 나는 그 말이 무엇을 의미하는지 몰랐지만, 그것은 나를 울게 만들었고, 모두는 내가 나의 엄마가 창녀였기 때문에 운다고 생각했지만, 나는 그래서 운 게 아니었어요.

롤랜드 불쌍한 아이. 그래서 당신은 어떻게 했나요?

로즈메리 오, 나는 개의치 않았어요. 나는 내 옆에 있던 남자아이에게 학교가 끝난 후에 나한테 잡히면 머리통을 날려버리겠다고 말했어요. 그러자 모두 입을 다물었는데, 내가 싸움을 잘한다는 것을 알고 있었기 때문이에요. 나는 끔찍한 아이였거든요.

앨리스 내 생각에는 당신의 엄마를 보러왔던 "신사들"보다 훨씬 더 심했을 것 같아요. 롤랜드, 당신 얼굴이 빨개진 거예요?

롤랜드 아뇨. 내가 창녀를 찾아갈 수 있는 나이가 되었을 때, 나는 매독균과 임질균이 두려워서 감히 그러지 못했어요. 나의 비겁함 덕을 본 거죠. 나는 정신분석가께서 이 문제에 대해 할 말이 있을 거라고 봐요.

정신분석가 그래요—정신분석의 실천에 관한 한, 나 역시 비겁함의 죄를 시인해야 하지만요. 나는 정신분석가는 일반적인 예의나 존중의 대상이 될 가치가 없는 이류 인간이라고 생각하는 사람들에 대해 많은 것들을 들어서 알고 있고, 그런 사람들을 직접 다루어본 경험도 있어요. 만약 그들 중의 하나가 자신이 무슨 말을 하고 있는지를 안다면, 그는 고려 대상에 해당되지 않을 거예요. 또는 그가 자신이 무슨 말을 하고 있는지 모른다면 그 또한 고려 대상에 해당되지 않을 거예요. 나는 우리가 다른 사람들보다 더 나쁜 사람들이라고 생각하지는 않지만, 우리는 아무리 불쾌한 것이라고 해도 사실들을 견딜 수 있다고 추정되는 사람들이라고 생각해요. 대체로 우리는 우리가 존경받지 못한다는 사실에 친숙해 있어요. 결국, 모든 사람들이 로즈메리를 인간 존재로 또는 사회적 동등성을 가진 사람으로 취급하지는 않을 거예요.

로빈 어쩌면 러시아나 미국에서는 그렇지 않을까요?

롤랜드 한 나라의 문화가 피부보다 더 깊을까요?

정신분석가 모든 문화, 문명 또는 일시적으로 노출된 개인들이나 사람들의 특징은 예상치 못한 것에 의해 관통되고 흩어져요. 사람들은 동물들이 지진이 임박한 것을 안다고 말해요. 인간들은 임박한 정서적 폭발에 대해 민감해요.

앨리스 그 말은 자신들이 미쳐가고 있다거나 붕괴될 거라고 두려워하는 사람들을 두고 하는 말인가요?

롤랜드 그 붕괴는 위쪽으로, 아래쪽으로, 안쪽으로, 바깥쪽으로, 또는 관통해서 일어나나요?

정신분석가 맞아요. 비록 나는 인간 동물로서 우주적 격변을 겪을 수밖에 없다고 생각하지만, 우리는 아마도 여러 세기 동안 그것을 의식적으로 그리고 과학적 개념을 사용해서 인식하지 않을 거예요. 우리가 그런 패턴을 상당한 정도로 식별할 수 있을 때까지, 우리는 관련된 형태의 평가를 통해 그것을 "시험"해볼 수 없어요.

롤랜드 우리들 중 누구도 여러 세기를 살아본 적이 없기 때문에, 하나의 패턴이 드러나기까지는 수많은 자료에 대한 상세한 검토가 필요할 거예요.

정신분석가 나도 그렇게 생각해요—분별력 있는 개인들 사이에서 어떤 알려지지 않은 형태의 의사소통이 있기까지는요. 알렉산더 Alexander[86]의 말을 빌리자면, 설령 개인들이 시간Time, 공간Space, 신성Deity에 의해 분리되어 있다고 해도, 이 장벽은 우리의 논리적이고 합리적인 사고 양태들의 범위를 초월하는 존재의 세력에 의해 관통이 가능해요.

앨리스 그 세력이란 … ?

정신분석가 사변적인 상상, 사변적인 이성에 의해서요. 앙드레 그린은 명쾌한 극적 예술의 "형태form"와 관련된 무언가가 있을 수 있다고 지적했어요. 그것이 장벽을 관통하는 의사소통을 가능케 해줄지도 몰라요. 나는 우리가 과학이 환상의 씨앗에서 발달한다고 가정하지 않는다면 결코 과학적인 것이라고 말할 수 없는 어떤 것을 생각하고 있었어요.

---

86 Alexander Graham Bell(1847-1922). 소통의 문제에 관심을 가졌던 영국의 과학자.

거대한 우주적 폭발의 결과들—예를 들면, 게 성운Crab Nebula처럼 우리에게 시각적으로 명백한 폭발—이 지금 우리에게 도달하면서 DNA 분자에 영향을 끼칠 수 있고, 그것은 전체 인류의 정자 원형질에 영향을 줄 수 있어요. 그 결과, 여러 세기들에 걸친 분출이 모든 것을 폭력적이고, 살인적인 활동으로 내몰 수 있어요.

롤랜드 과학 소설이 분명하네요.

앨리스 그래서 과학 소설이 뭐가 문제죠? 영화, 신문 그리고 T.V.에 의한 폭력의 광범위한 확산이 그것에 대한 보다 합리적인 추측이 아닐까요?

정신분석가 훨씬 더 단순하고—훨씬 더 합리적인 추측이죠. 그것이 내가 말하고 싶은 요점이에요. 합리적 설명은 항상 환영받는 것이지만, 아무런 설명이 없거나 무지함을 고백하는 상황에서는 특별히 더 환영받아요. 그것이 우리의 보잘것없는 작은 마음들에 의해 더 잘 받아들여질 수 있다는 사실은 우리가 좋아하지 않는다고 해서 환영받지 못하는 사실이 사라지는 것을 의미하지는 않아요.

로빈 프로이트는 어디에선가 기억 착오라는 것이 잊은 것을 대체하기 위해 의도된 이차적 정교화라고 서술했어요.

정신분석가 또는 결코 알려진 적이 없는 것이거나요—사실이 있어야 할 곳에 사실이 없는 틈새 말이에요.

롤랜드 그렇군요. 그러나 마음이 존재한다는 증거가 있나요? 그것은 색깔, 냄새, 또는 어떤 감각적인 요소도 갖고 있지 않아요. 정신분석은 왜 우리의 무지가 있어야 할 틈새를 채우기 위해 거대한 기억 착오의 바벨탑을 쌓고 있는 걸까요?

정신분석가 나는 프로이트나 다른 어떤 정신분석가도 그와 같은 확장을 반길 거라고 생각하지 않아요. 그것은 우리가 사용하는 언어에 대한 전형적인 평가절하예요. 나는 하늘을 찌르는 인간의 상상력의 탑들이 하찮은 꿈의 이미지처럼 사라질 수 있다는 가능성을 받아들일 준비가 되어 있어요. 나는 인류 자체가 한 줌의 연기처럼 사라질 수 있다고 생각하는 데 아무런 어려움이 없어요. 만약 태양이 해체에 대한 전조로서 명멸한다면, 과연 생존할 수 있는 인간이 있을까요? 천문학자들은 우리에게, 이 세상은 단지 우주 안에 있는 한 점의 먼지일 뿐이고, 우리의 태양은 수많은 별들 중의 하나인 보통의 별이라고 말해요. 우리는 우리가 새로운 집을 마련하기 위해 날아갈 수 있는 다른 별을 알지 못해요.

로빈 다른 쪽에서 보면, 수백만 개의 태양계들 가운데 "호모 사피엔스"를 산출한 우리의 태양계와 비슷한 곳이 없다면, 그것이야말로 비범한 거예요.

롤랜드 그런 게 있었다면, 그것은 우리에게 매우 유용했을 텐데요.

정신분석가 현재로서는, 우리는 우리의 본성에 진실되게 남아있어야 하고, 우리 자신들을 최상의 상태로 만들기 위해 노력해야만 해요.

롤랜드 정신분석가께서도 도덕주의자인가요? 나는 당신들이 도덕 위에 군림하는 것에 자부심을 갖고 있다고 생각했는데요.

정신분석가 나는 우리가 보통의 인류 구성원에 속한다는 이유로 자부심을 갖거나 스스로를 비하한다고 보지 않아요. 나는 나의 동료들처럼 나 자신에게서 어떤 훌륭한 점을 발견한다면 만족스러울 거예요. 실제로 정신분석가로서의 "탁월함"에 대한 증거는 발견하지 못했지만요.

앨리스 당신의 동료들은 당신을 높이 평가하던데요.

정신분석가 다행히도 그런 사람들도 있어요. 나는 그런 사실을 감사하게 여기지 않는 것은 아니지만, 그것은 나 자신의 훌륭함보다는 나의 동료들의 관대함과 애정에 대한 증거라고 생각해요. 나는 우리가 나 또는 나의 자질들이나 결함들보다 더 흥미로운 것에 대해 논의할 수 있다고 생각해요.

로빈 당신이 환자들과 함께 하는 일이 다른 사람들의 특질들 또는 결함들에 대해 논의하는 게 아닌가요?

정신분석가 나는 환자 개인의 특질들을 보여주려고 노력해요. 그것들이 자산이든 아니면 채무이든, 환자는 그것들에 대해 스스로 결정할 수 있어요.

롤랜드 나는 당신이 그들을 치료한다고 생각했는데요.

로빈 나도 그렇게 생각했어요.

정신분석가 "치료"는 "병" 또는 "질병"이라는 단어처럼 우리가 하는 활동들을 이해할 수 있는 방식으로 설명하기 위해 내과의들과 외과의들에게서 빌려온 용어에요.

롤랜드 나는 당신이 "항체"와 같은 괴물을 도입하는 것을 통해서 치료라는 언어를 살해하지 않기를 희망해요.

로빈 치료라는 것은 퀼러 코치Quiller-Couch[87]가 혐오했던 것들 중의 하나였는데, 나는 그 이유를 모르겠어요. 퀼러 코치는 킹 제임스 성경을 번역한 사람들을 칭송하는 분위기에 의해 방해를 받았고, 의학이라는 학문의 토대가 영국 문화의 절정기를 이끌었던 문학적 천재들에 의해 확립된 것이 아니라는 것에 대한 충격에서 벗어나지 못했어요. 나는 프로이트의 글을 영어로 번역한 제임스 스트레이치의 성취가 그 가치를 인정을 받을 날이 올 거라고 생각해요.

앨리스 그가 번역한 내용의 가치가 성서 내용의 가치와 비교될 수 있는 정도인가요? 아마도 우리는 사제가 돌아오면 그와 함께 이 문제를 논의해야 할 것 같아요. 그는 오랫동안 떠나있었지만, 나는 그가 우리의 다음 만남 이전에 다시 돌아오는 걸로 알고 있어요.

롤랜드 오 저런 ….

---

87 Arthur Thomas Quiller-Couch(1863-1944) 영국의 작가.

앨리스 당신은 반갑지 않은 것처럼 보이는데, 무슨 문제라도 있어요?

롤랜드 나는 그가 돌아오는 게 반갑지만, 신 그리고 다른 경건함의 문제들과 얽히고 싶지는 않아요.

로빈 그가 우리를 개종시키려고 시도하지 않는 것에 대해서는 점수를 줘야 해요. 정신분석가에게 공정하자면, 그 역시 우리를 정신분석으로 개종시키려고 시도하지 않아요.

10

앨리스 *(사제에게)* 당신이 우리 그룹에 다시 참여하게 돼서 너무 기뻐요. 당신의 여행이 성공적이었기를 바래요.

사제 여행은 성공적이었어요. 나는 다시 돌아올 수 있어서 기쁘고, 당신들 모두가 건강해 보여서 행복해요. 논의는 잘 진행되고 있나요?

로빈 잘 진행되고 있어요. 비록 나는 우리가 무언가를 발견했다고 생각하지는 않지만요. 우리는 거의 꺼져갈 정도로 희미해진 불꽃을 당신이 다시 활활 타오르게 할 수 있을지 궁금해요. 당신이 참여했던 학술모임은 어땠어요?

사제 내가 알고 있던 다른 학술모임들과 비슷했어요—사실 나는 내가 경험한 것이 당신들이 경험한 것과 크게 다르지 않을 거라고 생각해요. 일반적인 학술모임에 대한 당신들의 설명은 종교적 학술모임에 대한 설명으로 그대로 옮겨놓을 수 있을 거예요—그럴 수 있을 정도로 비슷한 것이지만, 신이 보기에는 그렇지 않아요.

로빈 왜 신을 끌어들이세요? 우리에게는 신이 존재한다는 증거가 없어요.

사제 증거가 없다는 건 사실이에요. 그러나 우리가 신의 존재를 증명할 수 없다는 사실은 우리의 자기-도취적 관점에서만 중요한 문제일 수 있어요. 시인이 말하듯이, "술의 효모는 굳어진 반죽을 시큼한 것으로 만들어요." 그보다 앞선 다른 한 시인은, "바람은 그것이 데려온 짙은 안개와 함께 반죽을 부풀게 만든다"고 말했고요.

롤랜드 당신은 방금 말한 두 문장이 서로 대립하는 종파에서 인용한 것임을 언급하지 않는군요.

사제 그들이 대립하는 종파인 것은 맞아요. 그러나 신의 존재에 대해서는 일치된 견해를 갖고 있어요.

롤랜드 그들 사이에는 하나의 신이 아니라, 두 개의 신이 존재해요. 실제로 세상에는 신을 믿는 사람들만큼이나 많은 신들이 존재하는 것처럼 보여요.

정신분석가 그 말에 동의해요. 그러나 그것은 단지 개인들이 그들이 말하고 있는 분에 대해 갖고 있는 생각이 다양하고, 자신들의 접근방식을 의사소통하는 방식이 다양하다는 사실을 말해줄 뿐이에요.

사제 그런 사실은 신이 존재하지 않는다는 것을 증명하지 않아요.

앨리스 나는 이런 논의가 무의미하다고 생각해요. 어떤 사람들은 그들이 다른 경험들을 서술하는 것과 비교할 수 있는 방식으로는 서술이 불가능한 어떤 것들을 경험해요. 신과 접촉하는 느낌은 다른 것들과 접촉하는 느낌과 비슷하지 않아요.

정신분석가 당신은 지금 여기에서 바로 그 비교를 하고 있어요. 그것은 당신이 "신과의 접촉"에 대해 말할 때, "접촉"이라는 단어를 은유적으로 사용하고 있기 때문일 수 있어요. 당신이 공기나 물 또는 어떤 사람과의 접촉에 대해 말할 때, 당신은 그 접촉이 은유적 접촉이라고 여기지 않아요. 나는 신과의 접촉 경험을 갖고 있지 않아요. 따라서 나는 그것을 설명해야 할 필요성을 느끼지 않아요. 프로이트는 종교의 분석에 대해 할 말이 많았어요. 그는 정신분석을 통해 종교의 모든 문제를 설명할 수 있다고 생각했던 것처럼 보여요.

로빈 다른 말로, 그는 신을 믿지 않았군요.

정신분석가 그 말은 여러 결론들 중의 하나일 수 있어요. 나는 프로이트가 다른 견해를 갖고 있었는지 알지 못해요.

사제 프로이트가 다른 견해를 갖고 있었든 갖고 있지 않았든 상관없이, 나는 어떤 한 사람의 견해가 아무리 인상적인 것이라고 해도, 그것이 그 자신이 아닌 다른 사람에게 타당한 것이라고 보지 않아요. 프로이트는 종교의 정신분석에 대해 말했어요. 만약 나에게 시간이 있다면, 나는 정신분석의 종교에 대해 책을 쓸 수 있을 거예요.

정신분석가 당신의 책에 어떤 내용이 담길지 대략적인 생각을 말해 줄 수 있나요?

사제 나는 존재했었지만 시대의 필요에 따라 버림받고 다른 것으로 대체되었던 많은 "종교들"에 대해 한두 권의 개론서를 쓸 수 있다는 생각이 들어요. 정신분석이 가진 모든 해박한 지식에도 불구하고, 나는 정신분석을 한때 번성했다가 사라져버리는 또 하나의 종교—진정한 종교가 아닌—로 보거든요.

정신분석가 정신분석을 왜 종교라는 범주 안에 집어넣죠? 우리들 대부분은 과학적이려고 노력해요. 과학적이라는 것은 오직 하나의 표준만을 주장하는 것에 해당해요. 진실말이에요. 정신분석은 진실에 대한 종교의 강조와 양립할 수 있지만, 종교를 구성하지는 않아요.

사제 신을 두려워한다고 주장하는 사람들이 진실에 대한 존중을 보여주지 않는다는 사실이 모든 종교를 거짓된 것으로 만드는 것은 아니고, 신을 열병에 걸린 상상력이 낳은 허구로 만드는 것도 아니에요. 정신분석이야말로 열병에 걸린 상상력이 낳은 허구에 더 가깝지 않나요? 결국, 누가 정신분석을 만들었죠? 그것은 신경증 환자들과 그들보다 더 심한 환자들 때문에 생긴 게 아닌가요?

정신분석가 나는 그 말도 일리가 있다고 생각해요. 그러나 신경증과 정신증에 대한 반란은 그런 문제를 갖고 있는 사람들 사이에서도 일어났어요. 만약 당신이 신경증, 정신증, 건강염려증 그리고 다른 장애를 가진 환자들의 집단을 모은다면, 그들은 곧 그들 자신들과 그들의 고통에 대해 반란을 일으킬 거예요.

로빈 그것은 잘못된 선택의 결과에서 벗어나기를 원하는 사람들이 하는 행동이 아닐까요?

정신분석가 나는 그렇게 생각해요. 그러나 나는 개인들이 과연 선택을 하는지 의심스러워요. 그들은 자신들이 무엇을 선택하는지 알 수 없어요. 선택의 첫 번째 필요조건은 선택을 하는 사람이 자신이 선택하는 것의 대안들이 무엇인지를 아는 거예요. 그들이 선택을 했는데 잘못된 선택을 했다면, 우리는 그것을 바로잡도록 노력해야 하지 않을까요? 만약 전능한 영에 대한 믿음이 잘못되었다면, 만약 경험이 그러한 영이 존재하지 않는다는 가정으로 우리를 인도한다면, 우리는 마치 그것이 존재하는 것처럼 행동하기를 멈춰야 하지 않을까요?

사제 나는 동의해요. 그러나 당신의 경험은 사람들이 그 문제에 대해 진지하게 생각한다고 말해주나요? 내가 보기에 정신분석가들은 종교가 무엇인지 모르고 있어요. 그들은 단지 그들의 충성심을 하나의 훈련되지 않은 그리고 욕망으로 채워진 정서들과 아이디어들의 체계에서 또 다른 하나의 그와 같은 체계로 옮겨놓고 있을 뿐이에요. 나는 정신분석가들이 논의하는 것을 들어왔어요. 그들의 논의 자체는 원시적이고, 훈련되지 않은, 지적으로 구조화되지 않은 종류의 종교가 가진 모든 특징들을 보여줘요. 그들은 자신들의 특별한 상표의 활동을 지지하는 국가적, 인종적, 미적 그리고 정서적으로 채색된 다른 동기들을 증거로 제시하면서, 뜨겁게 논쟁해요.

정신분석가 나는 우리가 그 모든 것들을 한다는 것을 부인하지 않겠어요. 그러나 우리는 실제로 우리 자신들과 우리의 동기들에 대해서 계속해서 훈련된 방식으로 질문해요. 설령 성공하지 못할지라도, 우리는 그 시도를 포기하지 않을 거예요.

사제 나는 나 자신이 판단하는 자리에 앉아있는 것처럼 보이고 싶지 않지만, 증거가 나의 사적인 삶과 나 자신의 사고들과 행동들에 대한 책임과 관련되어 있다면, 그러한 증거를 평가하기 위해 판단을 해야만 해요. 당신들은 내가 아는 종교의 분파들만큼이나 많은 정신분석의 분파들을 갖고 있어요. 그리고 종교에서와 마찬가지로, 개인 추종자들을 거느리고 있는 많은 정신분석적 "성인들聖人"을 갖고 있어요.

정신분석가 우리는 인간들이고, 따라서 모든 생물학적 범주 안에 있는 약점들을 갖고 있어요. 우리는 끊임없이 숭배하고 칭송해요. 왜냐하면 칭송과 숭배는 변경하거나 떼어낼 수 없는 근본적이고 기본적인 우리의 특징들이기 때문이에요. 우리는 그런 사실을 인정하려고 노력해요.

사제 그렇다면 당신들은 숭배하고 칭송하는 능력을 위한 공간을 만들어야 하지 않나요? 의존하고, 칭송하고, 숭배할 만한 가치가 있는 것에 의존하기 위해서요. 그렇지 않으면 그러한 능력들은 "사용되지 않은 채 우리 안에서 썩어가든지," 아니면 숭배되는 대상에 의해 비하될 거예요.

정신분석가 맞는 말이에요. 특별한 국가나 약물—알코올 같은—을 숭상하는 개인은 그런 사실에 의해 비하될 수 있고, 비하적이고 위험한 것이 된 충성심에서 벗어나지 못할 수 있어요. 어느 한 단계에서는 건강과 성장을 촉진시켰던 충성심이라고 해도, 개인이 그것을 넘어설 수 없을 때 그것은 건강과 성장을 가로막는 장벽이 돼요. 그 장벽은 우리의 동물적 본성에 의해 부과된 제한들에서 시작해서 굳어지고, 석회화되고, 경직된 일시적인 제한에 이르기까지 다양한 형태를 취할 수 있어요—동맥 경화에 대한 의학적 서술에서 빌려온 용어로 표현하자면요. 거기에는 얼마의 영적 상대역이 따라오는 것으로 추정돼요. 즉, 신체적 나이가 많아지는 것과 분리될 수 없는 현상인, 새로운 아이디어를 받아들이는 것을 꺼리는 현상이 발생할 수 있어요.

로빈 종교의 정신분석이 가치 있는 어떤 것을 신학자들에게 가르칠 수 있듯이, 정신분석의 종교, 또는 정신분석에 대한 신학자들의 조사가 정신분석가들에게도 가치 있는 어떤 것을 가르쳐줄 수 있지 않을까요? 왜 거기에 어려움이 있어야 하죠?

정신분석가 거기에는 어려움이 있어요. 가르침의 효용성 그 자체는 조심해서 다뤄져 할 문제예요. 우리는 그 가르침을 받는 사람이 무엇을 배울지 알지 못하거든요. 아이들은 종종 그들의 부모의 가르침과는 상관없이 부모의 잘못된 점들을 배울 수 있어요. 부모들과 교사들의 좋은 의도들조차도 그런 사실에 의해 무효화 될 수 있고요.

사제 사람이 공언하는 것이 그 사람이 어떤 존재인지보다 더 중요하지는 않아요.

앨리스 우리가 관찰하는 것이 어떤 측면들이든지, 아이들에게 강한 영향력을 행사하는 것은 일시적으로 불명료한 그런 측면들이에요—그 이유는 아마도 사람들이 자신들이 하고 싶어 하는 것을 자세히 살펴보는 것을 피하기 때문일 거예요.

사제 나는 사람들이 그들의 고해자 또는 정신분석가에게 숨길 뿐이지, 신에게는 아무것도 숨길 수 없다는 것을 알게 될 거라고 생각해요.

정신분석가 그것이 바로 내가 정확한 이야기를 들을 필요가 없이 "모든 것을 다 아는 분석가"가 되는 함정에 빠지지 않으려고 애쓰는 이유 중의 하나예요. 그것은 일부 종교를 추구하는 사람들이 모든-것을-

보는 신, 또는 심지어 경찰처럼 모든 것을 찾아내는 인간에 대해 증오하고 반역하도록 이끌 거예요.

사제 부모는 자녀를 사랑하는 사람일 필요가 있지만, 그것이 그가 바보이어야 하거나, 그가 그의 어리석음에 대한 표현으로서 신을 믿어야 한다는 의미는 아니에요. 우리는 우리가 하는 일을 위해 바보들을 선발하지 않고, 어리석다는 이유로 신을 섬기는 자로 선택하지도 않아요.

정신분석가 우리는 사이코패스들을 정신분석가 지망생으로 뽑지 않아요.

앨리스 우리는 남편이나 아이의 부모를 선택할 때, 알면서 바보를 선택하지 않아요. 문제는 실제 삶에서 우연이 우리에게 준 기회들을 어떻게 선택할지를 우리가 모른다는 거예요—우리는 인간일 뿐이니까요.

로즈메리 아니죠, 마님—우리는 남자들만을 선택해요. 우리는 그들이 진정한 남자들이 되기를 희망해요. 나는 결코 남자가 되지 못할 수도 있는 남자친구를 갖는 모험을 하기보다는 마님의 종으로 남을 거예요. 남자들은 우리와 함께 얽히는 문제라면 모두가 상당히 자유로워요—아무도 변화를 원하지 않아요.

사제 그렇군요. 남자들은 여자들과 비슷하고, 여자들은 남자들과 비슷해요. 그것이 생물학적 성—정확한 용어인—의 측면에서 진술된 것이 갖고 있는 문제예요. 우리는 열정적 사랑에는 단순히 성기들 사이의 활동—접촉—보다 더 많은 것이 있다는 것을 보여주려고 노력해요.

로빈 섹스가 성기들 사이의 접촉일 뿐이라고 믿는 사람이 있을까요? 나는 거의 한평생을 농부로 살아왔지만, 그런 어처구니없는 생각을 하는 사람을 본 적이 없어요. 현실에서 그토록 동떨어진 것을 생각하려면, 당신은 정신분석가처럼 정말 똑똑한 사람이 되어야 할 거예요.

정신분석가 그 말에 동의해요. 진짜 바보를 산출하기 위해서는 지능뿐만 아니라 여러 해에 걸친 교육을 필요로 해요. 나는 진정한 노력으로 이해될 수 있는 교육 경험을 거쳤어요. 노력 없는 즐거운 활동을 통해서는 어떤 바보, 또는 진정한 바보도 산출될 수 없어요. 나는 노력 없는 즐거운 활동이 최고의 행복이라고 생각하는 사람들을 알고 있어요. 로빈, 당신은 오직 정신분석가만이 이것을 할 수 있다고 생각하세요?

앨리스 나는 로빈이 그렇게 생각하지 않을 거라고 확신해요.

정신분석가 모든 과장誇張은 관찰될 수 없는 것을 관찰될 수 있는 것으로 만들어주는, 정신적 현미경의 기능을 갖고 있어요.

로빈 그것은 과장이 아니에요. 나는 정신분석가에게 무례하고 싶지는 않지만, 나름대로 온갖 종류의 전문가들—건축가들, 병사들, 선원들, 정치가들—을 알고 있어요. 비록 상급자들과 그들의 지혜를 존경하는 법을 나에게 가르쳐준, 훈련이라는 단단한 껍질을 깨고 나오는 데 여러 해가 걸렸지만, 나는 나의 자유를 성취했어요.

정신분석가 당신의 경사를 축하드려요. 나는 지금도 내가 의존하고 있는 농부들, 의사들, 예술가들, 그리고 다른 사람들이 모두 지혜로운 사람들이라고 생각하는 게 더 편해요.

롤랜드 당신은 그렇게 생각하는 게 더 편해야 한다고 말하는 건가요? 아니면 비꼬고 있는 건가요? 로즈메리, 앨리스, 로빈 그리고 나, 우리 모두는 지금 이전보다 더 지혜로워요. 습관의 피조물이 되는 것, 낡아빠진 사고의 관습에 빠지는 것은, 그것이 아무리 자연스럽다고 해도, 실수하는 거예요. 당신은 훈련받은 "방식"을 유지하는 데 전혀 어려움이 없겠지만요.

정신분석가 내가 받은 모든 훈련에도 불구하고, 나는 내가 훈련받은 방식을 유지하는 데 어려움을 겪고 있어요. 나는 나의 동료 인간들이 저지르는 실수들에서 면제받은 게 아니에요. 내가 빈정대는 식으로 말한다는 당신의 불평은 인정할 수가 없어요—내가 풍자적이거나 적대적일 수 있는 자유가 없는 것은 아니지만요. 분석 실제에 임할 때, 나는 내가 하는 일과 무관한 생각들과 감정들을 자제하기 위해 최선을 다해요. 그 말이 내가 화를 낼 수 없어야 한다는 것을 의미하지는 않지만요.

로빈 당신은 기분이 상한 것처럼 보여요. 나는 롤랜드가 당신의 완강한 고요함을 침범한 게 분명하다고 생각해요.

정신분석가 나의 고요함은 완강한 것이 아니에요. 나는 비록 특정 개인이 싫어하는 직업에 종사하고 있더라도, 정중하게 취급받을 것을 기대해요.

롤랜드 사람들이 정신분석을 싫어하는 이유는 정신분석이 과학적인 근거를 내세우면서 상처를 주는 말을 할 수 있는 권리가 있다고 주장하기 때문이에요.

정신분석가 나는 정확한 정신분석적인 사실을 말할 수 있는 권리를 주장할 거예요. 비록 그 말이 상처로 느껴질 수도 있지만요. 외과의사는 메스를 사용하지만, 그것으로 살을 도려내는 것은 환자에게 고통을 주기 위해서가 아니에요. 가학적인 사람이 외과의가 될 수도 있겠지만, 일반적으로 외과의사가 되는 것은 금지된 쾌락을 감추기 위해 외과의가 되는 것과는 다른 거예요. 나는 내가 신체적 징벌을 가하는 아버지라는 정서적으로 충전된 생각에서 살아남는 것을 통해 비밀스런 쾌락을 얻고 있는 환자를 예시해야 할지도 모르겠네요.

로빈 당신들은 그런 경우에 "아버지 인물"이라는 표현을 사용하지 않나요?

정신분석가 만약 그 용어가 내가 말하고 싶은 것을 나타낸다고 느낀다면 그리고 내가 말하고 있는 사람이 그 용어를 이해한다고 느낀다면, 나는 물론 그 용어를 사용할 거예요.

로빈 예를 들어주시겠어요?

정신분석가 나는 좋은 교육을 받고 문화수준이 높은 한 환자를 분석한 적이 있는데, 한번은 그가 화가 났고, 나에 대한 증오를 분명히 드러내는 맥락에서 강한 어조로 "신"이라는 단어를 사용했어요.

사제 당신은 그가 "신"이라는 단어를 단순히 욕으로 사용한 게 아니라는 것을 어떻게 아시죠? 나는 그가 신의 이름을 헛되이 말하고 있었다고 말할 거예요.

정신분석가 그 말은 신이 존재한다는 것을 가정하는 말이에요.

사제 그것은 여러 해의 경험에 기초한 가정이에요.

정신분석가 그건 사실이에요. 그러나 임상 실제에서, 나는 당신이 오랜 세월을 견뎌왔다고 서술하는 그 경험의 본성을 고려해야만 해요. 즉, 그 경험이 당신의 신체와 마음 안에서 일어난 어떤 사건들에 의해 촉발된 것은 아닌지를 고려해야만 해요. 아버지에 대한 사실과 어머니에 대한 사실 모두는 인상적이에요. 당신은 그것이 이론일 뿐이라고 말할 수 있지만, 나는 그 이론이 모든 부모들에게는 알려진 사실들과 일치할 법한 것으로 여겨질 수 있다고 봐요.

사제 있을 법한 말이에요. 그런데 당신에게는 그 "있을 법함"이 왜 그렇게 중요한 거죠? 당신은 자신이 유아였던 시기에 대한 성인의 추측은 과학적 사실이라고 부르면서, "종교적" 사실에 대한 논의는 과학적인 것으로 간주하지 않고 있어요. 당신은 정신분석가—진짜 정신분석가—가 환자에게 나쁘거나 잔인한 아버지 또는 어머니를 상기시킴에도 불구하고, 환자를 돕는 일에만 관심을 갖는 따뜻한 마음을 가진 남자 또는 여자라고 말하고 있어요.

정신분석가 당신들은 "수호천사"가 실제로 존재한다고 주장할 때, 우리보다 더 많이 나가지 않나요?

사제 당신은 돕는 일에만 관심을 갖는 따스한 마음을 가진 남자와 여자가 있다고 말할 때, 나보다 더 많이 나가요. 말해보세요—그런 사람을 만나본 적이 있나요? 나는 신실하고, 자비로우며, 신을 두려워하고, 신을 사랑하는 사제가 있다고 말하고 있지 않아요. 나는 외과의사, 내과 의사, 정신분석가, 예술가 또는 어떤 사람을 비하하고 싶지 않아요. 그렇다고 해서 그런 인물들을 평판 그대로 가치 있는 사람으로 여겨야 한다는 주장을 인정하고 싶지도 않아요. 그렇게 하는 것은 내가, 만약 수호천사들의 활동을 우리가 허용한다면 그리고 그것이 신의 계획에 부합하는 것이라면, 그들은 실수할 수밖에 없는 피조물인 우리를 어리석음으로부터 구해줄 거라고 주장하는 것보다, 그리고 내가 수호천사들이 존재한다는 증거를 갖고 있다고 주장하는 것보다 더 어처구니없는 것이에요.

정신분석가 당신의 강론 안에는 "만약"이라는 말이 많이 등장하네요.

사제 다른 사람의 말 안에는 그게 더 적게 등장하나요?

정신분석가 그럼요, 왜냐하면 우리는 비교와 차별을 통해서만 제멋대로 구는 우리의 자기들을 정제하고 절제시킬 수 있으니까요.

사제 나는 당신의 목표를 방해하고 싶지는 않지만, 당신의 견해가 지닌 편협성을 모르고 있는 것은 아니에요.

정신분석가 말에게 곁눈 가리개가 도움이 아니라 방해가 될 때는 언제일까요?

사제 말을 타는 사람은 분명히 말의 혈통을 개선했다고 주장할 준비가 되어 있을 거예요. 나는 신이 인류를 개선했다고 생각해요.

정신분석가 사람들이 신들을 개선해온 것은 맞지만, 신들을 선택하는 그들의 방법이나 그들이 선택한 신에 대한 헌신을 표현하는 방법을 개선하지는 않았어요. 내가 "개선"이라고 말할 때, 나는 "더 낫다" 또는 "더 나쁘다"라는 척도를 따르고 있어요.

사제 나도 그 점을 주목했어요. 혹시 그 기준의 본성에 대해 말해줄 수 있나요?

정신분석가 딱히 할 말은 없어요. 나는 "진전"이 내가 추가적인 발달이라고 간주하는 것과 관련된 것이라면, 좋은 것으로 간주할 것 같아요. 헌신적인 종교인들은 종종 정신적 능력을 발달시키는 것으로 보이지 않아요.

사제 당신은 이 점에서 종교인들이 과학자들이나 화가들이나 음악가들보다 더 못하다고 생각하세요?

로즈메리 남자들과 여자들은 항상 그저 자신들이 원하는 것을 해요. 그리고 나중에 그것에 대해 설명하죠. 그렇게 하는 것이 어려울 때도 있는데, 그것은 그들이 충분한 돈이 없거나, 경찰이 그렇게 하는 것을 막을 때예요.

정신분석가 또는 그들이 건강을 잃거나, 시간이 없거나, 외부 세계 안에서 알려진 장애물이 없다고 해도, 그들의 의식적인 목표들을 성취하지 못하도록 방해하는 데 기여하는 알려져 있지 않거나 인식되지 않은 그들의 성격적 요소들 때문일 수도 있어요. 거기에는 내가 당신들에게 보여주고 싶은 사실들이 있지만, 나는 경험도 없고 필수적인 훈련도 받지 않았기 때문에 그렇게 할 수는 없어요. 설령 내가 경험이 있고 훈련을 받았다고 해도, 당신은 내가 사용하는 "언어"를 이해할 수 있어야 할 거예요.

로빈 글쎄요, 언어가 뭐가 문제죠?

정신분석가 당신은 영어를 말하고 있고, 따라서 셰익스피어의 희곡을 이해한다고 생각하죠. 나는 셰익스피어의 희곡은 완벽하게 연출되고 연기되어야만 한다고 생각해요. 영국 사람들은 영어를 배워야 하거든요.

로빈 불쌍한 셰익스피어! 그가 세상에서 가장 훌륭한 희곡들을 썼는데, 그 희곡들을 성공하도록 돕는 사람은 아무도 없고, 고함만 지를 줄 아는 엉터리 배우들이 몰려드는 현실이 안타깝네요.

앨리스 하지만 그들은 그 희곡들을 무대에 올렸어요. 엘리자베스 시대의 군중들은 그 시대의 연극들을 보았고, 계속해서 보러 갔어요.

사제 정신분석가께서는 지금도 진보를 믿나요? 발달의 기회가 증가하는 것을 통해서 세상이 긍정적인 방향으로 진보해왔다고 생각하세요?

정신분석가 나는 당신이 질문한 것과 똑같은 질문을 할 수 있어요. 나는 그 질문에 대해 지금까지는 “예”라고 대답할 수 있다고 생각해요. 그러나 내가 영원한 밤의 캄캄한 절망과 우울에 의해 삼켜지기 전까지 얼마나 더 오랫동안 희망을 가질 수 있을지는 알지 못해요. 나는 태아가 출생 이전의 삶을 갖고 있다는 가설, 환상, 동화를 상상할 수는 있지만, 당신이 갖고 있는 내세의 삶에 대한 믿음에 기댈 수는 없어요. 나는 출생 이전의 삶에 대한 이러한 공상 같은 “이론”이 과학적 학문 안에 있을 자리가 없다고 말하는 사람과 논쟁할 수 있는 위치에 있지 않아요.

사제 무엇이 그런 논쟁을 가로막는 거죠? 만약 당신이 물로 된 액체 환경에 적합한 태아의 정신성이 존재할 수 있는 가능성을 배제할 수 없다면, 내세는 어째서 부인하는 거죠? 기체-액체 이후 존재의 가능성 말이에요.

정신분석가 내가 죽으면 나는 더 이상 존재하지 않게 될 거라고 믿는 것이, 내가 익숙해진 나의 본성의 일부인 것 같아요.

사제 나는 그것을 부인하지 않아요. 나는 출생-후 피조물이 태아가 합리적인 것으로 간주하는 “법칙”을 따른다는 것은 믿으면서, 사후에 피조물이 동일한 피조물의 자연스런 “법칙”을 따른다는 것을 믿지 못하는 이유를 모르겠어요. 태아는 아기가 “터무니없는 괴물”이라는 것을 “믿을” 수 있는데 말이에요.

정신분석가 나는 자신들의 변화에 대한 느낌이 어떤 것이든 간에, 그것을 나쁘게 생각하는 환자들을 알고 있어요. 그들은 그들 자신들을 상기시키는 인간 존재에 대해 좋지 않게 생각해요. 그런 환자들의 정신분석에서 만나는 어려움들 중의 하나는, 그들 자신들의 것이건 아니면 다른 누구의 것이건 간에, 그들이 "보통의 행동"을 상기시키는 것을 원치 않는다는 거예요.

앨리스 이것이 실제 삶과 무슨 관련이 있는 거죠?

정신분석가 그것은 실제 삶과 많은 관련이 있어요. 정신분석의 빈번한 위험들 가운데 출생-전 인격들과 출생-후 인격들이 한데 모이는 것보다 더 큰 위험은 없어요. 왜냐하면 그것은 그 두 인격들에게 동일한 신체와 마음 안에서 계속되어왔던 "접촉"을 상기시킬 수 있거든요.

롤랜드 당신은 그것을 매우 극적으로 말하는군요.

정신분석가 현실을 묘사하기 위해서는 셰익스피어 같은 특질을 지닌 드라마를 필요로 해요.

롤랜드 셰익스피어는 많은 살인들과 자살들에 책임이 있음이 분명해요.

정신분석가 셰익스피어는 말했어요, "왕에게! 우리의 생명, 영혼, 빚, 사려 깊은 아내들, 자녀들, 그리고 죄를 왕에게 맡기세!" 셰익스피어, 의사들, 그리고 정신분석가들 같은 조무래기들이 우리가 동료들에게 조심하라고 당부하는 질병들을 만들어내고 있다"고 비난받아왔어요—조심하세요!

로빈 조심하라! 이 경고음은 확실하네요! 경고음은 행동의 전주곡이 아니라, 대체물로 간주돼요. 만약 당신의 배가 아프다면, 복통이 아니라고 말하세요.

롤랜드 당신의 마음이 당신에게 무해한 사적 관심사들로 인해 골치 썩지 말라고 말한다면, 그러한 낡은 생각에 맞서기 위해 정신분석가를 찾아가 도움을 받으세요!

정신분석가 정신분석가들은 무차별적인 방송보다는 차별적이고, 의미 있으며, 의식적인 직접적 논의를 옹호해요. 만약 의회가 논쟁보다 서로 으르렁거리기를 선택한다면, 최고의 기능을 발휘할 수가 없어요. 비온은 왜 집단에 대한 연구를 계속하지 않았을까요?

비온 당시에 나는 오직 정신분석을 통해서만 적절히 다룰 수 있는—또는 더 잘 다룰 수 있는—더 긴급한 관심사를 갖고 있었어요. 특히 정신분석가가 말한 바 있는, 태어날 준비를 거의 마친 태아가 그 자신 및 부모들의 "부모적" 자질들과 갖는 관계라는 연구과제를 갖고 있었어요.

롤랜드 태아의 부모가 갖는 자질이라! 놀랍네요.

비온 나는 그것이 누군가의 경멸을 자극할까봐 두려웠어요. 가시덤불이 항아리 밑바닥에 부딪칠 때 내는 소리는 전파 방해로 인해 발생하는 소음이나 분리된 핵 요소들이 다시 결합하는 소리가 될 때, 훨씬 더 심각해져요. 당신이 조롱하는 것을 내가 부인하지 않겠지만, 사실 부인할 수 있는 것도 아니에요.

롤랜드 내가 당신을 조롱하고 있다고 당신이 느꼈다면 미안해요. 그러나 나는 사람들이 농담을 너무 심각하게 받아들일 때 약간 화가 나요. 나는 당신이 자신의 중요성에 대한 과장된 견해를 갖고 있다고 생각해요.

비온 내가 그러한 다행스럽지 못한 인상을 주게 되어 유감이에요. 만약 내가 당신이 단지 순진한 즐거움의 원천일 뿐이라고 말한다면, 그것은 진지하지 못한 말일 거예요. 당신이 온전하고 균형 잡힌 관점을 갖고 있고, 놀라운 유머감각을 갖고 있다고 내가 느낄 때, 견디기가 힘들더라고요.

앨리스 나는 어느 한쪽 편을 들고 싶지 않아요. 그러나 당신들 같은 영국인 바보들에게 필요한 것은 "평화"예요.

11

앨리스 분명히 그 문제는 합리적으로 논의될 수 있을 거예요.

비온 그것은 또한, 우리가 알고 있듯이, 무력에 의존할 수 있어요. 잠재적으로 재능 있는 태아의 마음과 똑같이 재능 있는 분리된 출생 후 자기 사이에서 발생하는 것으로 추측되는 재앙적인 만남은 두 사람 또는 그 이상의 개인들이 만날 때에도 똑같이 발생해요. 프랑스인과 영국인, 독일인과 영국인, 그리고 지금은 흑인과 백인 사이의 관계는 서로 유익한 자극을 주는 것이 아니라, 서로를 멸절시키는 결과를 가져오는 것으로 보여요.

롤랜드 불화의 토대는 뭐죠?—피부색? 성? 번영?

로빈 아버지와 아들? 수호자와 감독자? 착취자와 피착취자? 어머니와 딸?

정신분석가 그 가능성은 끝이 없어요. 일단 문제가 드러나면, 그것에 대한 *합리적* 설명들은 끝이 없어요. "합리적인" 설명이 어떻게 합리화와 다른지에 대해서는 말하고 싶지 않지만요.

로빈 그렇게 말하는 당신은 논리를 비방하는 직관주의 수학자들만큼이나 나쁜 사람이에요.

정신분석가 직관주의자들은 논리주의자들이 자신들의 것과 다른 접근법이 존재한다는 현실을 인정하기만 한다면, 논리적 수학자들과 직관적 수학자들이 평화롭게 공존할 수 있다고 말할 거예요. 양자 물리학자들이 파동에 의한 움직임의 존재를 부정하지 않듯이요.

로빈 집단분석과 정통 정신분석 사이의 관계 안에도 유비가 존재하나요?

정신분석가 그것은 하나의 유혹적인 가능성이에요. 그 관계에 대한 세밀한 정신분석적 연구는 집합체를 구성하고 있는 미립자들이 위아래로 움직인다는 것을 보여주고 있어요. 그 "위아래로의" 움직임은 바다를 그것의 구성물인 물방울들과 시각적으로 비교할 때 그런 것처럼, 파도라는 환상을 발생시킬 수 있어요. 시각적 이미지들은 시각적 능력을 유아의 범위 이상으로 확장하는 방식으로 깊숙이 침투해요. 그 결과 시각적 능력은 유아가 움켜쥐거나 만지는 것으로 제한되지 않아요. 그리고 유아의 시각적 능력이 확장될 수 있는 한, 운동성은 급하게 확장될 필요가 없게 돼요.

로빈 기하학에서의 시각적 이미지들의 범위는 어떤가요? 그것은 선들과 원들의 시각적 그림들이 아니라, 대수학에 의해서 확장되었어요.

롤랜드 데자르그는, 그의 도식이 시각적인 것이었음에도 불구하고, 수학자들의 이해를 확장했어요.

로빈 그 다음에 이어진 사영 기하학의 발달은 시각적인 것이 아니었어요.

정신분석가 원뿔 영역에 관심을 갖는 사람은 내적 눈의 작용을 믿어요. 정신분석적으로 개인들은 여전히 소화관과 폐를 분리해주는 횡경막의 존재에 의존하고 있는 것으로 보여요. 출생-전과 출생-후를 나누는 "분단" 안에 원뿔 영역에 해당하는 정신적 요소가 남아있어요. 마치 출생이 커다란 중요성을 갖고 있는 것처럼요.[88]

---

88 여기에서 말하는 횡경막은 접촉 장벽 contact barrier으로, 그리고 분단은 분기점

사제　그리고 내가 전에 말했듯이, 죽음도 마찬가지예요. 당신도 바보 같은 사제들을 제외하고는 죽음이 중요하다는 것을 모르는 사람은 없다고 말했어요. 사람들은 우리가 죽음을 두려워하기 때문에, 죽음을 부인한다고 가정해요. 나에게는 그것이 종교적 가르침과 경험에 대한 정신분석적 오역과 무지를 보여주는 순진한 예로 보여요.

정신분석가　그것은 정신분석에 국한된 순진성이 아니에요. 나는 그런 비난에 대해 나 자신을 방어하지는 않겠지만, 당신이 스스로 관찰한 것을 진술할 때 사용하는 어조가 죄를 인정하거나 공격적인 거부반응을 불러낸다는 점을 지적하고 싶어요.

롤랜드　죄를 인정한다고요? 우리가 무슨 범죄 이야기를 하고 있는 게 아닌데요.

정신분석가　내 말은 누구를 비난하자는 게 아니에요. 나는 단지 죄책감이 환기되거나 창조되는 방식에 주의를 끌려고 노력하고 있을 뿐이에요. 그것은 기본적이고 근본적인 것이거든요. 범죄—합리적이고, 논리적인—와 죄책감은 자연스런 파트너들이에요. 그 문제는 시간과 에너지를 할애할 수 있는 한, 누구라도 정의감, 도덕성, 지적 창의성을 쏟아부어 씨름해볼 만한 것이에요.

롤랜드　정신분석적 견해는 무법적이고 무절제한 세상을 창조하자는 초대에요.

정신분석가　"정신분석적 견해"라는 것은 존재하지 않아요. 그러나 세상에는 자신들이 선택하는 어떤 활동을 지지하기 위해 정신분석적 이론을 사용하는 사람들이 있어요. 그런 이유로 우리는 유능하면서도, 개인을 방해하지 않고 돕고 싶어 하는 사람들을 정신분석가로 훈련시키려고 노력해요.

---

caesura으로 개념화된다.

롤랜드 그들 중에는 좀도둑, 도둑, 살인자도 있겠죠?

정신분석가 내가 친숙하게 알고 있는 문화 안에서, 개인의 직업이나 철학은 보통 의사들이나 외과의사들의 관심사가 아닌 것으로 간주돼요. 그들은 보통 의학이나 외과수술에만 관심을 갖는 사람들이에요. 나는 나 자신의 삶을 어떻게 살아야 한다는 아이디어를 갖고 있지만, 내가 나 자신에게 적합한 것이라고 간주하는 것은 "내가 아닌" 다른 개인과는 아무런 상관이 없어요. 나는 내가 돕기를 원하는 사람을 훈련생으로 선택하지만, 그것은 나의 포부이지 정신분석이 아니에요—선택하는 사람은 나예요.

사제 나는 불타고 있는 석탄을 집으려고 손을 들이미는 아이를 가만히 앉아서 바라볼 수는 없어요. 유사한 결과를 가져올 수 있는 성인의 행동을 내가 보았더라도, 나는 그것을 막기 위해 개입했을 거예요.

앨리스 누구라도 그럴 거예요.

정신분석가 이것들은 가정적인 상황들이고, 제기된 문제들은 논리적으로 해결될 수 있어요. 실제 삶에서 문제들은 이론적인 해결책이 도움이 되지 않는 형태로 모습을 드러내요. 당신은 행동을 하든지, 아니면 행동을 자제해야 해요. 이런 논의는 그것 자체로서는 중요하지 않지만, 마음의 준비라는 측면에서는 중요해요. 정신분석은 일종의 행동의 전주곡으로서의 행동이에요. 신경계에서 발생하는 충동은 행동의 전주곡이에요. 그것은 사고思考가 아니에요. 신경학자는 이렇게 말할 거예요. "당신의 발을 건드릴 때, 느껴지는 것을 말하세요." 나는 그런 질문을 할 필요가 없어요. 왜냐하면 내가 어떤 아이디어나 얼굴 찡그림이나 목소리의 톤을 사용해서 그의 감각장치를 건드릴 때, 환자가 느끼는 것을 나 자신이 알 수 있기 때문이에요. 그것이 정신분석이 사교적 대화가 아니고, 사교적 대화가 정신분석이 아닌 이유에요. 정신분석을 실천하고 있는 동안, 말하는 정신분석가의 행동은 그가 디너 파티에서 말하는 행동과 같은 것이 아니에요. 혼동이 발생하는 이유는 그 둘 사이의 중요한 차이를 모르기 때문이에요.

로빈 당신은 언젠가 명료하게 말하는 것이 분열splitting과 구별될 수 없다고 말한 적이 있어요. 당신은 디너 파티에서 말하는 것이 정신분석과 동일한 것이 아니라고 주장하는데, 나는 그 말의 의미를 이해하지 못하겠어요.

정신분석가 내가 날씨가 비교적 후덥지근하다고 말할 때, 그 명료한 진술은 여러 개의 분열되어 있는 아이디어들—열기, 햇빛, 습도, 느낌—을 하나로 결합하고 있어요. 분열은 명료한 문장을 위한 전주곡으로 사용되는 편리한 기능이에요. 그러나 날씨는 날씨로, 즉 조각들의 덩어리가 아니라 하나의 전체성으로 남아있어요. 날씨 때문에 화가 난 개인은 날씨를 비난하고, 그것을 미세한 조각들로 분열시키고 싶어 해요. 그것은 무능한 (그리고 따라서 전능한) 격노에 대한 표현이라고 말할 수 있는 거예요. 수소, 산소, 탄소 그리고 다른 것들의 원자들은 과학적 관찰이에요. 즉, 원시적 분열이 세련된 기능으로 변형된 것이에요.

롤랜드 그런 이야기를 듣는 게 환자에게 무슨 도움이 되죠?

정신분석가 당신은 내가 방금 말한 것을 오해하고 있어요. 이 대화는 정신분석이 아니에요. 이것은 정신분석에 대한 사교적 논의에요. 내가 로빈에게 한 말은 그를 분석한 것이 아니었어요. 만약 내가 로빈에게 했던 말을 환자에게 했다면, 상황은 다를 거예요. 그때 나는 당신이 방금 나에게 했던 질문을 나 자신에게 했을 거예요. "그것을 환자에게 말하는 것이 무슨 도움이 될까?"라는 질문 말이에요.

롤랜드 나는 종종 정신분석가가 환자에게 "당신이 아이였을 때…," 또는 "당신이 유아였을 때"라고 말하는 것을 듣는데, 그때가 바로 "그게 무슨 도움이 될까?"라는 의문이 떠오르는 순간이에요. 나에게는 그런 진술들을 뒷받침하는 증거가 없을 뿐만 아니라, 과거에 발생했다고 추정되는 사건에 대해 환자가 할 수 없는 것이 아무것도 없는 것처럼 보여요.

정신분석가 나는 과거는 과거일 뿐이고, 그것에 대해 할 수 있는 게 없다는 생각에 동의해요. 우리가 할 수 있는 모든 것은 현재 안에서 행해지는 것이고, 과거의 어떤 행동으로 인해 드러난 현재의 결과들에 대한 거예요. 정신분석은 명료한 말하기라는 수단을 사용해서 현재에서 "행하는" 거예요. 우리는 외과수술을 받는 환자에게 "당신은 과거에 원숭이처럼 꼬리를 갖고 있었다"고 말하는 대신에, 이렇게 말해요. "당신의 척추 하단부에 기형이 발생했는데, 내 생각에는 수술이 필요해요. 당신은 고통에서 벗어날 수 있고, 수술에서 회복되고 나면 더 이상 지금과 같은 불평을 하지 않을 거예요." 나는 "유아기" 또는 "당신이 태어나기 전," 그리고 "그 어떤 시기"에 일어났던 것을 말하는 데 관심이 없어요. 만약 내가 심리학적 태아학, 또는 심리학적 고고학이나 역사학을 가르치고 있다면, 그런 것을 말하는 것이 타당할 수도 있겠죠. 실제 정신분석은 외과수술과 더 밀접한 유사성을 갖고 있어요. 물론 그것은 단지 유비일 뿐이지만요.

로빈 당신은 우리들 대부분이 재앙적인 상황으로 간주하는 것, 즉 우리가 미쳤다거나 제정신이 아니라고 부르는 것에 대해 언급해도 괜찮고, 심지어 그렇게 하는 것이 잘하는 것이라고 안심시키고 있는 것 같아요. 당신은 정신증을 심각한 문제로 보지 않나요?

정신분석가 물론 나는 정신증을 심각한 문제로 봐요. 모든 마음의 상태들이 연구할 만한 가치가 있는 거예요. 그 상태의 심각성은 그것이 다루어지지 않거나 명칭이 잘못 붙여지는 바람에 개선되지 않고 있어요. 모든 서술적인 용어들—잠들어있는, 깨어있는, 제정신인—은 끊임없이 수선될 필요가 있어요. 친척들과 의사들은 그들의 희망이 수술, 의약품, 정신분석 등의 사실들에 의해 무사안일이나 부주의함과 구별되지 않는 낙관주의에 빠지도록 허용할 수 있어요. 그것은 결국 수동성이나 태만으로 귀결되는, 우울이나 절망만큼이나 커다란 불행이에요.

롤랜드 상식을 대체할 수 있는 것은 없군요.

정신분석가 상식을 대체할 수 있는 것들은 무수히 많아요. 상식에 대안을 제공하는 것이라면 어떤 행동 경로라도 택할 수 있는 사람들이 있어요. 그들은 정신분석 이론들이 상식으로부터의 낭만적이고 유혹적인 도피라고 생각해서 정신분석에 입문하죠. 그들은 분석을 받는 것이 바람직하다는 집단의 느낌을 공유하게 될 때 개인분석을 받아요. 유아들—아마도 심지어 태아들—이 "상식"을 갖고 있음을 보여준다는 사실은 가장 반갑지 않은 거예요.

롤랜드 오 저런! 당신은 실제로 상식을 보여주는 유아의 예를 들어 줄 수 있나요?

정신분석가 당신도 스스로 관찰했을 법한 예를 들어볼게요. 나는 한 아기의 행동을 보고 매료되었던 순간을 기억하는데, 지금까지도 그것에 대한 적절한 설명을 발견하지 못했어요. 거의 신생아 수준의 아기였는데, 엄마는 아기가 기저귀 대신에 요강에 대변을 보기를 바라는 마음으로 아기의 엉덩이 뒤로 요강을 밀어 넣어주었고, 아기는 즉시 결의에 찬 표정으로 강하게 집중하면서, 많은 양은 아니지만, 제대로 된 대변을 누었고, 그 모습을 지켜보던 엄마는 탄성을 질렀어요.

롤랜드 긴 설명이 필요 없겠어요.

정신분석가 동의해요. 그러나 나는 그 단순한 설명을 찾지 못했어요. 많은 해석들이 있겠지만—어떤 해석이 정확하죠? 태아와 관련해서, 나는 태아가 어떤 단계에 이르면 둘 또는 그 이상의 감각들이 공동으로 존재한다고 가정하는 데 어려움이 없어요—예를 들면, 후각과 청각이 공동으로 존재하는 거죠. 이 공동감각이 나중에 실현되는 "상식common sense"의 원형이 아닐까요?

앨리스 당신은 어떻게 높은 수준의 지성, 또는 재능을 지닌 인격을 정신증, 광증 그리고 심지어 범죄와 같은 낮고 재앙적인 수준의 것과 연결시키죠? 그런 생각은 매우 기이해 보여요—그리고 매우 불편한 느낌을 불러일으켜요.

정신분석가 그런 연결이 쉽게 불편한 느낌을 불러일으킨다는 것이 사실이에요. 그런 사실이 그렇게 연결하는 것을 점점 더 주저하게 만들어요. 나는 그 누구도, 내가 아는 한, 상상들과 추측들을 사실인 것처럼 이해하는 것을 원하지 않아요.

앨리스 그러나 당신은 우리가 상당히 합리적인 믿을만한 사람들이라고 생각하지 않으세요?

정신분석가 맞아요, "상당히" 합리적인 분들이에요. 그러나 내가 경험한 것이 당신들이 경험한 것과 다를 수 있고, 내가 "상당하다"고 간주하는 것이 당신들이 생각하는 상당한 것과 일치하지 않을 수 있어요. 나는 내가 말하는 것이 이상하고, 이해할 수 없고, 공상에 가까운 것으로 취급되는 상황에 친숙해요. 내가 말한 그 이상한 것은 얼마 후에 명백하고, 평범하며, 언급할 가치가 없는 것으로 취급되죠. 심지어 나는 나중에 전에는 이해할 수 없었던 나의 언급이 그것을 들었던 사람의 창조물이 되어 있고, 나는 그것을 표절한 사람이 되어 있는 것을 발견하기도 해요.

롤랜드 당신은 제대로 된 대접을 받지 못하는 것 같네요.

정신분석가 나는 내가 불만을 늘어놓고 있다는 생각에는 동의하지 않아요. 세상의 현실은 종종 불만스런 감정을 자극하죠. 사람들은 그들이 부인할 수 없고 좋아하지 않는 사실들과 쉽게 화해할 수 없어요.

앨리스 불만스런 감정이 자극되는 현실이 태아와 무슨 관련이 있을까요?

정신분석가 태아는 자신의 경험들을, 그것들을 인식하는 것을 포함해서, 싫어할 수도 있어요. 멜라니 클라인은 유아들과 함께 했던 자신의 경험을 통해서 나중에 "투사적 동일시"로 알려지게 된 이론을 공식화했지만, 그것을 태아에게 적용시키지는 않았어요.

롤랜드 더 초기에 존재하는 정신기제를 가정하는 것을 통해서 이론을 복잡하게 만드는 이유가 뭐죠? 클라인학파 이론은 이미 많은 정신분석가들에 의해 의문시되고 있는 게 사실 아닌가요?

정신분석가 만약 태아에 대한 아이디어가 단순히 "클라인의 생각과 같은 것이고, 다만 더 이른 시기의 것일 뿐"이라고 치부된다면, 나는 클라인 이론과 그것이 주장하는 "개선들" 모두가 터무니없는 것이고, 따라서 시간과 노력을 들여 고려할 필요 없이 폐기해야 한다는 주장에 동의할 거예요. 많은 분석가들은 프로이트에 의해 설명된 정신분석에 대한 클라인의 확장을 받아들이지 않고 있어요. 나는 비록 멜라니 클라인에게 분석을 받았지만—어쩌면 오히려 그랬기 때문에—클라인의 이론과 실제를 이해하는 것이 어렵다고 느꼈어요. 그러나 많은 어려움을 겪은 후에, 나는 그녀가 제공한 해석들 안에 진실이 담겨있다는 것과, 그 해석들이 전에는 이해할 수 없었고, 연관성이 없는 것으로 남아있던 나와 다른 사람들의 많은 경험들에 빛을 준다는 것을 느끼기 시작했어요. 은유적으로 말해서, 새벽빛이 동터오기 시작했고, 그 빛이 점점 더 강해지면서 모든 것이 명료해졌어요.

앨리스 당신의 확신은 그 이후의 경험에 의해서도 그대로 유지되었나요?

정신분석가 예—그리고 아니에요. 그 후에 계속된 경험의 고통스럽고 놀라운 특징들 중의 하나는 내가 멜라니 클라인과 함께 했던 이전 경험에 기초한 해석들을 적용한 일부 환자들이, 내가 그 해석들을 정확하게 적용했고 실수하지 않았다는 것이 분명함에도 불구하고, 기대했던 만큼의 좋은 결과들을 보여주지 않는다는 것이었어요.

로빈 다른 말로 하면, 현대 정신분석가들에 의해 제기된 클라인학파 이론에 대한 반대가 그 이론이 무익하다는 당신의 경험에 의해 지지받았다는 말인가요?

정신분석가 그것은 실제로 나의 불안들 중의 하나였고, 무시하고 싶지 않았던 문제들 중의 하나였어요.

롤랜드 그러나 당신은 그것을 무시해야만 했어요. 당신은, 클라인학파이든 아니든, 계속해서 정신분석을 지원하는 것에 대한 확고한 관심을 갖고 있지 않았나요?

정신분석가 나는 내가 깨달은 것들을 소중히 여길 가능성이 높다는 것을 알고 있었어요. 때로 내가 나의 아이디어들을 마치 그것들이 명백히 잘못된 것 인양 포기하는 것은 어리석은 일이라는 확신이 들곤 했어요. 실제로 그것들이 항상 틀린 것이 아니었음이 분명해요. 따라서 그것은 구별의 문제가 되었어요.

롤랜드 당신이 태아에 대한 당신 자신의 생각을 포기하지 않고 끝까지 밀고 나갈 수 있게 해준 요인이 무엇일까요?

정신분석가 부분적으로는, 프로이트가 설명되지 않은 사실들을 하나의 패턴이 모습을 드러낼 때까지 계속해서 관찰해야 한다는 샤르코의 주장에 강한 인상을 받았던 사실을 서술한 적이 있는데, 그와 같은 일이 나에게도 일어났던 거예요. 그리고 부분적으로는, 프로이트가 "출생 외상" 이론[89]에 대해 말하면서 출생-전과 출생-후 사이에 분기점caesura[90]이 있다는 아이디어를 인정한 사실이에요—그 이론이 그럴듯하지만 오도할 수 있는 것이라는 지적과 함께요. 거기에는 유사하게 오도할 수 있

---

89 Otto Rank의 이론.

90 출생 이전과 출생 이후, 의식과 무의식, 정신과 신체 등의 사이에 존재하는 일종의 막으로서, 그 둘 사이를 나누는 동시에 연결시키는 기능을 갖는다. 이 분기점이 경직되지 않고 유연성을 유지하는 것이 건강을 위한 필수조건이다.

는 다른 인상적인 "분기점들"—예를 들면, 의식과 무의식 사이의 분기점—이 있었죠. 이러한 발견을 통해 멜라니 클라인의 해석들이 어렴풋하게나마 진정으로 "조명"을 주는 특질을 갖기 시작했어요. 이 사건은 은유적으로 뿐만 아니라 문자적으로도 빛이 점점 더 강해지고, 밤이 새벽이 되는 사건이었어요. 그 후로 나는 실낙원 제3권의 도입부에서 빛에게 바치는 밀턴의 기도문을 새롭게 이해하게 되었어요. 나는 비록 항상 밀턴에게 진심이었지만, 이전과는 다른 방식으로 *실낙원* 전체를 다시 읽었어요. 버질의 *아에네이드Aeneid*도 마찬가지였어요—비록 그 일이 유감스런 반응만을 경험하게 했던 몇몇 스승들의 가르침 때문에 시간을 낭비한 것에 대한 많은 고통스런 후회를 포함하고 있었지만요. 나는 지금 마땅히 존경받아야 할 몇몇 스승들을 칭송하고 싶어요. 나 자신의 즐거움을 위해 그분들의 이름들을 말해볼게요. 나이트E. A. Knight, 서튼F. S. Sutton, 찰스 멜로우스Charles Mellows. 그 외에도 내가 빚을 진 친구들이 많이 있지만, 그들이 당황할 것 같아서 이름을 밝히지는 않겠어요.

로빈 당신이 말하는 요지는 이해하겠어요. 하지만 나는 "조명"에 대해 좀 더 알고 싶어요.

정신분석가 당신은 영원한 밤 속으로 뛰어드는 여정에서, 또는 더 나쁘게는 영원한 확실성과 행운의 불길에서, 당신 자신을 구해준 조명을 얻는 데 빚을 진 사람이 누군지 스스로에게 물어보는 것이 더 낫지 않을까요?

사제 과학적 지식의 영원한 침울함과 자기-만족에 뛰어든 불행한 사람들을 불쌍히 여기는 글을 소개해드릴까요? 신에게 헌신하는 기쁨과 신의 진실에 대한 존중으로 나아가지 못하는 운명에 처한 사람들 말이에요.

앨리스 분명히 과학자들은, 조심스럽게 말해서, 진실에 헌신적이에요. 심지어 여성들도 진실된 사랑이 싹을 틔울 수 있는 아이들을 임신하기를 소망하는 것으로 알려져 왔어요. 우리는 단순히 성적 만족만을 열망하지 않아요.

로즈메리 나의 엄마가 알았던 대부분의 남자들은 마치 성적 만족이 삶에서 유일한 것 인양 행동했어요.

롤랜드 세상에Good God!

사제 불쌍한 신! 남자들과 여자들에 의해 숭배된다는 것이 어떤 것일지 당신은 상상할 수 있나요? 심지어 소크라테스도 그것에 빠지지 않으려고 노력했지만, 그의 선배들에 의해 사형언도를 받았어요. 당신들 중의 일부는 겟세마네 동산의 이야기를 기억할 수 있을 거예요.

롤랜드 전능한 신께서는 처음에 정원을 가꾸셨는데, 그것은 베이컨Bacon이 말했듯이, 모든 쾌락들 중에 가장 순수한 것이었어요.

정신분석가 가장 순수한 인간 쾌락들 중의 하나는 잔인성의 쾌락인 것처럼 보여요. 사제께서는 이것에 대해 우리를 깨우쳐줄 수 있나요?

사제 아마도 나는 순결한 임신에 대한 종교적 교리를 상기시키는 것을 통해서 그렇게 할 수 있을 거예요. 그것은 "인간의 쾌락"과는 대조되는 거예요. 내가 보기에는, 정신분석가들이 발견했다고 주장하는 것들이 실은 오래전부터 교회가 알고 있던 것일 수 있어요.

정신분석가 정신분석가들이 노력해왔고 지금도 노력하고 있는 것은 바로 진실을 존중하는 거예요. 그러나 우리는 그것을 당신들이 사용하는 용어로 말하지는 않아요.

사제 그러나 당신이 말하는 내용과 말하는 방식이 문제예요. 이런 이유로 가톨릭교회는 말하는 내용과 말하는 방식에 대해 특별한 입장을 갖고 있어요. 우리는 그 특별한 입장 때문에 종종 편협하고 독단적이며, 우리의 우군이라고 생각하는 사람들로부터 비협조적이라는 비난을 받아요.

정신분석가 우리는 우리의 문제, 즉 기존의 이론들이 부적절하다고 생각하도록 이끄는 그러나 버리기에는 너무 소중한 진실을 담고 있는 사실들에 대해 설명해야 하는 과제로부터 회피해왔어요. 어쩌면 전면에 드러난 논의가 소유권의 문제라는 사실, 즉 누가 그 아이디어를 창조했느냐 또는 소유했느냐의 문제에 집중되어 있다는 사실은 상당히 중요한 것일 수 있어요.

사제 또는 차라리, 누가 소유권자를 소유했는가? 신인가 아니면 인간인가? 이런 질문이 더 나은 것일 수도 있어요. 이 아이디어는 내일 다시 논의하도록 하죠.

12

사제 원죄에 대한 정신분석의 견해는 뭐죠? 당신은 그런 것이 있다는 것을 부인하세요?

정신분석가 누군가에 의해 사실이라고 보고된 것을 내가 믿는지 안 믿는지를 말한다는 것이 마음에 걸리네요. 나는 만약 원 죄책감 같은 것이 존재한다면, 일부 관찰된 것들이 더 쉽게 설명될 수 있을 거라고 생각해왔어요.

앨리스 당신은 종종 그것에 대해 말했어요. 그것에는 의심의 여지가 없어요.

정신분석가 죄책감은 가장 반갑지 않은 감정이에요—심지어 유아에게도요. 내가 좋은 정신분석에 대해 알게 되면서, 그리고 "잘못된 정신분석"이라는 설명이 부적절한 것임을 알게 되면서, 나는 우리가 실패한 것들과 다른 패턴을 찾기 위해 노력해왔어요. 일부 피분석자들이 보여준 지능을 고려할 때, 지능이 단순히 신체적 탄생과 함께 갑자기 생겨난 것이라고 가정하는 것은 어리석은 것이었어요. 나는 분명히 재능 있고 높은 지능을 가진 부모의 자손들은 부모만큼이나 지능이 높을 것이고, 바보 같고 모자란 부모의 자손들은 빈번히 부모만큼이나 바보 같을 거라고 생각해왔어요. 다른 말로, 태아는 조만간 드러나게 될 물려받은 특성들을 갖고 있는 게 분명해요. 만약 태아가 지능이 높거나 현명하거나 재능 있는 남자나 여자로 드러난다면, 그 태아가 만삭이 다가오면서 아이들과 성인들에게서 기대되는 행동의 원형들을 보여주어서는 안 되는 이유가 있을까요? 나에게 떠오른 생각은 태아가 양수와 태변 같은 액체 환경 안에서 소음들을 들을 수 있고, 장면을 볼 수 있으며, 냄새를 맡을 수 있을지도 모른다는 것이었어요. 이것이 갖는 의미가 즉시 명백해졌던 것은 아니지만, 만약 내가 드러난 정서들이 출생-이전의 것일 수 있다고 상상한다면, 환자들과 함께 했던 과거의 경험들이 덜 모호했을 거라는 생각이 들었어요. 출생-이전의 경험들은 종종 일반적으로 수용된 표현 양태와는 다른 방식으로 표현되고 있었어요.

앨리스 그 표현방식이 일반적인 표현방식과 어떻게 달랐죠?

정신분석가 그것이 바로 내가 나 자신에게 물었던 질문이에요. 나는 높은 수준의 재능을 타고난 태아가 태어나기도 전에, 정신분석이 아동들과 성인들의 치료에서 친숙하게 알고 있는 기제들을 조숙하게 사용하는지가 궁금했어요. 그처럼 조숙하게 발달한 태아는 감각들이 액체 환경 내의 압력에 민감해졌을 때, 그리고 감정들, 즉 시상-하부에서 오는 강한 정서들의 변화에 민감해졌을 때, 그러한 감각들을 제거하려고 시도할 수 있어요. 우리는 태아의 경험들이 정신의 "더 높은" 축들 가까운 곳에 자리 잡기를 기대하지만, 그 경험들이 충분히 좋은 것으로 수정되지 못할 때, 태아는 수정되지 않은 경험들의 희생물이 될 수도 있어요. 그때 "출생 외상"이 발생해요.

앨리스 나는 "외상"이라는 표현을 이해하는 것이 좀 어려워요. 누구의 경험이 외상적인 거죠? 어머니는 그렇게 느낄 수도 있겠죠. 결혼하지 않은 소녀조차도 출산을 한다는 것이 두려운 일이라는 생각을 갖고 있는 게 분명하니까요. 아기가 출생을 외상적인 것으로 경험하는 걸까요?

아니면 아버지가 그렇게 경험하는 걸까요? 대부분의 사람들은 아기를 출산하는 것이 위험할 수 있다는 것을 알고 있어요. 출산은 생사의 문제가 결코 멀리 있지 않다는 사실을 상기시켜주는, 몇 안 되는 경험들 중의 하나예요.

정신분석가 나는 지금으로서는 “가설적 이론”에 집중하기 위해 그런 측면들에 대한 고려를 뒤로 미루고 싶어요. 나는 재능 있는 아이가 심지어 태아 시절에도 “느낌들” 또는 “감각들” 없이 존재하려고 노력한다고 가정해요. 하지만 그는 유전적으로 물려받은 타고난 특질들을 제거할 수는 없어요. 그는 “습득된 특징들”이라고 불리는 것을 제거할 수 있을 뿐이죠. 나는 그것을 페노메네들phenomenes—유전자형들genotypes과 대조되는—이라고 불러요. 그 결과 그는 유전적으로 재능 있는 사람으로 남아요. 이런 이유로, 아기는 자신에게 기대되는 것, 즉 어머니 또는 아버지 또는 두 사람 모두가 자신에게 원하는 것이 무엇인지를 배울 수 있어요. 그는 아버지와 어머니가 옳고 그르다고 말하는 것 사이에 어떤 차이가 있는지를 배우고, 언젠가 맥노튼 법칙으로 불리게 될 것을 배워요. 그러나 이 모든 것은 그의 근본이자 기초인 진정한 자기에서 분열되어 있어요. 그래서 거기에는 예의 바르고, 겉보기에 잘 적응된 도덕적 존재가 있어요. 그가 성취한 것들로 가득한 무기고는 진정으로 지능이 높은 동물이 자신의 숨은 재주들의 목록을 늘여가는 것과 똑같은 방식으로 날마다 더 많은 것들로 채워지죠. 개를 사랑하는 사람은 복종적으로 드러누운 채 꼬리를 흔드는 자신의 애완견에게 “너는 나라를 위해 목숨을 바쳐야 해”라고 말하죠. 때가 되면 젊은 애국자는 나라를 위해 죽는 법을 배우고, 그 과정에서 죽을 수 있어요—강력하지만 생기 없는 정서들이 분기점을 뚫고 나와 그 젊은이를 포탄 충격에 빠뜨리거나 당시 문화를 지배하는 유행에 따라 세뇌시키지 않는 한 말이에요. 그의 지능은 포탄 충격과 세뇌된 그의 인격을 제대로 기능하는 상태로 유지해야 하는 힘든 작업에 참여는 하겠지만, 그의 인격의 깊은 영역에는 아무런 영향을 미치지 않을 거예요. 그는 포탄 충격과 세뇌된 인격의 기능을 유지하기 위해서, 연극에 참여하는 연기자의 의식적인 기술을 사용해야만 할 거예요.

비온 다른 한편—만약 내가 이 논의에 참여해도 된다면—그의 미숙한 인격은 같은 신체적 소마soma 안에 거주하는 그의 성숙한 인격의 부분 가까운 곳에서 계속해서 불편하게 살아가요. 때로 그 정신-신체적 파트너는 그의 영혼과 유사한 특질을 보여줘요. 다시 말해서, 때로 그의 신체-정신증적 특질은 그의 신체적이고 정신증적인 재능들에 대한 인식과 인정을 요구해요. 나는 그 상황을 순진한 그림을 묘사하듯이 서술하고 있어요. 다른 서술들도 존재하지만, 그것들 대부분은 경멸적인 의미를 담고 있어요.

앨리스 "건강염려증hypochondria"처럼 말인가요?

비온 맞아요. 또는 "미친 사람"이거나, "제정신이 아닌 사람"이거나, "힘든 사람"이거나, "피곤한 사람"처럼요.

로즈메리 나의 엄마는 그녀의 남자친구가 항상 어떤 것에 대해 배가 아프다고 말하곤 했어요.

정신분석가 그런 부류의 사람들은 의학적으로, 신체적으로 아프지 않는 한, 그들의 신체를 존중할 수 없는 사람들이에요.

비온 또는 아주 뛰어난 운동능력을 갖고 태어난 사람이든지요.

롤랜드 설마 우리의 올림픽 선수들이 모두 건강염려증 환자라는 말은 아니겠죠?

정신분석가 비온이 그렇게 생각하지 않는다는 것이 분명해요. 당신이 모든 운동선수들이 올림푸스에 국한되어 있다고 생각하지 않는 것처럼요. 그러나 당신은 육상경기나 다른 운동경기에 참여하기 전이나 후에 마사지를 받는 것이 상당히 존경스러운 것임을 알고 있을 거예요.

로즈메리 나는 과거에 한 숙녀의 얼굴을 정기적으로 마사지해준 적이 있어요.

정신분석가 나는 그녀가 진짜 숙녀였는지 믿을 수 없어요.

앨리스 나는 그녀를 알아요. 그녀는 완전히 개 같은 년이었어요! 나는 로즈메리가 그녀를 어떻게 참아줬는지 모르겠어요.

비온 앨리스와 로즈메리의 상호협력적인 이중언어 덕택에 그녀가 어떤 여자인지 알 것 같네요.

앨리스 개 같은 년이에요.

로즈메리 숙녀예요.

비온 당신들의 행복한 협력과 공동 노력이 이루어낸 명료화가 우리의 두 적들인 소마와 정신 사이의 관계와는 다른, 또 하나의 결합에 관심을 갖도록 나를 부추기네요. 때로 소마와 정신은 같은 몸을 공유하지 않아요. 그러면서 그들 각자가 실제로 신체적인 요소와 상상적인 요소에 기여해요. 그것들은 "동성애," 또는 "이성애," 또는 "결혼," 또는 "동반자 관계" 등과 같이 지나치게 단순한 것으로 서술되는 경향이 있어요. 그 가면들—전통적인 복장—은 그것들이 정신의학적 관심을 끌도록 자극하는 상황에서 **이중-망상***folie-à-deix*을 구성하는 것으로 서술되기 쉬워요. 만약 그것들이 공정거래위원회의 관심을 끈다면, 그것들은 훌륭한 벤처사업으로 알려지게 될 거예요—비록 파산, 또는 범죄 연루, 또는 불행한 결혼을 나누는 선, 즉 분기점은, 순수한 문자적 또는 문법적 검토에서와는 달리, 상세한 조사를 통해 결정해야 하기 때문에 쉽지 않을 수 있지만요. 말들과 명료한 말은 놀라운 발명품이지만, 여전히 유아기 단계에 머물러 있어요.

롤랜드 하지만 당신네 정신분석가들은 자신들이 많이 배운 사람들인 것처럼 말해요.

정신분석가 사실이에요. 그리고 그것은 종종 우리가 아는 게 아무것도 없는 사람들이라고 판단하도록 사람들을 이끌어요. 그리고 아마도 그런 사람들의 공동체 안에는 필히 롤랜드가 포함되어야 할 거예요.

사제 방금 정신분석가의 억양에서 암시되었듯이, 신학자들, 사제들, 예언자들 역시 아무것도 아는 게 없는 사람들이고, 신은 상상의 산물이라고 종종 가정돼요. 사실 대부분의 사람들이 믿는 신들은 사용이 가능한 상상력에 의해 창조된 신들이라는 점에서, 그 비판에는 진실이 담겨있어요.

정신분석가 어떤 종교들은 이중-망상으로 서술될 수 있어요. 개인과 신 사이의 관계가 개인에 의해서 만들어지기 때문이에요. 이러한 현실들은 종종 근본적으로 현실적인 것이지만, 명료한 말의 기초가 분열에 의존해 있기 때문에 현실이 아닌 것처럼 보여요. 예를 들면, 우리는 "종교적 멜랑콜리아"에 대해 말해요. 내가 아는 어느 불쌍한 노동자는 그를 먹여 살리던 암소가 결핵에 걸렸다는 생각 때문에 깊은 우울증에 빠졌어요.

비온 누가 또는 무엇이 결핵에 걸렸나요? 그의 암소인가요? 그의 아내인가요? 아니면 그의 딸인가요? 아니면 그가 봉사하는 집단인가요? 이런 질문들을 여기에서 조사할 수는 없어요—오직 환자와의 접촉을 통해서만 가능하죠.

정신분석가 거기에는 항상 조사를 수행하는 사람이 감염될 위험이 있어요—조사를 수행하기를 원치 않게 되는 위험 말이에요. 정신적 활동의 영역 안에서 적용될 수 있는 유비를 들자면, 자신이 감염될 수도 있다는 정신과의사의 두려움을 들 수 있어요—또는 만약 그가 밀접한 접촉을 허용했다면, 자신이 이미 감염된 것을 발견하는 것에 대한 두려움이겠죠.

비온 내가 서술하고 있는 관계, 즉 출생 이전 ↔ 출생 이후 관계 안에서, 개인은 종종 만약 자신이 그의 몸이 생각한 것을 인식하도록 허용한다면, 그의 지혜와 지능이 오염될 것처럼 행동해요. 역으로, 만약 그가 자신의 마음이 생각한 것을 신체가 알도록 허용한다면, 그의 신체가 고통을 겪을 것처럼 행동해요.

앨리스 남자들과 여자들의 뺨 위에 핀 꽃은 사랑하는 쌍이 반박할 수 없는 현실에 의해 스며들어있다는 것을 보여줘요.

비온 많은 지혜로운 사람들은 그 쌍의 얼굴에 스며든 현실이 태아가 자궁의 벽에 접촉할 때 일어났던 사건에 그것의 기원을 갖고 있다고 믿고 싶지 않을 거예요. 나는 태아—그 점에서 정자 원형물질 그 자체—가 부모 사이의 사랑하는 관계에 의해 영향을 받을 수 있다는 점을 부인해야 하는 이유를 모르겠어요. 신부의 뺨에 핀 홍조가 자궁의 벽 위에 핀 홍조와 일치하는 방향으로 또는 반대 방향으로 소통할 수는 없는 걸까요?

로빈 그래서 어떻다는 거죠?

정신분석가 맞아요. "그래서 어떻다는 것인지"가 중요해요. 나는 멘델의 유전의 법칙Laws of Mendelian Inheritance은 배웠지만, 페노메네의 법칙laws of phenomene inheritance[91]을 배우지는 않았어요. 하지만 아이는 유일하게 물려받을 수 있는 것처럼 보이는 열정적인 사랑을 상속받을 수도 있어요.

롤랜드 분만과의사들과 산부인과의사들은 이 아이디어에 대해 어떻게 생각할까요? 내 생각에, 사제께서는 교회가 기독교가 생기기도 전

91 유전학에서 멘델의 법칙에 의해 지배받지 않는 많은 뜻밖의 현상들을 설명하고자 하는 법칙.

에 여러 세기들 동안 이 문제에 대해 설교해왔다고 말할 것 같은데요.

정신분석가 나는 의학계가 엑스레이 사진의 증거가 없는 아이디어에 만족할 거라고는 생각하지 않아요—그럴 때가 분명히 올 것이지만요. 인간 문명의 현 단계에서는 그 아이디어에 대한 조사가 강화되기보다는 침체될 가능성이 더 높아요. 정신분석적 추측은 과도하게 상상적인 것으로 치부될 수 있지만, 정신분석을 통해서 피분석자가 자신의 신체가 말하고 있는 것을 존중할 수 있게 해주고, 심지어 신체가 그의 마음을 존중하도록 설득하는 데 도움을 주는 것은 가능해요. 인류는 뇌를 구성하고 있는 물질에 중요한 기능을 부여하는 데 크게 불안을 느껴본 적이 없거든요.

로빈 나는 참수형—적어도 적들에 대한—의 유행을 부추기는 것이 충분히 의심받아왔다는 사실을 생각해야만 했어요.

비온 공적이건 사적이건, 전쟁 상황에서 자신이 상처 입지 않고 적을 상처 입히는 과제를 제쳐두고, 해부학이나 생리학에 대해 생각하는 사람은 아무도 없어요. 임신을 발생시키는 남자와 여자 사이의 관계는 정서적으로 중요해요. 자극되거나 부재한 감정들은 강력한 신체적 반응들을 수반하거든요. 나는 이런 것들이 태아에게 소통되는 것이 근본적으로 불가능하다고 보지 않아요. 유일한 문제는 이 사건들이 아이나 성인 안에서 갈등을 일으키는 아이디어들을 소통될 수 있는 것으로 만드는지, 만약 그렇다면 그게 어느 시점인지에 대한 거예요. 아직 우리에게 알려지지 않은 영역 안에서 그런 갈등이 처리되고 있다는 증거에 대한 질문 말이에요.

롤랜드 그런 증거들이 있으면, 뭐가 달라지죠? 그것이 때로는 "말 치료talking cure"라고 불리는 정신분석에 영향을 주나요?

정신분석가 그 문제는 이 논의에서 제기된 적이 있어요. 우리가 신체에게 말할 때 어떤 언어를 사용해야 하는지의 문제 말이에요. 나는 우리가 우리의 모국어, 보통의 명료하고 의식적인 말을 최대한 정확하게 말해야 한다고 생각해요. 말하는 사람은 또한 그의 신체에게 침묵을 강요해야 할 필요로부터 자유로워야 해요. 만약 그가 말하고 있다면, 그의 손, 발, 안면근육, 또는 눈이 침묵을 강요할 필요에 의해 방해받지 말아야 해요. 그 점에서 그는 심지어 그의 혀가 어떤 거짓말을 하는지에 대해 두려워하지 않고서 말할 수 있도록 자유로워야 해요. 나는 말을 완벽하게 할 수 있는데도, 자신들이 말을 더듬을 거라는 생각 때문에 자유롭게 말하지 못하는 환자들을 알고 있어요. 분석에 참여하고 있는 두 사람 중의 한 사람이, 비록 눈으로 볼 수 없고 귀로 들을 수 없지만, 그곳에 함께 있는 세 번째 인물의 입으로 작용하고 있기 때문이에요.

비온 태아학자들의 말을 빌리자면, 태아는, 설령 정확하게 신체적으로 형성되어 있다고 해도, 그의 귀와 눈이 떠맡은 기능과 관련해서 원시적인 특징을 간직하고 있는 청각적 및 시각적 구덩이 체계들의 과잉 활동이 개입하는 것을 두려워해요.

정신분석가 청각적 및 시각적 구덩이 체계들은 조숙하게 활동적인 것으로 간주될 수 있어요. 성인의 경우, 의심의 원인들은 다양하게 그리고 합리적으로 서술돼요. 핵심적으로 말해서, 무언가가 그것이 부적절하다고 언급하도록 자극한다는 거예요. 이렇게 해서 의식적으로 다듬어진 "말 더듬기"가 생겨나요. 간략히 말해서, A와 B가 만나지만, x, y, z, a, b, c가 존재하는 것을 두려워해요. 그래서 이렇게 말해요. "친구들이여, 로마인들이여, 동포들이여, 그대들의 귀를 나에게 빌려주오 … 그러나 나머지들은 물러나 나의 감각장치들을 빌려 쓰지 마오."

비온 또는 "마음을 빌려 쓰지 마오"라고 말할 거예요. 그것은 많은 것을 알지 못할 수 있어요. "저속한 실수들," 또는 늙은 소작농이 지주에게 말했듯이, "소름끼치는 진실을 말하자면 …"

롤랜드 당신은 이런 문제들을 불안 상태에 있거나 미친 환자에게 어떻게 설명할 수 있죠?

정신분석가 또는 완강한 자기-만족 상태에 있는 환자나 자신이 옳다는 완강한 믿음을 가진 환자에게요.

사제 또는 과학적인 훈련을 받은 사람이거나 수학적인 취향을 가진 사람에게도요.

비온 진실은 위대하고, 진실은 승리하리라—그것의 승리 여부에 관심을 갖는 사람이 아무도 없을지라도.

모리아티 나의 옛 친구 이아고는 내가 라이헨바흐 폭포Reichenbach Fall[92]에 갔을 때 이렇게 말했어요. "걱정 마. 셜록 홈즈는 코난 도일이 그의 빵 어느 쪽에 버터가 발라져 있는지를 발견할 때쯤이면 분명히 정신을 차릴 거야." "이아고 내 친구야, 너는 우리의 끔찍한 처지를 모르겠니? 우리는 어느 한순간에도 이 무서운 바위들에 부딪쳐 산산조각날 수 있어. 실제로, 나는 우리가 바닥에 너무 오래 머물러 있다고 생각해." "걱정 마. 폴스태프는 아직도 살아있는데, 현재 상황에 흡족해하면서 뽐내고 돌아다니던 상상의 산물들은 다 어디에 있지? 지금은 조심해, 너 자신을 저 현실의 바위에 부딪쳐 산산조각나게 하면 안 돼. 거봐! 잘했어—네가 악마 자체였다고 해도, 그보다 더 잘할 수는 없을 거야."

---

92 독일 지역에 위치한 7단계로 된 폭포. 셜록 홈즈가 등장하는 소설 속의 장소이기도 함.

13

사제 정말, 이건 희망이 없어요. 나는 옳고 그른 것에 대한 진지한 이야기를 나누고 싶은데, 우리는 거리의 난폭한 개구쟁이들에 의해 방해받고 있어요.

비온 나는 "성서 탐구"라고 불리는 저 끝없이 길었던 끔찍한 삼십분들을 기억해요.

모리아티 너는 셜록 홈즈처럼 쓰레기만을 생각하는 못된 소년이었어. 그런 쓰레기 대신에 정말로 생각해야 할 것은 … 에 … 에 …

비온 나도 알아—"성城을 돌고 또 도는 것"이었지. 우리는 그것을 "피피피"[93]라고 노래 부르곤 했어. 끔찍스럽게 흥분했지! 그 다음에 "와르르,"[94] 크리스챤들이 일어나 그들을 쳐부숴어. 나는 그 부분이 좋았어. 그게 미디안이었던가? 아니면 기드온이었던가? 잊었어.

모리아티 거 봐! 내가 말했잖아? 너는 성서를 배워야 해.

비온 라이헨바흐 폭포에서 무슨 일이 있었던 거야?

모리아티 나는 산산조각이 났지만, 우리는 모두 다시 결합되었고, 천국으로 갔어.

비온 너무 끔찍스러워!

---

93 "ppp." 돌고, 돌고, 돈다는 의미로 prowl의 첫 번째 철자를 모아 만든 말.

94 "fff." fall의 첫 번째 철자를 모아 만든 말로서, "와르르"라고 번역하였음.

모리아티 맞아. 긴 세월 동안 나는 태양 신화로 남아있었어.

섹스턴 와이브로 신화Myth Whybrow[95] 겠지.

모리아티 아냐, 이 바보야. 너는 그녀가 좋아하는 아이였어. 기억 안 나?

섹스턴 오 맞아. 나는 맹장염으로 죽었어, 그러지 않았던가?

비온 맞아. 완전히 단순한 사례였어.

사제 나는 당신이 그것을 상상의 산물로 위장했다고 생각해요.

모리아티 "과학자들"은 항상 그래요. 생각이 있는 사람이라면 누구라도 상상의 산물들이 대를 이어 지적 삶의 지배자라는 것을 알고 있어요. 그것은 생물학자들이 정자 원형물질이라고 부르는 것, 또는 비온이 페노메네phenomenes라고 부르기로 선택한 것의 지적 상대역이에요. 상상의 산물인 우리들은 성적 재생산에 의존하지 않아요. 사람들은 "닥쳐! 너의 밑구멍에 기회를 줘"라는 충고를 받아들여야만 해요. 그러나 그들이 그렇게 하나요? 아뇨! 그들은 자신들이 훈련받은 것에만 관심이 있고 신체에는 관심이 없는 의사를 찾아가요. 그의 신체는 아마도 그가 듣고 싶어 하지 않는 어떤 것을 그에게 말할걸요. 더 나쁜 것은 마음이 분열되거나 조각나는 거예요. 그게 바로 화근덩어리죠.

앨리스 내가 들은 바로는, 정신분석가들의 자만심과 무지가 그들 자신들과 정신분석을 완전한 것으로 만드는 데 필요한 발걸음을 내딛는 것을 어렵게 만들고 있어요.

정신분석가 정신분석이라는 것이 새롭게 발견된 어려움들을 다루는 새로운 접근법이라는 믿음 안에는 위험이 잠재해 있어요. 만약 정신분석가들이 인간 정신의 역사에 대한 전반적인 견해를 갖고 있다면, 그들은 살인, 실패, 시기심 그리고 기만의 역사가 아주 오래되었다는 것을 알 수 있을 거예요.

---

95 소년시절에 대한 회상과 그 시절의 호기심과 그것의 억제에 대한 익살스런 표현. Miss Whybrow로 불렸던 사감을 Myth Whybrow로 바꿔 부르고 있다.

모리아티 나는 적어도, 나의 스승인 악마처럼, 예의 바름과 친절함 그리고 품위있는 이브닝 드레스를 옹호해요. 온몸을 덮고 있는 무례함과 먼지와 머리카락에 대해 크게 새로울 게 뭐가 있죠?

정신분석가 당신은 거의 매혹적일 정도로 당신 자신이 설파하는 것을 너무 잘 실천해요—나는 거의 "나를 설득해 봐"라고 말할 뻔했어요. 그러나 실제로는 그렇게 간단한 것이 아무것도 없다는 점에서, 당신이 말한 것은 개인적인 청결의 문제로 취급될 수 있어요. 정직함은 진실을 말하는 것에 헌신하는 것으로 간주될 수 있어요. 그러나 우리는 정확한 정보를 얻고 우리의 자녀들에게 진실을 가르쳐주기 위해—그들이 진실을 알고 싶어 한다는 가정 하에—우리의 감각들에 의존해야만 해요. 비록 모리아티가 상상의 산물이지만—

모리아티 당신의 신도 상상의 산물이에요.

정신분석가 나는 신을 갖고 있지 않아요. 나는 신이라는 아이디어에 반대하는 것은 아니지만, 그것을 좋아하지 않아요—나는 중립이에요.

모리아티 나는 당신이 내 입에서 나온 말에 반응했을 때, 당신의 공정성을 축하해주려고 했어요.

앨리스 빈정거리는 바보—이 말은 악마라는 의미예요.

모리아티 그래요? 또는 단순히 무례한 자겠죠? 정신분석가께서는 그 말의 의미가 뭐라고 생각하세요?

정신분석가 나는 그녀가 당신에게 홀리는 것을 두려워하고 있다고 생각해요. 내가 그랬거든요, 장담하건대, 비온 역시 그의 "성서 탐구" 시간 동안에 그랬을 거예요. 코난 도일도 마찬가지고요.

앨리스 코난 도일은 작가일 뿐이었고, 모리아티는 그의 상상의 산물일 뿐이었어요.

정신분석가 정확해요. 그러나 당신은 당신 자신이 모리아티에게 홀린다면, 탐정소설을 쓰게 될지도 모른다고 두려워하고 있어요. 또는 심지어 당신의 내면의 아기가 "태어나도록" 영향을 미치는 것을 통해서 그 아기가 당신을 매료시키는 범죄자가 될까봐 두려워하고 있어요—실제로 당신을 매료시켰던 그 범죄자 말이에요.

로빈 그것이 비온이 말하는 페노메네의 의미인가요?

비온 나는 그런 용어를 사용하는 것이 편리하다고 생각해요. 당신이 방금 말한 것은 페노메네의 한 예가 될 수 있어요. 만약 앨리스가 점잖게 행동하는 예의 바른 사기꾼에게 매료된다면, 그녀가 갖는 아이디어는 전염될 수 있고, 그녀의 뱃속에 있는 태아의 성장과 발달에 영향을 미칠 수 있을 거예요.

롤랜드 당신은 매우 비현실적이에요.

비온 비현실적이라고요? 사실적이 아니고요? 만약 내 말속에 그 아이디들을 "생명력 있는" 것으로 만들어줄 수 있는 무언가가 있다면, 그래도 내가 비현실적일까요! 아이디어들의 전파는 섹스의 생물학적 법칙이나 멘델의 유전의 법칙을 따르지 않아요. 생물학적인 유비와 은유를 사용하자면, 앨리스는 그녀의 마음속에서 일어나는 "페노메네"의 움직임을 두려워할 수 있어요. 하나의 아이디어가 창조될 때, 거기에는 실제로 창조된 것 외에도 창조된 아이디어에 대한 일련의 반응들이 생겨나거든요.

사제 제랄드 맨리 홉킨즈는 아이디어의 착상 또는 예술적인 발상에 대한 느낌과 그런 활동에 대한 반응 및 반작용에 대한 느낌 모두를 인식하고 있었고, 그것들을 표현하려고 노력했어요. 그는 이것이 자신이 하는 모든 역할에 적용된다고 믿었어요. 그 자신이 시인이었던 그는 시인과 동일시할 수 있었고, 태아를 증오하고 두려워했던 사제와 동일시할 수 있었으며, 사제가 될 태아를 두려워했던 시인과 동일시할 수 있었어요. 그는 시기 대상인 아이디어나 사람이 태어날 때, 살인적인 시기심이 발생한다는 것을 잘 알고 있었던 것처럼 보여요. 어디에서냐고요? 그것을 누가 알겠어요? 유일하게 확실한 사실은 "어디에선가"라는 거예요.

정신분석가 당신은 내가 나의 동료들 중의 한 사람에게서 들었을 법한 방식으로 시기심에 대해 말하는군요—또는 심지어 메시아의 탄생을 예언하는 당신의 동료들 중의 한 사람에게서 들었을 법한 방식으로요. 나는 이러한 메시아 또는 시기심과 증오에 대한 기대들이 어느 특정 직업에만 해당된다고 보지 않아요. 나는 구원자의 존재에 대한 기대와 심지어 그 기대의 발표에 친숙해요. 그것은 때로는 군사적 구원자이고, 때로는 이런저런 종류의 정신적 결함들로부터 세상을 안전하게 지켜주는 과학자예요. 따라서 천국은 바보들과 그 바보들을 멸종에서 구해줄 많은 천사들로 구성되어 있을 거라고 추정돼요.

모리아티 위대하고 선한 인간인 아돌프 히틀러는 그의 진정한 가치를 평가받지 못했어요.

앨리스 그렇게 말하는 당신은 돼지에요. 나는 이런 식으로 말하는 것을 좋아하지 않지만, 이럴 때는 어쩔 수 없어요. 지금까지 나는 당신이 상상의 산물이라는 사실 때문에, 당신이 그렇게 말하는 것을 참을 수 있었어요.

정신분석가 나는 당신이 미래의 상상의 산물에 대한 많은 존중감을 갖고서 그것들을 진지하게 취급해야만 할 거라고 생각해요. 나는 나라를 구한 사람들에 대한 상당히 긴 목록을 작성할 수 있어요. 예를 들면, 힌덴부르크Hindenburg[96], 존 프렌치 경Sir John French[97], 헨리 5세Henry V. 등요.

앨리스 그들 중 일부는 확실히 좋은 사람들이 아니었나요? 아니면 그들 중에 좋은 사람이 아무도 없다고 말하고 싶으세요?

---

96 Paul von Hindenburg, 바이마르 공화국의 대통령.

97 Sir John French(1852-1925). 일차세계대전에서 영국군을 지휘한 총사령관.

정신분석가 나는 당신이 불편한 느낌을 갖는 것을 이해해요. 아마도 내가 느끼는 불편함은 당신의 불편함보다 더 클 거예요. 왜냐하면 나는 내가 알았던 모든 남자들과 여자들이 그들 안에 어느 정도의 선함을 갖고 있었다고 확신하기 때문이에요. 역으로 말하면, 그들 모두는 아마도 어느 정도의 나쁨을 갖고 있었겠죠. 나는 그 결론이 지극히 진부한 것임을 알고 있고, 그런 이유로 나는 그것을 결론으로 간주하고 싶지 않아요. 나는 때로 선함, 즉 우리의 동료들에 대한 사랑과 관심의 능력이 증오보다 더 큰 힘을 가진 것일 수 있다는 가능성에서 위안을 얻어요.

롤랜드 아마도요. 그러나 당신은 과학자들의 한 부류인 천문학자들이 우주의 거대한 세력들—신성, 초신성, 블랙홀 등—에 비해 우리가 하찮은 존재임을 발견하도록 강요하고 있는데, 누군가가 응급처치를 한 후에 우리를 다시 무지라는 기러기 털로 된 위안 속으로 던져버리는 것이 애처롭다고 생각하지 않으세요? 그것이 당신을 우울하게 만들지 않나요?

정신분석가 아뇨. 기러기 털은 새끼 새를 보호하는 데 사용돼요. 정신적 기러기 털은, 우리가 칭송받을 만한 사람인지 비난받을 만한 사람인지와 상관없이, 우리를 지켜주죠. 여름 하늘의 매력적인 파란색 너머에 칠흑 같은 어둠과 절대 냉기가 놓여있다는 사실이 그 파란색을 덜 사랑스러운 것으로 만들어주지는 않아요. 나를 둘러싸고 있는 절대성에 대한 거대한 이해 불가능성이 치통처럼 나를 괴롭히는 건 아니에요. 그 이유는 그 시기가 신과 악마가 나의 육체에게 기어 다닐 수 있는 능력을 주기 전이고, 나는 치통에 대처하기 위한 준비를 시작도 하기 전이거든요.

모리아티 훌륭해요! 훌륭해! 당신의 명석함과 용기를 축하드려요. 카르프 디엠Carpe diem[98]에 따르면, 추한 살인자인 나는 사제의 모든 오

98 "현재를 잡아라"는 의미로 해석되는 호라티우스의 시구.

류투성이의 헛소리를 다 합친 것만큼이나 가치 있는 존재예요—신문에서 인기 있는 부분을 읽는 독자라면 누구나 다 알고 있듯이요. 심지어 사제조차도 일요일 낭독에서 짜릿한 성경 구절들을 모두 삭제하지 않는 것이 더 낫다는 것을 알고 있어요. "실제로 성경에서 찾으라! 왜 아니겠어요? 그렇게 하는 대신에, 당신네 협잡꾼들은 인용문들을 찾아요! 삶이, 실제 삶이 살만한 가치가 없는 것처럼 느껴지는 게 놀랄 일도 아니에요. 당신네 사제들과 의사들, 그리고 지금은 정신분석가들이 자신들의 상상들과 그것들이 낳은 산물들을 그토록 두려워하지 않았다면, 그들은 상당히 비열한 가학적 괴물들을 만들어냈을 거예요.

사제 당신은 우리가 그것을 모른다고 생각하세요?

정신분석가 우리는 우리가 실제로 어떤 존재인지 알아야 한다고 주장해요—우리가 할 수 있는 한요. 그러나 우리가 선택할 수 있는 가능성은 거기에서 끝나지 않아요. 그 반대에요. 우리가 좋아하든, 좋아하지 않든, 선택지들이 열려 있어요. 그러한 지식을 갖고 있지 않은 환자는 진정으로 도덕적 판단을 할 수 있는 사람으로 간주될 수 없어요—좀 더 성숙해졌을 때 우리 자신의 기회들을 검토하는 것을 통해서 도덕적 판단을 내릴 수 있는 것과는 대조적으로요. 우리는 심지어 우리의 신체적, 정신적, 영적 본성이 무엇을 할 수 있는지조차도 알지 못해요. 그러므로 우리는 진정한 의미에서 우리 자신들을 책임적인 존재로 간주하기가 어려워요.

로빈 우리가 천재의 상상의 산물을 통해 그러한 본성에 부드럽게 소개되어야만 한다는 사실은 실제 보통 인간들이 생각하기가 매우 어려운 것이에요.

정신분석가 그렇다고 해도, 우리는 우리의 자기들이 상기되는 것을 원하지 않아요.

사제 우리는 다른 사람들에게 그들이 잊고 싶어 하는 어떤 것을 상기하도록 만들고 싶을 수도 있어요. 그들은 상기되는 것이 주는 충격에서 살아남을 수 없을까봐 두려워해요. 어떤 사람들에게 지옥은 두려움의 대상이에요.

정신분석가 나는 지옥이 자신들 안에 있다는 것을 말해줄 필요가 없는 사람들을 알아요.

롤랜드 만약 그들에게 그런 말을 해줄 필요가 없다면, 당신은 그들에게 무슨 말을 해주죠?

정신분석가 그들이 하는 말은 그들 자신들에게 분명하지 않은 것을 나에게 떠오르게 할 수 있어요.

앨리스 만약 내가 임신기간 동안에 심란한 소식을 들었다면, 그것이 태아에게 영향을 줄까요?

정신분석가 만약 그것이 영향을 주지 않는다면, 나는 놀랄 거예요. 나는 그 "소식"을 친척 또는 책들 또는 신문을 통해서 어머니에게 전달되는 정보로 제한하지 않을 거예요. 당신이, 정부당국의 어리석음 때문이든 아니면 배우지 않겠다는 당신 자신의 고집 때문이든, 섹스의 신체적 사실에 무지한 채로 양육되었다고 가정해보세요. 그리고 그런 상태에서 임신한 사실을 알게 되었다고 가정해보세요. 그럴 경우, 태아에게서 또는 당신의 몸에서 오는 정보는 환영받지 못할 수도 있어요—즉, "나쁜 소식"일 수 있어요. 그럴 경우, 양수를 통해 소통되는 파동의 압력은 사랑하는 남자의 태아를 임신한 보통의 어머니 안에서 형성되는 것과는 다른 패턴을 형성할 거예요. 어머니와 아기 사이의 의사소통만큼 명료한, 어머니와 태아 사이의 의사소통이 존재한다는 것을 증명할 수 없다는 사실은 그런 것이 존재하지 않는다는 주장을 위한 적합한 근거가 되지 못해요. 예상컨대, 그것을 믿지 못하는 사람들은 자신들의 불신의 근거로 작용하는 "사실들"을 진술할 거예요.

롤랜드 나의 불신의 근거로서 기능하는 사실들은 다중적인 측면들과 형태들을 가진 정신분석 이론들 그 자체에요. 나는 나의 엄지손가락의 고통에 대해 더 많은 이론들을 말하는 의사가 더 큰 능력을 갖고 있다고 믿지 않아요. 나는 정확히 내가 무엇을 해야 하는지를 말할 수 있을 때까지, 말을 아끼는 의사를 더 선호해요. 정신분석가가 나의 행동 배후에 있는 나의 믿음이 무엇이고 내가 왜 그렇게 생각하는지에 대해 유식한 설명들을 더 많이 늘어놓을수록 나는 더 많이 짜증날 거예요.

정신분석가 그럴 때에는 다른 정신분석가 또는 다른 의사를 찾아가세요. 나는 당신이나 앨리스가 나에게 괜히 질문을 한다고 생각하지 않아요. 당신들이 왜 이런 질문들을 하는지는 내가 알 수 있는 게 아니에요—의심을 할 수는 있지만요.

앨리스 당신은 내가 무엇을 해야 할지 말해줄 건가요?

정신분석가 만약 당신이 할 수 있는 무언가가 있다는 생각이 든다면—당신이 생각하고 있는 의미에서—나는 당신에게 무언가를 해줄 수 있는 사람에게 가보라고 충고할 거예요. 내 경험에 따르면, 세상에는 무언가를 할 필요가 있는 많은 문제들이 있어요. 먼저 그것들이 무엇인지 논의될 필요가 있겠죠. 영국인들이 의회 정부를 믿는다는 사실은, 이 점이 최소한 무의식적으로 인정받아왔다는 증거예요. "논의"가 어떤 것을 하는 방식이라고 믿는 사람들을 비난하는 것은 어리석은 일이에요. "말"은 행동의 대체물이 아니거든.

로빈 그러나 당신은 행동이 필요할 때, 예를 들면, 전쟁이 요구될 때, 사람들이 자신들이 충분히 오랫동안 말을 주고받으면 문제가 사라지거나 해결될 것이라는 희망 때문에 말하는 것을 선호한다면, 그것은 곧 재앙이라고 생각하지 않나요?

정신분석가 나는 그것이 재앙이라고 생각해요. 그러나 말하는 데 수

반되는 고통과 좌절을 직면하기보다는 논의의 대체물로서의 살인이나 전쟁에 기대는 것 역시 똑같이 심각한 문제예요. 유사하게, 개인은 정신분석을 통한 지루한 훈련보다 약물이나 자기-살해를 통한 해결책이 더 낫다고 느낄 수 있어요. 그것들은 유혹적으로 짧은 시간 안에 해결될 수 있다고 약속하거든요.

롤랜드 때로는 신체적 수술을 받는 것보다 말을 하는 것이 유혹적으로 덜 고통스러울 수도 있어요.

정신분석가 광범위한 범위의 선택지들 안에 숨겨진 유혹적인 가능성들은 궁극적으로 구별 능력의 성장으로—또는 파국으로—내몰 거예요.

로빈 왜 파국이죠?

정신분석가 왜냐하면 인간 동물이 구별의 전문가가 되지 않는 한, 그는 임박한 위기 앞에서 잘못된 선택을 할 수 있는 위험에 처할 것이기 때문이죠.

앨리스 예를 들면, 핵전쟁 같은 거겠네요.

정신분석가 대부분의 선택지들에는 라벨이 붙어있지 않아요. 지혜의 성장을 대체할 수 있는 것은 아무것도 없어요. 그것이 지혜일지, 아니면 망각일지, 선택하세요. 그 전쟁에서 벗어날 수 있는 길은 없어요.

A　항상 그래왔듯이, 마지막 페이지를 넘기는군요.

Q　물론이에요. 지난번에 당신은 출판비용에 대해 말해주었어요. 당신은 그 책이 재미있는 책이라고 느끼셨나요? 미국—북미와 남미—은 상황이 어땠죠?

A　놀라웠어요. 세 번째 이프레 전투 이후로 좋은 변화가 일어났어요.

Q　그 이후로 더 많은 변화들이 일어났어요. 그리고 더 많은 변화들이 오고 있어요. 그런 사실들이 나에게 "나는 서둘러야 해. 나는 운명과 만날 날짜를 받아놓았어"라고 상기시켜줘요.

A　바이 바이!—해피 홀로코스트!

… 에필로그
… 둔주곡
… 레퀴엠
… 많은 것들

나는 평생 동안 상식, 이성, 기억, 욕망 그리고—가장 끔찍스럽게는—이해하고 이해받는 것에 의해 좌절을 겪었고, 괴롭힘을 당했으며, 갇혀 살았다. 이 책은 그 모든 것에 "작별인사"를 고하는 나의 반역을 표현하기 위한 시도이다. 그것이 나의 소망이지만, 나는 지금 어떤 상식, 이성 등에 의해 오염되지 않은 책을 쓰겠다는 시도가 실패할 수밖에 없다는 것을 깨닫고 있다. 따라서 나는 내가 성공했다고 주장할 수 없다. 오히려 독자들에게 "이 책에서 과학적이든, 미적이든, 종교적이든, 어떤 사실들을 발견할 것을 기대했던 여러분들은 희망을 버리세요"라고 써야 할 것 같다. 이 모든 것들이 이러한 말들 안에 그것들의 발자국들, 흔적들, 숨은 유령들을 남겨놓았다고 간주될까봐 두렵다. 심지어 "쾌활함" 같은 제정신sanity이 그 안으로 슬며시 기어들어올 것이다. 나의 시도가 아무리 성공적이라고 해도, 이 책이 수용될 만하고, 존경받을 만하고, 영예로운 것이 "되고 나서" 더는 읽히지 않는 것이 될 수 있는 위험은 항상 존재한다. "그렇다면 왜 책을 쓰는가?"라고 당신을 물을 수 있을 것이다. 그 물음에 나는 텅 빈 공간을 채우고 있을 뿐인 누군가가 아는 체하는 것을 막기 위해서라고 답할 것이다—그러나 나는 내가 "합리적인" 존재, 위대한 원숭이가 되는 것이 두렵다. 여러분 모두에게 행복한 광증Lunacy과 상대적 분열Relativistic Fission[99]이 함께 하기를 빌면서 …

99 평생 제정신sanity을 갖고 사느라고 행복하지 못했던 자신에게는 어느 정도의 광증, 또는 어느 정도의 분열과 함께 사는 것이 진정한 정신건강에 더 가까운 것이라고 주장하고 있다.

축하와 작별인사

W 당신 거기 있어요?

F 방해하지 말아요. 나는 이 색인 작업을 끝내야 해요.

W 나는 당신이 지난 몇 개월 동안 무엇을 하고 있는지 궁금해요.

F 글쎄요, 당신이 장기 여행을 떠났기 때문에, 나는 그동안에 우리가 오래전에 시작했던 일을 끝내야겠다고 생각했어요.

W 우리가 목표를 너무 높이 잡았어요. 그렇지 않나요? 색인, 용어해설, 주석, 이 세 가지를 다 포함시키다보니 또 한권의 책이 되고 말았네요. 모호한 내용들을 명료하게 해주는 책 말이에요.

F 나는 단지 이 책이 최종적인 형태에 대한 자세한 검토를 견뎌낼 수 있기를 바랄 뿐이에요. 그건 그렇고, 나는 이것을 "열쇠"라고 부를 거예요.

W 그 열쇠로 무엇을 연다는 거요?

F 아마도 몇몇 작은 틈새들이 아닐까요? 어쨌든, 그 제목이 짧아서 신선한데, 혹시 다른 좋은 생각이 있어요?

W "긴 주-말"은 어떨까요?

F 당신 잊었어요? 그것은 당신 자서전에 붙여주기로 한 제목이잖아요.

W 끝도 없는 단어들, 단어들, 단어들. 당신은 그것을 어떻게 견뎌요? 미안하지만, 나는 내 아늑한 방으로 돌아갈게요.

F 좋은 꿈 꾸세요.

찾아보기

* 이 찾아보기에서 제시된 숫자는 책의 페이지가 아니라 책의 권과 장을 나타낸다. 예: Ⅱ-18 = 2권 18장

(ㄱ)

(ㄴ)

(ㄷ)

(ㄹ)

(ㅁ)

(ㅂ)

(ㅅ)

(ㅇ)

(ㅈ)

(ㅊ)

(ㅋ)

(ㅌ)

(ㅍ)

(ㅎ)

현대정신분석연구소 총서

◇정기 간행물

- 정신분석 프리즘

◇대상관계이론과 기법 시리즈

멜라니 클라인
- 멜라니 클라인
- 임상적 클라인
- 무의식적 환상

도널드 위니캇
- 놀이와 현실
- 그림놀이를 통한 어린이 심리치료
- 성숙과정과 촉진적 환경
- 박탈과 비행
- 소아의학을 거쳐 정신분석학으로
- 가정, 우리 정신의 근원
- 아이, 가족, 그리고 외부세계
- 울타리와 공간
- 참자기
- 100% 위니캇
- 안아주기와 해석

로널드 페어베언
- 성격에 관한 정신분석학적 연구

크리스토퍼 볼라스
- 대상의 그림자
- 환기적 대상세계
- 끝없는 질문
- 그들을 잡아줘 떨어지기 전에

오토 컨버그
- 내면세계와 외부현실
- 대상관계이론과 임상적 정신분석
- 인격장애와 성도착에서의 공격성

◇대상관계이론과 기법 시리즈

그 외 이론 및 기법서
- 심각한 외상과 대상관계
- 정신분석학적 대상관계이론
- 대상관계 개인치료1: 이론
- 대상관계 개인치료2: 기법
- 대상관계 부부치료
- 대상관계 단기치료
- 대상관계 가족치료1
- 대상관계 집단치료
- 초보자를 위한 대상관계 심리치료
- 단기 대상관계 부부치료
- 대상관계이론과 정신병리

◇하인즈 코헛과 자기심리학 시리즈

- 자기의 분석
- 자기의 회복
- 정신분석은 어떻게 치료하는가?
- 하인즈 코헛과 자기심리학
- 하인즈 코헛의 자기심리학 이야기1
- 자기심리학 개론
- 코헛의 프로이트 강의

◇아스퍼거와 자폐증

- 자폐아동을 위한 심리치료
- 살아있는 동반자
- 아동 자폐증과 정신분석
- 아스퍼거 아동으로 산다는 것은?
- 자폐아동의 부모를 위한 101개의 도움말
- 자폐적 변형

◇비온학파와 현대정신분석

- 신데렐라와 그 자매들
- 애도
- 정신분열증 치료와 모던정신분석
- 정신분석과 이야기 하기
- 비온 정신분석사전
- 전이담기
- 상호주관적 과정과 무의식
- 숙고
- 윌프레드 비온의 임상 세미나
- 미래의 비망록
- 분석적 장: 임상적 개념
- 상상을 위한 틀
- 자폐적 변형

제임스 그롯슈타인

- 흑암의 빛줄기
- 그러나 동시에 또 다른 수준에서 I
- 그러나 동시에 또 다른 수준에서 II

마이클 아이건

- 독이든 양분
- 무의식으로부터의 불꽃
- 감정이 중요해
- 깊이와의 접촉
- 심연의 화염
- 정신증의 핵
- 신앙과 변형

도널드 멜처

- 멜처읽기
- 아름다움의 인식
- 폐소
- 꿈 생활
- 비온 이론의 임상적 적용
- 정신분석의 과정

◇정신분석 주요개념 및 사전

- 꿈 상징 사전
- 편집증과 심리치료
- 프로이트 이후
- 정신분석 용어사전
- 환자에게서 배우기
- 비교정신분석학
- 정신분석학 주요개념
- 정신분석학 주요개념2: 임상적 현상
- 오늘날 정신분석의 꿈 담론
- 비온 정신분석 사전

◇사회/문화/교육/종교 시리즈

- 인간의 욕망과 기독교 복음
- 살아있는 신의 탄생
- 현대 정신분석학과 종교
- 종교와 무의식
- 인간의 관계경험과 하나님 경험
- 살아있는 인간문서
- 신학과 목회상담
- 성서와 정신
- 목회와 성
- 교육, 허무주의, 생존
- 희망의 목회상담
- 전환기의 종교와 심리학
- 신경증의 치료와 기독교 신앙
- 치유의 상상력
- 영성과 심리치료
- 의례의 과정
- 외상, 심리치료 그리고 목회신학
- 모성의 재생산
- 상한 마음의 치유

현대정신분석연구소 총서

◇사회/문화/교육/종교 시리즈

- 그리스도인의 원형
- 융의 심리학과 기독교 영성
- 살아계신 하나님과 우리의 살아있는 정신
- 정신분석과 기독교 신앙
- 성서와 개성화
- 나의 이성 나의 감성

◇아동과 발달

- 유아의 심리적 탄생
- 내면의 삶
- 아기에게 말하기
- 난 멀쩡해. 도움 따윈 필요 없어!
- 놀이와 현실
- 그림놀이를 통한 어린이 심리치료
- 성숙과정과 촉진적 환경
- 박탈과 비행
- 소아의학을 거쳐 정신분석학으로
- 가정, 우리 정신의 근원
- 아이, 가족, 그리고 외부세계
- 울타리와 공간
- 참자기
- 100% 위니캇
- 자폐아동을 위한 심리치료
- 아스퍼거 아동으로 산다는 것은?
- 자폐 아동의 부모를 위한 101개의 도움말

◇자아심리학/분석심리학/기타 학파

- C.G. 융과 후기 융학파
- C. G. 융
- 하인즈 하트만의 자아심리학
- 자기와 대상세계
- 프로이트의 정신분석학

◇스토리텔링을 통한 어린이 심리치료 전집

- 스토리텔링을 통한 … 심리치료(가이드 북)
- 감정을 억누르는 아동을 도우려면
- 강박증에 시달리는 아동을 도우려면
- 마음이 굳어진 아동을 도우려면
- 꿈과 희망을 잃은 아동을 도우려면
- 두려움이 많은 아동을 도우려면
- 상실을 경험한 아동을 도우려면
- 자존감이 낮은 아동을 도우려면
- 그리움 속에 사는 아동을 도우려면
- 분노와 증오에 사로잡힌 아동을 도우려면

◇정신분석 아카데미 시리즈

- 성애적 사랑에서 나타나는 자기애와 대상애
- 싸이코패스는 누구인가?
- 영조, 사도세자, 정조 그들은 왜?
- 정신분석에서의 종결
- 자폐적 대상에 대한 정신분석학적 연구
- 정신분석과 은유
- 정신분열증, 그 환상의 세계로 가다
- 사라짐의 의미
- 제4차 산업혁명에 대한 정신분석적 고찰

◇초심자를 위한 추천도서

- 멜라니 클라인
- 놀이와 현실
- 100% 위니캇
- 초보자를 위한 대상관계 심리치료
- 하인즈 코헛과 자기심리학
- 프로이트 이후
- 왜 정신분석인가?

현대정신분석연구소 수련 과정 안내

이 책을 혼자 읽고 이해하기 어려우셨나요? 그렇다면 함께 공부합시다!

현대정신분석연구소에서 이 책의 내용에 대한 강의를 들으실 수 있습니다.

현대정신분석연구소는 1996년에 한국심리치료연구소라는 이름으로 창립되어, 국내에 정신분석 및 대상관계이론을 전파하는 선구자적 역할을 해왔습니다.

정신분석을 연구하고 교육하는 기관으로서 주요 정신분석 도서 130여 권을 출판 하였으며, 정신분석전문가 및 정신분석가를 양성하고 있습니다. 또한 부설기관인 광화문심리치료센터에서는 대중을 위한 정신분석 및 정신분석적 심리치료를 제공하고 있습니다.

현대정신분석연구소에서는 미국 뉴욕과 보스턴 등에서 정식 훈련을 받고 정신분석 면허를 취득한 교수진 및 수퍼바이저들로 구성되어 있으며, 뉴욕주 정신분석가 면허 기준에 의거한 분석가 및 정신분석전문가 프로그램을 운영하고 있습니다. 프로그램에서는 프로이트부터 출발하여 대상관계, 자기심리학, 상호주관성, 모던정신분석, 신경정신분석학, 애착 이론, 라깡 이론 등 최신 정신분석의 이론에 이르는 다양한 이론들을 연구하는 포용적eclectic 관점을 채택하고 있습니다.

프로그램에서 요구하는 요건들을 모두 충족하고 프로그램을 졸업하게 되면, 사단법인 한국정신분석협회에서 공인하는 'Psychoanalyst'와 'Psychoanalytic Psychotherapist' 자격을 취득하게 됩니다. 국내에서 가장 정통있는 정신분석 기관 중 하나로서 **현대정신분석연구소**는 인간에 대한 보다 심층적인 이해를 통해 한국사회의 정신건강에 기여하고자 합니다.

■ 문의 및 오시는 길

서울시 종로구 새문안로 5가길 28(적선동, 광화문플래티넘) 918호

- Tel: 02) 730-2537~8 / Fax: 02) 730-2539
- E-mail: kicp21@naver.com
- 홈페이지: www. kicp.co.kr (홈페이지를 통해 인터넷 강의도 수강이 가능합니다)

* 정신분석에 관한 유용한 정보들을 한눈에 보실 수 있는 **정신분석플랫폼 몽상**의 SNS 채널들과 **현대정신분석연구소** 유튜브 채널을 팔로우 해보세요!

네이버 블로그: blog.naver.com/kicp21

인스타그램: @psya_reverie

유튜브 채널: 현대정신분석연구소KICP

페이스북 페이지: 정신분석플랫폼 몽상

QR코드로 접속하기